剑桥哲学史
1870-1945

THE CAMBRIDGE HISTORY OF PHILOSOPHY

[英]托马斯·鲍德温 编
周晓亮 等译

上

中国社会科学出版社

图字 2005—5804 号

图书在版编目(CIP)数据

剑桥哲学史（1870—1945）/［英］托马斯·鲍德温（Thomas Baldwin）编；周晓亮等译.—北京：中国社会科学出版社，2011.3
书名原文：The Cambridge History of Philosophy 1870—1945
ISBN 978-7-5004-9001-2

Ⅰ.①剑… Ⅱ.①托…②周… Ⅲ.①哲学史—世界 Ⅳ.①B1

中国版本图书馆 CIP 数据核字（2010）第 147326 号
中国社会科学出版社享有本书全球中文（简体）版专有使用权。
Published by the Press Syndicate of the University of Cambridge
© Cambridge University Press 2003

责任编辑	张　红
责任校对	王兰馨
封面设计	毛国宣
技术编辑	戴　宽

出版发行	中国社会科学出版社
社　　址	北京鼓楼西大街甲 158 号	邮　编	100720
电　　话	010—84029450（邮购）
网　　址	http://www.csspw.cn
经　　销	新华书店
印　　刷	北京君升印刷有限公司	装　订	广增装订厂
版　　次	2011 年 3 月第 1 版	印　次	2011 年 3 月第 1 次印刷
开　　本	710×1000 1/16
印　　张	77.75
字　　数	1118 千字
定　　价	100.00 元（上、下卷）

凡购买中国社会科学出版社图书，如有质量问题请与本社发行部联系调换
版权所有　侵权必究

作者名单

Christopher Adair – Toteff 克里斯托弗·阿代尔—托特夫　　［美国］
密西西比州立大学

Walter Adamson 瓦尔特·亚当森　　［美国］
埃莫里大学历史系

James Allard 詹姆斯·阿拉德　　［美国］
蒙塔纳州立大学历史与哲学系

R. Lanier Anderson R. 拉尼尔·安德森　　［美国］
斯坦福大学哲学系

Leslie Armour 莱斯利·阿穆尔　　［加拿大］
渥太华大学

David Bakhurst 大卫·巴库斯特　　［英国］
安大略，金斯敦女王大学哲学系

Thomas Baldwin 托马斯·鲍德温　　［英国］
约克大学哲学系

David Bell 大卫·贝尔　　［英国］
设菲尔德大学哲学系

Richard Bellamy 理查德·贝拉米　　　　　　　　　　　［英国］
雷丁大学政治学系

James Bohman 詹姆斯·博曼　　　　　　　　　　　　［美国］
圣路易斯大学哲学系

Luciano Boi 卢西亚诺·博伊　　　　　　　　　　　　［加拿大］
蒙特利尔魁北克大学

James Bradley 詹姆斯·布拉德雷　　　　　　　　　　［英国］
纽芬兰梅莫利尔大学哲学系

Alex Callinicos 亚历克斯·卡利尼科斯　　　　　　　　［英国］
约克大学政治学系

Jonathan Dancy 乔纳森·丹西　　　　　　　　　　　　［英国］
雷丁大学哲学系

John Dawson 约翰·道森　　　　　　　　　　　　　　［美国］
宾州大学哲学系

Cornelius Delaney 科尼利厄斯·德莱尼　　　　　　　　［美国］
圣母院大学哲学系

Luciano Floridi 卢西亚诺·弗洛里迪　　　　　　　　　［意大利］
牛津大学沃尔弗森学院

George Gale 乔治·盖尔　　　　　　　　　　　　　　　［美国］
密苏里大学哲学系

作者名单

Sebastian Gardner 塞巴斯蒂安·加登纳　　　　　　［英国］
伦敦大学学院哲学系

Manuel Garrido 曼努埃尔·加里多　　　　　　　［西班牙］
马德里大学逻辑与科学哲学系

Raymond Geuss 雷蒙德·居斯　　　　　　　　　［美国］
剑桥大学哲学系

Simon Glendinning 西蒙·格伦迪宁　　　　　　　［英国］
雷丁大学哲学系

Rhiannnon Goldthorpe 莱安农·戈德索普　　　　　［英国］
牛津圣安娜学院名誉研究员

Paul Guyer 保罗·盖耶　　　　　　　　　　　　［美国］
宾夕法尼亚大学哲学系

Michael Hallett 米歇尔·哈雷特　　　　　　　　［加拿大］
麦吉尔大学哲学系

Rom Harré 罗姆·哈雷　　　　　　　　　　　　［英国］
乔治敦大学心理学系

Ross Harrison 罗斯·哈里森　　　　　　　　　　［英国］
剑桥大学国王学院

Gary Hatfield 加里·哈特菲尔德　　　　　　　　［美国］
宾夕法尼亚大学哲学系

Geoffrey Hawthorn 杰弗里·霍索恩　　　　　　　　［英国］
剑桥大学社会政治学学院

David Holdcroft 大卫·霍尔德克罗夫特　　　　　　［英国］
利滋大学哲学系

Christopher Hookway 克里斯托弗·胡克维　　　　　［英国］
设菲尔德大学哲学系

Thomas Kasulis 托马斯·卡苏里斯　　　　　　　　［美国］
俄亥俄州立大学比较研究所

Thomas Leahey 托马斯·利希　　　　　　　　　　　［美国］
弗吉尼亚州立大学哲学系

Daniel Leduc – Fayette 达尼埃尔·勒迪克—费耶特　　［法国］
巴黎第四大学法国哲学研究中心

James Livingston 詹姆斯·利文斯顿　　　　　　　　［美国］
弗吉尼亚威廉斯堡威廉与玛丽学院宗教系

Michael Martin 迈克尔·马丁　　　　　　　　　　　［英国］
伦敦大学学院哲学系

Marie McGinn 玛丽·麦金　　　　　　　　　　　　［英国］
约克大学哲学系

Brian McLaughlin 布莱恩·麦克劳克林　　　　　　　［美国］
拉特格斯大学哲学系

F. C. T. Moore，F. C. T. 莫尔　　　　　　　　　　　　　［英国］
香港大学哲学系

Peter Nicholson 皮特·尼科尔森　　　　　　　　　　　　［英国］
约克大学哲学系

Stanley L. Paulson 斯坦利·L. 保尔森　　　　　　　　　［美国］
华盛顿大学法学院

Herman Philipse 赫尔曼·菲利普斯　　　　　　　　　　　［荷兰］
莱顿大学哲学系

Christian Piller 克里斯琴·皮勒　　　　　　　　　　　　［奥地利］
约克大学哲学系

Eduardo Rabossi 埃德华多·拉沃西　　　　　　　　　　　［阿根廷］
布宜诺斯艾利斯大学哲学系

Alan Richardson 阿兰·理查德森　　　　　　　　　　　　［加拿大］
英国哥伦比亚大学哲学系

Richard H. Roberts 理查德·H. 罗伯茨　　　　　　　　　［英国］
兰开斯特大学宗教研究系

Artur Rojszczak 阿图尔·罗杰斯扎克　　　　　　　　　　［波兰］
雅盖罗尼安大学哲学学院认识论系

Thomas Ryckman 托马斯·里克曼　　　　　　　　　　　　［美国］
加州大学伯克利分校哲学系

Merrilee H. Salmon 梅里李·H. 萨蒙　　　　　　［美国］
匹茨堡大学科学史与科学哲学系

Michael Scalan 迈克尔·斯坎伦　　　　　　　　［美国］
奥勒冈州立大学哲学系

Margaret Schabas 玛格丽特·沙巴斯　　　　　　［加拿大］
英国哥伦比亚大学哲学系

Peter Simons 彼得·西蒙斯　　　　　　　　　　［英国］
利兹大学哲学系

Edgar Sleinis 爱德加·斯莱尼斯　　　　　　　　［澳大利亚］
塔斯马尼亚大学哲学系

Barry Smith 巴里·史密斯　　　　　　　　　　　［英国］
纽约州立大学布法罗分校哲学系

Jan von Plato 扬·冯·普拉托　　　　　　　　　［芬兰］
赫尔辛基大学哲学系

Jan Woleński 扬·沃伦斯基　　　　　　　　　　　［波兰］
雅盖罗尼安大学哲学学院认识论系

Eli Zahar 埃利·扎哈尔　　　　　　　　　　　　［英国］
伦敦经济学院荣誉讲师

中文版序言

将《剑桥哲学史 1870—1945》译成中文，是西方哲学家与东方哲学家相互理解的发展过程中的一项重要的阶段性工作。在为中译本所做的这篇序言中，我将描述一下《剑桥哲学史》丛书的基本目的和独具特色，然后再对本卷做专门的讨论。

一 《剑桥哲学史》丛书

《剑桥哲学史》丛书的缘起，可以追溯到 1967 年《剑桥希腊晚期与中世纪早期哲学史》（*The Cambridge History of Later Greek and Early Medieval Philosophy*）的出版上，它是由 A. H. 阿姆斯特朗（A. H. Armstrong）编辑的。该书包括八个部分，每一部分大约由五章组成，涉及的是哲学传统史，这一哲学传统是以柏拉图和亚里士多德等希腊古典哲学家的著作为基础的，然后由奥古斯丁、普罗提诺和拜占庭时期的其他人所推广，并经由伊斯兰世界的阿拉伯和波斯哲学家，以及欧洲中世纪早期的经院哲学家，以不同的方式延续下来。这些章节各由从事相应研究工作的不同专家写成，而阿姆斯特朗认为，他作为编者的任务就是帮助这些作者将这些不同的时期和语境联系起来。我觉得之所以要出这本书的理由恐怕就在于如下情况：1962 年至 1981 年，剑桥大学出版社出版了 W. C. K. 格思里（W. C. K. Guthrie）的不朽之作六卷本的《希腊哲学史》（*History of Greek Philosophy*），按照他的计划，这套书涉及的主题仅限于希腊早期至古典时期，不包括以后的时期（尽管原来设想了关于希腊化哲学的另一卷，但格思里只写到亚里士多德为止）。因此，阿姆斯特朗的这一卷就接着格思里对古典哲学史进行讨论。他非常明智地决定由一批专业作者

1

来做这件事，而不打算由自己全部承担。

几年以后，剑桥大学出版社决定在阿姆斯特朗这一卷成功的基础上，委托编撰一套多卷本丛书，将格思里和阿姆斯特朗等人的哲学史加以扩展。随后两卷是克雷茨曼（N. Kretzmann）、肯尼（A. Kenny）和平伯格（J. Pinborg）编辑的《剑桥中世纪晚期哲学史》（*The Cambridge History of Later Medieval*，1988），施密特（C. B. Schmit）和斯金纳（Q. Skinner）编辑的《剑桥文艺复兴哲学史》（*The Cambridge History of Renaissance Philosophy*，1988）。这两卷的形式有所改变，因为两卷都由一系列章节组成，每一章都由该论题方面的一位专家撰写。同时，《剑桥哲学史》丛书确立了它独具的特色：那就是，对该时期哲学中的特定论题或领域，如逻辑、形而上学、认识论、心理学、伦理学、政治哲学等，提供材料翔实的批判性概述。因此，这两卷既不打算对该时期的哲学发展提供单一的历史叙述，即由单独一位作者所写的书可以提供的那种叙述，也不提供专门章节对该时期的单个哲学家进行论述。这一时期的哲学是按照论题划分的，而不是依据单个哲学家及其著作来划分的。之所以这样安排的理由是：其他许多参考书（像 R. 奥迪编辑的《剑桥哲学词典》）对单个哲学家做了介绍性的批判论述，而《剑桥哲学史》丛书所提供的对重要论题的概述，往往是这些参考书中找不到的。

这套丛书扩展的下一阶段，就进入了"近代"（后中世纪）时期，这一卷是关于 17 世纪哲学的，出版于 1998 年，这就是由 D. 加伯（D. Garber）和 M. 艾耶尔（M. Ayer）编辑的《剑桥 17 世纪哲学史》（*The Cambridge History of Seventeenth-Century*）。它实际上由两卷组成，有 30 余章，每一章都是长篇大论，涵盖了该世纪哲学研究由于自然科学的兴起而发生转变以来欧洲哲学的主要论题。最后，剑桥大学出版社又委托编撰了另外三卷哲学史，论述 18 世纪、19 世纪、20 世纪的哲学——除此以外，出于我下面将说明的理由，决定 19 世纪那一卷应截止于 1870 年，"20 世纪"这一卷应论述 1870 年至 1945 年期间的哲学。我所编辑的是这套丛书的最后一卷，即这里被译成中文的一卷。这一卷出版于2003年；K. 哈康森（Knut Haakonssen）编辑的18世纪哲学卷出版于2006年，而19世纪哲学卷尚未完成。除了这几卷以外，《剑桥哲学史》丛书还在其他方面进行了扩展。2005年，由K. 阿尔格拉（K. Algra）、J. 巴恩斯（J. Barnes）、J. 曼斯菲尔德（J. Mansfield）和M. 斯科菲尔德（M. Schofield）编辑的《剑桥希腊化哲学史》（*Cambridge History of Hellenistic Philosophy*）出版，这一卷论述的是阿姆斯特朗早先那一卷没怎么说到的部分，阿姆斯特朗那一卷之所以对这部分没有说，无疑是因为当时设想格思里的希腊哲学史会将希腊化哲学包括在内。2009年，由S. 纳德勒（S. Nadler）和T. M. 卢达夫斯基（T. M. Rudavsky）编辑的《剑桥犹太哲学史》（*The Cambridge History of Jewish Philosophy*）将要出版，它对贯穿古今欧洲哲学的连续不断的独特传统做了非常必要的概括。

二 《剑桥哲学史 1870—1945》的策划和编辑

现在，回过头来说我所编辑的《剑桥哲学史 1870—1945》（*Cambridge History of Philosophy*, 1870—1945）这一卷，首先说一说如何确定以1870年为起点，以1945年为终点。以1870年为起点是由19世纪卷的编者艾伦·伍德（Allen Wood）为我定下的，因为他强调，他所设想的那一卷无法既专门论述包括费希特、黑格尔及其追随者在内的德国唯心主义传统的主要论题，J. S. 密尔（J. S. Mill）等人所表达的英国经验主义对这一传统的反应，而同时又论述19世纪末的所有新哲学运动。虽然我起初对以1870年为起点有点抵触（因为原来我同意编辑的是"20世纪"哲学卷），但经过考虑我明白了，起点上的这一变化从道理上说是可取的。因为在1900年的哲学争论中没有任何意义重大的突变，能使这一年成为新一卷开始的合理时间，而在1870年左右，伴随着德国的新康德主义运动，奥地利的布伦塔诺的意向主义实在论，英国和美国的绝对唯心主义和实用主义，法国的柏格森形而上学心理学（所有这些都包含着对后达尔文主义世俗科学世界观的反动,在当时,那种世界观正变得越来越根深蒂固),出现了一个横跨欧洲和北美的惊人的哲学复兴。如我在该卷的"序言"中所说,这个复兴是与1870年以降整个欧洲大学教育的巨大发展联系在一起的;因为这一发展导致了大学哲学系的日益增多,从而导致了作为一个大学学科的哲学的发展。比方说,这个学科有自己的学术刊物(其中有些刊物,譬如于1876年创刊的主要英文刊物《心灵》一直延续至今)。所以,至少从欧洲哲学的角度看,我们有恰当理由以1870年作为起点,对"20世纪"哲学进行专题性的批判概述。

一旦同意了这个起点,那么,很显然,就不能指望这一卷会涵盖整个20世纪。因为那样对于单独一卷来说需要讨论的内容太多了。于是,我与剑桥大学出版社达成一致,这一卷截止于1945年。选择这个日期首先是因为,第二次世界大战严重打断了欧洲及其他地方的理智活动,以致在战争结束和战争的影响开始消除之后,出现了许多新的哲学探讨(如法国和德国的存在主义和马克思主义哲学,美国的逻辑批判和英国的日常语言哲学等),对它们的理解和评价会使人们远远超出战前哲学的范围。我也乐于因此而免除了一个责任,即不用决定1945年后的哲学在哪些方面是最有意义的,因而值得在这一卷中论述。在做出这类决定时,人们不可避免地一定要运用自己的判断,但这很容易在论述当前的哲学著作时,不恰当地受个人偏好的左右。而与此相反,当人们考察较早的作品时,因为已经经过了一段时间,可以对这些作品进行争论和做出批判性的评价,所以就比较容易鉴别它们哪些东西是重要的。当对这一卷的终点达成了一致,最后就决定以第一次世界大战(1914—1918)为界,将本卷分为两部分。这并不是因为想到第一次世界大战造成了哲学争论的严重中断,如同第二次世界大战所造成的中断那样(我在本卷"插入篇"中讨论了第一次世界大战对哲学的影响),而主要是因为在实际操作上,我们很难找到这样一些专家,他们能够并愿意全面论述从1870年至1945年的主要哲学论题。而将这一时期分为两部分,就使得撰写特别与其中一个时期有关的那些论题，对它们进行集中阐述，变得容易得多。例如，1870年至1914年的数学哲学主要与狄德金、康托尔、希尔伯特、弗雷格和罗素等人争论的数学基础问题有关；与此相反，1918年至1945年人们关注的焦点转移到数理逻辑及斯柯伦、哥德尔、塔尔斯基和丘奇的研究成果上。如果要将这两个方面的内容纳入有关1870年至1945年数学哲学的统一单独一章来阐述，那绝非易事，也特别不合理。在有些哲学领域，这种划分既不必要，也不恰当。本卷第九篇"哲学的多样性"中的各章，就论述了本卷大部分时期所涉及的论题和争论。但总的来说，将本卷涉及的论题分为两部分所取得的效果是好的，而且我认为，它有助于使这一卷更容易理解、更加有用。

在决定哪些论题包含在本卷中，哪些不包含在本卷中的时候，我得到了剑桥大学出版社委任的顾问组的帮助，其中包括雷蒙德·居斯（Raymond Geuss）、保罗·盖耶（Paul Guyer）和奥诺拉·奥尼尔（Onora O'Neill）。其目的是为了保持剑桥根据论题进行讨论的传统，而同时又确保对这一时期的主要哲学工作有一个合理的全面概括。我物色了一些作者按论题撰写主要章节，可是，很明显，如果根据这些作者的兴趣和能力，那么，关于柏格森、尼采和海德格尔的工作的重要讨论就不会包括在本卷之内，在这种情况下，我决定打破剑桥的传统，对这些主要人物各设简短一章，纳入本卷内。因此，本卷在安排上与其他大多数卷有所不同，而另外一些决定又使这些不同更加突出了：本卷由60多个简短章节组成，涵盖了比其他卷大得多的论域范围。这部分上是因为"哲学"这个学科在这一时期已经变得更加宽泛了，而且还因为，我决心将关于哲学"应用"领域——物理哲学，经济哲学，法律哲学等——的讨论包括进来，与对这个学科人们熟悉的核心领域——逻辑、形而上学、认识论、心灵、伦理学等——的讨论并驾齐驱。这反映了我的一个信念，即哲学的论证不但应当在哲学争论的内在辩证法中得到评价和鉴别，而且应当根据它们对其他研究领域的贡献来进行评价和鉴别。我还大胆地将有关欧洲和北美之外哲学发展的某些讨论包括进来，于是，这里就有了关于俄国哲学、拉美哲学和日本哲学的章节。这是对剑桥丛书传统的又一个背离（我的编辑顾问们对此并不太喜欢）。但我认为，这样做的结果是有价值的，它多少承认了在这一时期活动的其他哲学传统的存在。

托马斯·鲍德温

2008 年 9 月

英文版序言

[1]

本卷内容以1870年为开端,以1945年为结尾。1870年,普鲁士军队在色当战役大败法兰西军队;1945年,德国军队在第二次世界大战中遭到败绩。在此期间,德国曾成为欧洲第一强国,确曾两次试图主宰欧洲。也是在此期间,德国哲学家以及奥地利传统的哲学家对哲学作出的重要贡献,得到世人的广泛认可。但在1945年以后,无人会明显坚持这一看法。因此,本卷在某种意义上也涵盖了德国哲学影响在这一时期的兴衰沉浮。

本卷开篇几章描述和讨论1870年及其随后10年间哲学论辩的主流动态。在此期间,新的哲学活动繁荣兴盛,其中包括德国的新康德哲学运动,英国的唯心主义哲学运动,美国的实用主义开端,布伦塔诺(Brentano)及其奥地利追随者的成果,等等。为了说明这些章节内容的相关背景,我将简要勾画一下19世纪70年代世界政治与文化的状况。

从1870年普法战争爆发到1871年巴黎沦陷,立即造成了几个意义重大的发展结果。普鲁士军队的胜利,最终说服南德诸公国加入普鲁士王国,由此建立起一个新的德意志帝国。1871年,威廉一世(Wilhelm I)在法国凡尔赛宫加冕称帝,俾斯麦(Bismarck)出任他早就力图建立的新统一的德国首相,至此,新的德意志帝国得到完满实现。与此同时,法国议会在波尔多举行会议,宣告拿破仑三世的第二帝国的终结,法兰西第三共和国成立。由于法兰西政府早先为了保卫法国已将其卫戍部队从罗马撤离,庇护九世(Pius IX,他在梵蒂冈会议上刚刚通过教皇"永无谬误论"的提案),此时已经无力阻止意大利吞并罗马,使意大利的统一得以完成。1871

7

年，德意志、法兰西与意大利三国各自确定了自己的边界，建立了自己的政体，并且使其一直延续到1914年。

【2】　　在欧洲其他地区，后来引发第一次世界大战的巴尔干半岛的纷争开始愈演愈烈；为了争夺对波斯尼亚—黑塞哥维那和马其顿地区（这些地区的复杂历史与不同的效忠对象，现在又使我们麻烦不断）的控制权，土耳其、奥匈帝国与塞尔维亚三方之间展开斗争。当然，在此背景中，俄国人也并非遥遥在外，但在19世纪70年代初，他们也有自己的麻烦。此前，亚历山大二世（Alexander Ⅱ）于1861年发动的农奴解放运动已经进行了10年，但到1870年，很显然，由于社会主义者与无政府主义者的活动加剧，他的改革意愿已经终止，镇压开始了。自不待言，英国力图置身度外，无意染指欧洲大陆发生的冲突。但冲突却不期而至：由于不满英国在爱尔兰的统治，结果导致在1870年建立了旨在恢复"地方自治"的联盟。不过，英国政府更为关心的是加强和拓展海外领地，将其中一部分并入一个帝国，于是在1876年，维多利亚女王（Queen Victoria）接受英国首相迪斯累里（Disraeli）的邀请，加冕为印度女皇。

　　这种英式帝国主义的行径并非独此一家。1871年，记者亨利·斯坦利（Henry Stanley）在坦噶尼喀湖畔的乌吉吉村迎接了"一度失踪的"苏格兰传教士大卫·利文斯通（David Livingstone），成为一个著名事件；不久，欧洲对中非的探险便告完成；随后，拉开了争夺非洲的序幕；英国、法国、比利时、葡萄牙与德意志诸国，在柏林会议（1884—1885）上瓜分了非洲。本卷所涉及的这一时期，即从1870年到1945年，委实是欧洲帝国主义如日中天之际，不仅海外帝国四处扩张，而且欧洲移民大量外迁，遍及南北美洲、澳大利亚与新西兰，而当地居民则成了牺牲品。

　　下面我们抛开政治历史，谈谈当时自然科学的状况。20世纪科学的两个根本思想，正从此时开始了长期的发展历程。1873年，麦克斯韦尔（Clark Maxwell）发表了他的《电磁学通论》（*Treatise on Electricity and Magnetism*），所提出的电磁理论指导了物理学随后

50年的发展。不过，19世纪最有影响的科学思想则是达尔文（Charles Darwin）的"物竞天择"的物种进化论。达尔文在《物种起源》（*The Origin of Species*，1859）一书中提出了这个论点，但相关的争论一直持续到19世纪70年代，这时，达尔文又发表了他的另一部著作《人类起源》（*The Descent of Man*，1871）。不过，当时是借助斯宾塞（Herbert Spencer）等人的著作，才使发展进化的基本思想流行开来，并被用于广泛的领域，譬如泰勒（Edward Tylor）的人类学著作《原始文化》（*Primitive Culture*，1871），又如恩格斯断言，马克思在《资本论》（*Capital*，1867）第一卷所进行的社会研究已经取得了类似于达尔文在生物学方面取得的成就。不过，当时尚未引起人们注意的是孟德尔（Gregor Mendel）于1869年发表的有关性征遗传的"基因"理论，该理论是建立在不同豌豆品种的杂交试验基础上的。这一破天荒的详尽研究提出并证明了一个遗传系统，它进一步确证了达尔文的理论；孟德尔的研究成果于1900年为人所知，被视为20世纪基因学的奠基之作。【3】

实际上，20世纪下半叶与其说是理论发现的时期，毋宁说是技术日新月异的发展时期。迄今我们依然离不开的许多器具，均出自这一时期——譬如，打字机于1867年问世，人们熟悉的标准打字机键盘于19世纪70年代由雷明顿（Remington）大量生产；贝尔（Alexander Graham Bell）发明的电话于1876年获得专利权；翌年，爱迪生（Thomas Edison）发明的留声机或录音机获得专利权。当时大多数重要的技术开发成果，均以这样或那样的方式借助于电力，而日益普遍的供电系统有赖于西门子（Siemens）所开发的大型发电设备。1860年，斯旺（Swan）发明了电灯泡，于1879年由爱迪生转化为商品，使后者得以于1881年在纽约建立了第一家公共照明系统。尽管蒸汽机车于1870年已经世人皆知，但西门子的另一发明——电力发动机很快被用于电车系统与地铁系统，使城市交通在19世纪70年代发生了重大转变。最后，现代生活的祸根——内燃机——很快问世；达姆勒（Daimler）于1883年发明了柴油引擎，并与奔驰联手，将其安装在车轮之上，于1885年制造了第一辆柴油引擎机车。

　　19世纪70年代的技术发展，为20世纪的城市世界创立了主要的物质结构；与此同时，20世纪许多闻名遐迩的机构也在逐步成形，譬如有限责任公司与工会运动等。甚至连世界首家足球组织——英国足球协会——也在此时问世：该协会成立于1867年，于1871年举办了首届足协杯比赛。当时的作曲家、作家与艺术家纷纷标新立异，打破传统表现形式的局限。在维也纳，勃拉姆斯（Brahms）创作了自己的交响乐；在圣彼得堡，柴可夫斯基（Tchaikovsky）创作了自己的芭蕾舞；在拜罗伊特，瓦格纳（Wagner）在自己专有的新剧院里上演了歌剧四联剧《尼伯龙根指环》（其创作时间早于上演时间）。当时的小说登峰造极，杰作层出不穷，譬如托尔斯泰（Tolstoy）的《战争与和平》（*War and Peace*，1869），乔治·爱略特的《米德尔玛契》（*Middlemarch*，1872）等；在舞台艺术领域，易卜生（Ibsen）的剧作别开生面，所探讨的主题是社会分化与个人绝望。尽管1871年发生了巴黎公社的悲剧，但这一时期艺术创新的伟大中心仍是巴黎：马拉美（Mallarmé）、兰波（Rimbaud）与魏尔兰（Verlaine）的诗歌鼓舞了"象征主义"诗歌运动，而莫奈（Monet）等人的画作引发了"印象派"艺术运动（"印象派"一词于1874年首次被使用，据认为是用于对莫奈的一幅画的批评）。

　　这一时期出现的几部伟大文学作品，旨在探讨女性的地位（譬如《米德尔玛契》与易卜生的《玩偶之家》）。1866年，密尔（J. S. Mill）为英国妇女争取选举权的努力遭到失败；此后，这一问题在英国如同在其他国家一样被长期搁置，直到20世纪初，争取妇女选举权运动才重新为之而奋斗。但在其他生活领域，妇女的地位在19世纪70年代确实开始取得某些进展，譬如在从事法律与医学工作方面。最引人注目的是，在北美和整个欧洲，大学教育已向妇女开放，通常她们就读于著名大学的附属女校（在剑桥与牛津大学就是如此）。这一变化是19世纪70年代广泛扩大高等教育的组成部分。德国的大学模式被全世界所接受。在拿破仑击败普鲁士

英文版序言

王国之后的1807—1808年，费希特（Fichte）在其著名的《对德意志国民的演讲》（Addresses to the German Nation）中，将大学等同于代表德意志民族一切最佳品质的机构。在随后的几十年里，德意志的大多数邦国满怀豪情，鼓励大学发展，大学在学术自由（Lehrfreiheit）的氛围中出色地开展研究。结果是，至19世纪70年代，德国拥有了多所世界上一流的大学。来自全世界（尤其是来自美国）的学子，前往德国接受高等教育，然后返回自己的祖国，依据德国的大学模式建立大学。

毫不奇怪，费希特将哲学研究置于他理想化了的德国大学的核心地位。尽管19世纪70年代的德国大学未能完全实现这一理想，但在那里，哲学研究所享有的地位是其他地方难以比肩的。1870年，德国的哲学教授无疑多于世界其他任何地方，甚至很可能还多于其他地方哲学教授的总和（虽然不容易搜集证据来证实这一假定）。所以，前往德国（以及奥地利）从事哲学研究的学子，抑或在哥庭根师从洛采（Lotze），抑或在马堡师从柯亨（Cohen），抑或在维也纳师从布伦塔诺，抑或在莱比锡师从冯特（Wundt），凡此种种，均属平常之事。而他们归国之后，不仅熟知各种唯心主义思想的最新发展动态，而且谙熟海克尔（Haeckel）与马赫（Mach）的实证主义、布伦塔诺关于心理现象特有的意向性的观念，以及冯特的科学心理学观念。

因此，本书第一部分的讨论大多根源于德国哲学。当然，哲学学术研究一旦在德国之外确立起来，很快就会建起当地的机构。如今，要追溯19世纪下半叶哲学发展的情况，其途径之一就是查阅全球著名哲学杂志（而非《西敏寺评论》（Westminster Review）那样的刊物）的成长过程。可想而知，三家最早创办的哲学杂志均为德语杂志，其中包括1847年创刊、迄今依然发行的《理智》（Ratio），其余两家则是《哲学与哲学批评杂志》（Zeitschrift Philosophie und philosophische Kritik，1837—1918）和《哲学与教育学杂志》【5】（Zeitschrift für Philosophie und Pädagogik，1861—1914）。其后便是首家英语杂志——《思辨哲学杂志》（Journal of Speculative Philosophy），该杂志创刊于 1867 年，停刊于 1893 年，其出版地为圣路易斯。接着是 1868 年创办并刊行至今的两家杂志，其一是德语杂志《哲学历史档案》（*Archiv für Geschichte der Philosophie*），其二是最早的一份法语杂志（尽管是在洛桑出版的）《神学与哲学评论》（*Revue de théologyie et de philosophie*）。1870 年之后不久，首家意大利语杂志《哲学视野》（*Revista di filosofia*）创刊。1876 年，另外两家著名刊物出版，即《心灵》（*Mind*）与《哲学评论》（*Revue philosophique*）。此后再无新刊物出现，直至约 1890 年，才有一批现在耳熟能详的刊物问世，包括《一元论者》（*The Monist*，1888），《伦理学》（*Ethics*，1890），《哲学评论》（*The Philosophical Review*，1892），《形而上学与道德评论》（*Revue de métaphysique et morale*，1893），《卢旺哲学评论》（*Revue philosophique de Louvain*，1894）与《康德研究》（*Kant - Studien*，1896）等。由此可见，哲学研究作为德国大学系统中的基础学科，在 1900 年已经遍及整个世界。

托马斯·鲍德温

总　目

上　卷

中文版序言 ……………………………………… 托马斯·鲍德温(1)

英文版序言 ……………………………………… 托马斯·鲍德温(7)

第一部分　1870—1914 年

第一篇　实证主义、唯心主义与实用主义 ……………………… (3)
　　第一章　19 世纪的实证主义思想 ……………… 罗姆·哈雷(5)
　　第二章　新康德主义:德国唯心主义
　　　　　　运动 …………… 克里斯托弗·阿代尔—托特夫(24)
　　第三章　英国与美国的唯心主义 ………… 詹姆斯·阿拉德(42)
　　第四章　俄国的唯心主义 ………………… 大卫·巴库斯特(63)
　　第五章　柏格森 ……………………………… F. C. T. 莫尔(71)
　　第六章　实用主义 ………………… 克利斯托弗·胡克维(80)

第二篇　心理学与哲学 ……………………………………… (101)
　　第七章　心理学:旧与新 ……………… 加里·哈特菲尔德(103)
　　第八章　无意识的心灵 ……………… 塞巴斯蒂安·加登纳(120)

第三篇 逻辑、数学与判断 ……………………………………（131）

- 第九章 逻辑的复兴和改革 ………… 彼得·西蒙斯（133）
- 第十章 数学的基础 ………………… 米歇尔·哈雷特（144）
- 第十一章 判断理论
  ………… 阿图尔·罗杰斯扎克、巴里·史密斯（178）
- 第十二章 语言的逻辑分析 ……………… 大卫·贝尔（198）

第四篇 哲学与新物理学 ………………………………………（221）

- 第十三章 原子论之争 …………………… 埃利·扎哈尔（223）
- 第十四章 现代物理学中的时空理论 … 卢西亚诺·博伊（236）

第五篇 社会科学的观念 ……………………………………（249）

- 第十五章 德国哲学关于人文科学的
  争论 ……………………… R. 拉尼尔·安德森（251）
- 第十六章 从政治经济学到实证经济学
  …………………………… 玛格丽特·沙巴斯（267）
- 第十七章 社会学和社会科学观念 …… 杰弗里·霍索恩（279）

第六篇 伦理学、政治学、法律理论 ……………………………（289）

- 第十八章 功利主义者与唯心主义者 …… 罗斯·哈里森（291）
- 第十九章 尼采 ……………………… 爱德加·斯莱尼斯（304）
- 第二十章 伦理学中的新实在论 ……… 克里斯琴·皮勒（316）
- 第二十一章 个人主义与集体主义的对立
  ………………………………… 皮特·尼科尔森（330）
- 第二十二章 马克思主义与无政府
  主义 …………………… 亚历克斯·卡利尼科斯（340）
- 第二十三章 法律理论 ………………… 斯坦利·L. 保尔森（354）

第七篇 宗教哲学与艺术哲学 …………………………………（365）

- 第二十四章 对信仰的怀疑主义挑战 … 詹姆斯·利文斯顿（367）

第二十五章　为信仰辩护 ………… 詹姆斯·利文斯顿（377）

第二十六章　艺术与道德：1870年前后的美学
　　　　　　………………………… 保罗·盖耶（387）

第二十七章　形式与感受：世纪之交的美学
　　　　　　………………………… 保罗·盖耶（400）

插入篇　哲学与第一次世界大战 ………… 托马斯·鲍德温（419）

第二部分　1914—1945年

第八篇　逻辑与哲学：分析的纲领 ………………………（439）

第二十八章　逻辑原子主义 ………… 彼得·西蒙斯（441）

第二十九章　科学的世界观：逻辑实证主义
　　　　　　………………………… 阿兰·理查德森（451）

第三十章　波兰逻辑学派的成就 ………… 扬·沃伦斯基（463）

第三十一章　逻辑和哲学分析 ………… 托马斯·鲍德温（482）

第九篇　哲学的多样性 ………………………………（491）

第三十二章　持续不断的唯心主义传统
　　　　　　………………………… 莱斯利·阿穆尔（493）

第三十三章　思辨哲学的转变 ………… 詹姆斯·布拉德雷（507）

第三十四章　实在论、自然主义、实用
　　　　　　主义 ………… 科尼利厄斯·德莱尼（520）

第三十五章　法国天主教哲学
　　　　　　………… 达尼埃尔·勒迪克·费耶特（534）

第三十六章　西班牙哲学 ………… 曼努埃尔·加里多（544）

第三十七章　现象学运动 ………… 赫尔曼·菲利普斯（553）

第三十八章　海德格尔 ………… 雷蒙德·居斯（575）

第三十九章　拉丁美洲哲学 ………… 埃德华多·拉沃西（586）

第四十章　日本哲学 ………… 托马斯·卡苏里斯（594）

下 卷

第十篇 知识、语言与形而上学的终结 ……………………（601）
- 第四十一章 可感觉的表象 …………… 迈克尔·马丁（603）
- 第四十二章 认识论的复兴 …… 卢西亚诺·弗洛里迪（617）
- 第四十三章 唯我论之争 …………………… 大卫·贝尔（629）
- 第四十四章 语言 …………… 大卫·霍尔德克罗夫特（641）
- 第四十五章 作为形而上学之哲学的终结
  …………………… 西蒙·格伦迪宁（654）

第十一篇 哲学与精密科学 ……………………………………（671）
- 第四十六章 一阶逻辑及其竞争者 …… 迈克尔·斯坎伦（673）
- 第四十七章 数理逻辑的黄金时代 ………… 约翰·道森（685）
- 第四十八章 广义相对论 …………… 托马斯·里克曼（694）
- 第四十九章 科学的解释 ………………… 乔治·盖尔（703）
- 第五十章 概率论思维的兴起 ……… 扬·冯·普拉托（719）

第十二篇 心灵及其在自然中的位置 ……………………………（727）
- 第五十一章 活力论与突现 ……… 布莱恩·麦克劳克林（729）
- 第五十二章 行为主义与心理学 …… 加里·哈特菲尔德（740）
- 第五十三章 格式塔心理学 ………… 托马斯·利希（750）
- 第五十四章 维特根斯坦的心灵概念 ……… 玛丽·麦金（760）

第十三篇 哲学与社会科学 ……………………………………（769）
- 第五十五章 社会科学方法论 …………… 詹姆斯·博曼（771）
- 第五十六章 社会人类学的兴起 ……… 梅里李·H.萨蒙（782）

第五十七章　西方马克思主义与意识形态
　　　　　　批判 ………… 亚历克斯·卡利尼克斯(788)

第十四篇　伦理学、宗教与艺术 …………………(797)
　　第五十八章　从直觉主义到情感主义 …… 乔纳森·丹西(799)
　　第五十九章　宗教哲学 ………………… 理查德·罗伯茨(812)
　　第六十章　作为哲学的文学 …………… 莱安农·戈德索普(821)
　　第六十一章　两次世界大战之间的美学:艺术与
　　　　　　解放 ……………………… 保罗·盖耶(830)

第十五篇　法律与政治 ……………………………(849)
　　第六十二章　汉斯·凯尔森与规范的法律实证
　　　　　　主义 ………… 斯坦利·L.保尔森(851)
　　第六十三章　自由民主国家:捍卫与发展
　　　　　　………………………… 理查德·贝拉米(857)
　　第六十四章　自由民主国家:批评者 …… 瓦尔特·亚当森(870)

附录　传记与文献 ……………………………………(881)
参考文献 ………………………………………………(987)
索引 ……………………………………………………(1096)
后记 ……………………………………………………(1211)

上　卷

目　录

中文版序言 ……………………………………… 托马斯·鲍德温(1)
英文版序言 ……………………………………… 托马斯·鲍德温(7)

第一部分　1870—1914年

第一篇　实证主义、唯心主义与实用主义 ……………………… (3)
　第一章　19世纪的实证主义思想 ……………… 罗姆·哈雷(5)
　第二章　新康德主义：德国唯心主义
　　　　　运动 ………………… 克里斯托弗·阿代尔—托特夫(24)
　第三章　英国与美国的唯心主义 …………… 詹姆斯·阿拉德(42)
　第四章　俄国的唯心主义 ………………… 大卫·巴库斯特(63)
　第五章　柏格森 …………………………… F. C. T. 莫尔(71)
　第六章　实用主义 ……………………… 克利斯托弗·胡克维(80)

第二篇　心理学与哲学 ……………………………………… (101)
　第七章　心理学：旧与新 ……………… 加里·哈特菲尔德(103)
　第八章　无意识的心灵 ………………… 塞巴斯蒂安·加登纳(120)

1

第三篇 逻辑、数学与判断 ……………………………… （131）

第九章 逻辑的复兴和改革 ………… 彼得·西蒙斯（133）

第十章 数学的基础 ……………… 米歇尔·哈雷特（144）

第十一章 判断理论
………… 阿图尔·罗杰斯扎克、巴里·史密斯（178）

第十二章 语言的逻辑分析 ………… 大卫·贝尔（198）

第四篇 哲学与新物理学 …………………………… （221）

第十三章 原子论之争 …………… 埃利·扎哈尔（223）

第十四章 现代物理学中的时空理论 … 卢西亚诺·博伊（236）

第五篇 社会科学的观念 …………………………… （249）

第十五章 德国哲学关于人文科学的
争论 ……………… R. 拉尼尔·安德森（251）

第十六章 从政治经济学到实证经济学
……………………… 玛格丽特·沙巴斯（267）

第十七章 社会学和社会科学观念 …… 杰弗里·霍索恩（279）

第六篇 伦理学、政治学、法律理论 ……………… （289）

第十八章 功利主义者与唯心主义者 …… 罗斯·哈里森（291）

第十九章 尼采 …………………… 爱德加·斯莱尼斯（304）

第二十章 伦理学中的新实在论 ……… 克里斯琴·皮勒（316）

第二十一章 个人主义与集体主义的对立
……………………… 皮特·尼科尔森（330）

第二十二章 马克思主义与无政府
主义 ……………… 亚历克斯·卡利尼科斯（340）

第二十三章 法律理论 ……………… 斯坦利·L. 保尔森（354）

第七篇 宗教哲学与艺术哲学 ……………………… （365）

第二十四章 对信仰的怀疑主义挑战 … 詹姆斯·利文斯顿（367）

第二十五章　为信仰辩护 ……………… 詹姆斯·利文斯顿(377)
第二十六章　艺术与道德:1870年前后的美学
　　　　　　…………………………… 保罗·盖耶(387)
第二十七章　形式与感受:世纪之交的美学
　　　　　　…………………………… 保罗·盖耶(400)

插入篇　哲学与第一次世界大战 ……… 托马斯·鲍德温(419)

第二部分　1914—1945年

第八篇　逻辑与哲学:分析的纲领 …………………… (439)
　　第二十八章　逻辑原子主义 ………… 彼得·西蒙斯(441)
　　第二十九章　科学的世界观:逻辑实证主义
　　　　　　　…………………………… 阿兰·理查德森(451)
　　第三十章　波兰逻辑学派的成就 …… 扬·沃伦斯基(463)
　　第三十一章　逻辑和哲学分析 ……… 托马斯·鲍德温(482)

第九篇　哲学的多样性 ……………………………… (491)
　　第三十二章　持续不断的唯心主义传统
　　　　　　　…………………………… 莱斯利·阿穆尔(493)
　　第三十三章　思辨哲学的转变 ……… 詹姆斯·布拉德雷(507)
　　第三十四章　实在论、自然主义、实用
　　　　　　　主义 ……… 科尼利厄斯·德莱尼(520)
　　第三十五章　法国天主教哲学
　　　　　　　………… 达尼埃尔·勒迪克·费耶特(534)
　　第三十六章　西班牙哲学 …………… 曼努埃尔·加里多(544)
　　第三十七章　现象学运动 …………… 赫尔曼·菲利普斯(553)
　　第三十八章　海德格尔 ……………… 雷蒙德·居斯(575)
　　第三十九章　拉丁美洲哲学 ………… 埃德华多·拉沃西(586)
　　第四十章　日本哲学 ………………… 托马斯·卡苏里斯(594)

第一部分

1870—1914 年

第一篇

实证主义、唯心主义与实用主义

第一章

19世纪的实证主义思想

一 引 言

实证主义只接受确凿无疑的东西，拒绝任何程度的思辨的东西，从古希腊典籍中最初出现的苗头，到最近在当代反实在论科学哲学中的复兴，这一趋向主要以两种方式表现出来：一是表现为一种学说，所关注的是人类能合法声称所知的东西的界限，它显示为一种严格的认识论态度。这导致了一种基础主义，根据这种基础主义，只有由感觉提供的东西才是确实可知的。二是表现为另外一种学说，所关注的是何为可以合法存在的东西，它显示为一种严格的本体论态度。这导致了一种怀疑论，即怀疑从上帝到物质实体的各种不可见物的存在，物质实体是许多哲学家和科学家为了说明共同经验而想到的。从根本上讲，实证主义是受一种趋向、态度或心态所驱动的，表现在各种各样的哲学论说之中。实证主义的论证与分析之所以令人信服，与其说是取决于其内在的价值，毋宁说是取决于其严格的态度与怀疑主义。实证主义者随时准备使用奥卡姆剃刀（Ockham's Razor）来割除那些诱使人们相信的数量猛增的各种实体，据说他们认为，一个人所能接受的东西应当比他或许能接受的少些为好，以免使自己相信的东西多于也许应当相信的东西。

本章的论题是19世纪实证主义的兴起，它只选择其中某一重点，来说明人们追求实证主义严格性的那种起伏不定、反复循环的热情。自古以来，人们对应当合理相信的东西的态度或比较严谨，或比较宽松，变化不定。在 16 世纪，天文学的争论以科学中的实证主义与科学实在论的对立为转移。一个人是应当相信日心说的真实性呢，还是应当将其当作预测"天光"来去的方便计算器呢？在当代科学哲学争议中所讨论过的这些类似思考，由各自观点的倡导者提出来，譬如实证主义者奥斯恩德（Osiander）与实在论者开普勒（Kepler）。到了 18 世纪，实证主义的冲动将某些作家——特别是巴克莱（Berkeley）——引到一种唯心主义，至少在我们关于物质世界的知识方面是如此。于是，唯有感知到的东西才被认为是存在的。不过，到了 19 世纪，实证主义反对唯心主义，然而是以悖论的方式。19 世纪实证主义最有力、最有影响的倡导者是厄恩斯特·马赫（Ernst Mach），他似乎与巴克莱在很多问题上有同样观点。两人都认为人类感官不仅为有关物质实在性的看法提供了唯一恰当的基础，而且穷尽了实在事物的领域。为了说明人们所经验到的东西，巴克莱提出了一种精神的、即非物质的能力的假设。这一假设也许为马赫所厌恶，但却在 19 世纪另一位有影响的实证主义态度的支持者赫伯特·斯宾塞（Herbert Spencer）那里被复活。

出于说明问题的目的，可将哲学上倡导实证主义的主要人物按国别分为三组。在德国，有一种实证主义是从物理科学家中发展起来的，他们有意反对当时流行的德国哲学唯心主义。在某种程度上，这些公开的学术争论，反映了德国大学中关于学科主导地位的重要争议。类似马赫这样的实证主义哲学家，均是专业科学家。在他们看来，黑格尔的那些界说——譬如"空间在时间中和时间在空间中的这种**消失和自我再生是一个过程，在这个过程中**，实践自身在空间中被设定为位置，而这种无差别的空间性也同样直接在**时间中被设定，这就是运动**"。（Hegel 1830 ［1970］：40）——几近于侮辱性的胡言乱语。在法国，实证主义者是在 18 世纪末的大革命中表现出来的反教权运动的组成部分。孔德（Auguste Comte）的实证主义思想，是在将理智从迷信和神话中解放出来的历史语境中阐述的，他在当时制度化的宗教里发现了那些迷信与神话。法国实证主义的科学根源就在人文科学之中。在英国，倡导和捍卫某种类似于实证主义思想的作家，仅仅根据他们在科学哲学某些方法论争论上的立场而联合起来。威廉·休厄尔（William Whewell）对概念先于事实的康德式辩护，引起了密尔（John Stuart Mill）众所周知的反驳，后者为一种与孔德思想相近的强经验主义辩护，似乎预见到该世纪下半叶德国物理学家为之争辩的许多东西。不过，在英国实证主义者之间没有政治上的共同点。密尔是一位左派人士，而毕尔生（Pearson）所持的观点在我们这个时代看来近似于法西斯主义。

在19世纪，实证主义态度率先出现在法国（孔德的《实证哲学教程》[Cours de Philosophie positive] 初版于1830年），随后出现在英国（密尔的《逻辑体系》[A System of Logic] 初版于1843年），最后出现在德国（马赫的《力学》[Science of Mechanics] 初版于1883年）。【13】事后看来，把马赫的著作看成是20世纪最有影响的著作，并没有什么奇怪的。

二 法国实证主义：在世俗世界中重塑道德

毫无疑问，法国实证主义源自18世纪的批判哲学与反教权情绪（孔德自称圣西门是他的导师）；诚如查尔顿（Charlton）在对19世纪中叶法国思想的综合研究（1959）中所指出的，我们可将之归为实证主义者的那些人，尽管把感觉当作唯一的认识来源，但却在如何创立道德与政治原则以取代他们的宗教批判所要清除的那些原则的问题上观点各异。不过，与马赫那种傲慢的"清教徒似的"还原论不同，大多数人都承认神秘莫测的或不可知的东西的存在，而且都认识到要建构一种合乎情理的、令人满意的实证主义伦理学是困难重重的。

孔德（1798—1857）很时尚地将自己的哲学建立在理解方式的三方面发展的观念上。他没有把这些方面或方式描述为阶段，而是更愿意将它们称作心灵的状态或态度，因为，他发现周围的人们提供了种种范例，足以说明人们都是按照他所讨论的三种方式进行思考的。在"神学心态"（theological state of mind）中，每个人都是依据"超自然动因的持续而专断的活动"（Comte，1830—1842［1864］：5）来寻求各种解释的。第二种心态更进一步，但只是对第一种心态的矫正结果，它用"能独自产生所见一切现象的……抽象力量"（p.5）来取代超自然的动因。在第三种或实证的心态中，人的心灵"通过恰当地联合运用推理和观察，努力发现现象的实际规律……也就是说，发现要现象彼此接续与相似的永恒关系"。

在下面一段引人注意的话里（Comte，1830—1842［1864］：I，23），孔德表示他不再寻找第一因或终极因，以致完全放弃对任何原因的兴趣："我们并不妄图说明现象的真实原因，因为那只会更进一步推延困难。"（p.23）牛顿的万有引力定律所能做的一切，就是向我们表明，形形色色的现象"只不过是从不同观点来观察的单个事实……即地球表面上一个物体的重量"（p.26）。孔德的经验主义是非常严格的，他以星球的化学构成作为不可获得的知识的范例。这一选择虽然著名，但并不明智。

[14]　当孔德将实证哲学用于自然科学时，一位史学家将会从其相关论著中看到许多休谟哲学的成分。但在心理学上，孔德与休谟把心理学设想为对观念关系的研究是完全相反的。孔德否认我们"能通过对人类心灵本身的沉思冥想来发现其根本规律"。他认为有希望的办法是"对我们的智力器官进行生理学研究"。法国实证主义具有强烈的唯物主义特征。它不仅要求将所有的解释还原为各种现象相互联系的规律，而且这些现象也完全是物质的。

完全按照发现物质自然规律的同样方法，应当能发现社会的规律。这样就可以建立一门科学社会学。凭借观察、实验、比较与历史等四种方法，我们就能在无须设定任何不可见原因的情况下找到社会规律。而将要把握住这些规律的人，只是那些从神学"心态"经由形而上学阶段而达到实证心态的人，因为他们仅仅探寻社会现象之间的相互关系。不是每个人都能矢志于这种完善性，因此，孔德提倡构造一种合适的宗教，以取代当时的迷信。但这个宗教又是如何产生出道德的呢？正如查尔顿（Charlton 1959：49）所言：一个人如何能成为一位实证论者，而又提供出一种"客观而权威的伦理体系"呢？

倘若我们被局限于各种现象,那又如何达成这一伦理体系呢?如何从"是"的领域进入到"应该"的领域呢?根据上述三种"心态"系统,进步必须是从神学心态达到实证心态,这样才会自行生成新的社会道德。在实证心态下,人性的真正宽容与慷慨将会主导社会关系。这便是"进步律"(law of progress)。社会学如同医治这种心态疾病的药物,能使天然的健康灿烂夺目。鉴于阻止进步的主要障碍来自顽固的原始心理态度,那么克服这一障碍的方法便唾手可得——改变态度。不过,孔德确实尊重宗教支撑道德的作用,还为那些想从新宗教中"获得启示"的人们编写了一部《教理问答》手册(Comte 1852)。

法国第二代有实证主义取向的哲学家以丹纳(Hippolyte Taine,1828—1893)为典型代表。丹纳在世时,因为抨击法国革命主要人物的品行与动机而名声大噪,或者可以说是臭名昭著。他的哲学著作对公认的观点,尤其是那些有关人生方面的观点,进行了毫不妥协的批判。在这些方面,精神的或非物质的实体与过程起着核心的作用。在对革命家进行批评的同时,他采用还原论的方式来研究道德品质。在《论理智》(D'intelligence,1870)一书中,丹纳首先描述了人生完全根据意识经验的内容,特别是由笛卡儿归因于精神实体的那些方面。

丹纳宣称自我(le moi)与物质实体都是幻象。"自我中除了事件流之外,没有任何有实在性的东西"(转引自 Charlton 1959:137)。丹纳的形而上学的严格性具有很多孔德的风格。他宣称,"所有实在都是人们通过经验感知到的"。【15】

但在其评述密尔哲学的论著《英国实证主义》(Le positivisme Anglais,1864)中,丹纳表明了自己的实证主义在多大程度上有别于严格的经验主义"原型"(archetype),根据这一原型,自然规则可以另当别论,因此,对自然规则的经验普遍化表达必定是偶然的。因果性就不是自然的必然性,它仅仅是对经验规则的恒常经验所造成的心理结果。然而,在丹纳看来,虽然自然规律与心理规律的确是通过对各类事实的抽象而发现的,但它们都是必然的因果真理。这就使丹纳与休厄尔和赫尔姆霍茨（Helmholtz）那样的"康德主义者"结成了联盟；后两人在英国和德国式的实证主义中发挥着重要的作用。

在对实证主义心理学的运用中，丹纳特别批判了那样一种观念，即把艺术品视为一种特殊才能的产物，一种个体的精神目的论的产物。在《艺术哲学》（*Philosophie de l'art*，1865）一书中，丹纳对艺术之美作了系统的阐述，所采用的方式亦如他先前探讨人类其他理智、精神与道德品质所采用的方式。对艺术品的创造负责的是环境，而不是艺术家。艺术品首先是对其模特的模仿，而不是其他什么东西。要想理解一件艺术品，"就必须［知道］该作品准确地再现了当时所处的那个时代的基本精神和习俗（moeurs）"（Taine 1865：7）。丹纳指出：正是这些东西构成了决定其他一切的起因。不过，还有一些次要条件，由此形成了有教养的公众，他们能够根据时代精神来识别艺术品。此外，一件表达某种情感的艺术作品只会感染那些已经体验过这一情感的人。文化如同地理条件一样，决定着何时何地应当种植何种植物。对这一阐述值得做更详细的说明，因为它显示了实证主义思想的另一个组成部分，即在环境中而不是在个人的思想活动中探寻心理现象的根源。

总之，我们可以看到，在人类感觉经验是知识的唯一合法源泉的意义上，法国实证主义是反理论的，是强经验主义的。不论怎样，孔德与丹纳的著作表明，当时的法国实证主义哲学家在何种程度上清楚意识到他们在心理学中所喜欢的感觉论与环境论仍然遗留下重要的问题没有得到回答。他们首先思考的问题是："如何生活？"

三 英国的实证主义：什么是科学知识？

实证主义寻求知识的可靠基础，这使得它总是回到用五官所能辨别的东西上。不过，用这一根本方法得到的资料是局部的和个别的。已知的自然规律与预期的那些人类思想规律和社会活动规律，其范围显然是广泛的和普遍的。它们如何会联系起来了呢？在 18 世纪末，人们提出了两种回答。根据休谟的观点，经验之伴随出现模式的普遍

第一章 19世纪的实证主义思想

化至多只是实际行动的指导而已，而且，从所能提供的有限证据来看，这些模式还不能被证明是必然的真理。而在康德看来，自然的基本规律是先天综合命题，它们表现了人类经验必定在其中得以形成的那些形式。孔德采取了休谟的立场，而丹纳的观点则是康德式的。在19世纪，英国科学哲学是以同样的对立为特征的。

约翰·斯图尔特·密尔（1806—1873）于1843年出版了《逻辑体系》（*System of Logic*）一书。该书立刻产生了很大的影响，而且经久不衰。在19世纪的后来年代，它成为各大学的标准教材，通常被视为是对科学方法的可靠描述。在该书第三卷里，密尔提出了一套原理，认为采用这些原理就可以获得对质料因的可靠知识。密尔哲学观的形成，在很大程度上归功于他年轻时对圣西门（Saint Simon）思想的热情，归功于由此而从孔德的著作中得到的教益。密尔提出了一些原理，在这些原理的基础上，建立了一种归纳逻辑，为经验科学确立了一种与演绎逻辑并驾齐驱的经验科学证明方法。这些原理就是著名的归纳法则。密尔显然受培根的《新工具》（*Novum Organon*，1620）的影响，他将自己的体系建立在暂时原因与长久原因的区分之上（Mill 1843［1863：258］）。发现两类事件之间有规则地伴随出现，会给我们一个暗示：一类事件可能是另一类事件的原因或部分原因。这个暗示通常可以借审慎的实验加以确证，如果我们发现假定的原因不存在时，相关的那类事件也不发生的话。至于像地心引力那样的长久原因，就必须期待于发现一类事件的变化是否与另一类事件的变化有关（或无关）。密尔将他的归纳法则说成是"唯一可能的实验研究方式——与演绎不同的后天直接归纳的方式"（Mill 1843［1862：266］）。不仅物理学、化学的法则是通过归纳得到的，而且数学、几何学的法则也是通过归纳得到的。逻辑的法则就是思想的法则。这是彻头彻尾的经验主义。有人提出异议，认为所有这些都是以时空上局部的资料为根据的，密尔对此回答说：他的"归纳法"的形式有效性依赖于自然的一律性（the Uniformity of Nature）。这种一律性本身是通过同样的方法得到的一个"复杂事实"（Mill 1843［1862：206］），是"自举原理"的一个应用。

【17】

11

在密尔发表《逻辑体系》的时候，英国科学哲学的主导人物是休厄尔。休厄尔时任剑桥大学三一学院院长，是米歇尔·法拉第（Michael Faraday）的朋友和导师，人们说，"休厄尔的缺点就是无所不知"。休厄尔用大量事例证明，只有将先验的假设应用于初步的经验才能发现事实。这些假设起初与它们当下的应用有关，但随着实验计划的实施，各种观念和事实展现出来，在新修正的观念的推动下，这些假设得到完善，成为那些观念和事实之间的一种辩证规定（Whewell 1847：I，42）。因此，休厄尔宣称，密尔的归纳四法或归纳法则在发现的过程中既没有被使用，也没有必要使用。

密尔尽管也承认他的归纳四法也许不是发现的方法，但仍坚持认为它们是不可或缺的证明方法。在休厄尔看来，新的事实引出新的假设，因此会使假设逐渐得到改善。在密尔看来，证明之类的东西是必要的。按他所说，造成错误的正是那些思想方式。"因此，虽然人类的思想本身在许多论题上的运用实际上是正确的，但其思维能力历来薄弱……在与不可见的世界……以及地球上许多领域有关的方面，取得最伟大科学成就的人们仍然像愚昧的人那样可怜地进行争论"（Mill 1843［1862：285］）。当然，他们所需要的是密尔的法则，是用于证明的严格方法。"归纳逻辑的任务在于提供规则与模式……如果归纳论证符合这些规则与模式，那么，这些论证就是结论性的，而非其他"（Mill 1843［1862：283］）。

恪守实证主义思维模式的法国哲学家心中非常关注的那个问题：即从个别人的感觉根据出发，我们，即这些人的集合，是如何达到一个共同世界的，是如何达到即使在我们个人从事与集体从事的最简单活动中也显而易见的共同性的？似乎并没有给密尔造成严重的麻烦。密尔所提倡的方法是一种技术，但不是用来填补感觉与实在之间鸿沟的，而是用来跨越有关共同世界的局部事实与普遍事实之间的差距的。

尽管密尔的观点给许多科学家带来了成功，尽管严格的经验主义在化学家（其中许多人拒绝承认化学原子的实在性）那里很流行，但有些实证主义者，尤其是卡尔·毕尔生（Karl Pearson，1857—

1936），仍然认为科学中的某些先验原理是必要的。毕尔生创立了现代数学统计学。他对这一学科的热情，将他带入了科学哲学与政治学。在后一领域，他成为优生学运动（the eugenics movement）的学术领袖。在担任伦敦大学以高尔顿（Galton）之名命名的教授职位时，他提倡国家对人类生殖的控制。在科学哲学方面，他拒绝了在可见的事物变化背后有任何实际一律性的思想，这将他引向一种实证主义。有关自然同质性的观念是形而上学的幻想。毕尔生的统计学曲线是对资料进行概括的内心构想，从中推导不出任何一律的基础原因。毕尔生所著的《科学语法》（*The Grammar of Science*，1892）一书，是在密尔的经验主义问世数十年后才出版的，该书有助于传播实证主义的观点，抵挡英国日益发展的唯心主义思潮。既然我们所具有的一切都是简单的感觉经验，那么，我们所知觉以及自然科学所揭示的那种复杂的物质世界，如何能成为我们共同谈论的可能对象呢？在这里，困扰法国实证主义者的依然是同样的问题。因此，毕尔生求助于康德式的解决方法。

【18】

> 这样一个［外在］对象［例如一块黑板］，必须认为它在很大程度上是我们自己构造出来的；我们将或多或少的当下感觉印象附加在与之有联系的一堆已经储存起来的感觉印象之上。（Pearson 1892：41）

> 然而，感觉印象所象征的物自体，即形而上学家所乐于称之为的"实在"，处在［感觉］神经的另一端，依然是未知的和不可知的。（Pearson 1892：63）

> 人类的反思能力能够用内心的程式来表达知觉的惯常活动，这一情况可能是由于这种惯常活动是知觉能力本身的产物。（Pearson 1892：112）

毕尔生的这些观点甚至被皮尔士（Peirce 1892）说成是"康德式的唯

名论"。自然规律并非是各种简单经验事实的普遍化或从中抽象出来的。它们是"感知能力的产物"。毕尔生说,"人在宇宙中发现的逻辑,只不过是对自己的推理能力的反省罢了。"除了个人意识的感觉以外,不存在任何不可认知的存在(在"认知"的"知道"和"认识"的双重意义上)。科学是对统计规则性的抽象,这种科学的动机是"思维的经济性"(economy of thought)。人们之所以享有一个共同的世界,那只是因为每个人的头脑都被赋予了同样的先验原理。

毕尔生说:"我称之为'自我'(myself)的那个东西,只不过是广大的感觉印象世界中划出的一小部分"(Pearson 1892:66)。在这段话中确实可以看出休谟的影响。有意义的是,毕尔生还模仿马赫从上至下观看自己懒洋洋的身体时对自己视野的著名描述。毫不奇怪,毕尔生说,一定距离之外的物质、力与活动"并不表示现象世界的实际问题"。

四 德国的实证主义:作为哲学家的物理学家

就德国的情况而论,我们发现两种主张之间的重大对立:一种主张要求把知识建立在科学研究即实证科学的基础上;另一种主张据认为有点散布神秘的意味,要求把知识建立在新康德主义哲学思辨的基础上。在此我们看到了德国实证主义与德国唯心主义的冲突。但在德语社会的科学界内部,还出现了另外一种分化。一方是像马赫那样采取强还原经验主义的科学家,另一方是像赫兹(Hertz)和玻尔兹曼(Boltzman)那样的物理学家,他们将理论奉为可靠知识之源,认为理论与实验和观察一样,或者比后者更恰当。在此我们看到了一种与科学实在论对立的、更加严格规定的实证主义。使这一运动的"内在论"历史变得更加复杂的主要人物之一是赫尔曼·赫尔姆霍茨(Herman Helmholtz, 1821—1894),他不仅对自然科学,而且还对知觉的可能性展开说明,他的说明是强康德主义的。而同时,几乎在同一范围内,他又避免将物理学的概念基础投射到物质世界上。

赫尔姆霍茨对科学所作的贡献之广泛是惊人的(Turner 1980)。

他不仅对视觉和听觉生理学作出了贡献，而且对流体动力学和电磁学也作出了贡献。他对形而上学持怀疑态度，他致力于这样一种科学理论，根据这种理论，对经验观察和实验结果的数学概括是研究的终极目的。自然规律是对事实的总结，它们的效用是实践性的。至此，他似乎与马赫和密尔所见略同。但他在神经生理学方面的工作发展了弥勒（Müller）的特殊能力定律（即恰恰是感知器官决定了一个刺激物如何被经验到），他的这项工作是强康德主义的。他甚至声称，他在知觉神经生理学方面的研究确证了康德的概念（尤其是因果性概念）先天性的基本论点。经验中的因果秩序是人心强加的。他的经验主义与密尔的经验主义十分不同。实际上，假如他被问及的话，他很可能会说，他在这场大论战中是站在休厄尔一边的。

赫尔姆霍茨清楚地意识到以各种方式纠缠着实证主义的那个问题。如果可靠知识的最终来源是个人直接的感觉经验，那么，它如何能产生出自然科学似乎提供的那种非个人的知识呢？赫尔姆霍茨的解决办法诉诸于先天的因果律。人人都相信外在对象是我们的知觉的原因。这是为什么呢？经验的根据是：这些对象无须我们的意志就会发生变化。可是，我们似乎不会就此止步，而是试图弄清这件事为什么会如此。更恰当地说，我们马上会做出"无意识的推断"（unbewusste Schlusse），以致把我们的感觉经验当作是关于一个真实的物质世界的。这些推断是由先天因果律促成的。但与康德不同的是，赫尔姆霍茨认为，时间和空间，作为经验的所予，是各种构造，是在给我们提供物质东西的同一类因果律影响下的无意识推断的结果。

就19世纪具有实证主义倾向的所有作家而论，马赫（1838—1916）无疑是对后来一代哲学家和科学家最有影响的人物。他的三部最有影响的著作，《力学》（*The Science of Mechanics*，1883）、《感觉的分析》（*The Analysis of Sensations*，1906年第5版）与《通俗科学讲演集》（*Popular Scientific Lectures*，1894），读者众多，移译迅即，后来几十年中经常被引用。我们可以看到，维也纳学派（the Vienna Circle）逻辑实证主义者最具特点的许多论题，在马赫的著作中已经做了明确的阐述。 [20]

马赫的实证主义并非源自对认识论的哲学反思，而是源自他的一个长远规划，即将不可观察的领域从自然科学本体论中清除出去，尤其清除任何涉及"绝对"的痕迹，以这样一种方式重建物理学的基础。他非常明确地描述了自己的方案：

> 我［对"质量"］的定义是建立现象之间的相互依赖性和消除所有形而上学模糊性这一努力的结果，因此，它丝毫也不逊色于其他他已经做出的各种定义。（Mach 1883 ［1893：267］）

马赫的方法很简单。他首先表明，据说涉及不可观察的性质、实体或关系的一切物理学概念，包括"电量"和"温度"，都可以根据物质结构的可观察性质，诸如可见、可触物体的相互加速度等来定义。牛顿所说的质量，作为一个物体中物质的量，因为它是观察不到的，所以，它不仅是一个绝对，而且（用马赫的话说）是形而上学的。

马赫对"绝对"所做的最著名"还原"，也许就是他对牛顿的著名思想实验（即旋转的球体与旋转的水桶的实验）所做的那个批判。这些实验似乎表明，可以用实验来证明绝对时空的存在。马赫的论点所依据的原理是：如果相关的**概念**可以从话语中予以语法说明，那么这个概念似乎所指的东西就是多余的。我们可以从力学的话语中除去"质量"概念，因此，作为物质的量的质量也可以从我们的本体论中退出去了。绝对的时间和空间也是如此。不过，他断言，用"力学的神话"来取代"旧的……形而上学体系"是一个错误。因为，"原子必须保留下来，作为描述现象的一个工具，就像数学的函数那样"（Mach 1894：205）。

在总结自己的观点时，马赫声称，自然规律只不过是"传播科学知识的"手段，"也就是在思想中模仿地再现事实，其目的是要取代和免除新经验的麻烦"（Mach 1894：192）。

可是，那些现象，即那些事实到底是什么呢？在考察一个"事实领域"时，"我们发现了这个马赛克的简单持久的要素"（Mach 1984：194）。根据马赫的观点，一个人所能获得的唯一实证的知识，

【21】

第一章　19世纪的实证主义思想

是他自己的感觉知识。但这又如何避免被指责成唯我论呢？这导致马赫对物质对象做了强还原论的解释：

> 在心中将一个物体从它在其中活动的可变的环境分离开来，我们实际所做的，就是从我们的感觉流中分离出一组感觉，这组感觉是我们的思想所专注的，它们比其他感觉有较大的稳定性……更恰当地说，物体或事物是一组组感觉的简明的内心符号——并非存在于思想之外的符号。（Mach 1894：200）

听起来，这一说法与主观主义很相像。马赫摆脱唯我论危险的途径是通过一律同质的"要素"的概念。这些要素只当与自己的身体联系起来思考的时候，才是感觉。如果就这些要素的彼此关系来思考，它们就是物质事物的性质。但事物不是实体。表示实体的词只是在经验中聚在一起的一组组要素的名称。

阿芬那留斯（Richard Avenarius，1843—1896）采取了相似的路线。他的工作对于马赫实证主义的核心内容贡献甚微。然而，他却影响了20世纪一位重要的"哲学王"列宁（V. I. Lenin）。阿芬那留斯引入了"经验批判主义"（empirio-criticism）一词，用来描述他那种实证主义思想，正是针对这种实证主义，列宁写了自己最重要的哲学论著，以支持自己的实用主义的科学实在论（Lenin 1920）。同马赫一样，阿芬那留斯将知识限定于"纯粹经验"，把科学方法看成是受"思维经济"的需要推动的，主张彻底清除形而上学范畴。他称此是对"嵌入"过程（the process of introjection）——将形而上学强加给经验——所做的限制，而这一过程恰恰是赫尔姆霍茨所需要的东西，他要以此来理解人类经验，来理解我们关于一个不同于我们个人经验的物质世界存在的普遍信念。尽管阿芬那留斯拒绝了"嵌入"，但他同样需要找到一种克服唯我论危险的办法。他的"假设"要比赫尔姆霍茨的假设较少形而上学色彩，但却是为了达到同样的目的。每个人都假定他（或她）面对的是一个物质世界，都假定其他人也确认这个世界。

剑桥哲学史（1870—1945）

至此，从拒绝德国唯心主义到对物理学采取极端的反理论态度，这一发展路径已经走到了它的逻辑终点。虽然德语社会的科学权威们滑向这样的方向，但其中也有重要的不同声音。这里最著名的两个人很可能是赫兹和玻尔兹曼。

赫兹（Heinrich Hertz, 1857—1894）为哲学家们所周知，缘于他为其著作《力学原理》（*The Principles of Mechanics*, 1894）一书写的序言。由于对形而上学采取了经验主义的研究方法，所以他毫不厌恶接受关于自然界的不可观察领域的假设，也不反对制定一种方法，用这种方法，可以对这些假设的逼真性做出评价。至少对物理学来说，他还是后来著名的"意义图画论"（picture theory of meaning）的创立者。根据赫兹的观点，自然规律是事实的图画（Bilden），正因为如此才赋予规律以意义。力学可以还原为基本质量互相作用的规律。然而，当可观察的质量的总体不允许造成一幅恰当的图画时，物理学家有权在自己的方案上增加更多的基本质量，使他们的自然图画丰富起来，直至与现象的规律相适合为止。用20世纪科学哲学的术语说，物理学家有权为实在的观察不到的方面创造实在论的模型：

[22]

> 我们开始确信，实际宇宙的多重性肯定大于我们的感官直接显示给我们的宇宙的多重性。（Hertz 1894 ［1899］：25）

赫兹与马赫基本上是同时代人，但他们使德国思想中反唯心论方面成为现实的方式非常不同。赫兹因牙病感染而英年早逝，使德国科学界失去了一位与马赫的反实在论截然对立的"实证主义"的倡导者。在为赫兹的《力学原理》写的序言中（p. xx），赫尔姆霍茨对两人之间的差异做了精彩的概括。赫尔姆霍茨写道：

> 就我来说，我必须承认我遵循后者（马赫）［关于现象的］表述方式，而且感到这样做是有把握的；然而，对于三位知名物理学家（开尔文、麦克斯韦与赫兹）所采用的那种［为不可见

18

的自然状态做模型的〕方法，也提不出任何实质性的反对意见。

马赫与（当时最有影响的化学家）奥斯特瓦尔德（Ostwald）都反对物理学中关于原子论的实在论解释。尽管他们后来都放弃了对它的抵制，但玻尔兹曼仍觉得自己个人成了这些有影响人物的反原子论的牺牲品。玻尔兹曼（1844—1906）与麦克斯韦（James Clark Maxwell）一道，推动了有关气体活动的图解分子论，这些理论在 18 世纪末已经被提出了，主要是通过对众多分子的数学分析而提出来的，这些分子乃是构成气体成分的大量相对基本的物体。对于说明气体的活动，用数学发展起来的分子理论有不可抵挡的力量，那么，这种力量能否证明关于不可见分子存在的信念是正当的呢？一位严格的马赫主义者一定会做出否定的回答，而一位严格的赫兹主义者一定会做出肯定的回答。与赫兹一样，玻尔兹曼坚信，此类假设赋予以观察和实验为根据的数学抽象以解释力量，在此解释力的基础上，对物质世界中不可见的状态和过程做出断言，在科学上讲是富有成果的，在哲学上是值得尊重的。这一态度没有得到奥地利科学权威界马赫主义物理学家的赞同。无论对错与否，玻尔兹曼都感到自己受到实证主义强硬派的迫害（Blackmore 1995）。【23】

虽然这些德国物理学家兼哲学家坚持对知识之源做严格的经验主义说明，但他们在唯物主义世界观的终极视界问题上意见不一。马赫与阿芬那留斯的实证主义将物理学的本体论限定在持续的感觉束的范围内。赫兹与玻尔兹曼的科学实在论则将物理学的本体论纳入实在，经验所涉及的只是这个实在的效果。

五　作为哲学家的生物学家：生命的本性与道德的重构

如果一个人思考广义上的哲学，那么，反思人的本性和命运，肯定应算是分内之事。维多利亚时期的许多科学家，通常都积极参加生物学研究计划，针对这些宏大的主题撰写了许多非常有影响的著作。诚如帕斯莫尔（Passmore 1957：31）所指出，举凡在德国具有哲学头脑的生物学家，譬如像海克尔（Haeckel）等人，与上述那些德国物理学家一样，都反对德国大学的"官方哲学"（official philosophy），因为这种哲学"致力于捍卫'精神生活'以反对自然科学的进展，致力于捍卫国家以反对激进的改革"。这一说法有些夸张。在保尔森（Paulsen 1893［1895］）对当时德国大学的描述中，他谈到讲演与研究的学术自由是不受限制的，尽管他承认，在19世纪的上半叶，"［来自国家的］干预时有发生；譬如1820年前后推崇黑格尔哲学，可到了1840年前后则又反对它"。在英国，国教与科学激进主义之间的对立处于比较沉寂的状态。大多数科学家，甚至像达尔文本人，至多也不过是宣称不可知论而已。切记，大多数亲科学的、具有实证主义信念的作家，在评述和讨论科学方法时，他们是政论家，也同样是哲学家。

这里有两个问题受到关注。在生命的起源、特别是人类的起源问题上，达尔文与其他生物学家，尤其是赫胥黎（Thomas Henry Huxley），似乎已经认定，对人类的存在可以做自然主义的解释，不需要任何特殊的创造。而在生理学家中间，特别是来自德国的主导意见，也同样毫不妥协。他们认为生命的种种过程在根本上是"机械的"，不需用任何特殊的生命力来解释。

正如实证主义展现出一系列观点，这些生物学家与受其影响的那些人的自然主义哲学，也展现出一系列观点。在科学知识的根据这个关键问题上，赫胥黎（1863）不仅证明意识不是人类有机体的物质属性，而且证明，人们不得不做出这样的认识论结论："我们确定无疑的一件事就是精神世界的存在。"赫胥黎从未指明这一貌似"唯心主义的"原则是如何与基本唯物主义的科学思想路线调和起来的。他出版了一部论休谟哲学的著作。似乎要把休谟所说的感觉印象解释为精神的。而在另一方面，海克尔（1834—1919）毫不犹豫地采取了坚定的一元论立场。认为宇宙虽然表现出朝着人类生命的复杂性和精密性方向发展，但是整个多层次、等级化的实在只不过是牢固建立在"原子力学"的基础上的（Haeckel 1899）。他还毫不妥协地反对盛行于英国的不可知论。认为在人类起源的历程中没有上帝的位置（Haeckel 1874［1905］）。进化是"自然的数学必然性"。海克尔最先说出了一个著名的格言："个体发育乃是种的历史的重演。"他将人类进化起源的论点建立在对人类胚胎发育各阶段与早期生物解剖之间的详细比较上（Haeckel 1874［1905］：2）。海克尔论人类进化的著作在德国引起了巨大轰动，至少与达尔文的《物种起源》（Origin of Species）在英国引起的轰动不相上下。一位评论家把海克尔的书说成是"有损德国名誉的一个污点"。

至少在大众的心目中，19世纪英国和美国最有影响的哲学家不是密尔，而是斯宾塞。斯宾塞的著作售出了成千上万册，发表时大多是作为1862—1896年出版的8卷本《综合哲学体系》（System of Synthetic Philosophy）的组成部分。他的影响扩展到政治哲学（社会达尔文主义）与教育领域。他还从生物学，尤其是进化论的基本思想中汲取灵感。这当然不是达尔文精心阐述的、不带价值上行目的论的发展概念。斯宾塞在改良的意义上将发展的观念用于宇宙的各个方面，譬如无机的和有机的、宏大的与局部的方面等。

不过，这一发展完全是物质的。斯宾塞的《综合哲学体系》第二卷是专论生物学原理的，其开篇就做了一段坚定的唯物主义陈述。他认为有机体几乎完全由四种因素构成，即氧、氮、氢、碳。在生物学如同在自然秩序的其他领域一样，进化恰恰就是物质与运动的再分配。他认为，哲学追求科学的最普遍原理，而进化原理或进化法则就是这些最普遍原理中最普遍的原理。进化法则是说，"从［相对］不确定的、不连贯的同质性"不断地变化成"［相对］确定的、连贯的非同质性"（Spencer 1862［1996：396］）。达尔文主义在有机体进化上的运用，只不过是说明整个世界的普遍运动的一个特例。自不待言，这同一个原理也可用于人类社会，根据这个法则的规定，人类社会将无限地得到改善。这一乐观主义的世界观，在一定程度上说明了为什么斯宾塞的哲学在当时大为流行。据认为，第一次世界大战的恐怖景象与人类进化的原理是十分矛盾的，使得斯宾塞哲学的声誉随着第一次世界大战的爆发而衰落了。【25】

在说明斯宾塞哲学为何流行时，一个同样重要的因素也许是：斯宾塞明确想寻求科学与宗教之间的调和，以使维多利亚时期争论中最具倾向性的问题归于结束。他说（1862［1996：22］），"我们务必找到某个根本的真理，为此真理辩护的任何一方［即科学与宗教］都将发现对方是自己的同盟者"。这个真理不可能是两者任何一方的特定学说或事实。对两者共同的原理，是世界的不可理解性。从一切宗教的立场看，"宇宙展示给我们的力量是完全不可理解的"（Spencer 1862［1996：22］）。而"最终的科学思想……所描述的种种实在也是无法理解的"（Spencer 1862［1996：66］）。

与赫胥黎不同，斯宾塞确实用经验的关系来说明世界，这一说明上承18世纪的托马斯·黎德（Thomas Reid），下启新近试图说明当代物理学的过程中提出的本体论建议。但这个说明肯定显得很浅薄。斯宾塞说，科学会导致不可知的东西。随着科学的进步，譬如像生物学，尽管我们发现了生命中包含的物质实体的全部名目，但"却无法按照物理化学的方式构想生命的本质"（Spencer，1862—1896：II, 120）。"隐藏在这一表象背后的终极实在……超出了想象……甚至简单的存在形式其最终本性也是无法理解的"。斯宾塞对活力论持强烈批判的态度，所谓活力论就是用原始的泛灵论（primitive animism）来说明生命的本质。我们不知道，实际上也无法知道终极实在可能是什么。但我们的感觉必定是由某种东西产生出来的。从我们的观点看，这个"某种东西"（something）只能是一种力，即某种原始的活动（some primordial activity）。

[26] 最后，值得一提的是斯宾塞的哲学志向。"科学是**部分统一的知识**"。哲学的工作是从这一知识水平中抽象出那样一些原理，以便得到"完全统一的知识"（Spencer 1862［1996：134］）。从化学、生物学与人类历史中抽象出来的一般进化论法则，正是这样的哲学工作。

一些评论家，譬如帕斯莫尔（1957），在评判赫胥黎与斯宾塞等科学家兼哲学家的哲学素养时，一直很刻薄，而这些被评判的人曾牢牢地支配着19世纪英国大众的思想。的确，他们对"力"之类的关键概念，没有进行在18世纪十分流行、在20世纪又再次流行起来的那种分析。但是，他们那种专注于科学洞见的思维方式，提出了许多被人忽略的深刻问题，而对这些问题，20世纪的分析哲学家不是讽刺挖苦，就是非常肤浅地对待之。

六 结 语

尽管在上述三个主要哲学活动中心的每一个中，以科学为取向的作家在思想倾向上与信念上是唯物论者、还原论者、经验论者，但他们中很少有人（如果有的话）努力消除旋即出现的诸多悖论与矛盾。严格的经验主义使他们纠缠于这样的问题：各种感觉的相互关系如何能使一位科学家得到有关这个物质宇宙的可靠而普遍的知识，而这个物质宇宙很可能恰恰是这些感觉的起源。另外，如果自然规律无非是感觉经验的概括或从中抽象出来的，那么就难以说明自然规律的力量。在许多情况下，人们不得不诉诸康德的某种先天形式。而反对这一解决办法的人，譬如像马赫与密尔，也须应付传统的"归纳问题"，而且很难说他们两人很好地解决了这个问题。

人们常说，自1500年以后的五个世纪里，人类从万物次序中有特权的、独一无二的地位上逐渐跌落下来。而19世纪下半叶的生物学家兼哲学家则非常出色地实现了这一转变。在放弃了道德的先验来源之后，他们从生物学领域自身内寻求道德来源。他们利用进步的进化概念，将其当作构建道德的一个途径，但它对世俗世界的作用不像对分子世界的作用那样大。在这一时期的公众眼里，"科学兴起"给人以深刻印象（一位评论家指出，火车头的发明足以让普通公众相信物理科学的权威性），的确使孔德、达尔文、赫胥黎、马赫与斯宾塞等作家的影响广为传播，渗透到了公众对待生活本身的道德态度、政治态度与经济态度中。

罗姆·哈雷

第二章

新康德主义：德国唯心主义运动

一 什么是新康德主义？

在当代哲学家看来，稳妥的说法是近代哲学中很大一部分（即使不是大部分）都直接或间接地归功于康德。盖耶（Paul Guyer）与伍德（Allen Wood）在《纯粹理性批判》（*Critique of Pure Reason*）的剑桥新译本导论中写道："所有的现代思想家都是康德之子，不管他们对他们的父子关系是感到幸运还是苦涩"（Kant 1781，1787［1998：23］）。虽然这种情感在一段时期颇为显著，但情况并非总是如此。的确，康德的一些同时代人曾经预言，康德很快就会被人们遗忘，而且他的德国思辨唯心主义的继承者似乎远远超越了康德，以致他不再被承认——如此一来，他几乎被人们遗忘了。可是，19世纪末与20世纪的哲学家不仅记得康德，而且依然认为，康德以后的哲学，不是试图在康德哲学的基础上进行建构，就是试图反驳它，这种情况在很大程度上归因于19世纪最后几十年和20世纪前几十年德国的唯心主义运动。这场运动便是人们所知的新康德主义（Neo-Kantianism）。

尽管新康德主义在强调康德的重要性方面发挥了重要作用，但迄今对这场运动的研究却寥寥无几。1967年贝克（Lewis White Beck）就曾写道："关于新康德主义的英文资料非常稀少"（Beck 1967）。时至今日，情况依旧，尽管近来有几位德国学者试图引起人们对某些人物的关注，或者对这整个运动某些方面的关注。① 这一忽视是不幸【28】的，因为这场运动的成员均是认真研究康德哲学的学者，他们的讨论包含着许多东西，依然有助于当今对康德哲学的理解。不过，这里所遇到的一些困难，使得这一忽视变得可以理解了。

所遇到的第一个障碍就是"新康德主义"是指什么的问题。在广义上，"新康德主义"包括所有康德的后继者，这里面有费希特、谢林、黑格尔，也许还有叔本华。但我们在这里主要关注的是狭义上的新康德主义，那就是指"回到康德"的运动（"Back to Kant" movement）。这场运动盛行于1860年至第一次世界大战的德国。这场运动的一个重要的基本特征就是，它的追随者对于19世纪中期前后德国哲学的状况感到失望。上一代人庞大的德国唯心主义体系在其自身的重压下已经崩溃；1848年的革命运动及其后果促使思想家热衷于探讨革命的社会问题，但随后又将其抛在一边。这一时期的许多自然科学家有一种朴素的唯物主义哲学，这种哲学是与他们的科学成就相伴随的。以下三点为19世纪下半叶的哲学家提供了起点：第一，大多数新康德主义者已经认识到，建构体系是一项徒劳无益的活动，于是，他们改弦易辙，把关注的焦点放在如何增进理解这一方面。第二，虽然有人倾向于将新康德主义主要视为一场强调认识问题的运动，但却忽视了如下事实，即这场运动的许多成员积极研究社会问题；有些人甚至试图矫正社会、政治与宗教的弊端。第三，虽然他们拒绝唯物主义，但大多数（即使不是全部）新康德主义者，从休谟和马克思那里学到了很多东西，足以使他们对经验主义抱以很大的尊重，同时又拒绝任何形式的怀疑主义。

---

① 在英语著作中，迄今有助于引起对新康德主义运动关注的尝试有三次，分别见诸于威利（Willey 1987）、柯恩克（Köhnke 1986）与奥克斯（Oakes 1986）的著作，以及奥克斯对其他新康德主义著作的翻译。不过，这些尝试侧重的是其历史而非哲学，因此而显得不足；这种情况是可以理解的，因为关于新康德主义者的研究工作很多不是出自哲学家之手。柯恩克的那本书之所以更糟，就是因为文献甚缺，而且近乎有200页在德文原著中找到的资料在英译本中是没有的。这是很麻烦的，因为英文版中并未注明这些资料被省略了。除了柯恩克之外，另两位德国学者奥利西（Hans-Ludwig Ollig）与霍尔采（Helmut Holzhey）对于重新关注新康德主义做出了实质性的贡献。

讨论新康德主义遇到的另一个障碍在于新康德主义的庞大和多样性。这场运动至少持续了 70 年，有些学者甚至认为这场运动持续了几乎一个世纪。即使在某一短时期，所涉及的人数也很众多：仅在 1862—1890 年间，柯恩克就列出了几十位讲授康德哲学的哲学家（Köhnke 1986）。另外，即便有一些学派专注探讨某些论题，但这些学派成员在学术兴趣上差别甚大，其"成员身份"多有变化。通常人们所关注的焦点是两大学派：一是西南学派，因其新康德主义者来自海德堡、弗赖堡和斯特拉斯堡等几所德国西南部大学而得名，二是马堡学派，它以德国更北部的马堡大学为所在地。笼统地说，西南学派的成员侧重于文化与价值问题，而马堡学派的成员侧重于认识论与逻辑学问题。当然，双方的学术兴趣也有彼此交叉之处。

【29】

许多学派都创办了自己的刊物，以便提出自己的论点，与对立的学说论战。在马堡，柯亨（Hermann Cohen）与那托尔普（Paul Natorp）创办了《哲学论著》（*Philosophische Arbeiten*，1906）杂志。他们不仅发表自己的作品，而且也刊登卡西尔（Ernest Cassirer）、哈特曼（Nicolai Hartmann）以及后来海姆塞特（Heinz Heimsoeth）等的文章。在海德堡，一批著名的思想家创办了《逻各斯》（*Logos*，1910/1911）杂志，主要集中研究文化问题。创办人包括海德堡大学的哲学家文德尔班（Wilhelm Windelband），哲学家兼神学家特勒尔奇（Ernst Troeltsch），弗赖堡大学的哲学家李凯尔特（Heinrich Rickert）等人。该杂志的另一位创办人是李凯尔特的朋友韦伯（Max Weber），19 世纪 90 年代末他们两人在弗赖堡大学共事，后来因健康原因，韦伯在提前退休之前就已经移居到海德堡。还有一位创办者是韦伯的朋友，即来自柏林的席梅尔（Georg Simmel）。特别有趣的是，该杂志的创办者还包括现象学的创始人胡塞尔（Edmund Husserl），因为我们一般会认为胡塞尔的兴趣在于建立作为严格科学的哲学（现象学），而不会关注文化问题。除了上述与特定学派相关的杂志以外，还有一些与任何学派都无关的刊物，譬如瓦伊欣格（Hans Vaihinger）于 1897 年创办的《康德研究》（*Kan – Studien*），它的直接目的是为了提供讨论的自由，摆脱早期各学派杂志的宗派色彩。

《康德研究》是所有这些杂志中唯一没有停刊的一家,现在依然是关于康德研究的主要资料来源。

尽管新康德主义者的观点各异,彼此展开长期的、有时是针对个人的争论,但是可以有把握地说,他们实际上都赞成这场运动的战斗口号"我们必须回到康德那里去"(So muβ auf Kant zurückgegangen werden),这一口号来自李普曼(Otto Liebmann)的《康德与后继者们》(*Kant und die Epigonen*,1865)一书。不过,这些学派成员采取了两种不同的研究康德的方法。第一种方法试图确定康德到底讲了什么;这实际上就是对康德的文献学研究,柯亨对康德三大批判分别做了三个评述,就是这方面的范例。另外一些例子包括19世纪80年代以来专门研究康德未发表作品的论著。这里面包括埃德曼(Benno Erdmann)关于康德《论反省》(*Reflexionen*)的论著,赖克(Rudolf Reicke)关于康德《遗稿》(*Nachlass*)中所谓《活页》(*Lose Blätter*)的论著。另外一个例子是瓦伊欣格对康德的大量评述,这在下文中还要讲到。大约在19世纪、20世纪之交,人们还付出很大努力,着手出版康德著作的修订本。虽然卡西尔与其兄弟布鲁诺(Bruno)出版了康德著作10卷本,但是,开始于1900年由狄尔泰(Wilhelm Dilthey)主编的普鲁士皇家学院版,为研究康德的学者提供了康德著作的选定本,其中包括康德已发表的主要与次要著作、书信、讲演和笔记等。

第二种研究康德的方法试图阐明康德应当说什么。费希特、谢【30】林、黑格尔的庞大的思辨唯心论体系试图改进康德哲学,新康德主义运动的成员也在他们的诱惑下步其后尘。然而,与建构体系的前人相比,新康德主义者试图更密切地遵循康德学说的精神与文字。如此一来,他们不是简单地把康德的文本作为新哲学的出发点,而是希望回到康德那里,以便用康德的原理和方法来回答新旧哲学问题。譬如,根据康德著名的"哥白尼式的革命"(Copernican Revolution),我们主体的认识结构保证了认识的客观性,这反过来又意味着,作为范例,数学与自然科学表明了知识的两个根本特征:普遍性与必然性。许多新康德主义者想用这种方法证明可以有一种适用于人类的新科学，因为尽管他们尊重康德，但其中许多人也看到康德的局限，尤其是康德没有涉足所谓的社会科学领域，包括我们所知道的社会学与历史等。康德的兴趣主要是在数学与自然科学方面。这就是为什么《纯粹理性批判》中的"先验感性论"被用来证明欧几里得几何学与数学的有效性，"先验分析论"被用来证明牛顿科学的有效性。无论康德多么关注作为理性和道德行动者的人，他对构成人类文化的种种变化并无真正的兴趣。人们也许的确会这样假定，康德试图证明知识的普遍必然条件的正当性，这使他对人类文化的多样性和个体人类的偶然性视而不见。就此来看，当人们读到文德尔班的如下名言就不会感到惊讶了："要想理解康德就意味着要超越康德"（Windelband, 1884）。为了避免有人会认为此话不敬，那么，请记住，在《纯粹理性批判》中，康德曾强调，我们对柏拉图的理解胜过柏拉图对自己的理解。

学者们通常一致认为，新康德主义运动恰恰在第一次世界大战之前或期间就几乎瓦解了，可是，也有人认为它一直延续到20世纪二三十年代，尽管形式上有所变化。不过，在该运动何时开始与由谁发起的问题上，人们的看法有很大分歧。一些学者认为这场运动始于朗格（F. A. Lange）的《唯物论史》（*Geschichte des Materialismus*, 1866）一书，另一些学者认为始于李普曼的《康德与后继者们》（1865）一书，还有一些学者认为始于策勒（Eduard Zeller）的"论认识论的意义与任务"（ÜBer Bedeutung und Aufgabe der Erkenntnistheorie, 1862 [1865—1884]）一文。不过，甚至从1860年起，人们就对康德有很大兴趣，这兴趣是由费舍（Kuno Fischer）于同年发表的关于康德的两部著作引起的。实际上，李普曼是费舍在耶拿大学的学生，文德尔班也是费舍的学生，文德尔班宣称，"康德学说［研究］中的新动力"是1860年由费舍发起的（Windelband 1904）。

费舍的第一部论康德的著作是《康德的生平及其学说基础》（*Kants Leben und die Grundlagen seiner Lehre*, 1860a）。它首先概述了康德的生平，然后是三个讲演。在第二部著作中，费舍将关注的焦点集中在人类认识问题上，他认为这是哲学的第一问题。他对认识论的关注促使他着手研究《纯粹理性批判》"先验感性论"一节中所见的时间与空间这两个概念。正是这一节引起了他与柏林的亚里士多德主义者特伦德伦堡（F. A. Trendelenburg）的长期争执。这个问题将在下文中探讨。为使康德易于为人们理解，费舍继续进行尝试，他于同一年出版了两卷本的《新哲学史》（Geschichte der neuern Philosophie，1860b）。该书是他撰写近代哲学史这一更大努力的一个组成部分。在其第二卷里，费舍试图阐明康德哲学的根本要旨。显然费舍知道，他的任务就在于让人们理解康德，他在这方面大获成功。威利曾断言，"无论怎么说"，费舍的著作在恢复对康德的兴趣方面具有至关重要的意义（Willey 1978：63）。而且，恰当地说，费舍关于康德的讲演也很有名。他力图吸引他的听众，这些听众往往是成群的学生。当他于1872年回到海德堡后，还在进行讲演，如他所说，他要"终其一生"，不断讲下去。

二　关于空间的争论

康德《纯粹理性批判》的发表，引起了人们的兴趣与争议。他的批评者对他的空间概念与物自体提出了责难。在"先验感性论"中，康德主张空间是直观的纯形式，只用于如其向我们显现的事物。这一主张可以被视为"排他性主张"（exclusivity claim）。可是，康德还认为，我们不可能有物自体的知识。这一主张可以称之为"不可知性论点"（unknowability thesis）。有些批评家论证说，因为这两种观点是互相排斥的，所以，康德必定会放弃其中一种。另一些批评家则承认，康德坚持空间是纯粹的感性直观，并且是主观的，他的这个主张是正确的。不过，他们也争论说，康德从未考虑过空间也可能适用于物自体的可能性。最后这个指责引起一场争论，持续了约五十年，涉及约五十人（Vaihinger, 1882—1892）。这场争论往往是针对个人的、琐碎的，是新康德主义者之间争吵的缩影。瓦伊欣格借用霍布斯的话说这些争吵是"一切人反对一切人的战争"。这场争论是由特伦德伦堡在其《逻辑研究》（Logische Untersuchungen，1840）里提[32]

出的批评开始的，但直到20年后，费舍才发表了他为康德的激烈辩护（Fischer 1860a）。他在论康德的第一部著作的第三部分致力于这一争论，他论证说：因为空间是人类认识的第一个条件，所以它必定是纯主观的。数年之后，费舍出版了《逻辑系统与形而上学或科学学说》（System der Logik und Metaphysik oder Wissenschaftslehre）一书，他在书中认为：假如特伦德伦堡真是正确的，因而空间是某种实在的东西，那么，数学就会丧失其普遍性与确定性；也就是说，数学不再是一门科学了（Fischer 1865）。

1867年，特伦德伦堡再次提出挑战，发表了"论康德关于空间与时间之排他主体性证明的一个缺陷：批评与反批评之页"（Über eine Lücke in Kants Beweis von der ausschliessenden Subjectivität des Raumes und der Zeit. Ein kritisches und antikritisches Blatt）一文。这篇文章的副标题不只暗示出这里的主要分歧正变得多么具有个人攻击性。特伦德伦堡坚持认为，假如空间仅仅是主观的，那么，我们就会被引向怀疑论。费舍在《康德对理性的批判》（Kants Vernunft Kritik）一书的序言中提出了一些辩护意见。他为自己作为一位哲学史家的研究方法辩护：哲学史家密切关注的是康德自己的论点，并且坚信康德是对的，特伦德伦堡是错的。特伦德伦堡以《费舍与他所理解的康德》（Kuno Fischer und sein Kant，1869）一书作为回应。翌年，费舍发表了《反驳特伦德伦堡》（Anti - Trendelenburg，1870）一书。至此，这场争论已经不可救药地败坏了，各自的著作都充斥着大量的个人攻击，而空间概念本身实际上却被忽略了。但这场争议依然引起人们的兴趣。柯亨发表了一篇文章（Cohen 1870）。在这篇文章中，他似乎站在其老师特伦德伦堡一边。不过，他在翌年出版的《康德的经验理论》（Kants Theorie der Erfahrung）中，他似乎又背离了他的老师。格拉彭吉赛尔（C. Grapengiesser）出版了《康德的时空学说》（Kants Lehre von Raum und Zeit，1870），同年，阿诺尔德（Emil Arnoldt）出版了《康德论时空的先验理想性》（Kants Transzendental Idealität des Raumes und Zeit，1870）。这两部书均为康德辩护，这一点可从后者的副标题"支持康德，反对特伦德伦堡"中明显看出来。

后来的哲学家有改变自己立场的倾向。譬如，福克尔特（Johannes Volkelt）在他的著作《伊曼纽尔·康德的认识论》（*Immanuel Kants Erkenntnistheorie*，1879）中批评了康德的论点，而后来的瓦伊欣格则在其论著《康德的〈纯粹理性批判〉评述》中批评了费舍的观点。实际上，瓦伊欣格对这场长期争论做了精彩的概括，并且提出了自己的见解，此后这场争论才开始平息下来。

【33】

三 马堡学派

虽然许多哲学家与马堡学派有关，但因篇幅所限，这里仅能讨论其中的朗格、柯亨与那托尔普三位哲学家。此三人兴趣广泛，所研究的问题范围宽广，并非像人们所说的那样，马堡学派只将他们的才能用在知识问题上。虽然知识问题可能是他们关注的焦点，但许多马堡学派的哲学家也关注政治、社会与宗教问题。这一点在朗格那里是很明显的。朗格直到 1870 年才成为教授，时年已 42 岁。此前他是一位高级中学的教师、作家、报纸和文章的编辑与撰稿人，也担任过商会的负责人。在那些年里，他讨论了具有政治与社会方面重要意义的问题。他专门撰写了有关工人阶级工作问题的著作，他的《论工人问题》（*Die Arberterfrage*，1865）一书曲解了马克思主义。朗格还大量涉猎政治问题，首先是德国的政治问题，然后是瑞士的政治问题，他于 1872 年返回德国重操旧业，担任马堡大学哲学教授。事实上，朗格在原则问题上的态度，几乎使他失去早先在科隆的教职，只不过他提前辞职不干了。当时的关键问题就是他坚持教师应当享有充分的政治自由，包括当被证明有理时批评国家的自由。

朗格主要因其所著《唯物论史》（1866［1887］）而为人们所铭记。他从 1857 年开始撰写此书，直到 1866 年才出版。该书涉猎广泛，不仅包括古希腊、古罗马与近代哲学，而且包括音乐乃至神秘主义等论题。朗格随后修订了该书第一卷，这一卷涉及至康德为止的唯物主义，修订本于 1873 年出版。然后他又大规模修订专论康德及其后继者的第二卷，并于他去世前不久的 1875 年出版。尽管他当时深受癌症折磨，但他仍明确认为有必要重写第二卷。促使他这样做的原因主要有两个：其一是此书问世之后的那些年里，科学研究取得了重要成就；其二是在柯亨的《康德的经验理论》出版后，朗格认为有必要从根本上修正他对康德哲学的那些看法。

[34] 朗格的《唯物论史》是一部引人入胜之作。虽然该书名称如此，但主要是依据康德哲学的观点来批评唯物主义。朗格承认，经验论者认为（如休谟所认为的那样）经验是一切事实知识的基础的观点是正确的。不过，经验论者的错误在于没有看到我们即使在获得经验之前也必定存在着心灵的先验作用。因此，尽管经验与归纳理论是重要的科学工具，但它们依然不能取代心灵运用先天范畴的能力。然而，朗格敌视抽象的形而上学思辨。因为物自体是超出经验之外的，他对康德是否有理由断言物自体的存在提出质疑，并坚持认为，恰当而言，形而上学只限于认识论的范围内，从而使康德与其本人对立起来。不过，朗格不满足于说知识就是我们现有的全部东西。他认为自己在追随康德，坚持认为，人类还有别的努力值得一做。虽然我们不可能有伦理、宗教与诗歌的知识，但这些仍然是极有价值的人类活动。尤其是，朗格喜爱席勒的哲理诗，这些诗在其患病的最后岁月里给他以安慰。朗格赞成特殊的康德式的唯心主义，他认为这种唯心主义证明了凸显出艺术冲动与道德自由的人性乐观主义的一面，与唯物主义决定论的、悲观主义的哲学形成对照。朗格的可贵之处在于不同的哲学家都对他表示敬意，譬如柯亨和瓦伊欣格。柯亨将自己所著的《康德的经验理论》的第二版献给朗格，瓦伊欣格虽然不急于表示自己的敬意，但他却自豪地声称自己的"仿佛"论哲学（philosophy of "as if"），在很大程度上是建立在作为朗格《唯物论史》一书结论的"关于理想的观点"的基础上的。

柯亨大大受惠于他的朋友与业师朗格，假如朗格活得再长一些的话，事情最终将会如何兴许是一个有趣的问题。事实上，他们两人的三年交情对各自都产生了深刻的影响。起初，柯亨的学术兴趣从研究犹太教转向柏拉图和亚里士多德，这也正是他前往柏林师从特伦德伦堡的原因所在。后者对康德的批评促使柯亨开始研究康德，这使他求助于在马堡大学的朗格。柯亨于 1873 年抵达马堡大学,并取得任教资格,1875 年成为特命教授(副教授级),一年后成为正教授,并接替刚患病的朗格的教授职位。他们两人除了都对康德感兴趣外,还有其他一些共同之处。他们都认为艺术、宗教与政治是重要的,都信奉帮助普通人追求社会利益与经济利益,都研究各类宗教问题。朗格的父亲是一位著名的清教徒牧师,后来成为神学教授。柯亨的父亲在当地一家犹太人学校任教。他们的父辈对各自儿子的宗教观有着持久的影响。

柯亨在宗教界享有盛名,特别是在犹太人中间,但他主要是因为评述康德的三大批判而为人所知,这些评述包括《康德的经验理论》[35](1871),《康德的伦理学基础》(*Kants Begründung der Ethik*,1877)与《康德的美学基础》(*Kants Begründung der Aesthetik*,1889)。这三部评述涵盖了柯亨认为康德哲学中的重要因素,即:思维,意志与判断。

柯亨被认为是研究康德的最佳学者之一。然而,他的朋友与批评家都抱怨他的晦涩文风和喜欢明显悖论的倾向。席梅尔就曾指出,柯亨对康德哲学的评述虽然最为出色,但不知是否有人能够解读这些东西。柯亨的风格特征之一就是倾向于消弭种种区别。他将历史分析与哲学批评结合在一起的方式即是一例:他既要说明康德实际说了些什么,又要说明康德应该说些什么。他不但在他对康德的评论中这样做,而且在他后来的原创性著作,尤其是《纯粹认识的逻辑》(*Logik der reinen Erkenntnis*,1902)、《纯粹意志的伦理学》(*Ethik des reinen Willens*,1904)与《纯粹感觉的美学》(*Asthetik des reinen Gefühls*,1912)中也这样做。柯亨还试图打破康德对感性与知性这两种能力所做的根本区别,他论证说,康德暗示这两者本是同根所生,即使这根本是我们不知道的(朗格与海德格尔也追随柯亨的这一主张)。柯亨后来还证明,"思"与"在"本质上是同样的。

朗格于 1875 年逝世之后,柯亨或许在马堡感到孤独,因而他对那托尔普于 1881 年的到来表示欢迎,后者是作为无薪大学教师来此跟他研究康德的。不过,即便有那托尔普的友情和支持,但由于固执己见的行为方式以及颇有争议的理论，柯亨在马堡依然过着与人不相往来的生活。所以，当柯亨在退休时想竭力让他的得意门生卡西尔接任他的位置时，只有那托尔普支持他（这一位置后来给了一位现在名不见经传的实验心理学家）。柯亨大失所望，于1912年迁往柏林，在那里更多地沉浸在宗教问题尤其是所谓的犹太人问题的研究之中。他看来在某种程度上抛弃了自己"客观的"哲学立场，喜欢与他认为是反犹主义的观点进行争论。费舍有时候说话不讲究方式，他甚至说柯亨对种族问题的兴趣超过对作为哲学家的兴趣。柯亨为犹太人辩护，还试图表明犹太人作为一个民族优于日耳曼公民，他这样做肯定会引起人们的不安；他坚信上帝与犹太人的关系最终是一种高度个人的关系，这同样一定会在犹太人中间引起担忧。像朗格一样，柯亨并不畏惧坚持有争议的观点，无论是在研究康德哲学、政治学还是宗教等方面，都是如此。虽然20世纪30年代初的许多哲学家，为了逃避个人的困境而成为容忍甚至帮助纳粹分子的学者，但柯亨、朗格与其他新康德主义者却已经充分准备为了捍卫那些不入时的观点而付出代价。

尽管柯亨与那托尔普两人交往已久，以其友情深厚并合作研究哲学而令人瞩目，但依然有一位学者认为他们研究哲学的方法存在重要差异（Holzhey 1986）。虽然那托尔普到马堡与柯亨一起研究康德这是事实，但那托尔普早期研究的不是康德而是笛卡儿。此外，在柯亨继续集中研究康德（以及宗教问题）之时，那托尔普正有兴趣研究哲学史上的其他人物，尤其是柏拉图。再者，他们两人对于历史文献的态度也不同。尽管有些学者批评柯亨本人在解读康德著作时有些随意，但大家似乎都一致认为，柯亨对康德著作的历史考察基本是正确的。不过，人们认为那托尔普本人的"历史"研究著作有很大的随意性。在他的也许是最好的一部著作《柏拉图的理念论》（*Platons Ideenlehre*，1902）中，在有关柏拉图所认为的"理念"或"形式"是唯一实在的实体的问题上，那托尔普背离了对柏拉图的传统理解。众所公认，在柏拉图看来，"形式"是唯一称得上是"存在"的本体的东西，它们相应也是认识的唯一对象。那托尔普却抛开了这一观点，断言柏拉图的主要发现在于表明理念不是物，而是法则与方法。这便促使他认定柏拉图是一位"康德之前的康德主义者，甚至是马堡学派之前的马堡新康德主义者"（Natorp 1902：462）。这种以康德方式来研究柏拉图的做法引起了很大的争议，但它是以多年的研究为根据的，那托尔普不断地为之辩护。

1912年，那托尔普在《康德研究》杂志上发表了题为"康德与马堡学派"（Kant und Marburger Schule）一文，论证了一些观点：第一，他强调，马堡学派对康德著作的解读并不是固定不变的；该学派成员总是在进行新的研究和解释。第二，马堡学派成员不仅对康德有兴趣，而且对古代与近代哲学有兴趣，对从伽利略、牛顿到新近数学和自然科学成果的科学发展也有兴趣。第三，主要就他本人而言，那托尔普摒弃了有关柏拉图中期对话（譬如《理想国》与《会饮篇》）的固有观点，而倾向于赞成柏拉图后期对话（譬如《智者篇》）中关于"运动"的说法。在这里，那托尔普再次强调了与法则和方法这一孪生观念相联系的变化特征。即使在柯亨于1912年退休赴柏林之后，那托尔普仍然基本站在柯亨一边。不过，在1918年柯亨去世后，那托尔普重新评价了他与柯亨在哲学上的关系，从此以后，他显然与其老友和业师柯亨拉开了距离。

【37】

四　西南学派

当然，马堡学派与西南学派之间有许多根本的相似之处，但我们在这里感兴趣的是两者之间的不同点。尽管马堡学派的许多成员，特别是朗格与柯亨，非常积极地研究包括价值问题在内的实践问题，但直到卡西尔于19、20世纪之交后很久开始探讨价值的理论问题，马堡学派成员才开始关注这些问题。相比之下，西南学派从19世纪80年代以来，就全神贯注于抽象的价值问题。他们的理论探索涉及广泛的问题，在此我们只谈其中一个问题，即历史问题。假如自然科学对现实世界的普遍规律提供了合理的说明，那么，历史对于单一而不重复的东西应当做何说明呢？对此，这里只能提供一个概括的描述，它肯定带有很大的局限，尤其是，这里的讨论不得不遗憾地忽略席梅尔与特勒尔奇所作的贡献。就特勒尔奇的情况而言，这之所以是一件憾事，是因为他不仅对这场争论有贡献，而且他还就这一争论的历史写了一部著作。这部名为《历史主义及其问题》（*Historismus und seine Probleme*，1922）的著作，长达777页，对这场争论以及参与者的思想提出了许多真知灼见。

首先，西南学派的新康德主义者摒弃了两种对立的历史概念，即黑格尔的唯心主义的、理性主义的概念与兰克（Ranke）后来提出的"实在论"，根据兰克的实在论，历史只不过是复述"已经发生的"过去。文德尔班主要而清楚地阐明了这一问题，并概述了解决这一问题的手段，尽管他的成果是建立在前人工作的基础上。他从洛采（Hermann Lotze）那里得知自然科学的种种局限，从费舍那里了解到历史、尤其是哲学史的重要性。但文德尔班（暂时）否认了费舍对黑格尔的依赖：文德尔班首先是一位康德主义者，他甚至断言，19世纪的所有哲学家基本都是康德主义者（Windelband 1924：iv）。他在其学术生涯的早期就着手研究这一问题，但直到他于1882年前往斯特拉斯堡接替患病的朋友李普曼的教授职务，他才开始认真研究这个问题，甚至在他于1903年前往海德堡接替费舍的教授职务时，仍然在研究这个问题。

虽然文德尔班从费舍那里学到许多东西，但在一些重要方面还是与他分道扬镳了。其问题之一涉及哲学史的研究方法：文德尔班的做法不是对哲学史进行编年史的描述，而是根据问题来阐述哲学史（Windelband 1884）。另外，他还提出了法则型科学（nomothetic science）与表意型科学（ideographic science）的区分、自然科学家对共相的兴趣与历史学家对殊相的关注之间的区分，这些区分的影响极为深远。1894年，在担任斯特拉斯堡大学校长时发表的"历史与自然科学"（Geschichte und Naturwissenschaft）的演说中，根据狄尔泰关于自然科学与人文科学（Geisteswissenschaften，包括历史）的区分，文德尔班阐发了自然科学与"道德"科学之间的差别。文德尔班对这里的情形做了如下说明：自然科学研究外在物质世界的普遍规律，

第二章 新康德主义：德国唯心主义运动

所以，自然科学家很少关注单一的东西；他们感兴趣的是可以重复的实验；尽管他们肯定会满足于归纳的理由，但他们真正追求的是普遍规律必然真的确定性。相比之下，历史学家作为人文科学家，感兴趣的是单一的个别事实。这反映出人类对**幽灵**（Doppelgänger）概念的反感，反映出人们相信，人类是由基督复活的单一事件而得救的。于是，凡是自然科学家想要找到具有因果确定性的**自然规律**的地方，历史学家就试图探讨个人的自由。因此，文德尔班提出，历史学科是与纯文学和美学相关的。在这一点上，他与狄尔泰的观点非常接近，而两人也因此招来人们的指责，说他们的这个论点使历史背离了客观知识，得出了完全主观的、相对的、非理性的观点。

韦伯与李凯尔特均反对这种纯粹主观的、相对的观点。这两位学者都是非同一般的人物，但韦伯更引起争议。他在海德堡学习哲学，但自称自己不是哲学家。然而，他对种种哲学运动有敏锐的了解：他曾经评论说，马克思和尼采（Nietzsche）是19世纪最有影响的两位哲学家。韦伯的声誉现在主要有赖于其社会学著作；不过，他的朋友特勒尔奇将韦伯与文德尔班和李凯尔特相提并论，认为他们是西南学派的三个主要人物（Troeltsch 1922：565）。李凯尔特与韦伯的理智联系非常密切，尽管两人谁对谁影响最大是一个有争论的问题。在1902年给妻子的一封信中，韦伯关于李凯尔特写道："他是**非常棒**的。"（Oakes 1986：7）但在李凯尔特看来，韦伯不是一位哲学家，而是独立学者的化身，随时准备接受任何对手的挑战，并严厉斥责那些浅薄之徒。但两人也的确有许多相似点：李凯尔特与韦伯都关注人文科学的逻辑。都认为文德尔班与狄尔泰的研究方法最终会导向主观唯美主义，都想要回答概念与实在之间的关系问题，最后，两人都想找到确保人文科学客观性的某种手段。

李凯尔特的主要著作是《自然科学的概念构成之界限》（*Die Grenzen der Wissenschaftlichen Begriffsbildung*，1986）。本书前两卷的基调是否定性的（发表于1896年），后三卷的基调是肯定性的（发表于1901年，全书出齐于1902年）。李凯尔特在此书中采用的方法是双重的，其中一方面关注的是自然科学。李凯尔特证明，对自然科学【39】

的传统说明是错误的。根据这种说明，只有一种方法能够解决自然科学的问题；但事实上，有多种多样的方法。所以说，并没有科学方法之类的东西。另外，李凯尔特还证明，对自然科学的传统说明也低估了抽象问题。李凯尔特与其业师文德尔班都深信，自然科学家把具体特殊的事物看成没有任何内在的重要性，他们主要关注于发现抽象的普遍规律。因而李凯尔特指出，当自然科学家试图证明普遍规律中出现的抽象概念的有效性时，就会出现问题，因为他们的观点意味着在这些抽象的普遍规律与具体的特殊事物的活动之间有很大差距。至此，李凯尔特的方法与文德尔班的方法大体相似，但与文德尔班不同的是，李凯尔特认为哲学必须超越自然科学和文德尔班所构想的历史主义的局限。如果自然科学忽视特殊事物的重要性，那么，文德尔班的历史主义只能导致相对主义与虚无主义。故此，李凯尔特得出这样的结论，自然科学与人文科学之间的真正区分，也就是自然科学家努力发现一般规律与历史学家和哲学家探寻具体特殊事物之间的区分；前者的普遍规律可以是理性的，但不是现实的，因为它们是抽象的东西；而后者的具体特殊事物是现实的，但恰恰因为它们的特殊性，所以它们也可能是非理性的。

　　李凯尔特强调，在其他一些方面，自然科学与人文科学之间也存在着根本性的差异。首先，在自然科学家看来，特定事例的空间性与时间性是不相关的，而在历史学家看来，真正重要的一切就在于，这个事件是在某个特定时间发生的。其次，自然科学家把普遍观察当作达到普遍规律的指南，而历史学家在此则利用这些观察来追溯观察所涉及的恰当对象——个别事物那里去。再者，在自然科学本来与价值无关的领域，历史学家的探讨却不可避免地与价值相联系，即使他不是直接地进行价值评价。李凯尔特用几个相互关联的观点，阐明这最后一个差异。历史不仅研究个体，而且研究重要的个体，必须将其纳入环境背景下来审视，这意味着在群体中的个体之间存在某种程度的一贯性。于是，李凯尔特像韦伯一样，也认为可以允许人文科学中出现价值；实际上，与自然科学不同，价值的出现是人文科学的必要组成部分。关键在于这些价值判断不应是"隐藏的"，而应当公开做出来。

埃米尔·拉斯克（Emil Lask）与李凯尔特和韦伯交往甚密，并受两人的影响。拉斯克写了赞成文德尔班观点的关于法哲学问题的任教资格论文，但他主要是受韦伯的影响。在此之前，拉斯克在李凯尔特的指导下于弗赖堡大学获得博士学位。虽然这篇论文是关于费希特的历史哲学的，但他在其中也触及一般历史哲学所面临的种种问题。于是，拉斯克就在李凯尔特在《自然科学的概念构成之界限》已经完成的工作的基础上进行创建。在拉斯克看来（对李凯尔特来说也是如此），关键的难题是要填补抽象概念与具体实在之间的空白。像李凯尔特一样，拉斯克未能填补这一空白；但也许与李凯尔特不同的是，拉斯克直面这一问题。他认为，要发展一门真正的历史科学，有两个研究进路（这两个进路也都存在问题）：要么必须找到某种方式来弥合概念与实在之间的空白，要么必须找到某种途径来证明，尽管有这样的空白，历史依然是可能的。

五 瓦伊欣格、席梅尔与新方向

由于两个原因，瓦伊欣格在新康德主义的编年史中占有重要的地位：一是因为他研究康德所取得的成果，二是因为他利用康德和其他人的思想建立了自己的"仿佛论"哲学。在纪念《纯粹理性批判》发表百年（1881）之际，瓦伊欣格出版了他自己评述《纯粹理性批判》四卷本中的第一卷。这本书是瓦伊欣格受托而写的，他对之非常重视。主要因为瓦伊欣格身体欠佳、视力衰退所致，第二卷直到1892年才问世。他再也无法撰写计划中的第三卷与第四卷了，但他坚持说，他要发表的许多东西已经在相关的文章和小册子中发表了。的确，虽然他无疑经常受疾病的折磨，但他依然以极大的热情进行筹划和写作。他的《康德的〈纯粹理性批判〉评述》是一部引人入胜的著作。在总计1066页的两卷本中，瓦伊欣格不仅评述《纯粹理性批判》一书，而且也评述康德的评论者的论著，包括康德同时代人的著作以及新康德主义者的最新著作。瓦伊欣格的书详尽无遗，展示了新康德主义者对康德文献的研究成果,就此而言,他的书也许将永远不会被取代。除了《评述》之外,瓦伊欣格还出版了一部关于《纯粹理性批判》中晦涩难读的"先验演绎论"的专著;他在书中论证说,《纯粹理性批判》的这一部分之所以有前后不统一和明显矛盾的情况,是因为它是"修修补补"起来的:他证明,康德在这里是将过去11年勉力撰写《纯粹理性批判》的过程中不同阶段的笔记匆忙拼凑在一起的。瓦伊欣格为促进对康德研究的兴趣,还做了其他一些工作。他于1897年创办了《康德研究》杂志,并担当主编,经常在上面发表一些短评与书评;1904年,他还成立了康德学会(Kant-Gesellschaft),专门资助和推进对康德的研究。

【41】

瓦伊欣格并不满足于上述努力,他很早之前就开始实施一项长期的研究计划。他的努力成果受康德和尼采的影响,最终是在1911年出版的,即《仿佛论哲学》(*Die Philosophie des Als-Ob*)一书。在书的献词中,他声称这种哲学的基石可以在朗格的著作中找到。由于从前人那里得到启发,他强调,我们当作伦理学和宗教的许多东西,没有,也不可能被当作知识。道德与宗教信条是启发性的虚构;这些信条是有益的,也无疑是必要的,但作为虚构,我们无法检验它们的有效性。不过,它们在帮助我们面对世界的非理性方面却是有用的。瓦伊欣格的贡献在于,他试图将康德的乐观论和理性同早期尼采的悲观论和非理性结合起来。瓦伊欣格对尼采的兴趣促使他发表了一部关于尼采的著作(1902b)。这是一部学术性很强的著作,在他撰写此书时,尼采在很多人看来是一个疯子,不是被他的批评者完全抛弃,就是被他的"信徒们"大加赞美,而这些"信徒"往往歪曲了其"导师的"理论。

瓦伊欣格不是唯一一位发表论尼采思想专著的人。席梅尔也写了论尼采的著作。此外,席梅尔还作了许多引人注目的工作,这里仅举其中两件。1904年,他发表了论康德哲学的著作。与柯亨形成对照的是,席梅尔关于康德的著作很好懂;其书论点正确、易于理解,因此不难了解为什么席梅尔在当时大受欢迎。席梅尔之所以重要,还因为他与费迪南德·滕尼斯(Ferdinand Tönnies)和韦伯一起,是德国古典社会学哲学的开创者。他撰写了许多关于社会互动、文化与价值等问题的著作，不但对近代社会理论有兴趣的人，而且对社会学史有兴趣的人，都应参考这些著作。

　　瓦伊欣格与席梅尔只是新康德主义者采取新发展方向的两个例子。由于从事对哲学史上其他人物的研究，促使新康德主义者中的一些人成为新费希特主义者和新黑格尔主义者，或者使他们对旧的哲学人物做出新的解释。而在其他一些方面，这个运动在其成员去世后也仍然延续下来。譬如，那托尔普和拉斯克对青年海德格尔的影响就是一个很好的证明（可能是他们的柏拉图式的理论，或者是他们采用的方法，对海德格尔产生了影响，也可能两者都有）：海德格尔曾把那托尔普称作自己"情投意合的对手"，并在那托尔普死后仍然明确坚持这一观点。即便在新康德主义作为一种思想运动开始逐渐淡出之际，其成员的思想与方法仍然在后来哲学家的著作中延续着。

　　新康德主义之所以值得研究，是因为他们彰显了研究康德哲学的重要性，同时在更普遍的意义上彰显了研究哲学史的价值。这一思想运动之所以值得探讨，还因为新康德主义者是整个19世纪和20世纪【42】初期最有才华、最富创意和最为多产的一批哲学家。无论你想研究现象学、解构论、解释学乃至分析哲学，你都不可能不研究新康德主义者，因为所有这些思想运动在这个以新康德主义闻名的伟大的德国唯心主义思想运动中，都有其先行者。

克里斯托弗·阿代尔—托特夫

【43】

第三章

英国与美国的唯心主义

亨利·朗格维尔·曼塞尔（Henry Longueville Mansel）是牛津大学那一代人中的主要哲学家，他先后出任温弗莱特道德与形而上学教授、牛津基督学院的牧师和圣保罗学院院长等职。1856 年，他在一次关于康德哲学的讲演中描述了研究德国哲学，特别是谢林与黑格尔哲学的价值。他说，"［他们的］想法在我们看来肯定是傲慢放肆的，对于相信人格神的人来说，他们的语言听起来肯定是大胆亵渎的，但是，他们的研究在**归谬法**（reductio ad absurdum）方面并非没有价值，这些结论是从他们的研究为归谬法提出的那些原理中得来的"（Mansel 1856［1873：181］）。虽然这是早先用英语来认真探讨德国绝对唯心主义哲学时拐弯抹角地提出的一种赞扬，但在其后的二十年里，英语国家的哲学家正在着手将他们从康德和黑格尔那里所学到的东西本土化，将其用于取代此前在英国和北美占统治地位的两种哲学，即英国经验主义与苏格兰常识实在论。对于唯心主义哲学的突然兴起，连同它通过宗教与政治产生的广泛影响，似乎是无法解释的，除非将其视为对 19 世纪信仰危机做出的一种反应。英语国家的哲学家在唯心主义那里找到了一种为宗教情感辩护的东西，他们可以以此来支持社会改革事业（Richter 1964：134）。

一 早期的英国唯心主义

在英国，19 世纪的信仰危机是基督教福音派与似乎不相容的各种知识形态相对抗而导致的结果，这些知识形态尤其指对《圣经》的高等考证和达尔文的生物学。基督教福音派是建立在《圣经》是千真万确的真理这一信念的基础上。福音派的复兴肇始于 18 世末，到了 19 世纪，它便使这一信念蔓延到维多利亚时代社会的几乎各个方面。当对《圣经》的偏激的考证表明，福音书并非像原来所说的那样完全是目击者的故事；当生物学家否认《创世记》中上帝创世故事中确确实实的真理时，维多利亚时代的生活结构受到了抨击。维多利亚时代的人是富于思想的，他们发现自己被困在对一种生活方式的信守与这种生活方式的理智依据之间而左右为难。维多利亚时代的小说家和诗人证明了这场危机的深刻性。这场危机不仅在科学中反映出来，而且也不可避免地在哲学中反映出来。然而，作为两种既定的哲学，无论是苏格兰的常识实在论还是英国的经验主义，用当时一位作家的话说，似乎均未能"像人们所期待的那样，提出主导性的原理以迎合我们这个时代的形形色色的、忧心忡忡的思想"（Masson 1865 [1877: 196]，转引自 Bradley 1979: 16）。

【44】

甚至在关于达尔文学说的争论发生之前，人们对德国哲学的兴趣就已经在增长。休厄尔与汉密尔顿爵士（Sir William Hamilton）两人均受到康德哲学的鼓舞，本杰明·乔伊特（Benjamin Jowett）开始准备翻译（但未出版）黑格尔的《逻辑学》（Wallace 1874 [1894: x–xi]），费雷尔（James F. Ferrier）与格罗特（John Grote）提出了各自的唯心论哲学思想。但只有格拉斯哥的医生斯特林（James Hutchison Stirling）的著作表现出对德国唯心主义的更广泛的兴趣，这就是 1865 年发表的《黑格尔的秘密》（*The Secret of Hegel*）一书。这部内容参差不齐，杂糅介绍、译文与评论于一体的巨著，首先指明能如何通过研究黑格尔哲学来应对英国的信仰危机。斯特林认为康德调和宗教与科学的方案是由黑格尔完成的。斯特林向读者断言，康德调和宗教与科学是通过证明我们日常经验所熟悉的对象在某种程度上是由经验主体构成的。在斯特林看来，这就意味着，由所谓"物自体"这个心灵之外源泉所促成的感觉，被心灵中先天的主观功能转化为对象（Stirling 1865 [1898: 156—158]）。斯特林认为黑格尔纠正了康德的说法，黑格尔证明感觉实际上是个人心灵所参与的神圣心灵的产物。于是，斯特林认为黑格尔通过消除物自体这个心灵之外对象的源泉，完成了康德在哲学中的"哥白尼式的革命"。在斯特林看来，对象是神圣心灵的物质化，这就是黑格尔的秘密所在（Stirling 1865 [1898：156—158]）。既然世界是神圣心灵的物质化，因此，无论是对世界万物的研究，还是恰当进行的科学探索，都不会使人怀疑上帝的存在。黑格尔的哲学表明，任何科学研究都必须以上帝的存在为前提。

不过，斯特林关于这一结论的证明没有说服力。与其说是他为此提供辩护，还不如说是他宣布了一种策略。而有效运用这一策略是有学术地位的唯心论者所为，特别是华莱士（William Wallace）与凯尔德兄弟（John and Edward Caird）。华莱士从《哲学百科全书》（*The Encyclopaedia of the Philosophical Sciences*, 1874）中译出了黑格尔的《逻辑学》（*Logic*），成为英国唯心论者研究黑格尔哲学的主要文本。另外，在该书详尽的导论中，华莱士表明，我们如何能把黑格尔《逻辑学》中诸范畴的辩证发展，看成是"最适"观念的生存斗争，从而也可以把它看成是与自然选择相似的东西（Wallace 1974：clxxx）。约翰·凯尔德的《宗教哲学》（*Philosophy of Religion*, 1880）不但在黑格尔的启发下提出了一种本体论证明，而且对基督教做了系统的唯心主义说明。爱德华·凯尔德在两部巨著中（Caird 1877, 1889），把康德说成是几乎将哲学与宗教调和在一起的哲学家。在凯尔德看来，遗憾的是，康德执意把理性看成是主观的，而且执意把思想和实在割裂开来。凯尔德大体上追随黑格尔，认为思想与实在都是一个更大整体的碎片，这个整体也就是客观理性或凯尔德所说的"绝对"。这使得凯尔德将科学当成是对"绝对"的表象的研究。在《宗教的进化》（*Evolution of Religion*, 1893）一书中，凯尔德证明，宗教逐渐将上帝理解为"绝对"。由于凯尔德将基督教视为最发达的宗教，这使他得以将基督教与科学调和在一起。通过他们的翻译和学术研究，华莱士与凯尔德兄弟表明，用黑格尔哲学对康德哲学作大致的修正，何以能够应付维多利亚时代的信仰危机。维多利亚时代的许多人都认为，这提出了解决信仰危机的一个办法，而人们之所以这样认为，是由格林（T. H. Green）所做的努力造成的，他为使唯心主义成为英国文化中的一个力量所作的贡献，超过了其他任何人。

二　T. H. 格林

虽然格林对康德和黑格尔的哲学有着强烈的共鸣，但他所拥有的天分并不是一位阐述者应有的天分。他的著作的主旨总是批判性的。这在他的首部主要著作中显而易见，这部著作即他为休谟的《人性论》(*Treatise of Human Nature*) 写的导论，它共有371页之多，是一部思想缜密、殚精竭虑之作。人们也许会感到惊奇，格林竟然想要利用这部著作来协助解决他那个时代的宗教危机。他将这一危机描述为"现代的不安定现象"（Green 1868［1888：97］），将其起因追溯到一种他称之为"通俗哲学"（the popular philosophy）的广泛思维方式。这种哲学并不是一种明确阐述的哲学，而是一套广泛信奉的信念，是从洛克（John Locke）那里不严格地引来的。格林认为，这种哲学不能解除这场宗教危机，因为它的知识和道德概念是不恰当的（Green 1868［1888：93］）。它不能说明知识与道德是如何可能的。不过，这一事实并没有被普遍意识到。格林认为之所以如此，是因为人们不再仔细研究已经指明这一事实的哲学家休谟。为了对此做出补救，格林为休谟《人性论》的新版写了导论。他的目的在于表明，休谟已经证明了经验主义无法说明知识与道德如何可能的问题。格林认为，要想对此做出说明，只有采用一种新哲学，一种受康德和黑格尔启发的哲学（Green 1874［1885：1—3、371］）。

为了说明这一点，格林考察了那种通俗哲学在洛克思想中的起源。在格林看来，洛克的目的在于说明个人的观念的起源，在于说明构成知识的那些观念之间的联系。洛克提出的做法是考察、检查自己头脑中的观念，他说，这些观念要么是感觉的产物，要么是对感觉派生的观念进行反省的心灵活动的产物（Green 1874［1885：6］）。格林在此发现的诸问题中，有一个问题是洛克在讨论感觉时存在严重的含糊性。洛克交替地将感觉当成感觉活动或被感觉到的东西（Hylton 1990：25—26）。这样一来，洛克就将具有感觉与对对象做判断混淆了起来（Green 1874［1885：13、19］）。根据格林的观点，只有当我

【46】

们具有某些先天的概念——格林特别强调像同一性与因果性之类的关系概念——能使我们将事物似乎向我们显出的方式与事物实际所具有的方式区分开来，我们才能对对象做判断。将感觉当作判断使得洛克在意识中预先假定出观念，随后他又不遗余力地试图从感觉中引出这些观念（Green 1874［1885：12］）。正是因为洛克的这一程序，格林宣称洛克的方案是一个失败。

根据格林的解释，休谟已经意识到洛克的失败，并试图消除洛克处理"感觉"时的含糊，从而贯彻自己的方案。休谟的目标是要把一切观念还原为感觉。除此之外，或者还要说明为什么我们认为自己具有事实上我们并不具有的观念（Green 1874［1885：12］）。格林认为，由于休谟无法将关系的观念还原为感觉，那么按照休谟的说法，知识是不可能的。不过，休谟的确想根据人喜欢虚构的秉性，来说明人们为什么相信他们具有关系的观念，特别是因果关系与同一性的观念。然而，这样一来，他就犯了一个与洛克所犯错误相关的错误（Green 1874［1884：182］）：休谟把印象既当作感觉，也当作被感觉的东西。结果，正如洛克一样，他将感觉与判断混淆了起来（Walsh 1986：30）。

格林在其死后出版的最全面的著作《伦理学导论》（*Prolegomena to Ethics*，1883a）中，提供了他自己对知识与道德何以可能的说明。他在一开篇就提出了这样的问题："关于自然的知识本身能否是自然的一部分或自然的产物？"（Green 1883a［1907：13］）。他的回答是否定的。他声称，关于自然的知识就是关于意识的对象的知识（同上）。格林进而说，为了把一个经验等同于对一个对象的经验，我们就应当能够将关于诸对象的经验同我们经验这些对象的方式区分开来，同我们的感觉区分开来。格林证明，我们做到这一点，是通过把我们的经验概念化，是通过对我们的经验做出判断，看它们是不是关于对实在做出规定的、不变的关系秩序的经验。因此，我们的经验活动是以先天的关系概念为前提的。格林于是得出结论：关于自然对象的知识是以有一个先天的或精神的原则为前提的，该原则能使我们将自己与对象联系起来的同时，又将我们自己与这些对象区分开来

（Green 1883a［1907：16—23］）。

此外，由于我们所知的那种实在是由不变的关系秩序构成的，那它也一定是一个精神原则的产物（Green 1883a［1907：33］）。康德认为，这一精神原则提供了实在的形式，而实在的质料是由不可知的物自体提供的。对于康德的这一主张，格林同斯特林一样，也是把它当作前后矛盾的而加以抛弃了（Green 1883a［1907：57］）。由此格林得出结论，这个精神原则不仅构成了自然的形式，而且构成了如其所是的自然。格林还将这个原则与上帝这个永恒的意识等同起来，这一永恒的意识在有限的认知者身上随时间"一点一点地"复制着自身（Green 1883a［1907：41］）。

格林论证说，这个原则也由于能使我们产生欲望，因而使伦理学成为可能（Green 1883a［1907：140—141］）。格林认为，用来描述欲望的语言是会使人产生误解的。我们说我们想要食物或财富，实际上这时是我们自己想要吃饭或想要获得财富。欲想的东西不仅仅是一个对象，而且是有欲望的行为者享受或具有这个对象。因此，只有具有自我意识的存在者，即那些凭借精神原则能将自己与对象区分开来，从而又能将自己与对象联系起来的存在者，才有欲望（Green 1883a［1907：97—99］）。我们是通过将我们个人的善与一种欲望的满足等同起来，而决定要满足这种欲望的。于是，我们决意要满足这个欲望，而在这样做的过程中，进一步实现了我们自己。鉴于意志行为是由我们的性格决定的，所以，我们的行动是自决的（Green 1883a［1907：113—115］）。因此，格林的这个精神原则也说明了自由行动以及伦理学是如何可能的。

格林从实践理性中引出伦理学的内容。鉴于道德行为者有相互冲突的欲望，因此，我们根据将能使我们达到"永久自我的永久满足"（格林语）的那些欲望行事，是合理的（Green 1883a［1907：274］；另参阅Thomas 1987：181—184）。虽然格林认为这种满足感从而道德善本身，只能在个人那里实现，但他仍认为自我实现离不开社会。不过，格林主张，只有当社会成员有共同的善的概念时，社会才可能存在。因此，格林认为我们只有为了体现在我们社会制度中的共同的目的而放弃私人的目的，才能使自己得到满足。这些共同目的提供了为界定道德理想所必不可少的共同的善（Green 1883a［1907：208—210］）。共同的善之所以是必不可少的，是因为它规定了往往与我们的倾向相抵触的那些规则。结果，我们最终会珍视为善而行善的意志（Green 1883a［1907：221—224］）。格林的道德理想由此得到了规定：要做一个立志为善而行善之人。这一理想的实现有赖于一个人的社会制度规则所指定的先天道德（Green 1886［1986：13—14］）。但是，从道德理想的观点看，从完善制度规则着眼，对这些规则是可以进行批评的。格林认为，这种批评导致了社会制度的逐步改善（Green 1883a［1907：356—358］）。

格林的道德理论使他把基督教的启示部分当成对我们如何成为道德之人的描述，以此他把基督教的教义变成了哲学（Green 1883b［1888：182］）。我们放弃我们关于善的私人设想，把我们个人的善与体现在我们社会制度中的全体的善等同起来。格林说，我们这样做的时候，我们就是在实现基督教的基本思想：为了生存而牺牲自己或舍己。格林认为，这是耶稣的生、死与复活故事中的核心含义（Green 1883b［1888：236—237］）。就这样，启示的基督教描述了神话形态中道德生活的根本结构。

格林的政治学说见于其死后出版的《政治义务原理讲演集》（*Lectures on the Principles of Political Obligation*，1886），这是对其道德学说的补充。在这里格林证明，国家的职能是通过法律来维护使道德成为可能的条件（Green 1886［1986：16］）。法律不能强制实行道德，但可以要求实行某些行为，这些行为是个人能逐渐实现道德理想的最低条件（Green 1886［1986：17、20］）。遵纪守法的义务是以只有通过法律我们才能实现自己的道德目的这一事实为根据的。这个事实证明赋予个人以权利是正当的，因为在格林看来，权利是实现道德目的的条件（Green 1886［1986：26］）。

如同古典的自由主义者一样，格林为财产权辩护；但与自由主义者不同的是，格林愿意为了自由而限制这些权利。这在他的文章"自由合法化与契约法"（Liberal Legislation and the Law of Contract）

中表现得尤为明显。他在文中证明，国家具有保护个人免受外来干扰的职能。但他又不限于此，认为国家也应当赋予个人以"积极意义上的自由"（Green 1881 [1986：200]）。国家的活动应能使个人达到共同的善，在某些情况下，这就要求国家限制契约的自由。格林哲学的这一方面曾经被说成是温和的社会主义思想，但现在则更经常被看成是通向20世纪初新自由主义的中途站（例见Freeden 1996：179）。

　　格林、华莱士与凯尔德兄弟为一种唯心主义学派奠定了基础。格林使许多青年哲学家相信，只有把我们的研究从洛克与休谟那里转向康德与黑格尔，哲学才能取得进步；而华莱士与凯尔德兄弟则针对德国唯心主义者的思想晦涩难解之处提供了非常必要的导论。在此过程中，他们表明唯心主义是如何能将一种自由主义式的基督教与科学调和在一起的，在这一点上唯心主义不同于其竞争对手。而且，格林的道德与社会哲学依赖于自我实现的概念和共同善的概念，因此它要求【49】把哲学付诸于实践，从而为宗教情感提供了宣泄的渠道。这一哲学派别的成就不在于造就了多少职业哲学家，而在于把唯心主义付诸实践以服务于社会。这一学派的杰出成员还包括里奇（D. G. Ritchie，1853—1903）、琼斯爵士（Sir Henry Jones，1852—1922）、缪尔黑德（John Henry Muirhead，1855—1940）、霍尔丹（Richard Burdon Haldane，1856—1928）与沃森（John Watson，1847—1939）。里奇、琼斯与缪尔黑德在英国的大学与社会生活中十分活跃，霍尔丹在其卓有成就的思想与政治生涯中身兼数个公职，沃森移居到加拿大，在安大略省金斯顿市的女王大学担任哲学教授多年。

　　这一学派经常被人们称为黑格尔学派，这个称呼并不错，如果将其理解为是对启发这一学派的主要灵感来源之一所做的描述的话。不过，这一学派并非盲目地追随黑格尔。譬如，格林接受了黑格尔有关思想与实在的同一性的观点，但却批评他所认为的黑格尔证明那种同一性的方式。在格林看来，黑格尔有关思想与实在的同一性的论证似乎有些含糊其辞。黑格尔的论证据称是建立在思想分析基础上的。但是，通常所理解的思想是与另一精神要素——感觉——相比较而言的。所以，这个论证似乎是通过对思想的分析来进行的，而思想又是对比于感觉来规定的,这样只能得出思想包括感觉的结论。格林并不肯定这就是这个论证的真正失败之处,但他坚信这一失败使这个论证不能服人。他声称,要避免这一困难就必须对思想做出新的说明(Green 1880 [1888:141—143])。这里所感到的对于考察思想本身的必要,成为以布拉德雷和鲍桑葵为主的下一代英国唯心主义者的一个出发点。

三 布拉德雷

布拉德雷（F. H. Bradley）比格林年轻十岁,其首部重要著作是《伦理学研究》（*Ethical Studies*,1876）,该书捍卫自我实现的伦理学,在内容上而非在风格上与格林的伦理学相似。布拉德雷善于修辞、喜好讽刺、行文遒劲有力,与格林生硬而有时夸张的语句形成鲜明的对照。在《伦理学研究》一书中,布拉德雷旨在阐明伦理学是如何可能的,尽管他独特地更加着重批判那些他认为使伦理学成为不可能的观点（Bradley 1927:viii）。使伦理学得以可能的一个条件在于道德行为者是负责任的,这成为布拉德雷的研究的起点。像格林一样,布拉德雷也认为,当我们负责任地行事时,那是因为我们这样做的目的是为了实现自我（Bradley 1876 [1927:64]）。虽然所有负责任的行为都实现了一个自我,但布拉德雷认为,他可以把善良的自我界定为已经和谐地实现了自身的那个自我（Bradley 1876 [1927:303]）。布拉德雷对功利主义进行了全然否定的考察（那似乎是对康德伦理学的一种拙劣模仿）,从中他得出结论:善良的自我一定愿意为一个特殊的善本身追求这个特殊的善（Nicholson 1990:21—23）。布拉德雷承认,这一论点需要一个形而上学的辩护,但无论在《伦理学研究》中,还是在其后来的著作中,他都没有提供这样的辩护（Bradley 1876 [1927:65]）。不过,他后来的著作在他所谓的"个体化定律"中,确实为自我实现提供了一个心理学的根据。这个定律称:"每个精神要素（使用比喻的说法）都竭力促使自己成为一个整体,或使自己消失在整体之中,它不会有那样一个伴侣,这个伴侣

仅仅因为与它在表象中同时出现就被指定给它。"（Bradley 1935［1969：212］）

在收入《伦理学研究》的一篇题为"我的地位及其责任"（My Station and Its Duties）的著名（有人说是臭名昭著）的论文里，布拉德雷详细陈述了自己的道德论点。他在文中论证说，一个人愿为自己而满足他的社会地位所提出的要求，并"作为社会有机体中的一个器官"而行事，那么，他就能够实现善良的自我（Bradley 1927：163）。尽管有时这被当作布拉德雷的最终观点，但他仍认为道德的发展是经过一系列阶段的，上面所述只是其中的一个阶段（MacNiven 1987：149—150；Bradley：190）。布拉德雷明确指出，"我的地位及其责任"一文的学说忽略了有关善良自我的一些重要方面。没有任何社会是完美无缺的，理想自我的某些方面并非是社会性的（Bradley 1876［1927：202—206］）。要消除这一弊病，布拉德雷描述了一个比"我的地位及其责任"所述更高级的阶段，他称之为"理想道德"的阶段。这一阶段的自我是道德理论上的理想自我，是将自己实现为全面和谐的整体的自我（Bradley 1876［1927：219—220］）。即使这是道德理论中的最高阶段，但它依然是有问题的。道德要求我们为了实现善良的自我而压制邪恶的自我（Bradley 1876［1927：215］）。问题在于我们如果成功地做到了这一点，由于这需要有邪恶自我的存在，那我们也就等于破坏了道德。因此，道德不能明确规定自我实现的最终目标（Bradley 1876［1927：313—314］）。但布拉德雷争辩说，这一目标是由宗教提供的；在布拉德雷的世俗化了的基督教中，宗教命令人们为了生活而舍去自我（即实现自己的理想的自我）（Bradley 1876［1927：325］）。

唯有在《伦理学研究》一书中，布拉德雷的观点与格林的观点是相合的。尽管在他的第二部著作《逻辑学原理》（*The Principles of Logic*, 1883）的一开篇，布拉德雷就接受了在格林对洛克与休谟的批判中隐含的关于判断的说明，但他仍然对这一说明做了发展，他所采取的方式在某种程度上破坏了格林的形而上学。布拉德雷是从推理的前提，即他称之为"判断"的真的或假的实体开始的。当他用传统的术语将判断说成是由观念构成时，他也接受了格林对经验主义的批评。这使得布拉德雷区分了截然不同的两类观念：即作为特殊精神事件的内心影像和象征性的、普遍的理想内容。布拉德雷否认内心影像是判断的构成物（Bradley 1883［1928：5—10］）。他说，判断是将一理想内容归因于某一对象的精神活动（Bradley Bradley 1883［1928：10］）。通过用这种方式来界定判断，布拉德雷将逻辑学与心理学区分了开来，摒弃了英国经验主义者的心理主义。

【51】

布拉德雷发展了他对判断的说明，将判断的语法形式与逻辑形式区分开来。他的分析是在几个不总容易区分的层面上进行的。在较高的层面上，布拉德雷将"这棵树不是绿色的"之类简单否定判断，当作一个断定，即主词所指的这棵树没有谓词所指的那个性质。但要使这一判断成为真的，就要求主词所指的对象具有谓词所指的性质之外的不同性质。如布拉德雷所言，"否定是以肯定的根据为前提的"（Bradley 1883［1928：114］；Stock 1985：470—474）。不过，在更深刻的层面上，布拉德雷将所有判断都当作条件句。像"所有动物都会死"这样的全称定言判断，就等于断言，如果任何一个个体是动物，那么这个个体就会死（Bradley 1883［1928：47—48］）。更为激进的是，布拉德雷将单称的定言判断也当作条件句。像"这棵树是绿色的"这一判断中的主词所描述的就不止是一个实际的或可能的个体，因此它不能指定这个判断是关于哪一个个体的。因此，这个判断是"有缺陷的"。其谓词只有在提供进一步条件的情况下才会限定其主词。也就是说，这是一个条件判断（Bradley 1883［1928：97—100］）。布拉德雷由此得出如下结论：所有判断都具有条件句的逻辑形式。

这一点之所以特别引人注意，是因为布拉德雷将反事实判断作为处理全称条件句的模型。譬如，在分析"如果你没有弄坏我们的气压表，那它现在就会预先警告我们"这一判断时，布拉德雷说："在此判断中我们断定这样一个情境、这样一个普遍自然规律的实际存在，如果我们假定某些条件出现的话，那么，这样的情境和规律就会产生某种结果。"（Bradley 1883［1928：87］）换言之，这样的判断可以被当作原语言学的判断来对待。这样的判断断定,一个论证的前提是对环境的描述,是对相关科学规律的描述,是对前件之否定的断言,那么,由这些前提形成的这个论证就必定有那样的结论。也就是说,条件句是压缩了的论证。因此,如果这些条件句是真的,那些论证也必然是真的。

基于这一分析,如果判断所压缩的论证是可靠的,那么这些判断就是真的。要确定一个条件句的真值需要确定其前提的真。但由于这些前提也一定是条件句,那么又需要确定其前提的真,如此等等,以至无穷。由于对判断所压缩的论证可以做不同的详细说明,因此布拉德雷后来得出结论:所有判断的真值都是含糊的,判断之真假只是就【52】某一程度而言的(Bradley 1914:252)。

尽管布拉德雷对判断的研究是《逻辑学原理》中最有影响的部分,但对于他主要关心的问题而言仍然是初步的,他主要关心的是通过具体阐述使有益的演绎推理成为可能的那些原理来反对密尔的观点,为演绎逻辑辩护。布拉德雷解释说,有效推理所得出的结论存在于前提中,但并不是在前提中断定的。结论通过对前提做出断定而增进知识(Allard 1998:70—76)。但是,这一辩护是要付出代价的。由于实在是完全确定的,而思想在本质上是有条件的、不完全,因此,思想永远不能构成实在(Bradley 1883 [1928:590—591])。

倘若思想不能构成实在,那么思想又是如何与实在一致的呢?对这个问题的回答是布拉德雷的主要著作《现象与实在》(*Appearance and Reality*,1893)所关注的要点。比他在其他著作中更为明显的是,布拉德雷在《现象与实在》一书中的建设性结论都是通过批判得出的。这样的批判很多见诸于该书的第一卷,他在那里论证说,就像许多普通观念所描述的那样,这个世界是矛盾的,因此它是现象,而非实在。布拉德雷所讨论的最重要的观念是关系观念和性质观念。他证明,这两者互为前提,但相互并不一致。他为支持这一结论而提出的两个论证是他的最著名的论证,每当哲学家们提到"布拉德雷的倒退"时,他们所想到的通常就是这两个论证中的一个。第一个论证是"内在的多样性论证"(Mander 1994:88),该论证从这样的事实出发,即性质之存在依赖于关系。但如果情况确实如此,那么每一个性质至少有两个可以区分的方面:即性质是存在的,性质是相关联的。而这两个方面各自也一定是存在的和相关联的,如此等等,以至无穷。这个结果对任何性质的统一性都是致命的(Bradley 1893 [1930:26—27])。第二个论证是"链条论证"(Mander 1994:92),它断言,如果关系 R 将它的关系项 A 与关系项 B 联系起来,那么,在 R 与 A 之间、R 与 B 之间一定存在另外的关系,如此等等,以至无穷(Bradley 1893 [1930:27—28])。布拉德雷将这两种倒退都当成是恶的,因此,他得出结论:关系与性质是不一致的,因此是现象,而非实在。虽然他在《现象与实在》第一卷里考察了另外许多观念,其中包括空间、时间、运动、因果、活动、事物与自我等,但他仍建议他的读者,如果他们理解了"这一章的原理,就没有必要再花费……时间去阅读[第一卷]后面那些章节了"。因为它们"几乎不容申辩就给大量现象定罪了"(Bradley 1893 [1930:29])。

【53】在《现象与实在》的第二卷里,布拉德雷在他所进行的批判的基础上建立起建设性的形而上学,他说他的批判预先假定了关于实在的一个标准。他提出的这个标准是:"终极实在是这样的实在,它是不会自相矛盾的"(Bradley 1893 [1930:120])。在《逻辑学原理》对否定性判断所做的阐述中,布拉德雷从这一标准推断:实在具有排除自身矛盾的肯定性根据。其特点是将实在的内容和谐地包含进来(Bradley 1893 [1930:121—123])。由于关系不是独立实在的,由于显现的东西在某种意义上是实在的,于是,布拉德雷得出结论:实在具有一种整体的形式,将一切现象作为自身的质料包含起来,并将它们和谐地融为一体。这一和谐整体的内容便是经验(Bradley 1893 [1930:124—127];Sprigge 1993:273)。

在此基础上,布拉德雷遇到了"思想与实在之关系的重大问题"。他将此问题视为一种两难困境。一方面,思想是借对象而非思想成为真实的。另一方面,充分确定的完整思想与实在是同一的(Bradley 1893 [1930:492])。布拉德雷的解决办法是:思想就其自身条件而言是不一致的,因此不能满足自己的理想,即成为完全

"一致而全面的"。由于思想不能满足这一理想,就此而言,它就不能等同于实在。而假如思想真能满足这一理想的话,那么,它本来会超越自身而将感觉包括在内(Bradley 1893 [1930:145—148])。在此理想的限度内,于是思想就借实在而成为真实的,即等同于实在了(Candlish 1989:338—339)。布拉德雷正是以这种比较和缓的方式,为黑格尔所说的思想与实在的同一性进行了辩护。

在《现象与实在》的其余部分,布拉德雷问道:是否任何东西都无法在这一实在系统中找到一个位置。他通过考察自然、身体、灵魂、善等论题,最后断定没有这样的东西。在他后来的著作里,尤其是在《论真理与实在》(*Essays on Truth and Reality*, 1914)中所收录的论文和《逻辑学原理》第二版(1922)中的"晚期论文"里,布拉德雷详述了自己的观点并进行了辩护,除了偶尔有所修正之外,没有做根本的改变。

四 伯纳德·鲍桑葵

塞思(Andrew Seth,后来更名为普林格尔—帕蒂森 Andrew Seth Pringle – Pattison)在其著作《黑格尔主义与人格》(*Hegelianism and Personality*, 1887)中提出,自我的实在性是唯心主义者关注的要点。塞思批评格林与黑格尔未能将人的人格与神的位格的实在性纳入他们的哲学中(Seth 1887:221—222)。塞思通过强调他发现在绝对唯心主义哲学中缺乏的有神论因素,详尽阐述了一种人格唯心主义,即一种继《现象与实在》之后日益流行起来的哲学。人格唯心主义哲学的追随者包括塞思的兄弟詹姆斯·塞思(James Seth)、索利(W. R. Sorley)、拉什达尔(Hastings Rashdall),可能还有沃德(James Ward),因为沃德最终的形而上学观点往往很难确定。然而,即使绝对唯心主义否认自我的实在性,但仍保持着宗教哲学的力量,【54】这一点是由鲍桑葵(Bernard Bosanquet)证明的,他利用布拉德雷的思想重申了格林调和宗教与科学的设想。

鲍桑葵最重要的长篇巨著是《逻辑学或知识形态学》(*Logic or*

the Morphology of Knowledge, 1888）。他将判断视为知识的基本单元。他接受了布拉德雷德的观点：判断是由指涉实在的观念构成的真的或假的实体。按照他的设想，逻辑学的任务就在于说明有效的推断是如何可能的（Bosanquet 1883：70）。鲍桑葵认为，有效的推断之所以可能，是因为实在以及对实在的认识形成了一个相互联系的整体或"系统"。构成推断之前提的诸判断，从它们在判断总体中所处的地位那里获得意义，而构成这一总体的诸判断决定着实在。因此，有效的推断是可能的，因为有效的推断根据它们在整个判断系统中所处的地位，可以将隐含在前提中的东西彰显出来（Bosanquet 1888 [1911：2]）。逻辑学通过考察不同的判断形式（范畴判断、假言判断等）以及这些判断形式依赖于其他判断形式的程度而证明这一点。虽然鲍桑葵说他接受布拉德雷对思想与实在之关系的说明，但他却巧妙地改变了"思想"的含义。布拉德雷将感觉与思想截然分开，而鲍桑葵则不同，他把"简单的领悟"（即布拉德雷所谓的直接经验）当作是根据与思想的关系而规定的某种东西，从而模糊了感觉与思想之间的界限（Bosanquet 1911：292—299）。这样一来，虽然鲍桑葵是用布拉德雷的论点来证明这一点，但对鲍桑葵来说亦如对格林一样，思想是包括一切的。这就使鲍桑葵可以追随格林，将思想与实在、逻辑与形而上学等同起来。

鲍桑葵认为，他扩大了对思想的理解，这一点可以在有关美的问题上最明显看到（Bosanquet 1912：62）。这是他在其美学论著中，特别是在《美学史》（History of Aesthetic, 1892）中阐发的主题之一，在这部书中，他描述了西方审美意识从古希腊一直到整个 19 世纪的历史。鲍桑葵的目的旨在表明：19 世纪的唯心主义者是如何赋予古希腊的形式审美观以内容的。鲍桑葵认为，他们做到这一点，是通过表明美在其感性形式中包含着理性，以此进一步模糊了思想与感觉之间的界限（Bosanquet 1892：462—463）。

鲍桑葵赋予思想以重大的意义，这使他在面对人格唯心主义的批评时，能够运用布拉德雷的思想来重申格林调和宗教与科学的做法。鲍桑葵所面临的特殊问题是：如何才能把布拉德雷的观点与格林的观点结合起来，布拉德雷在形而上学上否认个人（或鲍桑葵所说的"有限个人"）的终极实在与价值，而格林则坚持认为，道德善只能在个人身上实现。鲍桑葵通过如下论证将两人的观点结合起来：虽然有限的个人终极上是非实在的，但唯一真实的个体，即"绝对"，所具有的特征，与在有限个人身上发现的特征是相似的。然后，鲍桑葵证明，个人身上有价值的东西也保存在绝对中。【55】

在《个体性原则与价值》(The Principle of Individuality and Value, 1912) 一书中，鲍桑葵主要依据他的《逻辑学或知识形态学》一书，很不正式地证明了绝对的存在。鲍桑葵认为，衡量实在与价值的标准是由包括满足经验在内的人类的核心经验或高级经验提供的，(Bosanquet 1912：3)。如同布拉德雷一样，鲍桑葵认为满足理智的东西是实在的，任何满足理智的东西都是完全的和自足的，因而是"个体的"(Bosanquet 1912：52，68)。不过，我们所经验的大部分事情，都缺乏上述特征。譬如，我们直接经验的事情都包含这样的因素，这些因素在对其他经验有影响的意义上是普遍的。因此，直接的经验本身是不完全的。它引导我们思考进一层的经验（Bosanquet 1912：9、13、31—32)。鲍桑葵认为，这一过程的理想目标是一种经验，这种经验的各不同方面是互为规定的，不涉及该经验之外的任何东西。鲍桑葵将任何能以这种方式来解释的东西称作"具体的共相"，并且证明，具体的共相只能体现在一个包括思想与感觉在内的世界中。鲍桑葵声称，除了承认实在的整体就是这样一个世界之外，没有任何途径能达到终极的满足。鲍桑葵将这个世界称之为"绝对"(Bosanquet 1912：68)。

由此得出的结论是：作为有限的个人，我们是不完满的，是相当自相矛盾的，因而是终极非实在的，这正与布拉德雷的看法相同（Bosanquet 1912：221)。然而，我们可以通过与对象和其他有限个人的相互作用，来限定我们自己，以此使我们变得更完满一些。在这样做的过程中，我们使自己得到扩展，从而经验到满足。鲍桑葵证明，这个经验作为我们的高级经验之一，显示了"绝对"的特征。"绝对"肯定包含与我们因解决了矛盾而得到的满足相似的某种东西。

既然这是关于自我的一个基本经验，因此"绝对"肯定与一个自我相似（Bosanquet 1912：250）。作为有限的自我，我们无法经验到这一完满性，但我们可以经验到克服我们的有限自我（作为和谐社会或宗教中的成员）而获得的某些满足（Bosanquet 1912：270）。尤其是，我们无法克服思想与感觉之间的矛盾，但我们通过将美视为理性，就可以理解，这个矛盾在原则上是可以克服的（Bosanquet 1912：258—259）。

虽然这种宗教哲学并没有使人格唯心主义者安静下来，但鲍桑葵的政治哲学却成为其大多数激烈批评者关注的焦点，尤其是在第一次世界大战期间与战后。不论他的批评家们如何谴责独裁主义，鲍桑葵仍基本上重申了格林的政治哲学，只是侧重点有所不同（Nicholson 1990：199）。鲍桑葵参与了慈善组织协会的工作，这使他确信，那个时代需要更清楚地说明国家行为的限度，而且他希望对格林的理论的心理学背景做更充分的补充（Bosanquet 1989［1965：viii – x］）。与格林一样，鲍桑葵证明人类只能在社群中实现自己（Bosanquet 1989［1965：102］）。人类愿意合理地达到自己的目的，因为这些目的因时而异，所以他们愿意合理地追求将使他们的各种欲望协调起来的目的，由于不同个人所追求的目的是彼此冲突的，所以人们愿意合理地追求将使他们各自的目的协调起来的目的，而这些目的正是社群所追求的目的（Bosanquet 1989［1965：112］）。鲍桑葵追随卢梭，认为个人是以普遍的意志为意志，而普遍意志的目的便是自由。这于是为承担政治责任提供了合理的根据，因为由普遍意志所规定的最全面的系统就是国家。不过，鲍桑葵并没有将此与政府等同起来，政府只是这个意志在一个社会中表现出来所采取的重要方式之一（Bosanquet 1989［1965：139—140］）。

五　乔赛亚·罗伊斯与美国唯心主义

美国的情况与英国相似，试图调和科学（特别是进化论生物学）与宗教的愿望是唯心主义发展的主要动力。但美国唯心主义发展的情形有所不同。19世纪三四十年代，来自德国的移民劳赫（Frederick A. Rauch）与史达罗（J. B. Stallo）等人将黑格尔的哲学介绍给美国读者，不过最初使黑格尔受到注意的与其说是达尔文的进化论著作，不如说是美国的南北战争。黑格尔把历史说成是通过斗争而得到的自由的发展，这一说法为政治联邦提供了强大的理论根据。正是一群坚定的联邦主义者，即圣路易斯哲学俱乐部的成员（以圣路易斯黑格尔主义者之名而更为人知晓），于1867年创办了美国第一家哲学杂志，《思辨哲学杂志》（The Journal of Speculative Philosophy）。除了刊登德国唯心主义哲学家的著作译文之外，该杂志还为青年哲学家提供了一个交流思想的论坛。其编者哈里斯（William Torrey Harris）最终成为美国的教育局长。南北战争之后，随着各所大学陆续开始重建，哈里斯的这份杂志促进了唯心主义的流行，使之成为调和自由与联邦、宗教与科学的一个令人感兴趣的方式。南北战争之后，当美国人将他们的注意力转向进化论，调和宗教与科学的任务就变得越来越重要了。在南北战争以后的数十年内，唯心主义只是在美国大学中得到确立。到了19世纪末，各种形式的绝对唯心主义的代表人物是密执安大学的莫里斯（George Sylvester Morris）和康奈尔大学的克赖顿（James Edwin Creighton），人格唯心主义哲学的代表人物是波士顿大学的鲍恩（Borden Parker Bowne）和最终定居于加州大学伯克利分校【57】的豪伊森（G. H. Howison）。但唯一具有国际声誉的美国唯心主义哲学家是乔赛亚·罗伊斯（Josiah Royce）。

同其他英美唯心主义者一样，罗伊斯试图在科学事实的世界里为宗教找到一席之地。他在自己的首部著作《论哲学的宗教方面》（The Religious Aspect of Philosophy，1885）里确定了达此目的的方法，尔后他的全部学术生涯都用在详述这一方法并为之辩护上。罗伊斯在此书中所设定的目标，就是要确定实在的本性与价值。为了努力实现这一目标，他规定了一个道德理想，确定了于实在中发现这一理想的范围。人们已经提出了各种不同的理想，罗伊斯认为这一事实表明，各种理想之间存在着怀疑主义。不过，他又断言，怀疑主义是因试图调和互不相容但又同样吸引人的种种目的所引起的。据此，他得出结论：即使怀疑主义也会把各种目的之间的协调当作自己的理想（Royce 1885：138）。这一理想要求我们把和谐这个道德理想扩展到其他人，并在对我们自己生活的组织中实现这一理想（Royce 1885：172—173）。这一理想还要求我们寻求全部生活的统一与和谐。后来，罗伊斯在他最流行的著作《忠诚的哲学》（The Philosophy of Loyalty, 1908）中，再次详述了他的道德哲学；他在书中证明，我们是通过对一项事业的忠诚来创立道德意志的。由于每个个人都变得忠于同一事业，他们就组成了社群。因为存在着由不同事业限定的不同社群，所以罗伊斯论证说，人们应当恪守忠诚；也就是说，人们应当以这样一种方式推进社群精神，使得它不会妨碍同样行事的诸社群的形成（Royce 1908：118—119）。

罗伊斯依靠一种形而上学的论证来表明道德理想是实在的。他说，我们不妨考虑一下"错误存在"这个判断。如果这个判断是真的，那么错误就是存在的；而如果这个判断是假的，那么，因为在此情况下"错误存在"这个判断是错误的，所以，错误同样存在。罗伊斯继续说道，使错误成为可能的东西是一个与其预期的对象不一致的判断。可是，罗伊斯问道，一个判断何以会如此呢？我们只能预期我们所知的东西，我们只知道我们自己的观念，但我们对它们是不会弄错的（Royce 1885：398—399）。罗伊斯极力主张，解决这一难题的唯一出路就是要认识到，从第三种意识的观点来看，即从把我们的观念与我们的对象同时包括在内的意识的观点来看，我们的观念有时与其所预期的对象不符合。既然我们实际上对任何事情都有可能搞错，所以这第三种意识一定是无限的、无所不包的意识。罗伊斯称其为"绝对"。从"绝对"的观点看，我们的观念之所以不符合它们的对象，就是因为它们没有全面地体现出它们在绝对的心灵中以充分发展了的形式所体现出的目的（Royce 1885：422—423）。罗伊斯用这一论点确定了道德理想的实在性，因为"绝对"使全部生活都统一与协调起来了。

尽管罗伊斯说过，他"无法忍受继续阅读格林的著作"（Royce 1892：337），但在将绝对唯心主义与对个人自我的实在性和价值的信念相结合方面，罗伊斯的观点与格林是相似的，而且也同样容易受到批评。为了捍卫自己的观点，罗伊斯试图说明为什么有限的个人把"绝对"经验变成一个客观的外在世界（Royce 1892：411）。在《世界与个体》（*The World and the Individual*）的第一卷，罗伊斯根据观念的内在意义和外在意义再次阐述了他的论点。内在意义是指该观念所体现的目的，外在意义是内在意义所指涉的对象。罗伊斯然后问道，内在意义如何能指涉一个外在的对象呢？（Royce 1899：32—33）。他的回答仍然是说，如果有限的意识是包含自身在内的更大意识（即"绝对"）的组成部分，那么，内在意义指涉一个外在对象就是可能的（Royce 1899：352—354）。罗伊斯用这一方式重新阐述自己的观点，使他能够应对布拉德雷的指责（按布拉德雷所说，因为自我是关系性的，所以是不一致的、非实在的），并进一步描述心灵与外在世界之间的关系。罗伊斯集中回答了布拉德雷的如下断言：关系造成了不连贯的、"无休止的裂变"。借助狄德金（Richard Dedekind）与康托尔（Georg Cantor）的研究成果，罗伊斯证明，无限的内在自我表象的诸系统，即由它们自己的诸部分所表象的系统，连贯一致地体现了一个单一的目的，所以具有一个自我的形态（Royce 1899：544—554）。罗伊斯得出结论，有限个体性的实在性由此与"绝对"调和在一起了。为了进一步描述心灵与自然界的关系，罗伊斯推测自然界就是一个心灵。自然界那些看似永恒的规律乃是自然界至此所形成的习惯（Royce 1901：224—226）。这就是罗伊斯的泛心论观点。

在发表了《世界与个体》一书之后，罗伊斯继续从事数理逻辑的研究。他对英国逻辑学家肯普（Alfred Bray Kempe）的著作特别感兴趣，肯普试图把几何学的起源追溯到一种更基本的逻辑系统（Kempe 1889—1890）。罗伊斯在几篇论文中发展了肯普的思想，尤其是在"逻辑原理与几何学基础之关系"（The Relations of the Principles of Logic to the Foundations of Geometry）这篇文章中，他试图表明几何学可以从一种对秩序加以规定的、更加普遍的先天的系统中推导出来。如果这个推导果真获得成功的话，那么，罗伊斯就有可以表明，外在世界的空间秩序乃是"绝对"心中的必然思想秩序的一个特例（Kuklick 1972：200—201）。

《基督教的问题》（*The Problem of Christianity*）是罗伊斯的最后一部形而上学著作。虽然在此书中罗伊斯主要关注的是在何种意义上，一个有教养的现代人会成为一个基督徒（Royce 1913［1968：62］），但他仍然进一步特别重申了他的唯心主义思想。在罗伊斯看来，基督教有两个方面：其一，它是由一个人（即耶稣）首先身体力行的一种生活方式；其二，它是早期教会（尤其是保罗）对这种生活的一种解释（Royce 1913［1968：65］）。罗伊斯强调的是第二方面，他证明，根据基督教教义，救世只能在具有解释力的社群中实现，它的理想形式就是天国（Royce 1913［1968：71、318—319］）。在这里，"解释"是一个关键词，罗伊斯追随皮尔士，将解释视为一种三位一体的关系：它要求有一个解释者，某个需要加以解释的东西，某个需要将这个东西对之做出解释的人（Royce 1913［1968：286］）。罗伊斯论证说，我们通过自我解释来规定自己，就像我们在规定他人时，把他人当作自我来解释，以使我们的经验连贯一致。这样，我们就创立了一个由解释者组成的社群。"绝对"就是这样一个社群，根据《哲学的宗教方面》一书中的论证，罗伊斯断言，这个社群是实在的（Royce 1913［1968：361］）。

虽然罗伊斯对他的几位学生有影响，其中最著名的是刘易斯（C. I. Lewis），但他并未成功地创立一个唯心主义学派。即使唯心主义在英国流行的时间要比在美国长，但其后来的发展缺乏上述哲学家之间的凝聚力。这一学派的遗产主要是为演绎逻辑辩护，以反对密尔。正是这一遗产将罗伊斯引向数理逻辑，使得对逻辑学做出不同界说的罗素宣称：逻辑是哲学的本质。唯心主义不能使自己适应新的哲学概念，这个概念把哲学看成是与某些问题相关的学科，这个概念是美国的实用主义与英国的分析哲学所共有的，它被证明更适合于一个世俗的、越来越专业化的时代。

詹姆斯·阿拉德

第四章

俄国的唯心主义

【60】

在19世纪的后25年，唯心主义哲学在俄国蓬勃发展。这场运动中最重要的思想家是弗拉基米尔·索洛维约夫（Vladimir Soloviev, 1853—1900），其思想影响了整整一代哲学家，促成了20世纪初俄国宗教哲学的复兴。在后苏联时代，随着宗教哲学在俄国的重新崛起，索洛维约夫的思想又一次被广泛讨论。

乍看起来，索洛维约夫的贡献似乎与19世纪的大部分俄国哲学相去甚远，因为那些哲学大多是由文人和政治活动家撰写的，他们关注的是由于俄罗斯生活的落后与残酷而引起的社会问题。不过，虽然索洛维约夫是一位学者，他也同样关注实际的民生问题。他的研究与全部俄罗斯哲学的主导论题是一致的：即寻求一种新生人类的概念，根据这个概念，人类作为一个不可分割整体的组成部分和谐地生活在一起，使我们分裂与不和的那些力量都被消除了。索洛维约夫对实证主义的批判令人钦佩（Soloviev 1874 [1996]），但若把俄罗斯的哲学舞台说成是由实证主义与唯心主义之间的对立统治，则是错误的。在那里，自然主义与超自然主义之间、对人类命运的世俗观念与宗教观念之间更为广泛的冲突，才是争论的焦点。要了解索洛维约夫思想的重要意义及其创立的传统，就必须在历史的背景中予以审视。

一 1870年的思想氛围：民粹主义

在索洛维约夫的学术生涯开始时，拯救俄罗斯的主要世俗思想是由民粹主义提出来的。民粹主义是一个政治运动，盛行于对欧洲的进步概念已经失去信心的激进知识分子中。在马克思的影响下，民粹主

[61] 义者以道德上厌恶的眼光看待资本主义，但他们也不认同村社组织即米尔（Mir）能很快在俄国建立的观点。在1873—1874年间，爆发了非同凡响的"到民间去"的运动，数千名年轻的激进分子身着农民的服装，到农村去，显示他们对米尔的热情，传播社会主义思想。农民的反应充满疑虑，有时将来访者送交给警察。然而，这场运动给民粹主义以鼓舞，并导致了先前存在于19世纪60年代初期的革命的"土地与自由组织"（Land and Freedom Organization）的复活。

民粹主义的主要理论家是拉甫洛夫（Pëtr Lavrov，1823—1900）和米哈伊洛夫斯基（Nikolai Mikhailovskii，1842—1904）。这两人都反对在19世纪60年代支配着俄国激进主义的实证主义的唯物主义或"虚无主义"。两人认为，科学方法不能充分说明心理现象和历史现象，于是他们将各种温和的唯心主义论题纳入到广泛的实证主义视野中去。他们否认铁律（iron laws）支配历史的发展，强调伦理理想的重要性。他们论证说，这些理想不仅影响历史的进程，而且影响历史学家描述过去的方式。没有任何东西规定出俄罗斯应当选择的道路，因为历史没有任何客观的逻辑或意义。我们赋予历史以意义，"进步"的概念是相对于我们的理想而言的。我们必须承认，对社会的研究是一种规范的尝试，是一种"主观的社会学"，其中情况实际是怎样与情况应该是怎样的问题是无法厘清的。拉甫洛夫与米哈伊洛夫斯基将个人价值提升为主要价值，但他们承认，合适的社会环境是"完整人格"充分发展的先决条件，这一深刻见解充实了他们的浪漫的共同体主义，强化了米哈伊洛夫斯基对劳动分工的尖锐批判。

民粹主义意识形态中的核心成分是负罪感。拉甫洛夫（1870［1967］）强调，知识分子欠民众的债，民众所遭受的难以形容的苦难有可能造成一个条件，使受过教育的少数人能够进行思想反思。他论证说，知识分子与其说是一批思想精英，还不如说是道德的代言人。知识分子的悲剧命运就在于贸然发动一场革命，而这场革命注定要摧毁恰恰使他们自己成为可能的那些条件。随着改革希望的破灭，这种自我摧毁的行动主义给平民民粹主义以感染。在拉甫洛夫的最直率的批评者特卡乔夫（Pëtr Tkachev，1844—1886）的"雅各宾主义"

的鼓舞下，秘密的恐怖主义团体走上了前台。1882年，民粹主义者暗杀了俄国沙皇亚历山大二世。这一暗杀行动引来了一个极端反动的时代，有力地摧毁了民粹主义这场政治运动。不过，民粹主义的思想作为俄国马克思主义的组成部分依然幸存了下来。

二 索洛维约夫与形而上学唯心主义的兴起

民粹主义理论家将唯心主义的要素掺杂到广泛的自然主义世界观中，以此作为对19世纪60年代唯物主义的反应。索洛维约夫的哲学也是对唯物主义的一个回答，虽然他年轻时曾热情地接受了唯物主义思想，但他现在对唯物主义的反对却更为激烈。由于从基列夫斯基【62】(Slavophile Ivan Kireevsky, 1806—1856) 那里接受了"完整的整体性"概念，索洛维约夫证明：万物都是有机地互相联系的，它们的统一性原则是神圣的。我们应当把宇宙视为一个与上帝有密切关系的活的有机体。上帝与世界并非一体，因为世界脱生于上帝，具有物质的、特殊的、暂时的形式。有幸的是，世界的进化趋向于重新成为一体，尽管只有力求与上帝重新结合的人类活动能恢复万全的统一。这是托付给基督徒的任务。这不是个别心灵与上帝结合的问题，而是一个集体实现的肉身变形过程。

索洛维约夫将神圣的东西与自然的东西之间的关系，看成是两个世界之间的关系，前一个世界是具体而真实的，后一个世界则是"睡中人的噩梦"（转引自Frank 1950: 10）。然而，神圣的东西是在物质中呈现的，人类作为上述两个世界的居住者，既是神圣的，也是卑微的。超自然的东西是我们可以知晓的对象，尽管不是通过经验的手段或理性的手段知晓的。经验认识实质上是零碎的、个别的，而理性提供的统一原则是抽象的、空洞的。神圣的东西只有借神秘的直观（索洛维约夫倾向于用幻觉）才能被窥知，因而完整的认识要求经验认识、理性认识与直觉认识之间的适当平衡。

恢复万全的统一（all-unity），最终不是认识的问题，而是实践活动的问题。此处的关键是索洛维约夫提出的"神人性"（Godmanhood）概念，其意是指神与人统一为一个整体（Soloviev 1948［1877：81］）。索洛维约夫证明，以基督之身向我们显示出来的上帝，既不是超越的，也不是无所不在的，而是现身为一个人。如弗兰克（S. L. Frank）所说，基督这个形象不是一个被动信仰的对象，而是对人类的一个召唤，要人类成为"普遍神圣化身的容纳者"（1950：16）。于是，索洛维约夫把人类——实际上万物全体——说成是努力接受神性的女性本原。他通过索菲亚（Sophia）这个概念来探讨这一思想。索菲亚是他用各种不同方式描绘的永恒女性：他将她描绘成宇宙的灵魂，描绘成造就了肉身、即造就了纯粹完善人类的"道"，描绘成神秘的存在（宣称这个存在已经在他眼前出现过三次）。这个有关万全统一的思想是通过男性本原与女性本原的结合而达到的，这给索洛维耶夫的作品增添了神秘情爱的维度。不过，他设想的这种结合与肉体的性爱不同，索洛维耶夫将肉体的性爱说成是一个悲剧性的确证，它确证了我们必死的命运，确证了我们时代更替的"恶的无限性"。而他所想象的两性本原的结合，乃是在超越了个体性和特殊性的无条件之爱中的结合。（Soloviev 1985［1892：4]）。

在索洛维约夫看来，上帝与世界的重新结合是一个实在的历史过程，它需要一个普遍教会的力量。因此，他极力主张弥合东正教会与西派教会之间的裂隙。索洛维约夫被天主教会的许多教义所吸引，他赞成教皇是神命的教会首脑的思想，赞成圣灵怀胎之说。人们经常抨击他是教皇至上主义者，但正如东正教会中赞赏他的人马上会据理力争的那样，他从来就不是一个天主教徒（参见 Frank 1950：249—252；Lossky 1951：84—86）。正相反，索洛维约夫认为教会之间的分裂是双方的错误。

索洛维约夫把神权国家看成是自己的哲学的必然结果。在19世纪80年代中期，他设想出一种神权政治的乌托邦，即教皇、帝王与先知三种力量的"三位一体"，它是[神的]"三位一体"的世俗表现。他假定在东西两派教会重新统一之后，就会在教皇和俄国沙皇的领导下组成一个世界政府，而先知们则游走于世界，作为人民与国家之间的中介。虽然索洛维约夫很快就对这一绚丽多彩的美好幻想失去

第四章 俄国的唯心主义

了信心，但他完全接受这个幻想这件事或可表明，他的政治敏锐性是幼稚的和反动的。然而，情况并非如此。在19世纪90年代，索洛维约夫经常在自由刊物上发表文章。尽管他救世主式地将俄罗斯看成是第三罗马帝国，但他还是一位直言不讳的批评家，他批评了丹尼列夫斯基（Nikolai Danilevsky，1822—1885）的泛斯拉夫主义，批评了他认为与基督徒的诺言相违背的形形色色的爱国主义与民族主义。因此，他激烈地反对反犹主义。他的伦理观尽管是根据其宗教哲学构想出来的，但在内容方面却是非常世俗化的。他试图在羞耻感、同情心和宗教崇拜中寻找道德的经验基础，并用建立在绝对律令上的理性伦理学来加以补充。尽管他信奉神权政治，但他仍论证说，国家机构必须实行非个人的法治制度，不可诉诸宗教权威。一个实行法治的社会能够保障最低限度的道德，因而能增进自由与尊严。此外，索洛维约夫还为自然权利优先于我们的公民权的观念辩护。自然权利是绝对的，公民权都是非常脆弱的。于是，索洛维约夫的观点与自由主义法学家奇切林（Boris Chicherin，1828—1903）的观点之间就有了一种有趣的相似性，尽管后者本人讨厌神权政治。

　　索洛维约夫总是把肉体变容说成是一个真实的事件，这一观点使他同情费德罗夫（Nikolai Fedorov，1828—1903）的奇思怪想，费德罗夫认为人类的共同任务在于复活那些死者的尸体。但是，在临终时期，索洛维约夫越来越关注末世论（eschatology），并为各种不祥的预兆和预感所困扰。他在后期撰写的一部著作里，虚构地描述了世界的末日，那时，敌基督以一位才华横溢、富有领袖魅力的作家形象，成为全世界的领袖。虽然当敌基督掌管了世上的一切僧俗权力的时候，（仍然处在分裂中的）基督教会的领袖们向他发起了挑战，但都被敌基督消灭了。不过，当犹太人和余下的真基督徒先后借助神的干预击败了敌基督的军队，敌基督终于被打败了。最后，教会的领袖们复活了，教会统一了，基督回来了，正义的死者复生了，基督开始了新千年的统治（Soloviev 1950：229—248）。[64]

　　虽然这些变幻无穷的最后思辨并不比当代科幻小说更富有想象力，虽然这些思辨大谈特谈启发索洛维约夫哲学的神话，但对于索洛维约夫的哲学而言，这些思辨很难说是一个合适的结局。

三 索洛维约夫之后的俄国唯心主义

在 20 世纪初俄国宗教哲学引人注目的复兴中，索洛维约夫的影响最大。俄罗斯"白银时代"的许多思想家都信奉万全统一的形而上学，都接受了关于神圣的东西是神秘直观意识之可能对象的思想，都接受了神人性和索菲亚等概念，都拥护寻求从文化与宗教方面转变世界历史的意义。这样一些概念均出现在弗罗连斯基（Pavel Florenskii, 1882—1937）的著作之中。弗罗连斯基是当时最具特色的哲学家之一，是以"寻神派"（Godfeekers）而共同知名的思想家之一，这些思想家都参加了圣彼得堡和莫斯科的宗教哲学协会。

"寻神派"由两个团体组成。一个团体由象征派诗人和文学理论家组成，包括梅列日科夫斯基（Dmitrii Merezhkovskii, 1865—1941）、别雷（Andrei Belyi, 1880—1934）、勃洛克（Alexander Blok, 1880—1921）和伊万诺夫（Vyacheslav Ivanov, 1866—1949）。象征派诗人鄙视理性主义，认为理性主义破坏宗教信仰，他们提出了一种认识论，根据这种认识论，自然界是对一种深层实在的反映，通过艺术与其他形式的直观意识就可以把握这种实在。他们用旧的斯拉夫概念 *sobornost*'（一切信仰者的神秘统一观念）和尼采哲学的各种论题，尤其是超人论题，来补充索洛维约夫的思想，他们把超人与基督相提并论（他们认为尼采对基督教的敌视只适用于传统的基督教概念）。尽管他们自己的政治幻想是荒谬的，但他们却是社会主义的尖锐批评者。譬如，伊万诺夫就提出实行一种要求废除一切权威的"神秘的无政府主义"，提议在神话、信仰和自我牺牲的基础上建立一种社会联盟。

"寻神派"的另一团体由唯心主义哲学家组成，其中包括贝尔迪亚耶夫（Nikolai Berdiaev, 1874—1948）、布尔加科夫（Sergei Bulgakov, 1871—1944）、弗兰克（Semën Frank, 1877—1950）、司徒卢威（Pëtr Struve, 1870—1944）。他们都是两部有影响的文集的撰稿人，

这两部文集是《唯心主义问题》(*Problemy idealizma*, Novgorodtsev, 1903) 和《路标》(*Vekhi*, 1909)。这一团体中的许多思想家都是以前的"合法马克思主义者",他们拒绝历史决定论,认为历史决定论是不讲伦理道德的。他们先是转向新康德主义,然后又转向形而上学的唯心主义,其目的是为了维护价值的自主性与个体的神圣性。其中有些人具有乌托邦倾向,诸如贝尔迪亚耶夫和布尔加科夫等人,他们追求一种关于完整人格的新形而上学,并从卢那察尔斯基(Anatoly Lunacharskii, 1875—1933)那样的社会主义者所做出的努力中看到这种形而上学的潜在的可能性,卢那察尔斯基把社会主义看成是一种人道主义宗教。与此相反,司徒卢威与弗兰克等自由主义者则把社会主义者对宗教的渴望说成是一种危险的变态。《路标》引起巨大的争议,并受到自由主义者和马克思主义者的同样谴责。当然,马克思主义者在实践上而非在理论上赢得了这场争论。1922 年,贝尔迪亚耶夫、布尔加科夫和弗兰克像许多思想家一样,被布尔什维克驱逐出俄国。后来在流亡国外的哲学家团体中,他们成为有影响的人物。【65】

20 世纪初在俄罗斯盛行的各种唯心主义,并非全都受到索洛维约夫的重大影响。譬如,罗扎诺夫(Vasili Rozanov, 1856—1919)就是一位异常敏感、有独创精神且令人不安的思想家。与其同时代的许多人一样,罗扎诺夫受到尼采和陀思妥耶夫斯基(Dostoevsky)的影响,但他也赞赏列昂季耶夫(Konstantin Leontiev, 1831—1891)的极端保守主义,赞赏这种保守主义对现代性所导致的同质化效果的敌视,赞赏它的审美非道德主义,这种非道德主义赋予美的东西比"无个性的"人更大的价值。尽管罗扎诺夫沉湎于东正教思想中,但他蔑视基督教对超越肉身的迷恋,他认为那样就等于否认了尘世的存在。他提出了一种"性爱形而上学",其中令人难忘的是他断言,公牛与母牛交配中蕴含的神学思想,要比神学院里发现的神学思想还要多。罗扎诺夫粗俗滑稽,玩世不恭,有时候还流露出反犹太主义思想,他不大在乎其思想的一贯性,毫无顾忌地同时在极右派与自由"左"派的报刊上发表自己的文章。

当时在俄国还盛行一种受到莱布尼茨学派影响的泛心论(panpsychism）。其发起人是科兹洛夫（Aleksei Kozlov，1831—1901）。他认为实在是相互作用的精神实体或单子的无限多样性，这些精神实体或单子是彼此关联的。我们的思想范畴和思想形态，只不过是深层实在的符号，深层实在的发展是逻辑的，而非时间性的。科兹洛夫关注纯粹哲学，但他的弟子洛斯基（Nikolai Losskii，1870—1965）却将很多缘于索洛维约夫的宗教论题引入这一体系。不过，由此带来的结果却很不明朗。洛斯基将能动作用归于一切单子，把自然事件说成是单子选择的结果，他论证说，即使万物内在于万物之中，自然的东西与神圣的东西之间依然存在本体上的分野。不过，洛斯基是一位研究俄国哲学的优秀历史学家，他在流亡中孜孜不倦地努力保护俄国的宗教哲学（参阅 Losskii 1951）。

【66】

四 结 论

俄国唯心主义在 1870 年至 1917 年间的蓬勃发展不仅令人瞩目，而且焕然一新。无论是拉甫洛夫与米哈伊洛夫斯基的温和社会唯心主义，还是索洛维约夫及其追随者更富有激情的形而上学唯心主义，都包含着给人留下深刻印象的洞见和富有挑战性的视界。随着俄国共产主义的垮台，宗教哲学再次引起俄国人的热烈争论，索洛维约夫像以往一样受到欢迎。人们或许会把索洛维约夫那种宗教哲学看成是一种有当代意义的世界观，这个看法是一种令人清醒、甚至令人恐惧的思想。俄国的形而上学唯心主义之所以重要，并非是因为它具有真理性，而是因为它揭示了俄国思想家的独特追求（这种追求也同样见诸于取代唯心主义的俄国马克思主义之中）：即通过对启示论的转换来寻求一种包罗万象的视界，以此来促进人类的再生乃至神化，同时还热烈渴望无所不包的统一、平等和对平庸凡俗的超越。

大卫·巴库斯特

第五章

柏格森

【67】

在思想史上的过渡时期，我们发现有的思想家经常以探索性的或令人惊异的方式开辟和关闭各种研究途径，而有的思想家则勾画出全新的研究纲领。本章对柏格森（Bergson）的作用的概括描述，将联系相关的背景展开，从而表明他的作用是开辟和关闭研究途径，而不是提供一个新哲学纲领的宣言。

一 哲学的分析方法

19 世纪关于实证主义与唯心主义的论战，终于被其他论题所取代，在这些论题中，主要是重新燃起了对分析方法的兴趣。自笛卡儿以来，分析方法在欧洲思想中发挥着核心作用。笛卡儿创立的解析几何，莱布尼茨与牛顿后来创立的微积分，均与自然科学的重大进步密不可分，而且也在哲学工作上留下了更为普遍的印记。

虽然分析方法对于时间维度不是毫不关心，但却是根据空间维度的模式来对待时间维度的（实际上，笛卡儿已经把最终注定要说明时间过程中物理变化的物理学，说成无非是纯粹的几何学）。于是，在 19 世纪，已经出现了对历时性说明的新的关注，不论这一说明是步黑格尔后尘的唯心主义方案，还是在语言学（历史语言学）、经济学（马克思）、生物学（达尔文和孟德尔）、文本校勘等方面的学科方案。那时，这种历时性说明已经取代了分析方法，把它从理解我们现象世界的关键核心地位（尽管对此有争议）上拉了下来。

20 世纪初，罗素（Russell）与柏格森重新看到了分析方法的重要性。不过，罗素强调的是分析方法的解放力量，而柏格森强调的是分析方法的难以捉摸的限度。这一对比提供了一把钥匙，不仅可以特别用于理解柏格森的作用，而且可以通用于理解20世纪上半叶的哲学发展。

[68]

二 分析方法的复兴：罗素

为了说明罗素与柏格森在策略上的差异，有必要对罗素的观点做简要的概括。如同在笛卡儿那里一样，在罗素那里，数学发挥着关键的作用。自古以来，人们常常认为数学有两个不同的对象：即数（在算术中）和空间（在几何中）。笛卡儿将几何学部分地数学化了，这一进程为后来的微积分所推进。于是，几何学看似可以还原为算术了。弗雷格（Frege）的一个新思想认为，算术本身完全可以分析为纯逻辑；即算术陈述可以用与数无关的方式来充分说明。尽管罗素在弗雷格的探讨中发现了一个至关重要的缺陷，但他不但承认弗雷格的方法是革命性的，而且（与怀特海合作）试图完成弗雷格未竟的分析（怀特海后来的哲学成果与柏格森的观点、而不是与罗素的观点有更多的共同之处。这是一个尚未被充分研究的矛盾现象）。

罗素与怀特海的工作在细节上是技术性的，但指导他们工作的宏大志向却提供了一个样板，为后来远非数学领域中的许多思想家的哲学工作所效仿。罗素与怀特海两人合著的《数学原理》（*Principia Mathematica*, Russell and Whitehead, 1910—1913）一书通常被视为一个契机，创始了一系列各式各样的哲学运动，即众所周知的"分析哲学"。

三 分析方法的复兴：柏格森

就其年轻时的哲学成就而言，柏格森与罗素一样，均是非正统的，他获得的声誉也远远超出了学术界。而且，柏格森也是从研究数学起家的。不过，当罗素为弗雷格的伟大分析方案而欢欣鼓舞的时候，柏格森却在着手破解一个谜："当我毫不打算研究形而上学的时候，正是我对数学的研究激发了我对绵延（durance）① 的兴趣。起初，这个兴趣无非是对力学方程式中关于字母 t 赋值的一种困惑。"②（Maire 1935：219）

这个谜是什么呢？分析提供给我们的似乎是一幅清晰的图画，譬如根据古典力学描绘的天体运动的图画。可是，假定我们将这些运动变为适合于人的比例，假定我们尝试用人的活动重演太阳、地球、月球的运动，如据说维特根斯坦曾尝试的那样，那又当如何呢（Malcolm 1996：51—52）。结果是，这都是我们无法做到的（Moore 1996：59—62）。这是一个微不足道的问题呢，还是一个意义深刻的问题呢？在时间感或时间经验中，是否有什么东西是力学及其分析程序没有涉及的呢？

看来，我们需要重新考察力学。"我对形而上学乃至心理学的兴趣，远不及我对科学哲学、特别是数学方面工作的兴趣。我在自己的博士论文中所要做的，就是研究力学的基本概念"（Du Bos 1946—1961：63—68）。

四　时间与绵延

为了设法解开这个谜，柏格森既强调人类理性（即我们的思想和语言）的运用，又对它加以限制，使得他对人类理性的运用采取了实用主义的、进化论的观点，其方式导致了与罗素观点的截然背离。

在此，我们不妨回顾一下已故英国唯心主义哲学家麦克塔格特（McTaggart）的一些推理，尽管这些推理是在柏格森的研究成果之后出现的。麦克塔格特提出过两种时间观，一种时间观根据"前后"关系来表述，另一种时间观根据"过去、现在、将来"关系来表述

---

① 我喜欢把柏格森所用的法文词 *durée*（绵延）英译为"durance"（该词更多的时候被英译为"duration"）。参阅 Moore 1996：58—59）。

② 本章所引柏格森语，均由本文作者翻译。因此所提供的参阅页码，均来自法文原著，而非已发表的英文译著。

(McTaggart 1908：457—474)。他证明，这两种关系是互不兼容的，并得出唯心主义的结论。而柏格森则提出了与此不同且更为深刻的说明。后来麦克塔格特所做的那种区分，是预先假定将世界的时间进化（以及我们对世界时间进化的经验）分解成互不关联的事件。但在柏格森看来，这一分析并非是根据任何逻辑的、方法论的或形而上学的律令来进行的（如同从休谟到戴维森的许多人所认为的那样），而是根据实用主义的律令来进行的。对于我们自己这样的能动的生物，必然会对这个变动不居的世界做如下分析：假如我们没有进化而成的分析能力，我们就无法自立。在此意义上，柏格森对分析予以极大的重视，但与哲学传统上采取的与我们的理智根据相一致的方式相比，柏格森的方式更集中、更严格：

> 如我们所设想的那样，人类的理智绝非柏拉图在洞穴比喻中所描述的那种理智。正如它没有转身凝视耀眼太阳的功能一样，它也没有观看种种过往虚影的功能。它有别的事情要做。如同耕牛一样，我们被套上轭架，从事繁重的劳作，我们感受到自己的肌肉和骨节的运动，犁耙的重量与土地的阻力：而仅就做这项工作而言，仅就耕耘这块土地而言，人类理智的功能就在于行动，在于知道自己正在行动，在于同现实接触，甚至就生活在现实之中（Bergson 1907 [1986：192]）。

【70】　　就这样，柏格森的认识论赋予行动以优先权。他声称，人类会采取由本能和习得所规定的"实际行动"。正是这些行动，造就了这个有用的世界，并将我们不可缺少的一部分经验分为各种项目，我们也可以出于行动的目的对这些项目进行分类和编组。我们的理智与作为理智之例证的语言能力，都是由进化形成的能力，其重要性对我们来说是毫无疑问的，但如果我们为了进行反思而超出行动的需要，这些能力就有了造成一种精神瘫痪的倾向，这个倾向由一系列哲学问题表现出来，对这些问题，与其说是需要解决，不如说是需要消除："习惯是在行动的领域中形成的，如果习惯进入到思辨的领域，就会造成

许多虚构的问题。"（Bergson 1896［985：9］）

五 现象学的方法

于是，柏格森拒绝了这样一种原子论，这种原子论将互不关联的事件当作时间顺序的基本内容，种种过程仿佛是由这些事件重构出来的。事件本体论（event-ontology）只不过使能动的存在者采取行动的实用主义的虚构。不过，我们的确需要对时间的生成做出实证的说明，而这样做的第一个步骤就是要研究有关过去、现在与将来的现象学。倘若我们不再让自己依据发生在过去、现在与将来经验中的种种**事件**来说明时间的生成的话，那么，我们能找到何种更好的说明呢？

旋律与言语是时间性东西的例子。而且，对于它们，事件本体论似乎当然会推行自己的理论。难道一个旋律不只是一串音符吗？难道一段言语不只是一串词吗？毫无疑问，比方说，为了学会演唱或演奏某一旋律，我们确实需要对此有肯定的看法。可是，旋律并非是一串音符（Bergson 1934［1987：164］）。譬如，我也许会哼唱歌曲《三只瞎眼老鼠》，也许会哼唱巴赫的《D小调二重协奏曲》中广板的序曲。我哼唱前者的前三个音符，可能与我哼唱后者的第二、三、四个音符完全一致。不过，当我哼唱后者的广板旋律时，我并不因那种完全一致而等于同时也在哼唱《三只瞎眼老鼠》；《三只瞎眼老鼠》的旋律的适当部分也并不构成广板旋律的一部分。同样地，我可以说"The wife of John Lennon is Japanese"（约翰·列农的妻子是日本人），而它的后半句"John Lennon is Japanese"（约翰·列农是日本人）虽然所用的字串相同，但并不是我的那个说法的恰当部分。

但如果该旋律作为一个整体（或者那句话作为一个整体），在现象学意义上先于组成这一旋律的各个音符（或先于组成这句话的各个词）的话，那么，不错，这时的情况确实是一个音符接着另一个音符（或一个词接着另一个词），而且，我可以意识到我现在正在哼唱这串音符中的某一特定音符（或正在说这一串词中的某一个特定的词）。我们如何与这个明白的经验事实协调起来呢？一个办法就是【71】

坚持认为，我们没有任何关于纯粹现在的东西（即这样的某种东西，它是与罗素赋予"此时此地此物"的那种认识论优先性相悖的）的意识。我们应当重视詹姆斯（William James）与柏格森之间密切的个人关系和思想联系，詹姆斯也是主张下述观点的哲学家之一："我们直接经验的唯一事实便是……'似是而非的现在的东西'。"（James 1890：608—609）他认为，这个现在的东西具有某种持续性（至多持续 12 秒钟），而且是我们的时间感的"单位"。柏格森则更进一步。他认为，我们关于**现在**所意识的东西，是诸多进化过程的复合物或"节奏"，任何一般程序都无法给它指定一个可测量的时间开端。"当我说出**漫谈**(causerie）一词时，浮现在我脑中的不仅有该词的开端、中间与结尾，而且还有先于该词的其他词，以及我至此说出的整个句子；否则，我说出的话就无条理可循"（Bergson 1907 [1986：9]）。

在柏格森的早期著作中，按照他关于哲学的精确性必须成为特殊主题的要求，他曾经以各种方式探求过这种现象学方法（Moore 1996：14—17）。他相继探讨过知觉、身心问题、自由意志、影像、记忆、笑、梦、智力与创造性思维等，处处都将现象学方法与对传统形而上学的不信任结合起来。譬如，他认为，"身心问题"就是一组虚构的谜：在这里除了要考虑行动的现象学以外，我们还应努力通过对健忘症和失语症等现象的研究来提高我们对心理和大脑方面情形的理解。这样一来，"形而上学的首要问题便转变为现场观察，在此使那个形而上学问题逐步得到解决，而不是无休无止地加剧这个封闭的纯争论领域中各派之间的分歧"（Bergson 1907 [1986：9]）。

六 直 觉

1903 年，柏格森提出了对**直觉**与**分析**这两种认识形式的基本划分，从而将自己早期的研究系统化了（Bergson 1903）。如果我举起自己的手臂，我就"从内"意识到自己在这样做。这一直觉是**单纯的**。但看到我如此举动的人，可以恰当地理解或分析这一举动，把它当作与别的要素有关的要素复合。直觉的对象是绝对的，而分析的对象是相对的。然而，柏格森这时并未将这一区分限定在现象学领域。于是，它就开辟了一种新的形而上学的可能性，在这种形而上学中，对绝对的直觉也许能成为在心理学之外诸领域中开启理智的钥匙。

　　柏格森研究方向的这一决定性变化，引起罗素的强烈反对（Russell 1914），这不仅因为这一变化意味着对分析的作用提出了挑战，【72】而且因为它赋予直觉以重要意义。在《创造进化论》（*L'Evolution créatrice*）一书中，柏格森试图用**生命冲动**（élan vital）来补充科学进化论，为生命本身设想了一种超现象学。在《绵延与同时性》（*Durée et Simultanéité*）一书中，他试图重新用绝对的同时性（的直觉）来补充相对论（Bergson 1922）。在《道德与宗教的两个来源》（*Les Deux Sources de la morale et de la religion*）一书中，他大胆提出了关于道德与宗教的一些观点，将卓越的分析能力与一种神秘主义结合在一起。

　　这些尝试给柏格森带来了极大的声誉，而且这些尝试往往也是深刻透彻的。但有迹象表明，柏格森对这些尝试感到不安。在《创造进化论》发表 4 年之后，他在一次讲演中说："哲学专业怎样才能使一位实践家比科学走得更远呢？……有关哲学家作用的这种认识，对科学是有害的，对哲学的害处则更大得多！"（Bergson 1911〔1987：135—136〕）至于说到他对相对论所做的研究尝试，30 年代时，柏格森不让将他的有关著作再版，因为他怀疑自己是否能够为其著作中的技术部分进行辩护。1934 年，他早先的论文结集出版，名为《思想与运动》（*La pensée et le mouvant*），在其新撰写的导言中，柏格森抨击了构建哲学体系的做法，坚决认为哲学的精确性就在于采用专门适合于主题的研究方法。他说："各种哲学都不是依照我们生活的现实尺度构建出来的。这些体系太大了。"（Bergson 1934〔1987：1〕）

七　柏格森的"设计"

　　思想史学家们的一个职业毛病就是假定一位思想家的工作一定是

要构建一个体系。这就诱使人们相信，我们应当能够找到一个线索，将有时各种各样甚至彼此矛盾的著作，以及会随时间发展变化的著作，协调成一个单独的学说。

研究柏格森的大量二手文献就不乏采用这样的办法。譬如，有些文献以柏格森晚年的宗教哲学为线索，试图将其全部著作解读为通篇一致的有神论，尽管他的早期著作丝毫没有涉及有神论（例见 Hude 1989—1990）。研究柏格森哲学的这种办法是错误的，最清楚表明这一点的可能是如下事实：虽然柏格森声名显赫、影响巨大，但并不能说他创立了一个哲学流派。就柏格森与罗素所起的作用而言，没有任何东西与柏格森的关系能像"分析哲学"与罗素的关系那样。这也许因为柏格森是一位极富个性、极具探险精神的思想家。他是这样一个人，他的著作内容充实，涉猎广泛，其文体有时优雅明畅，有时艰涩难读，涉及科学哲学与数学、实用主义、道德哲学与神秘主义、现象学，并试图缓和传统哲学的种种争论。

【73】

八 分析与行动：理性的伟大而适度的作用

认为行动先于认知的哲学家并非仅有柏格森一人。但这足以将哲学推向尴尬的境地。因为，哲学所拥有的工具不就是理性、理智与语言吗？但由于这些工具是出于行动的需要而通过进化创造出来的，所以，如果我们要回头对它们重新评估，就会使我们误入歧途。我们现在所能做的一切就是将理智用于它最初产生时相反的目的：必须将分析转而反对其自身。用柏格森的话说，我们所能做的一切就是"反向思维"（Bergson 1934 [1987：214]；英译文参见 Moore 1996：xii, note 4）。

可是，如何将柏格森从理论上对行动的强调与历史的画卷一致起来呢？少年时代，柏格森生活在一所寄宿学校，远离自己的双亲，经历过巴黎公社的重大事件，当时法国军队在德国军队的支持下，最终屠杀了巴黎公社社员。柏格森还经历了第一次世界大战；老年时，他死在第二次世界大战德国占领期间。

难道柏格森与他关于行动的理论阐述相反，逃避采取行动吗？不是的。在 1917 年至 1925 年期间，为了和平事业和国际合作，柏格森在国际间发挥了突出的作用。临终时，他申明，他自己的个人经历本应引导他成为一名天主教教徒。但是，他没有那样做。他说，在世界的这样一个时候、这样一个地方，到处是战争和肆虐的暴行，如果他这时参加天主教会，那就等于抛弃了那些在威胁下生活的同样有犹太人血统的同胞。

应当补充的是，柏格森本人不会喜欢这样评论他的生平。他坚持认为，"哲学家的生平并不会使他的学说更容易理解，也不是公众所关心的事情"（Soulez 1997：288）。不过，我们知道柏格森在德国占领下的法国、在那个他十分热爱的法国去世时的情景。他临终时仍然在谈论哲学，然后对在场的人说："先生们，五点钟了。课程到此结束。"言毕，他溘然长逝。

F. C. T. 莫尔

第六章

实用主义

一 引 言

1898 年，实用主义（pragmatism）引起公开的争论；当时，詹姆斯（William James，1842—1910）在伯克利对哲学联合会发表了"哲学的构想与实践结果"的讲演。1907 年，詹姆斯将一两年前在马萨诸塞州坎布里奇发表的讲演结集发表，名为《实用主义：某些陈旧思维方式的新名称》（*Pragmatism: A New Name for some Old Ways of Thinking*）（James 1907）。1903 年，皮尔士（Charles Sanders Peirce，1839—1913）在哈佛以"实用主义"为题发表了一系列讲演（Peirce 1934），并在随后数十年里，用了大量时间要将自己的实用主义与詹姆斯的实用主义区别开来，试图确立自己的实用主义的真理性。不过，詹姆斯的讲演虽然首次公开讲到实用主义，但他提出的哲学观已是二三十年前的旧东西，可以上溯到 19 世纪 70 年代初他在坎布里奇进行的哲学活动。詹姆斯的实用主义根源可以从他那十年以来的著作中看到，这些著作以《心理学原理》（*Principles of Psychology*，1890）为其巅峰。皮尔士对其实用主义的早期经典阐述见于论文集《科学逻辑的证明》（*Illustrations of the Logic of Science*），这组论文于 1877—1878 年间先后发表在《通俗科学月刊》（*Popular Science Monthly*）上。詹姆斯的读者可以把他的《信仰意志》（*The Will to Believe*，1897）等著作当成进一步了解他的实用主义思想的准备。

尽管实用主义是美国对哲学的独特贡献，但我们不应当忽视皮尔士和詹姆斯两人参与由欧洲哲学中引出的那些争论的程度。实际上，他们与欧洲哲学的这种联系没有间断过：皮尔士与詹姆斯两人都把牛津大学的思想家席勒（F. C. S. Schiller）、意大利的思想家帕比尼（Giovanni Papini）和瓦拉蒂（Giovanni Vailati）视为重要的实用主义者同道。皮尔士与詹姆斯两人均就读于哈佛大学，当时那里盛行的正统观念，试图依靠源自苏格兰常识哲学家的思想将科学与宗教调和起来。但是，这种调和被动摇了，一方面是由于达尔文主义，另一方面是由于汉密尔顿爵士为那种苏格兰哲学观点的辩护受到密尔的批判，也就在这时，皮尔士和詹姆斯的思想进入成熟阶段。詹姆斯将《实用主义》一书献给密尔，在献辞中说："我从密尔那里首先学会了注重实效的思想开放性，假如现在他还活着的话，依我的设想，很乐于把他描绘成我们的领袖。"（James 1907［1975a：献辞］）与此相反，皮尔士对密尔研究逻辑时的心理主义方式不屑一顾，并自觉地阐发了一种哲学观点，他说这种观点"只是对康德主义的修正"（1905—1906［1998：353］）。这些差异可以反映出他们两人别有兴趣：詹姆斯是从心理学转向哲学的；皮尔士则对形式逻辑做出了创新性的贡献，他不依赖于弗雷格，早在19世纪80年代就独立阐发了一种关系逻辑和量词逻辑。【75】

不难看出，实用主义"传统"有很多组成部分——尤其当我们注意到，古典实用主义的第三号人物杜威（John Dewey）的观点是受他早先的黑格尔主义思想影响的。不过，我们可以概括出对所有实用主义共同的一些主题。其中第一个主题是要说明为什么许多人都将实用主义与实证主义连在一起。皮尔士的实用主义被表述为一种原理或工具，用于澄清命题、概念与假设的意义。这里含有一种证实主义的味道：我们若要澄清一个概念，就要表明，如果某个对象被归于这个概念之下，那么，它会在经验上造成何种不同。虽然皮尔士强调这种澄清作用使我们能够阐明科学假设，能根据经验来检验它们，但是，这个原理也被用来表明有些主张和概念（其中包括"本体论形而上学"概念）是空洞的。因此，他断言，照字面意思看，天主教的"化体说"是"无意义的胡言乱语"（1877—1878［1986：266］）。

无独有偶，詹姆斯也把自己的实用主义当作消除形而上学问题的手段提出来：他借助皮尔士的原理，试图解决传统形而上学的争论，为此他提出这样的问题："假如这个概念而非另一个概念是真的，那么，这对任何一个人来说在实践上有何不同呢？"如果没有什么不同，那么，"这两个可选概念实际上指的是同一件事，从而一切争论都是无益的"（1907 [1975：28]）。虽然这些说法带有强烈的实证主义色彩，但皮尔士和詹姆斯远比其他实证主义者更容易接受宗教信念，更容易承认可以理解的、有价值的形而上学形态存在的可能性。

实用主义的第二个共同主题，就是皮尔士和詹姆斯均为与众不同的真理论辩护，这些真理论使许多读者将实用主义与唯心主义和反实在论联系在一起。的确在有的场合，詹姆斯强调他的实用主义是一种真理论，他用一些口号来表达他的学说，而正是这些口号大大助长了这样的看法：实用主义是一种粗陋的、不道德的学说。这些口号如：真理是"信念方式中的方便的"东西，或真理是对信念有益的东西；一个命题就其使我们与我们的经验处于满意的关系中而言，它是真的。譬如，垂危病人可以因坚信他们的病可以治愈而使自己的生活得到改善。此类事例被用来证明詹姆斯的看法，即上述那种情况足以使信念成为真实的。皮尔士的理论则不同，他认为，一个真命题就在于它是探讨相关问题的人中"注定"或"命定"要达到的长远共识或一致意见。这个观点似乎也与实在论学说相冲突，后者认为，实在的有些方面可能是我们永远无法把握的，真理可以超出我们所发现的东西之外。在实用主义看来，真理是参照人类的探索和经验来确定的，而不是根据与独立的实在的符合来确定的。于是就出现了这样的看法：实用主义不是一种实在论学说。而这个看法就使下面的情况变得不可思议了：自从19世纪60年代以来，皮尔士就一直把他的真理观与实在论联系在一起。后来，他宣称自己是一位"有些极端倾向的实在论者"，一位"苏格兰式的实在论者"，断言自己那种实用主义永远不会出现在某个不认可实在论的人的头脑中。

下述第三组观点支持了前两组观点。詹姆斯的心理学著作包含对思想的一种与众不同的看法。概念化与理论化是以目的论的方式来说明的：我们依照自己的需要和兴趣，关注经验的具体特征，采用强调个别特点和相似性的概念。理论与概念是认知的工具，对其进行评判取决于它们在多大程度上能帮助我们实现自己的目标或在这个世界上找到自己的出路。在为这一观点进行辩护时，詹姆斯对斯宾塞的观点提出了挑战，后者认为思想的功能就在于为我们提供符合或"反映"外部实在的信念和理论。于是，在詹姆斯看来，概念如果不能帮助我们应对自己周围的环境，那就是空洞的；信念如果能够有效地行使自己预期的职能，那就是真实的。

皮尔士的**符号学**，即他的记号理论，提出了与此同类的观点。记号之代表对象，只能通过将对象理解为或"解释"为有如下作用：即对一个信念或假设的内容的解释，要参照在推理和探索中记号被使用的方式。实用主义原理指导了解释，同时也令人注意到如下情形：我们确信某种形式的词语是有用的、能够真正予以解释和被人理解的，但我们的这个确信却是虚妄的。皮尔士后来的许多工作都试图证明实用主义原理可以起到那个作用，他的尝试依赖于一个越来越复杂、越来越精致的说明，即说明记号与其对象相关联的方式，说明我们理解记号的方式的多样性。

实用主义的最后一个共同主题与有关实在论的种种问题有关联。我们前文所述的观点都有经验主义的色彩。早期的经验主义者倾向于采用一种严格的经验概念。譬如，休谟就为一幅印象与观念的原子论图画辩护，他面临的任务是要说明我们如何能从感觉材料中发展出外界的存在、规律和因果关系（这些特性是感觉材料不具备的）的观念。我们这两位实用主义者都断言，经验是丰富的，远远超出了其他经验主义者所说。皮尔士坚持认为，对于外界事物，对于外界事物之间的因果相互关系，对于外界事物体现出来的因果潜能，我们都有直接的经验：经验在许多方面是"有理论负荷的"。詹姆斯的"彻底经验论"也认为，经验要素是由本身即为经验组成部分的各种关系联系在一起的。凭借这一含义丰富的经验概念，便可以说明实用主义者与实证主义哲学家之间的许多差异，否则，他们的观点就会显得彼此相像。

【77】

詹姆斯的《实用主义》一书的第一章将这一学说说成是克服"目前哲学困境"的一个途径（James 1997［1975：9—26］）：它提出了介于科学实证主义与唯心主义之间的一条中间道路。在谈到性情在形成哲学观点过程中的作用时，詹姆斯对比了两种哲学观。讲求实际的哲学家是唯物主义者，是拒绝承认自由意志的决定论者，是具有怀疑倾向、非宗教倾向和悲观倾向的经验主义者。与此相反，脱离实际的哲学家信奉种种原则与价值，信守宗教信仰，赞成自由意志，乐观地面对未来。讲求实际的哲学家，包括实证主义者，之所以趋向悲观主义，是因为他们期望自己的观点能与经验相符合，能与科学相一致，即与明显作为我们最佳知识的东西相一致。这导致他们摒弃了对道德、对个人满足具有根本意义的那些观念。脱离实际的理想主义者虽然较少脱离自己的生活环境，但大都采取一厢情愿的研究方法：他们依靠理性来辨别那些未经经验检验的基本原则和价值。调和这两种哲学观的任务要由詹姆斯的实用主义来完成，这项任务是乐观的，尽管要认真对待科学关于这个世界的学说。经验主义的倾向是要表明，我们的观点是如何根据事物的实际情况锤炼出来的，是如何易受事物的实际情形影响的；但这依然会给宗教留下余地，会给自由意志的信念留下余地，会给对价值的重视留下余地。这样一来，就为实证主义和形形色色的唯心主义之间提供了一条中间道路，实证主义体现的是讲求实际的哲学，而唯心主义体现的是脱离实际的哲学。寻求中间道路是一般实用主义哲学的特征。皮尔士也认为实证主义者信奉一种有缺陷的实在概念，这个概念不可避免地会导致怀疑主义；而且，他与詹姆斯一样，都期望发展一种以经验为根据的、能为价值和宗教信仰留有余地的哲学。

"实用主义"这个名称到底源于何处呢？1898年以前，这一名称在出版物乃至手稿中都未出现过，但皮尔士和詹姆斯一致认为，1870年前后几年，在坎布里奇举行的"形而上学俱乐部"的讨论会上，人们就使用过这个名称。这一群人中，除了皮尔士和詹姆斯之外，还包括哲学家昌西·赖特（Chauncey Wright），以及律师霍姆斯（Oliver Wendell Holmes）、尼古拉斯·圣·约翰·格林（Nicholas St. John

Green）等人。赖特是一位有影响的人物，被皮尔士称作自己哲学上的"拳击教师"。赖特也受密尔的影响。他渴望探讨达尔文思想的哲学重要性。后来，皮尔士声称，"实用主义"（pragmatism）一词源自康德的用语 pragmatisch，意思是经验性的或实验性的：所以，这位实【78】用主义者极力主张，所有的概念和假设都能根据它们与经验的关系来解释。詹姆斯对这一术语的理解也许不同，因此他建议我们应当根据这些概念与我们的实践需要的相关性来理解它们。1905 年之后，当皮尔士看到别人拿自己的用语来标志某些他所讨厌的哲学观时，他感到吃惊。于是，他把自己的观点称作"实效主义"（pragmaticism），他说，这个名称"十分难听，不会引起绑架者的青睐"（1905—1906［1998：332—335］）。

二 探索,实用主义与真理

在载于《科学逻辑的证明》中的头两篇文章——"信念的确定"（The Fixation of Belief）与"如何使我们的观念明确"（How to Make Our Ideas Clear）中，皮尔士在介绍他的实用主义时，将其视为反笛卡儿的认识论与科学哲学框架的组成部分。这两篇文章影响最大，对詹姆斯和杜威等后起的实用主义哲学家有重要影响。这一认识论中的核心概念是**探索**（enquiry），即一种解决问题的受控活动：我们提出一个问题，随之努力达到一个确定的信念状态，在此状态下，我们接受对此问题的一个回答。"信念的确定"讨论了我们为进行探索，为从怀疑状态进入到信念状态所应使用的方法。其结论是，"科学方法"是唯一可辩护的方法，这个结论为该文集中更详细探讨这一方法的其余文章定下了基调。

大约十年之前，皮尔士就极力主张："在哲学上我们不要妄图怀疑我们心中并不怀疑的东西。"那种认为笛卡儿的怀疑是自欺欺人的观点，在"信念的确定"（1868—1869［1984：212]）一文中得到响应："将一个命题仅仅变为疑问的形式，并不能激励人心为追求信念而斗争。"（1877—1878［1986：248]）怀疑是需要理由的：我们怀疑种种命题，然后开始探索这些命题，只是因为经验或其他深信不疑的信念与这些命题发生了冲突。皮尔士还类似地拒绝了笛卡儿的如下要求：探索应当以"终极的、绝对不可怀疑的命题"为根据。当我们开始进行探索时，我们可以依赖一切我们实际相信的东西；其中有些东西可能被证明是错误的，但这个事实也不是阻挡认识进步的不可逾越的障碍。在我们从事探索的过程中会出现种种疑虑，它们一旦出现就必须予以处理和解决。只要一个命题是无疑的，我们就应当相信它，同时也承认我们的相信是可错的。虽然皮尔士后来也承认"**试图**"对命题进行怀疑是有价值的，认为这有助于合理的自我克制，但他依然对常识传统抱以同情。哲学家进行怀疑的理由，往往忽视了大量的经验，忽视了支持我们世界观的那个共同的知识。

[79]

探索就是解决问题的活动，这个思想在杜威的《逻辑学：探索理论》(*Logic*：*The Theory of Enquiry*，1938)一书中得到更为详尽的阐述。皮尔士自己的文章很快转入考察我们在探索时所应遵循的标准，比较了"确定信念"的四种方法。如果我们采用"固执的方法"，我们只是对我们的问题选择一个答案，着重阐述支持这个答案的种种考虑，避开任何可能动摇我们决心的东西。为"权威的方法"辩护的人，还允许将意见的正确性建立在意志的基础之上，在"权威的方法"的情况下，即建立在国家意志或某种宗教权威或思想权威的意志的基础之上，允许这个意志对事情作出决定，允许它控制我们的环境，以确保信念仍然是牢固可靠的。"先验的方法"否认意见的正确性能取决于意志，要求我们接受在"反思与交谈"之后"与理性一致"的东西（1877—1878 [1986：248—254]）。不过，这些方法都是无效的：当我们遇到选择其他意见的人，或遇到接受不同思想权威的人，怀疑还会重新出现。如形而上学的历史所表明的，先验的方法使意见成为一个时尚的问题或趣味的问题：这种方法很可能会迎合"脱离实际的心灵"，鼓励一厢情愿的思维。任何使意见的正确性成为某种主观之物的方法，都是不能令人满意的；皮尔士根据他对依赖于"根本假设"的科学方法的辩护，得出如下结论：

第六章 实用主义

> 存在着实在的事物，其特性完全与我们关于它们的意见无关；这些实在的东西根据寻常的规律影响我们的感官，虽然我们的感觉与我们之与对象的关系一样是不同的，但我们可以运用感知的规律，通过推理来确定事物实际是怎样的；任何人，只要他有足够的经验和充分的理由，都会得出一个真实的意见。（1877—1878［1986：254］）

皮尔士也许会设想，这个假设是暗含在我们关于事物的常识观点中的：假如不是这样的话，我们本来不会担心自己应当采用什么方法，也不会对前三种方法感到我们明显感到的那种不满。

这一系列论文的后面几篇，对可以从以上假设中引出的规则与方法做了更详细的说明。在"如何使我们的观念明确"一文中，实用主义被说成是用来澄清观念的一种程序："对于我们构想的对象，考虑一下我们设想它会有怎样的结果，而且想到这些结果是会有实际影响的。那么，我们对这些结果的构想，就是我们对那个对象的构想的全部。"（1877—1878［1986：266］）。这意味着，我们澄清一个概念或一个命题，是通过罗列一些经验后果，这些经验后果是在该概念被用于某物，或该命题为真的情况下，我们预料我们的行动会造成的：如果某物是可溶解的，那么，如果将它放入水中，我们就将观察到它溶解；如果某物是硬的，那么，如果我们试刮擦此物，我们将看到它无任何改变。凡此种种，不一而足。尽管皮尔士承认，这样做会使我们将某些形而上学概念当成"空洞的"而抛弃掉，但就这样做与其认识论成果的直接关联而言，却与这里所说的不同，而且这种关联是双重的。其一，假设的全部内容可根据我们的行动与干预所造成的经验后果来说明，这是说明实验科学为何能使我们获得真理的重要前提。其二，皮尔士应用其原理的目的在于澄清重要的逻辑概念，譬如**或然性**，尤其是**实在**，等等。[80]

19世纪60年代以来，皮尔士一直将大部分现代哲学的错误归咎于"唯名论的"实在概念：我们认为实在的东西是我们感觉的动力因，认为真理就是与完全独立的实在相符合。由于这个观点承认实在可以与它所引起的感觉完全不同，因而是不可知的，于是就不可避免地导致关于规律和分类的唯名论，导致怀疑论和反实在论的科学观（参见 Peirce 1871［1984：467—472］）。而且，这一观点的实在概念无法用实用主义的原理来澄清。皮尔士更喜欢如下"唯实论"的构想：通过终极的因果关系，真理被解释为我们命定或注定要达到的意境，只要我们对问题的探索足够长久、足够完善。在"如何使我们的观念明确"一文中，他起初将实在的东西规定为"其特性与任何人可能对这些特性的想法无关的东西"，并转而将他的实用主义只用来阐明以此所指的东西。最后他确立了在"对真理与实在的这一构想中体现出来的""伟大的法则"：

> 所有从事研究的人注定会最终同意的那个意见，就是我们所指的真理，在此意见中所表述的对象，就是实在的东西。（1877—1878［1986：273］）

虽然这里在真理与人类探索之间建立了一种联系，但皮尔士坚持认为，这种联系仍然保持了以更抽象的规定表达的心灵对于真理的独立性。真理永远与任何个人或团体对它的看法无关；我们总是承认，进一步的探索将表明我们是错误的。最终，我们将达到那个命定或注定要达到的意见。

这个实用主义原理是反思的自控推理的工具，皮尔士对过分信赖科学领域之外的反思理性表示怀疑。实际上，而且作为与詹姆斯的重要不同点，皮尔士的实用主义的根本作用就在于说明科学知识以及科学家的生活的重要性和特点。因而他在为自己的原理辩护时，主要关心的就是要粉碎那样一种断言，即认为科学本身利用了不具有实用主义意义的概念——这些概念是从数学中，或从明确表达的、具有解释连贯性的典型中引出来的。19 世纪 70 年代，他为自己的实用主义所作的论证，依赖于源自苏格兰逻辑学家和心理学家贝恩（Alexander Bain）的信念理论：这个理论认为信念就是行动的习惯；因此，我们可以通过描述因相信一个命题而引起的行动习惯和预期习惯，来阐明那个命题。实用主义原理正是这样运用的。随后,他断定,心理学上的信念理论争议太多、过于脆弱,因此不能成为基本的逻辑原理的基础。在他一生的最后十年里,他致力于寻找新的论证,这个论证把实用主义建立在皮尔士关于指称和理解的系统理论的基础上,或依赖于对科学中各种有关论证和推断的详尽无遗的分类学。

三 威廉·詹姆斯:合理性与真理

皮尔士的实用主义原理中包含着证实主义,他为科学的方法辩护,把它当作确定信念的最佳方法,由此来看,无怪乎人们说他有点像实证主义者。有人会以为他接受了克利福德(W. K. Clifford)的实证主义"信念伦理学"的基本原理,即:"不论在任何地方,任何人要相信没有足够证据的任何东西都永远是错误的"(Clifford 1877:309)。然而,詹姆斯却担心,如果接受了这个具有"讲求实际"精神的准则,就会使我们失去对于完满生活必不可少的真理。克利福德的准则可能有助于我们避免错误,但却以过度的不可知论为代价:由于担心犯错误,可能会使我们失去真理。在其最为著名的文章之一"信仰意志"中,詹姆斯提出了一个仍然有争议的论点,以反对克利福德的观点:他敦促我们,在宗教问题上,与其追随克利福德而进入不可知论,还不如相信在某些特殊情况下的"不充分的"证据。事实上,皮尔士在这些问题上的观点更接近于詹姆斯,而非克利福德。

假定我真的不能肯定是否要信仰上帝(或信仰意志自由)。而且,这是一个生命攸关的问题,一个"事关重大"的选择。推迟做出决定并非现实的选择:无论是不可知论者,还是无神论者,都会错失宗教信仰所能带来的利益。詹姆斯论证说,在此情况下,我们应当允许用无证据的考虑来指导我们的意见:实际上,在权衡如何既避免错误又不会失去真理上做出的任何决定,其本身就是一个"情感性的"决定。如果我们承认确定宗教信仰的经验只会赋予那些已经有了信仰的人(如本文其他地方所说,经验是有理论负荷的),那么,詹姆斯反驳克利福德的论证就会显得有很强的说服力。这也同样适于

【82】相信一个命题有助于使该命题为真的情况；相信我具有实现人生目标所需要的能力，就要求我具有行使这些能力所需要的信心。在证据不能解决问题的情况下，是否相信某一命题，很容易受我们以此命题为对为错而可能带来的预期利害的影响。这就是詹姆斯的"信仰意志"学说：情感上的考虑在确定信念方面具有合法的作用（James 1897：ch. 1）。

从其早期的著作看，皮尔士显然反对克利福德的那种实证主义，但采取了略微不同的方式。纯粹作为逻辑问题，皮尔士承认，当某个命题的真对于完成至关重要的计划是必要的，那么，合理的做法就是**希望**这个命题是真的，并根据这一希望来行动。的确，在表明他自己与康德的一个区别时，皮尔士强调指出，所有基本的逻辑法则都是规范的观念（希望），而不是那样一些命题，这些命题作为探索的前提，其作用就是证明我们**相信**这些命题是正当的。当然，在宗教信仰方面，**希望**是一种过于超然而不受约束的态度，以致不能满足我们的需要。与"重大问题"如此相关的还包括宗教信仰问题，皮尔士否认我们的尝试性理论阐述，对于构成我们常识遗产组成部分的本能的情感确定性，有任何权威性（参见 Peirce 1992：lect. 1）。如果宗教信仰——或者对道德判断的确信，对意志自由的确信——是自然而然的，并且提供了至关重要的利益，那么，我们根据与其他科学活动和理智活动一样具有全部可错性的推理来拒绝这个信念，就是不合理的。在"对于上帝实在性之被忽略了的论证"（A Neglected Argument for the Reality of God，1908）一文中，皮尔士为宗教信仰辩护，他表明，宗教信仰是自然而然的，是通过一种"科学验证"进化而来的：假如宗教信仰是真实的，那么，持有这一信仰的人就会发现这个信仰赋予他们的生活以意义和方向。

詹姆斯的实用主义使他在这方面走得更远。他断言，"思想上的区别"全在于实践上的可能差异（James 1907 [1975：29]）；他将自己的实用主义说成是一种"哲学态度"，一种脱离"原理"与"范畴"而趋向于"成果、后果与事实"的态度（James 1907 [1975：32]）。皮尔士与詹姆斯之间的主要区别，反映出应当如何理解实践中那些差异的种种观点。当我们转而考察实用主义对意志的说明时，这一点就变得显而易见了。我们自然会假定这个问题与选择和行动的"动力学"有关：我们的行动是由先前的肉体活动决定的呢，还是由我们的养成决定的呢？或者说，我们是否有能力打破自然规律而开创全新的因果链呢？詹姆斯反其道而行之，他所考察的是，如果我们具有或者不具有自由，那会造成什么样的实际差异？他不认为那个根本问题与我们是否以及如何能对自己的行动做出说明有关。我们于是得知，"自由意志在实用主义看来意味着世界上种种新奇的东西（novelties in the world），意味着一种期待的权利，即期待不但在表面现象上，而且在其最深层的因素中，未来不会同样地模仿过去"。詹姆斯得出结论：这是一个"社会改良论的学说"，即"认为改良至少是可能的事情"。这样一来，就赋予这个学说以"信念学说"的作用：我们可以相信，如果我们尽力而为，事情就会得到改善。相信我们是自由的，这一点为一种"形而上学的乐观主义"奠定了基础，而詹姆斯认为，这一"实践意义"包含了这个思想所具有的全部内容。他一开始就提出这样的问题：自由意志学说的真假与否到底会产生什么样的差别？最后，他对这一学说的内容做了解释，这个解释暗示出：我们可以使自己不犯如下形而上学错误，即假定我们的行动既可以是"我们自己的行动"，而同时又可以以某种方式摆脱肉体的因果关系，不受我们的性格与经验的影响。自由意志的实践后果，似乎存在于它所承担的种种感觉、希望和反应之中。

　　詹姆斯的实用主义的最著名、最重要的应用便是他对真理的阐述。在《实用主义》一书中，他提出了一个令人广泛误解的说明："真的东西就是凡以信念的方式证明自己为善的东西的名称"（James 1907［1975：106］）。这一说明证实了罗素与摩尔等批评家所采取的解释：如果相信圣诞老人的存在是有用的（"方便的"），那么，他的存在就是真的；如果这一信念是一个有用的工具，那么，这个信念就是真的。虽然詹姆斯仍然提到了"几乎任何形式的方便"这样的话，但重要的是应注意这一段话的结尾：

【83】

>……方便是指长远的和整个过程中的方便；因为，方便地满足眼前一切经验的东西，并非一定同样令人满意地满足一切更遥远的经验。如我们所知，经验有种种溢出方式，有种种使我们纠正我们现在的规则的方式。

詹姆斯同意，真命题将与"实在相一致"；但这应当是指，我们被真命题"直接指引到实在，或被直接指引到实在的周围"，我们被"置于同实在的这样一种运作关系中，以致与命题与实在不一致时相比，我们对实在的把握，或者对与实在相关的东西的把握，都要更恰当一些"（James 1907［1975：102］）。对"方便"和"一致"的说明是以这样的方式进行的，这些方式与其说适合于詹姆斯的早期批评者所采用的解释，不如说适合于证实主义的理解。这就是方便吗？是的；但这里的方便乃是与我们的经验打交道、对我们的经验基础发生作用的一种方式。詹姆斯对真理的说明同皮尔士的说明到底有多大差别呢？这是一个难以回答的问题：詹姆斯的许多口号和叙述暗示出某种更加极端的、更加难以置信的东西。但詹姆斯赞成皮尔士对他所谓的"绝对真理"的主要说明，因此他得出结论说："除此之外，我无法找到真理的其他内容。"如皮尔士本人所认为的那样，他们两人之间的主要差别涉及我们应如何理解信念的实际后果。詹姆斯将由于相信意志自由而带来的轻松感视为"真理的相关物"；皮尔士则采用了更为传统的实验主义的经验概念。

詹姆斯论述真理的著作所留下的主要遗产，就是他强调了如下做法的重要意义：即要使人们想到，**真理**是一个**评价性的**概念。他写道，真理"是一种善"："真的东西就是凡以信念的方式证明自己为善的东西的名称"（1907［1975：42］）。在评价他的观点时之所以出现重重困难，就是因为信念可以按许多不同的方式而成为善的：虚假的信念，似乎也能使我们避开那些以不知道为好的不愉快的事实，或者能为我们面临不确定前景时提供安慰。在此情况下，一个信念即使与"真理不一致"，它也可能是善的。詹姆斯有时似乎左右摇摆，一边是对信念之善的广义理解，一边是狭隘的、更加具有证实主义倾向的概念。他偶尔还承认，由于一个信念可以此时为善、彼时非善，所以它的真理价值也可以改变。当他出言比较谨慎时，他试图避免这种真理的相对主义，对信念之如何能成为善的，持一种更加限定的看法。詹姆斯的理论受到罗素和摩尔那样一些人的嘲笑，同时又为其他许多思想家所青睐，这都是因为他的阐述不够谨慎造成的。

四　实在论与经验

皮尔士与詹姆斯两人都坚持认为，早先哲学家使用的经验概念是贫乏的、不适当的，詹姆斯在其论文集《真理的意义》（*The Meaning of Truth*, 1909b）的前言中，为他的"彻底的经验主义"（radical empiricism）做了辩护。这种经验主义随后成为一种精致的形而上学和心灵哲学的基础，后来这一形而上学和心灵哲学又转变为罗素的"中立一元论"（neutral monism）。詹姆斯一开始就提出了一个"公设"："在哲学家之间必定有争议的唯一事情，一定是可以用来自经验的术语加以界定的事情。"然后，他将注意力转向如下事实："事物之间的关系，无论是合取关系还是析取关系，都同样是直接的个别经验之事，即不多不少正是这些事物本身。"由此就得出一个概括性的结论：经验的各组成部分是"依据关系——结合在一起的，这些关系本身就是经验的组成部分"（James 1909b［1975：6—7］，又见James 1912［1976：书中随处可见］）。

休谟的经验主义是原子论式的：各项经验（印象）都是个别的存在物。红色的印象与绿色的印象处于客观的关系中；它们是对立的东西，没有任何观念或印象能够同时兼有红绿两种特性。这两者之间没有必然的联系（诸如因果关系）；虽然我们可以在心中将两个印象放在一起而使它们联系起来，但它们的关系并未在那里被确认下来。詹姆斯的彻底经验主义在如下之点上与休谟的经验主义决裂：经验是一个统一体，它在时间中扩展开来，具有其本身可以被经验到的关系结构。在休谟试图用经验原子来建立我们对统一世界的经验之处，实用主义者却将经验的"部分"从一个统一的结构整体中抽象出来。

【85】于是，詹姆斯可以得出如下结论："［我们］直接领悟到的宇宙……其本身就具有一个连续的或持续的结构。"这里提到的持续性是很重要的。尤其对皮尔士而言，这种连续论（synechism）学说——认真对待实在的连续性的倾向——是将实用主义与有关规律和可能性的实在论调和起来的一把钥匙。

皮尔士的思想与康德有密切关系，在反映这一关系的学说中，皮尔士——从其最早的著作开始——极其重视范畴理论，力图从对各种命题形式、思想形式和论证形式的逻辑说明中引出自己的范畴体系（参见 Peirce 1867）。他经常论证说，适合于我们认知目的的语言，必定包含三种基本的一般词项或谓词表达式。它肯定包含单子谓词，诸如"……是红色的"；二元关系表达式，诸如"……打击……"；三元关系表达式，诸如"……把……给……"皮尔士证明，所有这三种原始表达式，对于科学和认知来说都是必不可少的——于是就有了无法根据简单表达式来界定的三元关系。他还断言，任何更为复杂的原始关系都是不必要的。这些谓词和关系表达式，根据它们所包含的"不饱和键"的数目来表示各种形式的**第一位性**（firstness）、**第二位性**（secondness）和**第三位性**（thirdness）。皮尔士认为，早先的哲学家错误地忽视了对不可还原的三元关系的需要。这类关系中最重要的是语义关系和心理关系：譬如，表象之所以指涉一个对象，只因为在尔后的思考和推理中，我们把它们理解或解释成就是那样指涉的。理解或使用在表象与它所指涉的对象之间**起中介作用**。在后期的著作中，皮尔士也坚持认为，规律与因果关系之类的概念包含中介和第三位性。1880年之后，他提出了一个"科学的"形而上学体系，据认为是用来说明，关于规律和第三位性的其他法则学模式和形式的实在论是如何可能的（参见 Peirce，1891—1893）。

1900年之后，皮尔士关注于表明，他的实用主义与科学理论并未使他承诺使用其本身不为实用主义尊重的任何概念，因此，他通过现象学研究来为自己的范畴辩护（Peirce 1934 ［1998：145—178］）。由于对所有出现的事物的整体、或对"显象"（phaneron）进行反思，我们发现第一位性、第二位性与第三位性都是经验的要素。连续性是第三位性的重要形式——"终极的中介"——而且它被要求为"想要成为的东西"（would – be）的实在性提供根据，为主观条件项、法则学模式和"普遍者"的实在性提供根据。实际上，皮尔士将他对实在论的这一承诺当作自己有别于詹姆斯的主要之点，所以他将自己的学说更名为"实效主义"，以表明它的独特性。

19世纪80年代，皮尔士进一步阐发了对范畴的应用，这使他得以断言，我们具有对外部世界的直接知识。这一观点是他在面对乔赛亚·罗伊斯的那种绝对唯心主义提出的挑战，试图做出回答的过程中提出来的，而这一挑战对于詹姆斯思想的发展也是极其重要的。【86】

1885年，罗伊斯发表了《哲学的宗教方面》。该书除了略加掩饰地批判皮尔士关于真理的论述之外，还证明，只有绝对唯心主义才能使虚假信念的可能性得到理解。譬如，假定我错误地相信**这个钱包里装有钱**。我的信念的对象是一个特定的钱包，但是，是什么东西决定那个钱包就是我所相信的对象呢？如果我的信念并不适合这个钱包，如果这个钱包没有装钱，那么，就很难理解将钱包与该对象联系起来的信念是怎么回事。这个论证似乎有赖于如下假设：一个思想或信念之所以与一个特定对象相关，是因为它包含了对这一对象的正确描述，而这里的挑战在于说明，我如何能与我错误描述的对象发生认知关系。罗伊斯的结论是：有限的人类思想一定都是一个绝对心灵的思想碎片，这个心灵对该对象的构想是全面而正确的。罗伊斯也考虑了"皮尔士式的"解决办法，即：如果我们对［我们所相信的］那件事进行了足够长时间的探索之后，改变了对其真理价值的想法，那么，我们对那件事的信念就是虚假的。罗伊斯断定，我们在此不能只求助于"想要成为的东西"：因为这里肯定有某种因之而使那种意见趋同发生的东西，而且他否认皮尔士能够满足这一要求。我们需要了解信念是如何固定在实在上的，要了解是什么东西决定着应当如何，或如何可能对信念进行重估的。罗伊斯在绝对心灵的内容中找到了对此所需要的根据。

皮尔士与詹姆斯两人都对这个论证做出了回答，各自的回答都以某种方式强化了实在论，并都看出了罗伊斯的唯心主义观点的相似缺陷。皮尔士的回答见于一篇未发表的对罗伊斯著作的评论（Peirce 1958）。他所得出的教训是，对外部事物的那种根本指涉，并不是通过我们对事物特点的描述性刻画而成为中介的。而是我们利用了指示性的索引记号，这些记号则利用了我们对外部对象的经验的第二位性。这就使我们能够通过探索来追溯所指涉的对象，同时修正和发展我们对这些对象的描述。一旦我们承认我们与事物的认知关系利用了外部事实的不加掩饰的第二位性，即承认这些事物与我们发生反应这一事实，皮尔士就认为可以断言，对于外部事物，我们具有可错的、直接的知觉知识。我可以承认，我将其当作山坡上一只羊的那个对象，实际上是一丛灌木。对于这个断言，我可以参照我关于在光线暗淡情况下灌木如何看上去能像一只羊的知识，来为之辩护。知觉判断中索引表征所起的作用，为我们提供了达到经验丰富性的线索，这一线索暗示出一条证明实在论之正确性的途径。詹姆斯同样发现罗伊斯的论证引出了关于指涉和意向性的问题，引出了这样的疑问：什么东西使这个世界的一部分成为（或有关）这个世界其他某个部分的表征呢？虽然詹姆斯没有采用皮尔士范畴或符号学思想，但他仍然断言，一个感觉会知道"它与何种实在相似，并且或直接或间接地对何种实在发生作用"（James 1909b［1975：28］）。我的思想使我能对我的思想错误描述的那些对象"发生作用"，而这就为我提供了一个依托，使我能对那些描述进行修正或纠正。这样一来，詹姆斯与皮尔士的观点就没有很大不同了。

【87】

虽然皮尔士与詹姆斯两人都拒绝了罗伊斯那种绝对唯心主义，但皮尔士至少还采纳了另一种唯心主义，这种唯心主义也可以说是某种程度的极端唯实论。虽然物理世界的存在不依赖于人类认知者，但皮尔士的科学形而上学体系却主张，那些用来思考物质世界的基本范畴是"心理学"范畴。他对自然规律及其作用的说明，要求外部世界的活动中包含终极因果关系。就在唯物主义哲学家证明心理现象是复杂的物质过程之时，皮尔士却论证说，最好把物理过程理解为不容改变的、非意识的心理过程："物质就是墨守于习惯的心灵"（Peirce 1981—1983［1992：331］）。他得出结论：整个宇宙就是一个通过时间来完善自己的广大心灵。这个结论对于他将科学和宗教信仰调和起来的尝试可能是至关重要的。相比之下，詹姆斯的形而上学观点来自于他的彻底经验主义。"纯粹经验"的世界包含许多经验断片，这些断片根据在任何特定时间与我们的突出关系，而成为心理的东西或物理的东西。尽管罗素蔑视詹姆斯对真理的实用主义说明，但他在1920 年前后捍卫的"中立一元论"，却直接来自詹姆斯的彻底经验主义的这一形而上学方面。

五 欧洲的实用主义者

虽然实用主义诞生在美国，但与当时欧洲的哲学运动有密切关联。① 我们已经提到罗素与摩尔对詹姆斯的工作所做的一些回应。皮尔士对英国的思想也有影响。这个影响在某种程度上是由于他对逻辑学所做的重要贡献。他与韦尔比夫人维多利亚（Victoria，Lady Welby）关于记号和表征的长篇通信，有助于使他的工作为奥格登（C. Ogden）和理查兹（I. A. Richards）所了解，两人在其名著《意义之意义》（*The Meaning of Meaning*，1923）的一篇附录中专门谈到皮尔士的理论。1920 年之后，拉姆齐（Frank Ramsey）哀叹维特根斯坦的《逻辑哲学论》（*Tractatus Logico-Philosophicus*）中缺少实用主义，并在自己关于或然性和归纳法的著作里利用了皮尔士有关真理和探索的著作。因为那时与拉姆齐的多次交谈对 20 世纪 20 年代末维特根斯坦的思想变化有影响，所以似乎有理由认为实用主义间接地影响了维特根斯坦的后期思想。

【88】

不过，英格兰实用主义的主要倡导者是牛津大学的席勒（F. C. Schiller，1864—1937）。席勒是一位活跃的作家和敏锐的论辩家，在 20 世纪初的数十年里，他的哲学是很有名的，但鉴于他后来很快就走了下坡路，所以他的哲学很难受到重视。在他接触詹姆斯的

---

① 对欧洲实用主义发展所做的更为详细的说明，见于塞耶（Thayer）的《意义与行动》（*Meaning and Action*）的第三部分（Thayer 1968：part III）。

著作之前，他曾阐述过一种"人文主义"哲学，以此向那时在牛津大学居主导地位的哲学主题"绝对主义的"唯心论发起挑战。1900年之后，他欢迎实用主义，将其视为自己的哲学活动的盟友。人文主义，席勒的实用主义，是一种人类中心论学说，它将作为行为者的自我当作解决一切哲学问题的钥匙：席勒认为，一旦我们知道万物"都具有与认识万物的心灵相似的性质"，我们就会达到那样一个状态，在此状态下，知识是"完善的，是完全人性化了的"。这种人文主义思想助长了从心理主义角度对逻辑的不信任，这种不信任只能受到皮尔士那样的实用主义者的谴责。

如我们已经注意到的那样，在意大利有一批重要的实用主义者，他们的工作得到皮尔士和詹姆斯的重视。意大利的实用主义者以《列奥纳多》(*Leonardo*)这份刊物为中心，分为两个团体。帕比尼(Giovanni Papini)提倡一种浪漫的或"魔术式的"实用主义：他的主要发现是实用主义是"不可界定的"，皮尔士特别对此大加痛斥。詹姆斯对这些思想家有主要影响，并对他们的胆识和生动诙谐的文风大加肯定：赞赏他们的"嬉戏与放肆"的风格，赞赏他们的一个愿望，即实用主义应当起到将各种"扩大人类能力"的方法收集起来的作用。瓦拉蒂(Vailati)与卡尔德罗尼(Calderoni)更多受惠于皮尔士(及杜威)，而不是詹姆斯；瓦拉蒂特别从事逻辑学和数学基础方面的研究。虽然他们都认真看待价值和利益在我们理论形成过程中的作用，但他们都对科学知识做出了说明，这一说明与后来在逻辑实证主义者的作品中看到的那种哲学观越来越相似。不过，由于他们与韦尔比夫人的交往，就使得他们一定会关注有关记号和表征方面的某些问题，这些问题对于皮尔士的后期著作是根本性的。

实用主义与源自莫里斯·布隆代尔(Maurice Blondel, 1861—1939)的法国行动哲学也有联系。尽管双方观点上的相似之处也许不大，但是在一段时期里，勒鲁瓦(Edouard Le Roy)将他那种行动哲学称之为实用主义。一般说来，这些法国哲学家比较感兴趣的是詹姆斯的"信仰意志"学说，而非其实用主义；美国实用主义的主要特点是尊重经验，而法国实用主义则不然。虽然实用主义与欧洲其他思想主题之间也有一些相似,但在大多数情况下,这些相似并不能证明它们之间有任何直接的影响。于是,瓦伊欣格在《仿佛论哲学》一书中,对于工具主义的科学观进行了辩护。他认为,我们与其问理论是否是**真的**,不如问这些理论仿佛为真时采取行动是否合理。尽管这种工具主义观点类似于詹姆斯有关科学的某些主张,但这些实用主义者不大可能影响他的观点;实际上,瓦伊欣格这本书很可能至1877年时仍只是初稿,它主要是根据瓦伊欣格对康德思想的学术研究而构想出来的。

【89】

克利斯托弗·胡克维

第二篇

心理学与哲学

第七章

心理学：旧与新

一　引　言

　　研究心灵的心理学在整个 19 世纪的英国、德国、法国与美国，都是一门业已确定的学科。这门确定的心理学在某种程度上是一门学院课程，是通过那些概括阐述心灵理论的教科书和讲演来传授的。通常的论题包括感觉、想象、记忆、理智、情绪、意志、身体运动、心的本性以及身心相互作用问题等。

　　在此期间，心理学也是内科医师和自由研究者进行研究和思考的对象。譬如，詹姆斯·密尔（James Mill）、约翰·密尔、刘易斯（George Henry Lewes）、高尔顿（Francis Galton）、罗马尼斯（George Romanes）等人，虽然均未在大学任职，但都发表过关于心理学问题的一般著作或专著。从 19 世纪初以来，内科医师就依靠他们自己的感觉经验和临床观察，对感觉进行了经验研究。有关人类生理学和比较生理学的教科书，包含有心理学的章节，医学杂志也发表心理学的研究成果（例见 Carpenter 1837，Dunn1858）。早先，德国的赫尔巴特（J. F. Herbart 1816 ［1891］，1824—1825）和贝内克（F. E. Beneke 1833），后来英国的贝恩（Alexander Bain 1855：v）和刘易斯（Lewes 1857：621）等人，重新呼吁建立真正科学的心理学或"心灵科学"（此前，尤其是邦尼特和克吕格尔分别在 1775 年和 1776 年就已发出过这一呼吁）。

　　到了 19 世纪中叶，在 18 世纪关于视觉的著作中虽然罕见但很规范的定量研究，在感觉生理学和感觉心理学中已经变得很平常了。在许多大学，心理学学科被以各种方式设置在哲学系或哲学学院里。当时，"哲学"有广义与狭义之分。在广义上，哲学大体相当于"艺术与科学"；在狭义上，哲学可以仅限于逻辑学、形而上学、道德哲学与自然哲学（尽管自然哲学越来越变成独立的"自然科学"）。心理学也被各不相同地设置在这些门类之下，有时被置于形而上学中（Lotze 1881［1886］），有时被当作哲学的独立分支（J. S. Mill 1846：532），但更经常被当作经验的自然科学（Beneke 1845：5；Wundt 1863：I, iv）。因此，心理学有各种名称，其中包括"道德科学"，"精神科学"，"心灵理论"，"心灵生理学"与"灵魂理论"（Seelen-lehre）等。

【94】

从1870年至1914年间，当时现存的心理学学科发生了转变。英国思想家斯宾塞、刘易斯和罗马尼斯等人将心理学与生物学联系在一起，把心灵看成是有机体用以适应环境的一个功能。英国和德国的思想家呼吁关注个人心灵发育过程中的社会与文化因素。在德国和美国，心理学作为一门实验室科学的传统得到迅速发展，被人们称作"新心理学"，以与旧的形而上学心理学相对照（Ribot 1879［1886：1—15］；Scripture 1897）。方法论方面的讨论得到加强。新的综合得以形成。确立了教授职位，成立了相关的系。虽然这一建立自治机构的趋势在英国和法国进展稍慢，但卡尔顿和比奈（Alfred Binet）等人在心理学方面做了很有意义的工作。即使在德国和美国，旧心理学有目的地向新实验科学转变，直到1914年也未完成。虽然实验的增加使心理学著作的文本发生了改变，但在理论内容与非实验方法上，新旧心理学之间仍然有很大的连续性。本章将论述英国（主要是英格兰）、德国和美国等民族传统中心理学由旧向新的发展情况，有些会涉及法国、比利时、奥地利和意大利的某些思想家。

虽然对民族传统的划分是有用的，但19世纪下半叶的心理学文献基本上是欧洲文献，其大量参考资料是跨国界、跨语言的，而随着美国与加拿大心理学的发展，这些心理学文献也就变成了北大西洋心理学文献。本章论述的顺序依次是英国、德国、美国，根据心理学活动的重心变化而展开。最后一节将讨论由这些文献引出的某些方法论问题和哲学问题。

二 英国心理学（1870—1914）

1870 年，法国哲学家与心理学家里博（Théodule Ribot）对英国心理学进行了全面考察，想把一种非形而上学的经验心理学移植到法国，以取代二元论的"人类灵魂科学"（1870［1874：17］）。他赞扬源自洛克、哈特利（Hartley）与休谟等人的英国传统，这一传统那时正在贝恩、斯宾塞、刘易斯和密尔等人的经验主义的、非形而上学的心理学中体现出来（不久之后在法国以丹纳为代表 1870［1871］）。【95】英国心理学实际盛行兴于 1870 年，如该世纪最后 25 年所表明的那样（参见 Hearnshaw 1964：chs. 1—2）。

1876 年，贝恩创立了《心灵》（*Mind*）杂志；直至 1974 年，即它将专门的心理学著作排除在外很久，它仍然在使用"心理学与哲学评论季刊"的副标题。起先，该刊以大约一半的篇幅用于发表心理学文章，包括一些实验和统计报告。虽然它的发行范围是国际性的，但它反映出英国心理学发展的两个主要趋向，一是趋向于生物心理学，二是趋向于对心理现象的现象学分析。传统的联想主义心理学是以贝恩、密尔（参见注释版，1869）和而后的萨利（Sully 1884，1892）为代表的。它将心理学当作有关心理现象的科学或意识科学。密尔甚至认为，无意识的心理状态（如汉密尔顿所假定的那样）在说法上是矛盾的（Mill 1865：ch. 15）。联想主义者采纳了将心理现象分为理智、感觉与意志的通常划分，但不认为这一划分揭示了潜在的、个别的心理能力。他们所采用的主要说明策略就是辨别或认定意识的元素，然后再表明，对这些元素发生作用的联想律如何能更普遍地说明心理能力和心理现象。这些联想律通常包括空间或时间接近律与相似律。

生物心理学是在英格兰发展起来的，从事这一领域研究的有医学生理学家卡彭特（William Carpenter）与莫兹利（Henry Maudsley），受生物学启发的知识分子斯宾塞和刘易斯，还有自然主义的研究者达尔文、罗马尼斯和摩根（C. Lloyd Morgan）等。卡彭特的《心理生理学原理》（*Principles of Mental Physiology*，1874）强调身心的相互作用。在论神经系统的一章之后，该书着手讨论心理学论题，包括感觉的通常范围、注意、高级认知、肌肉运动等，同时也讨论亢奋与谵妄等医学题目。卡彭特采用了一种比较的视角，承认动物身上也存在与心理学相关的种种本能，但他又辩解说，人类身上的种种本能并没有超出维系基本生存的范围，譬如心脏的跳动等。他依靠联想主义理论来解释人类身上所有其他明显的本能行为，譬如通过经验习得的"自动"行为（1881：191）。该书运用临床证据和日常观察建立了一个有说服力的例证，表明许多心理活动是作为"无意识的大脑作用"自动发生的（1881：ch. 13）。不过，卡彭特仍主张，在直接经验中确有某种"有意识的事实"，即"我们自身内有一种我们称之为意志的自我决定能力"，这个事实足以驳倒唯物主义，足以证明，有机生命中有两种力量（精神的力量和物质的力量）在活动，并互相发生作用（1881：28；亦见 4—5、26—27）。

【96】　　1876 年，莫兹利发表了《心灵生理学》（*Physiology of Mind*，这是与他 1867 年发表的《心灵的生理病理学》无关的独立著作）。莫兹利认为心理状态等于脑状态。种种心理现象之所以被归为一类，是因为这些现象（在某种程度上）是通过与外感觉相反的内感觉得到的（1876：39）。不过，他贬低心理学中占统治地位的内省法，所列出的主要根据包括：内省在各观察者之间缺乏一致性；内省活动对被观察者的现象有扰动作用；内省法只可用于儿童发展心理或其他种类的心理研究；它不能揭示联想律的基础，而这个基础一定是心理学的（1876：16—50）。他还批评说，内省法不能用于绝大多数他认为是非意识的心理状态和过程（1876：24—40）。故此，他建议用"客观的"方法来取代内省法，这其中包括生理学的、比较和发展的观察方法，以及对病理案例、自传与历史的研究——之所以要研究历史，是因为（与孔德所认为的一样）"个人是社会的一个单元，脱离个人生活于其中的社会中介，个人就不可能被理解"（1876：53）。

莫兹利是当时为数不多的唯物主义一元论者（1876：ch. 2），他为新心理学作出了贡献。斯宾塞与刘易斯采用的方法稍有不同，他们推行一种生物心理学，将心灵视为有机体适应环境的一种手段。1855年，斯宾塞将生命界定为"内在关系对外在关系的不断适应"，将理智界定为"内在关系对外在关系的适应"（1855：374、486）。在《心理学原理》增订的（并被广泛引用的）第二版（1870—1872）中，斯宾塞将"客观的"心理学与"主观的"心理学区别开来，前者研究物质性的有机过程，后者研究意识中的主观过程（pt I, ch. 7）。客观心理学关注的是有机体内在状态之间的关系对外部事态的调节适应。如果客观心理学的说明局限于"活动"或"行动"，即局限于行为的话，那么，这些说明只需求助于"客观"因素（亦见Mercier 1888）。这些说明假定，神经状态能够适应外在情境，譬如，看到苹果而引起的神经活动，会激发伸手去拿苹果的举动（这时，内在关系"相应于"苹果的物理形状、颜色与其营养成分之间实际的外在关系）。主观心理学描述了与客观心理学的某些过程相应的意识上有效的心理状态（根据心理的东西与物理的东西的平行论，这两者都表达了一个单独的未知的实在）。刘易斯在《生命与心灵问题》（*Problems of Life and Mind*, 1874, 1877, 1879, 1880）一书中，同样把心灵当作有机体的生物功能，并承认本质性的社会条件对人心的影响（这说明了人类为什么会与其生物学上相似的灵长类近亲有那些可见的差别）。斯宾塞和刘易斯两人都将联想当作心理学发展的发动机，但他们也承认心理反应中固定不变的有机成分。典型的联想主义者将天生的因素局限于感觉和联想律，但刘易斯则认为，进化论证实了包括人类在内的有机体有更广泛的天生的心理适应性（1879：chs. 1，9），这一观点在罗马尼斯（1883，1888）和摩根（1891：336—338）那里得到了更全面的阐发。【97】

沃德为《大不列颠百科全书》（*Encyclopedia Britannica*，1886）撰写的心理学概述很有影响，在那里，他将心理学拉回到现象学领域。他广采博纳已有的文献，其中包括赫尔巴特、洛采、冯特、汉密尔顿、密尔、贝恩、斯宾塞与刘易斯的著作。但在沃德看来，心理学的立脚点是个体意识,科学心理学在实在论形而上学或唯心论形而上学方面持不可知论态度。沃德主张,心理学中必须承认能动的自我以及对这个自我的表象或"呈现"。他赞成把注意看成是基本的心理活动,在思维中比联想更为重要,他认为注意在记忆中起主要作用。沃德采纳了一种发展的或"遗传学的"观点,根据这种观点,本能是从由获得性状遗传而固定下来的心理习惯中产生的(达尔文赞成这一机制[1859:209;1872:29],斯宾塞和刘易斯也强调这一点)。沃德的学生斯托特(G. F. Stout)也对联想主义的原子化倾向提出批评,强调了现象的统一性和心理生活的定向活动(1896),他还向英国读者介绍了心理学中的早期现象学传统,其中包括斯通普夫(Stumpf)、布伦塔诺(Brentano)、埃伦费尔斯(Ehrenfels)与迈农(Meinong)的成果。

大学的心理学实验室是后来出现的,分别在19世纪90年代中期和1897年建立于剑桥大学和伦敦的大学学院。自从19世纪70年代以后,人们经常讨论心理学中"主观的"、"客观的"方法与心理学主题之间的关系。莫兹利(此前孔德在《实证哲学教程》[1855:33、383—384]中)所抨击的内省方法得到广泛的辩护,被视为通向心理学主题的"主观"方面即个人意识状态的唯一途径,人们也肯定它具有科学的(因而在其是真实的或恰当确定的意义上,也即具有"客观的")可信证据(Lewes 1879:chs. 2, 5;Ward 1886:42—43)。许多客观因素被列入心理学方法中,其中包括生理观察,比较心理学,情绪的外在表现,语言的发展,人类活动的历史记载,心理与神经病理学提供的"自然实验"等(Maudsley 1876:ch. 1;Lewes 1879:ch. 8;Stout 1896:I:9—16)。在这些因素中,人们所关注的焦点是(大多为思辨的)生理学因素、进化论假设和比较性观察。斯宾塞(1855[1870—1872:pts. 3—5])及其追随者心理病理学家默西埃(Charles Mercier, 1888)用这些客观因素来详细说明行为,即心理学的"客观"主题。尤其对于这个主题,默西埃只字不提意识,只诉诸那些假设的、调节适应环境的内在生理状态。与此相反,沃德把意识作为心理学的唯一主题,对生理学知识是否充分发

【98】

展到［对心理学］有所帮助的程度表示怀疑（1886：90）。在这一点上，他与斯宾塞的看法并无不同（1855［1870—1872：I，140—141]），并预示了后来斯托特的如下论断：心理学的成果应当成为任何对心理过程的生理条件研究的指导（1896：I，26—35）。

三　德国心理学(1870—1914)

1870 年，里博赞扬英国心理学开创了科学心理学的"新纪元"（1870［1874：44]），但在 9 年之后，他却又说正是德国人创建了"新心理学"（Ribot 1879［1886：9—15]）。这时他认为，英国心理学的特点是"描述性的"，是紧接着德国人的生理心理学和实验心理学而来的。这里的关键因素在于一些德国学者把感觉生理学里的实验技术引入到心理学，这些人中除了韦伯（E. H. Weber）、洛采、费希纳（G. W. Fechner）、冯特（Wilhelm Wundt）、赫尔姆霍茨和赫林（Ewald Hering）（参见 Hatfield 1990：chs. 4—5），还包括弥勒（Johannes Müller，里博认为弥勒是实验传统的创立者［Ribot 1879/1886：21]）。

从 1850 年到 1875 年间，洛采是德国首屈一指的学院派哲学家和心理学家（布伦塔诺、斯通普夫与 G. E. 弥勒都是洛采的学生）。在《医学心理学或心灵生理学》（*Medizinische Psychologie, oder Physiologie der Seele*, 1852）一书中，洛采分析了空间知觉，提出了"部位标记"学说。他认为视网膜感受器和视神经的单纯物理空间秩序本身无法说明知觉的空间秩序。相反，由每个神经纤维而来的感觉一定会收到该神经纤维特有的定性标记，根据这个标记，视网膜刺激的空间秩序可以通过心理过程予以重构，无论这个过程是先天的（洛采早期的观点，1852：330—337、354—360），还是习得的（赫尔姆霍茨的观点，1867［1924—5：185—6]），洛采后来也持此观点，（1881［1886：56]）。

对于从离散的神经纤维中引出空间秩序知觉的问题，人们进行了长期的讨论（James 1890：II，157）。1834 年，心理学家韦伯发表了著名的韦伯定律。这个定律是关于刺激强度之间的最小觉差的，这个强度最小觉差是指为了造成觉差，一个刺激量度，譬如重量的量度，所必须增加的量。韦伯发现，在限定的范围内，这个量与刺激值的一个恒分数成正比。至少就皮肤所受的压力，手举起来的重量，视觉所感知的线条长度，音调的高度等情况而言是如此。物理学家费希纳将韦伯的成果发展成为一条基本的心理物理学定律（1860［1966］）。费希纳证明，要造成一个可察觉其差异的感觉，需要靠物理刺激之间的关系，而这种关系就成了对这个感觉的间接量度。他的这个论点明显假定最小觉差是感觉的一个恒常单位，也就是假定，对于每一对有最小觉差的感觉，它们之间的差是相等的；这就把感觉的阈限——可以感知到的最小值，譬如皮肤所能感受到的最小压力——规定为感觉量表的零点，规定为物理刺激的单元值。利用这些假定，费希纳提出了自己著名的心理物理学定律，根据这个定律，感觉同刺激值的对数与一个常数的乘积成正比（这就意味着感觉到的强度将以数学级数增加，而刺激强度将以几何级数增加）（相关讨论可参见 Delboeuf 1883a and b，Fechner 1882，G. E. Müller 1878）。

心理物理学的测量方法成为新心理学的骄傲；韦伯与费希纳的学说，在德、英、法、美等国的文献中被广泛引用。对心理现象的经验研究也兴盛起来。冯特（1862）、赫林（1861—1864，1868）与赫尔姆霍茨（1867）等人研究空间知觉，包括双眼立体视觉。他们做了细致的定量观察，以确定经验的双眼单视界，也即一条假想的线，用双眼看这条线上的一个点，这个点看上去是一个，而当这个点偏离这条线一段距离，它看上去就是两个。赫尔姆霍茨、赫林及其学生也研究了颜色知觉，对与已知波长相应的颜色，对颜色反差现象和色弱或"色盲"的人，都进行了精确的定量研究（参见 Turner 1994）。1879年，冯特在莱比锡建立了第一个正规的心理实验室。许多学生与访问学者在那里从事视觉、听觉与触觉的心理物理学研究，从事反应时间、注意与感觉等方面的研究。1883年，冯特创办了《哲学研究》（*Philosophische Studien*）刊物，尽管该刊冠以此名，但它主要作为莱比锡实验室的内部刊物。与此同时，G. E. 弥勒（1878，1904）于

1881年接替了洛采在哥廷根大学的位置，在那里建立了一个重要而成果丰硕的心理实验室。1885年，埃宾豪斯（Hermann Ebbinghaus）发表了具有划时代意义的关于记忆的实验心理学著作（1885 [1913]），翌年他便赢得了柏林大学的教授职位。

冯特重新呼吁研究科学心理学。1863年，他发表了关于人类与比较心理学的讲演集；1874年，他又发表了《生理心理学原理》(*Grundzüge der physiologischen Psychologie*)。后者预告了新实验心理学的创立（法文译本，1886；公开模仿的著作是莱德的《生理心理学原理》(*Elements of Physiological Psychology*, 1887)。冯特将心理学设想为随时间推移而变化的科学（参见 Hatfield 1997）。在1862—1863年间，冯特将心理学当作一门要用其他方法来加以补充的自然科学，这些方法包括对人类心理文化发展的历史研究。他把人类认识看成是由逻辑的综合活动统一起来的，以从感觉中综合出知觉的无意识推断为代表（1862：422—445）。1874年，冯特又将心理学视为一门介于自然科学与精神科学或人文科学（Geisteswissenschaften）之间的学科。他否认无意识的心理过程，认为任何这样的过程都应当从生理学方面和非心理的方面来理解。虽然他坚持自己的基本观点，认为经验元素只是在性质和强度上不同的种种感觉，但却放弃把逻辑形式视为认识的统一要素，他证明，心理过程优先于任何对逻辑结构的内心领悟（1874：ch.18）。这些心理综合过程将诸元素结合在一起，创造出具有新属性的"观念"（Vorstellungen），这些新属性是在任何一个元素中都找不到的；譬如，将非空间感觉综合起来，创造出空间知觉（chs.11—12）。

冯特将被动联想与"统觉"区分开来，统觉是一种主动的心理过程，它与注意类似，形成新的心理联系。在《生理心理学原理》增订第二版（1880 chs.15—17）中，冯特扩大了统觉的作用，将它作为主要的认识活动。他越来越强调统觉所受到的影响的多样性。冯特认为，要理解19世纪一位成年人的统觉过程，就必须考察他所处的文化环境，就必须通过相关文化中信念体系的历史发展以及这个人自身的发展，来研究这一文化环境。于是，他开始认为，要了解高级的认知过程，最好的方式就是通过研究民众心理学（Völkerpsychologie）或人种学心理学，他认为这种心理学与生理心理学或实验心理学分支是不相上下的（1887：I，5—6），甚至有可能取代后者（1908：viii）。冯特实际从历史和文化中为心理学提取"客观"材料的尝试并不多，其中之一是他（1900—1920）试图通过语言史、神话史和道德史来揭示人类思想的发展规律。许多德国实验心理学家拒绝冯特关于对高级心理过程不能进行实验的主张，他们许多人仍然认为心理学完全是一门自然科学（参见 Kusch 1999：chs. 1—2）。

冯特（1894）认为，自己提出的（本体上不可知的）心理物理平行论不可避免地使心理现象和物理现象形成两个不同而平行的因果领域。他提倡一种"纯粹"心理学，根据这种心理学，心理状态只能由别的心理状态引起。冯特的学生科尔普（Oswald Kölpe 1893［1895：4—6］）与英裔美国学者铁钦纳（Titchener 1909b：13—15）也赞同这种平行关系，并避免确定心理与物理之间直接的因果关系。不过，他们的平行论并不妨碍生理过程在心理学中发挥其说明作用（参见 Danziger 1979）。他们发现，心理现象显然"依赖于"由意识中无法得到的过程所引起的神经状态，或与它们"相关联"。科尔普假定"无意识状态"就是纯粹的生理状态（1893［1895：291、450］），而铁钦纳则从心理学上将非意识的生理状态描述为跨时间的"意义"的载体（1909b：369）。

早期的实验心理学家们都知道并且讨论过布伦塔诺的意识描述心理学（1874）。里博（1879［1886：295］）将它与"新心理学"相提并论，是因为这种心理学以经验为根据，把形而上学抛在一边。布伦塔诺证明，心理状态的特征是对现象上可以得到的对象的指向性。他的著作虽然没有实现为科学心理学确立共同理论框架的目标，但确实影响了德国和奥地利心理学界对于心理内容和判断的讨论（参见第十二章），而且还获得英国与美国心理学界的赞赏（Stout 1896：I：40—42；Titchener 1909a：lect. 2）。布伦塔诺的学生，特别是斯通普夫和埃伦费尔斯（Christian von Ehrenfels）的研究成果，为格式塔心理学提供了材料。

四　美国心理学（1870—1914）

1870年，美国的心理学主要是在苏格兰的影响之下发展起来的一门学科（Upham 1841；McCosh 1886）。当时的"旧心理学"通常与宗教联系在一起，一般是由教堂主持来讲授，后者也讲授道德哲学（参见 Evans 1984）。美国在发展新心理学方面之所以滞后，其原因可能在于美国既不像英国那样拥有层出不穷的绅士学者，也不像德国那样建立了多所研究型大学。可一旦美国抓紧进行，新心理学的发展就会比任何其他国家都快，这得益于美国在19世纪末建立起来的新的研究型大学与研究生院。截至1900年，北美42所高等院校已经建立了心理学实验室。许多美国心理学家都访问过冯特的实验室，或在那里从事研究（Hilgard 1987：31—34、79），而有些心理学家则在美国获得博士学位，其中包括在普林斯顿大学以麦克什（James McCosh）为导师的莱德（George Ladd）和鲍德温（James Baldwin），在哈佛大学以詹姆斯为导师的霍尔（G. Stanley Hall）。在19世纪80年代，霍尔在约翰·霍布金斯大学和克拉克大学分别建立了心理实验室，还创办了《美国心理学杂志》（*The American Journal of Psychology*）。19世纪90年代，鲍德温是美国心理学界的主要人物，他不仅建立了数座心理实验室，还在1894年（与卡特尔［J. M. Cattell］）共同创办了《心理学评论》（*The Psychological Review*）杂志。

新的美国心理学以莱德和詹姆斯的著作为教材。虽然这两位作者都提倡研究新心理学，但他们都不认为实验是新心理学的规定特征。【102】莱德（1887）用英文编写了第一部系统的新生理心理学教材。这部教材为生理学方法和实验方法进行了辩护，涉及神经系统相当广泛的方面，对心理物理学的主要成果进行了总结，同时还专辟一章介绍了测时研究。该书还证明了心灵作为一个精神存在物的实在性，把心灵说成是一个用以说明意识统一性的科学假设（1887：668—688）。后来，莱德详尽阐述了一门描述的、说明性的、经验的意识心理学

(1894），与一门理性的或形而上学的心理学之间的区别（1895）。他为一种暂时性的二元论辩护，把它作为心理学的一个框架，而由哲学来建立他所偏爱的洛采式的、以"绝对存在"为身心基础的一元论（Ladd 1895：409—412）。

詹姆斯的两卷本《心理学原理》（*Principles of Psychology*，1890）给美国的理论心理学打上了现象论与功能主义的烙印。该书综合评价了有关感觉和知觉、认知、意志等的主要理论与发现。詹姆斯将心理学界定为"关于精神生活的科学，既是关于精神生活的心理现象的科学，也是关于这些现象之条件的科学"（1890：Ⅰ，i），后者所说的条件包括神经过程，行为后果与环境条件。具有讽刺意味的是，他把"唯灵主义"和"联想主义"理论都称作形而上学理论，因为这些理论都试图"把我们现象上已知的思想说成是深层实体的产物"，这些深层实体不仅包括"灵魂"，而且包括"理念"或"意识的基本单元"（James 1890：Ⅰ，vi）。詹姆斯并不反对进行一般的说明，但他拒绝用精神材料或原子论的感觉（如休谟、密尔、赫尔霍姆茨与冯特所主张的那样）来说明意识经验。詹姆斯自己所做的说明，诉诸生理学、后天习惯以及用来使有机体适应环境的精神功能。他认为主要的心理学方法是内省法、实验法与"比较法"，后者用来研究儿童心理、跨文化心理，研究"疯子、傻子、聋哑人、罪犯和古怪人"的心理，以及研究科学、政治与文化史（Ⅰ，194）。詹姆斯还报道了德国新近的实验发现，但他对这些发现并不怎么看重，他宣称：虽然在许多情况下付出的努力极大，"但获得的理论成果甚微"，同时他承认还有更多工作要做，承认那样才可能会有理论建树（Ⅰ，193）。

英国学者铁钦纳先后在牛津大学学习哲学，在莱比锡学习心理学，然后于1892年到康奈尔大学任教，是美国实验心理学的领军人物。铁钦纳（1908，1909a/b）采纳了冯特的元素论（elementalism），继承了莱比锡实验室对测时学的关注。但他背离了冯特，他不是将注意当作独立的心理活动，而是把它当作感觉的一个性质（1908：lect. 6），他还把生理过程当作对心理学过程的解释（1909b：38—

【103】

41）。他贯彻冯特将心理生活分解为元素的方案，采用了分析内省的方法。其他美国心理学家，包括杜威（1896）和安吉尔（James Rowland Angell），将关注的焦点集中在心理过程的功能上。铁钦纳（1907）本人将心理学分为"构造主义"与"功能主义"两大阵营，最先在美国实行将心理学划分为不同的"学派"或"体系"（参见 Heidbreder1933）。尽管做了这些划分，实验心理学传统在美国仍然迅速发展起来，并且很快得到其他实验技术的补充，其中包括问卷法与心理测试法。所以，当博林（Boring）在 1929 年撰写实验心理学史时，想要强化美国心理学的特征，即它是一门注重实验的科学，已经与哲学和思辨分道扬镳了（参见 O'Donnell 1979）。由于博林和其他人的努力，这一观念在 20 世纪很长一段时间里占据支配地位。

五 心理学的方法，主题与理论

心理学著作讨论心理学的主题、方法、心理学与哲学和形而上学的关系、无意识心理状态的存在，以及将先天的感官或表象能力归因于心灵的合理性等问题。对这些哲学问题的解决有时是必要的，如对方法和主题的争论就是如此；有时是因为哲学与心理学有共同的旨趣，如在心理官能的问题上就是如此；有时则是为了确保在哲学与心理学之间保持明确的分界。冯特、詹姆斯或莱德等人既是哲学家又是心理学家，但他们都把心理学视为独立的主题或学科。

对心理学主题的看法是发展变化的。早先，有些作家认为心理学可以解决灵魂的实体性这一形而上学的问题。虽然麦克什（1886：7）试图通过直接的内省来确定心灵的存在，但最为常见的论点是把非物质的灵魂当作说明意识的统一性所必需的科学假设（Waitz 1878：24—36、119—120）。另一些作家采用了相似的论点，以证实具有因果相互作用的简单存在物的一元论，这些存在物包括某些被称为"灵魂"的东西（Lotze 1881 ［1886：91—104］）。人们越来越多地把有关身心相互作用和实体性的形而上学问题悬置起来。这里面所包含的动机各种各样，抑或是实证主义的，抑或是批判唯心主义的，抑或是一种朴素态度，即认为科学无法回答形而上学的问题，因此应当将其留给哲学去讨论。大多数作家认为心理学是一门自然科学，这意味着它不再把"心灵"当作主题来谈论，或也许把"心灵"视为有机体（这里不必赞同唯物主义）。

【104】

用朗格经常重复的话说，新心理学是"不需要灵魂的心理学"（1866［1925：Ⅲ，168］）。由于禁止谈论单一的心理实体，因此需要对心理学的主题做出新的阐述。我们已经看到，斯宾塞和默西埃将心理学的一个分支看成是着重说明行为的。但大多数作家依然把心理现象作为心理学的唯一主题，把行为只看成是心灵的表达。这些作家对心理学主题的描述各不相同，如"心灵的现象"（Sully 1884：1—2），"意识的现象"（Baldwin 1889：8），或者"直接的经验"（Wundt 1901［1902：3］）。研究这一主题将采用"主观的"方法与"客观的"方法，包括对经验、行为表现和生理状态的直接报告。假定心理学中描述和说明的对象是意识经验，那就要对实体和状态的种类进行进一步区分，允许对这种区分做心理学的说明。有些人坚持认为，只有有意识的心理状态才可能从心理学上来说明。另一些人断定，无意识的心理状态会产生有意识的心理状态；还有一些人仍然假定，（与意识没有直接关系的）生理状态是有意识心理状态的原因或说明条件。有些人将此类生理状态视为心理状态，而另一些人则不然。

在关于非物质心灵的实在论盛行时期，理论家们很容易假定，无意识的观念或表象是"在阈限下的"（赫尔巴特语）——莱德这位勉强所谓的非物质论者，后来以"心理科学"的名义对此说提出抗议（1894：30，258）。有些反形而上学的经验论者认为，这些假定是自相矛盾的，无异于无意识的意识状态之类的说法（J. E. Mill 1865：ch. 15），尽管有些人仍乐于谈论无意识的感觉和无意识的心理过程（Helmholtz 1867［1924—1925：Ⅲ：4］）。到了19世纪末，在德国学院心理学家中为后一种立场辩护的主要人物是里普斯（Theodor Lipps 1903）。在19世纪八九十年代，大多数人将"潜意识"、"无意识"同注意联系在一起进行理解（参见 Cesca 1885）。根据这种理解，一切心理状态都有某种程度的意识性，但有些心理状态几乎不为人们所注意，因此很不突出，这些心理状态可以被称作潜意识的或无意识的（Ward 1886：52—54）。只当一个感觉状态具有被经验到的感觉的定性特征时，它才能成为心理状态（Wundt 1880：Ⅱ：195）。真正无意识的（与未被注意或遗忘相反的）感觉或心理活动遭到拒绝；任何不属于意识范围之内的与心理相关的过程与状态，被纳入生理学的范畴，被视为非心理的东西（Brentano 1874［1973］：bk 2，ch. 2；Stout 1899：8—9；Wundt1901［1902：227—228］；Ziehen 1891［1892：20—36］）。

从这一视角来看，有些生理状态伴有心理状态，有些生理状态虽然不伴有这样的心理状态，却与对心理学的说明有关；而纯生理的、无意识的内心过程或心理过程是不存在的。英国的心理生理学家和生物心理学家，唯物主义者或反唯物主义者，都采取了相反的立场。莫兹利提出，"所有被视为内心的或属于心理学的活动，都可以发挥纯粹神经系统的功能，而不需任何意识为它们作证"（1876：245）。卡彭特提出了一些可能的无意识活动的例子，譬如一边演奏音乐或大声朗读，一边思考别的事情；一边思考如何写作，一边用笔蘸墨写字并且正确地拼写（1881：526）。刘易斯对于意识、潜意识和无意识心理状态之间的关系进行了广泛的描述（1877：prob. Ⅲ，ch. 4；1879：19—25，91—99；1880：prob. Ⅱ，ch. 10）。他认为，潜意识状态只不过是没有引起注意的意识状态，这类状态的存在是理所当然的。他非常想要人们承认真正的无意识状态与无意识活动，包括将现在经验与已往的经验"残余"或"痕迹"同化起来的过程（1880：54）。刘易斯还认定了大量的无意识因素，其中有一些是认知因素，诸如由反复刺激而形成的习惯，有些是内心的因素，诸如一段情绪等：

【105】

> 除了通过感官的多重刺激所产生的残余效应之外，还有某种反复发作的刺激的影响，这种刺激来自内心，或来自某种情绪冲动，这种情绪冲动留下持续不断的震撼。在有机体的幽深之处，有这样的影响在起作用，虽然它只是偶尔浮现在意识中，但它总

是在调节心理状态。(1880：112)

刘易斯是一位有二面性的一元论者（1877：prob. Ⅲ，ch. 3），他认为有机过程可以既是生理过程，又是心理过程（1880：149）。那些具有心理特征的有机状态不一定就是有意识的。一种状态之所以是心理状态，那是因为它参与有机体的整个心理功能活动，而不是因为它进入到意识之中。

在19、20世纪之交，许多心理学家都赞成这样的看法，即生理状态不需要意识伴随也可以成为心理状态（Müller and Pilzecker 1900：78—82、271；Titchener 1909b：38—41、369）。功能主义者安吉尔为心理学中经常诉诸生理过程的做法进行了辩护，其理由是：心理活动是生物调节活动的一种形式。他谴责通常的平行论观点是"平淡无味、苍白无力、无精打采的"（1907：81），并对身心区分本身采取了一种工具主义的态度，提出把心灵视为有机体的活动。

在所有涉及新心理学的理论与方法论问题上，内省的地位最为显要。尽管"客观的"方法得到广泛承认，但新心理学主要的实验观察方法仍依赖于不严格而言的内省。布伦塔诺为之辩护的内省（1874［1973：29—30］），包括对一个人最近的内心现象进行回顾，作出口头报告。内省分析可以包括如下活动，即由经过训练的观察者尝试辨别感觉或情绪的维度等心理生活的要素。在心理物理学实验中，被试报告他们对物理刺激的现象性反应。斯托特在对成功的内省个案进行描述时发现，在这类实验中，对被试的提问并不是"你借内省发现自己心中正在经历的过程是什么？而是问"你看到了什么？"（1896：Ⅰ，12）。但正如斯托特所写的那样：对内心功能或活动（相对于静态内容而言）感兴趣的心理学家，正在用回顾性报告来尝试识别过程，这引起了冯特与维尔茨堡学派之间关于什么是恰当实验方法的争论（Kusch1999：chs. 1—2）。内省法的名声不好，因为即使在冯特所赏识的经过训练的实验观察者中，得出的意见也不一致。铁钦纳认为（1909a：6—7），这个结果可能在某种程度上反映了个体差异。

这里暂且撇开行为主义不谈（关于行为主义的论述请见本书第五十二章）。我们要指出的是，1914年之后，由于对内心现象的心理学研究，如对知觉和认知的格式塔研究（见本书第五十三章），"内省方法"被抛弃了，但经验报告的方法没有被完全放弃；被放弃的只是通过分析的内省来寻找心理元素的做法。这样，至1900年，心理学作为一门实验自然科学就已经诞生了，尽管在当时科学心理学还并不等于实验心理学。

加里·哈特菲尔德

【107】

第八章

无意识的心灵

一 引 言

如今,无意识的概念与弗洛伊德(Sigmund Freud)如此紧密地联系在一起,因此很难想象还会提出另一个无意识的概念,一个在某种程度上不依赖于或并非源自于精神分析的无意识概念。不过,正如对精神分析前史进行的研究所强调的那样,绝非是弗洛伊德首先引入这个概念的:实际上,早在 1900 年弗洛伊德的《梦的解释》(*Die Traumdeutung*)一书出版时,无意识就已经是一个完全确定的思考话题(对精神分析之起源的经典研究见于 Ellenberger 1970; Whyte 1979; 另参见 Brandell 1979:ch. 8, Decker 1977:ch. 9, and Ellenberger 1993:chs. 1—2; 关于弗洛伊德所受益的思想见于 Jones 1953:Ⅰ, 435—436)。但是,从 1870 年一直到 1914 年的整个时期,无意识这个概念,若与精神分析中所说的无意识概念相比,在几个方面都是不确定的。这反映出它与 19 世纪末哲学中两个普遍争论的问题有深刻牵连:其一是如何将心理学作为一门独立学科从哲学中分离出来,其二是关于上升中的唯物论自然主义与一种相反冲动的对立,这种相反冲动要维护 19 世纪前 30 年里占主导地位的某些形而上学体系(关于有关无意识为何会出现在西方思想中另有一种说法,可参见 Foucault 1966〔1974:326—327〕)。

第八章 无意识的心灵

二 无意识的概念

　　无意识的概念是在 19 世纪下半叶出现的，来自两个方面：首先，在早期经验心理学的背景下多次明确假定了无意识的心理实体与过程的存在。在赫尔巴特对观念的动态构想中，无意识的观念得到确证；他认为，内心的冲突能够抑制但不能消灭观念，观念在足够强烈和清楚的情况下，就达到了意识状态（Herbart 1816 and 1824，esp. §§41—43；关于赫尔巴特的研究，可参见 Boring 1929 ［1950：245—261］；另一个早先有影响的材料来自 Stewart 1792：ch. 2）。此后，无意识的观念出现在费希纳关于意识阈限概念的阐述中，出现在有关意识与感觉强度之关系的理论中（Fechner 1860：Ⅰ，esp. ch. 10；关于费希纳的研究，可参见 Boring 1929 ［1950：ch. 14］）。具有决定意义的是，赫尔姆霍茨在对感觉知识的分析中提出了无意识推断这个概念，在那里，无意识推断成为达到空间意识的关键，而且在冯特早期的著作中发挥着核心作用，无意识推断概念的提出比仅仅假定无意识的观念前进了一大步。[1] 在其他许多情况下，理论家们发现需要提及这样一些内心状态和过程，这些状态和过程超出了直接给予的内省意识材料。当心理学这门学科在对自身进行规定，并使之得到巩固的过程中，越来越频繁地提到这样的状态和过程。[2] 然而，这些著作大都认为，无意识的内心状态是这样的状态，即它们不是意识的对象，而非如弗洛伊德所说它们不可能变成这样的

【108】

---

[1] Helmholtz 1855，1856—1867，vol Ⅲ，and 1894；Wundt 1862，p. 65 and ch. 6；关于赫尔姆霍茨的研究，参见 Boring 1929 ［1950：ch, 15］，Mandelbaum 1971：292—298；关于冯特的研究，参见 Boring 1929 ［1950：ch. 16］；无意识推断的概念可追溯到 J. S 密尔，参见 Mill 1843：Ⅱ，bk. 6，ch. 4，相关讨论见 Reed 1997：ch. 7。

[2] 参见 Baldwin 1891：93ff.；Butler 1880；Galton 1883：203ff；Lewes 1854— 1864：139ff，1874：Ⅰ，134—146，Ⅱ，problem3，ch. 2；Lipps 1883 and 1897；Lotze 1854—1864：Ⅰ，bk. Ⅱ，ch. 3，§§12—14 and bk. Ⅲ，ch. 3，§5 ［1885：Ⅰ，196—214，324—332］ and 1884：pt. Ⅰ，ch. 1 and 107ff. 1889 ［1890：112—117］ and 1914；Taine 1870（e. g. Ⅰ，165ff.，332ff），and Ward 1893。

对象。虽然围绕雅内（Janet）的［精神］**分裂**（désagrégation）概念形成了一个独特的心理学理论学派，但该学派不清楚"精神"分裂概念与无意识概念有何关系，雅内本人更喜欢使用潜意识（sous-conscience）一词（参见 Janet 1889, esp. pp. 190ff. and pt. II, ch 1, and 1907—1908；Münsterberg et al. 1911；关于雅内的研究，请参见 Ellenberger 1970: ch. 6）。我们不妨假定，对于这些作家，即使不是全部，也是大部分，弗洛伊德都有直接或间接的了解。譬如，弗洛伊德在 1898 年的一封信中写道，他正在阅读里普斯的著作（Freud 1954: Letters 94、95、97），他在《梦的解释》中对之进行了讨论（Freud 1800 [1960: V, 611—615]）。

人们也在形而上学的背景下提出无意识的概念，其中主要的、最引人注意的例子是哈特曼（Eduard von Hartmann）的著作《无意识哲学》（*Philosophie der Unbewuβten*）——如今此书不再有人阅读，但根据当时大众广泛接受它的程度来衡量，它应当算是 19 世纪哲学史上最成功的著作之一。在这里，无意识与一种非常不同的文化倾向联系在一起，这种文化倾向即 19 世纪末兴起的对叔本华的关注，以及浪漫主义（以新颖而悲观的方式）的卷土重来（关于 19 世纪下半叶叔本华的声名鹊起，参见 Henry 1988, Wallace 1890: 189ff；英国公众对叔本华（Arthur Schopenhauer）的关注以《威斯特敏斯特评论》（*Westminster Review*）上关于叔本华著作的一篇评论为开端 1853: 388—407）。

【109】

我们可以有所保留地认为，上述两个思想来源分别导致了心理学和哲学两方面的无意识概念。这里之所以需要有所保留，首先是因为心理学家（尤其是德国的心理学家）把他们的理论设想为分析人类认识条件这个哲学任务的不可分割的组成部分（譬如，赫尔姆霍茨是一位新康德主义者，在他看来，心理学研究是实现哥白尼革命的正确手段）；其次是因为哈特曼从叔本华那里继承来的形而上学构想（最明显的例证见于 Schopenhauer 1836），承认形而上学的结果要建立在自然科学的结果的基础之上，这就意味着形而上学的无意识概念可以得到心理学研究的支持。对于无意识概念的假定，它所依据的心

第八章 无意识的心灵

理学根据与哲学根据之间的区分，在当时的自我概念中并无牢固的地位。

赫尔姆霍茨等人对无意识观念和无意识推断等概念的运用，完全属于心理学史的领域（参见 Boring 1929 [1950：chs. 13—18]；Litman 1979；Murray 1983：chs. 5—8；Reed 1979：chs. 4—7，10；Robinson 1981：ch. 11）。其理论动机实质上与当代亚个人（sub‐personal）的认知科学的理论动机是一样的。一旦已经决定应使心灵依据物质的自然科学所提供的模式成为科学研究的对象，那么，就不可避免地会引入这样的心理学概念，这些概念的界定与意识无关，有时是通过与物理学的理论实体的明确类比做出来的。19 世纪心理学的直接背景主要来自洛克的遗产，在联想主义的经验主义框架内所能取得的成就受到种种局限，这也是众所周知的；对此，康德已经做了揭示，尽管他的用语是高度抽象的（虽然康德警告人们不要把认识论与经验研究混淆在一起，但是赫尔姆霍茨却如同此前的赫尔巴特一样无视这一警告）。所以，直至 19 世纪末，生理学仍处于不发达状态，无法用神经学原因来直接说明意识事件。有鉴于此，如果要使心理学取得进展，而不是仅仅停留在一门描述学科上，那么，对意识之外的心理实体进行某种探讨就成为必要的了。

相比之下，哈特曼的无意识哲学需要重大的历史重构，以便从 20 世纪末的视角能为人们所理解。哈特曼的主要著作的副标题是"尝试确立一种世界观"（Versuch einer Weltanschauung, 1869），这显示出他与比较限定的经验心理学方案拉开了距离。哈特曼的首要目的是要将黑格尔与叔本华两者的对立体系一致起来，使它们卓有成效地结合在一起，他认为两者都各自表达了部分真理。① 与此相应，哈特曼把世界设想为一个目的论的整体，它有两个相互依赖但彼此不可还原的方面。一方面，如同叔本华所认为的那样，世界就是意志，就是在有机自然界各式各样的物种和项目中表现出来的奋斗过程。不

【110】

---

① 参阅该书第 9 版序言（1869 [1931：xxx；see also Ⅲ，147]）；哈特曼还详细地描述了他与其前辈的关系（1869 [1931：I，16—42，and Ⅲ，147—159]）。

过，哈特曼证明（1969［1931：Ⅰ，30，117ff］），意志是以目的为前提的，目的是由黑格尔的理念提供的，意志与理念的统一包含在哈特曼从谢林（F. W. J. Schelling）那里借来的用语"无意识"中（Hartman 1869［1931：Ⅰ，4—5、28—29，Ⅱ，55—61］）；参见Schelling 1800［1993：58—59、75—79、203—236］）。

哈特曼建构这一图景依据的是他所谓的"归纳"法（1869［1931：Ⅰ，6—15］），借这个方法，他广泛考察自然现象，其中包括动物的本能行为与物理病理学，然后扩展到分析人类的性行为与道德行为，以及语言和审美经验等，由此首次确定了无意识的存在（1869［1931：Ⅰ］）。在每一情况下哈特曼都证明，机械因果性无法提供一个全面的说明，这个说明需要提到目的，这些目的一定会表现出来，但它们却不是意识（1869［1931：Ⅰ，98、113］）。基于这一经验的理由，哈特曼将这种假定的无意识分为若干种（生理学的、心理的、形而上学的），以分有上帝属性的"绝对无意识"为其顶点（1869［1931：Ⅱ，245ff］）。

在此层面上，哈特曼的体系似乎显得比黑格尔和叔本华的体系优越。（人们经常认为）要理解黑格尔关于思想的发展同时也是实在的发展的观点——理解在何种意义上概念可以"运动"——是很困难的，但这个困难对哈特曼来说并未出现，因为他对这个过程的解释是以动因为模式来进行的（黑格尔的理念类似于一个具有实践理性的主体）。同样，向叔本华提出的那个问题，即关于世界意志（world - will）为什么应当在个体化的自然中客观化自身的问题，已经由哈特曼体系中包含的黑格尔哲学部分做出了回答，那就是意志依赖于表象。就此而言，哈特曼利用黑格尔和叔本华来解决他们彼此的问题。不过，在另一层面上，哈特曼自己的体系也面临一个问题，因为该体系并没有回答"绝对的无意识"为何会产生出一个世界的问题（参见1869［1931：Ⅱ，271—275］：除了在个人那里显出的个人的属性之外，无意识没有任何别的属性）。像叔本华一样，哈特曼不能诉诸意志的非理性特征来说明目的，也不能采用黑格尔的主张，把这个目的看成是由自我说明的概念提供的。他另辟蹊径，实际上试图将说明

【111】

被表象的世界之存在的形而上学问题，转变成说明恶之存在的伦理学问题，他对这个问题用一种哲学悲观主义的学说来回答，这种哲学悲观主义学说教导说，无意识就是纯粹的受难，世界的目的（意识乃是为此目的进化而成的）就是世界自己的自我毁灭，就此而言，这个学说比叔本华的哲学悲观主义更加彻底（1869［1931：Ⅱ，256—259，Ⅲ，123ff]）。

三　叔本华与柏格森

首先同叔本华相比，其次同稍晚一些时候的另一位哲学家柏格森（Henri Bergson）相比，哈特曼打算使用无意识概念的做法都是很明显的，柏格森也与叔本华有密切关系，也明确使用无意识的内心状态的概念。

人们普遍认为，叔本华是弗洛伊德的前辈。在《作为意志和表象的世界》（*Die Welt als Wille und Vorstellung*）的第二卷里，叔本华概括了弗洛伊德元心理学中的许多要素，其中包括意识的有限范围，意识与认知对于意志的从属性，自我认识的可错性，压抑的存在，疯狂症的病原学，性行为的重要性等（Schopenhauer 1844：chs. 14—15、19、22、32、42、44；参见 Assoun 1976：pt. Ⅱ, and Gardner 1999）。但无意识这个概念本身并未出现在叔本华的著作中：在叔本华的哲学中，没有任何东西能与谢林那里所见到的对无意识的明确讨论相提并论。对这一情况的解释乃在于如下事实：叔本华所用的意志概念，连同他把世界设想为包含自然现象、人类心理在内的"密码"，都可以解释为表现了基础实在的构成（Schopenhauer 1844：Ⅱ［1966：Ⅱ，182—185]），这样就使叔本华可以对人类心灵形成一种与弗洛伊德相似的摆脱了幻想的观点。尼采也实施了同样的方案——用介于形而上学与自然主义解释之间的术语来说明人类——也得出了非常近似于精神分析的结果，在接近19、20世纪之交时，这些结果也越来越变得众所周知了（尼采在这方面做出的最持之以恒的努力见于他的著作《道德的谱系》［*Zur Genealogie der Moral*, 1887]；关于尼采与弗洛伊德的关系，可参见 Assoun 1980，Lehrer 1995，esp. ch. 14）。

虽然柏格森谙熟经验心理学，准备将经验心理学的成果用于达到哲学的目的，但他对无意识的构想仍然是根据独一无二的形而上学考虑达到的，对他来说，关于无意识的内心状态存在的论断具有非常独特的意义（Bergson 1896 [1991：140—149；see also 67、171、176]）。根据柏格森的观点，意识是现时的标志，他是通过分析时间的结构与心灵的本性（它本质上是一种以行动为导向的功能）而得出这个结论的。因此，把意识设想成是心理状态中必不可少的东西，这个设想乃是一种幻想（尽管就这个幻想反映出对理论认识的自主性和优先性的更普遍的幻想而言，它是可以理解的）：事实上，在柏格森看来，意识仅仅是与我们的实践兴趣相关的状态所具有的一个条件。他认为，表象以与空间中的对象完全相似的方式存在于意识之外。记忆就有这样的情况。

【112】

尽管柏格森的这种说法可以使人联想到弗洛伊德的非时间性的无意识——柏格森本人曾做过比较（1934 [1946：75]："关于对过去的完整保存的观点，在弗洛伊德的弟子所进行的大量实验中得到越来越多的经验证实"）——但这两种构想之间实际上有巨大差异：柏格森的阐述不仅意味着无意识状态是无效的，而且他（出于他的唯心主义）认为无意识的实在性大致相当于物质世界的实在性。柏格森的无意识概念显然与他的整个哲学体系相一致，但与弗洛伊德所要解决的心理说明问题无关（德勒兹 1966 [1991：55—56、71—72] 强调了柏格森的无意识观念的"本体论的"非心理学特征）。

通过与叔本华和柏格森的比较，就使如下问题成为焦点：哈特曼的庞大体系为何在哲学史中不是一个现存的充满活力的体系呢？哈特曼的目的是要把理念哲学与意志哲学综合起来，这就需要把这两种哲学置于一个单一的、具有独立内容和正当理由的原则之下。可是，在哈特曼的体系中，没有任何能与叔本华对意志的说明或柏格森对时间的说明相提并论、能够给他的无意识概念提供哲学根据的东西。不论无意识是什么，它仍然是一个完全不确定的概念，它能给黑格尔与叔本华的形而上学提供一个单一的根据，而哈特曼自己的哲学体系则沦为一种折中主义的纲要（同时代人对哈特曼的批评可见于 Brentano 1874［1973：103—109］，Lange 1873［1925：bk. 2、71—80］；关于哈特曼的研究，可参见 Darnoi 1967，Windelband1892：§§ 44、46）。

四　无意识概念的批评者

如果认为无意识这个概念在前弗洛伊德时代没有遇到丝毫抵制，那将是错误的看法。我们在布伦塔诺和詹姆斯那里可以看到系统地批判讨论无意识概念的例子。这两个人参考了同时代人的著作，各自详尽地证明，研究心理学问题所采用的广泛的经验方法并不能为假设无意识内心状态的做法找出良好的理由。布伦塔诺在讨论无意识心理现象时（Brentano 1874：bk. 2，ch. 2 ［亦见 1973：56—59］），考虑了四种可能的辩护思路，其中最为人熟知和最有希望的思路，就是把无意识的内心现象推断为有意识的内心现象的原因。布伦塔诺论证说，对这一形式的思考（布伦塔诺在这里引用了汉密尔顿爵士、刘易斯、莫兹利、哈特曼和赫尔姆霍茨等人的例子）之所以不能满足成功推理的条件，在大多数情况下是因为不能排除另一些可供选择的解释，这些解释提出的根据是：有些性情具有有意识的内心状态，前定的联想关系可以被激活（Brentano 1874［1973：105—116］，例见 Hartmann 1869［1931：Ⅰ，98］）。布伦塔诺还强调了（在此他预见到了通常对精神分析所进行的批判）意识状态和无意识状态的同质性，与意识心理过程和无意识心理过程的异质性之间的对立，前者的同质性是上述那种形式的论证必须设定的前提，后者的异质性是哈特曼之类的理论家独特断定的，他们借助无意识来说明单独用意识所无法说明的东西（布伦塔诺还对哈特曼的形而上学提出了自成一言的进一步批判，认为它是毫不严格的 1874［1973：108—109］）。在为无意识辩护时，布伦塔诺所考虑的另一个不太为人熟悉的尝试是一个先验论证，它是就如下主张而提出来的：如果所有心理现象都是有意识的，即都是其他心理现象的对象，那么，就会造成心理活动的无限

【113】

（而且是恶的）倒退（Brentano 1874［1973：121—137］）。针对这一点，布伦塔诺提出如下学说进行反驳：每个心理活动各是其自己的（次级）对象（1874［1973：127—128］），是对心理活动的反思性构想，这个学说在现象学传统中一直存在着，而且它支持了现象学与存在主义中对弗洛伊德思想的批判（除了萨特 1943［1958：50—54、568ff］的著名讨论之外，另参见 Merleau‑Ponty 1945［1962：157—158］，Scheler 1923［1954：196—209］and Henry 1985：ch. 9）。

詹姆斯所涉及的领域与布伦塔诺相似。莱布尼茨的经典论证表明，对一个整体的有意识的知觉，是以对其可感知部分的无意识知觉为前提的（Leibniz 1765［1981：53—56 and 164—167］）。詹姆斯摒弃了这一论证，认为此乃典型的"划分错误"，他依据瞬间被遗忘的意识状态或意识分裂，来说明习惯性的、自动的理智行为的种种情况（James 1890：Ⅰ, ch. 6［1950：162—176］；詹姆斯的讨论与密尔在［Mill 1878：ch. 15］中的讨论十分相似）。詹姆斯认为，雅内提出的意识分裂概念，还可以用来说明梦游症，用来说明歇斯底里症患者据说的那种无意识状态（James 1890：Ⅰ, ch. 6［1950：202—213］；亦见 ch. 10［1950：373ff.］）。当这些说明方式遇到困扰或无济于事时，譬如在一连串思想中与意识的联系出现中断的地方，詹姆斯（在此他与布伦塔诺分道扬镳）则用大脑里的痕迹和神经系统的活动来取代无意识的思维过程——"在大脑中有各种各样的捷径"（James 1890：Ⅰ［1950：167］）。在类似于弗洛伊德所用的案例中，我们似乎追溯式地将我们先前没有认出的动机与情绪归因于自己；而根据詹姆斯的分析，那些类似案例只不过是我们的心灵在其中发生变化的那些案例：我们现在意识到的动机与情绪，事实上先前并不存在（尽管与这个动机或情绪有密切关系的某个意识事实可以起到那样的作用），因此也就没有必要假定它们先前采取了无意识的形式。（不过，詹姆斯后来对宗教经验情况下的无意识采取了不同的观点：参见 James 1902［1982：233ff.、483ff.、511ff.］）。

五 弗洛伊德

人们有时说，弗洛伊德已经使无意识概念成为"科学的"（例如 Robinson 1981: 380），或说他无论如何在真正科学的方向上做出了尝试，但这种说法对于描述精神分析与运用无意识心理概念的早期理论之间差异的特点，并无特别的帮助。那些早期理论仍然是受系统性和经验证据方面的考虑指导的（用哈特曼的话说，他也包括在内）。确切地说，弗洛伊德所做的就是采纳了如下思想：可以根据心理说明的要求，合法地假定无意识的内心状态和活动，并赋予这一心理说明以新的、极大的应用范围，这一范围不仅包括心理病理学，而且包括正常的睡梦功能、性行为、儿童发育、成人动机等——所有这些材料都要接受一种具有极为原始方式的整体解释性的考察，这种考察依据的是精神分析过程中新的临床实践。因此，弗洛伊德的主要创新在于，他开拓了心理说明的新阶段，超出了常识心理学的范围，他做到这一点，不是因为他诉诸以自然科学为模式的实验方法，而是因为他对选自日常心理学知识和实践的那些要素进行了彻底的革新（参见 Wollheim 1991: Preface）。

弗洛伊德赋予无意识概念以它前所未有的稳定性和经验确定性，因而在此范围内我们可以有恰当理由地认为，无意识是他发现的。如果说任何狭义的哲学发展都可以同弗洛伊德联系起来，那乃是因为他阐发了一种对无意识心灵的看法，即把它看成是比无意识的观念或表象的单纯聚集更具实质性的东西，但它又不等于另一个心灵本身，它也不会（像雅内提出的分裂理论那样）让我们绕了一个大圈又回到分裂的（阈下的、次要的等）意识理论那里去（弗洛伊德自己为无意识心理这个概念做了哲学辩护，概括了赫尔巴特与哈特曼等人以前说过的东西：参见 Freud 1912, 1915, and 1940: pt. IV）。【115】

布伦塔诺与詹姆斯针对有关无意识心理的论述提出了种种反驳，这些反驳在原则上确实可以继续形成对弗洛伊德的压力，但这种压力远非直接的：精神分析理论具有说明的详尽性和整体性，并且它依赖于解释学的方法，这种方法与人们熟悉的归纳推理事例只有间接的关系，所有这些使得很难驳倒如下断言：弗洛伊德关于无意识概念的假定，满足了达到最佳说明的条件。事实上，弗洛伊德在世时人们对精神分析提出的大部分批评（当时这些批评相当圆滑地没有再次把无意识概念断然驳斥为荒谬的东西），反对的是弗洛伊德对人类动机的内容的论述，尤其是有关性行为的作用的论述（参见 Decker 1977：chs. 3—4，esp. 95ff. and 123ff. ）；弗洛伊德同时代的论敌，一般都未打算通过在与精神分析相抗衡的（神经生理学和其他心理学）方面提出对同一现象的说明，来直接反对精神分析的主张。

尽管弗洛伊德拒绝一切对形而上学真理的妄求，尽管他毫不含糊地加入使人类心灵成为客观科学知识论题的奋斗之中，但人们仍然会认为，与 19 世纪其他主要经验心理学派别相比，弗洛伊德坚持不懈从事的工作，仍然是为人类存在提供解释的哲学工作，是叔本华与哈特曼同样从事的工作（Decker 1977：322ff.，德克尔认为，精神分析的这一方面对于人们接受它起了消极的作用）。精神分析支持了一种世界观（参见 Freud 1933：lecture 35），就此而言，可以说，哲学和心理学关于无意识的设想在弗洛伊德那里会合在一起了。传统哲学的任务是对人类的处境提供概括的说明，这个任务应当被本质上研究个体心灵的经验主义理论所接替；这一点成为一个尺度，它可以衡量出，至 19 世纪末，在多大程度上思辨的雄心壮志已经从哲学中消退了，由于自然科学是这一发展的直接原因，所以，自然科学就创造了一种文化权威，使它对理智研究的术语发生了重大影响——以致现在看来不可避免的是，像弗洛伊德那种关于无意识的完全自然主义的构想，会使哈特曼提出的那种调和的、科学兼形而上学的无意识概念黯然失色（关于弗洛伊德的无意识概念的意义，有一种不同的观点，请参见 Henry 1985）。

塞巴斯蒂安·加登纳

第三篇

逻辑、数学与判断

第九章

逻辑的复兴和改革

从中世纪末到 19 世纪，逻辑由于停滞和被忽略而冷落下来。在 18 世纪末，康德曾宣称它无法得到进一步的发展。但在 19 世纪初激动人心的成果出现以来的百年之中，它却经历了最为重要的转变，得到了有史以来最为坚实的进展。在 1826 年到 1914 年间，逻辑发生了不可逆转的变化，使得哥德尔、丘奇和图灵的成果在 20 世纪 30 年代达到了元逻辑学的极限。这些成果动摇了数学，而为随后的计算机革命奠定了基础。这个转变的过程是思想史上最为惊人的事件之一。

一　新的兴趣、新的形式

具有讽刺意味的是，逻辑的复兴最初是一场怀旧性的运动。由于对洛克在牛津日渐衰退的影响感到沮丧，理查德·沃特利（Richard Whately，1787—1863）在约翰·亨利·纽曼（John Henry Newman）的编辑帮助下出版了他的《逻辑原理》（Elements of Logic）。这并非是一部创新之作，而是依据亨利·阿德里奇（Henry Aldrich，1647—1710）的《复合逻辑的艺术》（Artis Logical Compendium，1691）中的杰出部分而写出来的。这是为牛津学生所写的亚里士多德逻辑的拉丁文教材，但仅该书的出版本身就很有意义。沃特利还刻意把逻辑限制在对演绎的研究上，这与经验主义者强调归纳是相矛盾的。沃特利的书发行了许多版本，成了英国的公认教科书。由此逻辑又重新引入了三段论，虽然在形式上比中世纪更为贫乏。约翰·斯图尔特·密尔在 1843 年的《逻辑体系》（System of Logic）中捍卫了经验主义对归纳方法的强调，他对逻辑所作的细致的语言学处理，包括对内涵和外延的很有影响的（虽然并不算新的）区分，都得到了广泛的应用，但他对演绎的极端否定态度，对逻辑学的发展却没有带来什么影响。

【120】　语义分析是这个时期大多数逻辑教材的核心内容，代表作就是波希米亚的博学之士伯纳德·波尔查诺（Bernard Bolzano，1781—1848）的四卷本巨著《科学论》（*Wissenschaftslehre*，1837）。波尔查诺的许多细微分析（常常是令人难以置信地精确）预示了一个世纪后由塔尔斯基（Tarski）和奎因（Quine）提出的进展，而他的语义学柏拉图主义则类似于（他并没有影响到的）弗雷格和（他影响到的）胡塞尔。但波尔查诺的著作发表时篇幅庞大而又晦涩难懂，所以一直受到埋没，在这个时期几乎没有什么重要的影响。

相对于19世纪所带来的许多创新而言，标准的逻辑还是直言三段论，对术语、判断和推理的组成部分有一些细微的讨论，以及一些使其更为适合的补充：连锁推理、省略三段论和某些谬误。19世纪的逻辑学家还部分地重新发现了中世纪逻辑中被遗失的各种更为丰富的内容：模态逻辑、命题逻辑和不可解问题，但他们比这做的更多。进入20世纪之后，传统逻辑在许多地方已经不再继续传授部分或所有的三段论了。

某些逻辑学家质疑传统逻辑形式的确定性，由此首次出现了新事物。以前作为杰出植物学家的乔治·边沁（George Bentham，1800—1884）在他的《新逻辑体系纲要》（*Outline of a New System of Logic*，1827）中提出了在直言命题中量化谓词的可能性，例如，不说"所有的 A 都是 B"，而是说"所有的 A 都是所有的 B"、"所有的 A 是某些 B"。这种改变并非是语言上的明显变化，其要点在于把直言命题变成了词项的整体或部分外延之间的等式。边沁的这个发现也由威廉·汉密尔顿做到了，但汉密尔顿的解释却是笨拙的，他的说法夸大其词：数学家奥古斯都·德摩根（Augustus De Morgan，1806—1871）对之做出了决定性的机智反驳。

二　符号、关系、代数

德摩根是要对逻辑进行变革并最终加以运用的许多数学家中的第一人。德摩根的主要著作是《形式逻辑》（*Formal Logic*，1847）和"一个拟议的逻辑系统的大纲"（Syllabus of a Proposed System of Logic）一文（in De Morgan 1966）。通过揭示早期逻辑学家对逻辑的不恰当性的提示，他逐渐相信，亚里士多德的逻辑过于狭窄。他引入了一些新的符号来表达不同的直言形式，并用一种从高到低的转换和回溯来表达一个词项的否定。"每个 X 都是 Y"这个形式就表达为"$X))Y$"，"没有 X 是 Y"就成了"$X))Y$"或者"每个 X 都是非 Y"，而"某个 X 是 Y"就是"$X( )Y$"，如此等等。系词被去掉了，而代之以在两个括号之间置入或移动一个圆点，否定词则可以出现在"主词"的位置。英语中的三段论符号体系据载始于较早时期，出自托马斯·索利（Thomas Solly，1816—1875）的《逻辑学大纲》（*A Syllabus of Logic*，1839），但他的著作从来没有得到关注，除了在与德摩根的书信交往之外。在欧洲大陆方面，把符号用于更为简便地构成命题和推理，最初是由赫尔巴特提出来的，随后是莫里茨·德罗比斯（Moritz Drobisch，1802—1896），他的《逻辑学新编》（*Neue Darstellung der Logik*，1836）发行了三版。【121】

德摩根的名字现在众所周知，是因为他提出了表达析取合取两重性的规则，尽管从历史上看，他对这个规则的表达是与著名的奥康的威廉和斯多亚派一样不精确的。但德摩根最为重要的发展在于首次宣布了关系逻辑，而三段论的系词则被他看作是许多系词中的一种，所以，三段论的第一格第一式就成了关于关系转换的一般观念的一个具体特例。他引入了这样一些概念，如关系倒置、传递、关系积和这些概念的记号。对关系的引入是 19 世纪逻辑学中最为深远的一个发展，最终把逻辑学的主题从一个精致的传统转变成一个用于构成推理和表达数学本质的有力工具。

最有意义的发展来自另一位数学家，即英国的自修天才乔治·布尔（George Boole，1815—1864）。在他的革命性著作《逻辑的数学分析》（*Mathematical Analysis of Logic*，1847 与德摩根的《形式逻辑》同一天出版）中，布尔采取的步骤（构想于 19 世纪 30 年代，事后想来又显得太简单）不仅使用符号把命题表示为词项之间的等式，而且引入了词项之间的和与积，运用类似于算术的代数规则，以支配加法（解释为类的不相交结合）和乘积（解释为类的相交）。由于把数字 1 和 0 看作分别代表了全类和空类的符号，布尔就能够把算术中的等式诸如 $x(1-x)=0$ 看作是真的，认为它表达了连接词项的真理：词项 $(1-x)$ 代表了词项 x 的否定（补语），而整个等式则意味着一个类与其补语的相交是空的。于是，逻辑就一举摆脱了亚里士多德四种直言形式的束缚，这里有一个储藏丰富的等式宝库变成能够加以解释的了。这种对逻辑的代数化是自斯多亚学派以来所取得的最为重要的进展，而它的重要性也只有随后对量词的发明和形式系统的观念才能与之媲美。

布尔论述说，他把代数等式全新地解释为一种类的代数，这带来了新的规则，诸如 $xx=x$，这些规则在算术中是无效的。这样，他就首次提出了一种非算术代数，其规则与算术规则不同，这是使（几何学之外的）数学摆脱关于数和量的全部成见的关键一步。通过把变项的值仅仅限制于两个值，即 1 和 0，布尔进一步论述说，当我们把"1"解释为真，把"0"解释为假，我们就可以得到对他的等式演算的解释，这个演算足以表达命题之间的相等、析取、合取和否定等观念。不过，布尔失策地选择了把用类来解释他的代数看作是首要的，而把用命题来解释看作是次要的，这些命题被人为地看作是在某个时候为真的类。这就使得麦克尔（Hugh MacColl）和弗雷格去纠正这个错误，并不可逆转地把命题逻辑确立为主要分支。

布尔在解释三段论时抛弃了亚里士多德以来普遍持有的一种假定，即认为每个命题的主项都是指称性的或都有存在意蕴。布尔的简化方式则表明了，那种依赖于存在意蕴的三段论是无效的，即依赖于偶性换位的所有的特称论式和所有在名称中带有一个"p"的三段论都是无效的。亚里士多德的 24 个有效三段论由此就被减少为 15 个，其逻辑方阵则被简约为对角线。回想起来，这个很小的步骤却引起了传统主义者毫无道理的强烈反应：失去的指称最终可以通过把存在性假定明确地作为附加前提而恢复起来。

布尔的著作有些瑕疵，尤其是对解方程的强调没有什么逻辑动因，而把特称命题解释为包含了词项 x 中的不确定部分 vx，也是毫无成效的。更为次要的是，他略微不幸地选择了排除的析取而不是包容的析取作为"+"的意义。这个小缺点被英国的经济学家和逻辑学家威廉·斯坦利·杰文斯（William Stanley Jevons，1835—1882）以夸张的手法做了纠正。他的《纯粹逻辑》（*Pure Logic*，1864）也试图还原为布尔的纯粹符号化操作，他正确地认为，一串方程式中的所有步骤都应当被解释为如同终点一样。杰文斯的著作明白易懂，值得引起比它所得到的更多的关注，他成功地使布尔的观念为那些并不熟悉代数的哲学家所接受。杰文斯还卓越地设计并促成制造出世界上第一台逻辑计算机。这台计算机有类似于钢琴的结构，使用键盘、电线和带有销栓的木制板条，能够对多达四个词项式及其否定词进行推论，直至解答出结论。因此，杰文斯不仅预见到了后来能够进行更多推论的电子自动机，而且根据他的构想表达了一种确信，即用机械的方法是可以解决词项逻辑推论的。1922 年，贝曼（Behmann）为这个确信做了辩护，他证明了单一谓词演算的可判定性。

三　代数的完善

德国数学家罗伯特·格拉斯曼（Robert Grassmann，1815—1901）也将代数用于逻辑，他是数学家赫尔曼·格拉斯曼（Hermann Grassmann）的儿子；但格拉斯曼的《词法或数学公式手册》（*Formelbuch der Formenlehre oder Mathematik*，1895）并不像布尔的著作那样是对亚里士多德的彻底决裂。不过，美国的博学之士查尔斯·桑德斯·皮尔士和德国的数学家厄恩斯特·施罗德（Ernst Schröder，1841—1902）却将布尔的创新推向了前进。皮尔士超出方程式形式之外引入了一个包摄（inclusion）或从属（subordination）的记号——<，

[123]

它同样能代表类包摄，或代表蕴涵（参见 Peirce 1933）。施罗德于 1876 年在德国作了第一场关于数理逻辑的演讲，他对包摄使用了一个不同的符号，而在 1877 年的《逻辑演算的运算范围》（*Operationskreis des Logikkalkuls*）中，他把这个符号看作他表述逻辑代数规则的基础。在该书中，相等被定义为互为包摄。他在三卷本的《逻辑代数讲义》（*Vorlesungen zur Algebra der Logik*，1890—1905）中明确阐述了处理形式逻辑的代数方法。施罗德第一次把这种代数规则表达为一系列公理，这些规则后来逐渐被称作"布尔代数"，它们构成了一项数学研究的庞大主题的基础。同布尔一样，皮尔士和施罗德也坚持把他们的公式理解为要么代表类，要么代表命题，但并非同时代表两者：解释上的这种变化表现了用代数方法研究逻辑的特点，与后来弗雷格和罗素的逻辑主义的方法形成对照。

施罗德同弗雷格、皮亚诺（Peano）之前的所有人一样，都没有区分一个对象和包含了这个对象的单元类（unit class），这使得他陷入了悖论。如果我们将一个述谓"a 是 b 表示为 $a \subset b$"，设空类 0 是每个类的子类，那么 $0 \subset a$，而要表示这样一个观念，即一个类是一个共相 U，设这个共相等于 1，那么，由于 $0 \subset U$，于是得到 $0 = 1$，一切区别都被抹掉了。施罗德回避了这个悖论，他提出了对类的分层，即将类分为个体的类，个体类的类，等等，每个层次都有明显的空类和共项类，从而引入了第一个类型系统。弗雷格对施罗德的推理进行了强烈的批评，但具有讽刺意味的是，在一段时间后，他自己的逻辑也沦为一种更精致悖论的牺牲品，而罗素也是用一种类型论来挽救它的。逻辑代数在 1904 年由美国数学家爱德华·亨廷顿（Edward V. Huntington）发展到完善的公理化。

皮尔士继续扩展了德摩根对关系的逻辑处理，从外延上把它们理解为有序对的类。他的处理又由施罗德进一步推进，20 世纪时在塔尔斯基手中达到了关系代数的完善化。布尔的非算术代数，连同汉密尔顿的四元数和格拉斯曼的外延演算，在英国数学家阿尔弗雷德·诺斯·怀特海（Alfred North Whitehead，1865—1947）的《普遍代数》（*Universal Algebra*，1896）的全面考察中，都被用作例证。

四　最后阶段的传统逻辑

　　许多哲学家会愤恨和抵制数学家们对"他们的"领地的侵入，这也许是很自然的。哲学家们从一开始就拥有对逻辑的监护权，尽管他们此前几个世纪中都忽略了逻辑，但他们并不总是愿意让它被拐走。汉密尔顿最初采取的那些步骤错误百出，大多引来嘲笑，而布尔的方程式则因太与众不同而不为人们考虑。在德国，对数学化的抵制非常强烈，"哲学的"逻辑学家坚持对词项的内涵式解释，即把它们看作指称概念，而把"英国的逻辑学家"对词项的外延式解释，即把它们看作指称类，贬低为无知的误解。对待数学化的这种卢德式（Luddite）态度可能会同对传统的不满结合在一起，如在德国哲学家弗朗兹·布伦塔诺的著作中那样，他对逻辑的改革多少归功于杰文斯，但更多的是布伦塔诺本人的判断理论，它在根本上是存在性的而不是断定性的。自1870年以来布伦塔诺提出了一些适宜而有趣的建议，这些建议被希尔布兰德（Hillebrand 1891）概括出来。【124】

　　德国的逻辑学家继续出版连篇累牍的传统逻辑教科书，同时提出了伪经验的或心理学的证明为有效推理辩护，将这些有效推理当作"思想规律"。这个传统术语是要在以经验为根据的时代赋予逻辑以科学的尊严。心理学对逻辑的侵入引起了具有数学倾向的逻辑学家们的不满，最为明显的是弗雷格和后来的胡塞尔，他们把这个立场斥责为"心理主义"。不过，德国的逻辑学家们也出版了一些值得尊重的著作，其中最值得注意的是克里斯托弗·西格瓦特（Christoph Sigwart, 1873—1878）和本诺·埃德曼的大量逻辑学论著。

　　英国逻辑学家比较平静地接受了布尔所提出的创新，他们很少对命题采用内涵的方法。他们非常温和地接受了已经普遍使用的不太刻板的数学教科书，诸如约翰·维恩（John Venn, 1834—1923）的《符号逻辑》（*Symbolic Logic*, 1881）。维恩是一位谨慎的现代主义者，他说："我认为，……我们按照古代的方式对普通逻辑（the Common Logic）进行了极好的研究，而符号逻辑应当被看作是对普通逻辑的发展或普遍化"（1881：xxvii）。维恩在他的领域中还是一位早期敏锐的历史学家，他宣称怀疑康德"对逻辑思辨产生了灾难性的影响"（1881：xxxvii），他注意到兰伯特（Lambert）被人们忽视了的对布尔的代数符号用法的预见，他还为历史上对罗伯特·格拉斯曼和弗雷格这两位创新者的无知感到惋惜（他引人注意地提到了后者的《概念文字》，尽管他把该书的出版年代误以为是1877年——参阅他的1881，p. xxxi）。维恩还论述过概率，但如今众所周知的是他关于类的直言命题和推论的图形表示方法，即维恩图表（Venn diagrams），它用重叠的圆圈代表类。使用图表来帮助表示关于类的命题和推论，这个方法此前在莱布尼茨、尤勒（Euler）和热尔戈纳（Gergonne）那里有一段不太长的历史，但正是维恩使这个方法发展到精确的程度，由此就为三段论及其某些扩展提供了容易掌握的判定程序，从而不需要再乏味地记忆规则，这种对规则的记忆自中世纪以来就使逻辑研究者们叫苦不迭。维恩长于尤勒的地方就在于，他对所有的推论都使用了相同的图形或结构，用另外的图解方法，比如阴影（表示一个空类）或打上一个叉（表示非空的类），来代表不同的形式。

　　用这种表示方法，三段论和基本的类代数就连小孩子都可以掌握了，有一位逻辑学家很快就将这一点变成了现实，他乘机将逻辑描述为一种游戏。查尔斯·路特维奇·道奇森（Charles Lutwidge Dodgson, 1832—1898）是牛津大学基督学院的数学家，他不但以一位摄影先驱者而为人所知，尤其以作家刘易斯·卡罗尔（Lewis Carroll）之名而为人所知，他于1887年出版了《逻辑游戏》（The Game of Logic）一书，1896年出版了《符号逻辑：年轻人的迷人消遣》（Symbolic Logic, a Fascinating Recreation for the Young）的第一部分。对于道奇森来说，逻辑是一个迟来的兴趣，但他把它作为一种爱好，把维恩的图表修改为更为灵活的矩形样式，引入了更清楚明白的符号系统来表达直言命题和命题连接词。他在《心灵》杂志上发表了一篇十分诙谐的文章"乌龟对阿几里斯说了什么？"（What the Tortoise Said to Achilles, 1895），阐明了蕴涵和推理的区别。道奇森无可争议地成为复合三段论推理之王,他提出的典型的古怪例证有时多达三十多个前提。道奇森处理逻辑形式的方法很保守:他仍然停留在标准的直言词项逻辑范围内,甚至保留了存在的含义。直到他去世时,《符号逻辑》的第二部分也没有出版,不过,1977 年重新发现和复原后出版的内容却揭示出道奇森在方法上极富于创新,他引入了表格和树状图来检验他的极其复杂的难题推理的有效性,这预示了在半个多世纪后才被使用的语义学树状方法。

　　正如在技术上最后过时的那些事例往往是最简洁的(人们会想到蒸汽机车或蒸汽帆船),在逻辑上,传统逻辑教科书中最后那些主要例子则表现出少有的对称,而且对它们之前数个世纪的传统逻辑做了肯定的概括。约翰·内维尔·凯恩斯(John Neville Keynes,1852—1949)的《形式逻辑研究和练习》(*Studies and Exercises in Formal Logic*)初版于 1884 年,1906 年出了第四版,同年还出版了约瑟夫(H. W. B. Joseph,1867—1943)的《逻辑导论》(*An Introduction to Logic*)。凯恩斯承认德摩根、杰文斯、维恩和西格瓦特的影响,但除了最小符号化以外,他什么都反对,他对维恩的图表也只是简单使用一下。他的修改是轻微的:他对存在含义问题提出了一种简洁的解决办法:令肯定式(A 和 I)具有存在含义而否定式(E 和 O)没有存在含义,由此就保持了一个完整的逻辑方阵。他用如下说法轻巧地将心理主义排斥一边:虽然"心理学的讨论和逻辑的讨论毫无疑问在某些点上很容易互相重叠",不过,"逻辑因而具有了自己独一无二的特征,它并不是心理学的一个纯粹分支"(Keynes,1884[1928:6])。他在这里用两句话就干净利索地避免了在任一方走极端的错误。凯恩斯的例子和解释是清晰性的典范,难以逾越。约瑟夫的著作正如我们对一位牛津学者可以指望的那样,更是枯燥无味,其中包含了更多的希腊文,没有任何练习。而最值得注意的是他对传统论题进行概括的均衡性,以及对分类原则的切实讨论,不过,后面这个论题不久就从逻辑著作中消失了。

【126】

　　在英国,一些在哲学上占主导地位的黑格尔主义运动成员也出版了一些逻辑著作,其中值得注意的是布拉德雷的《逻辑学原理》和鲍桑葵的《逻辑学或知识形态学》（Logic or the Morphology of Knowledge, 1888）。虽然他们两人都拒绝形式逻辑，但其中布拉德雷的著作更有无与伦比的益处，这在哲学上是因为他对索引性（indexicality）、共相、判断的统一性和对概念的优先性等都做了令人感兴趣的评论，而且他明确拒斥心理主义，在这后两个方面，他与弗雷格不谋而合。鲍桑葵从更正统的黑格尔唯心主义立场斥责了布拉德雷，这促使布拉德雷对他的著作做了一次低劣的修订（1922）。布拉德雷的《逻辑原理》受到洛采的《逻辑学》（Logik, 1874）的影响，鲍桑葵把该书译成了英文。洛采拒斥形式逻辑，认为它与哲学逻辑不同，但他并非正统的黑格尔主义者。事实上，洛采对一大批哲学家都有影响，包括布伦塔诺、胡塞尔和罗素，但他们没有一个人会把自己看作是洛采主义者。不过，就逻辑史而言，人们现在对洛采的主要兴趣在于把他看作是弗雷格的唯一的哲学老师，弗雷格很可能读过《逻辑学》一书，尽管这本书对他的影响（如果可以找到这种影响的话）一定是很小的。

五 命题逻辑

命题逻辑自斯多亚学派以来就一直存在，在中世纪的学校中得到了繁荣，但19世纪的传统逻辑则完全失去了关于这种逻辑的知识。布尔开始重新考虑命题逻辑，引入了命题逻辑的析取、合取和否定的演算，以及由皮尔士和施罗德加以符号化的蕴涵。不过，认为命题逻辑应当在概念上先于类逻辑或词项逻辑的看法，却很难为坚持使用同一个符号系统来达到两个不同目的的代数学家们所赞同。这个决定性的进步首先来自于一个不大可能的人士，即生活在法国布洛涅的一位苏格兰的学校数学教师麦克尔。在1877年，即弗雷格的《概念文字》出版两年之前，麦克尔在名为"等价陈述演算"系列文章的第一篇中发表了对一种命题逻辑的第一个纯符号化的表达形式。但麦克尔的命运却是一直没有被重视为数理逻辑的先驱，只是到了1900年之后，当罗素偶然读到他的著作并与他通信，他才得到一点迟到的承

[127]

认。虽然现在命题逻辑作为判断演算隐含在弗雷格的逻辑中，但它只是在《数学原理》(*Whitehead and Russell*, 1910—1913) 中作为"演绎理论"而得到强调之后，才凭其自身的地位而成为一个主题，然后又在 20 世纪 20 年代因为元逻辑研究而由卢卡西维茨（Łukasiewicz）将它分离出来（参见 Łukasiwicz 1970）。

彼得·西蒙斯

【128】

第十章

数学的基础

一 导 言

可以毫无争议地说，这里所论时期在数学哲学方面经历的变化，要比先前同样长的时期在哲学史方面经历的变化更为重要。首先，正是在这个时期，对数学**基础**的研究部分地成为数学研究本身。这是一个成果十分丰硕的时期，而本文的概述也只能是浮光掠影；不可避免的是，某些主题和人物可能会得到不恰当的处理（最明显的忽略可能是没有讨论皮亚诺和几何学与逻辑中的意大利学派）。理解这个时期的主要意义在于 19 世纪带来的数学本身的变化，许多基础性工作正是对这些变化的反应，它要么导致将哲学的视野扩展到对这些变化的整合和系统化上，要么导致相反观点的表达。大致说来，这是一些怎样的变化呢？

首先，传统的主题被以全新的方式加以处理，这表现在算术、实数、复合数和函数理论、代数和几何学领域中。（甲）某些核心概念的特点得到了不同的描述，或者是首次得到恰当的描述，在数学分析方面是对连续统的特点的描述［魏尔斯特拉斯（Weierstrass）、康托尔（Cantor）、狄德金（Dedekind）］和对可分性的特点的描述［约尔旦（Jordan）、勒贝格（Lebesgue）、荣格（Young）］，在几何学方面是对趋同性的描述［帕施（Pasch）、希尔伯特（Hilbert）］，而几何学本身则被重新看作一门纯粹综合的理论［冯·施陶特（von Staudt）、帕施、希尔伯特］。（乙）理论被以全新的方式加以处理，例如，作为公理系统（帕施、皮亚诺和意大利学派、希尔伯特），作为结构（狄德金、希尔伯特），或者用完全不同的前提［黎曼（Riemann）、康托尔、弗雷格、罗素］。（丙）而且，已经确立的主题常被概括或被结合，例如，分析就被概括为点集，然后又被概括为拓扑学［康托尔、豪斯多夫（Hausdorff）］；算术则被概括为解析代数理论［狄利克雷（Dirichlet）、克罗内克尔（Kronecker）、库默尔（Kummer）、狄德金］，几何学被概括为各种几何学，而这些都被看作是函数理论和代数的集合（collections）（克莱恩Klein的《厄兰格纲领》 *Erlanger Programm*），黎曼则创造了一种作为几何学构架的普遍簇论；代数本身脱离了具体的数字系统代数结构，代数和几何学则结合为代数拓扑学［彭加勒（Poincaré）、布劳维尔（Brouwer）］；复合函数理论得到了系统化和极大的扩展［柯西（Cauchy）、魏尔斯特拉斯］。（丁）全新的主题首次得到了清楚的表达并被引入到数学的核心，这种方式深刻地改变了关于数学性质的观念。某些主题是重新结合了原有主题的结果，而某些主题则是全新的，譬如超穷数理论（康托尔）、逻辑和数理逻辑（弗雷格、皮尔士、施罗德、皮亚诺、希尔伯特、罗素）、集合论（康托尔、狄德金、策梅罗Zermelo）。【129】

其次，作为以上提到的某个例子，19世纪的数学变得更为抽象、更为普遍，这部分地是由于以新的方式处理已有理论带来的自由，部分地是由于追求系统化和统一。数学应当沿着概念抽象的方向前进，这个看法在19世纪最初是由高斯（Gauss）在哥廷根的继任者狄利克雷和克罗内克尔的老师黎曼以及狄德金强调的。在1905年关于狄利克雷的一次讲演中，明可夫斯基（Minkowski）提到了狄利克雷的"其他原则"（这是针对黎曼所谓的狄利克雷的分析原则而言的），即数学应当以最少的"盲算和最少的清晰思想"解决问题（参见Minkowski 1905 ［1911：460—461]），明可夫斯基把这个原则看作是现代数学的主要特征。狄利克雷的话究竟是什么意思并不完全清楚，但一种理解是，数学应当少关注具体情况（具体的无限序列、函数；具体的连续统情况、收敛情况等）；相反，数学应当去寻求一般条件和概念框架，通过把一个域普遍化或者发现可以把它与另一个域结合起来的概念框架，我们就可以更为深入地理解这个域。一个例子就是19世纪对真实变数函数的一般看法的发展（这部分归功于狄利克雷本人），以及随后对函数要成为连续的、可微分或积分的、可由傅立叶级数展开来表达等情况下，所必须满足的条件的研究，对函数被结合为无穷序列和级数时何种属性被保持或失去的研究（例见，Hawkins 1970）。克莱恩的《厄兰格纲领》（1872年之后）是另一个重要的例子，它提出了研究欧氏几何学、非欧几何学和类似的投影几何学的统一框架，这是在代数和函数理论相结合的基础上做到的，是根据所允许的自同构组对几何学的分类。

新数学的这种发展引出了这个时期所考虑的主要问题："这种新的发展与已有的数学之间究竟是什么关系？"更一般地说，"一种已有理论与其他理论之间究竟是什么关系？"人们时常强调说，这个时期是由对严格性的兴趣所支配的：它见证了数理逻辑的发展以及对公理化和（后来的）形式化系统的关注，这在某种程度上被看作是对19世纪末所发现的集合论和逻辑悖论的反应（参见以下第7节）。但人们对更严格感兴趣，我们最好把它看成是探讨新概念发展所做尝试的组成部分，这些发展与具体的矛盾毫不相干。

【130】

二　争论的问题

解决以上概括的一般问题的最基本方法，就是做概念上的同化（conceptual assimilation）。至少有两种重要的同化形式，即**概括**和**还原主义**。**概括**的特点是试图揭示：支配已有领域的核心规律是支配某个新的不同理论的普遍规律的限制性例证，因而后一种规律可以同化为前一种规律。而**还原主义**则主要是指试图解释一个理论的核心概念，即把这个概念的特点描述为使用了另一个（通常是更好的）理论的概念工具；前一种规律的各种核心定理或原则于是就在第二种规律中得到了证明。还原主义通常诉诸19世纪的数学；但实际上，还原主义的论证通常暗含着更为普遍的概念和原则，事实上就是一个概括的过程。但概括提出了关于更为普遍的概念和原则与它们的事例之间的融合问题,更一般地说,就是它们的一致性问题,总之,就是要求这种新的普遍理论就其自身所能接受的证明或论证,或者说是表达一种可能性。

最为著名的还原主义的例子,出现在把数学加以算术化的运动中,其目的是要对运用来自标准数字系统中概念的不严格看法,给出精确的定义。分析中的连续统提供了一个例子,它消除了求助于使用有限过程的清晰定义的无限性概念。克莱恩(1895)把算术化看作是在本质上寻求增加了的严格性,这大概是因为,如果不对概念的特点做严格的描述,在演绎中就不能恰当地诉诸这些概念,这是由狄德金在1872年提出的观点(寻求这种意义上的严格性,与对推理的形式化无关紧要,也与**逻辑**还原无关紧要)。几何学的繁荣是另一个例子。(作为空间科学的)几何学常被看作是比纯粹的数学更为接近自然科学,根据高斯的观点,这种看法由于发现了非欧几何学而得到强化(高斯致贝塞尔 Bessel 的信,1830 年 4 月 9 日;参见 Ewald 1996:Ⅰ,302)。结果,解析的核心定理(例如,每个收敛序列都收敛到一个极限值)对几何直觉的依赖就更值得怀疑了;它使得解析建立在某种内在具有严格性的(并且在演绎框架中是不可用的)东西之上,同时又对解析作为一种"思想产物"的地位提出了挑战。某些人(例如,狄德金和康托尔)看到了推进的正确方式,即赋予连续统一种纯粹的算术分析;因此,断定了**物理**空间是连续的,就是断定了这个"公理",即连续统的**解析**结构可以基于大量的物理点而得到加强。【131】

这些问题与 19 世纪末具有重要基础意义的"方法的纯洁性"问题联系在一起,也就是肯定地表明了,某些目标是通过仅仅使用专门的概念手段就可以得到的。这种"纯洁性"问题的形式回到了欧几里得,也与关于严格性的一种核心看法密切相关,因为要表明有限的一组概念和原则是恰当的,方法之一就是要表明所有的核心概念和原则都能定义为或派生于这些概念和原则,而无须混合任何"外来的"东西(这个词是狄德金使用的)。关注于这种派生手段的"纯洁性"本身那时是十分自然的,对应用于形式逻辑的运动(如弗雷格)和不用于形式逻辑的运动（例如某些算术化的运动，或几何学中的帕施）都是如此。例如，帕施就像弗雷格一样特别强调了证明的"严格性"，坚信公理之外的任何假定都不会起到任何作用。帕施的目的与弗雷格的一样，都是认识论上的，认为几何学是一门**经验科学**，研究的是物理物体的某些属性。为了坚持这一点，帕施具体说明了少量的公理，而（投影）几何学的所有基本结论都可以从这些公理中派生出来。他认为，这些公理就具有经验的特征。如果这是可以接受的，进一步的论证就是可行的，只要人们确定了这种派生的手段在认识论上是中立的，而且各种证明不会为类似几何直觉这样的东西留下潜入的空间，例如，通过检查图表。帕施的说法最终表明，决定正确派生的一定是证明步骤上的句法（逻辑）结构，而不是语义上的考虑，这种说法内在于帕施对二元性原则的一般论证（参见下文）。这一点对逻辑的发展具有深远的意义，虽然无论是帕施还是弗雷格都没有意识到它的力量。

对还原性分析的兴趣不仅导致了对数学理论中所使用的演绎机制的反思，更为一般地说，还导致了对严格刻画这些核心理论的概念基础（有时是概念，有时是概念和公理）的兴趣；而没有这些，这种分析的价值就很有限。但为了表明还原主义与概括之间的联系，我还是转到这样两个例子，它们使得还原无法完全独立于求助更为抽象的概念和更为普遍的规律。一个是弗雷格的工作（1879、1884、1893/1903），另一个是狄德金的基础性工作。

【132】

三 弗雷格

同帕施一样，弗雷格的动机之一是认识论上的，因为他想要表明，由于算术可以单独地**派生于**（还原为）逻辑规则，因而算术是**分析的**。这种说法有意反对康德关于算术是**综合的**观点，尽管这涉及对康德意义上的分析概念的重要改动：这并不是说，算术的"基本规则"是在任何明显的意义上"包含在"逻辑规则中的（参见1884, §88），而是说，这可以根据正确定义和派生系统而从它们中派生出来的，最终是从整个二阶逻辑中派生出来的。要实现弗雷格的计划，涉及两件事情：（1）只用纯逻辑的概念方法给出核心数论概念的定义。弗雷格在下列概念上就是这样做的（参见 1884，§88）：（基）数；对任何关系 R "从 R 系列中推出"；"直接后继"关系；数 0；自然数。（2）证明核心的算术规律可以派生于更为基础的逻辑规则，这涉及刻画和使用得到充分展开的演绎系统，弗雷格是这样做的第一人。什么是基本规则？这不是一个可以直截了当回答的问题。1884 年，弗雷格捍卫了数是（抽象）**对象**这个原则。（"什么是抽象对象"这个哲学问题是由弗雷格最初提出来的）于是，（基）数就是对象与概念之间的联系，即列于这个概念之下的事物的数目。（因此，概念"金星的卫星"和"欧氏几何学原理"被分别指派为对象 0 和 13）支配正确指派的根本原则最终（由于布洛斯 Boolos 在 20 世纪 80 年代的工作）被称作**休谟原则**（*HP*）：支配给概念 *F* 和 *G* 的数字对象是相同的，当且仅当 *F* 和 *G* 的外延可以一一对应。如果后者成立，那么，*F*、*G* 这两个概念就称作**全等**（记作 "$Fx \approx Gx$"）。于是，弗雷格就做了两件事情。首先，他表明，如果 *Fs'* 的数（*Fs'* 在这里是 *NxFx* 的缩写）被定义为（更高阶的）概念"$\approx Fx$"的外延，那么 *HP* 就是可以**得到证明**的。其次，他表明，算术的所有核心原理（基本上是狄德金—皮亚诺公理，包括了数学归纳）可以（在二阶逻辑中）派生于 *HP*，这第二个步骤完全独立于第一个步骤。因此，《算术基础》（1884）中的"更为基础的原则"实际就是 *HP*。然而，*HP* 就其自身而言完全可以同这样的论点相容，即数是**初始**对象，而且不是由纯逻辑的**一般**手段所产生的。弗雷格所设想的逻辑是最为一般的科学，它支配着对概念的运算。所以，如果数字是初始对象，那么算术就应当是"具体科学"，而完全不是一般的科学，因而更不会是逻辑的组成部分。正是由于这个理由，弗雷格就对 *NxFx* 做出了他所下的定义，即把概念的外延定义为"逻辑对象"。因此，弗雷格对【133】外延对象的用法就假定了逻辑允许在概念与其外延之间的一般转换。

相应于此而出现的具体原则因而在（简单地）证明 *HP* 中就很重要了。在《算术的基本法则》（*Grundgesetze der Arithmetik*，1893）中，弗雷格引入的第五条基本规则正是这样一条规则，它支配着非常一般的对象的存在和行为，适合归类为一条逻辑规则。在这一点上我们看到，弗雷格的体系根本不是把算术还原为任何清楚已知的东西，而是一种概括的形式。在形式上，规则五多少类似于 *HP*，因为它表达的是，当 *F* 和 *G* 具有共同外延的时候，*F* 的外延与 *G* 的外延就是同样的。这是一条有力的存在原则，因为它蕴涵着 *F* 外延的存在，无论 *F* 是什么。事实上，它非常有力：罗素在1902年表明，它是不一致的，因为它蕴涵着罗素悖论（参见罗素致弗雷格的信，载于 van Heijenoort 1967）。规则五接近集合论中著名的集合包含原则（Set Comprehension Principle，SCP），这个原则断定，每个概念的外延都是一个集合（对象），这很容易引起罗素悖论（参见本章第七节）。弗雷格把概念编排成了类型的分层，它在区分对象和概念，在确定何种事物可以填补概念中的"空缺"方面，是很严格的。但这个分层错了，因为规则五允许任何概念的外延（无论多么复杂）都是一个对象，即最低层次的对象，因而使这个类型分层变得基本无用了。弗雷格概括出了一个在逻辑上**不可能的**理论。

弗雷格的体系可以得到拯救吗？赖特（Wright）和布洛斯在20世纪80年代的工作表明，在某种程度上可以做到这一点。*HP* 就是弗雷格（用二阶逻辑）派生出算术所需要的一切。布洛斯表明，*HP* 与规则五不同，它是一致的，因而弗雷格的具体成果很多可以按预想的方式恢复起来（参见 Boolos 1998 中的论文）。赖特已经证明，*HP* 本身就是**分析的**，因而恢复了弗雷格计划中的哲学部分（参见 Wright 1997）。但这种说法引起了很大的争议。

四　狄德金

狄德金的工作（1854，1872，1888）是使还原主义似乎发挥重要作用的另一项主要的基础性工作。狄德金在1888年表达了对还原主义的同情，他这样做的背景因素来自他的老师和数学引路人狄利克雷。

狄利克雷在算术理论上的一个重要创见，是使用了复合函数理论去证明关于自然数序列的事实（解析数论）。例如，狄利克雷在1837年就以这种方式证明了，任何以初始项和级差为相对质数的自然数的算术级数都包含了无限多的质数。这就使得各种已经提出的具体假定[134]得到了系统化，比如，尤勒和勒让德尔（Legendre）提出的假定。黎曼进一步确立了质数的分布与复合 ζ 函数之间的联系，这在随后的数论中极其重要。（黎曼的 ζ 函数是数学中未经证明的最著名假设之一，即黎曼假设的主题。这个猜想是说，ζ 函数指派为 0 的所有主目的真正部分就是 1/2；对黎曼假设的证明是希尔伯特在 1900 年的"数学问题"〔Mathematische Problem〕一文中提出的一系列著名问题中的第八个问题，至今仍然未解）这些方法的威力集中体现为素数定理（the Prime Number Theorem，PNT）；这是由高斯和勒让德尔在 1800 年左右提出的猜想，由阿达马（Hadamard）和德·瓦莱·普桑（de Wallé-Poussin）（分别）于 1896 年证明，他们使用了 ζ 函数的属性，并说素数 $\leq x$ 的数趋向于 $x/\log x$，当 x 趋向于无穷。无论如何，这种有力的新概念工具带来了这个普遍问题的明显例子：扩展了的框架与原有的框架之间究竟是什么关系？这里也有一个具体的方法纯粹性问题：不诉诸解析数论可以证明相同的结果吗？

狄利克雷本人（参见 Cantor 1883b，Dedekind 1888）陈述了这个论题：一切关于解析和函数理论的事实最终都会还原为关于自然数的事实。对此有两个明显的方式可以考虑。一个是把新的概念材料看作仅仅是辅助性的，并寻求证明去避免它。（例如，在 1948 年，先是泽尔贝格 Selberg，然后是泽尔贝格和厄多斯 Erdos，发现了对狄利克雷定理和 PNT 的基本证明）另一个是要表明，已扩展领域的基本概念恰恰可以从自然数本身的理论所应用的概念材料中构造出来。狄德金在 1888 年证明了对狄利克雷说法的支持，就此而言，这也支持了后者。这样说来，这个观点听上去接近于克罗内克尔关于"算术化"纲领的说法，他陈述了他的信念，即一切纯粹数学都必定与最简单的算术具有相同的"必然性"，因为应当能够把它算术化，"只"把它建立在"最狭义"得到的"数的概念"上（Kronecker 1887：253）。

然而，这种相近只是表面的。这个论证必须转向把理论还原为算术所采取的手段上，而克罗内克尔则反对狄德金所采取的手段。克罗内克尔至少在如下一点上是对的：狄德金的工作是建立在概念创新的基础之上的，因此这就无法把还原看作是直截了当的了（参见 Kronecker 1887）。后来由外尔（Weyl）和其他人所提倡的构造主义（述谓主义）运动的起源可以在克罗内克尔的基本观点中看到（对此的概述和进一步的材料，参见爱瓦尔德为 Kronecker 1887 写的导言，载于 Ewald 1996：Ⅱ）。

【135】 于是，重要的事情就是把狄德金的还原主义倾向从对概括的明确诉求中解脱出来。狄德金在 1854 年、1872 年、1888 年的著作应当被看作是一个整体，他在其中勾画出了自然数与更高级的算术和解析之间一系列概念上的联系，然后试图把自然数的结构还原为某种更为初始的东西。

1854 年的论文提出了一种解释，说明了各种数的系统（正整数、自然数、整数、有理数）如何能够被看作相互之间的自然外延，即被看作**数**的系统。这种解释就是：人们分离出只有在（比如说）正整数的有限形式中才成立的一般规律，然后寻求可以把这些规律用于整个概括的更大领域（实际上，这种解释诉诸一个可以满足这些一般规律的最小领域的存在，或现实地**创造**这样的领域）。例如，在把自然数扩展为整数的时候，减法运算就是被扩展了；如果我们把 $a-b$ 看作是令 x 使得 $x+b=a$ 的缩写，那么我们就会要求 $\exists x\,[x+b=a]$ 对 a 和 b 的任何选择都为真。总之，结构性的规律会优先于对象。

狄德金在 1872 年关于无理数的论文继续了这个主题，其观点主要是表明了，人们不得不依赖于几何学的直觉以保证一条实"线"是连续完整的（因而这是欧氏几何式的纯粹研究）。狄德金再次从域（及其算式）和有理数开始考察，然后考察的是必须附加于之上的东西以便使其保持连续。他的分析分离出了**狄德金分割属性**（Dedekind Cut Property，DCP）：一条"线" L 满足了 DCP，如果对 L 上的任何分割 (C_L, C_U) 来说，L 上总有一个 r，它"产生了" (C_L, C_U)。（一条简单有序的"线" L 上的一个分割就是把 L 区分为两部分，

"较低的"部分 C_L 和"较高的"部分 C_U，使得如果 $x \in C_L$（C_U）并 $y \leq x$（$y \geq x$）；那么同样，$y \in C_L$（C_U）。一个分割（C_L，C_U）是由 r 产生的，如果 r 是 C_U 中的最小成分。有理数不具有 DCP，而通常认为的这条实线则是拥有了 DCP 的有理数的最小外延。然而，狄德金指出，有理数中的所有分割点的总和本身是有 DCP 的（并且满足了恰当域的规律，这自然是有所限定的排列和域运算）。最后，他提出，对应于每个实际上并非由有理数带来的有理数分割，我们都"创造了"一个带来了这个分割的无理数。因此，我们有自己的"规律"以及与其符合的创造。对连续统的另一种分析是由魏尔斯特拉斯（从未出版）和康托尔（1872）提出的，后者使用了与柯西系列相等的类。这个分析与狄德金的分析一样，都成为标准的分析。所有这些都达到了狄德金的两个核心目的，即避免了诉求于几何学和提供了足以用于演绎的概念分析。

弗雷格（后来）提出的基本观点是：我们必须首先表明那些规律的一致性，然后才能使我们根据这些规律进行"创造"的说法有意义。我们至少要表明这些规律是一致的。弗雷格认为，要表明这一点的唯一方法就是展现出作为这些规律之例证的那些对象，把创造和关于规律的首要性的说法看作是没有用处的（参见 1893，§§139—144）。后来希尔伯特简化了这个问题，首先（1899，与弗雷格的通信，载于 Frege 1976 [1980]）是用句法的一致性确认存在，其后是坚持寻求对句法一致性的直接证明，而这不需要展现一个模式。但狄德金的确展现了满足恰当规律的对象，例如，有理数中的分割点。问题是，这依赖于一个核心集合存在原则：如果存在有理数的集合，那么就存在一切有理数子集的集合，因为 DCP 所带来的规律是这样开始的："对 ℚ（有理数域）中的每个分割点而言，总是存在着一个 x 使得……"因此，人们是依赖于对 ℚ 的分割点的量化过程，无论人们是否把"创造"或展现看作是首要的。总之，狄德金的步骤无法表明，无理数的理论（仅就解析而言）可以还原为有理数的理论：这不仅需要根据一条规律的概括，而且对这个规律的真正陈述也反过来依赖于支配整个集合的另一条（没有表达出来的）规律。

【136】

概括和还原的类似结合可以在狄德金在 1888 年的论著中看到（这展现了他早年的工作），它关心的是自然数结构 N。N 的特点是，它构成了狄德金所谓的**简单无限系统**，即：有一个从 N 到其自身的一对一图像 ø（因此，N 是无限的），而 N 的特许成分（"I"，第一个成分）则是被 ø 忽略的唯一成分。令 N 的一个子集 X 为 ø 之下的一个链条，当情况为，ø（X）是 X 的一个专门子集，于是，令 a_o 为 ø 之下所有链条的交集，而 ø 则把 a 作为其一成员；I_o 因此就是 N 本身。狄德金由此定义了算术运算，证明了相当于支配 N 的狄德金—皮亚诺公设。和弗雷格一样，类似于数学归纳的核心原则对于简单无限系统是可证明的，而这并没有把它们看作是初始的推理方法。狄德金表明，人们可以用抽象的创造活动从（所有都是同形的）简单无限系统中得到自然数结构的概念。

狄德金的论证打算表明，算术"是纯粹思想规律的直接表现"，是"逻辑的一部分"（1888：Ⅲ）。他这里的意思恰恰是不清楚的。然而，这些话表明了，自然数结构（与恰当的算术）可以刻画为使用了一对一图像的概念。狄德金说，这对应着一种根本的、极其一般的思想能力，这种能力的特点可以说成是："无此就不可能有思想"（Dedekind 1888：iii – iv），狄德金说（§2），以命名为例，命名就是把某些东西（对象）与其他东西（名称）联系起来。因此，狄德金的基本论证的要点是，关于核心数字系统的数学被还原为基本的思想能力，所以，这种数学"完全是我们思想的产物"。但我们在狄德金那里实际看到的，却是把算术还原为某种形式的集合论，对此狄德金在 1888 年就开始比较明确起来，虽然还没有完全明确。相关的集合论也是"我们思想的产物"吗？它只是我们的理智才能中的"逻辑"部分吗？或者说，这些概念反过来需要分类和阐明吗？也许在狄德金看来，对集合论的一般诉求是直截了当地、毫无疑问地基于他对代数和数论的经验，尽管他后来最终认为这种依赖是轻率的。

因此，狄德金的工作并没有支持狄利克雷的论点。狄德金本人说，虽然人们一般会相信狄利克雷的还原，但概念上的创新对于处理长期相关的还原却是必要的，而数学上的最大进步已经通过"创造和引入新的概念"而实现了（1888：vi）。因而，狄德金实际上所说的就是**第二狄利克雷原则**的某种说法，而不是表达了狄利克雷原则上对可还原性的信念。狄德金的分析的确是概念概括和统一的经典例证。

1888年，狄德金说他是把算术还原为"思想的规律"；下面的例证就说明了他相信这些规律涵盖了他所应用的集合构造的原则。狄德金认为，人们必须**证明**存在无限的集合（collections），他的确也给出了一个证明（1888：定理66）。这就是意识主体思想领域中的无限集合构造，即"万物的整体 S 可以成为我思想的对象"（Dedekind 1888：14）：如果 s 是 S 的一个要素，那么 s'，即关于 s 是 S 的一个要素的思想，也是 S 的一个要素，这显然确立了所需的重叠。但不清楚的是，这个证明究竟证明了什么；这也没有表明，每个阶段都需要不同的东西，以便对这种重叠产生怀疑，这是一种不可救药的主观性。它在结构上类似于波尔查诺的证明（1851：§13），这个事实表明它是要阐明心灵（思想）在**创造**集合时的力量，而它们之间的主要区别在于，**它的确**使用了主观要素。（波尔查诺使用的是"自在的命题"）

弗雷格的工作和狄德金（在1888年）的工作虽然在技术上很相似，但也存在有趣的反差。两人都成功地**得到**了基本的算术原则，都表明了如何可以避免模糊的直觉，都实质性地使用了某种形式的集合概念，都支持对算术和更高级数学的抽象。但弗雷格反对狄德金基础性工作中的心理因素，特别是狄德金对"创造性的"和"主动理智"的诉求，而是强调了数学对象的非心理的抽象特征。弗雷格的"反心理主义"是他工作中关键性的哲学组成部分（首先参见1884），他在哲学上一般地证明了把抽象对象看作是实在的，把实在的对象看作是具体的（或"现实的"）。对此的进一步探讨引出了他的一系列著作（例如，1892年的著作），这诞生了一门新的哲学学科，即语言哲学。（对此的概述，参见 Dummett 1991，1994）。

【138】

五　康托尔

当我们转向康托尔，我们就看到，概括无须诉求于还原主义也可以发挥作用。狄德金和弗雷格寻求的是已有数学概念的一般基础，而康托尔的工作则关心的是真正新的数学，即关于无穷数和超穷数的数学理论。柯西和魏尔斯特拉斯关于有限概念的工作明显表明了，潜在的无穷数是无穷数进入更高级数学的唯一方式。然而，康托尔则认为，潜在无穷数的概念并不是自足的，因为潜在的无穷数预设了无穷大的变数领域，就是说，预设了现实的无穷性。而且，（通过柯西序数和狄德金分割点）对实数的刻画过程就揭示了，通常的有穷实数就是（或是依赖于）实际上的无限集合（正如弗雷格—罗素系统中的自然数所做的那样）。康托尔的工作（1872—1899）就是关于实际无穷领域的扩展理论，这是核心的概括性概念，也是关于它们的数字表达方式的理论，这是对自然数的概括过程。与狄德金一样，康托尔认为，数学上的进步取决于概念上的创新，其核心想法是"整合"新的概念与已被接受的概念和与这些概念相一致的条件。

在康托尔之前，对实际无穷的理论处理有两种通常的反对意见，一种是概念上的（这至少从伽利略以来就是众所周知的），另一种是形而上学的。概念上的反对意见可以用下面的例子来说明。如果自然数和偶数被看作是两种不同的实际无穷的集合，那么前者显然就比后者要大。但人们也很容易给出它们之间的一一对应，这似乎就表明了它们的大小相同，每个集合中的每个成分都是唯一地与另一个集合中的成分成双成对。因此，在这里谈论大小是说不通的。采取数字的表达方式也存在类似的困难：如果把一个基数加到自己身上，那么这个基数就不会保持原样了，或者说，一个数字不可能既是偶数也是奇数。（康托尔从经院哲学中得到的）形而上学的反对意见是说，当实际无穷被当作全能上帝的化身的时候（对这种实际无穷，康托尔用的词是**绝对无穷**），对实际无穷的这种处理违反了不许在理智上征服实际无穷的神学禁令。

第十章　数学的基础

　　然而，康托尔认为（1883a），关于实际无穷（域或数字）并不【139】存在什么**自相矛盾**的东西。对矛盾性的一般公认的证明总是有两个（或其中一个）出发点：（a）它们都隐含地假设了无穷具有有穷所具有的标准属性；（b）将比较大小时使用的两种不同方法进行合并，或者是通过比较外延，或者是通过使用一一对应（或顺序同型）。只有当至少两个集合之一是无穷的，更广的外延才会意味着，这两个集合不可能构成一一对应。（像狄德金和弗雷格一样，康托尔把基数理论的基础看作是一一对应的概念）就神学的反对意见而言，康托尔把实际无穷区分为**可增加的无穷**（即可数的）和**不可增加的无穷**，他只把后者看作真正的**绝对无穷**，它超越了计数和数学决定论。康托尔把前者称为**超穷的**，将它留作数学研究的合法领域。

　　超穷的东西只在数学上有意义，因为它们可以表明，存在各种不同的带有本质上**不同**属性的可增加的实际无穷。不过，这一点在 1883 年之前已经由康托尔清楚地指出了，也就是说，他表明了，当所有的代数和自然数 N 的集合可以构成一一对应（1874），那么在 N 和所有的实数 R 之间就不可能有这种一一对应；就是说，R 是非**可数**的。因此，在数字系统中至少有两种大小。1878 年，康托尔表明，在 R 与（任何维度的，甚至是简单的无穷维度）平面上的一个点之间存在一一对应，所以，这里就没有任何大小上的增加。1892 年，他给出了一个不同的证明，即 R 是非可数的，这就在总体上表明了，任何给定集合（collections）（有穷的或无穷的）的所有子集合的集合（collections），比这个集合（collections）本身更大（或有"更高的幂"）。由于不同大小的无穷集合（collections）对**通常的**数学来说甚为根本，因此对数学基础的研究就必须包括无穷集合（collections）理论和关于数学无穷性的理论。概括的成分是必不可少的。

　　1874 年所发现的由 N 和 S 所表示的各种类型的无穷之间的区别，很快就变成了主流数学的基础，例如，在关于点集的可忽略性研究和积分理论中（Hawkins 1970）就是如此。1874 年和 1878 年的发现同样提出了以下很自然的问题：由 N 和 R 所表示的无穷是 R 本身中的**唯一无穷**吗？或者说，有更细微的区别吗？（康托尔于 1878 年猜想它

[140] 们是唯一的无穷,这就是著名的**连续统假设**CH。)这些问题强调了数学中对一般无穷理论的需求,而康托尔的直接成就,就是提供了这样一种理论;现在它已经归属为现代数学中的集合论。

康托尔工作的核心是**超穷数**。有穷集合(collections)的大小属性就表达为相似的自然数;康托尔提出了一种表达**无穷**基数理论的概括,以便表达无穷集合的大小属性。他认为,带有这些属性的算术可能有助于解决 CH。在这一点上,康托尔工作中的第二部分,即超穷**序数**理论,就变得很重要了。

1879年,康托尔逐渐意识到,对解析中关于函数的傅立叶级数表达和某些例外集合的"可忽略性"的基本问题的解决,只能通过涉及"无穷符号"的自然数指示属性的外延才能得到,∞,$\infty+1$,$\infty+2$,等等,即是此类"无穷符号"(参见 Hawkins 1970,Hallett 1984)。这些"无穷符号"使康托尔能够证明对表达定理的有意义的概括。在"论点的无穷线性簇"(Über unendliche Lineàre Punctmannigfaltigkeiten)一文中,康托尔证明,这些"无穷符号"实际上就是超穷数;这些数和自然数都代表了根据所分析的基础集合(或基础过程)而来的某种排列,即**良序**。(一个集合要成为良序的,就必须是线性排列的,必须有第一成分,而每个带有后继的成分都至少有一个或**直接**的后继。显然,良序就是对根据自然数的排列的概括)当自然数被用来计算时,它们就是序数,因为计算就设定了一个良序。有穷域中的序数和基数之间的区别,由于下面的事实而变得模糊了:基于一个给定有穷集合的两个良序,是在排列上同型的,所以,一个有穷集合只能得到一个序数;它可以毫无害处地等同于基数,所以,人们可以通过计算来衡量基数的大小。但在无穷集合中,基数的大小和良序并没有很好地结合在一起;例如,相同的可数集合可以由非可数的许多序数加以很好地排序(计算)。而且,超穷序数就像超穷基数一样,展现了不同于与其相对的有穷数的许多不同数字属性;因而,对超穷序数 a 来说,$1+a=a\neq a+1$。由此,任何期望超穷数能够像有穷数那样起作用,其结果就是构成了关于超穷数的理论。

因此,康托尔的工作代表了两种支配数字的概括:关于有穷基数和无穷基数的正确算术规律取决于一一对应的表现方式；关于有穷序数和无穷序数的正确算术规律取决于同型（良）序的表现方式（也是反映这个排序的一一对应）。我们在**有穷**域中由此得到的是我们所熟悉的有穷算术，但相同的规律却并没有应用在无穷域中。康托尔也把序数的用法概括为**计算数字**，他假定，每个集合都可以构成一个良序形式，因而就把关于超穷序数和超穷基数的理论合并起来了（参见 Hallett 1894：§2.2）。这就使得他把阿尔法（ℵ）数字（良序集合的基数）的序列看作是超穷基数，结果就把集合降低为现代集合论的核心。康托尔的 CH 就成了这样一个猜想：R 的基数性质是 ℵ₁，这是第二个无穷阿尔法（可数集合的基数，例如 N，就是 ℵ₀），表示为康托尔的（一切可数序数的）第二个数类。**连续统问题**（即，如果不是第一个阿尔法，那么是哪一个呢？）在康托尔的思想发展中极其重要，此后它就在基础研究中占据了核心地位，在希尔伯特于 1900 年的著名讲演中提出的 24 个数学核心问题中名列榜首（Hilbert 1900b），它现在普遍被看作是不可解的。CH 被看作独立于现代集合论的标准公理，这分作两个步骤：哥德尔在 1938 年表明了它的一致性；科恩（P. J. Cohen）在 1964 年表明了否定的一致性。科恩的工作表明，我们可以一致地断定，连续统的基数性质可以表示为大多数 ℵ - 数的庞大序列。

假定每个集合都可以是良序的，康托尔称之为（1883a）"思想的规律"，这对他的理论至关重要。而对此的证明也正是希尔伯特第一个问题的组成部分。这个问题（在某种意义上）是由（希尔伯特的一位同事）策梅罗在 1904 年解决的，他表明了**良序定理**（the Well - Ordering Theorem，WOT）来自于策梅罗所谓的**选择公理**（the Axiom of Choice，AC）这个原则。分离出这个原则引发了数学史上的一场最为激烈的争论，涉及关于 AC 的明晰性、合法性以及意义的辩论，这场辩论还波及了集合论的其他特征，比如非述谓定义的用法和非可数的集合（collections）。（有兴趣者可参见 Zermelo 1908a and Borel et al 1905。）策梅罗在"集合论基础研究Ⅰ"（Untersuchungen überdie Grundlàgen Mengenlehre，Ⅰ）一文中把 AC 包括在了对集合论的第一个公理化系统中，从此就被看作一个标准的集合论公理。（上面提到的哥德尔和科恩的相同工作也共同表明了 AC 的独立性。）这很快就表现出，这条公理的内包在这样一种有限的意义上是必需的，即没有它就不可能有任何关于无穷之大小的合理的一般理论，除了康托尔的理论之外（亦参见 Moore 1980，Hallett 1984）。

康托尔的工作对数学哲学具有深远的影响，至少有四个理由。（甲）他实质性地提出了这样一种观点，即数学的基础本身必须成为数学研究的对象。（乙）他强调了经典数学是以一种本质的和多样的方式包含了无穷，因而，如果不了解康托尔所从事的数学发展情况，就会使许多在哲学上重要的概念变成了空洞无物的东西。（丙）在康托尔看来，数学从传统领域（算术和几何学）中的解放以及引入全新的概念成分，这并不是对传统主题的重新概念化过程。传统的概念已经得到了延伸，例如在黎曼和克莱恩关于更普遍构想的"簇"（或译"流形"，manifolds）的工作中就是如此。但康托尔的概括则走得更远。康托尔之后，就不再有"把一切数学还原为算术"的问题了，无论是在多么宽泛的意义上。集合通常就是数学对象，对于集合概念的看法有一种根本的随意性，因为任何将集合的各种成分结合在一起的形式都是不必要的。（康托尔的著名建议是，"自由数学"这个词比"纯粹数学"更为恰当）这尤其对数学的公认领域产生了富有成果的影响，例如，它引起了积分理论的革命。（丁）然而，康托尔看到了数学中的概念自由的限制，这不仅是数学上的（在现存的各种理论之间一定存在概念上的联系，而新的概念一定是自身融贯的），而且是外在的（绝对者存在于数学决定论之外），但即使如此，仍然存在着对所谓的自由的挑战。最为重要的挑战就是由集合论悖论发起的，这在本章第七节中将会更多地谈到。

六　创造、可能性和一致性

扩展了康托尔对"自由"数学的诉求并推进了狄德金的重要思想的数学家，就是希尔伯特（他的观点也表明了高斯、克罗内克尔和后来的弗雷格、罗素等人的重要发展）。希尔伯特对现代数学基础的研究比其他思想家有更大的影响。大部分的影响都来自于他在20世纪20年代（在伯奈斯Bernays的帮助下）提出的"希尔伯特纲领"（有时被错误地叫做"形式主义"；对此的概述，参见Bernays 1967, Mancosu 1998）。例如，哥德尔的工作无论是在技术上还是在哲学上，都最好被看作是早在希尔伯特的工作影响之下进行的。虽然哥德尔在逻辑上的主要成果对希尔伯特的基本纲领的某些目标具有否定性的影响，但并不是直接的反驳；希尔伯特的大部分工作仍然有许多真正重要的东西。首先，希尔伯特首次明确采纳了公理化方法作为数学基础研究的考察框架，而抽象的理想数学构成了真正的主题。公理化方法在狄德金的基础分析中就得到了预见，特别是他坚持认为，这些规律决定了主题，而不是相反。公理化方法概括了普遍化论证，但如果不是狄德金诉诸"创造性抽象"而划定了一个独特的领域，那么人们就会认为，可能会有许多结构能够满足给定的属性。对希尔伯特来说，公理化的数学首先是由一致性所限定的，这不仅被理解为需要自身一致的概念（就像康托尔那样），而且不能从整个演绎系统中派生出矛盾。根据这种观点，抽象的理论本身就成为了数学的对象，而一致性就证明了它们的存在。

【143】

关注一致性不仅仅是扩展了康托尔关于自身一致性的标准，而且扩展了对高斯、贝尔特拉米（Beltrami）、赫尔姆霍茨和克莱恩关于非欧几何学的工作中所提出的**可能性**的关注。主要是由于19世纪的萨凯里（Saccheri）、兰贝特（Lambert）等人的工作，非欧几何学才首次被看作是可行的。高斯（独自地）和鲍耶（Bolyai）、罗巴切夫斯基（Lobatchevsky）后来表明，人们可以创造出融贯丰富的几何学理论，使得欧几里得的平行线假设被取消，而这些理论则可以清楚地（分析地）处理测量和三角几何，从而阐明（分析的）几何学理论。这些理论由此被证明是**可能的**，也许就像物理空间几何学一样（高斯，黎曼），而且，它们在理论上肯定是可以证明的。不过，在贝尔特拉米的晚期著作中，赫尔姆霍茨、克莱恩和彭加勒转而求助于可能性的延伸意义（参见Bonola 1912, Stillwell 1996, Torretti 1978）。贝尔特拉米的工作表明，非欧几何学的构造可以在欧氏几何学中得到正确的表达。这就表明了，非欧几何学在欧氏几何学的基础上是可以想象的，或者说，它是"日常几何学的唯一部分"（Poincaré 1891）。赫尔姆霍茨更进一步，因为他试图以现象学的方式，详细描述在类似贝尔特拉米的世界中所体验到的东西（参见 Helmholtz 1870, 1878）。

然而，诸如贝尔特拉米那样的模式，在把它看作是把非欧几何学**翻译**为欧氏几何学时，可以用于提出一种逻辑的观点，表明平行线假设**独立于**欧氏几何学的其他假设，而非欧几何学相对于欧氏几何学则具有**一致性**，因而也就表明了非欧几何学的**逻辑**可能性（参见 Poincaré 1891）。由此，直觉、可想象性和现象学就完全被抛置脑后了。现代基础性背景中的相对一致性的意义，就完全不需要加以强调了。要理解彭加勒所谈的那种相对一致性证明的一个（现代的）方式，就是把它看作一种**内在的模式证明**（在欧氏几何学中把非欧几何学模式化）。但彭加勒所考虑的实际上是把非欧几何学的语言翻译为经过解释了的欧氏几何学的语言，而这种语言保留了非欧几何学的逻辑结构，因而也就保证了这些证明之间总是可以相互转换的。这个步骤并不取决于非欧几何学享有欧氏几何学的大多数基本假定，或者取决于实际的**模式**构造，而是取决于把一种理论描绘为另一种保留了句法结构的理论。在希尔伯特晚年关于几何学的著作中（在19世纪90年代后期），这种句法的描绘就成为**重新解释**的形式。在希尔伯特看来，几何学的各种模式是在极为不同的理论中加以构造的（大多数是关于数字的理论），所以它们并非是内在的模式。然而，要充分阐明这个步骤的合理性，就必须首先阐明句法和逻辑结构以及可推断性。

希尔伯特关于几何学的著作对现代基础研究具有深远影响。在希尔伯特之前，对几何学有两种标准态度，一种是把它归属于解析学之下（例如克莱恩、狄德金和康托尔），一种是认为它是一门自然科学，因而不属于算术意义上的纯粹数学（高斯、克罗内克尔）。然而，19世纪有一些非常重要的运动，复兴了基于纯粹几何学原理而建立的**综合几何学**，比如"点"、"线"、"面"等，这些没有受到算术原则的质疑。冯·施陶特部分地根据蒙日（Monge）和彭赛利（Poncelet）的工作，构造了一种不依赖于解析的投影几何学系统，它甚至包含了用来替代坐标化概念的东西。但这里有一些棘手的问题：连续性假设会带来使数的成分潜入进来的危险，那么这里的发展在多大程度上摆脱了连续性假设呢？全等是基于有关线段或图形运动的假设吗，如同最终在欧氏几何学中所依据的那样？或者是基于大小（长度，角度）的相等？普遍引用的对偶原则的地位也是不明确的。例如，人们普遍认为，在通常的三维投影几何学中，当"点"和"面"这些词互换而"线"保持不变时，有关的定理仍然是正确的。但对这些原理的正确性却没有给出任何一般的论证。而且，这里并不存在明确的公理，这个事实使得要解决这些问题变得很困难，使得要确定能构造投影几何学所依据的那些核心定理也变得很困难。

帕施（1882）提出了一种投影几何学的公理系统，包括免除了连续性的真正综合的全等公理，这确立了纯粹几何学的核心理论形态（他也首次对对偶性给出了一个一般的论证）。希尔伯特在 19 世纪 90 年代对几何学的公理化研究（出现在 19 世纪 90 年代的讲演中，在希尔伯特 1899 年的著作中达到了顶峰），主要依赖于帕施的公理。但这一研究有极大的原创性，与此前截然不同（对希尔伯特之前的几何学研究的概述，参见 Nagel 1939，Freudenthal 1957，Gray 1998）。

希尔伯特的公理系统分作五组，分别讨论的是关联（incidence）、数阶（order）、全等（congruence）、平行（parallels）和连续（continuity）。他的动机根本不是要证明新的欧几里得定理，而更多地是出于对一般的"方法纯粹性"的关注，其目的在于：（1）要表明某些理论可以仅仅使用有限的方法就可得到推进（参见 Frege，Dedekind）；（2）如果这是不可能的，那么就要证明这一点是做不到的；（3）要证明一个理论之内的关键性定理虽然可以不需专门的公理就得到证明，但它们确实依赖于其他定理；（4）要证明不同于标准欧氏几何学或非欧几何学（例如，非迪萨格的几何学、非阿基米得的几何学）的几何学是可能的。他对几何学公理的分组是这种精细分析的关键部分，特别是确立了各种核心定理的作用。总之，希尔伯特

【145】

从对平行线公理的不可证明性的证明中做出概括，转向了构造这样一些模式，它们把某些真句子和指定的假句子翻译为一种艺术形式（对希尔伯特几何学工作目的的最好描述，参见希尔伯特于1899年12月29日致弗雷格的信，载于 Frege 1976 [1980] and Bernays 1922）。希尔伯特清楚地认识到，回答这些可能性和不可能性的问题，事实上已经成为现代数学的组成部分。在现代数学中，一种数学理论被用来证明对另一个理论有决定意义的东西；[例如]，关于 e 和 π 不是代数上的数字的证明就是一个证据，其中 π 不是代数上的数字这一点表明，圆形不能根据基本的几何学构造而成为方形的。在"几何学基础"（Grundlagen der Geometrie, 1899）一文的结语部分，希尔伯特说，"纯粹性"的问题是他所谓的基础性研究中基本原理的"主观方面"，要阐明每一个问题，都要通过考察是否可以"以规定的带有限制条件的方式"去回答它（第89页）。因此，我们就有了一种新的数学研究，它系统地关注到对不可证明性的证明，因而也就关注到不可证明性的理由。这对现代逻辑的形成具有极为重要的影响（尤其因为它是证明理论的开端），而"纯粹性"的问题也在20世纪基础性研究中具有了核心重要的意义。这里想到了四个例子：（甲）哥德尔发明了寻找不可证明陈述的一般方法（1931）；（乙）哥德尔证明了不可能有对算术一致性的"基础"证明；（丙）根据集合论的常用公理，CH是不可证明的；而且根据科恩在1963年发明的力迫法，使集合论的模式大大增加；（丁）类似于巴黎—哈林顿定理（Paris–Harrington Theorem）那种命题的特殊事例，是关于自然数的十分简单的陈述，但它们的证明仍然使用了在标准算术中无法复制的概念手段。

希尔伯特并非出于还原主义的动机而寻求"纯粹性"上的考虑。的确，正如上文所见，他的策略内在地依赖于各种各样的、往往表面上不同的数学领域之间的合作。（典型的事例就是：把关于将圆形弄成方形的问题从几何学翻译为代数，然后表明 π 不可能是"可以构造的"；把代数理论用于提供支持几何学独立证明的模式）那些哲学问题（"几何学知识是综合的还是派生于空间直觉？""算术是分析的吗？在什么意义上是分析的？"）不仅被搁置一边，而且完全失去了它们的意义。希尔伯特并不关心几何学的认识论地位（参见 Bernays 1922：95—96），正像帕施、弗雷格和罗素（1897）那样。希尔伯特并不否认综合几何学的基本公理是"关于世界的"，他反复指出，几何学是最古老、最基础的自然科学，它的许多公理都是由经验"确证的"。在希尔伯特看来，几何学是从松散的"事实"背景中产生出来的，这些事实是由数理几何学所留下的东西的复杂混合物构成的，即关于物理世界的经验，它包括巧妙的实验活动，以及我们并不情愿地当作显而易见的东西。但他对几何理论的兴趣不在于对事实的积累，而在于这个理论的基础构造，这种构造的主要工具就是公理化方法。他把这些事实本身加以系统化，修正和重新构成它们，并把它们与数学的其他分支（主要是代数和解析学）联系起来，研究各种核心命题之间的逻辑互动关系。而且，甚至在 19 世纪 90 年代，希尔伯特就认识到，实验的或理论的结果可能会损害欧氏几何学的杰出观点的基础。他还认为，在原始概念的选择方面没有什么东西是神圣不可侵犯的。这里没有任何迹象表明罗素对"正确地理解基础"和分离出初始词的"恰当"集合感兴趣（参见下面内容）。对希尔伯特来说，不存在初始词的"恰当"集合；某些集合出于一定的目的会比其他的集合更好一些，但实际上并没有最终的东西，即使是对相对简单的理论而言也是如此。（这预示了希尔伯特在 1918 年的《公理思想》(*Axiomatisches Denken*) 一文中关于"加深基础" [Tieferlegung der Fundamente] 的学说）甚至对综合几何学的承认也不是绝对的；对希尔伯特来说，解析化地处理几何学这本身并无任何对错，正如黎曼、克莱恩和利（Lie）所做的那样。更为重要的则是对这些理论之间关系的研究，以及用一种理论去研究另一种理论。

如上所述，希尔伯特的方法依赖于使用对理论的各种解释。这一点甚至在"几何学是一门自然科学"这一明显限定的观点中也能看到：线段既可以看成是一根拉直的线，也可以看成是光线；点既可以看成是针刺留下的痕迹，也可以看作是远处的光"点"或者是"点"群。希尔伯特强调指出，任何理论都只是"概念的图式"；如何为它填补内容则完全"取决于我们"。因此，一个理论一旦得到公理化，那么初始词的全部"意义"就由公理而且只能由公理确定了；如果不对支配着那些点、线、面的公理做出陈述，我们就无法说出一个点是什么，而这就是我们一般所能说的一切（这就是狄德金的真实概括）；没有任何先在的"点"的概念可以使我们用来判断这些公理是否为真，而支配着"点"的不同的公理集合可以表现不同的概念。（这就是弗雷格和希尔伯特之间争论的主要原因；参见两人1899/1900年间的通信，载于Frege 1976［1980］）当一个理论成为范畴上的，它就最接近于拥有一个唯一的解释，就是说，它的所有解释都是

[147] 类型相同的。（希尔伯特承认，这有时就是我们应当对恰当的公理化过程所提出的标准，例如关于实数的公理化）由此，一个理论中所使用的演绎手段一定是**不同的解释中不变的东西**，因而演绎的运算就独立于名词的意义（参见帕施）。（注意：诉诸各种解释，也就是对19世纪英国代数学家们的各种观点进行概括；参见Ewald 1996：I, chs. 8—12）

希尔伯特的许多几何学研究本身就揭示了概括，但他由此再次概括出：公理化方法是对数学理论的基础研究的顶梁柱，它研究这些理论是如何构造、组织、内在地建构起来的，如何与无论是同类还是不同类的其他理论相互联系的。的确，如果一个理论还停留在一个不成熟的水平上，这种研究就几乎是不可能的（参见Hilbert 1900a）。公理系统并不完全是随意的；但它们必须满足某些必要的条件：（甲）只有当理论已经达到了某种成熟、稳定和精确的程度，才应尝试将它们公理化，因而公理化总是建立在（而不是维系于）"事实"的基础上的。（乙）希尔伯特有时也要求，一个公理化的理论是**完全的**，这是指这个公理系统应当能够派生出一切重要的事实或者是某类事实。（例如，"综合的几何学可以派生出可在解析几何学中派生出的一切几何学'事实'吗？"）现代几何学并不关心完全的公理化，但这两者之间有一个清楚的关系。（丙）最后，公理系统一定是在句法上一致的（人们无法同时派生出 P 和非 P，否则它们就是毫无意义的）。这正是对康托尔的清楚概括："概念的非矛盾性"变成了"理论（即

支配着这些概念的公理）的一致性"。

七 悖 论

如果人们认为公理被选择出来部分上是因为它们为真，那么，一致性就是微不足道的标准了；否则就并非如此。一致性实际上并非微不足道，这一点由著名的**集合论的一逻辑的悖反或悖论**凸显出来。这些悖论使大胆概括的阶段止步不前，而开始了一种对基础理论的更为精确的基础性反思。

回想一下，集合论的悖论最初在康托尔的关于他所谓的"一致的"（即合法的）集合和"不一致的"集合之间的区别（见他与希尔伯特在1897年的通信和与狄德金在1899年的通信）中就得到了暗示，这些集合的成分是无法放在一起的，否则就会产生矛盾（参见Ewald 1996：Ⅱ，ch. 19，E 和 Ewald 的序评）。康托尔提出了一个证明，即每个基数都一定是一个阿列夫（aleph）①，这是根据这样一个论证，即一切基数的后继（以及一切阿列夫的后继）都是"不一致的"。如果我们把它们看作是合法的集合，那么它们就一定是可数的，由此就分别表达为一个序数和阿列夫。于是，这些数就会比这个序列中的任何数都大，却又必定在这个序列之中；这就是一个矛盾。这个序列由此就是"超越了可数性"，所以是绝对的、而非合法的、超穷的集合。这个论证包含的核心内容，非常接近于现在已知的"布瑞利—福蒂悖论"（Burali‑Forti's Paradox）（布瑞利—福蒂的论证，参见他于1897年的论文，载于 van Heijenoort 1967）：假定 C 是合法的无穷基数，但代表了一个合法集合 X 的阿列夫却不是。于是，对于阿列夫来说，我们可以从 X 中选择良序的子集合，而 X 的大小则正是这个阿列夫。因此，C 就必定比所有的阿列夫都大，而阿列夫的序列则可以被投射到 X，但这却违背了 X 的合法性。一个良序原则在这里正好突出了康托尔的各种投射（或序列选择）论证（在现代

【148】

---

① 希伯来语的第一个字母——编者注。

背景中，每个无穷基数都是一个阿列夫，这个命题就需要 *AC* 或者 *WOT* 以及替换公理）。

　　康托尔在这里并没有看到矛盾，看到的只是各种还原论证的基础，即某些集合（collections）是非法的集合（sets）。布瑞利—福蒂也没有看到矛盾，而是（在他的情况下）看到了一个（错误的）论证，即序数是无法得到良好排序的。康托尔把集合（collections）区分为专门集合和"不一致的整体"（更早一些在超穷与绝对之间区分的翻版），这是探究矛盾的一种具有创建性的方法，的确具有启发意义。这表明了从概念的自身一致性走向了理论的一致性，这正是希尔伯特明确走出的一步。而且，它把具体的数学对象与这种一致性联系起来，这也同样包含在希尔伯特的这个宣言之中，即数学的存在就等于是理论的一致性（例如，参见他与弗雷格的通信）。实际上，这意味着，这里所论的是关于恰当对象的域的存在，而不是关于单个对象的存在（参见 Hilbert 1900a，1900b）。不过，康托尔的立场并不能令人满意，因为他并没有对什么可以算作是合法的集合给出充分肯定的标准。这个问题在罗素悖论中凸显出来，罗素悖论是第一个被明确看成是二律背反的那种论证（参见 Russell 1903：101）。

　　这个论证很简单：注意这个集合 $A = \{x: x \notin x\}$；然后是，$A \in A$，当且仅当 $A \notin A$；矛盾。在布瑞利—福蒂的论证中，有许多可以将矛盾归咎于其上的假设（它们的所有前提一次又一次地受到罗素等人的挑战）。然而，罗素悖论则简化了这件事情：这里的问题明显在于如下假定：A 是一个集合，或者说，全集 U 是一个集合。而这个假定则（正如罗素在《数学原理》的第 102 节所指出的）依赖于 *SCP*，就是说，任何属性（或概念）的外延都构成了一个集合。这样问题就变成了：如果 *SCP* 是要抛弃的，那么，有什么东西可以替换它成为基本的谓词—集合转换原则？

【149】　策梅罗对集合论的首次公理化（1908b；1930 年有了第二次）就是寻求用一个更为严格的原则来替换 *SCP*，这个原则即**分离公理**(the Separation Axiom)：对象的任何集合（collection）都满足某个"确定的"属性，而这个集合本身也包含在一个集合中，构成了一个集合。

策梅罗的公理化避免了罗素悖论以及最大集合悖论（它无法表示序数和基数的一般概念，所以，它就无法表达其他的悖论）。（策梅罗把隐含在康托尔 1895 年对集合的刻画中的 SCP 看作是"对我们的直觉或思想的对象整体的集合，而这些对象是确定的、恰当区分开来的"。然而，这并不意味着康托尔提倡 SCP；在 1882 年，他求助于一种与分离公理相近的存在原则，无论如何，他在 1883 年之后的绝对无穷理论使其变得不可能了，正如以上关于阿列夫序列的论证所表明的那样。参见 Hallett 1984：ch. 1）

策梅罗的公理化在其精神上就是使用了希尔伯特的公理化方法去解决基础性问题。这里的"事实"是由集合论去掉那些矛盾之后的所有通常结果构成的。但策梅罗的理论却不足以做到这一点：它无法处理幂 $\geqslant \aleph_\omega$ 的集合，也无法处理序数 $\geqslant \omega+\omega$；因此它无法表明每个良序集合都表示为一个序数，这是序数理论的基础定理。部分地是由于这个理由，在 20 世纪 20 年代就由斯柯伦（Skolem）、弗兰克尔（Fraenkel）和冯·纽曼（Von Neumann）提出了其他的公理化系统，这些就形成了如今标准的系统（参见 Hallett 1984）。

关于策梅罗的公理化系统还有一个更为直接的问题。分离公理诉诸"确定的属性"的概念，但策梅罗无法清晰地解释"确定的属性"究竟是什么；的确，这个理论中并没有任何机制会阐明或确定这个概念。到了 1905 年，人们才弄清楚，选择一个不恰当的属性会导致矛盾，正如理查德（Richard）所表明的那样（1905）。这个问题也凸显了希尔伯特公理方法中的一个严重缺陷，即缺乏公理系统可以在其中得到确定的清晰框架。这个问题部分地是由外尔在 1910 年解决的，他使用了一个与现在标准相近的定义：假定从属关系和相等是集合论中的两个基本关系，那么"确定的属性"就恰恰是根据递归地使用基本逻辑运算而确定的一阶谓词。这就得到了如今标准的逻辑框架（语言加上演绎系统）的基础，而希尔伯特所做的特性描述就自然而然地被结合到了这个框架之中。（在这里，与罗素系统中的处理相反，理查德悖论是由语言框架来消解的，而不是由数学理论本身消解的）

理查德悖论是"内涵的"或"语义的"悖论（拉姆齐的用语：1926）的一个例证，涉及了真理、指称或定义之类的概念，最著名的（也是最古老的）是"说谎者悖论"。这些悖论大都收集在罗素1908年的"以类型论为根据的数理逻辑"一文中。关于定义的悖论特别使人担心，因为它们也使人们对规范的数学说明产生了偏见。的确，一些数学家就认为，对这些悖论必须加以严格限制。特别是，语义悖论都涉及后来著名的非述谓定义，即用谓词 ø 去定义一个对象 a，而这个谓词则直接或间接地指向了 a 所属的一个集合，或假定了这个集合的存在。人们会认为，数学对象并没有存在，除非它们已经得到了专门的定义，对他们来说，非述谓定义是无法接受的。彭加勒就是这样的一个人；他认为（例如，1909），使用非述谓的定义只能被那样一些人看作是合法的，他们接受了前在的数学领域的存在，而这正是彭加勒最终要抛弃的猜想。（由于非述谓定义被认为导致了矛盾，因此这些矛盾就渗入到一种特定的哲学立场中）然而，要全部禁止非述谓的定义，会导致抛弃大部分集合论；而关于不可数的无穷数的整个理论就依赖于它们的用法（参见对康托尔定理的证明），经典的解析学也是如此（例如，最小上限定理）。但彭加勒和其他法国数学家一样（参见 Borel et al 1905，Borel 1908），怀疑不可数的无穷数，提倡避免它。他们并没有提出关于数学的系统的正面论述，虽然外尔后来站在同情他们的立场上这样做了（1917）。彭加勒放弃对康托尔集合论的实在论态度，这遭到了策梅罗的激烈反对（1908a），策梅罗愿意**接受**非述谓定义是合法的，其理由正是彭加勒给出的（定义是在描述，而不是在创造），他还指出了康托尔集合论的整个领域（包括了 AC）在公理化方面的发展是明显一致的（亦见 Gödel 1944）。不过，哥德尔在20世纪30年代的关于不完全性的论者表明，一般来说，人们要想证明一个理论的一致性，只能通过用**更强的手段**，而不是用体现在这个理论本身中的手段，这就阻止了沿着这些线索对彭加勒做出决定性的回答。

人们对悖论的反应是各种各样的。有人采纳了相对自信的观点，认为它们所揭示的不过就是概念或前提表述中的不准确性而已——这就是希尔伯特学派的态度。而有人则把它们看作是经典数学中存在深刻错误的（进一步）证据所在——彭加勒、法国分析学派、博雷尔（Borel）、勒贝克（Lebesque）、英国哲学家罗素，最走极端的是荷兰的拓扑学家布劳维尔（后来得到了外尔的支持）等就是如此。布劳维尔把悖论看作是确认了数学推理中的基本原则的错误，特别是把排中律（*LEM*）运用于无穷整体的错误（参见 Brouwer 1908）。在布劳维尔看来，数学命题的正确性必须得到一个构造的支持。具体地说就是，存在就是被构造；这并不足以表明，关于没有这种对象的假定会导致矛盾。布劳维尔操心最多的就是连续统理论，它不是被看作一个具有确定主题的学科，而是被看作一种正在增长的知识，它们来自于某些作为一切数学构造之基础的内在的（和不准确的）直觉。（此后，"直觉主义"这个词就被用在布劳维尔所提倡的那种数学上）

【151】

布劳维尔的立场很复杂，因为他把数学看作在本质上是"无语言的"，因而是被它的命题表达的客观化所歪曲的。由此，在布劳维尔看来，推理并非传统意义上的"逻辑的"，就是说，它不是关于语言命题之间的关系媒介的。如果要有意义地谈论逻辑，那么就是在对某个学科的基本数学推理的概括；譬如，使用逻辑常项是由结合和处理构造的原则所决定的。但是，布劳维尔的一个学生海丁（Heyting）后来试图整理布劳维尔所支持的逻辑原则，提出了一种**直觉主义逻辑**（*IL*），这成为除经典逻辑之外的一种意义最为重大的逻辑，对它的研究在 20 世纪变得极其重要（达米特提出了一种支持 *IL* 的重要的论证思路，它避免了布劳维尔的唯心论和唯我论的立场：关于 *IL* 和达米特哲学探讨的概述，参见 Dummett 1977）。布劳维尔的正数理论在本文所谈到的这个时期还只是处于萌芽阶段，所以我们无法讨论它，我们只是指出，格利文科（Glivenko）、根岑（Gentzen）和哥德尔后来的工作表明，它实际上正是由布劳维尔的方法所特别修饰的连续统理论，而不是通常的算术。（对此的讨论以及某些原文，参见 Mancosu 1998）

对悖论的最为系统的反应出现在罗素的著作中，这在罗素 1908 年的"以类型论为根据的数理逻辑"和他与怀特海合著的不朽之作

《数学原理》（1910—1913）中达到了顶峰。罗素察觉到了在一切已知悖论的背后隐藏的唯一原因，把它归之于对"所有"一词的误用：

> 我们的矛盾具有的共同之处在于，它们假定了这样一个整体，这个整体若真是合法的，它本来可以由它自身定义出的新成员而立即得到扩大。（Russell 1908, p. 155）

因此，他的结论是，对这种整体的定义不可能是真正的定义，因为"所有"这个词在整个过程中并没有确定的意义：定义要求分离出一个集合，它包含了所有满足某个谓词 ϕ 的对象；但这个集合又要满足 ϕ，因而要把所有 ϕ 对象都汇集在一起的那个原始的要求就成了空想。（这个判断与彭加勒的判断相似：参见 Poincaré 1909；Goldfarb 1988, 1989。这在 Russell 1906 中也可以看到，虽然这个判断在那里仅仅是许多判断中的一个）由此引出了一个否定性的学说：罗素在"以类型论为根据的数理逻辑"一文中将其表述为一条规则：

【152】 "无论一个集合中的所有都涉及什么，它都不得成为这个集合中的一员"；或者反过来说，"如果假定某个集合有一个整体，而这个集合的成员只能用这个整体加以定义，那么，所说的这个集合就没有整体"。（Russell 1908: 155）

这是罗素后来所谓的"恶性循环原则"（*VCP*）的最初说法（参见 Whitehead and Russell, 1910—1913; ch. 11, section1）。1906年，罗素把那些可以恰当地定义整体的命题函项称作"述谓"（predicative）；因此，这些矛盾中涉及的命题函项就是**非述谓的**（这里就说明了"非述谓"一词的现代用法：被非述谓地定义的一个集合 a 的确唤起了一个谓词 ϕ，后者直接或间接地指向了 a，只要是通过一个全称量词）。显然，罗素的立场与彭加勒的一样，都依赖于这样一个隐含的假设，即集合（罗素的术语是类）直到被定义时才会存在。

大约从 1900 年以后（参见 Russell 1903），罗素就一直是一位逻辑学家，认为"数学和逻辑是一致的"（1937，p. v）。他最初的计划与弗雷格的有许多共同之处（虽然他的《数学原则》的大部分内容是在不知道弗雷格的情况下写就的），很随意地依赖于类的构成。罗素是在《数学原则》出版之前发现他那著名的悖论的，他看到了它所带来的某些困难，但他寻求引入一种极大改善了的逻辑框架，那只是以后的事情了。VCP 是消极的，所表明的是什么东西是不被允许的。但由于把 VCP 作为向导，罗素带来了一个支配着定义和对象可行性的积极理论，即逻辑类型论。根据这种理论，逻辑公式被排列为复杂性不断增加的等级。这种理论的成熟形式是在 1908 年被首次引入的，在怀特海和罗素的《数学原理》中占有核心地位。对它的基本说明如下：初始命题是通过将（初始的）概念（或关系）和个体结合起来而构成的，所有这些都被假定为"缺乏逻辑的复杂性"。个体构成了最低类型。用变项代替个体，那么，就可以由这些初始命题构成命题函项；而对这些变项的量化则会带来新的命题，罗素把这些命题称作**一阶命题**，它们构成了下一个类型。例如，如果 a, b, c 是个体，ϕ 是一个三位（初始）关系，那么，$\phi(a, b, c)$ 就是一个初始命题，$\phi(x, b, c)$ 就是在 x 位置上的一个初始命题函项，而 $\forall y, z \phi(a, y, z)$ 则是一个一阶命题；相应地，$\forall y, z \phi(x, y, z)$ 则是在 x 位置上的一个一阶命题函项，它的量词预设了个体整体的存在。显然，一阶命题（命题函项）具有逻辑的复杂性，而我们已经断定个体并不具有这种复杂性；因而，这些类型是不重叠的。现在来考虑一个更为复杂的命题函项 $f(\phi, x)$，这可以用来断定某个既有 ϕ 性质又是个体的东西。如果我们把 ϕ 变为一个变项，对它进行全称量化，我们就得到 $\forall X f(X, x)$，这又是 x 的一个命题函项。这个函项包含了一个全称量词，所以它一定"预设了"一个（函项的）整体，事实上，也就是一阶函项的整体。根据 VCP，如此定义的函项必定超越了这个整体，事实上会成为二阶的 x 的函项，这就给出了量化的一个新的值域，如此等等。在罗素看来，矛盾的产生正是出于对这些量化值域的混淆（或合并）。譬如，说谎者说："我说出的每句话都是假的"；在罗素看来，这只能是指"我说出的每个种类为 t 的命题都

【153】

是假的"，而这个命题并不适用于种类 t，所以它就没有落入量化的最初范围，就是说，它并不是一个间接提到的那种命题。如果我们把集合看作是由命题函项刻画的，那么就不仅有 $A = \{x : \emptyset x\}$ 不是个体（这里所有的 x 都被限定在超越个体的范围），而且 A 也被指派了一个序列，这是由用于刻画它的函项序列标记其上的。因此，分别由 $\forall y, z\emptyset (x, y, z)$ 和 $\forall Xf (X, x)$ 定义的集合 xs 具有不同的序列。

我们由此就到达了罗素的哲学方法的核心：一切都是（或应当是）由命题函项的递归构造（和后续的复杂性）决定的。因此这种方法在一定意义上是**语言上的**，尽管罗素并不清楚语言框架在何处止步，而数学又从何处起步。在古典集合论中，人们习惯于认为，集合不过就是一些个体，就像它们的成分一样，而用于把它们单列出来的谓词或概念的复杂程度则是无关紧要的；这也适用于解释弗雷格的概念外延。罗素的方法则抛弃了这一点。罗素实际上前进了一步；他完全没有把集合放到他的系统中，尽管他对所有标准的集合论术语都给出了语境定义：这里只有命题和命题函项。在这种情况下，我们无疑就会更为自然地认为，它们就标志着它们的类型，规定了它们之间的区别。（说"这个邮筒是红色的"和"红色是一种颜色"，这都是自然的；但说"这个邮筒是一个颜色"则是没有意义的。不过，语言的直觉并不趋于量化："所有的东西都是红色的"肯定不是无意义的，但"所有的"不正是真正的全称量词吗？或者说，这种量化不正是涵盖了可以有意义地断定颜色属性的东西吗？）

罗素对数学的解释恰当吗？他自己很快就看到了难处，因为数学中存在着许多情况，人们实际上是想量化某个变量的所有命题函项，而不是去量化那些具有某个确定序列的命题函项。在 1908 年，罗素用"归纳属性"给出了自然数的定义，并把同一性（"不可分辨物的同一性"）定义为两者的同一。他以采纳可还原性公理作为处理这个问题的方法。这就是说，对于 n 个序列的命题函项而言，总是存在一个在外延上相等的一阶命题函项（用罗素《数学原理》中的术语说，

【154】 就是**述谓**）。因此，事实上，量化过程可以推进到，当然也可以限于一阶函项（述谓函项），而结果并没有失去普遍性（对关系而言也存

在类似的可还原性公理)。罗素采纳可还原性公理的理由是双重的:(1) 假如是这样一种情况:对任何序列中的函项 ø 而言,都存在一个类 $A = \{x : øx\}$;那么,函项 $x \in A$ 事实上就属于一阶的,在外延上就等于 ø。因此,可还原性就起到了重要的类的作用。(2) 还原性公理使非常重要的数学变得便利了,否则它就会受到妨碍,而对其他许多东西的证明也得到极大的简化。可还原性在罗素和怀特海的《数学原理》中也得到了及时的采纳。

然而,这个公理表明了一个严峻的概念难题,因为它的**存在性质**与它据称要补充的函项理论的构造性质相冲突,而这就扭曲了《数学原理》中的语用逻辑主义。(对罗素的无限性公理和倍增公理,例如 AC,也可以这样说)在《数学原理》第二版的导言中,罗素抛弃了可还原性,认为它"显然不是一种可以让我们感到满意的公理"(Russell and Whitehead 1927, p. xiv)。而如他所承认的,如果没有这个公理,标准的经典分析就会步入歧途(例如,一个完全具有相同序列的无限的实数束集,就不可能总是具有至少这个序列的更高约束)。这一真正的构造路径(始于 Weyl 1917)容许了经典逻辑,但只有述谓定义或集合格式,这个路径具有重大的哲学意义。不过,罗素自己的体系却缺乏可还原性,因而无法达到其主要目的;罗素也承认,这是因为逻辑框架并不允许重新构造标准的数学。

拉姆齐(Ramsey 1926)指出,如果我们不想坚持同时解决所有的矛盾,我们就可以简化罗素的类型论。他单列出诸如说谎者悖论这样的矛盾,认为这可以处理为语言框架的运算,而不像罗素悖论那样与数学和逻辑有关;他还注意到,一个简单的(非构造的)类型论就会防止后面这种矛盾,而无须延伸用于处理说谎者悖论的构造性序列理论。的确,简单的类型论并没有远离策梅罗的集合论(Quine 1963)。拉姆齐对各种不同悖论的区分一直受到人们的追捧,尽管一个永久的话题(来自哥德尔和塔尔斯基的工作)是,研究一个理论的语义学在多大程度上能恰恰在这个理论中得到重建(如果不能重建,则被认为有矛盾,并非所有理论的语义学都能这样重建),并只考察如何对这个理论进行补充来为此做好准备。

八　结　论

这里描述的工作对 20 世纪的基础性工作究竟产生了什么影响呢？这里有四项重要遗产。

第一项伟大的遗产是集合论。格拉斯曼、黎曼和其他人的工作表明，类似集合概念之类的东西在一般化的数学中是必需的。康托尔的工作则强调了这一点，并提供了一个一般的框架理论。弗雷格和狄德金的工作进一步强调了它在基础性分析中的意义，特别是假定了需要一种无穷理论；即使是罗素也完全没有成功地避免它。由策梅罗开始的第一个关注是构造恰当的公理系统；第二个则是解决连续统问题。在这两个方面，哥德尔和科恩的元数学研究具有最为重要的意义。大致地说，集合论展现了成熟的公理系统的哥德尔发展模式；不过，它也（逐渐地）成为基础性工作的基本框架，不仅是针对还原主义的倾向，而且为抽象的数学结构提供了材料，最终成为逻辑后继核心概念的理论基础。由此，甚至是希尔伯特关于抽象结构多样性的信念，也服从于集合论的还原主义标准。

第二项重要遗产是由悖论所提供的。它们对基础性研究产生了深远的影响，比如，极大地摧毁了试图表明数学仅仅是精密逻辑的企图。虽然它们并没有对数学的实质带来最具颠覆性的影响，就像彭加勒和布劳维尔的工作所表明的那样，但它们无疑促成了更为严格的表述，而这些确保了 19 世纪最为重要的普遍化运动能继续存在下去，尽管有所削弱。此外，试图对悖论（特别是对语义悖论）做出诊断并提出令人满意的解决方法，仍然是一项长期的事业（塔尔斯基的工作以及最近关于说谎者悖论和真值定义方面的工作就是证据）。

第三项遗产是希尔伯特的"公理化方法"以及希尔伯特首先提出的一种基础性问题，这些问题只有在用公理化形式建构理论的时候才有意义。特别是"方法的纯洁性"问题成为基础性研究的标准内容。

第四项伟大遗产是哲学分析与数学分析的合并，我们在这里看到了哲学对数学的反思以及这种反思的数学创造性。

　　数理逻辑在 1914 年还处于萌芽时期；人们可能会论证说，当数理逻辑在 20 世纪二三十年代达到成熟，对它的研究就改变了数学的基础。情况也许如此；但它并没有将数学的基础变得面目全非。首【156】先，逻辑本身是由希尔伯特所识别和使用的各种解释之类的东西所永久形成的。其次，逻辑最终可以使希尔伯特关于理论（例如关于完全性）的某些问题以精确的方式提出和解答。再次，在基础研究中使用逻辑，成为希尔伯特用数学去分析数学这个策略的明显案例。数理逻辑带来的真正创新是，它导致了发现公理化理论逻辑表述中的某些局限性，而这一发现的后果有如下启示：形式的、公理化的集合论确实无法成为数学的终极的基础理论，而且其他任何理论也都无法做到这一点。

米歇尔·哈雷特

【157】

第十一章

判断理论

一 判断的结合论

(一) 导言

哲学家们在 1870 年左右普遍接受的判断理论，就是我们所谓的"结合论"，更为准确地说，就是关于判断活动的理论，即被看作是结合或区分所谓的"概念"、"呈现"或"观念"等某些心理单位过程的理论。肯定的判断就是把一些复杂的概念放在一起的活动；否定的判断则是将概念区分开来的活动，这些概念通常是一对概念，由主词和谓词构成，用系词把它们相互联系起来。

与结合论密切相关的是，把传统的三段论看作是对判断逻辑的恰当说明加以接受。在其他方面，这个理论也根植于亚里士多德的观念。它根据亚里士多德在《范畴篇》(14b) 和《形而上学》(1051b) 中的直觉推出，概念的复杂性可能反映了世界上的对象之间的对应结合。亚里士多德的追随者们长期以来一直认为，只有在考虑到广泛的本体论背景这样一种框架之内，判断现象才可以得到恰当的理解。结合论的最初形式据说就是我们所谓的"先验"理论，它们由此被看作是先验地结合了关于世界上各种对象的判断活动。这些观点由诸如阿伯拉尔（Abelard）（例如，在他的《逻辑研究》中）和阿奎那（《神学大全》）这样的经院哲学家所推进，这些观点在 17 世纪的洛克以及莱布尼茨的实验（在结合律逻辑这方面，例如《人类理智新

178

论》IV5）中仍清晰可见。

然而，至1870年，却很少有人追随亚里士多德或莱布尼茨的先验理论。因为当时随着德国唯心论而来的一种内在论观点开始占据主导地位，根据这种观点，判断过程应当完全从判断主体的心灵或意识之内发生的事情的角度来理解。19世纪下半叶更为通常的一种德国唯心论，则把知识的对象看成是确确实实位于（"内在于"）知识主体的心灵之中的。例如，文德尔班可以把这种意义上的唯心论定义为"把存在分解为意识过程"。具有这种唯心论精神的结合论在德国得到了这样一些人的发展，例如，古斯塔夫·比德曼（Gustav Biedermann）、弗朗兹·比泽（Franz Biese）、埃德华·厄尔德曼（Eduard Erdmann）、库诺·费舍、厄恩斯特·弗雷德里希（Ernst Friedrich）、卡尔·普兰托（Carl Prantl）、赫尔曼·施瓦兹（Hermann Schwarz）。

【158】

（二）伯纳德·波尔查诺的句子自身

一种多少有些例外的情况是伯纳德·波尔查诺出版于1837年的《科学论》（*Wissenschaftslehre*）。波尔查诺这本书的出版，早于我们这里所讨论的这个时期40年左右，但它对判断理论非常重要，所以我们不得不对它做一些简要的说明。波尔查诺也捍卫一种判断的结合论，但属于柏拉图主义的结合论。波尔查诺告诉我们，所有的命题都有三个成分，即主体的观念、拥有的概念和谓词的观念，用一个表达式表示为 <*A* 拥有 *B*>（Bolzano 1837［1972］：par. 127）。波尔查诺的判断理论区分了：（1）*Satz an sich*（句子自身），现在通常被说成是"命题"。（2）想到的或说出的句子。前者是理想的或抽象的实体，属于特殊的逻辑领域；后者属于思想活动的具体领域，或属于说话或语言的领域。

根据这种理论，一个判断就是关于一个理想命题的思想，是一个在时间和空间之外的实体："我所谓的命题自身，是指某物是或不是这种情况的任何断定，无论是否有人用话语说出它来，无论它是否甚至被想到"（Bolzano 1837：par. 19［1972：20—21］）。这种柏拉图主义的判断理论在随后的历史发展中产生了重要影响，值得注意的是，类似于波尔查诺的理论后来在19世纪也为德国的洛采和弗雷格以及英国的斯托特所接受。

根据波尔查诺的观点,真假是命题的无时间属性,每个命题都或真或假,虽然拥有真值这个属性在波尔查诺看来并不属于对命题概念的定义(Bolzano 1837［1972］:par. 23、125)。由于判断是关于一个命题的思想,判断活动就可以在扩展的意义上被称作或真或假,而真假可以进一步用来断定用于表达判断的言语活动。

波尔查诺的理论确保了真理的客观性。首先,真理是独立于意识的;真理的获得并不依赖于它是否被思想或被承认。其次,真理是绝对的;它并不依赖于时间或时代。再次,一个判断的真假并不依赖于做出这个判断的语境(Bolzano 1837［1972］:par. 25)。这种对真理和知识客观性的波尔查诺式理解,首先在奥地利很有影响(参见Morscher 1986),随后产生了更为广泛的影响。

【159】

(三) 从判断的结合论中提出的问题

由于哲学唯心论本身在19世纪中叶左右就开始遭到质疑,因而结合论也开始被看作是有问题的。对结合论提出的第一个问题,是质疑存在性判断和非个人判断的性质,诸如"猎豹存在"或"下雨了"。这种判断似乎只涉及一个单一的成员,所以对这些判断而言,就不存在所谓的"结合"或"统一"的观念。

进一步的问题则表明了,即使判断可能被看作是涉及概念或呈现的结合,人们也会感到需要进一步的肯定或确信,用唯心论的术语说,就是某种"有效性意识",或者用弗雷格的话说,就是"断定力"。否则,这个理论就无法处理假设性的和逻辑上的其他组合判断,在这样的判断中,复杂的概念或呈现就表现为本身无须加以判断的那些判断的恰当部分。

其他问题关注的是真理概念。对判断进行评价的一个重要方式就是它的真值。1900年左右的一些哲学家逐渐清楚地认识到,要想公正地对待判断的真理,就必须承认某个客观的标准,它超越于这个判断,判断的真理可以用它加以衡量。这就构成了对这样一种观念的挑战，即认为概念上的结合就提供了说明判断所需要的一切。即使判断涉及概念的结合，判断的真也必定涉及与概念上的结合所对应的对象方面的东西。因而人们最终就试图谈论这种对象的连接，确立某种对象性的东西，它们是与我们的判断活动对应的。

二　弗朗兹·布伦塔诺

（一）意向性概念

正是弗朗兹·布伦塔诺通过他在《从经验立场看的心理学》(*Psychologie vom empirischen Standpunkt*)（Brentano 1874/1924［1973：77—100，特别是88—89］）中提出的意向性学说与判断的结合论发生了第一次重大决裂。在布伦塔诺看来，知识是一种特殊的判断。因而在他的心目中，对所出现过的一切判断形式进行心理学的描述和分类，乃是作为哲学分支的知识论的一个必要前提。然而，首先，这就必须为心理学科学本身找到一个坚实的基础，这需要对心理学研究的专门对象做出前后一致的划界。为此，我们需要某个特别的属性，可以区分心理现象和其他各种现象。这就是布伦塔诺大量讨论的**心理意向性原则**，每一个心理过程都是关于或涉及某个东西的。【160】

布伦塔诺区分了心理或意向现象的三种类型：**呈现**、**判断**和**爱与恨的现象**，其中每一种心理现象都是由自身特定的意向关系或意向倾向决定的。**呈现**是主体意识到某个内容或对象而没有对它采取任何立场的活动。这样一种活动既可以是直觉的也可以是概念的。就是说，我们可以在我们的心灵面前有一个对象，这个对象要么是在感觉经验中（以及在想象的各种形式中），要么是通过概念得到的——例如，我们想到一般的颜色概念或疼痛概念时就是如此。呈现可以是（相对）简单的，也可以是（相对）复杂的，这个区分受到了英国经验主义者关于简单观念和复杂观念主张的启发。一种简单的呈现（例如）就是一个红色的感觉材料；一个复杂的呈现就是大量不同的色块（Bretano 1874/1924［1973：79f.，88f］）。

（二）判断的存在论

新的意向性种类或模式可以在呈现的基础上建立起来。对于与呈现中的对象相关的简单方式而言，最终可以增加与这个对象相关的两个完全对立的模式，我们称为"接受"（用肯定的判断）和"拒绝"（用否定的判断）。在布伦塔诺看来，这两种模式都是意识的特别过程。

布伦塔诺的接受概念很接近英语中的"相信"一词。布伦塔诺并没有清楚地区分判断和相信，正如他没有清楚地区分心理活动和心理状态。然而，接受和拒绝应当区别于分析哲学家所谓的"命题态度"。后者的对象是命题或抽象的命题内容，而布伦塔诺并没有在他的本体论中讨论这种理性实体（entia rationis）。

在布伦塔诺看来，一个判断就是相信或不相信一个对象的存在。因而，所有的判断都有如下两种标准形式之一："A 存在"，"A 不存在"。这就是布伦塔诺著名的**判断的存在论**。它的重要意义尤其在于它是结合论的第一个有影响的替选者，结合论已经很久没有受到挑战了。"弗朗兹看到了一片美丽的秋天落叶，湿润光滑，有着漆红的颜色"，根据存在论的观点，这个句子表达的判断应当表达为："弗朗兹所看到的—漆红色的—湿润光滑的—美丽的—秋天的—落叶存在"。"哲学不是科学"，这个句子表达的判断应当转换为："作为科学的哲学不存在"。"所有的人都是有死的"这个全称判断应当表达为："没有不死的人"或"不死的人不存在"。判断可以进一步分类为可能的或确定的，明显的或不明显的，先天的或后天的，肯定的或否定的，等等。布伦塔诺认为，其中的每个区分都代表了判断本身的实际心理学差别。我们将会看到，对于把判断分类为真假，就无法这样说。

像 19 世纪的几乎所有哲学家一样，布伦塔诺追随亚里士多德，他认为，用语言作为表达式的判断仅仅是次要的现象——只有判断活动本身才是主要的。你说的是什么并不完全重要；重要的是你想的是什么。但语言分析在布伦塔诺及其追随者的工作中起到了相当核心的

【161】

作用。布伦塔诺对语言表达式的分析，关键在于区分了范畴的表达式和句法范畴的表达式。句法范畴的表达式就是只有在某个语境中与其他的语词相联系时才能具有意义的语词。例如，"真"就是句法范畴的。从另一方面来看，这就意味着，并不存在任何真实的东西可以使一个真判断不同于一个纯粹判断（正如并不存在任何真实的东西可以使一个具体的美元不同于一个美元）。不存在"真"这个谓词所指的判断活动的属性。布伦塔诺把这个分析同样运用于其他的情况，比如对类似"存在"和"虚无"这些词的收缩论分析。

（三）判断活动的对象

如果判断是对某个东西的接受或拒绝，那么我们就仍然需要确定被接受或拒绝的是一个什么东西。这就是布伦塔诺所谓的判断的**质料**（matter）。它得到判断（被接受或被拒绝）的方式，他称作判断的**性质**(quality)。要理解这些词，我们就需要再次看一下布伦塔诺的意向性概念。不幸的是，他的《从经验立场看的心理学》中的这段著名段落可以得到各种解释（Brentano 1874/1924 [1973：88—89]）。争论的一点是关于这三种心理活动的对象之间的关系。我们一定要认为所有的活动都要以自己的方式指向对象吗？或者说，呈现活动可以确保在每种情况中都指向对象吗？根据后一种观点，判断、情绪和意志活动都是意向性的，这完全是因为它们得以确立的呈现就隐含着意向性。【162】

争论的第二个观点是关于对"指向对象"的关系性解释和非关系性解释，作为对"意向的"这个词的注解。对意向性的关系性解释是把所有的心理活动都看作指向对象，作为它们的先验目标。这种解释多少有些问题，只要我们反思一下阅读小说时的活动，或者是基于错误地设想存在这种活动，就可以看到这一点。认为所有的心理活动都是在关系的意义上指向对象的，而这些对象又外在于心灵，这种观点在这种情况中似乎显然是错误的，除非我们像迈农（Meinong）那样承认，除了存在或实在的方式之外，对象的存在还有其他方式。

然而，事实上，仔细阅读布伦塔诺的著作就会得到对意向性的非关系性的（如今有时称作"副词的"）解释。这是把意向性看作心理活动的一位属性（a one‑place property），即心理活动以这种或那种具体方式被指向的属性。当布伦塔诺谈到指向对象时，他并不是在指心理活动的假定的超验目标，即没有心灵的对象（这是依这些线索得出的一个论点，人们不断地把它归咎到布伦塔诺身上：特别参见 Dummett 1988［1993］：ch. 5）。相反，他是指思想的内在对象，或者完全用布伦塔诺在《心理学》中论述的精神说，是指也可以被称作"心理内容"的东西。思想的活动是某种真实的东西（真实的事件或过程）；但思想的对象只存在于思想到它的活动存在的时候。思想的对象在其性质上应当是某种栖居于（innewohnt）某个真实实体（思想者）的心理活动中的非真实的东西（Brentano 1930［1966：27］）。

（四）明证判断的理论

布伦塔诺的判断理论在两种意义上是主观的。首先，在涉及判断对象的意义上，它是内在论的。其次，判断是真实的事件；它们是心理状态或心理情节，这个观点没有为波尔查诺关于真和假是无时间属性的任何观点留下余地。

那么，我们如何把判断的心理活动这个主观领域连接到客观的真理领域呢？对这个问题的一个解决方法就是诉诸传统的真理符合论。然而，布伦塔诺最终抛弃了这个观念；其中的理由是，因为符合论没有带来真理的标准，而布伦塔诺相信他自己已经发现了这样一个标准，它与在他看来庞大而重要的一类判断活动有关，这类活动属于他所谓的内在知觉的领域（Brentano 1930）。于是，布伦塔诺就转向了所谓的认识论的真理观；这个转向也得到他的这样一种观点的支持，根据这种观点，"真""假"是句法范畴，就是说，它们并没有指向判断活动的属性。

布伦塔诺的真理理论的核心作用是由证据概念承担的，我们在这里遭遇到了布伦塔诺思想中重要的笛卡儿情节。他把所有的判断都划分为二，以**事实判断**为一方，以**必然性判断或公理**为另一方。前者有两种类型：内在的知觉判断（例如，当我判断我正在思想的时候，或换句话说，**我现在的思想存在**）和外在的知觉判断（例如，我判断有某个红色的东西，或者，一个红色的东西存在）。布伦塔诺认为，当存在着他所谓的判断者与被判断之物之间的同一时，我们的判断就附加上了证据。对这种同一的经验是初步的，它只能在某人的具体判断活动中"实指地"谈论时才能得到阐明（Brentano 1928：par. 2 ［1981：4］）。这种同一，从而我们对这种同一的经验，被外在的知觉判断所排除，但却为内在的直觉判断所保证。"内在的知觉是明证的，甚至永远是明证的：内在意识中呈现给我们的东西就是实际如其所显示的那样"（Brentano 1956：154）。在布伦塔诺看来，公理是由判断表明的，比如：圆的正方形不存在。这种判断以概念关系作为其对象，这些概念关系也总是明证的。公理就是如此，使得它们的真理先天地出自相应的概念（Brentano 1956：141ff.，162—165，173；Brentano 1933 ［1981：71］）。它们并不依赖于知觉（或任何事实判断），在这种意义上，它们是"先天的"。他最喜欢的公理对象的例子，除了圆的正方形之外，还有绿红，同时既做出正确的接受又做出正确的拒绝的判断者。于是，布伦塔诺坚持认为，所有公理都是否定的，都具有这样的形式："是 B 的 A 不存在"，"既是 B 又是 C 的 A 不存在"，如此等等。

在我们这样的存在者看来，明白无误的判断仅仅包括内在的知觉和公理。布伦塔诺认为，我们也可以正确地判断外部世界，但他强调，我们的判断一定是"盲目的"（是一种预感或推测之类的东西），这种判断并不属于我们严格意义上的知识。即使是对我们并非明证的真判断，也一定对某个存在物（例如上帝）是明证的，使得它能够以相同的方式对相同的对象做出判断，只是它的判断是以对证据的经验相伴随的。

【164】

三　活动、内容和判断的对象

根据布伦塔诺的认识理论，真理是主观的，就是说，它依赖于证据的主体经验。然而，在更深的层次上，它又是客观的，就是说，证据的经验在任何时候都只能在涉及严格分类的判断时才能够得到，而这样的判断是不依赖于判断主体就可以得到确定的（关于布伦塔诺的真理论，参见 Brentano 1930，Baumgarther 1987，Rojszczak 1994）。

那么，逻辑呢？逻辑规律拥有非时间的有效性吗？这个问题涉及后来出现的所谓心理主义问题。布伦塔诺对这个问题的解决是认为，逻辑的客观性是由证据保证的，正如真理的客观性是由证据保证的一样。但这样一种真理概念可以合理地被看作总是与单个的认识活动相关联的，因此也就与单个的判断主体相关联。有鉴于此，我们又如何解释逻辑是用来产生每个思想过程都必须满足的共有的规范规则系统这一事实呢？布伦塔诺本人对这个问题没有给出最终令人满意的答案。他的后继者从两个方面强调了这个问题：一方面是通过对判断活动的心理方面的缜密研究，另一方面是通过从心理学到本体论的转变：这个转变导致了关于特殊的判断活动对象的假设。这里所依据的思路，一方面在经院哲学家的著作中已经预示到了，另一方面在波尔查诺关于命题自身的学说中被预示到了（参见 Nuchemans 1973，Smith 1992）。

（一）赫尔曼·洛采和朱利叶斯·伯格曼：事态的概念

正是首先与"事态"（Sachverhalt）这个词的联系，20世纪末的判断理论家才又一次开始重新发现经院哲学家旧的超越（实在论的）理论中的成分。这个词本身来自标准德语用法中的短语，比如 wie die Sachen sich zueinander verhalten（事物如何相处或相互关联）。这个短语出现在洛采1874年的《逻辑》（*Logik*）一书中，尽管只是一笔带过。他引入了对判断的讨论，对呈现之间的关系和事物之间的关系(sachliche Verhältnisse) 做了比较（Lotze 1880）。洛采写道，仅仅"因为人们已经预先假定了事物之间的关系是已有的，因此人们就可以用句子去描述它（in einem Satz abbliden）"。正是在把事物之间的关系说成是判断的超验目标时，洛采使用了 Sachverhalt 这个词，与洛采关系密切的另一个哲学家朱利叶斯·伯格曼（Julius Bergmann）在他1879年的《普通逻辑》（*Allgemeine Logik*）中系统地使用了这个词。在伯格曼看来，知识就是这样一种思想，"其思想内容与Sachverhalt和谐一致，因而是真的"（Bergmann 1879：2—5、19、38）。【165】在洛采和伯格曼看来，Sachverhalt或事态也就是为使判断为真而必须与之符合的客观成分。

洛采关于判断对象的思想在英国通过詹姆斯·沃德的影响而得到了发展，洛采于1844年在哥廷根得到任命后，沃德就跟随洛采学习。参加洛采讲座的还有另一位布伦塔诺的忠实信徒，即卡尔·斯通普夫。

（二）卡尔·斯通普夫：判断的活动和内容

要理解斯通普夫取得的成就，我们就必须回溯一下布伦塔诺的判断存在论。在布伦塔诺看来，判断在本体论上的传统关联，只是内在心理的呈现对象，例如感觉材料，它们是在肯定和否定的判断中被接受或拒绝的。然而，布伦塔诺的直接追随者却至少在某种程度上受到了波尔查诺和洛采的启发，寻求判断活动在本体论上的关联，这在范畴上就会与呈现活动的关联不同。但斯通普夫、马蒂（Marty）以及其他人仍然把这些本体论上的关联看作是与布伦塔诺的存在论和谐一致的。对于肯定判断"A存在"的本体论关联，他们使用这样的词："A的存在"；对于相应的否定判断，他们使用"A的非存在"。其他类型的判断关联也是如此炮制：**A的实存**（关于理想对象和虚构之物的判断关联），**A的可能性**，**A的必然性**（模态判断的关联）等。1888年，斯通普夫确定用Sachverhalt这个词去指此类的判断关联，确定了这个词的一种用法，表明了它比洛采和伯格曼的用法更有影响。这段相关的话就出现在斯通普夫的1888年逻辑讲演中，讲演的笔记一直保存在卢汶的胡塞尔档案馆中。其中写道："从判断的质料中，我们区分出了内容，即在判断中表达的事态。例如'上帝存在'这个判断就以上帝为其质料，为其内容：上帝的存在。'没有上帝'这个判断具有相同的质料，但其内容却是：上帝的非存在"（MS Q13，p. 4）。于是，事态就是**判断的具体内容**，"应将它与呈现的内容（质料）区别开来，并在语言上用'that从句'表达，或用名词化的动词不定式来表达"（Stumpf 1907：29f.）。

斯通普夫将 Sachverhalt 或事态归诸于他所谓的**形成物**（Gebilde）的特殊范畴，他把这些东西比作天空中的星座，我们自称在天空中看到了它们，但实际上它们不过是心理世界的产物。如果我们想到，斯通普夫关于形成物科学的观念（Stumpf 1907：32）肯定受到了乔治·康托尔所提出的流形理论的影响（康托尔是斯通普夫和胡塞尔在哈勒大学的同事），我们就能着手理解他的那个观念了。回想一下，康托尔关于一个集合（Menge）的定义是："任何归结为一个整体的汇集，这个整体是我们的直觉或思想的明确而清晰可辨的对象的整体。"（Cantor 1895/1987：282 [1915：85]）。正如康托尔的工作引发了集合本体论或汇集物本体论中一种新的精细探讨，斯通普夫关于事态的研究也代表了本体论上更为精致的同一类判断理论发展道路上的重要里程碑，我们将会看到，这种判断理论对于现代逻辑来说是成果丰硕的。

（三）卡齐米日·特瓦尔多夫斯基：内容与对象

卡齐米日·特瓦尔多夫斯基（Kazimierz Twardowski）是布伦塔诺的波兰学生，正是他完成了与内在主义立场的关键性决裂，这已经被证明对整个 19 世纪的判断理论都是事关重大的。这一决裂出现在他 1894 年的《论呈现的内容和对象》（*Zur Lehre vom Inhalt und Gegenstand der Vorstellungen*）一书中，特瓦尔多夫斯基提出了一系列论证，捍卫呈现活动的**内容**与它们的**对象**之间的区分。

特瓦尔多夫斯基的研究从分析"呈现"（Vorstellung）和"被呈现的东西"（das Vorgestellte）之间的区别开始，早期的布伦塔诺追随者一直使用这两个词。这两个词是很模糊的。第一个词有时指呈现的行动或活动，有时指这个活动的内容或内在对象。第二个词有时指整个内在对象（大致地说，是指真实事物的影像），有时是指真实的事物本身，仿佛它存在于独立的实在之中。特瓦尔多夫斯基认为，要避免这些混淆，我们就需要更为精确地分析这个区别。

第一，有一些属性是我们归属于对象的，而它们并不是内容的属性：我对红玫瑰的影像本身并不是红色的。第二，对象与内容的区分在于，对象可以是实在的或不是实在的，但内容则在任何情况下都没有实在性。这个论点依赖于特瓦尔多夫斯基关于"成为实在的"和"存在"之间的区别。前者仅仅用于相互有因果关系的时空中的东西。后者也用于假定的非**实在物**(irrealia)，例如，用于数字和其他抽象的东西。第三，一个相同的对象可以通过不同的呈现内容得以呈现：一座建筑可以从前面看，也可以从后面看。第四，通过一个单一内容可以呈现对象的多样性，比如，通过诸如人这个一般概念。最后，我们可以对非存在的对象做出真判断，例如，我们真实地判断飞马有双翼。如果在内容和对象之间不存在真实的区别，那么，这种判断的内容也就不可能存在，而对象则可能存在。特瓦尔多夫斯基把呈现的内容定义为"呈现活动与呈现内容之间的连接，一个活动由此就会意向于这个具体的对象，而不是其他的对象"（Twardowski 1894 [1972：28—29]）。特瓦尔多夫斯基把这个对象的特点描述如下：

【167】

> 每个通过呈现而表现出的东西，即通过判断而得到肯定或否定的东西，通过激情而意欲或厌恶的东西，我们称之为对象。对象或者是实在的，或者是不实在的；它们是可能的对象或者是不可能的对象；它们存在或者不存在。它们具有的共同之处是，它们是……心理活动的**对象**，或者可能是这样的**对象**，它们的语言标记就是名称。……广义上作为"某物"的"每个事物"，都被称作"对象"，这首先是对主体而言的，而另一方面又不考虑那种关系。（特瓦尔多夫斯基 1894 [1972：37]）

在《论呈现的内容和对象》中，特瓦尔多夫斯基把判断活动看作是拥有自己的专门**内容**的，但判断活动的**对象**却是从相关的潜在呈现中继承来的。因此，在特瓦尔多夫斯基看来，正如布伦塔诺和斯通普夫所见一样，判断的内容就是相关**对象**之**存在**。然而，三年之后，在给迈农的一封信中，特瓦尔多夫斯基提出，除了判断内容之外，人们还应当承认判断活动的一个专门对象（Meinong 1965：143f.）。他由此就把内容与对象的区分推广到判断活动的领域，这样就产生了一个图式（见表 11.1）：

表 11.1

呈现活动	呈现的内容	呈现的对象
（关于苹果的思想）	（关于苹果的影像）	（苹果）
判断活动	判断—内容	事态
（关于苹果的肯定判断［接受］）	（苹果的存在）	（苹果存在）

判断领域中的这三个成分之间的区别一旦成立，关于判断的各种不同研究的领域也就变得可能了。在迈农、埃伦费尔斯、胡塞尔、马蒂以及布伦塔诺的其他后继者的工作中提出了关于事态的本体论，以及关于价值和格式塔属性之类的相关形成物的本体论。特瓦尔多夫斯基的主要兴趣在于与语言表达式相关的判断活动和内容，他由此开创了波兰的一个传统，这个传统自然而然地导致了本世纪逻辑学和语义学中塔尔斯基和其他人的工作（Woleński and Simons 1989，Woleński 1989，1998，Rojszczak 1998，1999）。同时，他在自己的波兰追随者中复兴了对古典符合论思想的兴趣，这个复兴得以可能，是因为除了判断的活动和内容之外，他还承认了判断所具有的制定真理的先验目标。

【168】

四　埃德蒙德·胡塞尔：判断与意义

在布伦塔诺之后所完成的关于判断心理学和判断本体论的全部著作中，胡塞尔于 1900—1901 年出版的《逻辑研究》（*Logische Untersuchungen*）是一部出类拔萃的巅峰之作。胡塞尔像特瓦尔多夫斯基一样，区分了判断活动的内在内容和判断活动的对象（Husserl 1894，1900/1：Ⅵ，par. 28、33、39）。他也承认布伦塔诺式的判断活动性质的概念，但把它看作不仅包括了一个判断活动中接受或拒绝的肯定或否定因素，而且包括了决定一个给定的活动是否是一个判断活动、假设活动、怀疑活动等的因素。同时，他还特别强调如下事实：活动的这个方面可能是变化的，即使活动的内容保持不变（Husserl 1900/1：Ⅴ，par. 20）。于是，我可以**判断约翰在游泳**，**怀疑约翰是否在游泳**，如此等等。这个内容就是决定着相关对象的活动的那个方面，如同它也决定着在这个活动中以何种方式把握这个对象——这个活动赋予该对象的特征、关系、范畴形式（Husserl 1900/1：Ⅴ，par. 20）。

所有这些在布伦塔诺和特瓦尔多夫斯基的著作中都是熟见的。胡塞尔的理论在弗雷格的著作中也有对应者，在后者中，活动、内容和对象的三重理论被转变成语言方式，它造成了表达式、意义和指称之间的相似区分。胡塞尔的"性质"对应于弗雷格判断理论中所谓的"力量"（Frege 1879：par. 2—4）。而更为正统的布伦塔诺主义者则将注意力集中在心理学上，集中在以活动为基础的对判断理论的探讨上。众所周知的是，弗雷格难以把这一心理学的维度整合到他的以语言为根据的探讨中去（参见 Dummett 1988［1993］，特别是，第十章"把握思想"；Smith 1989a）。正是胡塞尔首次成功地构建了一个完整的框架，而语言的意义理论则在其中成为活动理论和活动结构理论的重要组成部分。实际上，胡塞尔对语言、活动和意义之关系的处理，显示了先前在哲学文献中从未遇到过的一种复杂性。

为了理解胡塞尔思想的原创性，重要的是要注意到，老派的布伦塔诺主义者已经不足以理解**逻辑句法**方面——在某种程度上，这就是他们为抛弃旧的真理和判断结合理论的结合方面而付出的代价。因此，他们完全没有认识到，判断活动不同于呈现活动，不仅由于断定或信念的性质（布伦塔诺的接受和拒绝）的存在，而且由于具体的**命题形式**。换言之，一个判断必定具有某种具体的复杂性。这种复杂性在语言上就表达为具体的句子形式，在本体论上就反映为具体的事态形式。为了说明这种复杂性，说明把判断的各个方面都统一为一个整体的方式，胡塞尔沿着他在《逻辑研究》第三部分中提出的思路，利用了关于部分、整体和融合的本体论。

根据胡塞尔的观点，当我们使用一个语言表达式的时候，这个表达式具有意义，是因为通过一个活动而**被赋予**了意义，而在这个活动中，相应的对象则是在意向上**被赋予**给使用语言的主体。胡塞尔告诉我们，"使用一个有意义的表达式和在表达上指称一个对象，是相同的一件事"（Husserl 1900/1 [1970：293]）。一个意义活动就是"我们用以指称此刻这个对象的确定方式"（Husserl 1900/1 [1970：289]）。这个活动的指向对象的成分和赋予意义的成分，由此就融合为一个单一的整体：它们只能抽象地加以区分，但在活动中不能把它们体验为两个不同的部分。于是，意义的给予（例如）就不在于把语言的用法在认识上深思熟虑地与某种柏拉图式的理想意义联系起来。胡塞尔（与波尔查诺或弗雷格相反）并不把意义看作是悬挂在真空中的理想对象或抽象对象，把它们与具体的语言使用活动分离开来。然而，胡塞尔像波尔查诺和弗雷格一样，也需要某种理想的或抽象的成分作为他非心理学地说明逻辑规律必然性的基础。他也需要找到某种方式去说明如下事实：基于既定场合中的既定表达式而得到的意义，在交流的过程中，可以超越在这个场合中涉及的具体活动。不同的主体在不同的时间和地点如何可以实现相同的意义？胡塞尔对这个问题的回答精致而不失大胆：他把亚里士多德的语言表达式的意义概念发展为**各种各类**相关联的意义活动。

要理解这里包含的内容，我们首先必须注意到，胡塞尔把意义活动区分为两类：一类是与**名称的**用法相关，这就是呈现活动；另一类是与**句子的**用法相关，这就是判断活动。前者直接指向**对象**，后者则指向**事态**。第一种意义活动可以独立地出现，或者（在某种转换过程中）出现在第二种的意义活动语境之中（Husserl 1900/1 [1970：676]）。名称的意义（胡塞尔称之为概念）就是**各种呈现活动**；句子的意义（胡塞尔称之为命题）就是**各种判断活动**。意义与语言用法的相关活动之间的关系，在各种情况中都是类与实例之间的关系，比方说，恰如作为类的红色与某个红色的对象之间的关系。说我对"红色"的用法意味着与你对"红色"的用法相同，这就是说，我们相应的活动表明了某些显著的相似。更确切而言，我们应当说，正如只有红色对象的某个部分或瞬间（红色的个别偶性）才能具体说明

【170】

作为类的红色，同样，只有意义活动的某个部分或瞬间才能具体说明某些特定的意义类别，即这个部分或瞬间对活动的意向性负责，对以这种方式指向对象负责（Husserl 1900/1［1970：130、337］；亦见 Willard 1984：183f.，Smith 1989b 以及在那里指定的参考书）。意义**就是在种类中考虑的指向性瞬间**。意义的从活动到活动和从主体到主体之间的同一，就是**种类上的同一**，这个概念只有对照亚里士多德在《范畴篇》中提出的关于种类和实例的内在实在论的背景时，才可以得到理解。

如此构造出来的意义就可能成为某些种类的反思活动的对象或目标，这就是构成（inter alia）逻辑科学的那种活动。当我们把那些作为意义的种类当作是特殊种类的**代理对象**（即"理想的单称词"），而我们研究这些对象属性的方式，完全相同于数学家研究数字或几何图形的属性的方式。几何图形就是把具体形状处理成种类的结果，而无须在意与具体经验材料和具体背景之间的所有偶然联系，同样，逻辑主题的构成也是把具体的语言使用片断处理为对它们的使用材料和语境的抽象的结果。诸如"线段"、"三角形"、"半圆形"等这些词的意义是不明显的，它们既可以指现实存在的具体事物的种类，也可以指几何范围内的理想单称词，同样，诸如"概念"、"命题"、"指称"、"证明"等术语的意义也是不明显的：它们既可以指属于心理学主题的心理活动的类，也可以指意义范围内的理想单称词。

五　亚历克修斯·迈农：客体和假设

我们已经看到，对布伦塔诺来说，判断是一种纯心理学现象。判断活动就是接受或拒绝呈现对象的意识活动。在布伦塔诺看来，"判断"和"信念"是同义词，这就意味着，布伦塔诺在解释复杂的假设性的类似判断的现象时遇到了一个问题，这类现象是在（例如）我们考虑决定或选择的各种可能后果以及考虑到其他"如果……将怎样"的情形时出现的。而正是迈农在他的《论假设》（*Über An-*

【171】

nahmen，1902）中填补了这个空白。

例如，考虑一下这样的情况：我们假定如此这般的东西就是由还原（reductio）证明了的情况。这里没有出现任何确信，而在迈农看来，我们正是在有确信之时，才将判断与假定区分开来（Meinong 1902［1983：13—21］）。但假定同样也区别于呈现；因为假定如同判断一样，既可以是肯定的，也可以是否定的（Meinong 1902［1983：13—21］）。与假定和判断相比，呈现在某个方面是被动的。迈农常常称"假定"为"判断代理者"，于是，假定就构成了一类存在于呈现与判断之间的心理现象（Meinong 1902［1983：269—270］）。

迈农的《论假设》不仅提供了一种看待判断活动心理学的新观点，而且以其**客体**理论（迈农的"客体"概念与斯通普夫的"事态"概念相对应）对判断的本体论做出了新的贡献。迈农认为，客体就是我们在真假判断和假设中意向地指向的对象。思想就是那种指称客体的心理活动。客体是更高层的对象，就是说，它们是基于其他较低层的对象建立起来的，正如旋律是根据单个的音符建立起来的一样。某些客体本身就是基于其他的客体建立起来的，正像（例如）这样一句判断："如果会议举行的话，我们就需要飞往芝加哥。"我在某个判断活动中意向地指向的客体，因而不同于我要**对其**做出判断的对象。因此，在"这朵玫瑰是红色的"这个判断中，我对其做出判断的对象就是这个玫瑰，而判断的客体则是**玫瑰之为红色**。我在"飞马不存在"这个判断中做出判断的对象是飞马；这个判断的客体则是**飞马不存在**。迈农说，飞马本身是一个纯粹的对象，居于"超越了存在和非存在"的领域。根据迈农的看法，真理、可能性和或然性不是对象的属性，而是客体的属性；最后，正是客体为逻辑科学提供了主题。（参见 Meinong 1902［1983］。这个观点直接影响到了卢卡西维茨的早期著作，他曾在格拉茨跟随迈农学习过一段时间。例如，参见 Łukasiewicz 1910［1987］）。

第十一章 判断理论

六 阿道夫·赖纳赫：事态、逻辑和言语行为

然而，正如阿道夫·赖纳赫（Adolf Reinach）在 1911 年指出的，人们一定会对迈农提出这样一个根本性的反对意见，即"他的客体概念把两个完全不同的（逻辑意义上的）命题概念和事态概念糅合在一起了"（Reinach 1911 ［1982：374］）。迈农在著作中把客体看作 【172】是诸如判断或断定这样的心理活动的**对象**（靶子），但同样也看作是对应的表达式的**意义**。赖纳赫的观点恰恰认为，这两个概念是应当相互分开的，当判断为真的时候，命题就是判断的意义，而事态才是客观的**真理制造者**。

赖纳赫把关于事态的理论看作是理解一切可能判断相互关系的永恒的柏拉图领域，无论这些判断是肯定的还是否定的，真的还是假的，必然的还是偶然的，原子的还是复合的。事态通过所涉及的对象而在实在中得到自己的立足点；事态就是关于这些对象的。但是，对象可能来去无常，而事态则是永恒不变的。赖纳赫由此就把事态看作过去和未来的存在之地，就是说，看作我们目前判断不再存在的或将要存在的对象的真理制造者。由此，他就能够保证真理的无时间性，同时也避免了明显表现在波尔查诺和迈农的工作中的那种把真理的承担者与真理的制造者混为一谈的做法。

赖纳赫的事态本体论还有一个标志，即到了 1911 年，逻辑主题已经被一劳永逸地从心理学中清除出去了。然而结果却是，逻辑学家必须提供对这个主题的另一个恰当说明。弗雷格本人与波尔查诺以及（根据某些解释）胡塞尔一样，曾指望于理想的意义；但理想的意义却有一些神秘之处，它们带来的问题是，它们如何能被终有一死的思维主体所"把握"或"思考"。相反，赖纳赫不指望于理想的意义，也不指望于语言中的意义表达，而是依赖于事态，即判断活动之间的客观联系，并把这看作是逻辑的主题。沿着这样一些思路带来的逻辑观，可以作为对心理主义的另一种选择，只要它能够保证逻辑规律的客观性和必然性。而对于这一点，赖纳赫是通过以柏拉图的方式看待

事态而做到的：他准许它们有这样一种特殊的地位，犹如波尔查诺和弗雷格准许命题有这样的地位，康托尔准许集合有这样的地位一样。但由于事态中涉及的对象就是普通的经验对象，他因此能够表明，我们日常的判断心理活动和我们相关的信念状态或确信状态，如何能够以不同的方式与作为它们的客观相关物的事态联系起来。他由此就能表明，这种心理活动和心理状态与在这些事态本身中得到的（他是这样看的）逻辑关系，如何可以处于平行的关系之中。赖纳赫最具创造性的贡献之一，就是他说明了把握事态的各种不同活动，说明了把事态作为其对象的各种态度，说明了这些活动和态度如何相互联系以及与把判断和命题作为其对象的那些活动和态度相联系（亦见 Smoth 1978 and 1987）。

【173】 在1913年的"公民法的先天基础"（Die apriorischen Grundlagen des bürgerlichen Rechts）这篇论文中，赖纳赫把他的本体论方法扩展到其他非判断型的语言用法，这种语言以承诺现象为开端，以社会活动的本体论为结束，这个本体论说明了羞耻和其他不完善的有缺陷的活动，说明了联合地与分别地、有条件地和无条件地完成的活动，说明了那种非个人的社会活动，我们可以在合法的有效规范和在诸如婚姻和洗礼仪式上涉及的正式宣誓中看到这些活动。他由此对后来所谓的"言语行为"理论第一次做了详尽系统的阐述。

七 结 论

波尔查诺、弗雷格和胡塞尔从心灵中排除了意义，为知识的客观化和现代意义上的逻辑发展创造了先决条件，这已经成为老生常谈。他们捍卫一种把思想或逻辑看作是理想的或抽象的东西的观点，由此他们使关于命题的这样一种看法成为可能，即命题是能够在形式理论中用不同方式处理的东西。前一代数学家对集合或类的成员和产生方式进行了抽象，以此来构想集合和类。康托尔已经表明这些数学家是如何处理这样的集合和类的，与此一样，逻辑学家们也能逐渐习惯于从对命题对象内容的抽象、从对判断活动中命题对象的心理学根源的抽象，来处理命题对象。

不论怎样，重要的是要注意到，波尔查诺、弗雷格和胡塞尔的成就乃是更长远的历史进程的一部分，在这一进程中起关键作用的不仅有洛采和伯格曼，还有布伦塔诺、斯通普夫、迈农、赖纳赫以及特瓦尔多夫斯基和他的波兰学生。在1870年到1914年间，逻辑学和认识论都经历了在对象和方法上的转变。判断理论从一种关于思想过程的理论（作为心理学的分支），转变为一种意义理论或认识活动内容的理论，这个理论不是关于心理活动的，而是关于这些活动所关涉的内容的，这个转变反过来又成为20世纪逻辑和语义学发展的重要前提。

阿图尔·罗杰斯扎克、巴里·史密斯

【174】

第十二章

语言的逻辑分析

本章的目的是要说明有关人类的认识、思想和判断的性质等哲学问题的革命性解决方法的形成和最初发展，特别是在弗雷格和罗素的著作中。这种方法影响极大，（或许超过其他任何单一因素）决定了随后20世纪英语世界"分析"哲学的发展过程，作为这些发展变化的结果，分析哲学是由维特根斯坦、卡尔纳普、奎因、塔尔斯基、赖尔、戴维森、克里普克、达米特以及那些因而受到他们影响的人后来完成的。在1879年到1914年间产生这种新方法的各种因素中，这里要强调的是在全面反心理主义和采取后来所谓的"语言的转向"的背景下，涉及逻辑、逻辑分析、语言分析、意义和思想等新概念的因素。

一 背 景

至少从柏拉图的时代以来，我们的概念、推理、理性能力的性质——人类的概念、观念、呈现、理解、理由、思想和判断的性质，就一直是哲学关注的永恒的核心主题。两千多年来，从包括《工具论》(*Organon*)在内的亚里士多德著作问世，到弗雷格的《概念文字》和《算术基础》的出版（Frege 1879，1884），这种哲学关注通常依赖于有关现象性质的一套假设，这些假设在直觉上是吸引人的，甚至显然是无法避免的（对这个传统的详细描述，参见 Prior 1976）。

这样普遍流行的一个假设是说，"思想"、"理解"、"断定"、"概念"和"判断"之类的词都代表着心理状态、活动或能力，对它们本身的研究应当至少部分地使用据认为最适合研究心理现象的方法。当然，这种现象被解释成能够表现世界的客观状态，或易于对之【175】进行纯粹的合理评价，就此而言，对心理活动和心理活动的内容或对象作出区分，即对（比方说）判断的心理活动和由此判断出的情况作出区分，就是常见之事了。在传统上，逻辑是这样一门学科：它研究和整理人类思想中任何合理的、可靠的东西。康德对这门学科表达了一种并不罕见的观点，他认为，"自亚里士多德以来，就不允许它做任何倒退了"，而且，"如今这门逻辑学已经无法前进任何一步了，因而从一切表现看，它都是一个封闭的和完成了的学说"（Kant 1787：viii）。

根据亚里士多德的观点，以及在这方面追随他的阿奎那、莱布尼茨、洛克、康德、密尔、黑格尔、杰文斯、布尔、布伦塔诺等人所说，逻辑学不可避免地由三个子学科构成，依先后顺序如下：

1. 词项论
2. 命题论
3. 三段论（或推论）

对逻辑学的这种处理显然在直观上是吸引人的：构成三段论的成分是命题，构成命题的成分是词项；不首先把握构成命题的词项，就不可能把握命题，同样，不首先把握构成推论的命题，也不可能理解一个推论。因此，事情的自然顺序就是，人们首先需要对孤立考察的单个词项作出说明，然后说明它们是如何结合在一起而构成命题的，最后再说明命题是如何结合在一起而构成有效的论证的。

对逻辑的这种有序的三分法，就其所讨论的理性推理活动或概念活动的内容而言，通常被看作决定了另外两种东西的恰当分类。也就是说，对语言现象的研究通常被看作依次与下面三者的性质相关：

1. 语词
2. 句子
3. 论证

同样，相关的心理活动本身也属于对相同形式的分析。一位19世纪的逻辑学家写道："如果……逻辑学有三个部分，词项、命题和三段论，那么就一定有多种不同的思想或心灵活动。这些通常被称作：

【176】

  1. 简单的理解
  2. 判断
  3. 推理……"（Jevons1875：II）。

（然而，在历史上有一条重要的发展线索，构成了对这种普遍概括的例外情况，这可以追溯到康德在《纯粹理性批判》中对判断首要性的强调，就是说，他认为，"所有的范畴都是以判断的逻辑作用为根据的"，而且一般而言，"知性能对概念所做的唯一运用，就是通过它们做出判断"（Kant 1787 ［1933：152 and 105］）。这条发展线索在其他人关于逻辑、判断和理解的著作中也依稀可见，比如在格林、洛采、布拉德雷和约翰逊（W. E. Johnson）等人的著作中。进一步的详细讨论，参见 Passmore 1957，chs. 6—10）。

  除了很少的偶然例外，赞成这种观点的人也承认，对不同的现象范畴做出特定的解释性排列是不可避免的：先前的原始现象被看作是心理活动和心理状态（把握、领会、判断、推论等诸如此类的东西）；它们的内容（观念、概念、命题等）被看成是通过抽象过程而分离出来的；语言现象（名称、主词表达式、谓词表达式、系词、句子等）通常被解释为仅仅可以用来表达和交流心理活动和内容的一些手段。大致地说，在此框架内，观念、概念以及诸如此类东西的重要性既是内在的，也是明显的：一个观念就其自身而言就是有意义的；"拥有"一个观念就是把握了那个意义，就是想到了那个意义。语言就像邮政系统一样，当我们希望与他人交流我们的观念和思想时，它是相当有用的，但它对这些思想和观念本身的内在性质却无关紧要。

  由弗雷格开始的哲学革命，对于上述对人类的认识、思想、判断和理性等的性质问题的处理方法中出现的每一个清晰的承诺和隐含的假定，实际上都是颠覆性的。也就是说，实际上，弗雷格成功地扭转了这种方法所依赖的各种优先关系。他把语言现象看作是根本的，认为它是解决关于内容、意义、理解、思想等诸如此类问题的关键所在。他把纯粹的心理学考虑看作是不受欢迎的：他认为，诉求于这样的考虑几乎总是与哲学完全无关的，即使这实际上并没有什么害处。而且，弗雷格的句法和语义理论并没有把语言的句子成分看作是基本的，而是把推理看作最初的现象和恰当的起点。通过研究演绎推理的必要条件，他认为，我们就可以理解命题的性质和构成方式，并由此最后理解构成命题的概念成分的性质。为了这个目的，弗雷格发明了【177】Begriffsschrift，即概念文字，这是一种形式化的人工语言，其作用在于清晰地表达人类思想和判断的客观内容。这种语言只是被设计来满足这样一个要求："在我的形式化语言中……只有影响到可能推理的判断才能得到考虑。对有效推理的任何要求都得到完全的表达；而任何不需要的东西也大都不被指出来。"（Frege 1897：3）

纯粹的逻辑要求决定了语言的句法学和语义学，这就构成或产生了对逻辑形式、含义、意义、真值条件和指称等问题的解决。这些反过来又产生了对人类思想的内容、对象和合理性的说明。这样，我们就有了首次以独具现代的名义提出的分析纲领，它以各种形式垄断了下一世纪英语世界的哲学，其目的是要基于对语言的逻辑分析而得到关于思想的本质、心灵和实在等问题的最终结论。

二 弗雷格的逻辑主义

从思想上说，19世纪70年代是德语世界里相当重要的十年。1872年，魏尔斯特拉斯、康托尔和狄德金出版了革命性的著作，开启了数论和解析学的新时代。就在同一年，克莱恩和黎曼出版的著作，或许比欧几里得以来的任何时代都更彻底地改变了几何学。也是在同一年，马赫出版了他具有深远影响的关于能量守恒的著作。两年后，即1874年，冯特的《生理心理学原理》出版，布伦塔诺的《从经验立场看的心理学》也问世。五年后，即1879年，弗雷格出版了他的《概念文字》。我们这里看到的实际上是同时出现的大量新学科，或至少看到旧学科首次以公认的现当代形式出现了。除了新的逻辑学、新的几何学和新的无穷数学以外，冯特和布伦塔诺的著作还分别预示了作为一门独立学科的实验心理学和描述心理学的确立，这构成了哲学中的现象学传统和心理学中的格式塔运动的基础。

【178】　　作为职业的数学家，弗雷格对当代几何学和数论研究中提出的问题作了大量的研究——举例说，这些问题包括：什么是数？如果数无法被感知，我们如何能够意识到它们？算术陈述实际上为真吗？如果为真，它们究竟是偶然的经验概括（密尔），还是微不足道的分析的真理（休谟），或者是先天综合的陈述（康德）？算术函数的性质是什么？算术证明的性质是什么？弗雷格希望能够对这些问题给出清晰的、实质性的回答，这些回答不仅要（1）澄清和解释当代数学实践的根基所在，从而把握（如他所见）算术真理的无时间性、先天性、客观性、必然性、可知性、乃至纯粹理性的地位，而且（2）避免因诉诸体现（他所认为的）心理学新发展特点的纯粹偶然的、经验的、主观的和相对主义的考虑，而带来的各种混乱。

　　弗雷格付出约三十年的职业生涯，一心一意要实行的这个思想纲领，其目的就是要回答上述所有问题，同时满足以上的所有要求。这个思想纲领就是一种逻辑主义——一种还原论的纲领，根据这种纲领，整个数论都可以毫无保留地还原为纯粹逻辑。这就要求弗雷格去证明，只有数论中使用的概念才是纯粹逻辑的概念，而数论的真理则是毫无例外的逻辑真理，数论的证明完全是在演绎上有效的纯粹逻辑证明，最终，我们关于算术实体和真理的知识则是认识方法的一种形式，它只需要纯粹理性的训练。弗雷格最初遇到的最大障碍是，他最终从亚里士多德那里继承来的可供使用的逻辑是软弱无力的。因而，他所从事的第一个任务（Frege 1879）就是彻底加强逻辑学。奎因曾这样写道："逻辑是一门古老的学科，从1879年起，它就变成了一门伟大的学科"（Quine 1974：1）；根据权威的逻辑史所说，《概念文字》出版之日"是这门学科的历史上最为重要的日子"（Kneale and

Kneale 1962：511）。

在有了可供使用的足够强大的逻辑系统之后，弗雷格接下来就开始实行他的逻辑主义纲领。《算术基础》（*Die Grundlagen der Arithmetik*，Frege 1884）在许多方面都是弗雷格的宣言。它以非形式的、推论的和极有说服力的方式捍卫了这样的说法，即算术的基础在性质上是纯逻辑的，它对各种对立的经验主义、形式主义、心理主义以及不同的康德主义提出了常常具有毁灭性的反对意见。然而，就我们这里的目的而言，该著作的显著特征在于它包含了对三条原则的承诺，它们在分析传统中具有的深远意义，无论如何评价都不过分。首先，弗雷格清晰而自觉地开创了后来所谓的"语言的转向"。他提出了这样的问题："如果我们对数本身无法拥有任何［感觉］观念或直觉，这些数又是如何被赋予我们的呢？"（Frege 1884：73）。不过，他表述他的回答，并不诉诸对知觉、经验、观念、信念之类的认识论或心理学方面的考虑，而只依据于这样的考察：数字和数词对于它们出现于其中的句子的意义，做出了怎样的贡献。正如达米特所说，"认识论的研究（其背后是本体论的研究）只有通过对语言的探讨才能得到回答"（Dummett 1988［1993：5］）。

在这一探讨中，弗雷格主要依赖于我这里强调的第二条原则，即语境原则，根据这条原则，"只有在一个句子的语境中，一个词才有所意味"（Frege 1884：73）。从词的意义转向句子的意义，将句子的意义作为语言分析的首要目标，这在哲学的许多领域都产生了深远的影响。第三条原则的重要性最终不亚于前两条，弗雷格表述为："如果我们要使用一个符号 a 去指一个对象，我们就必须有一个标准来确定在所有情况中［某个随意的对象］b 是否与 a 相同"（Frege 1884：73）。奎因的口号是"没有同一性就没有实体"，由此，探寻集合、命题、思想、事实、事态、事件、人、心理状态、本体和自然种类的同一性条件，就成了有分析倾向的哲学研究的核心内容。

弗雷格实行逻辑主义纲领的最后（后来成为灾难性的）步骤，体现在他的两卷本著作《算术的基本法则》（Frege 1893，1903）中。这部著作只打算证明数论可以还原为纯逻辑，所采取的办法是构成一个有效的逻辑衍推，即只从据认为是逻辑真理的六个公理中衍推出算数的原始真理和原则。然而，在第二卷可以出版之前，罗素就在与弗雷格的通信中指出，他的公理集合是不一致的。具有讽刺意味的是，这里出错的是第五个公理，即恰恰要为类名所指称的实体提供同一性的那个公理。

三 对形式语言和自然语言的分析

像罗素和维特根斯坦一样，弗雷格区分了日常语言的句子所具有的真正逻辑的（或深层的）属性和纯粹语法的（或表层的）属性。这种句子的形式和构成是历史的、偶然因素的产物，这些因素常常模糊甚至歪曲了深层的逻辑形式，而不是将它们揭示出来。同罗素的"符号语言"一样，弗雷格的概念文字的一个目的是逻辑的透明性：这种符号系统的表层语法完全反映了它的逻辑形式；它的句子的句法清晰地表明了它们所表达的思想的逻辑形式。弗雷格的概念文字就是根据以下成分构成的：内容竖线，断定竖线，单称词项，变项，包括了子句子函项名称的一阶函项名称，句子函项名称（诸如谓词和关系表达式）以及超句子函项名称（诸如否定竖线和条件竖线）——二阶函项名称（诸如量词）。使用这些方法，弗雷格就可以用一个复杂的符号把这样的判断内容符号化，（例如）每个丈夫都与某人结婚：

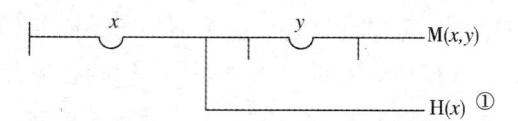

【180】

$$\text{M}(x,y)$$
$$\text{H}(x)\ \text{①}$$

由此就明显地引出这样的问题：日常语言中熟悉的句子和用它们来表达的思想，如何与这些人工手段以及打算用这些人工手段来符号化的内容完全联系起来。虽然弗雷格最初关心的东西是深奥的、技术

---

① 按照现代的记法，这就等于是 $(\forall x)(\text{H}x \supset (\exists y)(\text{M}xy))$，或者更非形式化地说就是，如果某人 x 是一位丈夫，那么，就一定有一个人 y，使得 x 与 y 结婚。

性的，要求对符号记法的公式化强大到足以构成将算术和解析学还原为纯逻辑的证明中介，虽然他也认为日常语言是引起误解的，因此"逻辑学家的主要任务就在于从语言中**解放出来**"，但仍然有两个因素使得对我们日常话语和思想的研究变得有些紧迫了。

也就是说，弗雷格首先需要证明，他所引入的革命性原则、技术、概念和手段，完全属于**逻辑**。如果人们得知这种"新逻辑"实际上根本不是一种逻辑，或者说，它的唯一的正当理由（乃是以待证的论据来证明的）就是，算术的基础规律都可以由它表达，那么，他的整个理性主义的、逻辑主义的纲领就会失去哲学的意义，就会变成无法容忍的独断和谋一己之利。弗雷格由此认为，他有责任去表明，他的新原则和新技术确实属于纯逻辑，它本身具有严格的、普遍的可适用性，它支配着一切融贯的合理思想，无论这思想具有什么内容，无论这思想能用什么具体的语言手段来表达。也就是说，支配弗雷格概念文字的句法原则和语义原则，需要应用于能够表达连贯思想的任何语言。因此，作为对自己的形式化工作的补充，他提出了一个独一无二的、精致有力的意义理论，他打算将它的适用范围涵盖能够构成对一个可理解的思想进行表达的每一个记号和记号的复合。在英语或德语等情况下，这个理论不仅提供了识别的手段，而且说明了属于句法范畴的表达式的意义，这些句法范畴包括原子语句、分子语句、专名、代词、限定摹状词、量词、谓词和动词、关系表达式、逻辑常项以及直接和间接引语中的记号等。【181】

弗雷格不可避免地要处理关于人类概念、思想、判断和用以说明和交流它们的日常语言等的性质的非技术问题，迫使他这样做的第二个压力来源如下：逻辑主义纲领的一个实质部分就是要证明，算数真理既不是偶然综合的断言，也不是先天综合的断言。正如纯逻辑的真理一样，用康德的话说，它们是先天可知的，因为它们是**分析的**。然而，弗雷格及其解读者都清楚地意识到，说每个判断都是在分析上为真的，就是冒险把它们置于无兴趣的、无聊的、没有任何新意的判断的地位上，它们缺乏实质的内容，仅凭定义为真，或只是建立在"概念同一"的基础上。因而弗雷格认识到，迫切需要回答这样一些问题，用他的话说就是，"我们所知道的高耸入云、广大无边，并且仍然在不断生长的数字科学之树，如何会根植于贫乏的同一性之中？"（Frege 1879：22）逻辑的空洞形式如何竟涌现出如此丰富的内容？为了回答这样的问题，致使他用一般的语词去考察什么是概念，它们是如何结合起来构成思想的，它们如何以这样一种方式相互联系，以致"贫乏的同一性"仍然可以有丰富的内容，使它足以拥有"认识的价值"。这种压力也使他的研究从算术基础中的形式问题、主要是句法问题上扩展开来，以便能处理含义、意义、信息、理解和真理等更广泛的问题——即最终属于本体论、认识论、心灵哲学和经验形而上学的那些问题。

概括地说，弗雷格对语言如何发挥作用作了如下说明。在句法上，我们可以把两种表达式看作是"完整的"，一即整个句子，就它们表达了完整的思想而言它们是完整的；二即专名，就它们是被用来代表单一的个体而言它们是完整的。实际上，弗雷格的整个语言哲学都可以通过仅仅重复运用如下两个步骤而产生出来：根据可相互替换但保持一致的原则而确认句法范畴；通过可相互替换但保持真值的原则而确认语义范畴。关于前者，弗雷格写道：

[182]　　假定一个简单的或复杂的符号出现在一个表达式的一个或更多的地方（表达式的内容并不一定是判断的可能内容）。如果我们想象这个符号可以替换为另一个符号……当它出现一次或更多次，那么，表达式中表明自己在这种替换中不变的部分被称作函项；而可替换的部分被称作函项的主目。（Frege 1879：16）

如果一个完整的表达式包含了一个构成部分的完整表达式，如果我们从前者中去掉后者（用一个希腊字母来表示留下的空缺），那么，结果就是一个不完整的表达式或函项表达式［希腊字母只不过是标志着我们想象（如弗雷格所说）一个符号可以被另一个符号替换的那个位置或多个位置］。我们可以从"法国的首都"这个专名中去掉其中的构成部分的专名"法国"，留下一个函项名称"ξ的首都"。同样,"法国"或"英国"这样的完整表达式可以从完整表达式(在此情况下就是一个句子)"法国比英国大"中去掉,得到一个句子的函项名称(即谓词)"ξ比英国大"或"法国比ξ大",同样也得到一个关系表达式"ξ比ζ大"。如果我们从一个句子"柏林是法国的首都并不是事实"中去掉"柏林是法国的首都"这个完整的构成表达式(句子),我们就得到了一个超句子的函项名称(即真值函项的逻辑常项)"ξ不是事实"。这里的希腊字母标志着被设想为"替换"或"相互替换"表达式的位置;而对于能够互相替换而又保持一致的东西要做出限制,即它们不能破坏作为结果的那个表达式的合语法性,这一限制决定了相关表达式的句法范畴。因此,在弗雷格看来,谓词、关系表达式和逻辑常项都是一阶函项名称,当把适当数量的完整表达式放在它们主目的位置,它们就会带来完整的表达式。

对形成一阶函项名称的这种说明,现在反过来也可以用于产生各种二阶函项名称——其主目的位置只能用一阶函项名称来填补的不完整表达式。例如,"亨利有空间属性"这个句子就包含了一阶函项名称(或谓词)"ξ有空间属性",同样,句子"每个东西都是如此,以致它具有空间属性"也是这样。如果我们现在去掉谓词,我们就剩下了不完整的表达式"每个东西都是如此,以致它Σ",这个不完整表达式无法用任何完整表达式在保持一致的情况下使它变得完整。例如,"每个东西都是如此,以致它法国"和"每个东西都是如此,以致它巴黎是法国的首都",就完全是畸形的句子。这表明,量词是二阶的函项名称,即非完整的表达式,它们的主目的位置必须用属于一阶函项名称范畴的表达式来填充。这样,弗雷格就阐明了一个逻辑句法或语法,足以有力地结合和清晰地揭示简单的和复杂的专名、子句子函项表达式、原子句子和分子句子、谓词、关系表达式、逻辑联结词和量词的结构。

【183】

接下来,弗雷格的语义学理论就为每种句法表达式赋予了恰当的指称(Bedeutung)。一个表达式可以拥有指称,是由于它表达了含义(Sinn),其作用是以某种特定方式确定指称的同一性。我们可以非形式化地说,如果一个表达式能够加入到演绎有效论证的表述中,那么，这个表达式的指称就是该表达式一定拥有的东西：这个表达式实际上一定是"有真值的"，就是说，它要么拥有确定的真值，要么它能被用在（而不只是被提及）拥有确定真值的句子里。更形式化地说，我们可以把弗雷格的指称概念定义为：

（R）一个表达式 E 的指称就是，由于其同一性而使得可以用来互相替代 E 的各种表达式，在任何恰当种类的语境中都保持一致。

这里有三种语境：直接使用，直接引语，间接引语。我们可以首先来看直接使用，考察一下根据（R）而赋予这样一些表达式的指称，这些表达式分别属于专名、谓词和句子的句法范畴：

1. 两个专名"a"和"b"在任何地方都可以相互变换而保持真值，只要它们两者指称的是同一个对象，就是说，只要"$a=b$"为真。根据（R），一个专名的指称就是由这个名称所命名、指明或指称的对象。

2. 直接使用语境中的谓词表达式的指称是由这样一条原则决定的，即两个谓词"$F(\xi)$"和"$G(\xi)$"具有相同的指称，只要每个归于其中一个谓词的对象同样也归于另一个，也就是说，"$(\forall x)(F(x) \equiv G(x))$"为真。所以，谓词表达式的指称就是"不完整的"或"不饱和的"实体，它们的同一性是由其外延的同一性条件决定的。弗雷格把这种实体称作"概念"，并赋予它们将对象变换为真值的语义学作用。所以，比方说，谓词"(ξ)是在法国"就指称了一个概念，其值（真值）对巴黎来说就是**真的**，但对柏林则是**假的**。

3. 直接使用语境中的句子在任何地方都可以相互变换而保持真值，只要它们有相同的真值：任意两个句子"P"和"Q"可以相互变换，这不会影响到出现它们的语境的真值，就是说，"$P \equiv Q$"为真。因此，这就可以直接从（R）中得出，一个句子的指称就是它的真值。

任何类型的句法表达式都可以在直接引语中相互替换而保持真值，当且仅当，它们是相同类型的殊型。所以，根据（R），直接引用的殊型表达式指称其自身的类型。假定对精确引语的限制是极其严格的，那么，如下情况似乎就是正确的：要真实地报道一个人实际所说的内容，人们就必须使用与这个人所说的完全相同类型的表达式。【184】

间接引语（oratio obliqua）中的表达式的指称是如下由（R）决定的。句子（1）"阿尔贝特认为柏林是在法国"包含了间接引语中的句子成分（2）"柏林是在法国"。但后面这个句子并不是一个完整的句子，而且出现于其中的任何表达式都无法被赋予假如（2）出现在直接使用语境中时所拥有的那种指称。这是从（R）中直接得到的，因为人们显然无法把（2）替换为任何具有相同真值的其他句子，人们也无法把"柏林"或"法国"替换为任何指称相同对象的其他表达式，而同时又保证（1）中的真值不变。例如，从（1）的真值中无法得出，阿尔贝特认为伦敦是在埃及；即使"柏林是在法国"和"伦敦是在埃及"具有相同的真值，这些句子也无法在间接引语的语境中相互变换而保持真值。那么，在什么情况下，间接引语中这种相互替换是可以允许的呢？从直觉上说，在这种语境中的表达式似乎可以相互变换，只要它们具有相同的内容或意义：在报道一个评论或思想内容的时候，人们有理由使用精确把握了原文意义的任何表达式。这里的直觉上的"意义"和"内容"的概念对应于弗雷格的含义概念。这样，根据（R），由于含义的同一性必然充分地保证了间接引语中表达式的相互变换，那么这些表达式的含义也就是它们的指称。如在（1）的情况下，名称"柏林"并不是在指称一个城市，而是指称"柏林"这个名称的含义；同样，作为成分句子的（2）并没有指称真值，而是指称"柏林是在法国"这个句子的含义。弗雷格把一个句子表达的含义叫做"思想"（Gedanke），这就使他能似乎非常有理地说，（2）在（1）的语境中所指称的是一个思想（阿尔贝特的思想）。显然，在这里，我们需要更详细地了解弗雷格所谓的含义和思想是什么。

虽然弗雷格本人从来没有这样表述这个问题,但我们可以这样来把握他的含义概念:

(S) 表达式 *E* 的含义是由要成为 *E* 的指称的任何东西都必须满足的条件所决定的(这个条件也可以是这样的条件,使得事实上没有任何东西能满足它)。

这个说明就是引起我们的这样一种直觉,即当人们理解了一个表达式的时候,他究竟把握的是什么,也是基于这样的想法,即我们思想和指称的东西其实并不仅仅是思想或指称的东西,而总是以某种方式呈现在语言或思想中的东西。用弗雷格的话说,"除了一个记号指称的东西,即可以被称作这个记号的指称的东西外,还〔有〕我喜欢称作的记号的含义的东西,其中包含了呈现的方式"(Frege 1892:26)。例如,"法国最大的城市"和"法国的首都城市"这两个表达式具有相同的指称,但却是以不同的方式呈现出这个指称。而要理解这些表达式,就是要把握它们分别采取的"呈现方式"。例如,如果人们只知道它们都代表了巴黎,这还不能恰当地说他们把握了这两个表达式各自的意义。

【185】

如果我们现在把(S)用于诸如专名和句子这样的表达式,我们就得到如下的结论。一个专名"*a*"的含义是由任何要成为"*a*"的指称的东西都必须满足的条件所决定的。这样一个条件将构成对如下问题的回答:"在什么情况下,对任意一个对象 x 都存在 $x = a$?"那么,从字面上说,一个专名的含义是由这个名称的指称的同一性条件给予的。

根据(R),一个句子的指称就是它的真值。于是,字面上对(S)的应用会带来这样的结果,即一个句子表达的含义,是由为了使它具有它实际具有的真值而必须达到的条件决定的。但由于只有两种真值,它们借助于否定是可以相互定义的,所以,对这个结果可以进行简化。我们可以说:一个句子的含义是由它的指称 = 真这样一个条件决定的。总之，一个句子的含义是由其"真值条件"决定的："每一个这样的真值名称［陈述句］都表达了一个含义，即思想。就是说，通过我们的规定，一个句子的含义是由在何种条件下［句子］指称真来决定的。这个［句子］的含义——思想——就是关于这些条件得到满足的思想。"（Frege 1893：50）维特根斯坦说得更简单："理解一个命题，就是知道它为真的情况。"（Wittgenstein 1921：4.024）至少在通常情况下，指称关系处于表达式的含义与外部世界中语言之外的事项之间。同样，一个思想的概念就是一个真值条件的概念，外在的客观对象世界通常既可以满足也可以不满足这个真值条件。

把这些观念这样综合起来，我们就将一种设想具体化了，其目的是要详细说明逻辑、语言、思想和实在是如何以那样一种方式相互关联的，使得客观性的可能性、真理、理解、合理性、一个人思想的表达、以及关于世界的信息交流变得可以理解了。正如我们在前面所说，这些问题构成了传统的"判断理论"的主题。弗雷格在阐明其全然不同看法时所利用的思想资源，除了其他成分外，还包括关于逻辑句法、函项分析、指称、含义、同一性条件和真值条件等的各种理论。当然，这些理论都不是没有问题的，某些理论还相当有争议；但所有这些理论都强烈地、有意识地反对心理主义。我们在此可以见证达米特所说的话："将思想逐出心灵。"也就是说，在弗雷格那里，关于思想、判断、意向性、概念、理解和理性等问题，只要有可能，都会通过使用逻辑语言分析的技术来解决，而主观的心理现象在这里完全不起任何作用。

【186】

四 罗素和逻辑分析

罗素的观点经历了相当大的发展，即使是在这里考察的期间（大致是1900年到1914年）。但除了仅有的几个例外，我将主要考察他在这段时间始终坚持的那些思想，这些构成了他对当下这个主题的独特贡献。其中有三个贡献特别重要，它们涉及分析、意义和亲知。

弗雷格的逻辑语言分析几乎完全依赖于揭示出函项—主目的结构，依赖于分离出某个具体函项针对某个主目而带来某个真值所依据的条件。这样，弗雷格的意义和思想理论就赋予（例如）谓述函项、真值函项、真值、同一性条件、真值条件等以突出的地位。相反，罗素则把逻辑分析看作是揭示整体—部分的结构。罗素按照摩尔的提示，把"分析"完全理解为部分论的（mereological）分解过程，一个复杂的实体由此就被分解为构成它的（最终简单的）成分。这种分析被罗素用于命题、概念、事实、具体的和抽象的对象以及心灵状态。的确，他称之为"逻辑原子主义"的这个纲领在很大程度上反映出他赞成整体—部分的分析方法是普遍适用的。

【187】　罗素的意义理论基于这样一种观点，即认为在最终的分析中，语言记号的作用就是代表事物：有意义的语言表达式所起的作用，就是与它所命名的实体保持一种直接的、非间接的关系。表达式所命名的实体就是它的意义；由此得到，如果一个表达式没有代表一个实体，那么，它在字面上就是没有意义的。在《数学原则》中，罗素得出结论说，一定"有"（虽然不必是"存在"）与每个有意义的词对应的实体；结果，他的本体论最终包括了神秘的、虚构的、抽象的、甚至是不可能的对象，如怪物、希腊诸神、集合、无广延的点、圆的正方形等。不过，他后来逐渐认为，即使从最好的方面看，日常语言在逻辑上也是不清晰的，而从最坏的方面看，它在逻辑上是有害的，于是，他开始提出一套分析技术——这些技术许多都涉及"不完全符号"——这就使他能够摆脱在他看来这一早期理论带来的不可接受的结果。特别是，他的新分析工具能够使他解决以下令人尴尬的两难悖论。例如"当今法国国王"之类的短语：它不代表任何东西（法国毕竟是一个共和国），在这种情况中，这个短语完全没有意义，或者说，这个短语要有意义，就必须代表某个东西（或许是某个君主，即使他实际并不存在，但在某种意义上却"存在"）。罗素需要解决这个两难悖论，但同时又要继续坚持意义是表达式与世界中的事物之间的非间接关系。不论怎样，如果只因为由含义确定的指称是一种函项关系，即罗素的整

体—部分分析不能把握的那种关系,那么,罗素就无法采纳弗雷格的解决办法——根据这种办法,一个记号可以表达一个可理解的含义,而同时不具有一个指称。

用维特根斯坦的话说,罗素解决这个两难悖论的关键在于,"表明命题表面的逻辑形式不必是它的真实形式"(Wittgenstein 1921:4.0031)。"当今法国国王是秃头"这个句子的表面语法形式,似乎是由主词"当今法国国王"和简单谓词"秃头"构成的,前者是一个复合单称词,后者是由系词"是"连接到主词上的。这个句子的整个作用似乎是在断定由主词所命名的这个人的秃头性质。罗素在"论指称"("On Denoting",Russell 1905)中所作的另一种分析则对这种句子的隐含形式给出了一种逻辑的而不是语法的说明。实际上,他明确了隐含在这样一些句子的字面用法中的逻辑承诺,这些句子包含"如此这般"形式的表达式——这些表达式是由定冠词"这个"以及随后的描述性短语或归属性短语构成的。这种表达式现在通常称作"限定的摹状词"。罗素认为,认真地使用包含了限定摹状词的句子,就会是不恰当的和引起误解的,如果人们知道并不存在"如此这般"的这种东西,或者存在不止一个这种东西的话。因此,要断定"这个 Φ 是 F"这种形式的句子(即使是不明言的),也就是采纳了对某个东西即 Φ 的存在和唯一性的承诺。例如,如果我认真地从字面上断定"偷了我汽车的那个人现在正在监狱",我的意思就被认为是"某人确实偷了我的汽车",而且,"只有一个人"这样做了。罗素认为,在这种情况中,由语法形式为"这个 Φ 是 F"的句子所表达的命题,就可以在逻辑上被分析为三个构成命题:(1)存在某个东西即 Φ;(2)的确有一个东西是 Φ;(3)凡是 Φ 的东西,它也是 F。用罗素的逻辑记号就可以把这个表达为以下公式: 【188】

$$(\exists x)(\Phi x \& (\forall y)(\Phi y \equiv x = y) \& Fx)$$

罗素认为,这个分析揭示了,虽然限定的摹状词看起来是一个单称词——它本身应当用作代表一个特殊的对象——但事实上它并不是一个完整的语法单位：经过分析，它就完全消失了；它消解在一系列复杂的量词、谓词和逻辑联结词中。由于它不再作为真正的单称词出现，当然也就不会使我们认为，一定存在这个未加分析的短语所代表的某个东西。（对于罗素的理论，我们可以不依据于这个理论动机，甚至不依据于产生这一理论的特定的认识论和意义理论，而对它作出评价：即使罗素在指称、分析和亲知等方面错了，但实际情况仍可能是，英语中"这个"一词的某些用法，就像"一个"、"某些"、"许多"和"三个"等词的用法一样，实质上是量化的）

对包含了限定摹状词的句子的分析，成为分析所有这种"不完全符号"的范例。"我们用'不完全符号'是指这样的符号，它单独出现时被认为没有任何意义，只有在某些语境中被规定时才有意义"（Whitehead and Russel, 1910—1913: 66）。所以，对不完全符号"S"的分析并没有给"S"本身一个句法范畴，也没有给"S"一个单一的意义（因为它单独出现时并没有这种意义）。相反，这个分析由于给任何有"S"出现的完整句子以意义而间接地进行下去。这个过程被称作"语境定义"，它提供了一个系统的步骤，根据这个步骤，任何包含了"S"的句子都可以被翻译为没有出现这个符号的等值的句子。我们已经考察了这样的情况，即"S"是具有"如此这般"形式的任何一个短语。罗素随后把同样步骤应用于试图命名类和集合的表达式，应用于数字和数词，应用于日常专名，应用于点、瞬间、他心的名称，最后应用于试图命名并不是直接"亲知"的对象的某个东西的表达式。正是在这一点上，罗素对逻辑形式的说明与他对理解、思想和知识的说明结合起来了。

完全的符号用于直接命名具体实体，不完全符号则是用于描述并在分析中消失了，这两者的区别恰好反映了对象的直接"亲知"与关于对象的描述性知识之间的认识论区别。罗素写道：

【189】 指称这个论题极其重要，这不仅是在逻辑和数学上，而且

在知识论上。例如，我们知道，太阳系在某个确定瞬间的质量中心是某个确定的点，我们可以肯定许多关于这个点的命题；但我们没有直接亲知这个点，我们只是通过描述才知道它的。**亲知与相关而知**(Knowledge about) 之间的区别就是呈现给我们的东西和我们只是通过［描述性］……短语才得知的东西之间的区别。(Russell 1905［1956：41］)

只要我们直接和当下意识到一个对象，我们就有了关于这个对象的"亲知的知识"，罗素强调，这里最明显的例子就是感觉材料。当我直接意识到（比如说）我视野中的一块红斑，我的意识的对象就是"一个人身上的那个地方"，它是直接呈现给我的。于是，我们就可以给这种当下呈现的直接亲知的对象一种特别的名称，罗素称之为"逻辑专名"，它们具有以下特征：它们精确地指称一个确定的对象；它们没有任何描述性内容或含义；它们在句法上是简单的；它们所指的对象就是它们的意义。根据这种观点，不是逻辑专名的表面上的指称表达式实质上是描述性的，因而经过分析就会消失。要理解逻辑专名，就是说，要知道它的意义，就要直接亲知这个意义，也就是要直接亲知它作为其名称的那个对象。由于命题是复杂的整体，是由逻辑专名所代表的简单成分建立起来的，因而罗素赞成这样一个原则：

我们所能理解的每一个命题都一定是完全由我们亲知的成分构成的。(Russell 1912：91. 亦参见 Russell 1948：512)

罗素对整体—部分的分析可以对称地应用于句法的、语义的、本体论的和认识论的现象：命题是由最终简单的成分构成的复杂整体；日常语言的句子表达了这种命题，但并不清晰（经过充分的分析，句子就包含了与所表达的命题中每个简单成分相对应的逻辑专名）；思想和理解就是一些复杂的现象，最终可以分析为亲知的状态，以致我们可以直接亲知构成我们所理解、所断定或所知道为真的那个命题的各个成分。

五　罗素的判断理论和维特根斯坦的反应

【190】　　罗素所承诺的那种分析形式完全基于对整体—部分结构的洞察，这一承诺给他带来一个问题：似乎有这样一类现象，它们的组成部分不仅在哲学上具有重要意义，而且它们的构成是反对部分论分析的。就是说，整体—部分的分析没有令人满意地说明无法还原的命题现象——这样一些复杂的整体，它们的统一体在本质上是句法的，诸如句子、命题、事实、思想、判断、信念等。大致地说，这个问题就是，如果一个命题的统一体被分解为它的组成部分，那么，其结果就是各种项目的清单，是一些成分的堆积，而不是能够被相信、被思想，或为真的那类东西。罗素早在1903年就承认了这一点：

> 我可以赋予其精确含义的唯一一种统一体……就是由部分构成一个整体的那个统一体……一个命题具有某种不可定义的统一体，由于这个统一体，它才成为一个断定；而这个统一体经过分析就完全被丢掉了，以致不论如何列举它的组成部分，也无法使它恢复起来，即使它本身也被说成是一个组成部分。必须承认，这里存在着相当大的逻辑困难，因为很难不去相信，整体一定是由其组成部分构成的。（Russell 1903：466—467；亦见48—51）

　　不过，他有时仍然赞成这样一个论点：命题是由其组成部分构成的复杂整体。相应地，判断、思想和其他"命题态度"自身也被解释为复杂的整体：理解一个命题就是要亲知这个命题，而这种理解只是对命题各组成要素的亲知所构成的复杂状态。然而，罗素对这一说明中的要素越来越不满意，他在1913年的五六月间开始写一本书，叫做《知识论》，他希望在书中能够阐明对"命题"和

第十二章 语言的逻辑分析

"命题态度"的更精致的分析。不过，这个计划却遭到了年轻的维特根斯坦的反对，这使得罗素放弃了这个计划，他甚至在自信心上遇到危机，使他在哲学上感到"气馁"。

在哲学上，我们应当如何去解释某人判断事情正是如此这样一种情况呢？换句话说，如果具有如下形式的句子：

(J) X 判断 p

是真的，那么由此表现出的对这种情况的恰当逻辑分析是什么呢？在"知识论"中，罗素捍卫一种"多重关系的判断理论"，根据这种理论，(J) 并没有表达两个实体之间的关系，即判断者 X 和命题 p 之间的关系，而是表达了在 X 和构成 p 的每个不同成分之间的一系列不同的关系。所以，当 X 判断**苏格拉底是有死的**，这个结构（部分上见下面）可以表示为

【191】

$$X \begin{cases} 苏格拉底 \\ 有死的 \end{cases}$$

另一方面，当 X 判断**汤姆和哈里爱玛丽**，这个结构将（至少）涉及以下关系：

$$X \begin{cases} 汤姆 \\ 哈里 \\ 玛丽 \\ 爱 \end{cases}$$

其中每个关系都是亲知的关系。罗素写道，这样，为了理解或断定一个命题，比如说"A 先于 B"，

> 显然，我们必定应知道出现在这句话里的词是什么意思，就是说，我们一定亲知 A 和 B 以及"先于"这个关系。我们也必然知道这三个词结合起来究竟是什么意思；而这……就需要亲知一个双重偶复合体的一般形式。（Russell 1913：111）

217

不幸的是，这里引述的最后一句话恰恰再次引出这个新的判断理论所要解决的问题。这里有两个问题。一个问题是：判断"A 先于 B"，显然不同于判断"B 先于 A"；而在这一点上，罗素的分析并没有给我们提供任何区分它们的根据，因为它们都是由完全相同的组成部分构成的复杂整体。另一个问题是：这个分析正如罗素在 1903 年所注意到的那样，仍然是不成功的，就是说，命题的统一体被还原为仅仅是一些实体的清单。在"知识论"中，罗素努力去解决这两个问题：他在回答第一个问题时曾一度想说，在判断活动中，X 通过亲知不仅与命题的组成部分联系起来，而且与它们共同构成的复合体的逻辑形式联系起来："很难看出，我们如何能够理解［A 和 B］和'先于'是怎样结合起来的，除非我们已经亲知了这个复合体的形式"（1913：99）。而在别的时候，他非常清楚，一个复合体的形式"不可能是新的组成部分，因为如果它是的话，那么就会有一种新的方式，把它与……其他组成部分结合起来，而如果我们把这种方式也看作是一个组成部分，我们就会发现自己陷入了一个无穷倒退之中"（1913：98）。

维特根斯坦在 1913 年的早些月份里与罗素讨论过这些问题，同年 6 月，他在给罗素的信中写道：

【192】我现在可以确切地表达对你的判断理论的反对意见：我相信，显然，从命题"A 判断（比如说）a 与 b 有 R 关系"中，如果正确分析的话，就一定能够直接得到这样一个命题"aRb. v. $\sim aRb$"，而不使用其他任何前提。这个条件是你的理论所无法满足的。（Wittgenstein 1974：23）

现在，如果我们把维特根斯坦所强调的"A 判断 p"一般应带有"p 或非 p"，看作是采纳了这样一个要求，即在"A 判断 p"的语境中，"p"自身必须是在句法上合式的、有意义的命题，那么，罗素的理论就的确没有满足这个要求。我已经指出，导致这个失败的主要原因是罗素对分析采取的完全部分论的方法，以及他不愿意或无法承认函项—主目的分析也是解决关于判断、思想、意义、指称和理解的性质等哲学问题的有力工具。

  对于逻辑语言分析的发展、对于思想和判断理论的系统阐述做出下一个主要贡献的人是维特根斯坦。不过，值得注意的是，在他的第一部著作《逻辑哲学论》（*Tractatus Logico – Philosophicus*）中，部分论的（或罗素式的）逻辑分析形式与函项式的（或弗雷格式的）逻辑分析形式之间的冲突仍然存在，并没有得到解决。一个明显的证据就是，他在书中不仅赞同罗素的观点："关于复合物的每个陈述都可以分解为关于其组成部分的陈述"（Wittgenstein 1921：2.0201），而且赞同弗雷格的观点："凡是存在着复杂性的地方，就会有主目和函项存在。"（1921：5.47）

大卫·贝尔

第四篇

哲学与新物理学

第十三章

原子论之争

一　导　言

　　希腊人为了回应一个哲学问题而提出了原子论，即调解巴门尼德关于存在的不变性论点与存在着不可否认的现象变化。德谟克利特假设了一种虚空，它包含着许多不可分的、永恒不变的粒子，他称之为原子。现象的流动被解释为同一虚空中的相同粒子的不同配置。因此，原子论者承认的唯一变化就是相对于时间的空间位置变化。通过波义尔（Boyle）和道尔顿（Dalton）这些化学家的工作，原子论逐渐转变成了一种可以验证的理论。它被证明是一种相当成功的说明性猜想。

　　到了 19 世纪，原子论遇到了反面纲领提出的严峻挑战，这就是**现象热力学**。后者基于两个原理：即［A］守恒原理和［B］能量衰变原理。［A］是熟知的，但［B］则是全新的，具有挑战性。［B］使得克劳修斯可以把熵定义为 Ω 系统状态的一个函项 S，以致 S 不会随时间而减弱；直观地说，S 就是 Ω 中无序状态的一个测度。与理想的过程相反，在一切真实的过程中，S 实际上增加了，因此可以用来解释时间的单向性。S 的增加也表明了，热量无法被转换为等量的（有用的）机械功。

　　热力学在经验上是成功的，但进一步推进它的能力却是有限的：它必须依赖于未经解释的实验结果，以便达到能使其做出可证实预测的规律。作为简单的规定，它接受了热可以转换为功的原理以及某些物质状态的等式（参见 Clark 1976：44）。因而，原子论者自然就会去寻求通过把［A］和［B］还原为原子论原理而接纳热力学。［A］没有表现出根本性的困难：根据力学，热是运动，所以，能量守恒就来自于机械的和电磁的守恒规律，而后者正是牛顿和麦克斯韦（Maxwell）理论的结果。然而，［B］提出了似乎无法克服的问题。我们应当回忆一下，原子论不仅基于关于物质具体性质的论点，而且基于力学规律。古典力学除了是决定论的以外，它还把预测（prediction）和倒推（retrodiction）看作是同等的。考虑一下任何一个时间间距 $[t_0, t_1]$。在 t_0 的初始条件既决定了在 t_1 的最后条件，也唯一地被这个最后条件所决定。而且牛顿力学在下述意义上在时间上是可逆的。令粒子 $P_1, P_2, \cdots, P_n$ 的独立系统描述了在时间间距 $[t_0, t_1]$ 期间的某个轨道 Γ；如果每个 P_i 的速度在 t_1 都发生了逆转，那么在间距 $[t_1, 2t_1 - t_0]$ 期间，这个系统就会以相反的顺序回溯 Γ，而所有的速度都会在相应的（镜像）点上发生逆转。令 $\Gamma *$ 指称这个逆转的轨道。由此，对熵 S 的力学定义就是不可能的了；因为（比方说）要用位置和速度（与指向性的**速度**不同）来定义 S，那么，S 伴随着 Γ 的任何增加，都会对应有伴随 $\Gamma *$ 的相同的减少。我们后面在讨论玻尔兹曼的工作时，会仔细考察这个问题。

在结束这个导言之前，我来谈一下原子论纲领的某些成功的经验和一个严重的失败。原子论说明了热转换为功；它也可以使它的信奉者引出重要的状态等式，比如波义尔和瓦尔斯（van der Waals）引出的那些状态等式。在麦克斯韦那里，它带来了一个意外的结果，即黏度不是依赖于密度，而是仅仅依赖于温度。而且这种违背直觉的结果得到了确证（Sears and Salinger 1975：286—291）。

然而，原子论似乎无法决定正确的相对专门的多原子物质的热。令 $\gamma = c_p/c_v$，这里的 c_p 和 c_v 分别指在恒压和恒值的情况下某个物质的专门热能。作为能量均分的结果，古典动力学理论规定 $\gamma = (f+2)/f$，这里的 f 是指该物质的一个分子的自由度。在单原子的情况下，$f = 3$；因此，$\gamma = 1.66$，这是得到确认的。但在一般情况中，古典力学则给 f 赋予了一个过大的值。对二原子的分子来说，$f = 7$；因此，$\gamma = 1.29$，这不同于所观察到的值，即 1.4。原子论者最后就设 f 等于 5。这就意味着忽略了分子的旋转能量或振动能量，而力学则规定了它们的存在（Sears 1953：246—251）。这样，原子论纲领就面临着被其内在矛盾摧毁的危险。物理学家当然没有意识到，这个错误不是由于原子假设本身，而是由于古典动力学。后者随后证明无法应用于微观现象，并被量子力学所取代。

这里提到这些困难（以及成功）不是就其自身着眼的，而是为了阐明一个重要的哲学观点。到了 19 世纪末，方法论的状况不是决定性的。原子论具有强有力的**启发性**，因为它为进一步的研究提供了许多途径。然而，在最初的几次突破之后，它似乎也面临着棘手的问题；而热力学虽然表面上毫无缺陷，但它所能提供的启发也很微弱。让我们回忆一下：每一个科学纲领的核心都是形而上学的：孤立地看，它不能直接与经验对立；但它可以间接地受实验失败的影响，或者得到构成这个纲领的理论成功的支持（更为详细的讨论，参见 Zahar 1989：13—38）。每个纲领都会由于某些成功的经验而得到肯定，也会由于某些挫折而受到责难，只要这种情况存在，方法论的状况就仍然不是决定性的，因此，方法论无法单独解释，为什么一个单个的科学家会选择这个纲领而没有选择另一个纲领。为了说明这种决定，历史学家不得不求助于某些外在的**动机**，比如说宗教的、形而上学的乃至道德的动机：后面这些动机影响到科学家通过衡量相关的证据而预测相反的纲领成功或失败的方式。

【197】

我现在要考察马赫、奥斯特瓦尔德、杜恒（Duhem）和玻尔兹曼对原子论的评价。简单地说，我会表明，由于马赫从康德哲学那里引出了现象论，所以他反对一切关于原子论的实在论的解释；奥斯特瓦尔德则采纳了一种矛盾的态度，这来自于既朴素又令人困惑的归纳主义；而根据杜恒的信仰主义观点，他在仍不失为一位实在论者的同时，又反对一切形式的还原论的原子论；玻尔兹曼虽然有谨慎的可错论，但他心中仍然坚信还原论的物理主义，继续从事原子论的纲领，尽管后者存在着不足。

二 马 赫

马赫发现，虽然科学家们谈论时空、力、点质量和原子，但每当他们去检验自己的理论时，他们就只使用自己的思想和感觉印象。所以，为什么会设定感觉成分之外的东西，即超越我们的感觉材料组成部分的东西？这些东西是由颜色、味道、声音和形状，以及观测者的感觉、意志和思想构成的。

援用康德哲学的一个核心论点，我们就可以对马赫的唯心论立场做另一种描述；康德认为，我们只有关于现象的知识；我们关于本体或物自体所能说的一切，就是它们以某种方式产生出现象。物自体铸造现象的方式总是对我们隐而不见的。由于本体在康德关于理论理性的说明中没有多少作用，马赫就决定取消它们，把本体论看作是由相互联系的现象连接构成的（Mach 1886 [1959：ch. 1]）。

【198】

马赫对原子论的反对意见是由如下整个哲学立场引起的：由于原子从未被观察到，因此它们就完全是心理的构造物；但某些物理学家说它们具有空间属性和触觉属性，这些属性仅仅是作为感觉材料或感觉材料之间的关系而被经验到的。虽然这是把知觉属性矛盾地扩展到隐藏的实体，但我们仍然需要用不可观察的粒子的"原始"属性去进一步"解释"其他的属性，比如颜色、声音和味道。这种在经验上无法证明的要求来自一个偏见；这个偏见迫使整个科学都受到数学的束缚。除了内在的荒谬性以外，这个纲领还把我们引到无法解决的身心问题上。

马赫在方法论上也反对原子论：决定用原子的作用去解释所有的过程，这就减少了物理学家可用的参量数目；因为他只能限于以下的基本量：$<xyz>$（空间），t（时间），$<v_x v_y v_z>$（速度），m（质量），e（电荷）。由于不得不把温度 T 看作是原子系统的平均动能的简写，他就不能把 T 用作独立的参量。下面是马赫给出的另一个例子。假定我们试图把原子之间的所有关系都还原为它们在一个三维连续统中的空间属性。已知任何三个非共线的粒子：Q_1，Q_2，Q_3，一个任意点 P 的位置（对于 Q_1，Q_2，Q_3 这个平面的反射来说）只由距离 PQ_1、PQ_2、PQ_3 来确定。这样，P 和任何其他点 B 之间的所有关系在本质上都是由 6 个数字确定的：P_{Qi} 和 B_{Qi}（i = 1，2，3）。因此，决定仅仅用原子之间的空间关系去说明气体的行为，就有力地限制了可用的参量的数目（Mach 1872 [1910：50—57]）。

与马赫相反，我们应当注意到，这些限制有其优点，即它们（此后）可以限制对理论进行调整以适合先前事实的方式；因而，这些限制就迫使科学家构想具有更高可检验性的假设，因此，这些限制在方法论上是可取的。而且，只要所有观察术语的意义都是确定的，就没有任何还原能减少假设的经验内容。当假设的经验内容被还原时，假设当然会受到新结果的反驳；在这种情况下，人们总能回到未被还原的理论上。

然而，我们应当提到马赫对原子论语言的一个重要让步：原子论的语言可以被合法地用作为我们的知觉领域带来秩序和经济的手段。与绝对时空不同，"原子"和"电子"因而可以最终成为在某些知识领域中的便利工具；据认为，这些术语并不拥有实在论的意味（Mach 1883 [1960：ch. 4]）。【199】

三　奥斯特瓦尔德和杜恒

即使只因为奥斯特瓦尔德的立场为我们展现了与杜恒的立场相反的形象，我们也值得对奥斯特瓦尔德的立场进行描述。奥斯特瓦尔德赞成决定论、实在论和物理主义的还原论。作为一名朴素的归纳主义者，他把原子论看作是由一些毫无必要的假设构成的，而同时他声称可以从这些事实中直接"读出"他自己的**能量学**。能量学的论点是：宇宙不是由原子构成的，而是由各种形式的能量构成的，后者被认为具有不可还原的差异性，因为它们是由感官以不同方式知觉到的（Ostwald 1937：chs. 4、7、10、11）。我们不需要详述这些**不根据前提的推论**，尽管它们表明，不但从现象论的角度，而且从实在论的角度，原子论都受到反对。

正如马赫一样,杜恒将科学与形而上学区分开来。但他的理由却非常不同:与马赫不同的是,他并不倾向于把形而上学看作是无意义的。相反,作为虔诚的天主教徒,他信奉一种启示的本体论。因此,杜恒在科学研究的各个层面上都引入了可错论,以此来"剪掉科学的翅膀",以便为信仰留下地盘。

杜恒为数学知识的增长所展现出来的累积模式而震惊,他不知道自然科学中是否已经实现了与之相似的模式。数学的累积模式出自于两点:(1)作为非常简单的东西,一切数学公理对于它们的预期领域都提供了直接的洞见;(2)而且,数学推理的规则是演绎的,因而就会毫无错误地把真理从前提传递到结论。因此,对数学定理从来不做修正,而只是加以补充。自然科学与此相似吗?在杜恒看来,数学是综合的,因此在这方面,数学命题与物理学命题没有区别。然而,自然科学在(1)和(2)两点上都是不同的。物理假设很复杂,因此远不是自明为真的;所以,我们不能直接进入它们的论域。而且,既然经验理论总要设法建立在观察的基础上,因而它们的推理规则就不可能全都是演绎的。不过,根据杜恒所说,人们仍然打算分别把归纳方法和关键实验方法提出来作为与数学的直接证明法和归谬法相类似的经验方法(Duhem 1906 [1954:168—190])。但他证明,这种类似在一些关键方面是不起作用的。

【200】　(甲)归纳与直接证明

在直接的数学证明中,我们假设一些"自明的"前提,由此派生出一系列定理。在物理学的归纳中,我们据称是从毋庸置疑的事实陈述出发,推论出一般性的假设。杜恒表明,这种方法至少在两点上是无效的。与它们的常识对应物不同,归纳所依赖的经验结果是"符号化的",承载理论的,因而是可错的。我们由此就面临着所有科学事实命题对于常识陈述的纵向超越。我们也遇到了每一普遍规律对于其任何事例的休谟式的横向超越。

杜恒认为常识报告是不可纠正的,即使他的这个观点是令人怀疑的,但他关于一切客观的经验陈述都是可错的论点仍然是无可反对的。

（乙）间接的方法与关键性实验

杜恒还考察了这样一个论点：科学家往往可以列举一个科学假设的序列：H_1，H_2，…，H_n，使得至少有一个（迄今未被认出的）H_j一定为真；于是，可得知，该析取（H_1，或 H_2，或…H_n）有效。通过反驳除了其中一个假设之外的所有假设，科学家就可以挑出真理论H_j。这个方法被认为类似于数学家经常使用的一个方法：数学家要证明一个定理H_1，首先确立（H_1 或 H_2）；然后通过反驳H_2，他们就可有效地推出H_1。杜恒反对这种论点，他强调，"物理学家决不会肯定他已经穷尽了一切可想象的假设"（Duhem 1906［1954：190］）。

杜恒的回答本身是无法令人满意的；因为人们可以假设，$H_n \equiv$（非H_1，并且非H_2，并且…非H_{n-1}）是先天的，其中（H_1，或H_2，或…H_n）的情况肯定有效。因此，为了辨明杜恒的主张，我们就需要有关"科学性"的严格定义，这个定义不给（非H_1，并且非H_2，并且…非H_{n-1}）之类的陈述以科学地位，而同时限定（H_1，或H_2，或…H_n）这种形式的命题决不能被确定为真。考虑一下波普尔的划界标准。根据这个标准，一个理论是科学的，当且仅当它既是不可证实的，又是经验上可证伪的。令每个H_j都是在这种意义上科学的，那么，（H_1，或H_2，或…H_n）是可证伪的，因为它将被H_1…H_n之间可能的证伪者的任何合取所证伪。而且，对（H_1，或H_2，或…H_n）的任何证实都蕴含着对某个H_j的证实，而这是与其科学的地位不相容的。（H_1，或H_2，或…H_n）本身因而就是科学的；所以，这个科学家在客观上决不会知道任何这种析取一定是真的。而且，由于每个H_j都是不可证实的和可证伪的，所以，每个非H_j都是可证实的和不可证伪的，因而不是科学的。所以，（非H_1，并且非H_2，并且…非H_{n-1}）也不是科学的，因而也就无法出现$H_n \equiv$（非H_1，并且非H_2，并且…非H_{n-1}）。

【201】

（丙）杜恒—奎因问题

还有一个问题没有回答：虽然不能保证H_1，或H_2，或…H_n为真，难道我们不能至少确定从经验上驳倒某个单独理论H_j吗？杜恒恰当地使我们注意到这样的事实：对一个实验的证伪，破坏的不是一个单独的理论,而是破坏了包括了这个理论在内的整个体系。这就提出了所谓的杜恒—奎因问题,这个问题部分上可以得到如下的解决。

令(H并且A)为经验上得到证伪的合取。如果连续变项 A_1,A_2,…,A_n 导致了对(H并且 A_1),(H并且 A_2)…和(H并且 A_n)的否定,那么,根据杜恒的观点,我们就可以合理地猜测,这个错误是由于H(不用说,这种合理性是依据直觉的概率论证的。更详细的讨论,参见Zahar 1997:33—37)。

以上的考察表明,在数学的线性进步和物理学的曲折发展之间没有任何精确的相似。然而杜恒强调,如果从恰当的视角看,物理学展现的是一种类似积累式的增长模式。但他又认为,要获得这一新的洞见需要付出一定的代价:科学必须放弃一切形而上学的主张,因而也就要放弃一切严格的实在论的主张。

实在论面临的一个主要问题,是由不断发生的科学革命提出来的。一致性原则要求,新的理论应当放弃旧的规律,把它们当作在其得到有力确证的那些领域中的限制性情况,虽然这种一致性原则保证了诸连续理论之间很大程度上的句法连贯性,但在指称的语义层面上,往往存在一连串混乱的语义变动和取消。最新假设所指称的东西往往取代了与它们毫无共同之处的旧的假设所指称的东西。面对这种不断的颠覆,科学家如何能合法地声称他们正在逐渐了解宇宙的真实结构?(参见Zahar 1996:49—55)

这个问题致使杜恒对一个理论的表征部分(REP)和说明或解释部分(EXP)做了区分,前者是他所接受的,后者是他完全拒绝的。REP由纯粹的形式关系构成,这些关系的唯一作用是蕴含着经过恰当检验的实验规律,而EXP则要求对整个体系提供一种实在论的语义解释:它的目的是要把REP定位在由某种形而上学体系保证其存在的超验的实在中。虽然杜恒把EXP描述为解释性的,但他的真正意思是,在据说REP是来自EXP的意义上,打算使EXP成为还原的。然而,这是不可能的:形而上学的猜测过于微弱而无法包含可检验的规律,尽管它们通常十分强大,足以与某些科学理论相冲突。甚至EXP也不能带来任何新的预则,而只能证明为与REP是不相容的，它独自从事一切经验工作（注意：杜恒多么接近于表述了波普尔的标准）。

由于这种语义学的说法，EXP 就把科学史歪曲成一系列混乱的革命。因而，取消 EXP 将体现出一种双赢：首先是思维的经济性增加而没有损失经验内容；其次是科学的发展可以被看作是一个渐进的过程；在这个过程中，根据一致性原则，确定的物理规律的数学形式在很大程度上得到了保存。这就使我们相信，我们正在接近"自然的分类"，这种分类反映了本体论顺序，但实际上却没有指明它。这样一种自然分类具有两个明确的特征：它显示了很高度的统一性，即它的所有成分都是互相密切关联的；至此它蕴含了一些未知的规律，这些应当随后得到确定（Duhem 1906［1954：19—39］）。

杜恒明确反对科学理论中的还原实在论，他表明，把物理学还原为机械原子论的一切企图不仅仅是多余的，而且实质上是适得其反。虽然他把机械论定义为这样的论点，即实在的终极成分是带电粒子，它们服从于支配宏观对象运动的规律，但他指出，机械论不必带有对实在论的承诺。因此，根据杜恒的观点，"英国物理学家"是非实在论的机械论者：他们用动态的形象说明了他们的理论，但没有把这些形象看作是真正解释性的；他们只有在说明他们所谓的可理解性时才给出了这种"模式"。相反，亚里士多德肯定是一个实在论者，但不是机械论者。

由于放弃了一切形而上学的思辨，至少是在科学领域中，杜恒作为一名约定论者，他必然会接受某种形式的归纳推理。他认为，唯一合法的归纳推理在于对承载着理论的经验结果进行"概括"，而其方式也是依赖于理论的。由此得出，经验归纳是双重可错的；但它仍然是获得新的事实知识的唯一方法，而且杜恒论证说，经验归纳没有为机械原子论提供任何支持。形状、不可入性和运动之类的性质，公认是由现象揭示出来的；颜色、气味和滋味也是如此；经验从没有告诉我们这第二组"次生的"性质可以还原为"原始的"性质。于是，杜恒就有理由坚持一种能量论（即认为宇宙是由各种形式的能量构成的），而不是与感觉经验领域紧密联系的原子论。虽然他也承认许【203】

多伟大的物理学家是原子论者,但是他否认他们的原子论形而上学有助于他们取得重大进展。在许多情况下,这些科学家实际上发现很难将他们的本体论偏见与他们的发现调和起来。机械论者只有两种优势:他们很少假设基本谓词;而且后者很容易被描述,这说明了他们为什么会被英国人"宽广而脆弱的"心灵所中意。

虽然杜恒没有明确针对实在论本身,而只是针对还原的机械论,因为若按照实在论的方式把这种机械论解释成原子论,据说它会威胁到基督教的教义,但他的批判仍然是普遍性的,以致对所有还原论的解释都形成了打击。因此,由于他的信仰主义,杜恒就更加强调(不可否认是很认真地)"唯物主义"物理学所面临的困难,而不是它的有启发性的丰硕成果,这种成果是与它的预测新事实的能力结合在一起的。相反,根据玻尔兹曼等实在论者的观点,这种能力指明了原子论的似真性,而原子论的困难则被当作仅仅是"异常"留待将来的研究来解决。因而,杜恒的情况表明,在科学不确定的时期,哲学在科学发展的过程中如何能起到决定性作用。杜恒对各种还原论解释的厌恶,说明了他为什么不赞成并拒绝致力于20世纪初在自然科学中占主导地位的各种假说:即原子论、电磁场理论、相对论和达尔文主义。

四 玻尔兹曼

倘若我们将玻尔兹曼的本体论与他的认识论和方法论截然区分开来,我们就可以对他的哲学做出连贯一致的阐述。作为一个形而上学家,玻尔兹曼赞同原子论的实在论和达尔文式的还原论。他认为,我们的美学价值和道德价值、我们据称的先天原则,乃至我们的逻辑,都是具有遗传编码的信念。由于这些信念的生存值,这些信念才得以代代相传。从认识论上讲,这种坚定的物理主义立场由于玻尔兹曼的可错论的假说—演绎主义而得到缓和。他承认,在构想规律的时候,物理学家应当超越必定有损于其理论的那些"事实"。玻尔兹曼正确地谴责了唯心主义和归纳主义,认为它们忽略了对一切科学假设的确定性的基本限制。而且，像马赫那样的现象主义者不仅仅趋向于唯我论，而且在确立他们的感觉要素之间的关系时，他们不得不依赖于过去的、因而也是记忆中的经验；而这些经验被不完整地认为是任何"外在的"对象或他人心中的任何内容；于是，我们不妨假设超验的【204】实体，而不是无故地把我们限制在对感觉印象的描述上（Boltzmann 1869 [1979]: 26—46）。

玻尔兹曼试图把大多数本体论问题都变成方法论问题。他并不反对现象学的热力学本身，但认为它只有有限的启发性价值。他因而建议所有的研究者，甚至包括那些不相信原子论的研究者，要从事对原子论纲领的研究；因为这个纲领已经带来了许多新的规律，例如某些物质状态的方程式，气体的黏滞性对于其密度的无依赖性。

于是，玻尔兹曼提出了一种多元论的反本质主义的方法论。为了预先防止来自科学的反对者以及教会的批评，他就把所有的假设都看作不过是内心的意象，其主要目的是要统摄我们的经验。他的真诚是可以怀疑的；因为他也认为，如果一个统一的理论成功地预测出意外的结果，那么，可以认为它模拟了事物的客观秩序。不过，他的主张却成为一种重要的方法论观点的基础：一种物理猜测的有效性不是来自其内在的貌似合理性，而仅仅来自它与它的真正可观察结果的蕴涵之间的内在一致性（Boltzmann 1869 [1979]: 170—198）。

在我看来，玻尔兹曼的科学哲学不仅令人吃惊地具有现代意味，而且是无与伦比的。他所面临的问题不是来自他的方法论，而是来自原子论所遇到的逻辑上和实验上的困难。我们现在就来讨论这些困难。

在（前面的）导言中，我曾提到有关多原子物质的比热问题。这些困难通过用量子力学代替古典力学而得到了解决，量子力学的发展出现在玻尔兹曼去世之后。然而，在20世纪的头十年，爱因斯坦、斯莫鲁乔夫斯基（Smoluchowski）和佩林（Perrin）等人的工作已经对原子论提供了强有力的经验支持。由于考虑到原子论所蕴含的波动性，爱因斯坦解释了布朗粒子的非规律运动：这些运动是由粒子与周围大量分子之间的连续碰撞引起的。爱因斯坦由此得到了一个后来由佩林证实了的公式；这个意外的成功最终导致了诸如奥斯特瓦尔德（不是马赫）这样的怀疑者接受了原子论的假说（Stachel 1989：206—236）。

【205】　还有一个原子论似乎无法解决的突出问题，即由某些可观察过程的不可逆性提出的问题。在第一节中，我提到以得到证实的第二定律［B］（不论是精确地还是近似地）的方式从力学上定义熵 S 所遇到的困难。玻尔兹曼提出了这样一个等式：$S(q) = k.\log W_q$，其中，k 是常量，q 是指给定的宏态，W_q 与引起 q 的宏态数量成比例。在某个常量因素的范围内，W_q 因而就指称了一种**热力学概率**。

玻尔兹曼最初猜想，任何物理过程都不会涉及 W_q 的衰减。这就引出了一个问题：这样一个命题是否可以出自与边界条件描述结合在一起的力学规律。在第一节中，两个集合 △ 和 △* 之间确立了一种双射关系（bijection）：△ 和 △* 分别构成了那些引起熵 S 增加的初始条件和那些引起熵 S 减弱的初始条件。这个结果使得玻尔兹曼承认，S 的减弱是可能的，但在很大程度上仍然是不太可能的。不过，他并没有确立自己的主张，而只是断言，他的批评者并没有证明他们的主张，即 S 的减弱与它的增加是同样可能的（Brush 1966：4）。

玻尔兹曼实际上把证明的包袱推卸到他的反对者肩上，要求他们表明 △* 的测度至少是与 △ 的测度一样大（注意：在两个集合 △ 和 △* 之间的双射性确定了它们的基数是相等的，而不是它们的**测度相等**。因为测度概念是对长度、面积或体积的概括，而概率是与测度成比例的，而不是与基数成比例的）。为了从原子论中引出第二定律，不论怎样，玻尔兹曼自己有责任证明 △* 比 △ 小；而他却只是指出他的批评者没有确立力学与热力学之间的不相容性。尽管如此，策梅罗的反对意见却证明是更难反驳的（Zermelo 1966：229—237）。在证明第二定律不可能还原为力学的过程中，策梅罗援用了彭加勒的回归定理（Brush 1966：papers 5 and 7）。彭加勒的定理可以非正式地表述如下：考虑一个物理系统 Ω 以及在 Ω 的所有可能初始条件空间内的封闭有界的区域 B。那么，B 就包含了零测度的子集 B'，使得：如果 Ω 开始于 B – B' 的任意一点，即开始于实际上 B 的任何一点，那么，Ω 的熵就不可能稳定地增加，而很可能（至多）保持恒定。

玻尔兹曼对这个悖论的回答是无法令人满意的；他认为，假定初始条件是不可能的，那就可以有把握地断定，在将来的很长一段时间，熵会稳定地增加；在那之后，宇宙就会随着熵的相应减少而近似地恢复它的初始状态（Brush 1966：8）。这个特别的运动也许能确定第二定律与原子假设的相容性，但肯定没能确定第二定理是从原子假设中推导出来的。因此，原子论并没有（尚未？）取代热力学。

【206】

五　结　论

由于原子论不可否认地取得了经验上的胜利，所以如今仍然为大多数物理学家所接受。因而我们可以得出这样的结论：相对于一个理论能够带来新的实验结果而言，它的内在一致性所起的作用是很小的。

埃利·扎哈尔

【207】

第十四章

现代物理学中的时空理论

一 导 言

在20世纪物理学中,我们一定会把爱因斯坦于1905年和1916年提出狭义和广义相对论以及量子力学的发展看作最为重要的事件,后者是在大约10年后由玻尔(Bohr)、海森堡(Heisenberg)、薛定谔(Schrödinger)和德·布罗格利(de Broglie)完成的。由于这些理论,物理学家的时空观经历了两次主要的剧烈变化。

虽然广义相对论和量子场论运用在不同的范围,但它们在对自然界的描述中却起到了根本的作用,所以对自然的任何完整描述都必须包括这两个理论。然而,试图从形式上量化广义相对论,却带来了毫无意义的无限多公式。20世纪60年代,出现了一种非阿贝尔规范理论(non-Abelian gauge theory),作为描述除引力之外的所有自然力的一个框架;不过,与此同时,广义相对论与量子场论之间的不一致也明显出现了,这成为20世纪物理学的局限。由此引起的问题是理论家们的一个绝妙问题:实验是提供不出什么帮助的,而这种不一致表明了哲学思想、数学思想与物理学思想的混合。

具有重要意义的事实是,每一个具有某种普遍性和某种范围的物理学理论,无论是古典理论还是量子理论,无论是粒子论还是场论,都预设了一种时空几何学,用以说明它的规律及其解释,而对这种几何学的选择,则在一定程度上预先决定了被用来支配物质活动的规律。因此，牛顿的古典力学（特别是它的万有引力定律）就是基于事件与欧几里得几何学之间的绝对同时性关系的假定；同样，爱因斯坦在1907年至1915年之间所提出的关于惯性和引力质量的普遍对称性的物理原则，也需要给时空指定一个与非零曲线的非可积分的（即依赖于路径的）线性联系（平行置换规律）。在与物理学的其他部分相分离的情况下，无法对时空几何学进行充分的考察，因而，时空几何学的概念和规律也就与力学和电子动力学等的概念和规律无法摆脱地交织在一起，这个事实首先是由黎曼和克利福德认识到的，随后是明可夫斯基和爱因斯坦，而在外尔那里得到了特别的强调（Weyl 1918）。

【208】

二 狭义相对论

古典物理学是基于这样一个假定，即认为空间、时间和物理事件是完全独立的实在。这个假定受到了狭义相对论的质疑，狭义相对论断定了这样一个"相对性原理"，即相对于一个惯性系的均匀平移运动中的参照系，无法用任何物理实验将它与那个惯性系区分开。这里首先要把握的一点是爱因斯坦对同时性概念的分析，根据这个概念，时间是一个坐标，表示了一个事件与一个包含光信号的具体物理过程之间的关系，而这个坐标是用光信号来测量的。假定光速对所有的观察者都是恒定的，由此得出，以不同速度移动的观察者所见到的被归于遥远事件的时间坐标是不一致的，因而他们所见到的遥远事件上的对象长度或钟表速率也是不一致的。因此，狭义相对论就意味着，没有绝对的同时性概念作为"普遍的"时间的基础，因而同时性就是一个相对的概念，它依赖于用来观察事件的参照系；而对一个观察者是同时发生的事件，对另一个观察者就不一定是同时的。这样，隐藏在常识背后的假定和古典的时空概念就必须被抛弃。

1908年，明可夫斯基意识到，狭义相对论可以表述为绝对的而非相对的四维时空结构，因为它从所有的参照系看都是一样的。

因此，他提出用一个单一的概念把时间和空间统一起来，即空间—时间。于是，空间—时间就成为对物理现象进行数学描述的天然场地。特别是，它允许以新的、更加数学化的语言重新阐述狭义相对论的规律。因此，根据明可夫斯基的观点，这个世界就可以被看作是四维的、非欧几何的、双曲线的流形，即一个"四流形"。这样，狭义相对论就赋予世界四流形以一种几何学结构，与欧几里得的四维空间同样丰富，尽管有所不同（参见 Torretti 1996）。这种几何结构不但是其他物理学理论的核心，也是狭义相对论的核心。

【209】

三 相对论物理学中的时空理论的观念和发展

爱因斯坦将时间相对化是概念上决定性的步骤，它把洛伦兹、彭加勒和其他人的各种成果和建议变换为一种清晰连贯的理论，即狭义相对论。爱因斯坦用有操作意义的时间概念代替了教条式假定的绝对时间，以此消除了由运动物体的电子动力学和光学中引出的明显矛盾。这就为批判性地、以经验为取向地重新考察一般的物理概念提供了一种模式，这对物理学的发展，尤其是量子理论的发展，具有十分重要的方法论意义。通过对动力学进行修正，即对有关空间和时间的规律进行修正，狭义相对论成功地将相对性原理与光线在真空中的恒速原理（它断定，光线在真空中具有恒定的传播速度，与观察者或光源的运动状态无关）调和起来了。很明显，要谈论两个事件的同时性，除非它与一个已知的坐标系（即一个几何系）相关，否则是没有意义的，而且测量设备的形状和钟表移动的速度取决于它们与这个坐标系相关的运动状态。

狭义相对论的内容包括在这样一个公设之中：**自然规律就洛伦兹变换而言是不变的**（参见 Rindler 1960 and Synge 1964）。而且，狭义相对论的启发方法以如下原理为特点：只允许那样一些方程式作为自然规律的表达式，即如果借洛伦兹变换使坐标发生了改变，它们也不改变它们的形式。洛伦兹变换式是：

$$x' = \frac{x - vt}{\left(i - \frac{v^2}{c^2}\right)^{\frac{1}{2}}} \qquad z' = z,$$

$$y' = y, \qquad t' = \frac{(t - \frac{vx}{c^2})}{(1 - \frac{v^2}{c^2})^{\frac{1}{2}}}$$

如果相对论原理是真的，那么，所有在惯性系内有效的物理规律在这些变换式中一定是不变的。一个重要的特征是，洛伦兹变换是非单个的，并且构成了一个组，即洛伦兹组（参见 Penrose 1968，and Torretti 1996）。洛伦兹组可以被理解为（线性的）空间—时间变换组，使光锥保持不变。[210]

对我们的时空概念所做的第二个更深刻修正，是爱因斯坦在 1912 年至 1915 年间发现：引力并不是除了惯性决定的世界几何之外又存在的一个力场，它应当被看作是时空的测量和仿射结构的一个方面，它实际上指明了时空连续的曲率，并因此提供了这个结构的物理基础，这个结构是黎曼在 1854 年著名的就职演说的结尾推测到的（Riemann 1892；对黎曼的设想的详细分析，参见 Boi 1995）。由于有了这第二个步骤，爱因斯坦就把时空的几何学结构从一种严格给定的、从不改变的、绝对的东西转换为一种可变的、动态的、与物质互相作用的场（Ehlers 1973）。他由此消除了几何学和物理学之间的一个差异，对这个差异，马赫（Mach 1883）在大约三十年前就提出了批评，那时他正在反思莱布尼茨对牛顿的绝对空间的批判。

四 明可夫斯基的时空

黎曼对高斯（Gauss）的曲面和平面内蕴几何学的普遍化，以及由此产生的不但具有可微分结构，还具有非欧（或洛伦兹的）度量的四维流形概念，是走向把物理学几何化的第一个根本步骤。第二个步骤就是由明可夫斯基构造的一种新的几何学，它首次把空间和时间包含在一个单一的时空概念中。明可夫斯基的几何学（也称作明可夫斯基世界）是对一种运动学的几何学特性的描述，这种运动学是爱因斯坦在 1905 年关于运动物体的电子动力学的著名论文（Einstein 1905）中提出的，他在其中采用相对论原理去说明机械过程和电磁过程，并假定光速与光源的速度无关。根据明可夫斯基的观点，时空是一种伪欧几里得的四维空间，其度量张量 $\eta\alpha\beta$ 有这样的特征（+，+，+，-）。由 $\eta\alpha\beta$ 规定的零锥描述了光的传播，类似时间的直线代表了自由粒子的世界线，而弧的长度

$$\int \sqrt{-\eta\alpha\beta\chi^\alpha dx^\beta} = \int \sqrt{1-v2dt}$$

类似时间的曲线 L 的（$x_4 = t, c = I$），给出了由标准时钟测量的专门时间，而这个标准时钟则是由具有世界线 L 的粒子带来的。

[211] 非相对论的时空与相对论的时空之间的最重要区别在于它们的因果结构。在明可夫斯基的时空中，一个事件 E 的因果上的未来（过去）是受未来的（过去的）零锥限制的，因而存在一个四维区域，其事件在因果上是与 E 分离的，这与非相对论时空的情况相反。狭义相对论时空中（坐标）拓扑学可以很容易地从其编年顺序中得到（参见 Zeeman 1967）。令 b 比 a 引入得晚，对 a 而言，$b \in M$，如果 b 包含在 a 的未来零锥的内部，记作 $a < b$。那么，这个集合 $\{x \mid a < x < b, a, b \in M\}$ 就产生了（时空）M 的拓扑学。这种引入 M 拓扑学的方法在物理学上是非常令人满意的，因为它表明，事件 a "接近" b，如果有一个粒子 P 通过 a，并且在 P 上有一个"很短"的时间间隔，它包含了 P 可以在其中与 b "交流"的 a。

我们由此看到，狭义相对论的要求是动力学的或几何学的，它们规定了某个时空结构，并要求任何动力理论与之相符合。明可夫斯基的时空结构由两个成分构成：一个是支配未受力物体或粒子运动的惯性结构（在数学上由仿射结构来描述）；一个是几何学计时法，或简称时间几何学，它支配着（理想的）测量长度和测量时钟的行为（这在数学上是由伪黎曼度量结构描述的）。假定时间几何学成立，测量长度和测量时钟之间的兼容条件就将惯性结构确定下来（参见

Stachel 1995）。

五 广义相对论与关于时空和物理学的新观念

接下来，我们回头考察关于空间—时间的新观念。为了充分理解爱因斯坦的广义相对论对我们的空间和时间概念所造成的显著变化，我们将再次考察牛顿的理论。牛顿物理学的特点在于，它除了必须赋予物质以独立而真实的存在，还必须赋予时空以独立而真实的存在。实际上，必须把牛顿的空间看作是"静止的"，或至少是"没有加速的"，使得人们可以把加速度看成是具有任何意义的量值，如它在运动定律中所显出的那样。对于时间，情况差不多同样如此，这个时间当然也进入到加速度的概念中。在牛顿的古典力学中，根本的东西在于，"物理实在"被认为不依赖于经验它的主体，它被设想为一方面（至少在原则上）由空间和时间构成，另一方面由空间和时间中运动的物质点构成。空间和时间独立存在的观念可以这样来极端地表示：【212】即使物质真的消失了，空间和时间也仍然会保留下来——作为物理事件的一种舞台。

这个观点在广义相对论中被完全抛弃了。在古典力学乃至狭义相对论中，为了能够描述"填补"空间的东西，空间或具有度量属性的惯性系就必须被看作是独立存在的。然而，根据广义相对论，与"填补空间的东西"相反的空间无法被赋予独立的存在。如果我们想象一下取消引力场，即函数或度量张量 $g_{\mu\nu}$（它是二次型 $\Sigma_{\mu\nu}g_{\mu\nu}dx^{\mu}dx^{\nu}$ 的一部分，该二次型是用于测量流形 M 的相邻点之间距离的一般形式），那么就不会有"空的"空间保留下来，留下的是绝对的虚无。因为函数 $g_{\mu\nu}$ 描述的不仅是引力场，而且还是流形的拓扑的和度量的结构属性。时空并不具有独自的存在；它只作为该引力场的一个结构性质而存在（Einstein 1956）。

在广义相对论中，引力场具有物理学意义的方面仅仅包含在"潮汐力"中，它是由一种**不均匀的**引力加速场引起的。明可夫斯基和爱因斯坦的时空与古典的时空截然不同，因为在事件之间没有规定任何附加的时间差概念。相反，伪黎曼的度量形式 ds^2，即洛伦兹标记（+，+，+，-）的形式，则是在时—空中规定的。时—空中的两点 A、B 之间的时间差取决于对连接这两点的世界线的选择，是通过以世界线的 ds 积分给出的：

$$t = \int_A^B ds \quad (5.1)$$

于是，爱因斯坦的场方程式就描述了这种时—空曲率是如何与物质的密度（即压力—能量—动量，参见下面）联系起来的。因此，时—空的度量在引力场上就一定不同于通常平面的时—空形式。在广义相对论中，人们被引导到寻找一种与狭义相对论局部（大致）一致的理论，但他们所得到的不是明可夫斯基时—空的可积的仿射连接，而是能够表现结合的惯性—引力场的不可积的线性连接。

因而，广义相对论的核心特征是：它首次提供了对空间、时间和引力的统一描述（和解释），这一描述在本性上实质是几何学的。实际上，引力场是由对称的连接 Γ 表示的，它是一个几何学的对象，而把引力场与物质联系起来的方程式，最终证明可以表示为 Γ 的缩并的曲率张量 $R_{\alpha\beta}$ 之间的关系，使得动力学的第二定律就可以根据与 Γ 有关的协变导数。广义相对论的进一步特征就是广义协变原理，即对该理论所允许的动力方程式的一个约束。所有的物理场都是根据四维时—空流形来规定的，对四维时—空流形发生（局部）影响的对称组由所有的微分同胚映射（流形的充分滑点变换）构成；这个对称组为不变量提供了一种表示该流形特点的普遍的二次形式（度量）。

爱因斯坦的方程构成了四个时—空变量中的十个二阶非线性微分方程的系统。解这些方程，是为了说明度量张量 g_{ik} 的十个未知成分，我们可以把它们解释为引力势。不过，在广义相对论中，我们无法单纯地谈论空间中物质的密度；我们还必须把能量密度包括进来，因为正如爱因斯坦所表明的，物质和能量就它们的惯性特征而言是无法区分的。人们可以用张量 $T^{\mu\nu}$ 的形式来表示物质和场能的影响，这种张量被叫做**能量—动量张量**。于是，我们就得到了爱因斯坦用于非空时—空的引力场方程，它是广义相对论的核心所在：

$$R_{\mu\nu} - (1/2) g_{ik}R = 8\pi T^{\mu\nu} \qquad (5.2)$$

这里，$R_{\mu\nu}$ 和 R 分别是里奇（Ricci）张量和 g_{ik} 的纯量曲率。因此，方程（5.2）可以表示如下：（代表空间几何的张量）=（代表空间物质—能量内容的张量）。

在广义相对论中，人们做出了如下假定：将一切有意义的物理量包括在完整的能量—动量张量即物质、流体压力、电磁场等中，由此，我们就得到了平面空间中的一个零—差张量。根据这种观点，物理量通过交换能量和动量而相互影响，其方式是使 $T^{\mu\nu}$ 的差保持为零；就是说，使全部能量和动量都得到了保存。我们断定，$T^{\mu\nu}$ 描述了空间的非引力能量内容的特征。我们因而假定，引力场方程具有如下形式：

$$R_{\mu\nu} - (1/2) Rg_{\mu\nu} + \lambda g_{\mu\nu} = -2KT^{\mu\nu} \qquad (5.3)$$

在这里，$R_{\mu\nu}$ 是里奇曲率张量，$g_{\mu\nu}$ 是度量张量，λ 和 K 是实常数，其中 $K>0$，$T^{\mu\nu}$ 是物质的能量—动量张量。换言之，空间几何的属性就等于空间的物理内容（在这里，物质是指除了引力本身之外的任何场）。事实上，引力能量无法以**局部**的方式来恰当定义，相反，它表现为某种非局部的量。

【214】

六　对时空几何结构的概念讨论及其物理意义

鉴于以上所论事实，人们可以断定，在哲学上，广义相对论的关键性的概念创新，使科学革命和新的概念综合得以可能的那个创新，就是用几何学的量值去解释先前一直被认为是物理学的量值；同时，作为某种被先天给予的东西的**物理**几何学的概念（尽管它是由某个流形的数学结构预先决定的）被抛弃了，取而代之的是把它当作全部由物理状况决定的东西（Graves 1971 and Friedman 1983）。物理学和几何学变得如此密切地缠绕在一起，使得对其中一个的任何断定都必然意味着对另一个的断定。

广义协变性把物理学局限于使用张量的量，而没有说明如何能将它们派生出来，或说明它们应当意味着什么。物理学与几何学的同一又带来了新的要求，即用于表达基本物理定律的张量必须从具有纯粹几何学意义的张量中派生出来，或与之等同。可是，用于描述空间特点的基本张量是度量张量 g_{ik}（爱因斯坦追随黎曼，假定这种张量是对称的），所有其他的几何张量都是根据各种数学运算从这个张量派生出来的。于是，如果物理时—空中的所有点都被赋予了度量张量（连同物理时—空在其中被表现的坐标系），我们就（至少在理想上）不仅得知了时—空的所有几何属性，而且得知了那里的所有（大范围的）物理学。度量张量因而起到了核心作用，因为关于空间几何的每一条其他信息，都可以根据纯数学的发展从其组成部分在其中被表现出来的度量和坐标中派生出来。因此，度量张量在认识论上就有了优先性。然而，它在本体论上却没有那样根本：它并没有描述该流形的纯几何的不变属性，诸如它的坐标集和基本度量 ds^2。但还有其他派生的张量，诸如里奇张量 $R_{\mu\nu}$，它们直接与几何属性有关，因而可以被看作具有本体论上的优先性。

从哲学的观点看，如果我们把四维时—空看作具有某种独立的存在，我们就必须假定：（1）它在各个点上都有确定的属性，就是说，它的度量坐标系的特点可以局部地得到描述；（2）这些属性一定是几何的或空间的，诸如各种曲率；（3）它们一定是完全独立于任何坐标系的，因为后者是人类的便利而已（或更确切地说，是我们对自然所规定的约定性陈述），而无法影响到几何学。广义相对论首先发展了数学和几何学模型，只是在后来才考虑用刚性标杆、光线传播路径之类的实际物理对象对这种模型做出"第二次解释"（Penrose 1968，Graves 1971）。正如惠勒（Wheeler）所指出的（Wheeler 1962），要求广义相对论必须具有纯几何学的内容，这就超出了广义协变性，对所允许的规律形式加上了额外的物理学限制。在广义上，协变性允许任何能够写成张量形式的规律。然而，场方程式不许单独决定 g_{ik}。它们必定给我们提供关于几何学的信息，而不是关于坐标的信息。为了满足协变性，它们没有排除任何坐标系，而是排除了许多可能的几何学。

根据这些理由，十分重要的是要看到，这样把空间（时—空）等同于物质，从而把几何学等同于物理学，正是广义相对论的核心的概念特征。像莱辛巴赫（Reichenbach）和格林鲍姆（Grünbaum）这样的哲学家试图将它们割裂开来，因而错误地解释了这个理论。他们承认物理学和几何学是相互依赖的，只因为涉及几何量值（比如长度）的物理规律必定会在几何学发生变化的时候改变它们的数学形式，因此（至少是隐含地）做出错误的假定，认为进入物理学的几何学具有纯粹约定的性质。例如，根据他们的看法，将抽象的几何学（或时—空流形的数学结构）与物理学（或物理空间模型的属性）联系起来的"坐标定义"，就是任意的约定，这些定义只是决定了物理学中所涉及的几何学的内容和意义。结果，他们就想用逐次近似计算的调整，最终达到适合于那组坐标定义的几何学和物理学。他们还论证说，假如几何学真的只是对标准对象之间关系的表达，那么，我们本来会料想，如果物理学真的被还原为或等同于几何学，物理学就会被丢掉了。但这个观点多少是弄错了。事实上，这里应当强调一下这个问题的两个不同但又相关的方面。诚然，无论是对坐标定义进行选择时的约定特征，还是使用特殊规定对几何学做出经验确定的可能性，都与广义相对论无关，正如前面关于广义相对论的数学内容的叙述已经证明的那样（对莱辛巴赫和格林鲍姆的观点的有趣而适宜的批评，参见 Petitor 1992 and Torretti 1996）。不过，格林鲍姆提议从实验上确定 ds^2；他因而认为，在某种意义上，将引力与几何学等同并不会引起物理学内容的丧失。

总之，在广义相对论中，时—空成为一个动态变量，随质量和能量而弯曲，而动力学则成为世界几何结构的一个方面。在物理学史上，时空结构首次不被说成是先天的，而成为一个动态的物理场（Stachel 1995）。不过，应当强调的是，在广义相对论中，时空度量起了双重作用。一方面，它代表着引力势，因而是一个动态变量。另一方面，它决定着时空几何学。简言之，广义相对论教导我们的是，

【216】

时空几何学是动态的,因此类似于物理场;实际上,时—空几何学就是引力场。不过,这种引力场的动力学是极其独特的,我们无法像对待其他物理场一样,用依赖于固定背景时—空存在的技术来把握。因此,背景几何学本身就是一个动态的对象。这种"结构的"和"关系的"时空观就是这样一个基本的概念思想,即广义相对论有助于我们对自然界的理解。

根据这些事实,由于最新的实验工作和进一步的理论分析,断定时空"实际上"是弯曲的,现在已经被看作是牢固确立的了(关于广义相对论的这个重要方面,参见 Penrose 1968 and Damour 1995),而为把一种弯曲的伪黎曼结构赋予时—空而依据的现象学基础,则与物理学的其他基本理论概念同样稳固。

七 结 论

爱因斯坦对物理学的基本贡献与其说是提出了新的公式化表述,不如说是为我们的基本时空观和物质观带来了根本的变化。而且,相对论不仅是早期发展的顶峰;相反,这个理论采取了与牛顿的概念相悖的全新路线,并与此完全一致地在新的方向上扩展了物理学规律,进入了迄今为止意想不到的新领域。

爱因斯坦的基本新步骤在于,他对物理学采取了**关系性的**研究方法。他认为,物理学的任务不在于研究绝对的、基础的宇宙**实体**(诸如以太),而是在于研究宇宙各个不同方面的相互关系,这些关系在原则上都是可以观察的。在牛顿物理学中,空间和时间被看作是绝对的。相反,爱因斯坦把空间和时间看作具有本质上"相对的"属性;特别是,在分析同时性概念的时候,他把时间处理为一个"坐标系",它刻画了一个事件与一个具体的物理过程的关系特征,而该坐标系是在这个物理过程中被测量的。假定光速对所有的观察者都是恒定不变的,那么可以得出,以不同速度移动的观察者对属于遥远事件的时间坐标的观察就会不一致;同样,他们因此对属于遥远事件的对象的长度的观察也会不一致。

这是对物理世界结构的本质特征的说明，而不是一种反映着我们与物理世界因果关系的任意相对化。的确，洛伦兹变换和更普遍的彭加勒变换起到了一个重要作用，即根据时空几何学的内在结构，刻画了物理世界中发生的事件之间的因果结构的特点。因为这些变换自然而然地引出了相对性原理——即基本的物理规律就是不变的关系：对所有的观察者都是相同的。

相对论的另一个重要概念是**明可夫斯基图表**（参见 Ellis and Williams 1988）。此类图表使得以图形和几何学的方式说明相对论原理的意义成为可能，除此之外，它还表明了**事件**和**过程**的概念（而非牛顿理论中作为基本概念的**对象及其运动**的概念），成为相对论物理学的基本概念的方式。这就导致了明可夫斯基的时—空（双曲线）几何学，连同其内在于过去和未来光锥中的事件与外在的事件之间的恒定的差别。相对论的这一几何学图景有助于说明"原时"（proper-time）的意义，并为那样一种方式提供了新的理解，按那种方式，爱因斯坦的空间和时间概念为两个分开的观察者再次相遇时经历了不同的"原时"间隔留下了余地。

广义相对论的哲学意义和重要性是一个困难而丰富的话题。广义相对论既是一种引力理论，也是一种时空几何学理论（Souriau 1964，Penrose 1968）。虽然在牛顿物理学和狭义相对论中，时—空被看作是一劳永逸地严格给予的，但在广义相对论中，时空被看作是与物质相互作用的物理场。当然，引力场与时空几何学之间的区别在某种意义上已经受到了马赫的质疑。马赫的观点是，宇宙中的遥远物质决定了诸如旋转这样的局部惯性效果：如果某人设法对宇宙中遥远的物质进行加速，那么，我们对非加速的、非旋转的系统所具有的局部决定作用就会受到影响。因此，如果宇宙的其他部分中没有任何物质，那也就不会有惯性或旋转之类的事情。所以，即使是在广义相对论之前，由此类惯性参照系所表现的那种时空几何学，也是一个受物质作用的宇宙的外场，而不是作用于物质的外场。广义相对论的要点在于，它承认时空几何学是与其他的场和物质是完全平等的，既"产生着作用"又"承受着作用"。

【218】

克利福德的著名猜想是，我们可以将我们称之为物质运动的现象归因于空间曲率的变化；他的这个猜想预见到了爱因斯坦以纯几何学的方式将引力解释为时空的曲率（Wheeler 1962 and Boi 1995）。杨—米尔斯场（Yang–Mills fields）进一步例证了将物理学几何学化这个主题，杨—米尔斯场是建立在动态对称所服从的局部（规格）恒定性概念的基础上的，这种恒定性支配着自然界一切基本的相互作用。这些场在本质上都是几何学的，因为一个连接实际上就是一项平行平移规则，而杨—米尔斯场只是一个连接的曲率，它测量着平行平移对于两点之间所取路径的依赖性。最后，广义相对论本身更是几何学的，因为它关注的不仅是任何旧束（old bundle），而且还有切丛（tangent bundle）。虽然广义相对论的基本成分是时—空上的度量，但这个度量规定了切丛上的连接，而它的曲率，即黎曼张量，则是该历史的最重要特征（Weyl 1921，Trautman 1973）。

因此，广义相对论就是黎曼几何学在物理学上的实现。无论是从哲学的观点看还是从科学的观点看，爱因斯坦所做出的最重要发现就是：引力场的活动方式依赖于体现了时空特征的几何学的无穷小性质（无论是度量上的还是拓扑学上的）。根据广义相对论，几何学概念不能脱离物理学概念，时空几何学同样具有电磁场和其他物理场的动态特征。爱因斯坦成功地达到了将物理世界几何化的目标。

如我们所表明，广义相对论的关键特征在于，我们必须根据曲率来考虑四维时空。特别是，我们考虑代表着粒子的世界线的线条，以及这些路径变形为时空曲率量度的方式。因此，爱因斯坦的理论本质上是四维时空的几何学理论，而非欧几何学的观念实际上是一种自然语言，它用来描述时空曲率和作用于该曲率的力的属性。因而，在广义相对论中，我们具有这样一个数学结构，它实际上确实特别精确地构成了物理世界行为的基础。

卢西亚诺·博伊

第五篇

社会科学的观念

第十五章

德国哲学关于人文科学的争论

1900年前后的几十年见证了德国哲学中关于社会文化科学知识和方法的性质，关于将这些人文科学（Geisteswissenschaften，human sciences）与更确定的自然科学区分开来的恰当划界标准的热烈争论。一些哲学家（W. 狄尔泰、W. 冯特、G. 席梅尔、W. 文德尔班、H. 李凯尔特）和来自经验主义人文科学的领头人（K. 兰姆普雷克特、M. 韦伯）加入了这场争论。

虽然有很多理由说人文主义知识的问题具有哲学上的重要性，但最重要的理由是说在被广泛采纳的关于人文科学的众多观点中存在着严重的紧张状态。一方面，既因为19世纪取得的学术成就，也因为大学预科教育中古典语言和文学的中心地位，在德国的知识界，人文主义的学问十分显要。于是，人文科学工作对学生和学者同样起到了作为知识精确性样板的作用，而且将人文主义学问看作典型**科学**是通常的看法。另一方面，比较陈旧、比较确定的自然科学仍然是**成熟**（mature）科学的范式，自然科学和人文科学的进步已经使它们在其方法上，在其结果的性质上，相去甚远了。自然科学使现象服从于相对简单的定量规律，定量规律允许用受控实验来提高理论的精确性和确定性。因为19世纪不断扩大这种对物理学、化学以及生理学、心理学等方面新领域的广泛探讨，所以这种探讨可以自称是成熟的科学知识的样板。相比之下，德国的人文科学被"历史学派"统治着，该学派的最大功绩建立在对独一无二的、有价值的文化成就做出感性的、历史的解释的基础上。他们几乎没有提供自然科学意义上的定量或类规律的成果。于是，在通常的观点中出现了冲突：虽然似乎很明显，人文科学应当被当作科学看待，但是，成熟的科学成果的自然科学模式不适用于人文科学的最杰出成就。

【222】　这个问题引起了很多困难的哲学争论，这些争论至今仍然充满活力。例如，划界之争提出了关于科学规律的性质以及人文科学相对缺少科学规律的问题。而且，大量争论都集中在心理学为人文科学体系奠定基础时的恰当作用上，而在这一点上的一种意见涉及1900年之前的几年中出现的关于心理主义的激烈争论。在人文科学之争的背景下，心理主义提出了关于规范（norm）与自然界关系的更广泛的问题。这个基本问题对于说明人文科学知识是至关重要的，因为人文科学知识往往自称是关于人类规范和价值的知识。

一　背　景

有关人文科学的争论是由于实证主义阐释的出现而引发的，实证主义阐释提倡用自然科学的模式改造人文科学。19世纪支持这一观点的最权威著作是密尔的《逻辑体系》（*A System of Logic*, 1843）。虽然密尔哀叹当代道德科学"仍然被弃置于含糊而通俗的讨论的不确定性之中"，但他认为可以将自然科学中"成功遵循的方法普遍化"，以此挽救当代道德科学（Mill 1843［1974：833—834］）。根据他的观点，基本的道德科学是个体心理学，它提供了支配内心状态接续性的简单联想律（Mill 1843［1974：853］）。对人类活动的预言和说明还涉及性格学（关于性格类型的科学）的更高级的、经验的普遍化，但它们仅仅是"经验的"，只有通过联想主义心理学的基本"因果律"进行推导，才能得到说明并达到规律之列（Mill 1843［1974：864］）。一切社会生活最终都可以根据这些心理规律来解释："一切社会现象都是由外在环境对人类众生的作用所产生的人性现象；因此，如果人的思想、感觉和行为的现象服从于确定的规律，那么，社会现象就不能不与确定的规律相一致，即与前者的结果相一致"（Mill 1843［1974：877］）。因此，改造后的道德科学应当发现普遍的自然规律，应当被安排成一个系

第十五章 德国哲学关于人文科学的争论

统,在此系统中,个体心理学的解释律起着与自然科学中力学相似的基础作用。

密尔的实证主义确实吸引了一些用德文写作的追随者。厄恩斯特·马赫在1862年的一次讲演中评论说:人文科学和自然科学是"同一门科学的唯一组成部分",以致对两者之间有实质差别的信念,"对于一个成熟的时代将显得幼稚,就好像[古代]埃及的绘画缺少透视感在我们看来显得幼稚一样"(Mach 1903:98,译文是我翻译的;参见 Erdmann 1878)。不过,更为常见的是,关于人文科学的实证主义在讲德语的世界里被抛弃了,因为它缺少任何顺应历史学派实践的自然而然的途径。对于某些与人有关的科学,像政治经济学和联想主义心理学——这些领域在英语语境下是很出色的——密尔的模式是合理而适用的。但是对德语的 Geisteswissenschaften(人文科学)的实证主义改造将不得不把历史学派的全部或大多数成果作为非科学的而放弃,这些成果包括开创性的工作,如威尔海姆·冯·洪堡(Wilhelm von Humboldt)在人类学和语言学方面的工作,格里姆兄弟(Grimms)在比较神话学和语言史方面的工作,伟大的历史学家兰克(Rank)、蒙森(Mommsen)和德罗伊森(Droysen)的工作,特定文化领域历史学家,如耶林(Jhering)关于罗马法,布尔克哈特(Burckhardt)关于理智与艺术史方面的工作。这种工作很少赋予规律以突出作用,而它确实包含的那些规律又往往缺乏与密尔所预想的基本心理规律的明显联系。

【223】

在1862年的就职演说中,赫尔姆霍茨表达了共同的反实证主义的情绪,预示了后来的争论所围绕的许多论题。他坚持认为,自然科学与人文科学的区分是"根据事物的本性"(Helmholtz 1865 [1971:127],译文是我翻译的),是由题材和方法上的差异引起的。例如,赫尔姆霍茨论证说,人文主义的方法最终依赖于独特的"艺术的归纳"(artistic induction)形式,这种归纳与自然科学的"逻辑归纳"不同,因为它"不能被贯彻到完善的逻辑推理形式,或达到建立毫无例外的有效规律"(Helmholtz 1865 [1971:131—132])。由于缺少普遍有效的规律,这位人文科学家通过施展在文

253

化现象中观察有意义联系的细致能力,将他的材料统一成一个科学的整体。对材料的本能感觉——"心理的机敏感"(Tactgefühl)——因而对于人文科学的方法是特别必要的。赫尔姆霍茨还预见到后来的争论,他暗示出:科学团体之间差异的一个关键根源就在于,人文科学家关注**价值**(value),而自然科学只处理"外在的、中性的物质"(Helmhotz 1865 [1971: 127])。

二 开端:19 世纪 80 年代

从 19 世纪 80 年代起,关于人文科学的地位的争论为四种主要观点所支配。其中之一是密尔式的实证主义。其余三种观点包含在非实证主义阵营中。首先,有一种由狄尔泰提出的对人文科学的解释学说明,它强调人文科学的解释方法,强调人文科学理解(Verstehen)其对象意义的认知目的。其次,冯特论证了人文科学对心理学的根本依赖。冯特的观点与密尔的观点相似,但他对心理学的更加复杂的构想包含了不能为自然科学所用的方法。他因此否认了人文科学应当根据自然科学方法论模式来改造的实证主义的核心论断。最后,出现了一种新康德主义的观点,它不但与实证主义对立,而且与狄尔泰和冯特的思想对立。这个观点以牺牲精神(Geist)题材和自然题材的差别为代价,强调人文科学不依赖于自然科学的**方法论**自主(methodological autonamy)。所有这三种非实证主义的研究方式都是在赫尔姆霍茨的基本框架内运作的:其目的是将捍卫人文科学的独立科学地位所必不可少的特殊方法和(或)论题一致起来,并提供一个明确表达人文诸科学之间相互依赖性的人文诸科学的体系。

狄尔泰的《人文科学导论》(1883)和冯特的《逻辑:认知原理与科学研究方法探讨》(第二卷:方法学说)(1883),是填补赫尔姆霍茨的理论纲要细节的最初两个主要尝试。虽然狄尔泰和冯特都相似地主张心理学是基本的人文科学,但在精神上,尤其在对心理学的构想上,两人相去甚远。狄尔泰强调心理学的作用,因为它提供了我们能够理解直接所与的生活经验的内在世界所依据的基本概念（例如，思维、意愿、感觉）。生活经验及其产物构成了人文科学的恰当题材，因此，一切更高级的特殊人文科学也依赖于特殊的心理学概念。这些二阶的心理学概念——例如政治经济学中的需求、节约、工作、价值；法律中的意愿和责任；艺术中的想象和理想（Dilthey 1883：96—108 ［1989：46—59］）——将人性的基本倾向描述成如同在相关特殊科学所研究的特定社会文化环境下这些概念自己表现的那样。因为这些二阶概念适用于当下所与的生活经验，它们的展开同时为心理学和特殊人文科学建立了系统的联系，并为那些特殊科学的根据提供了确定性。但狄尔泰所想象的心理学与冯特的叙述中包含的那种实验工作几乎毫无共同之处。对狄尔泰来说，心理学的目的完全是为了理解各种形式的内在精神生活，而不是提供预见和说明这种精神生活的因果规律。与此不同，冯特拒绝狄尔泰诉诸作为心理学独特对象的内在经验（Wundt 1895：14），将预言和说明当作心理学的中心目的。在冯特看来，心理学是一门跨自然科学与人文科学之间的科学。同自然科学一样，心理学利用实验和比较的方法，因为它寻求支配心灵的因果律。同时，它的结果在人文科学中起着关键的辅助作用。人文科学中比较方法的运用由于在心理学中的发展而成为指针，冯特甚至将独特的人文主义解释批判方法当作一种说明方式，最终用来发现因果有效的心理动机。因而，虽然人文科学确实具有将自己与自然科学区分开来的独特方法，但它们仍然同与自然科学有许多共同之处的心理学有关。而且，冯特拒绝像赫尔姆霍茨那样诉诸人文科学特有的特殊直觉形式，认为那是不科学的。在这些方面，冯特在《逻辑：认知原理与科学研究方法探讨》（第二卷：方法学说）中所主张的科学之间的区分，并不像赫尔姆霍茨和狄尔泰所提出的那样鲜明。

【225】

三　复杂化：1890—1910

从 19 世纪 90 年代开始，关于这个问题的新康德主义的主要论述，包括席梅尔（Simmel，1892，1905，1918）、文德尔班（Windelband 1894）和李凯尔特（Rickert，1896—1902、1898）等的著作，都对狄尔泰和冯特做出了回答。这些新康德主义者在几项承诺上达到了统一。他们都提倡将人文科学与自然科学在方法和理论上截然分开，而不是按不同题材对科学进行分类，以此反对实证主义。新康德主义者还注意捍卫历史知识，反对自然主义和历史主义显而易见的威胁。在此情境下，他们不但反对实证主义，还反对历史现实主义。他们强调人文科学或历史科学同所有科学一样，都是通过将其资料中本质的东西与非本质的东西分开而进行的，他们声称，进行这种挑选，就是借助（康德的）知识对象的概念构造，将历史的经验组织起来，将它安排在一个与其他知识一起的理论整体中。因此，人文科学哲学的关键任务之一是确认"历史先天的"东西（Simmel 1905 [1977：87—93，及各处]），也就是那样一些概念资源，如果历史知识是可能的，它们就必须被预先假定下来。由于这样的概念必须被预先假定，它们本身就避免了自然主义的或历史的决定性。文德尔班和李凯尔特推进了这一路线，将心理主义的幽灵提升为自然主义决定性的一种形式，断言心理学在为人文科学奠定基础方面不起任何作用。席梅尔（1905）在这一点上并未追随新康德主义的路线，而是继续将心理学当作基本的人文科学（而对于其保留条件，参见 Simmel 1918）。这样一来，虽然席梅尔、文德尔班和李凯尔特有同样的重要观点，但新康德主义阵营还是在有关心理学的作用和划界标准的某些细节问题上陷入分裂。

【226】由于新康德主义学派的加入，由狄尔泰（1883）和冯特（1883）所肇始的这场争论变得更加复杂了。狄尔泰强调通过对历史生活的移情再造来达到理解的方法，席梅尔（1892）则将狄尔泰的这一强调与刚才说到的康德主义的基本框架，以及与冯特心理学更相近的基本心理学图画（只是更倾向于自然主义，见 Wundt 1895：135）结合起来。席梅尔的最初目的是要驳斥历史现实主义，这一目的在他的《历史哲学问题》（*Die Problem der Geschichtsphilosophie*，1905）一书中更充分地显示出来。文德尔班在 1894 年的就职演说中说到人文科学。

他为两类科学的严格逻辑①划界论证，对研究普遍规律的科学和研究个别特殊性的科学，提出了一个有影响的区分，认为前者旨在确认普遍的规律，后者的主要认知目的不是发现规律，而是对有意义的个别对象进行描述。文德尔班（1894）坚持认为，只有当个体是有价值的或有意义的，个体本身才能成为科学感兴趣的合法对象（因而使研究个别特点的科学成为可能）。他的这一主张使自然的东西与规范的东西的概念区分成为人文科学划界标准的核心，人文科学是研究个别特点的，因此探讨有价值的对象。研究普遍规律的科学与研究个别特点的科学之间的划界，以及心理主义对规范性造成的威胁，这两者使文德尔班抛弃了狄尔泰、冯特、席梅尔和实证主义关于心理学是基本人文科学的观点。反之，根据文德尔班的划界，心理学作为关于心灵一般规律的科学，是**自然**科学，它不能说明人文科学的本质上有价值或有意义的那些对象。

关于心理学的这个观点对狄尔泰特别不利，因为他所设想的基本人文科学是那种理解直接所予的生活经验的工作，与当时心理学越来越自然主义的实验工作，几乎毫无共同之处。对狄尔泰来说，这个问题从他的《人文科学导论》中的心理学概念与冯特《逻辑：认知原理与科学研究方法探讨》（第二卷：方法学说）中的心理学概念的对比中已经明显可见。狄尔泰（1894）试图通过为心理学内部的改造进行论证来解决这个问题，这一改造将不再强调解释心理学——寻求原子的心理状态的因果规律，这些规律的作用说明更复杂的心理过程——而支持一种描述分析的心理学。这个新心理学依靠对心理生活的【227】

---

① 19世纪的逻辑学不像20世纪的数理逻辑那样集中在推理理论上。在达到一个相对简化的推理理论之前，逻辑文本包括了对于概念理论和判断理论的主要探讨。尤其在这后两部分，传统逻辑将焦点集中在对科学知识必不可少的概念化策略上，因而包括了我们现在归类于认识论、方法论、科学哲学、语言哲学之下的大量工作。当文德尔班和李凯尔特坚持认为两类科学的划界应当被当作纯逻辑的（即对我们来说纯概念的、纯认识论的、纯方法论的）问题时，他们所想到的正是这种传统逻辑。传统逻辑的经典著作包括密尔的《逻辑体系》，冯特的《逻辑：认知原理与科学研究方法探讨；第二卷：方法学说》、《逻辑：认知原理与科学研究方法探讨》，两者都包含关于人文科学的广泛讨论；还包括洛采的《逻辑三卷本：思想逻辑、研究逻辑、认识逻辑》（1874 [1980]），西格瓦特的《逻辑》（1889 [1873]）之类的著作。

分析将其有意义的方面分离出来，发展出适于理解这些方面的描述概念，最终扩大到理解整个生活经验。狄尔泰（1894）只把改造后的描述心理学当作人文科学的基础。

翌年，冯特发表了修订扩展后的人文科学理论（Wundt 1895）。虽然这里的叙述仍然将心理学当作基本的人文科学，但与他的《逻辑：认知原理与科学研究方法探讨》（第二卷：方法学说）相比，已丰富了心理学概念，因而使冯特能与狄尔泰和新康德主义者的许多洞见相适应。这里的主要发展是更加强调民族心理学（Völkerpsychologie，ethno-psychology）的作用。民族心理学探讨通过语言、神话、伦理生活之类的社会现象并在这些现象之中表现出来的人类心理本性的基本特征。由于这些现象的社会性，研究者必须单单依靠比较和解释的方法，而不是依靠受控实验，因而这部分心理学与那些特殊的人文科学有最密切的关系。民族心理学必须用那些人文科学的特殊成果来鉴别它所研究的那些能力，而反过来，它的发现又为人文主义的解释提供了信息。由于冯特的（1895）心理学概念包含这些实质上解释性的方法，所以他的心理学者观点现在有资格同狄尔泰一道承认，根据历史活动者和历史创造者的心理动机来理解文化对象的意义，在人文科学中所具有的方法论上的重要性。同样，冯特也可以同文德尔班一道强调，对有意义的个别历史事件、人物、文化产物的说明和评价，属于人文科学的主要理论目标之列。同时，冯特从他的《逻辑：认知原理与科学研究方法探讨》（第二卷：方法学说）中保留了如下学说：（1）在解释性说明中假定的心理动机应当是真正因果性的，并且是作为自然主义个体心理学的规律而出现的（Wundt 1895：237、240—241）；（2）与某些康德主义者相反，人文科学对象中典型表现出的价值应当是历史产物本身固有的，它们不可能具有在心理学基础上无法解释的任何先验地位（Wundt 1895：119—121）。

1896年，文德尔班的学生李凯尔特发表了《自然科学概念之形成的界限：历史科学的逻辑导论》（*Die Grenzen der naturwissenschaftlichen*）的第一部分，紧接着又发表了他的《文化科学与自然科学》（1898），它们捍卫并限定了文德尔班关于研究普遍规律与研究个别

第十五章　德国哲学关于人文科学的争论

特点的纯方法论的划界标准。李凯尔特还用文德尔班的办法来处理某些主要的未决问题，这些问题包括：（1）对任何科学表述都必不可少的普遍概念，如果不以自然科学概念形成的方式将个别对象完全涵摄在普遍规律之下，那么如何能把握个别对象的问题；（2）如果引起人文科学之科学兴趣的个别对象是通过提及价值而得到确认的，那么人文科学如何能成为客观的。李凯尔特反对狄尔泰《人文科学导论》（1883）的观点，坚持认为这个划界标准必须以纯逻辑的方式来理解，而不能根据人文科学心理的或精神的题材来理解。在这一点上，李凯尔特提出了反心理主义、反自然主义的意见，反对心理学在人文科学基础中的任何作用。最后，李凯尔特引入了有影响的价值相关性（value–relevance）概念，这个概念使他可以遵从文德尔班的如下主张，即只有个体与价值或意义有某种联系，而又不须断言人文科学本身是评价性的（因而不是完全客观的）时候，个体才成为科学感兴趣的对象。人文科学并不**创造**价值，或评估个体的价值——至少在刚开始的时候。更确切地说，它们借助价值来挑选它们的对象，对那些个体与某种价值的**相关性**作出客观的、**事实的**判断。李凯尔特的观点成为占统治地位的新康德主义的人文科学逻辑。它给韦伯以有力影响（Weber 1904，1906，1913），在某种程度上也影响了席梅尔（1905）。至20世纪20年代末，李凯尔特可以满怀喜悦地写到狄尔泰的几位追随者（Spranger 1921；Rothacker 1927），因为他们在一些关键之点上基本跑到他的阵营里来了。即使是E. 特勒尔奇，他众所周知地抱怨李凯尔特的观点过于形式化（Troeltsch 1922：150—158、227—239、559—565），也仍把李凯尔特关于历史个体的说明当作为人文科学划界的决定性出发点（Troeltsch 1922：22—24，29ff）。[228]

当然，并不是每一个人都皈依新康德主义的观点。狄尔泰继续表述他的意见，直至去世（Diltey 1910，1927）。在他后来的作品中，他赋予作为人文科学独特标志的解释学的解释方法以中心地位，而不是将他对人文科学自主权的论证建立在作为基础人文科学的心理学的作用之上。这后一个观点强调，文化的人工制品带有人文科学试图理解的客观的、大众可及的文化意义，因而任何将他早先的著作说成是主张历史活动者和创造者的心理生活是理解的唯一合法对象的解释，都被一笔勾销了。因为这种文化意义的整体主义性质，所以特别适合于用解释学的方法来探讨。小说中一句话的意义依赖于周围情节的内容。与此相似，波罗底诺战役的意义（例如，俄国人未能使拿破仑在莫斯科前止步，或拿破仑未能打败库图佐夫的军队）依赖于周围的事件；如果不根据后来的事件（例如，法国大军的灾难性溃退），

【229】后一个意义是该战役的真理就不会变得明确。解释学方法根据著名的循环程序探讨整体的文化意义：首先，解释者设计一个关于整体的意义的假设，她又用这个假设作为理解各个部分的背景；但最初的假设只是尝试性的，解释者允许自己逐渐发现各部分的意义，以影响她关于整体的假设，对假设的修改又反过来再次影响她看待各部分的方式。解释学程序就在于这种反复的相互调整，旨在达到解释的平衡。这个程序既适用于心理学的生活经验，也适用于客观意义。不过，狄尔泰仍然肯定了在此解释过程中对历史生活的移情"再经验"作用，再经验仍然通过从历史学家自己的心理生活特点到她的历史主体的心理生活特点的类比推理而发挥作用。因而，狄尔泰后来的"解释学的"人文科学概念基本符合他关于人文科学研究中根据描述心理学所作的实际工作的早期观点（见 Makkreel 1975）。因此我们不能说晚期狄尔泰在其反心理主义的新康德主义批判方向上走得很远。

19世纪90年代末，巴恩（Barth）有力重申了实证主义的观点（1897，1899，1915），更明确地反对李凯尔特，他论证说，人文科学应当以发现根据自然规律样式构想的毫无例外的历史和社会规律为目标。在他看来，任何借坚持独特的人文科学方法而追随狄尔泰和新康德主义者的学者，都不过是完全背离了科学，做着更像是艺术的事情（Barth 1899：325）。巴恩声称，人文科学中因果性概念（它对于人文科学作为科学的地位是必不可少的）的展开，就**方法**而言，已经使我们对历史规律和社会规律做出了承诺，并因而对"历史的'自然科学概念'"做出了承诺，尽管人文科学的**内容**是天然独特的（Barth 1899：341、355）。在这些主张中，巴恩附和了德国杰出的历史学家K. 兰姆普雷克特的观点（1896，1900，1909［1904］），后者

第十五章 德国哲学关于人文科学的争论

也坚持类似规律因果关系的普适性。因而，兰姆普雷克特拒绝的是关于历史的恰当对象不是规律之发现，而是对单独个体的描述的观点，认为它是不科学的（Lamprecht 1900：24），他将这个观点与兰克和另一位哲学家（无疑是文德尔班或李凯尔特）联系起来。尽管在有关心理学与历史的关系问题上兰姆普雷克特更接近于冯特而不是密尔，他主张两者相互依赖的合作关系，而不是历史对心理学的片面依赖。

即使李凯尔特未使这样的批评者信服，在 1900 年后的几十年中，人文科学中的实证主义革命也完全没能实现。正相反，人文科学——甚至在规律的作用比较大的政治经济学等领域——中的主要人物也转而对他们的方法论做出了实质新康德主义的说明。例如，韦伯在接手【230】《社会学和社会政策文献》（*Archiv für Sozialwissenschaft und Sozialpolitik*）杂志后的主要论文（Weber 1904）中论证说，虽然社会科学和经济科学有时确实发现了规律，但这些规律不是人文科学的目的，而只是对完成现实任务有工具价值的初步结果，这现实任务就是"认识就其文化意义而言的那个［个别的］**实在**"（Weber 1904 [1949：75]）。韦伯证明，即使人文科学成功地将社会规律和经济学规律与低级的心理学规律联系起来，这也无助于达到它们的真正目的——对于被描述为规律的各种社会因素在特定历史环境中被安排于其中的特殊结构进行描述，并说明这些结构的意义或含义（Weber 1904 [1949：75—76]）。这种李凯尔特式的探讨是韦伯著名的文化科学"理想类型概念"（ideal type concepts）学说（韦伯 1904 [1949：90—97]）的源泉。这些概念（例如，中世纪城市经济概念，或资本主义工业经济概念）并不起普遍描述性概念的作用；甚至在任何实际经济中恰恰遇不到它们，它们可以富于成果地用于与理想类型相距甚远的历史情节上。它们作为理想模型，促进了对具体情节中特定发展的**理解**，理想类型在特定的历史环境下能实现到何种程度永远是一个经验的、历史的问题。这里的理想化与自然科学中的理想化不同，因为理想类型概念的基本科学目的是说明个别历史情节的含义，而不是引出支配那些情节行为的普遍规律。韦伯的观点实质上与李凯尔特一致,与兰姆普雷克特(1896)拒绝任何这种理想概念、支持像自然科学概念一样的严格描述的普遍概念的做法直接相反(见 Oakes 1988)。

四 尾 声

卡西尔(Cassirer)继承了新康德主义关于人文科学解释的衣钵,他的不朽著作《符号形式的哲学》(*Philosophy of Symbolic Forms*)是作为"文化科学的普遍哲学"(Cassirer, 1921—1929 [1955: I, 78])出现的,他打算用它来解决"基本认识论……不能为文化科学提供恰当的方法论基础的问题"(Cassirer, 1921—1929 [1955: I, 69])。卡西尔拒绝文德尔班和李凯尔特所采用的人文科学特定的逻辑形式,因为如李凯尔特(1898)自己也提到的那样(在许多批评者之前),所有科学都应当利用研究普遍规律与研究个别特点这两种程序;普遍的概念和对特殊初始条件的陈述两者在自然科学和历史科学中都起了关键作用。李凯尔特说自然科学和历史科学在确定它们的根本理论目标时对立地强调了上面两种方法,卡西尔并不满足于李凯尔特的说法,他断言,文德尔班和李凯尔特的标准不是决定性的或根本的。在后来的著作(Cassirer 1942)中,卡西尔将人文科学与自然科学的划界追溯到两点区别上:(1)在知觉的层次上,卡西尔将普通的事物知觉与表达知觉区分开来,借助后者,我们直接知觉到由行动、人、言语、人工制品等表达的意义(Cassirer 1942 [1961: 39—62]);(2)在概念化的层次上,卡西尔区分了作为自然科学中心的因果概念和作为人文科学中心的形式和类型概念(Cassirer 1942 [1961: 63—112])。我们对人文科学对象的形式的兴趣,说明了文德尔班和狄尔泰的如下洞见:文德尔班认为,人文科学以自然科学没有的方式关注个别对象(这时个别对象被构想为具有形式特点的样本);狄尔泰认为,人文科学对其对象的意义感兴趣,在卡西尔看来,这意义是对象的形式的、结构的、文体的特征所携带的。

卡西尔遵循关于适合任何人文科学陈述的恰当结构的基本康德主

第十五章　德国哲学关于人文科学的争论

义的假设。同李凯尔特一样，卡西尔想要说明人文科学工作的独具的方法论特征，而不仅仅是说明各科学题材上的差别，他还从这些科学的实际结果出发，并试图确定其作为科学知识的可能性的方法论条件。而且，卡西尔的《符号形式的哲学》赋予该工作计划以哲学的确定性，提出第一哲学本身应当由对人类符号活动形式的分析构成。用于这一分析的经验材料应当来自人文科学，像比较语言学、比较神话学、艺术史、科学史等。理解这些科学的方法、解构和有效性因而具有根本的哲学重要性。在卡西尔的手中，"对理性的批判变成了对文化的批判"（Cassirer，1921—1929［1955：Ⅰ，80］）。

　　卡西尔的观点代表着对赫尔姆霍茨所提出的人文科学问题，即宣称人文科学有与自然科学相反的独特结构，而同时又保持其科学地位的问题，做出了最后彻底的解决。它使这一领域为新康德主义的说明所占据。虽然实证主义的探讨在20世纪仍有某种影响，尤其在社会科学方面，但实证主义似乎越来越不能把握人文学科大部分工作的结构。例如，让我们考虑一下亨普尔（Hempel）关于自然科学说明的演绎—法则模式，和他关于历史说明的相似思想所遭受的不同命运吧【232】（Hempel 1942，1962）。这两篇稿件都激起了热烈的讨论，但自然科学的演绎—法则模式获得了公认经典教科书的地位，而关于历史说明的阐述却未获如此殊荣。

　　心理学曾被设想成为基本的人文科学，但现在人们往往只以文德尔班和李凯尔特提议的方式看待它——根本不把它看成是人文科学，而把它看成是关于心灵的自然科学。狄尔泰的基本研究路径也通过海德格尔（1957［1927］）和伽达默尔（1960）的著作继续发生影响，但他们不大关心说明独特人文科学的科学地位，而更感兴趣的是这样的想法：人文主义研究也许能提供一种比以往任何科学（日益被理解为仅指自然科学）所能提供的在哲学上更丰富、更深刻的接近真理或存在的途径（Gadamer 1960［1989：428—436、450—456、475—476、484］）。在此意义上，可以将这个现象学传统看成是鼓励人文学科完全脱离科学的群体，正像巴思（1899）认为非实证主义者不得不做的那样，尽管伽达默尔当然会否认巴思关于任何非科学的

263

研究肯定不能产生严肃知识的实证主义假设。

五 划界标准

对于将人文科学与自然科学区分开来的划界标准的建构，我们的叙述提供了一个重要的哲学教训。像密尔和巴思那样的实证主义者，拒绝将这一划界当作根本性的，但他们坦率地同意道德科学构成了单独的一类，有它自己的主题。例如，虽然密尔论证说社会学规律一定是从基础的、简单的、严格的因果律中引申出来的，但这里并未暗示它们最终一定扎根于力学或物理学。正相反，它们是建立在另一道德科学即联想主义心理学的规律的基础上的。同样，巴思承认人文科学与自然科学在**内容**上有区别，他只是坚持认为，如果人文科学要成为真正的科学，就必须遵循自然科学的**方法**（Barth 1899：341、355）。

由此立场出发，我们可以看到，相对于后来新康德主义的论述，狄尔泰式的划界标准在辩证法方面是有缺陷的。狄尔泰将题材的不同当作根本性的，但这个观点并不表示与密尔和巴思的实证主义路线有**原则**差别。内容上的这种不同在自然科学内部也是司空见惯的；实际上，每一门科学都根据它处理专门特殊领域的现象这一事实，与别的科学（尤其与密切相关的领域）区分开来。这里的问题与其说是是否有各有其研究领域的艺术史、政治经济学、语言学等特殊科学的问题，而不如说是这样的问题：这些科学是否共同享有某种特殊的认识方式、某套方法和人文科学特有的、而非自然科学特有的概念形成模式。因而，逻辑的、方法论上的划界比主题上的区分更根本。只有它能够揭示出与科学内的领域差别相反的科学形式间的差别，这就是为什么新康德主义者如此强烈地坚持划界标准的逻辑性质。在某种意义上，这个结果进一步肯定了实证主义观点的严肃性：要么在科学思维和方法论的各种可选形式之间有某种基本的差别，要么关于人文科学的实证主义是正确的。

【233】

第十五章　德国哲学关于人文科学的争论

六　结　论

关于人文学科完全不属于科学的观点也许已经成为理解当今人文科学中知识问题的最流行方式。根据通常的学术常识，社会科学被广泛认为接近于自然科学的方法论，而人文学科被广泛认为完全是非科学的。有些人哀叹人文学科的这种状态，如巴思那样；另有些人赞扬人文学科是胜过任何科学的潜在的知识源泉，像伽达默尔有时看起来所做的那样。

关于人文知识完全不是科学的假设，可以使我们理解科学的尝试简单化，其代价只是把我们对更广泛一类的知识，即我们所谓的经训练的专门知识的任何说明复杂化（或甚至逃避展开此类说明的任务）。在这个意义上，人文科学之争中非实证主义方面所提出的问题——认为人文科学在方法上与自然科学不同，但仍认为它是科学——就大为可取了。人文科学中的工作肯定创造知识，而同样肯定的是，它所要求的通常不是日常知识，而是专门知识，其方法论标准、学科特点等样样俱全。我们确信这种知识不是科学，我们的这种确信只不过反映出了我们学究式自我理解中的一种意味深长的尴尬处境——这个尴尬处境就是，对于什么东西是人文知识特有的，什么东西支持它自称为专门知识，什么东西为我们关于各人文学科共属一类、共属于更大知识范围内的一类体系的固执感觉辩护，我们都没有做出任何认真的说明。

一个世纪之前关于人文科学的争论，对于以这种方式构想的问题，形成了许多重要的洞见：狄尔泰认为人文科学的目的在于理解文化的意义，因此它们施展了解释学的方法；冯特坚持认为，对人性的恰当说明应当包括他想通过民族心理学进行研究的文化中介能力；文德尔班和李凯尔特深刻看到，人文学科是与个别对象独特相关的；卡西尔则阐述了形式和类型的概念。这场历史上的争论还产生了一个重要结果，即为任何改进了的人文知识哲学确定了一个充分条件：任何把握了这种知识的独特形式的划界标准，将不但强调这种知识与自然

【234】

科学知识在方法和理论宗旨上的不同，还强调其作为科学的形式。这些贡献为新的研究提供了有益的起点。据认为，在这场历史上的争论中，思想家们面对的许多核心的哲学难题仍有待于解决；这尤其适用于要理解规范性的性质和来源的各种企图。我们的前辈在一个世纪以前就已经比也许此后任何世代都更清楚地把握了由人文科学知识所引起的那些问题的性质。不过这些问题上的进展仍然是难以捉摸的。因此，在这种情况下，密切关注历史上的争论对于哲学研究是至关重要的第一步。

R. 拉尼尔·安德森

第十六章

从政治经济学到实证经济学

一 引 言

虽然关于财富和金钱问题的谈论可以回溯到古代，但将经济现象广泛理论化只出现在17、18世纪。亚当·斯密的《国富论》（Wealth of Nations，1776）创立了古典政治经济学理论，在19世纪，让—巴蒂斯特·萨伊（Jean–Baptiste Say）、托马斯·罗伯特·马尔萨斯（Thomas Robert Malthus）、大卫·李嘉图（David Ricardo）和约翰·斯图尔特·密尔（John Stuart Mill）对古典政治经济学做了最值得关注的发展。尽管他们的观点有很多不同，但他们对劳动在决定价值和价格中的意义，对地主、资本家、工人之间永恒的斗争，对由于利润率下降趋势而不可避免地开始"停滞状态"，都有同样的看法。尽管有英国经济自18世纪中叶以来前所未有的速度增长的事实，但19世纪的经济学家仍然全神贯注于与人口过多相联系的土地和资本不足问题。

至19世纪20年代，将政治经济学称作科学已经是学术界的老生常谈。它有一系列广泛的规律，在李嘉图手中，它达到了往往与欧几里得几何相媲美的演绎严格性。不过，政治经济学仍几乎完全是一种书本上的研究。李嘉图用假设的数字事例来证明他的原理，但他没有假设代数函数，也没有对他的推导做定量确证。关于人类行为的基本假设也相当含糊，尽管可以为之辩护说，由于直接继承了休谟和密尔，古典政治经济学实际上是建立在对人性的一系列丰富洞察的基础上的。

二 边际革命

【236】19世纪70年代初，威廉·斯坦利·杰文斯（William Stanley Jevons）和莱昂·瓦尔拉（Léon Walras）分别发出号召，要求将经济学的主题彻底转变到后来所说的新古典经济学上来。这个所谓的边际革命构成了经济学史中最重要的分水岭。他们根据比价可以用边际效用（严格地说不是用劳动投入量）来衡量的深刻见解，找到了将计算纳入经济理论的办法。他们论证说，经济学必定是数学科学；在市场中，我们的心灵以最大化效用为目标来计算和比较微小的商品量和价格量。

杰文斯死于1882年，时年46岁，比较年轻。但令他满意的是，在他的《政治经济学理论》（Theory of Political Economy，1871）发表后的10年中，他将经济学数学化的运动已经为人们所接受。弗兰西斯·伊斯德罗·埃奇沃思（Francis Ysidro Edgeworth）、约翰·内维尔·凯恩斯（John Neville Keynes）、菲利普·亨利·威克斯蒂德（Philip Henry Wicksteed）和艾尔弗雷德·马歇尔（Alfred Marshall），在19世纪八九十年代出版的一系列著作中，都赞成价值效用理论和数学方法。杰文斯还鼓舞了两位美国科学家西蒙·纽科姆（Simon Newcomb）和欧文·费希尔（Irving Fisher）继承他的事业。

马歇尔的《经济学原理》（Principles of Economics，1890）在随后50年起了权威教科书的作用，作为剑桥大学多年的政治经济学教授，他塑造了随后两代经济学家的头脑，著名的有A. C. 庇古（A. C. Pigou）、阿瑟·鲍利（Arthur Bowley）和约翰·梅纳德·凯恩斯（John Maynard Keynes）。杰文斯曾提议用"经济学"一词代替"政治经济学"一词，而正是马歇尔将这一替换巩固下来，同时明确宣布经济学家在政治、伦理上的中立性。虽然马歇尔晚年对数学在经济理论中的功过的看法变得更加含糊，但作为剑桥大学数学荣誉学位考试第二名的获得者，他的公式，其中大部分被放在他的

第十六章　从政治经济学到实证经济学

著作的附录中，要比杰文斯的公式严密得多。

除了演算之外，杰文斯还在不确定交换问题上运用概率论，在他的实用性著作中运用统计技术。埃奇沃思发展了这两种研究方法，还发展出用无差异曲线和契约曲线方式来描述市场交换的某种基础拓扑学。埃奇沃思还因将拉格朗日乘数引入经济分析，因而完全认定经济交换可以按照约束最大化来处理而受到赞扬。马歇尔喜欢运用几何学，建立了许多市场交换的简单曲线，这些曲线现在仍是基础教科书的主要材料。他给我们提供了我们现在所知的那种需求曲线和有关消费者剩余与生产者剩余的图解说明。经济学家从此开始运用定点公理和集合论，并自豪地表示，这是对应用数学的真正贡献（Franklin 1983）。

1870 年以前的许多经济学家已经将数学吸收到他们的分析中，其中最著名的是威廉·休厄尔和 A. A. 库尔诺（A. A. Cournot）。为什么向经济学数学理论的广泛转向只在 19 世纪七八十年代发生，这是很难解释的，但一个关键因素无疑是新的概念基础被规定下来。早期的新古典主义者用效用甚至资本来解释一切，因而使经济学从它的物质约束中摆脱出来。经济完全是受心灵驱动的，像人的想象一样是可塑的、可扩展的。在这一点上，经济学已经变成了一门精神科学。如杰文斯所说，"这个理论竟敢于研究心灵的条件，将整个经济学建立在这一研究的基础之上"（Jevons 1871 [1957：14—15]）。稀缺性不再像一块主要绊脚石那样经常使经济学家烦恼，这恰恰是因为他只在精神的状态中做生意。如艾尔弗雷德·马歇尔所说的那样："人不可能创造物质的东西。但在精神和道德的世界中，他确实可以产生新的观念；不过在说他生产物质的东西的时候，他实际上只生产出效用；或换句话说，他的努力和牺牲导致物质的形式或配置的改变，以更适于满足需求"（Marshall 1890 [1920：53]）。

瓦尔拉用代数证明，只要未知变量（价格和交易量）数等于平衡（供给和需求）数，一组稳定均衡的价格就可以将市场出清。遗憾的是，他既不能从数值上指明解决办法，也不能进而更现实地对动态市场进行调整。典型的市场是拍卖市场，那里的售价是按顺序报出的，造成了一种向最终价格的探索过程（tâtonnement）。值得称赞的是，虽然瓦尔拉承认他的阐述是实际市场状况的理想化，但他仍然相信效用演算（rareté）是市场价格分析的基础。

尽管付出了很多努力，瓦尔拉仍不能建立与当时英国人的密切联系，直至1910年去世，他仍然是一个相对无名的洛桑大学教授。然而，正是瓦尔拉的一般均衡体系，至20世纪20年代，尤其与法国、意大利和美国的经济学家一起，最终成为占主导地位的理论。为了更加现实主义起见，马歇尔曾将他的分析与部分均衡概念结合起来，而正是瓦尔拉追求一般均衡的努力取得了胜利。人们可以将20世纪50年代阿罗—德布鲁（Arrow–Debreu）的一般均衡理论表述看成是新古典主义纲领的最高成就（见 Ingrao and Israel l 1987；Weintraub 1985）。

三　福利经济学

自亚里士多德以来分配公正问题就处在经济学讨论的中心，而在19世纪80年代，它又因吸收了功利主义和边际主义方法而获得新生。亨利·西奇威克（Henry Sidgwick）、埃奇沃思、马歇尔、A. C. 庇古（A. C. Pigou）是战前为此做出最重要贡献的人。他们还有如下共同信念：经济福利与全部福利密切相关。西奇威克用私人净生产额和社会净生产额的区分为此奠定了基础。马歇尔关于消费者剩余和生产者剩余的方法为福利经济学的其他图解描述铺平了道路。埃奇沃思根据净效用概念发展出"均等负担"（equal sacrifice）的原理，并证明收入边际效用递减原理使累进税制成为必要。

关于这个问题的第一部权威著作是庇古的《财富和福利》（*Wealth and Welfare*, 1912）。他对数学经济学，尤其是边际分析的把握，使采用更精确的术语成为可能。与功利主义的复兴相一致，庇古从精神方面而不是物质方面给福利下定义。他受 G. E. 摩尔（G. E. Moore）的启发，反对善的定义，因而也反对他当作与善同

第十六章　从政治经济学到实证经济学

义的福利的定义。庇古专注于通过技术进步使国民产值最大化，把技术进步当作提高全部福利的手段。他虽然已得知有关外在性的问题，但仍然只从货币方面衡量福利。他还谈到通过税收和补助将财富从富人手里转移到穷人手里的问题，建议富裕国家应该为了穷苦人而坚持最低生活标准。在很多问题上，庇古都预见到国家的更大作用。

社会福利函数一般假定效用可以按基数方式处理：只有这个假定考虑到个人效用函数的相加，并因而考虑到有意义的总体比较。与此相悖的是，大多数早期新古典主义者，除了埃奇沃思是值得注意的例外，都坚持认为人们不能做个人之间的效用比较，每一个心灵都是不可测知的，没有任何用来衡量效用的万能天平。于是他们含蓄地假定，效用只能以序数的方式处理。然而他们又毫无正当理由地假定，市场价格是主观计算的反映，而且人们因此可以把从个人到整个市场的效用函数加起来。这个办法是更无保证的，如果人们考虑到如下事实的话：商品不是互相独立的，当收入增加时，需求不是固定不变的。这些不一致之处至今没有被完全解决。经济学家们相信，对效用的唯一明智的解释是序数的解释（这里没有诸如"效益"之类的可测量单位），可是他们仍然轻率地以总和的方式对待效用，尤其在福利经济学中。埃奇沃思和马歇尔在这方面取得一些进展，他们假定，收入的边际效用对所有人都是固定不变的，但经济学家们仍然承诺了一种无保证的因果解释，根据这种解释，【239】个人的效用判断导致了价格变动和社会总福利。

威尔弗雷多·帕累托（Vilfredo Pareto）是瓦尔拉在洛桑的继任者，他发展出一些用于解决福利经济学问题的重要的概念工具，尽管有讽刺意味的是，他对这个论题非常蔑视。帕累托法则确定了收入分配的刚性，它说明，即使在经济增长的情况下，穷人也不可能占有更大比例的分配蛋糕。帕累托也越来越相信经济学应当与社会学结合在一起，诸如效用（或用他的术语"满足度"ophelimity）那样的主观现象应当交给心理学家去研究。他还越来越怀疑新古典主义经济理论与现实世界的一致性，他开始认识到，杰文斯和瓦尔拉的数学宏愿是以牺牲现实主义为代价的。不过，帕累托的最优状态概念仍然处于福利经济学的中心；这些概念允许人们根据边际替换率对各种可选的财富分配做有意义的比较，而不需明确提到效用。当一个人的所得份额不需减少他人的份额而增加时，帕累托改进（Pareto improvement）就出现了；当没有任何再分配能带来这种改进时，就达到了帕累托最优（Pareto optimum）。

福利经济学必然包含伦理判断，既包含确定将何者当作社会欲求的东西时的伦理判断，也包含执行它给一个物品稀缺的世界提出的政策建议时的伦理判断。但它的早期实践者不顾这个题目是有牢固基础的，经常抵制它向伦理学的偏移。也许由于边际效用分析提供的强大新技术所向披靡，埃奇沃思、马歇尔和庇古坚持认为他们可以提出客观的、伦理中性的建议。当杰文斯坚决主张经济学家只处理低等需求：只处理对图钉的需求而不是对诗的需求时，就已经为此奠定了基础。但他的告诫随时间的流逝而被忘却了，而庇古却认为，人们可以在任何两种善之间做出权衡，不论它们的伦理重要性会有多大不同。

四　奥地利学派

在维也纳，随着卡尔·门格尔（Carl Menger）的《经济学原理》（*Grundsätze der Volkswirtschaftslehre*，1871）的问世，一个非常独特的经济理论学派开始出现。作为维也纳大学的政治经济学教授，门格尔培育了一个思想学派，它的拥护者中有弗雷德里希·冯·维塞尔（Friedrich von Wieser）、欧根·冯·庞巴维克（Eugen von Böhm–Bawerk）、路德维希·冯·米塞斯（Ludwig von Mises）、弗雷德里希·冯·哈耶克（Friedrich von Hayek）、约瑟夫·熊彼特（Joseph Schumpeter）。因为后三人于两次大战之间移居国外，所以奥地利学派在20世纪中期的英美经济学中也有明显影响。

【240】

人们常常将门格尔与杰文斯和瓦尔拉联系在一起，把他当作边际革命的推动者，因为他也利用了边际效用的概念，认为自己颠覆了前人的观点。门格尔的主要著作与杰文斯的著作出版于同一年，它提出了一个莫顿乘数（Mertonian multiple）。但如果人们更密切观察他们各自的历史轨迹，那么，就会发现，这完全是巧合。门格尔的《经济学原理》是对威尔海姆·罗雪尔（Wilhelm Roscher）和古斯塔夫·斯默勒（Gustav Schmoller）的德国历史学派的反动，而德国历史学派本身对古典政治经济学理论是高度批判的。

门格尔也批判边沁的功利主义。他不把人描绘成追求快乐者，而是描绘成理性的行动者。门格尔给内省和先验推理以特权。个人的心灵处在一个信息贫乏、需要和需求的满足成为一种时间消耗过程的世界中，而经济现象实质上就是这样的个人心灵的产物，即一个选择逻辑。门格尔还拒绝使用数学方法。他的主要工作事项是确定经济现象——价值、利润，等等——的本质属性，而不是分辨它们之间的功能关系。由于坚定地忠实于方法论个人主义，使得这些奥地利人对效用加总方法和福利经济学不感兴趣，而是将注意力更多地集中在推动经济增长过程中企业家的英雄业绩上。奥地利经济学追随米塞斯，即使不赞成放任自由主义，也赞成一种强自由主义。奥地利经济学家显示出对市场机制的完全信仰，显示出对非预期受益后果的情况（斯密的"看不见的手"）的赞赏。鉴于上述一切理由，将他们的思想与早期新古典主义者的思想分开似乎是更恰当的。

五　美国制度学派

在赫伯特·斯宾塞和社会达尔文主义的影响下，这一时期的几位美国经济学家发展了一种大相径庭的经济学研究路径。索尔斯坦·维布伦（Thorstein Veblen）最引人注目地反对方法论的个人主义，反对对新古典主义极为重要的强合理性假设。反之，他考察经济制度的发展，强调本能和习惯的作用。他的《有闲阶级理论》（*Theory of Leisure Class*，1899）一书提出了炫耀性消费（conspicuous consumption）、金钱竞赛（pecuniary emulation）、根据人类存在进行劳动分工（the division of labour）的概念。他对20世纪末美国的文化实践有不可思议的预见性。

约翰·R.康芒斯（John R. Commons）和理查德·伊利（Richard Ely）也是美国制度学派的杰出代言人。与维布伦一样，他们反对新古典主义者的数学转向。他们极为强调更广泛的社会历史环境，关注不发达的资本市场、丰富的资源、不完全竞争（垄断）等美国特有的一些问题。虽然这些努力由于新古典主义理论的扩张而黯然失色，但他们的某些思想残存到20世纪40年代，近来又为20世纪80年代的"新制度主义"所复兴（见 Rutherford 1994）。

【241】

六　科学地位

虽然自18世纪以来政治经济学就被普遍看成是科学，但在本文所考察的时期它获得了额外的地位。我们发现它与孔德意义上的"实证经济学"这个称号有很多关联。具有讽刺意味的是，孔德并不相信能有独立的经济学科学。但他对形而上学概念的反感和将研究限定于可观察事物的忠告，是19世纪末经济学家中广泛流传的观点。许多人认为这意味着，人们可以在政策应用之前设计出一门纯粹经济学，而且它对于政治决策和伦理决策是中立的。这样一来，就将应用经济学与纯经济理论完全分开了。

早期新古典主义者也渴望加强经济学的经验研究；人们发现，他们反复宣告着证实的可能性和在可见事物领域中经济分析的基础。如杰文斯在他的《科学原理》中所宣称，"在大多数毋庸置疑的科学方法规则中，有这样一个**凡任何现象存在，它就存在**的第一法则。我们应当忽略任何非存在，……如果一个现象确实存在，它就要求某种解释"（Jevons 1874：769）。于是，与古典经济学家相反，一个人不再将对市场价格有吸引力的自然的、不可见的价格理论化。更确切地说，每一可见价格都有同等地位，因而都归属在经济理论之下。

不过，早期的新古典主义者并不总是实行他们所鼓吹的东西。杰文斯、埃奇沃思和马歇尔十分热衷于心理学，尽管心理学是与不可观察的东西打交道的。的确,他们喜欢新近的经验主义著作,杰文斯和马歇尔喜欢亚历山大·贝恩和威廉·卡彭特的著作,埃奇沃思喜欢西奥多·费希纳的著作。而曾为经济学增光的最形而上学的概念之一,即效用,成为早期新古典主义经济学家的关键概念。它只是后来很久才被萨缪尔森(Samuelson)的显示偏好理论(theory of revealed preferences)所净化。

实证经济学的出现是提高该学科专业地位的广泛运动的主要部分。自 18 世纪初以来,尤其在欧洲大陆,政治经济学是与法律研究结合在一起讲授的,但只是在 19 世纪后半叶,它才作为一个公认的领域而普及开来。在英国,大多数古典经济学家,包括李嘉图和密尔,都没有大学职位。只是在本文所论的时期,经济学教授的职位数才有了很大增加。马歇尔和埃奇沃思还监督了 1890 年皇家经济协会(原英国经济协会)的建立和《经济杂志》(*Economic Journal*)的创办。在美国,美国经济协会建于 1885 年,《美国经济评论》(*American Economic Review*)创办于 1891 年。这两个机构和杂志至今仍居于该行业的前沿,该行业仅在美国现在就有好几万人。

【242】

从 1870 年到 1914 年这一时期,经济学与哲学观念之间的联系非常明显,要充分说明经济理论的方法和内容的变化就必须考虑这些哲学观念。J. S. 密尔于 1836 年写了第一篇关于经济学方法论的论述广泛的论文,他关于将经济学看成是独立的、非精确性科学的论点在许多方面仍然是有价值的(见 Hausman 1992)。密尔也认为经济学是像物理学那样的演绎科学,这些观点因早期新古典主义经济学家和奥地利经济学家的支持而更加巩固了。密尔还坚决主张经济人是一个假设的构想,从来没有人设想人们会仅仅受追求财富的驱使。但 19 世纪 70 年代带来了一个明显的转变,人们开始相信,经济人是有血有肉的生物。门格尔和马歇尔都坚持认为,经济学家具有现实主义的人类代理的形象;而后对理性经济人的说明甚至对真实性提出了更高的要求。然而,这种对普遍性和数学应用的炫耀表明,新古典主义模式要比古典主义模式更加程式化得多。

在所有早期新古典主义者中，杰文斯对哲学文献的贡献最大。他的《科学原理》（1874）一书是在密尔的《逻辑体系》（1843）和卡尔·毕尔生的《科学语法》（Grammar of Science，1892）之间50年唯一一部主要的科学哲学著作。它普及了布尔和德·摩根的新逻辑，提出了逻辑主义这个论题。在主要受约翰·赫舍尔（John Herschel）诉诸类比推理的启发的同时，杰文斯接受了当时科学家中更重大的怀疑主义转向。他强调非欧几何和概率论的重要性，承认物理学充满了局限和不确定性。生物学和经济学并不像孔德曾断言的那样远远处在认识论阶梯的下端。

埃奇沃思最先发表了关于伦理学问题的著作，埋头于大陆哲学的马歇尔，早先在剑桥时就曾讲授过逻辑学和伦理学。把李嘉图看成是自柏拉图以来出现的最伟大思想家的本杰明·乔伊特，是指引马歇尔走向经济学这门沉闷科学（the dismal science）的人。但当马歇尔献身于经济学时，他对哲学的忠诚减弱了；对他来说，实践的考虑永远重于理论的考虑。不过，他最著名的门生约翰·梅纳德·凯恩斯通过与G. E. 摩尔、弗兰克·拉姆齐、勃特朗·罗素、路德维希·维特根斯坦的密切交往，恢复了与前沿问题的哲学联系。

瓦尔拉是维克多·库辛（Victor Cousin）的信徒，一位理想主义者，而且非常认真地看待社会主义的观念。虽然他不如杰文斯那样通晓哲学，但他明确阐述了达到经济现实主义的方法规则，并努力探讨经济需求的哲学维度。帕累托就经济价值问题与贝内代托·克罗齐（Benedetto Croce）进行了长期争论。门格尔直接受弗朗兹·布伦塔诺的启发，比较间接地受亚里士多德的启发。通过门格尔的儿子卡尔（Karl）和奥托·纽拉特（Otto Neurath），逻辑实证主义的维也纳学派，在经济学上留下了印记。

作为经济学与哲学在1941年之前的那一时期密切联系的另一迹象，值得注意的是，查尔士·桑德尔·皮尔士和约翰·杜威都撰写了经济学著作，尽管是时断时续的。他们的实用主义在美国经济学家中占统治地位达数十年，起先有纽科姆、费希尔和上述的制度主义者，后来是米尔顿·弗里德曼（Milton Friedman），他在1953年的一篇开创性论文中提出了实证经济学的不朽定义。

自斯密以来，经济学家就指望将物理学当成要模仿的科学，而这里主要采取的方式是寻求规律和偏重演绎推理。早期的新古典主义者走得更远，因为他们谋求与力学和热力学的类比。杰文斯像对待杠杆规律那样对待交换，因此使用了无穷小偏离均衡的分析工具。他还借用钟摆的比喻，以物理维度（空间、时间、质量）为指导，对经济学的维度问题提出了一些开创性的洞见。埃奇沃思像对待潜能那样对待效用，并由此利用了拉格朗日技术。他的《数理心理学》（Mathematical Psychics, 1881）处处参照了物理学。费希尔在耶鲁大学的主要物理学家J. 威拉德·吉布斯（J. Willard Gibbs）的指导下撰写博士论文，结果他的著作和论文经常对经济学和物理学进行比较。譬如，他的著名的货币方程就是理想气体定律的模仿。瓦尔拉最初受过工程学的训练，他大量利用了力学方面所说的理想化条件和均衡性。即使是帕累托，尽管有许多保留，他也将他的科学训练渗透到他的经济学阐述中去。

大多数非经济学家怀疑这种模仿、吸收物理学的尝试；这些尝试就好像给经济学穿上数学的外衣，是毫无根据的举措，几乎得不到任何经济学上的洞见。这一观点在很大程度上是真实的。不过，仍然有一种途径可以用来证明在经济学中运用数学是恰当的，至少与物理学中运用数学一样恰当。如杰文斯所指出，经济现象是定量的。甚至它是真正的毕达哥拉斯学说应用的唯一领域。价格、利率等都是以数字开始的。它们不需要从物理事件到数学表述的映射，甚至对于位置天文学那样更精密的科学也是如此。而且，如杰文斯受乔治·布尔的启发所证明的，我们的心灵是受逻辑规律支配的，因而必然以代数的方式运作。这离如下信念只有一小步之遥：就我们在市场中做合理运算而言，我们必然是以定量的、因而是数学的方式推理。因此，人们藐视数学经济学，其根源不应与数学是否有正当根据相关；数学之有正当根据是很明显的。问题在于，我们是否能明智地使用它，并推进我们对经济形态的理解。甚至主流经济

【244】

学家，尽管带有某种讽刺意味，也经常提到，数学往往推动了经济学的论证，而不是相反。虽然经济学家不以做出可靠的预言而闻名，但诺贝尔奖获得者乔治·施蒂格勒（George Stigler）根据20世纪前半期经济学主要期刊的统计分析，不但确认截至20世纪50年代的大多数论文都使用了数学，而且还确认，至2003年，该学科也将完全是数学的。唉！可惜的是，他没能活着看到他的预言变成事实。

玛格丽特·沙巴斯

第十七章

社会学和社会科学观念

一 引 言

对于社会学的大部分历史来说,那些从事他们所认为的"社会学"(sociology)的人,并不打算从事"科学"(science),别人也不认为他们在从事科学。"社会学"是奥古斯特·孔德于19世纪30年代新发明的一个词。的确,他将社会学当作科学,但他这样做是要将一种与他所认为的现代精神(esprit)一致的社会理解区分出来,并称它是"实证的"。同样确实的是,近两百年之后,"社会学"通常被认为是"社会科学"(social sciences)之一。不过,孔德重组一切知识的方案并没有直接从理智上派生出任何东西,要把21世纪的"社会学"认作一门"科学",那也就是要承认一种分类,这种分类与其说是理智上的,不如说是惯例上的或工具上的。不过,要说从来就没有任何这样的愿望,那也是不对的。这种愿望是有的,很可能在19世纪、20世纪之交的时候,这种愿望最强烈。不过,即使在那时,这种愿望也不普遍。在德国,当时自然科学(Naturwissenschaften)与人文科学(Geisteswissenschaften)是对立的,虽然社会学实际上可能已经降为经验的研究,并对它以所谓的行政科学方式发现的事实进行整理,但那些从原则上考虑它的人仍十分坚定地把它放在那两类科学的第二类。在英国和美国,经验主义的推动作用更加强大,"进化"(evolution)一词可能已经成为19世纪末20世纪初的惯用语,但这仅仅描述了这样一种信念：一方面，存在着从比较简单的社会到比较复杂的社会的某种进步，另一方面，推动现代性的是对利益的追求，是利益之间的竞争；它也是这样一种信念：在一个不对自己作历史思考的文化中，很快会发现，谈论"实用主义"倒是很方便的。只有在法国，而且即使在那里，也只有埃米尔·涂尔干（Emile Durkheim）一个人，具有建立"一门关于社会性的东西的科学"（a sciences of the social）的明确审慎的意向。

【246】

二 涂尔干

埃米尔·涂尔干是康德主义者，他像康德在德国的更直接继承者一样，虽然接受康德的出发点，但不能接受它为前提。对康德的直接继承者来说，理性的个人由于其理性而成为自主的，他原则上摆脱了自然的决定，因而能自由地创造理性法则，从这种理性个人的观念出发，也就是从这样的某个东西出发，这个东西要使自己得到理解，这种理解也许是反思的，也许是历史的。在涂尔干看来，这也就是从一个按他所说必须从社会学上理解的观念出发。但这里的区别只是名义上的。比方说与黑格尔的历史哲学相比，涂尔干的历史哲学要逊色得多。实际上这个观念不可能是更原始的。从前有一些个人，他们不单独活动，而是集体活动，他们不认为自己是个体，而认为是一个团体或社会的成员。然后有一些个人，他们由于经济的劳动分工而个体化了，作为个体而活动，而且也这样来思考自己。哲学个人主义者的错误，不论是康德主义者的还是哲学激进主义者的，同斯宾塞一样，都设想这些后来的个人没有受惠于社会。涂尔干则证明，在经验上，他们的起源受惠于社会的历史或"进化"。在道德上，他们负有维护这种社会的责任，这种社会使他们保持为实际上的具有自我意识的个人。他说，这就是"今日的宗教"（the religion of today），在这里，他将1898年反对反德雷夫斯派的论战中保守派的用语，巧妙地转过来反对那些哲学的个人主义者。用涂尔干本人并未用过的康德的话说，"现象的"（phenome-

第十七章　社会学和社会科学观念

nal)自我，即欲望和兴趣的所在地，实际是个人的；而"本体的"(noumenal)自我，即理性的所在地，是社会的。"今日的宗教"就是社会学。

不论怎样，在19世纪90年代，涂尔干并不想给人以这样的印象：社会性的东西(social)是一种集体先验的东西，它可以通达理性，但要从近似于信仰的某种东西中汲取想象力和道德力。他在师范学校的老师们使他相信，认识的权威现在取决于科学，使他相信，每门科学都有其独特的本体领域。因此，他的社会学权威，只能在于他能够说明社会学是一门关于独特的社会性的东西的科学。他将这门科学的特点描述为"集体意识"(conscience collective)。但既然科学处理事实，他就必须证明这门科学的事实性(facticity)(见 Durkheim 1895)。他知道，他只能通过说明一个现代人对他与社会性的东西的关系有不完善感时可能出了什么错，来间接地证明这种事实性。他同意当时许多人的观点，认为这种不完善性的最明显迹象就是自杀。实际上，自杀不仅是不完善性的迹象，而且是它的直接结果，他从在卷帙浩繁的官方统计中所能得到的比率出发，写了一本专著(Durkheim 1897)区分自杀的种类，他是根据个人与集体意识关系中归咎出的四种缺陷进行分类的。他以这种方式，用通过对现代国家管理有用的方法采集起来的信息证明，作为关于"客观上"可证的"主观"事实的科学，具有认识权威和道德权威的社会学是合情合理的。【247】

不过，涂尔干仍然对这个论证的缺陷之一感到担心，这个缺陷恰恰在损害其主张的同时，也使他闻名遐迩。如果集体意识，如他所证明的，依集体的性质的不同而不同，如果"社会性的东西"的性质也相应不同，那么，就没有任何一个性质使社会学成为关于这个性质的科学。的确，在某些集体意识中，康德为科学本身设定的诸先决条件可能并不存在。如果社会的自身构想中没有把这样的事情考虑在内，那么，根据这样的社会来从事关于社会性的东西的科学，那就是明知有误而行之。涂尔干与这一推断作斗争，最值得注意的是他试图反驳威廉·詹姆斯论实用主义的文章，但白费力气。

最后，他反而转向即使那时也被认为是人类学的问题：认识范畴是如何与那些人的社会形态联系起来的，那些人使这些社会形态得以形成，并拥有它们所拥有的道德力量。在准备一部关于他自己的社会道德（La morale）的论著（他生前没有动笔）的过程中，他写了《宗教生活的基本形式》(*The Elementary Forms of the Religious Life*) 一书（Durkheim 1912），这本书是关于他所见到的仍然存在于澳大利亚土著的最简单社会或社会群的。他以此留给后人的"科学"，并不依赖于他开始时的科学构想。

具有讽刺意味的是，有利于"社会学"、"科学"的哲学上最深思熟虑的理由，竟然决定性地毁坏了它自身。较少讽刺意味，但更有说服力的是，这个有利于"社会学"、"科学"的最深思熟虑的理由，是在追求历史上永远是该主题中心目的的东西时被破坏的。这一点已注定被用来消除18世纪末19世纪初为了给自然主义道德奠定基础而流行起来的伦理学与历史之间的区分。当然，这样一个方案的原理不是涂尔干自己的。这原理总要选定一个如其所是的或可能如其所是的个体人类本性的概念，这个概念是连贯的、可辩护的、从一开始就吸引人的；总要指明这个个体人类本性可以在其中繁荣茂盛起来的条件；总要说明如何能从已经存在的条件中选择，或努力创造将来必要的（也许甚至是充分的）条件，来达到那些条件；总要得出这样的结论：如果这些都实现了，就会构成最佳的结果。对于同属于独特社会学一类的各种自然主义，它们所特有的是如下信念：道德上重要的人性特征不仅需要某些社会条件，而且其本身全部都是由"社会"创造的社会产物。（涂尔干本人则走得更远，他在20世纪头10年甚至提出，道德感本身是依人们生活于其中的那类社会而定的，而不是依一切个人之为个人所拥有的东西而定的）它是这样一个信念：对于道德理论家们通常追求的那种程度的普救主义，它要求所有的道德存在者都成为一种社会的产物。它也是这样的信念：不论是否发展到一个假定的普救主义的结论，还是发展到一种更加偶然的、相对主义的结论，它对道德动因的持续性、甚至可能对它的存在，都表示怀疑。至20世纪末，有少数人，其中最著名的是福柯（Foucault），准备进行这样的论证。而毫无疑问，他们在这样做时，他们所正从事的就是所谓的道德社会科学。

三 社会科学的观念

　　实际上，社会学作为公认的"科学"，已经更加世俗化了。与别的社会科学一样，社会学作为方法论约定，是为别的目的设计的，借助这种方法，就可以具体说明一切科学依惯例所应产生的结果。这些方法本身几乎没有为社会学特有的哲学兴趣。至少从19世纪初以来，社会学作为社会政治实践也已更加不折不扣地世俗化了，因为它已经服务于现代行政国家的目的（或服务于这样一些人的目的，这些人批评一特定行政国家可能正做的事情，并希望根据国家统治者们可能接受的理由，提出不同做法的意见）。这些目的本身也没有多少哲学兴趣。不过，它们是结合在一起的。将社会学看成是追求世俗目的的世俗科学，即17世纪英国确切所谓的"政治算术"（political arithmetic），就正是看到了与社会科学观念有广泛重要性的东西。

　　实际上这涉及几件事情。第一件事情是实质性的。现代的"社会"观念仅始于18世纪。在苏格兰政治经济学家的思想中最初使用这个观念时，它标志着一个独立于国家的关系领域，更确切地说，它是从"经济"这一类似的新领域中派生出来的。在早先的用法中，以前的观念，譬如"市民社会"（civil society）的观念，其中有些东西在19世纪、20世纪被认为是"政治上的"事情。在19世纪，"社会"一词进入通常的用法，那时，"一个社会"不但指有确定领土的民族国家的人民按本国语所认为的比较狭隘的"社会的"东西，还指关系，通常是指政治的、法律的、文化的、经济的各种各样的关系。国家正越来越被认为是民族的政治表现，"民族"或多或少被理想化了，常常被设想为国家所统治的"人民"或"社会"的代表。"社会学"，作为19世纪关于社会的科学，实

【249】

际上是关于现代民族国家公民的品质、戒律、实践、制度的科学。由于它假定，"社会"是各自有别的，不论它们可能有何种共同的特性，社会学因而变成了管理这些国家的方便的信息工具。

由此引出了社会科学观念的第二个重要特征，它是方法论上的。它适于使政府假定：它们所统治的国家的公民都具有将他们作为这个特定国家的公民而与其他国家公民区分开来的特性。因而乃至假定，一个人可以将这些特性普遍化。而为了有效地统治其公民，国家需要知道这些特性是什么。社会学则是为此目的服务的。作为关于社会性东西的普遍"科学"，社会学可以方便地运用描述的（在19世纪末则是归纳的）统计方法来采集国家需要的信息，并加以概括。于是，系统的人口普查、社会调查的创制、新的"民意"观念（起源于20世纪初的美国）和确定民意的民意测验，连同一系列类似措施，都出现了，这些都是政府和而后一批非政府机构，包括希望从外部对政府施加压力的机构，为发现它们声称它们需要知道的东西而设计出来的。

由此又引出了社会科学观念的第三个特征，而且就该词引申的意义来说，这个特征可以认为是哲学上的。国家不仅需要管制政策、税收政策和近来的粮食政策所依据的信息（有此需要的不仅仅是现代国家的政府；现在可以认为，威廉一世的土地调查是为当时的行政机关，即现在的英国服务的"社会科学"的最早例证之一。国家的智力服务是又一例证，尽管这服务一定不够系统），而且还需要国家能据以制定各种权威性措施的信息，国家之为国家，必须运用权威来保持自己仍然是实际所是的国家。于是，科学的理智权威最终方便地服务于现代国家政府的政治权威。社会学作为新的行政管理社会科学之一，因而具有获得这种权威的强烈动机。社会学是否是，或可能是一门科学，这个长期紧迫的学术问题也成了长期紧迫的政治问题。

不过，在历史上，由此产生了另一类很不相同的有趣问题。为什么社会学是否是，或可能是一门科学的问题现在不再像过去曾经那样紧迫？答案仍然既是政治上的，也是理智上的。在政治上，19

世纪的行政"社会科学"工具自那时起已经成为现代政府日常工作的一部分。用定量汇编和定量描述的普遍信息为政府的内外政策提供理据，已经变得很平常了。几乎无处不在的人口普查部门已经扩大为普遍的社会统计部门。当然，许多此类信息的有效性和可靠性、采集信息对市民生活造成的侵扰以及近来这样做时对有些人自认为其"权利"的东西的侵犯，早就受到人们的嘲笑。W. H. 奥登（W. H. Auden）在 20 世纪 30 年代的一首打油诗中坚决要求说："你们不要从事社会科学"；"你们不要回答问题调查表"。不过，虽然人们仍可能对特定的"发现"提出质疑，但对这样做本身并不说三道四。除了政府本身，在私人机构和其他非政府机构中，理所当然地认为，无所不包的"材料"是必不可少的。人们不再公开提出有关如何对材料进行采集、出示和使用的问题了。实际上，这些材料的权威性几乎是理所当然的。【250】

四　理解社会行动

与此相反，在理智上，社会学的"科学"观念在 20 世纪受到一连串的攻击，在 21 世纪初，它似乎不可能从这些攻击下恢复过来。有些反对意见来自甚至 19 世纪末、20 世纪初仍把社会理解看成是"人文科学"（Geisteswissenschaften）之一的人，对这些反对意见我们将在本卷其他地方叙述。这些反对意见一般是从一种唯心主义形而上学引出的。其主张是：人类行动的动力存在于心灵和想象的作用中，这些作用是任何观察技术或观察工具都完全无法揭示的，毋宁说，它们是通过与做出这些行动的人的同感而被把握的。后来的反对意见来自于语言哲学中十分不同的、据说非形而上学的方面。这里的论证的出发点与那些唯心主义者的基本相同：行动不仅仅是行为，即不仅仅是作为对外界可见刺激的生理反应、而能可靠观察并充分说明的身体动作。不论怎样，这个论点避免了"精神"（Geist）的恶名，而是指出了这样的事实：行动，在由意识的内心意向构成时，因而也由语言构成。一个行动是如其行动者所描述的行动。因此，行动，这个社会学的主题，是在一特定语言范围之内的行动。社会学家可以将这一特定语言返译成他或她自己的语言。在这样做时，他们不仅选择重新描述行动者之行动的特点，而且将这行动放在更大一类行动之中。不过不论用哪种语言，要点依然不变：把握一种语言就是把握一组概念及其意义，而不是把握任何可独立观察的，或可更广泛概括的事实。也就是说，对行动的一切理解都是与语言有关的。

【251】

在20世纪所谓的"科学哲学"的发展中，这个论点得到推广。情况不仅仅是马克斯·韦伯在他20世纪初的"社会科学哲学"中所论证的那样，我们根据我们在世界中具有的"价值"和兴趣来选择对何种事实进行研究（Weber 1904），而且还是这样一种情况：由于我们已经选定了对何种事实进行研究，所以我们就根据我们自己的、从有关世界之所在的一系列更普遍的先入之见中引出的术语，来描述它们的特征。这些先入之见可能是人们普遍共有的。它们也可能不是普遍共有的，而是从一个更神秘的图式（scheme）中引出的。在哲学上这是非物质主义的。涂尔干在对自杀的研究中坚决认为是"社会事实"的东西，永远是"与图式相关的事实"。这个论点所提出的问题对于后来所谓的"自然"科学、对于在哲学的意义上可能认为"实在论"所适用的那些对象，是十分正确的。它对有关社会性东西的科学，甚至对许多更普遍的人类科学，提出了蹩脚论证，这些科学的许多对象，如爱、正义、国家等，其本身都可以解释成"实在论"无法适用的"构造"（constructions）。当然，事实是，在我们可选来描述和思考"社会性东西"的大量用语中，我们会选择规范"科学的"（scientific）用语。但由此恰恰可以肯定地推出，这个用语是许多用语之一，是一个适合于我们的兴趣，甚至可能适合广大"公众"兴趣的用语。而根据前面的论证，这些兴趣如同我们心中和语言中其他任何东西一样，是与一个图式有关的。

从语言哲学及其分支进入科学哲学的这些论点，转而影响到我们会怎样考虑"实在性"的老问题，反过来又影响到历史上更新近的社会学方案。我将这个方案描述为：克服 19 世纪初哲学伦理学与经验主义历史之间的区分，以便给自然主义道德打下基础，并用"科学"的方法做到这一点。它要将历史哲学建立在牢固的基础上。来自语言哲学和新科学哲学的论点没有损害自然主义道德的方案本身。实际上这些论点可以用来支持这个方案。18 世纪至 20 世纪初期形形色色的经验主义者和实证主义者所强调的那些反自然主义论点，依赖于事实要求和价值要求之间明确的、据认为无可争辩的区分。不过，这个区分被用来标志的那个差别，并不是我们可以无可争辩地断言其本身是在我们的人类语言、本国语言、或理论语言中发现出来的差别。我们可能仍然无法无可置疑地说明，什么是【252】我们或他人应当做的，或什么是价值。但我们可以使他们相信这个世界的性质，更确切地说，使他们相信如何看待这个世界的性质，我们用这样一种方式，使得而后能让他们相信，从事或重视这一类事情，而不是另一类事情，是更合乎情理的。

五 结 论

那么，一门科学社会学的方案还剩下什么呢？只有如下一点。在本体论上，虽然没有理由认为谈论"社会性东西"是没道理的，如果以此指的是我们用以相互发生关系的戒律和实践的话；但是，过于轻易地设想在世界诸公民群体之外有独特的"诸社会"，而这些公民群体之所以成为他们实际那样的群体，是由于其成员服从于他们生活于其下的政治权力提供的特定机会和约束，那么，这种设想是危险的。在认识论上，有这样的行为，我们可以理解它是这一类的而不是那一类的，我们可以对它做出彼此可理解的描述和彼此方便的测度，我们可以为它提供按自然科学方式的彼此可确证的（以及可证伪的）说明；但是，即使对各种行动和制度我们也能方便地这样做，我们也应意识到，对于这些行动和制度，如果脱离了对它们进行选择描述和说明的方法，就相信它们是这一类的而不是那一类的，是没有任何可靠根据的。在道德上，虽然自然主义伦理学的方案又一次明显可行，但我们应当谨防做这样的假定：我们可以在那样一些人的圈子之外毫无争议、甚至非常有力地证明这一点，那些人同意我们对该方案的根据的特点进行描述时所用的方法，同样具有描述这些特征时所隐藏的感情和直觉。作为一个理智方案，它不过就是如此了。作为一个实践方案，它无疑将继续对那些希望改善国家管理的人有用。

杰弗里·霍索恩

第六篇

伦理学、政治学、法律理论

第十八章

功利主义者与唯心主义者

一 新开端

19世纪70年代是英国道德哲学新开端的十年。这在某种程度上是对 J. S. 密尔（J. S. Mill）的工作的反应，而密尔已经主宰了此前十年的英国道德哲学，他的功利主义于1863年就以书的形式问世了。最初，1870年，约翰·格罗特（John Grote）的《功利主义哲学考察》（*Examination of the Utilitarian Philosophy*）于他死后出版（密尔的著作问世时，格罗特已经是剑桥大学的教授）。而后于1874年，同样是从剑桥大学，出现了被恰当地称为现代专业道德哲学的第一部著作，亨利·西奇威克的《伦理学方法》（*Methods of Ethics*）。这期间，对密尔（以及对更普遍的经验主义思维）的来自唯心主义的反响已经在牛津大学，尤其在 T. H. 格林的讲演中酝酿着了。其第一部有深远意义的伦理学著作是 F. H. 布拉德雷的《伦理学研究》（*Ethical Studies*），它在西奇威克的著作之后两年于1876年出版（因此布拉德雷和西奇威克很快用批判性评论和小册子互相攻击）。在这十年之末，1879年，赫伯特·斯宾塞（Herbert Spencer）的《伦理学资料》（*Data of Ethics*）出版。虽然斯宾塞比西奇威克、格林或布拉德雷更喜欢经验方法，虽然与密尔一样而与那些人不同，他是在已建大学之外工作的，但他仍然是密尔的又一批评者。

密尔代表了经验主义的观察方法，他认为主要的伦理学争论是在根据对人类实际行为的观察而得出的结果（他认为这导致了他自己的功利主义）和根据假定的对道德真理的直接直觉而得出的结果（如他的剑桥的反对者休厄尔所信奉的）之间的争论。1870 年，经验主义的功利主义与直觉主义的冲突似乎成为伦理学的中心议题或问题。例如，1869 年 W. 莱基（W. Lecky）的《欧洲道德史》（*History of European Morals*）就是围绕"由直觉和功利的对立主张而产生的重大争论"来制定其研究的（Lecky 1869：1）。不过，一旦到了 19 世纪 70 年代，针对直觉主义的经验功利主义实际上就不再是将布拉德雷、西奇威克和斯宾塞划分开来的论题了。所以我们不应将这些思想家仅仅看成只是使用新的或改进了的武器，继续进行密尔的争论。实际上，虽然这些新思想家彼此不同，但他们都认为他们已经解决了前一时期的重大问题（或分裂）。因为虽然用不同的方法，他们却都认为，这些方法不但是（对西奇威克和斯宾塞而言）功利的，而且也可以是直觉的和观察的。于是，我们有了新的开端。

【256】

在这些哲学家的大多数人看来，恰恰是从经验观察中引出伦理结论的想法也受到了攻击；密尔的臭名昭著的证明，即从假定的对人们渴望幸福的心理观察中引出功利主义的可欲求性（desirability），受到无情的批判。首先，格罗特注意到，密尔的论证依赖于"被欲求的"（desired）和"可欲求的"（desirable）两概念之间的含糊性（Grote 1870：65）。然后，西奇威克和布拉德雷都判定，密尔的方案是从"是"推出"应该"的毫无希望的尝试。如西奇威克所指出的，"经验至多只能告诉我们，所有人确实总在寻求他们的终极目标快乐……它不能告诉我们任何人都应该如此去寻求快乐"（Sidgwick 1874 [1907：98]）。布拉德雷还为"被欲求的"与"可欲求的"之间的混淆而忧虑，他认为功利主义是一个"怪物"，对这个怪物"我们应当说，它的心脏是健全的，而它的大脑是有缺陷的"（Bradley 1927：115）。在他看来功利主义是一个"怪物"，因为它试图将如下两方面结合起来，一方面是关于为他人服务之善的完全正确的道德信念（它的健全的"心脏"），另一方面是从对个人之追求幸福的心理观察中引申出这个信念（它的不完善的"大脑"）。

布拉德雷还把密尔的证明的第二部分批得体无完肤，密尔的这一

第十八章　功利主义者与唯心主义者

部分试图从每个人都欲求自己的幸福，推出我们全都欲求普遍幸福的结论。在布拉德雷看来，如果寻思一下，是否在同一个食槽里吃食的每一头猪，在"欲求自己的快乐时，也欲求全体的快乐"，这个证明就马上被推翻了，因为它表明，"这个证明似乎与经验不合"（1927：113）。西奇威克早先已经将这两个批评结合在一起，那时他注意到，"从每一个人实际确实追求他自己的幸福这一事实出发，我们不能如直接明显的推理那样断言，他应当追求他人的幸福"（1874［1907：412］）。

这里讨论的哲学家中，对同代欧洲人最有影响的是赫伯特·斯宾塞（当得知他去世的消息，意大利议会当天停止工作）。不过，最有声誉、久负盛名的两个人是西奇威克和布拉德雷，他们构成了随后发生的事情的主要焦点（格林在政治思想方面要比严格的伦理思想方面更重要）。

如果西奇威克和布拉德雷是主要哲学家，他们的争论是主要争论，那么，尽管这争论是关于功利主义的，但从刚才所说可以得出，它也不是密尔的争论的继续。因为刚才已经举例说明，在对密尔的批判方面他们的思想是何其相似。当然，由于这里讨论了三组哲学家，【257】所以毫不奇怪，我们可以发现那些论点中任两组合在一起反对第三组的情况。例如，如果我们问这个论点是否是功利主义的真理，或至少是它的一个形式，那么，我们就以西奇威克和斯宾塞为一方，来反对牛津唯心主义者的另一方；如果我们问这个论点是否具有发展的重要性，那么，我们就以斯宾塞和（受黑格尔哲学鼓舞的）唯心主义者反对西奇威克。不过，将有持久重要性的思想家西奇威克和布拉德雷一方，与斯宾塞的另一方区分开来的那个问题是：从对人类行为的观察中是否能推演出伦理的真理。在这里，格林、西奇威克和布拉德雷站在了一起（尽管他们中没有任何人敌视事实的重要性）。西奇威克在追溯自己的思想经历时说，他最终"还是一个功利主义者，只不过站在直觉的基础上"（1874［1907：xx］）。他明确对密尔的基本划分的双方作出承诺；而与他一起，我们走进了一个新的理论世界。

在所有这些思想家那里，我们看到了那些将道德上已知的东西理论化的针锋相对的尝试,而不是(比如像他们同时代的尼采那样)颠覆和超越这些道德上已知的东西。也就是说,他们全都关注于说明规范的道德信念,或证明它们的正当性,而不是批判或改变它们。在西奇威克那里被等同于直觉道德的常识道德,被当成可靠的、即使不是十全十美的真理指南。在《伦理学方法》中,西奇威克用了整整一卷讨论概括当时常识道德的亚里士多德方案。格林和布拉德雷都认为,普通人的道德意见应当被尊重,实际上,这些意见很可能比哲学家的意见更正确。例如,布拉德雷的《伦理学研究》一开始就对"通俗的"自由意志概念和"哲学家"的自由意志概念作了比较;在他看来,通俗概念显然要优于哲学家们的争论。

二 亨利·西奇威克

在其主要著作《伦理学方法》中,西奇威克希望揭示"隐含在我们常识推理中的……不同的伦理学方法"(1874 [1907:14])。他把我们意识到实践原理,即意识到告诉我们应如何行事的那些命令,当作是来自常识的意见。他不怀疑有这样的命令,这些命令告诉我们做什么事是合理的,他的目的是展现这些命令的性质。在此西奇威克发现了争论,即不同"方法"之间的争论(在这里,对西奇威克来说,"方法"是"我们决定个人'应当'做什么所依据的任何合理程序"。1874 [1907:1])。他主要考察的"方法",部分上是根据所发现的方法来分类的,部分上是根据内容来分类的。考虑到人们认为善不是在幸福之中,就是在卓越或完美之中,于是他得到了促进幸福的两个方法:"利己主义"(egoism)和"功利主义"(utilitarianism);前者命令说,我们应当追求我们自己个人的幸福,后者命令说,我们应当追求普遍的幸福。他所考察的另一个方法是"直觉主义"。根据他的最初分类,它似乎应指完美主义(perfectionism),但事实上,在西奇威克的整个著作中,"直觉主义"的含义都不太固定,往往是指常识道德本身。总之,他后来将直觉分为若干亚类。

第一节说到西奇威克是如何批判密尔从所欲求的东西中引出可欲

求的东西的。这与西奇威克关于伦理学独立性的更广泛要求相适应。他发现我们所具有的实践理性的意见不能从任何别的源泉引申出来。西奇威克不但批评密尔从心理学中推导出伦理学,而且批评在此推导中使用的心理学。于是,根据密尔关于功利的臭名昭著的证明,西奇威克认为,不但在推理的有效性方面,而且在前提的真实性方面,密尔都是错误的。在西奇威克看来,人们不仅仅追求快乐(或幸福),他们还为自己寻求别的对象。因此,心理学的享乐主义是不正确的;人们不只是快乐最大化的机器。

由此我们可能会想,西奇威克也会认为利己主义是错误的。但在此西奇威克关于**是**和**应该**的区分又开始起作用了。虽然心理学的享乐主义是错的,但利己主义,正像任何别的道德理论一样,必须被认为是独立的道德命令,它不是建立在心理事实的基础上的。人们不总是追求自己个人的快乐,但这并不表明他们不应追求自己个人的快乐。事实上,西奇威克并不认为他能完全驳倒利己主义,他认为个人的谨慎是一个合理要求。不论怎样(还是在对早期功利主义的另一批判中),他认为我们实际只能对未来可能的苦乐做粗略的计算,因而他认为我们没有得到我们为了成为成功的利己主义者所需要的信息。也就是说,可能正确的是:虽然我的恰当目标是将我一生期间的个人快乐最大化,但如果我打算做到这一点,我不一定会成功。这只是西奇威克将正当行为的恰当标准与正当行为最适于指向的目标区分开来的一个例子。另一个例子是,有时他提出,令人信服的功利主义者不应总是鼓励他人将功利作为目标,或散布功利主义的真理。

在考察了利己主义之后,西奇威克考虑(在"功利主义"的题目下)是否能将常识道德组织到一个融贯的规则系统中去。在广泛考察了当时的道德观点(讨论了贞洁和勇敢之类的论题)之后,他发现常识道德并没有提供精确的规则。有些情况它无法做出判定;还有些情况它的意见不一。他认为,常识准则被相当广泛地接受,直至它们被精确到足以用严格科学的方式来对待的时候为止。而一旦发生这种情况,不同意见就出现了。 【259】

这是对(西奇威克所谓的)直觉的批判。于是他认为,他的前辈休厄尔从常识直觉造就伦理科学的方案是站不住脚的。不过，这并不意味着西奇威克放弃将直觉用作道德发现的方法。因为除了对特殊情况下做恰当事情的特殊直觉（西奇威克称之为"审美的"直觉主义），除了休厄尔将常识规则系统化的方案（西奇威克称之为"教条的"直觉主义）以外，西奇威克认为还有第三种直觉主义，即"哲学的"直觉主义。也就是说，他认为，有一些"绝对的实践原则"，它们的真理性，一经恰当的检验，就是自明的。因此，它们是可以为直觉（或直接的审视）所知；而不是，比方说，从对行为的观察中推演出的道德真理。

西奇威克发现了这种直觉上可发现的三个原理。一个原理是康德所主张的："凡我们任何人判断对自己正当的行为，他也隐含地判断它对相似情况下所有相似的人是正当的"（1874［1907：379］）。另一个原理是："任何一个人的善，从……宇宙的……观点看，与任何他人的善一样，都是无关紧要的"（1874［1907：382］）；也就是说，一切人都是同等重要的。第三个自明的原理是：一切时代都是同等重要的。

这些原理，如果我们接受的话，决定着善在人们和时代之间的恰当分配。至于善的内容，西奇威克认为，它是由可欲求的心灵状态构成的；即如果将它们恰当地告知一个人，这个人就会欲求的那些东西。有鉴于此，有鉴于一个人的善与另一个人的善同等重要，西奇威克就得到了一个建立在直觉基础上的功利主义的证明。正当行为的恰当标准是：它造成了最大量的、不考虑个人如何而分配的、可欲求的心灵状态。

即使功利主义的根本原则是直觉的，西奇威克仍引出了一些推论。与密尔不同，在这里，试图给功利主义根本原则提供一个经验的基础，或试图借观念与被欲求状态的联系来推出目标对象的起源，都是不得要领的。在西奇威克看来，起源是与题无关的。而且，虽然普遍幸福是正当行为的最终标准，但普遍幸福不一定是我们应以之为目标的东西；我们完全可以通过以别的东西为目标来使幸福最大化，在此，常识道德可以重新作为指南。实际上对西奇威克来说，还必须有另一个指南来支持最终的功利主义原则。这在某种程度上是由于他认为，最终的实践原则太抽象了，以致不运用中间的或别的假设，就不能用于特殊事例。这还因为我们没有能力正确计算苦乐，不但给利己主义造成了困难，而且给直接运用功利主义造成了困难。所以，我们需要另一个指南，以帮助我们运用抽象的功利主义真理，而西奇威克在常识道德中发现了这个指南。【260】

正如西奇威克致力于在更抽象的层次上根据直觉原理修复直觉主义和功利主义之间的裂痕，他也致力于修复功利主义和常识（或更低层次的直觉）之间的裂痕。他声称，常识内部的争论往往要借助功利主义来解决；因此，常识道德表现了"不自觉的功利主义"。

三　布拉德雷和格林

布拉德雷的《伦理学研究》是发展中的牛津唯心主义展现给普通大众的最初著作之一。它的文体既有点像学术专著，又有点像给一般评论杂志的投稿，处于两者之间；它的表面形式是一系列短论。部分因为这一点，但也因为它的辩证方法（这是布拉德雷全部著作中最具黑格尔哲学意味的），所以很难说它的中间结论对布拉德雷有怎样的约束力。例如，题为"我的地位及其义务"的著名一章，通常是任何人关于布拉德雷的伦理学所知的全部，可它恰恰被放在这部著作的中间。的确，布拉德雷在那里说，"当我们发现了我们的地位及其义务，我们也就发现了我们自己"（1927：163）。可是在后面几章，他超出了这个暂时的观点；甚至就在这一章本身，在他声称"没有任何比我的地位及其义务更好的东西了"之后一页，他就说，这一观点有"非常严重的缺陷"（1927：202）。在《伦理学研究》中，每一章的结论都被随后一章所修正；于是，伦理思想的完整图画就以辩证的方式建立起来了。

布拉德雷的第一篇论文展现了前面提到的关于自由意志的通常思想和哲学思想之间的矛盾。由于他早就确定这里有一个矛盾，所以他提出这样的问题：为什么我们应当是道德的？以此开始他的主要研究。他认为，我们只有提出某种东西，它本身既是目的，又是我们所欲求的东西，才能回答这样的问题，于是，他判定，道德的目标是自我实现（self-realisation）。在布拉德雷看来，道德的出现是因为我力图将自己实现为一个统一的整体。就我是一个真实的自我而言，我是一个统一的整体，对这整体可以进行区分，但不能加以分割。做此假定，他就可以说明早先的两个重要理论功利主义和康德主义中的错误（或不完全真理性）。在功利主义（"为快乐而快乐"）中，没有统一的整体，只有感觉的接续。与此相反，在康德主义（"为义务而义务"）中，道德仅仅是形式的，没有任何特殊内容。

【261】

在这些考察之后，出现了"我的地位及其义务"中那个临时暂定的观点。在这里，我通过发现我在一个有组织的统一社会中的作用或地位对我所要求的道德，发现了统一性、自我实现和客观的道德真理。功利主义再次成为目标：正如功利主义者错误地认为人只是感觉的集合一样，他们也错误地认为国家或社会只是个人的集合。在两种情形下，至少当社会被恰当地组织起来，个人能恰当领会他们在社会中的地位时，我们就有了一个真正的统一体，而不仅仅是一个集合体。在布拉德雷看来，个人变成他们实际那个样子，是因为整个社会机体或国家早已是那个样子。给个人以语言、信念和道德目标的正是这个整体。

作为这一观点之基础的基本形而上学，即实在的东西与这个单独统一体系的等同，只是几乎 20 年后，才由布拉德雷在其透彻巧妙的形而上学著作《现象与实在》（*Appearance and Reality*）中最后建立起来。在早期的《伦理学研究》中，这个思想只是用来建立与人民和国家有关的社会道德。在这样做时，他认为他只是指出了常识道德；这个道德在被坏哲学弄乱之前，前哲学的人们是完全清楚知道的。如他在那里所说，"对于**任何特别给定情况下什么东西是道德的**，几乎没有什么疑问。对此社会预先做了宣告"（1927：198）。后来 T. H. 格林（T. H. Green）在他的《伦理学导论》（*Prolegomena to Ethics*）中提出了类似的主张，在那里他说："对于任何不是自私自利地忽视自己的地位义务的人，这些义务给他提供了行动的实践方向，哲学家

第十八章 功利主义者与唯心主义者

妄求补充这些方向，或妄求取代它们，通常都将是不恰当的。"（1883：sect. 313）

布拉德雷关于地位和义务的著名一章是黑格尔伦理学在英国的最初登场。不过，如前面所指明，布拉德雷自己认为这个答案只是部分上回答了他的原始问题，他在该著作其他部分的论证超出了黑格尔（和格林）的范围。我们是在一个有组织的社会或国家中发现我们自己和我们的道德的。不过，实际存在的国家可能是不全面的、冲突的或邪恶的；布雷德雷认为，还有一种世界性的（或"理想的"）道德超出了单一国家或社会的疆界。布拉德雷进而认为，有一些价值在本性上并不是特别社会性的。一个艺术家或科学家的目的具有价值；它们构成了自我实现的一部分，但它们并未满足现存社会中的既定功能。

在布拉德雷那里，道德真理有这些不同的基础，这就提出了如何将它们的目标协调起来的问题。格林的《伦理学导论》结束时提出了一个相似问题的例子：如何将为社会服务与一个人的音乐家技能的发展平衡起来。但对格林来说，这最终不是一个问题；社会服务是优先的。实际上更一般而言，格林认为善应当是自身一贯的。他认为，善可以通过确认每个人都能一贯愿意达到的唯一对象而确认出来。因此它一定是一个无须竞争的善，因而（他认为）是一个公共的善。

【262】

与格林不同，布拉德雷不但发现伦理学中的不一贯是不可避免的，而且也相应更从容地对待这种不一贯。如他在后一部著作中所说，矛盾只是我们正在与现象而不是与实在打交道的信号。所以，他在《现象与实在》中专门说，善是一个现象。实际上甚至在《伦理学研究》中，他在结尾时也说，道德是内在矛盾的（当关于是与应该的全部要点是将它们区分开来时，道德试图将应该纳入是之中）；因此，我们不得不超出道德而进入宗教。

完全抛开那些不一贯性问题不论，布拉德雷遇到了坏行为也包含某种自我实现（他所谓的"坏自我"的实现）的问题。而且，我们可能不得不为他人或为我们的国家而牺牲自己，因此自我实现的善实际可能包含自我毁灭。在《现象与实在》中，他明确区分了存在于自我确认的自我实现和存在于自我否认的自我实现；而且他发现，正是这些矛盾倾向的结合支持了他关于善仅仅是现象的主张。

所以，虽然布拉德雷已经表明道德是以单独的、系统的、自我实现的个人为目标的，但他也认为，只要我们把自己局限于道德，我们对这个个人就只能有不完全的或互相矛盾的观点。为了得到对整体的印象，我们不得不超出道德。因此，尽管对"我的地位及其义务"做了自信的断言，并与格林充满希望的阐发不同，布拉德雷在结束时仍显示出根深蒂固的怀疑主义。

在布拉德雷的《伦理学研究》发表前两年，西奇威克也以不连贯性引起的问题结束了《伦理学方法》中十分不同的（功利主义的、个人主义的）思考。在那里，西奇威克认为，有一种"实践理性的二元论"，使我们既对关心我们自己，也对关心普遍的福利，有一个终极合理的要求（既是利己主义的也是功利主义的）。既然西奇威克认为终极的伦理直觉一定是连贯的，这就给他提出了一个严重的问题。由于缺乏任何黑格尔式的解脱办法，所以他无法像布拉德雷似乎所做的那样从容不迫地对待矛盾；他的脾气不像布拉德雷那样有容忍怀疑主义的准备。

【263】

四　进化与伦理学

对赫伯特·斯宾塞来说，哲学与科学之不同只在于其普遍性，他对道德思想做了自以为科学的说明。与此相似，莱斯利·斯蒂芬（Leslie Stephen），一位受斯宾塞影响，但独立而且更加优雅的作家，称自己的主要著作为《伦理学科学》（*Science of Ethics*）。在这两个例子中，所涉及的科学是进化论；道德是根据它有助于"适者生存"来解释的（斯宾塞使"进化"和解释性表述"适者生存"这两个术语流传开来，尽管与别的许多主要进化论思想家一样，他本人使用这两个术语是很不合适的）。

斯宾塞的基本进化论是关于从同质性向异质性的转变的：他声称，事物累进地发生更多的变异和专门化。斯宾塞认为，这既适用于无生命的对象也适用于有生命的对象，但只有后者得到详尽的阐述。他在一系列巨著中进行这种阐述，每一部著作都有《……原理》的标题（依次为：《生物学原理》、《心理学原理》、《社会学原理》），只在1893年才轮到《伦理学原理》（Principles of Ethics，尽管以前它的前半部分已经作为《伦理学资料》发表了）。实际上，伦理学是斯宾塞的首要兴趣，尽管（如他的理智反对者乐于指出的那样）他宣称他为他的最终结果感到失望。在他的心理学著作中，斯宾塞表明，物种的经验通过特定个人对逻辑和数学真理的先天知识负责（在此，如在其他地方一样，斯宾塞得益于他的如下信念：获得性征是遗传的）。因此，他认为自己已经解决了密尔与其反对者关于这种真理是经验的还是直觉的争论（即，答案是两者都是：对于物种，这些真理是经验的；对于个人，这些真理是先天的）。在他的伦理学著作中，他对密尔与其反对者关于道德信念是建立在经验上的，还是建立在直觉上的类似争论，取得了相似的答案。这个相似的答案是：族类（或群体）得到了生存竞争导致族类进化发展的信念，但对于这些群体的任何单个成员来说，这些道德信念是先天的或直觉的。对于个人、群体和物种的生存发展的根本原理来自于物种积累的经验；而个人直觉地认为这些原理是善的东西。

斯宾塞给这些信念以功利主义的内容。善的东西是产生幸福的东西，因此，进化论伦理学与功利主义伦理学之间存在着一致性。在《伦理学科学》中，莱斯利·斯蒂芬根据唯一可能的解释，将这个论证更简练地展示出来。在斯蒂芬看来，人是这样的东西，他们必定要追求幸福；对他们也必须用进化论的方式来说明；因此情况必定是这样：进化的目的可以通过对幸福的追求来达到（或如斯蒂芬所说，"引起快乐意义上的'有用的'与维持生命意义上的'有用的'应当大致相符"［1882：83］）。斯宾塞和斯蒂芬都以这种方式说明了诚实、贞洁或正义等特殊的价值。于是，斯蒂芬证明，诚实对于语言的使用是必不可少的，语言对于社会的生存是必不可少的；从而证明，诚信是这样一种品质，它的发展对于社会发展是必不可少的；因而我们本能地认为撒谎是错误的。

【264】

斯宾塞在其《伦理学科学》中旨在说明，为什么一特定社会具有它所具有的道德戒律，同时还要说明何种戒律是一切社会都应最终具有的。他对两个问题都用进化来说明。通过发现使一个特定社会得以生存的观念来说明该社会实际具有的戒律。一个社会应当最终具有的戒律是能使一个完善的社会得以生存的戒律。按他的说法，这里的区别是相对伦理学和绝对伦理学之间的区别。

斯宾塞的社会学思想给他提供了最进化的国家将是什么样的国家的指南，因而也是绝对伦理学的指南。他认为，这里有一个从军事价值向商业价值的不断转变。最后我们将达到他所谓的"同等自由法"（law of equal freedom），即："每个人都自由地做他想做的事情，只要他不侵犯任何他人的同等自由"（1893：sect. 272）。这是斯宾塞的主要正义原则，他认为这个原则能适用于最高度进化的社会，并能保证这种社会的生存。在此最高度进化的国家中，如绝对伦理学所描述的那样，一切事情都配合在一起。国家衰落了，成为只是执行契约的某种东西；个人的欲望和外在的责任完美一致，以致个人不再感到义务的束缚。斯宾塞这里的观点显示出他对国家的怀疑，这是自从他最初的著作起，他的观点的一个始终不变的特色。旧式自由主义的怀疑与社会动力学处于一种紧张关系中。与此不同，斯蒂芬更加一贯地将进化动力学用在群体层面上。与斯宾塞不同，他拒绝讨论理想的伦理学，或讨论可能的未来，将自己局限于说明事物是怎样的、已成为怎样的（这里他得益于他的良好的历史感）。如上一节讨论过的唯心主义者那样，他认为，个人是社会、文化、语言的产物；而且这些东西随时间而变。在斯蒂芬看来，我们从我们的语言中既得到了我们的道德，也得到了我们的逻辑。

斯蒂芬和斯宾塞都认为，进化论起到了支持伦理学的作用，对通常的道德思想做了说明和澄清。不过，为捍卫达尔文和进化论而激烈战斗的卓越的进化论生物学家 T. H. 赫胥黎（T. H. Huxley），在谈到伦理学时，却采取了不同的路线。在后来的两篇文章中，赫胥黎认为，伦理学与进化论是冲突的。他说，我们应尽可能多地适应生存，而不是促进适者的生存。促进进化的力量并不是我们的道德思想所支持的力量。赫胥黎的类推是这样的：园丁试图阻止、限制、改变自然力的方向，而不是给它们以自由的余地。进化论只研究自然的原始森林；而相反，伦理学则管理文明的花园。

罗斯·哈里森

【266】

第十九章

尼 采

尼采在其一生的多产时期实际上并未受到人们的注意，而在他于1889年初精神崩溃之后，他的影响却戏剧性地增强了，尽管还不平衡。实际上整个20世纪他都是欧洲的主要人物，像瓦伊欣格、斯宾格勒、雅斯贝尔斯、海德格尔，后来的福柯、德勒兹、德里达等哲学家和知识分子，都认为他是现时代最重要的哲学家之一。他对艺术家和作家的影响令人瞩目。但直到20世纪中期，英语世界的哲学家仍倾向于敌视或冷漠地看待他（勃特朗·罗素的不同情态度是典型的，见 Russell 1946）。而后来，将尼采看成是一位值得研究的思想家的看法，在英语世界不断加强，人们越来越认为他是20世纪意识形成过程中的一位重要思想家。但这里出现的意见并不是完全一致、微波不兴的，尼采仍以西方传统中其他主要哲学家不可想象的方式，继续制造出狂热的崇拜者和激烈的谩骂者。尼采动情地想使我们接近生命，没有任何别的哲学家如此重视对今世的肯定。这部分上是对他从前的悲观主义哲学英雄叔本华的一种反应。尼采作为其成熟哲学所承担的任务就是重新评价一切价值（Nietzsche 1882：§269）。

一 对理性的再评价

尼采对理性的再评价是他的价值批判的根本。虽然有时尼采似乎是理性的公然敌人，是非理性主义的提倡者，但这是误解。他确实是标准的理性概念的激烈批判者，但他基本关心的是对理性及其范围提供他认为更现实主义的、更适度的说明。这里根本的一点是，抛弃能够逐渐意识到事物本身的纯认知主体的概念，抛弃与此有密切联系的【267】

绝对真理的概念。认知者不可能完全避免他们生物的、个体的、社会的、语言的、历史的地位:"只有带着特定观点的看,只有带着特定观点的'知';我们越是允许带有更多情绪地谈论一件事情,我们就越是可以用**更多的**眼睛、各种不同的眼睛去观察一件事情,我们对这件事情的概念,我们的'客观性'就将越全面。"(Nietzsche 1887: III §12 [1969: 119])。

达到更恰当理解的唯一道路是通过对不同观点的比较、对比和评价。在尼采看来,没有绝对的真理;因此没有绝对的价值判断,没有绝对的道德真理。道德只不过是人类的产物(这个观点在较早的《人性的、过于人性的》中被采纳,后来始终如一地保持着)。对道德进行评价总要说明其结果,总要说明其提倡者的本性。虽然他承认有许多道德,承认道德科学需要对所有道德进行探讨,但他自己的思考是受他认为基本的几种道德类型支配的。

二 主人道德、奴隶道德和民众道德

主人道德出自人群上层,尼采假定这些人更强大、更有活力、更大胆、更维护生命、更健康、更坚强。主人道德是在富裕的条件下自发产生的。它的功用是促进主人的生活,提高他们的品质。它以充实和自我实现为中心;它并不试图改变任何人使之符合一个模式。奴隶道德是由人群底层的那些人产生的,尼采假定这些人是软弱的、缺乏活力的、胆怯的、寻求安逸的。它是愤怨、恐惧、无能、憎恨的产物。它是对奴隶的不利地位的反应。它的功用是促进奴隶的利益。对于对奴隶构成威胁的强者需要加以抑制。奴隶道德实质上是反应性的、防御性的、消极的。它的目的是控制他人,抵御威胁,而不是充实和自我实现(Nietzsche 1886:§260;Nietzsche 1887:I,§10)。

民众道德出自与等级制无关的群体动力学。一自然群体的大多数成员情况基本相同地聚集在一起,而这就是民众道德试图促进和保持的。民众道德实质上不是反应性的,而是在心满意足情况下产生出来的。它的功用是通过群体动物人的生产,使群体的生活尽可能保持接近群体的平均水平（Nietzsche 1886：§268）。奴隶想要改变他们的处境，而群体动物则想保持他们的处境。民众道德试图消除一切扰乱群体生活的东西，它以对群体的服从中所能达到的那种实现为指向。它的占统治地位的理想是平庸（mediocrity）。奴隶道德是不满足的道德，而民众道德是心满意足的道德。

【268】

虽然尼采认为主人道德高于奴隶道德和民众道德，但事实上并非他拥护主人道德，并从主人道德的立场出发批判其他每个道德。更确切地说，主人道德的优越性本身来自于尼采关于生命的高级价值增值的概念。尼采在任何地方都没有暗示说，他所看到的西方文明面临的价值危机可以通过回到以前存在的主人道德来解决。他反复强调说，对"新的价值表"，对新价值的创造者的需要是至关重要的（Nietzsche 1886：§211）。尼采认为奴隶道德对西方文明有不健康的支配作用，尽管它的形而上学基础已经崩溃。奴隶道德与基督教的统治共同扩张，并作为其组成部分，主宰着西方文明。而这里的危险是：奴隶道德将继续它的统治，而不顾其形而上学基础的崩溃，这崩溃集中体现于他的著名说法"上帝死了"（这句话首先出现在《愉快的科学》（*Die fröhliche Wissenschaft*）一书中，而后又出现在《查拉图斯特拉如是说》（*Also sprach Zarathustra*）中，在那里起了更有深远意义的作用）。他对民众道德的态度更不明确。如果允许它占统治地位的话，它的结果是灾难性的（尼采 1887：Ⅰ，§9）。但如果不给它统治地位，它可以发挥积极作用。最终，奴隶道德被腐蚀性的不满败坏了，民众道德被平庸和迟钝满足败坏了。

三 对道德的攻击

（一）普适性

普适性是康德道德研究的中心，人们已经各自广泛地承认它是道德的本质特征。尼采将普适性当作奴隶道德的关键特征，而即使奴隶道德、主人道德和民众道德是完全站不住脚的，对普适性的成功攻击也会有重大意义。尼采对普适性有很多反对的理由。比方说，人类理性不能提供普遍有效的道德规定。又比方说，普适性是反自然的。自然包含了丰富的种类多样性，以致要求与一组规则相一致，乃是荒谬的、适得其反的（Nietzsche 1889：V，§6）。

而且，普适道德主张，人人被期望得到的东西是有价值的。尼采的问题是：任何能被所有人得到的东西如何能成为有价值的（Nietzsche 1886，§43）。在他看来，价值的决定要素是它的稀有性和难以达到。这是审美评价所特有的。在艺术中，独一无二的成就，达到并非每个人都能达到的标准，得到的评价最高。而在道德中，却是期望人人做得都一样。尼采主张，我们应当根据审美价值模式，而不是根据道德价值模式来评价人和生活（Nietzsche，1878—1880：§107）。

【269】

尼采有一个重要论证，用来反对以普适性为根据的道德价值模式，和支持以唯一性为基础的审美价值模式。按尼采所说，道德价值已经被当作最高价值。而这些最高价值在人生中有特殊作用。问题是，道德价值是否能起到那个作用。在尼采看来，根本重要的是，一个人的生命具有价值或意义（Nietzsche 1889：I，§12）。显然，最高价值必定给一个人的生命以价值或意义。如果最高价值不能做到这一点，那么任何别的东西都不可能做到。这里的难题是：普遍的道德规则如何能起到这个作用。假定我一生都遵守普遍的道德规则。那么，我的一生对我有何价值呢？对我来说这价值或意义在哪里呢？我的生命的确对我没有价值或意义，如同另一个与我完全同样也遵守道德规则的人的生命的确对他没有价值或意义一样。对遵守普遍道德规则的所有人来说，假定道德规则构成了最高价值，那么，就没有任何能给他们个人的生命提供特殊价值的进一层的价值考虑了。我自己的生命是没有价值、没有意义的，同样遵守同样道德规则的任何他人的生命也是没有价值、没有意义的。

然而，我想知道我的生命有何不同，我的生命是什么，或可能是什么，它不是任何别的生命所是，或可能所是的东西。唯一性似乎是这种个人价值感的本质要素。如果个人的价值感或意义感实质上是某种独一无二的东西，某种将一个人与他人区分开来的东西，那么，它必然不能只借与普遍规则的一致而提供出来。个人价值要求唯一性，唯一性不能从普遍规则中产生。据认为普遍的道德规则体现了最高价值，而作为最高价值，它们最终应给生命提供价值，可是，恰恰特别是它们的普适性，妨碍了它们给个人以任何他们自己价值的唯一感。"'那么，这就是**我的路**；而你的路在哪里呢？我这样回答问我'路'的人。因为这条路并不存在"（Nietzsche，1883—1885：Ⅲ，§11 [1961：213]）。普遍的道德规则不能起到要求最高价值起到的关键作用，这个作用只能通过作为审美评价方式基础的唯一性来达到。

不过，尼采对普遍道德规则的反对不是对所有道德规则的一概反对。通常是，根据情况，某个规则系统将被证明是正当的，这些规则将构成最高价值可以在其中被达到的构架（Nietzsche 1886：§188）。尼采的主要攻击针对的是某些种类的道德，针对的是将道德放在价值体系的顶峰上；它主要攻击的不是最广泛意义上设想的道德。的确，对他来说，没有在群体和个人层次上长期的束缚，生命的增值是不可想象的。

（二）利他主义

尼采是利他主义坚持不懈的批判者，他把利他主义当作奴隶道德的主要价值。重要的是要了解为什么利他主义是奴隶道德的显著特征。利他主义是财富从富人向穷人的转移，而奴隶道德的创始者正是穷人。如果奴隶能得到全社会拥护的利他主义，那么，奴隶将得益。奴隶的自私自利成为提倡利他主义的动力。尼采对利他主义有一系列反驳，他认为在对利他主义的评价上，利己主义的驱动具有更根本的意义。

利他行为的概念，实质上是作为达到善之手段的行为的概念。作为手段，它的价值完全取决于它试图达到的价值。这一点在极端自我牺牲的事例中得到生动的说明。假定一个人牺牲自己的生命去拯救另一个人的生命，这另一个人又马上牺牲自己的生命去拯救又一个人的生命，这又一个人又马上牺牲自己的生命去拯救别人的生命，如此反复没有止境。整个过程是荒谬而不得要领的。就自我牺牲行为自身而论，它是没有任何价值的；它只有达到其目的，才有价值，正是由于这个目的，它才得到价值。将利他主义列为最高价值，失之于评价上的荒谬。利他主义不能成为最高价值，它甚至不是能独自成立的价值。一个只把利他主义作为价值包含在内的价值体系根本不会包含任何价值。如果每个人都为每个他人牺牲他或她自己，那就没有任何人得到利益。

尼采对利他主义还有其他一些反驳。一个人用利他的行为为别人谋得本来可为自己谋得的利益；这揭示出，他对别人的评价高于自己。如果一个人准备为了别人的生命而放弃自己的生命，那么使这一行为合乎道理的明显方式就是设想，牺牲者相信他或她的生命不如那个被拯救的生命有价值。在尼采看来，这种情况只有在自我牺牲者具有贫乏的自我概念时才会发生，只有在失去生命力的、堕落的生命形式中才会发生。充满活力的向上的生命形式具有坚定的自我概念，并认为他们自己的价值是理所当然的。向上的生命形式坚持持续、扩张、发展的权利。只有堕落的生命形式才自愿放弃他们具有的东西，削弱自己。尼采认为，利他行为既是堕落生命的表现，也促使它堕落。

尼采通常根据道德类型来思考。作为一种道德类型，利他主义者以他人的利益为唯一方向；这不是对于一个仅仅偶然地、或甚至经常从事利他行为的人的构想。它给这里的问题带来新的理解。利他主义者是没有他或她自己的任何独立计划和利益的一类人。他把财力用在促进他人的计划和利益上。而利他主义者只不过使自己成为他人的奴隶。不论他在帮助他人时可能多么主动，它实质上仍然是仆人或奴隶的活动。在尼采看来，这样一种以他人利益为方向的唯一取向，是以低估自己为先决条件的，它表现了堕落的生命。【271】

不过，尼采并不因无活力而堕落的人将他们的微薄资财用在他人身上而烦恼，正如他不关心得到大量捐赠的人将他们的一些财产指定给他人一样。他的基本担心是：对这种理想的提倡将导致有能力的人为无能力的人牺牲自己。"病人代表了对健康人的最大危险；不是最强壮的人，而是最虚弱的人，给强壮的人带来灾难。人们知道这点吗？"（Nietzsche 1887：Ⅲ，§14［1969：121—122］）一个"小人物"牺牲自己去拯救一个面临危险的天才，这是没有问题的。一个天才牺牲自己去拯救一个面临危险的"小人物"，这就一切都错了。对于接受利他主义的理想与尼采关系最大的是，他认为利他主义对于整个生命都有有害的影响（Nietzsche 1889：Ⅸ，§35）。此外，尼采断言，对利他主义的提倡已经自食恶果。实质的情况是：利他主义是在自私自利的基础上被提倡的；奴隶在提倡利他主义中寻求自己的利益。尼采认为，这种自私自利地提倡利他主义损害了作为一种价值的利他主义。

（三）功利主义

尼采是功利主义的坚决批判者，认为它是奴隶道德的组成部分。奴隶的资源有限，不论是精神资源还是物质资源。与那些有无限资源的人不同，资源有限的人必须小心计算它们的花费。功利主义属于奴隶，因为它有利于对奴隶的保护，而对主人来说，即使在最好情况下，它也是一个妨碍（Nietzsche 1886：§260）。在尼采看来，享乐功利主义的主要困难来自于对苦乐的生物作用的考虑。痛苦无疑是一种功能状态，它的目的是限制或避免器官的损害。与此相似，尽管不太明显，快乐也是一种功能状态，其目的是保持器官的健康。痛苦只是避免比痛苦本身更大的贬值，即器官损害的手段。与此相似，快乐只是达到比快乐本身更大的价值，即器官健康的手段。

[272] 从生物学的观点看，把痛苦判定为比身体损害更大的贬值，把快乐判定为比身体健康更大的价值，这个评价是荒谬的。也许有一些方面的痛苦，与其作为手段无关，有助于痛苦的贬值，有一些方面的快乐，与其作为手段无关，有助于快乐的价值。而不能由此得出，快乐和痛苦比它们作为手段要造成或防止的那些身体状态，有更大的价值或贬值。功利主义者需要说明，什么保证了快乐和痛苦从仅仅是有机体的手段转变为人的终极价值。在尼采看来，身体的健康和生命力优于快乐和痛苦的感觉。而且，一旦了解了快乐和痛苦仅仅是手段的本

性，那么，别的重要目标就可以开始起作用，并压倒快乐和痛苦："所有这些思想方式都根据**快乐**和**痛苦**，也就是说，根据伴随而次要的现象来评价事物的价值，这些思想方式都是浅显的思想方式和朴素幼稚的东西，任何意识到**创造力**和一个艺术家的良心的人，都会嘲笑地、尽管不是毫无同情地蔑视它们"（Nietzsche 1886：§225［1973：135—136］）。

此外，对于享乐功利主义来说，自律不能构成独立价值：如果在非自律的生命中有更大的快乐，那么这生命就应当更可取。尼采完全反对这样一种评价。在他看来，自己发起的、自己控制的活动是健康生命形式的本质。允许或无力防止一个人的生命被他人控制，是衰退了的生命能力和生命价值的表现。在尼采看来，自律不仅仅是一个独立的价值，而且是比幸福或快乐更高级的独立价值。掌管自己的生命而不幸，要比自己的生命受别人控制而幸福更好些（Nietzsche 1889：Ⅸ，§38）。

尼采对价值体系的起源的关注引出了这里一个特有的问题。何种存在以痛苦作为其终极的否定价值，以快乐作为其终极的肯定价值？何种存在需要这样一个价值体系？根据尼采所言，那是衰竭的堕落的存在。要说明这里的联系，对尼采的价值论作某些评论是适宜的。将一个人引向某物的内在力量，是决定该物对这个人本身的价值的主要因素。这意味着，对于A、B两人，当其他情况相同，如果将A引向某物的力量是将B引向某物的力量的两倍，那么，某物中对于A的价值是对于B的价值的两倍。由此马上得出，衰竭者可得到的价值要少于强健有活力者可得到的价值。

强健有活力者确定自己的目标，并追求之。实际上这是用强健和活力来确定并追求你自己的目标。衰竭者没有能力确定或追求他们自己的目标。因此，对于衰竭者，痛苦变成了终极的否定价值，快乐变成了终极的肯定价值。他们没有精力设置或追求自己的目标，他们没有足够的力量抵抗对痛苦的天生排斥，或抵抗快乐的天生吸引。苦和乐控制那些没有力量进行控制的人。在尼采看来，你越是衰竭，你就越是缺乏自律，为你设定而不是由你设定的价值就越多，你就会越发

【273】

受苦乐的控制。尼采并不主张衰竭的堕落者应当放弃这个价值体系；实际上这可能是他们所采纳的最好的体系。但对于强健有活力者，它不是一个合适的价值体系。它对他们是陷阱，它造成了一个价值体系，这个价值体系所释放出的价值总体上少于其他方面所能得到的价值。尼采不反对按这样一种价值体系行事的衰竭者，只要他们不谋求将这个价值体系强加于他人。不同的价值适合于不同的人群。

四　受难的地位

受难作为对生命的一个妨碍而出现，力求打破这一妨碍，而同时又接受受难的不可避免性，是尼采始终专注的一件事情。在这里，我们概述一下尼采的价值与终极价值理论是适宜的。在尼采看来，生命是权力意志，是做主人的冲动。行事而不是承受，主动行动而不是被动反应，自己确定目标而不是让别人为自己确定目标，是肯定价值的先决条件。当目标确定并被追求时，价值出现。某物的价值主要取决于将一个人引向该物的内在权力的强度。价值取决于对被评价的东西的主动的、肯定的取向。终极价值本身是权力的提升——它实质上意味着能动的主宰（active mastery）（Sleinis《尼采的价值革命》第8—10页考察了这个观点的一惯性）。

权力意志、做主人的冲动不能在没有任何抵抗的情况下表现出来。能动的主宰需要付出努力，克服反抗，忍受痛苦和艰辛。想要能动地主宰，就是想经历抵抗并克服它；就是想得到需要克服痛苦和受难的艰巨任务（Nietzsche 1886：§225）。一项成就的价值（worth）通常与获得成就的困难成正比。这意味着，许多有价值的成就都需要奋斗和受难。在尼采看来，如果受难与成就的关系仅仅是手段与目的的关系，那么，这不会构成对奋斗与受难的任何新颖或值得注意的评价。在通常的评价模式中，我们得到依附于手段的任何否定价值，并将它从被达到的目标的肯定价值中减去。如果我们最后净得到的是肯定价值，那么，受难与奋斗就被证明是正当的。对这种看问题的方法至关重要的是，手段的价值和目的的价值能够单独评价，并能进行加

【274】

减。但在尼采看来，这里的关系不仅仅是手段和目的的关系。奋斗和受难不是通向成就之路上的独立步骤；它们恰恰是这个成就的结构的组成部分。

为举例说明尼采的观点，假设你真想赢得一场马拉松比赛。你在赛程中与别的选手拼搏不仅仅是以第一个冲线为目的的手段。想要取胜就是想全程与别的选手拼搏，并第一个冲过终点线。这里没有任何连贯一致的方法将此活动分裂成具有否定价值的手段和具有肯定价值的目的。想赢得一场马拉松比赛，就是想不可避免的痛苦和劳累，就是想主宰它们。在尼采看来，一个人不可能评价一项成就而不同时评价与它不可分割的受难。这不意味着对一切受难的肯定评价。但它确实意味着存在这样的情况，在那里，痛苦和受难起着肯定价值的尺度的作用。在某些情况下，你自己为它付出的越多，它就越有价值（Nietzsche 1889：IX，§38）。将此与功利主义的评价相对照，在后者那里，投入的每一痛苦都有损于所达到的终极价值。在尼采看来，受难往往是我们想要达到肯定的目标时我们的欲望的不可缺少的组成部分。一旦我们理解了受难在积极的成就中的作用，受难就不再是我们自动回避或哀叹的东西。如果不经受苦难，我们现在享受的许多好东西是完全得不到的，这是尼采一再谈到的话题。

不过，以上并没有穷尽尼采对痛苦和受难的重新评价。痛苦和受难可以是更坚定、更纯洁的生活观的源泉。它们对惬意的幻想、得意的假设，以及一个人的积极生活取向的性质做出检验（Nietzsche 1881：II，§114）。不过，从痛苦和受难的角度得出的观点，不仅仅是达到未经受苦难时的更恰当观点的手段。毋宁说，一个人的意见由于纳入了来自痛苦和受难处境的意见，而有了更可靠的基础。而且，痛苦和受难可以成为强壮剂（Nietzsche 1908：I，§2）。这不是能用药片或锻炼所取代的东西。经过苦难而达到的强壮是不能用任何其他办法来获得的。受难与强壮之间这个独一无二的关系，与单纯功利主义的、手段与目的方面的分析是对立。

此外，痛苦与受难可以成为生活经验的增强剂。经历大苦大乐要比经历小苦小乐，甚至无苦无乐更好（Nietzsche 1881：IV，§354，

§402）。在功利主义者看来，这些情形是相同的，在尼采看来则不是。肯定价值的出现比否定价值的出现更重要。而且痛苦与受难往往具有私人的意义。你的痛苦与受难是造就你独一无二的组成部分。没有任何人能真正了解你的痛苦和受难（Nietzsche 1882：§338）。这个观点成为尼采反对怜悯的一个理由：怜悯中有某种虚假的东西，因为它不可能建立在对受难人所涉及的苦难真正了解的基础上。总之，这些观点意味着，痛苦与受难可以被接受，可以与经验中带来有价值、有意义生活的积极因素结合起来。这些观点没有让痛苦与受难因其自身而成为值得想望的，也没有让痛苦与受难因其后果而成为可以从积极方面所欲求的。它们确实意味着，痛苦与受难不一定是生命的减弱，它们在生命结构中的地位不是被无条件谴责的，而且消除它们并不总是、甚至可能不常是我们的最高任务（这并不是一位陌生人对受难的麻木不仁；尼采在自己一生中就不得不忍受过多的苦难，见Hayman 1980）。

【275】

在尼采看来，存在着终极的肯定价值，但不存在终极的否定价值。权力的增长是最高价值（Nietzsche 1886：§13），但不存在任何固定的终极最低价值。最重要的是，肯定价值优于否定价值。"如果我们把握了我们生命的'为何'，我们就能忍受几乎任何'如何'"（Nietzsche 1889：Ⅰ，§12［1968：23］）。只有当否定的东西居支配地位，以致威胁到肯定价值的产生的时候，否定的东西才值得注意。在尼采看来，取得一次胜利两次失败，要好于没有胜利没有失败。这里的关键是从生活中得到某种积极的东西。痛苦和受难一般没有固定的价值，除了极端的情况外，它们的价值取决于现存的肯定价值。"人这个最勇敢的动物，最习惯于受难的动物，并不拒绝受难本身；**他渴望**受难，他甚至寻求受难，只要向他指明受难的**意义**，受难的**目的**。受难的无意义，而非受难本身，成为至今笼罩人类的灾祸"（Nietzsche 1887：Ⅲ，§28［1969：162］）。

五　尼采的前进之路

超人（Übermensh）理想基本上是对尼采所认为的价值危机的反映，这个价值危机是由"上帝死了"的实现而引起的（超人形象在尼采的《查拉图斯特拉如是说》中突出表现出来，而后实际上就从他的思想里消失了）。超人的特点可以描述为人类权力意志的最恰当表现，他将成为更强大的、更有活力的、更有创造性的、更饱经磨炼的、更坚韧的、对生命和今世有无限热爱与热情的一类人。实际上超人将成为一个例证，证明了酒神式的对生命的肯定。这里重要的含糊之处在于，是否超人已经完全体现了必要的新价值，或是否超人的作用就是创造新价值。后者似乎是至关重要的，但它带有概念上实质的、可疑的不确定性。【276】

永恒轮回学说对尼采更加重要。其基本概念是，世界自身不断重复同样的循环（尼采在《快乐的科学》中首次介绍了这个思想，在紧接着的《查拉图斯特拉如是说》中作了更充分的阐述）。根据最似乎合理的解释，这个概念的作用是要生动描述对今世和自己最肯定的态度。这个最肯定态度结合了对生命的爱，这爱不但扩展到生命的快乐和好运，而且扩展到它的痛苦与不幸。这态度包含了对生命各方面的爱，达到了热切欢迎它们全部永恒轮回的地步。这是对生命的酒神式的肯定，它构成了尼采的主要理想。他的普通听众主要被这种积极的构想所吸引，而他的学术听众通常更为他的解构批判所打动。

爱德加·斯莱尼斯

第二十章

伦理学中的新实在论

1870年至1914年期间,道德哲学中有一个向关注元伦理学的转变。元伦理学及其指导思想是,道德哲学的第一任务是研究道德话语的语义学,研究其本体论根据,尽管这决不是20世纪哲学的发明,却已经成为它的最独特的特征。

20世纪的伦理学史从剑桥开始,在那里,1903年,G. E. 摩尔(G. E. Moore)发表了《伦理学原理》(*Principia Ethica*)。一本书在一个领域中像《伦理学原理》那样引起后来那么多的发展,是很少见的。摩尔所宣布的意图与哲学传统截然决裂。按他所说,甚至道德哲学史上最杰出的人物,如亚里士多德、康德、密尔,都误解了伦理学的根据。摩尔认为他发现了一个知音,但发现得太晚,以致对《伦理学原理》没有任何影响。在《伦理学原理》第一版的前言中,摩尔写道:"当这本书完成的时候,我发现,与我熟悉的任何别的伦理学作家的观点相比,布伦塔诺的《我们的正确与错误的知识的起源》(*Origins of the Knowledge of Right and Wrong*)中的观点与我自己的观点相像得多"(Moore 1903a [1993a:36])。

布伦塔诺和摩尔都试图提供能够抵抗相对主义和主观主义破坏作用的伦理学知识的哲学基础。在此意义上,他们都是实在论者。他们还都在方法论上确信:只有元伦理学研究能为道德提供牢固的基础。布伦塔诺和摩尔在哲学目标上是一致的;可是,他们的论证却使他们涉足于完全不同的领域:在摩尔是本体论和道德属性的性质,在布伦塔诺是心理学和道德思维的性质。

一　G. E. 摩尔

根据摩尔所说，道德哲学必须回答三个问题：我们应当从事哪些行为？哪些事情本身是善的？什么是"成之为善的"？这些问题的答案互相依赖。首先，我们一旦知道了哪些事情是善的，我们才能发现我们应当做什么。其次，我们关于什么是善的知识只能通过知道什么是"成之为善的"来得到。第一个陈述表达了摩尔对后果论道德理论的承诺，该理论认为，某个行为道德上是对还是错，取决于该行为所引起的后果的价值。第二个陈述表达了摩尔关于元伦理学优先的观点。为了对什么事情是善的有一个哲学上可靠的观点，我们需要知道什么是"成之为善的"，或者说——摩尔认为是同样的——我们需要知道"善"是如何被定义的。【278】

那么，什么是"成之为善的"呢？摩尔的回答很简短。"如果问我'什么是善的？'我的回答是，善就是善的，这就是问题的结论。要么，如果问我'怎样给善下定义？'我的回答是，无法给它下定义，而这就是我关于它所必须说的一切"（1903a［1993：58］）。

在《伦理学原理》中，摩尔的第一个论证目的是确定善（goodness）的不可定义性。如果"善的"（good）是不可定义的，那么，善将必定是一个单纯性质，因为假如它是复合的，那么本可以通过举出它的成分给它下定义。不过，在本体论上，单纯性不足以与不可定义性相提并论。同一个单纯性质原则上可以用两个不同的表述来提出，而摩尔却又加上了一个进一步的要求："成之为善的"性质是唯一的。这个思想我们在摩尔《伦理学原理》的题词中早已看到了："一切事物都是其所是的东西，而非别的东西。"

摩尔试图以其著名的未决问题论证来确立善的不可定义性。就"成之为善的"无非就是"是令人愉快的"这一思想而论，摩尔写道："无论何人，当他问起'快乐（或任何可能是快乐的东西）终归是善的吗？'这个问题时，只要他自己愿意留心思考他实际想到的东西，就会很容易确信，他所感到诧异的不仅仅是快乐是不是令人愉快的。"（1903a［1993：68］）"令人愉快的东西因而是善的吗？"这个问题，是一个未决的问题；而"令人愉快的东西因而是令人愉快的吗？"这个问题不是未决的，其答案是无聊的。因此，摩尔推论说，"成之为善的"既不能被定义，也不等于是令人愉快的。

赞成以别的某种方式确认善的人，难道就不能完全否认那个有关问题实际上是未决的吗？虽然没有人会否认那个问题对某些人似乎是一个未决的问题，但这个事实只能确定这样一点：如果性质或概念的特性仅仅通过对它们的思考而显示给思考者，那么，那个问题就是一个未决的问题。这个假设——摩尔认为是可以恰当做出的一个假设——是未决问题论证的一个重要前提。如果摩尔是对的，那么，单凭对任何分析的正确性的有条有理的怀疑，就足以将这个分析驳倒。因而，只有无聊的分析才可能是正确的。这个问题已经以"分析的悖论"（the paradox of analysis）而知名了。

【279】

摩尔对他在《伦理学原理》中阐发其思想的方式变得不满。他在1921—1922年间为第二版写的序言草稿中说："这本书照现在的样子，充满了错误与混乱"；不过，它旨在表述"一个极为重要的命题"，这个命题他现在仍然认为是真实的（1903a［1993：2ff]）。摩尔终于认识到，他选择了一个错误的起点。他所关心的事情永远是本体论的。他全神贯注于善的不可定义性上，即不可通过述说有关"成之为善的"的东西的性质的某种事情给善下定义。不过，这个不可定义性论点没有达到预想的结论，即善是唯一的性质。我们可以用不同的方式思考善。人们会发现，《伦理学原理》已经认识到这一点："每当他思考'内在价值'（intrinsic value, or intrinsic worth），或说一物'应当实存'（ought to exist）时，他在心灵面前就有了这个唯一的对象——事物的唯一的性质——即我用'善的'所指的东西。"（1903a［1993：68］）摩尔认为伦理学是自律的，这是包括西奇威克和康德在内都具有的观点。将摩尔与西奇威克、康德区别开来的东西在于，摩尔试图从本体论上保证伦理学的自律：它的最根本对象，即"成之为善的"的性质，是唯一的。"我认为我的真正意思是，它［'成之为善的'的性质］与一切自然的和形而上学的性质十分不同；我仍然认为这是真实的"（1903a［1993：15］）。

一切善的东西通常还会有别的性质。比方说，它们也许是一个超感觉意志的全部对象，或者，如果它们是经验的话，它们可能全都是令人愉快的。不过，将善与任何这些性质等同起来都是错误的，摩尔认为这是包括亚里士多德、边沁、康德和密尔在内都犯的一个错误："太多太多的哲学家认为，当他们为其他那些性质命名时，实际上是在对'善的'下定义；而且认为，这些性质实际上完全不是'别的'，而是与善绝对全部相同的东西。这个观点我提议称之为'自然主义的谬误'。"（1903a［1993：62］）

存在着自然主义谬误的摩尔断言，并不是对善是唯一的这一思想的论证，而毋宁说是对这一思想的表达。这个［善的］唯一性论点带来的问题——摩尔在后来的著作中明确意识到的问题——是如何将它与"一切事物都是其所是"，或"善的就是善的，这就是问题的结论"那样的同义反复区分开来。关于善摩尔告诉我们的是，它既不是一个自然的性质，也不是一个形而上学的性质。"非自然主义"已经成为摩尔的观点的通用标签。对非自然的性质的实质性说明可以为摩尔的［善的］唯一性论点提供实质内容。

在摩尔的论著中，我们可以区分出刻画非自然性质特点的四种尝试：（1）非自然的性质是不可分离的。"直接明显的是，当我们看到一件事情是善的，它的善不是我们手头可以拿起的一个性质，不是哪怕用最精密的科学仪器就能将它与那件事分开，并转移给其他事情的性质"（1903a［1993：175］）。自然的性质与非自然的性质不同，它可以独自在时间中实存，这个思想是摩尔早期形而上学的组成部分，后来他抛弃了这个思想。（2）对非自然的性质的真实归因，不需要对具有这些性质的东西的任何本体论承诺。"……具有'这本身是善的'形式的一切真理，逻辑上与关于何物实存的任何真理无关"（Moore 1903b：116）。（3）非自然的性质是一派生物，或用当代哲学的术语说，是一附随性质。摩尔写道："两个精确相似的东西，一个具有它［即内在价值］，另一个不具有它，或一个在一种程度上具有它，另一个在不同的程度上具有它，都是不可能的。"（Moore 1922

【280】

[1993a：287］）把握非自然性质的这个尝试在摩尔的著作中极为出色（在他早先所拒绝的形而上学的框架内，（1）中所做的提议也指向这个方向）。摩尔为清楚阐明附随性所做的努力，在《伦理学原理》第二版序言草稿（Moore 1903a［1993：1—27］）中，在"内在价值概念"（The Conception of Intrinsic Value, 1922）一文中明显可见，在"对我的批判的答复"（Replies to my Critics, 1942）一文中也是明显可见的，在那里他说："实际上我本未想提出善是'非自然的'，除非我假定在下述意义上善是'派生的'，即凡一件事是善的（在所论意义上），它的善（用布罗德先生的话说）'取决于'该事所具有的'某种非伦理特性的出现'。"（Moore 1942：588）如果可评价的性质的标记是它对自然性质的附随性确实是摩尔深思熟虑的观点，那么，他只凭附随性就将可评价领域与自然领域区分开来的方案看上去必定是很可疑的，因为为什么附随于自然性质的东西本身应当是非自然的呢？（4）非自然的性质是内在规范的。我们已经看到，在《伦理学原理》中，摩尔将"应当实存"（ought to exist）当作"成之为善的"的同义语，因此有提议说，一个人应当根据我们应当做、或有理由做的事情来分析摩尔的非自然的善。不过，摩尔拒绝了这样的建议。假定我们处在合适的环境下，即使善给了我们行动的理由，而且，即使进而一切行动理由都是以善为根据的，摩尔仍坚决认为，可评价的性质不能还原为道义性的东西（the deontic）："我们想到一件事情是内在善的，而不用想到我们力所能及的行动可以造成此事这个事实，可以成为设想我们应当如此行动的理由，难道这是不可能的吗？看起来我们似乎肯定可以这样做；而在我看来这就是一个**好的**、即使不是**决定性**的理由，以用来设想两个函项［'x 是善的'和'我们可以造成 x 这一事实是如此行事的理由'］即使在逻辑上是等价的，它们也并不相同。"（Moore 1942：599）摩尔拒绝用各种理由来说明善，也可以看成是表达了他对后果论道德理论的承诺，对一种要求善的独立概念的观点的承诺。

试图说明非自然性质，是摩尔给善之唯一性论点提供实质内容的途径。但是，一个性质是唯一的这个事实，似乎并不需要任何特殊的本体论定位。某些唯一而单纯的性质，比如黄色，肯定将属于自然的性质。因而，善为了成为唯一而单纯的，它不必是非自然的。摩尔同意说："即使它['成之为善的']是一个自然的对象，那也丝毫不会改变[自然主义]谬误的性质，也不会降低它的重要性。"（Moore 1903a［1993：65］）如果我们不考虑对非自然性质的各种说明，那么，唯一性不过相当于不可还原性。

一旦我们知道什么是"成之为善的"，那么，我们又怎么能发现哪些事物是善的？摩尔认为，在此我们需要依赖于我们的直觉。而这就意味着，我们没有对任何能使我们毫无错误地接触到评价领域的不可思议的能力做出承诺。在谈到直觉时摩尔说："我的意思只是断言，它们是不能证明的。"（Moore 1903a［1933：36］）摩尔试图将自身善的东西与工具善区分开来，这使得他对考察某物本身是否是善的时候的绝对孤立性进行检验："为了对……这个问题[什么东西具有内在价值]做出正确的判定，必须考察什么东西是这样的，以致如果它们独自实存，绝对孤立，但我们仍应判定它们的实存是善的。"（Moore 1903a［1993：236］）这一说明不但将工具善从那些自身善的东西中排除出去，而且证明关于善的任何关系性说明，像如果某物是大多数行为者最深切想望的东西，它就是善的这个提法，亦是错误的。因此，这个说明必须被看成是对内在善的说明，它是根据"成之为善的"就摩尔所设想的那种单纯性质的假设而有效的。他认为，伦理利己主义，即对每一个人来说，他自己的福利是他的最高善的观点，是前后矛盾的；摩尔的这个看法也是由关于什么是"成之为善的"的这一观点引起的。在摩尔看来，利己主义者的主要概念"对某人之善"（goodness‐for‐someone），与利己主义者的意向相反，必须用摩尔的单纯善或绝对善的概念来解释。

由于运用了孤立性检验，摩尔声称，"我们迄今所知或所能想象的确实最有价值的东西是某些意识状态，我们可以大致将其描述为人类交往的快乐和对美的对象的欣赏"（Moore 1903a［1993：237］）。美的对象独自就是善的，即使未被经验到，但当它们被经验到，经验与美的统一体要比其组成部分有价值得多，由此也就例证了摩尔的有【282】

机统一体学说,根据这一学说,整体的价值不只是该整体各部分价值之和。

我们做某事的理由是以我们的行为将导致的结果的价值为根据的。"能为任何行为辩护的唯一可能的理由是:这个行为应使最大可能数量的善的东西绝对得到实现"(Moore 1903a[1993:153])。在我们应如何行事方面摩尔不是一个直觉主义者。我们行为后果的不确定性,以及价值附属于有机统一体这一事实,都使得我们的责任是什么难以搞清。因而,摩尔没有提出这些责任的名目,严格地说,他的实践伦理学只限于做一切至善之事的单纯忠告,不可能超出这一范围。

二 弗朗兹·布伦塔诺(1838—1917)

布伦塔诺于1874年被任命为维也纳大学的哲学教授,他在那里执教20年。他在道德哲学方面的主要著作是《我们的正确与错误的知识的起源》(*The Origin of Our Knowledge of Right and Wrong*,1889)和《伦理学的基础与建构》(*The Foundation and Construction of Ethics*,1952),后者是根据1876—1879年间他在维也纳大学开设实践哲学课程使用的授课笔记整理而成的。不过,他的道德哲学并不局限于这些著作,因为他的道德哲学是从他的主要著作《从经验主义立场出发的心理学》(*Psychology from an Empirical Standpoint*,1874)阐发的观点中产生出来的。

布伦塔诺与摩尔有同样的观点:道德是自律的和客观的。"是否有自然本身教导的,与教会的、政治的、各种社会权威无关的道德真理这样的东西?是否有在普遍而无可争辩有效——对一切地方一切时代的人都有效——的意义上的自然的道德律?而且我们能知道有这样一条道德律吗?我的回答是断然肯定的"(Brentano 1889[1969:6])。摩尔试图在本体论的层面上保证道德的自律性和客观性,而布伦塔诺的进路则是心理学的。不过,这个"心理学的"是在属于布伦塔诺所谓的"描述心理学"(descriptive psychology)的特定意义上说的,描述心理学的宗旨是对精神的东西的概念结构进行分析。"要了解我们的伦理学知识的真正来源,我们必须考察描述心理学领域新近的研究成果"(1889〔1969:11〕)。

康德将思维、感觉、意志区分为三类基本的精神现象,与康德相反,布伦塔诺的三分法将理智现象分为表象一类和判断一类,而将感觉和意志归于爱和恨现象之下。表象是一切精神现象的基本范畴。它们的特征是**意向性**(intentionality)。在每一精神活动中,心灵都与一对象有关:每一思维都是对某个东西的思维(见 Brentano 1874〔1995:88—91〕)。判断不仅仅是表象的结合。在判断中,我们对我们的表象的对象的存在表明了立场。判断是一种真正的精神活动,在此活动中,我们要么承认我们所思考的东西是存在的,要么否认它是存在的(不能两者兼顾)。

【283】

判断的这种"极向性"(polarity)允许我们引入"正确性"(correctness)这个概念。如果一个人承认某事,而另一个人拒绝它,那么,他们中只能有一个人是正确的。主要出于认识论的理由,布伦塔诺最终拒绝了正确性的符合论。如果为了发现一个判断是否正确,我们不得不将我们的信念与事实本身相比较,看它们是否互相符合,那么,我们不可能发现这个判断是否正确。不过,布伦塔诺也没有接受真理融贯论。他认为,作为一个经验主义者,他必须对正确性提供一个以我们的经验为根据的说明。他认为,在某些情况下,我们可以经验到我们自己的判断的正确性。如果我正在思考某事,我就确实知道我正在思考某事。在此意义上,内知觉的判断是直接"明证的"。布伦塔诺论证说,如果我做判断时是明证的,那么,我就经验到我自己做了正确的判断。在这个明证概念的基础上,布伦塔诺引进了更宽泛的真理概念。关于某对象 O 的判断是真的,如果对 O 做出明证判断者——比方说,上帝——承认 O 的话。

第三类精神现象,爱和恨的现象,与判断有同样的特征,即在爱或恨某事时,我们对我们所想到的某事表明一个立场。因为爱和恨的现象显示出极向性,所以我们可以引入正确与不正确的爱和恨的概念,而正确性概念在用于爱和恨时,是按照与正确判断的概念类似的

323

方式引入进来的。在某些爱或恨的情况下，我们的爱或恨被经验为正确的。"我们直接明白知道我们的某些态度是正确的。因此我们可以对这些各种各样态度的对象进行比较，从而得出对正确情感的普遍概念"（Brentano 1966：294）。

摩尔和布伦塔诺有一个共同的哲学宗旨，即说明道德是一件客观的事情。他们在伦理学的结构方面也是一致的。两人都是后果论者，都认为元伦理学是根本的："我们如何着手确立善的概念？这是首要的最紧迫问题，一切事情都取决于对这个问题的回答。"（Brentano 1952［1973：122］）而恰恰在这个主要论题，即什么是"成之为善的"的论题上，布伦塔诺与摩尔分道扬镳了。布伦塔诺哲学的一个基本特色就是依据心理学来明确说明本体论的区分。例如，因为拒绝某事与接受某事是不同的精神活动，所以，人们将不需要对于其本体论任何组成部分相反的相关物。与此相似，模态概念是根据独特种类的判断来说明的。当我们对一对象的思考只引起我们拒绝它时，我们就必然地拒绝它。根据布伦塔诺的观点，这就说明了它的不可能性。在布伦塔诺看来，要成之为真就是要被明白的判断者所接受，相似办法也说明了成之为善是怎么回事。摩尔会说，某物恰当被爱，乃因为它是善的，而布伦塔诺则将说明的顺序颠倒过来。某物是善的，乃因为它能被正确的爱所爱。"我们已经达到了我们的善恶概念的源头，连同我们的真假概念的源头。当与一件事相关的断言是正确的，我们称这件事是真的，当与一件事相关的爱是正确的，我们称这件事是善的，"（Brentano 1889［1969：18］）。不存在任何这样的"成之为善的"性质：有些东西拥有它，有些东西没有它，而它独一无二的本体论地位给伦理学提供了真正的主题。伦理学的基本主题是关于一个真正意向性的关系，即爱或恨某物的关系的正确性问题。这个说明解决了任何客观主义者都必须面对的一个问题。如果布伦塔诺是对的，而且"成之为善的"就是被正确地爱，那么，"成之为善的"的动机方面就被纳入对"成之为善的"分析：善促动我们，乃是因为善的东西被我们所爱。而如果善是非自然的性质，那么对于我们为什么应关心它就需要做更多的说明。

哪些事情是被正确爱的呢？布伦塔诺提到对知识和洞察（insight）的爱，对快乐胜于悲哀的偏爱（除非坏事中的快乐），对我们的情感态度的正确性的爱，即正确地爱某物这个行动本身就是正确爱的对象。像摩尔一样，布伦塔诺据理反对古典快乐主义，考虑到了善的多样性。正确的行动是由这些行动有望带来的价值决定的。"因此，一个人不但应考虑自己，还应考虑其家庭、城市、国家、地球上的每一生物，而且，一个人不但应考虑当下的现在，还应考虑遥远的未来。所有这些都来自善的总和原理。促进善，将其尽可能遍及这个巨大的整体——这显然是生活的正确目的，我们的一切活动都应以它为中心"（Brentano 1889 [1969：32]）。

布伦塔诺的道德哲学建立在他对判断与爱、恨现象的类比上。不过，判断并不与爱、恨严格相似。可以认为，真理是不容许有程度的，而善却肯定容许有程度。布伦塔诺论证说，偏爱行为是"优于"关系（being-better-than relation）的心理基础。正如我们关于何者为善的知识来自我们对正确爱的经验，我们关于何者更善的知识来自我们对正确偏爱的经验。而善以各种程度出现这一事实并不是［与判断］唯一不相似之处。其关键步骤，即从精神现象的极向性到正确性概念的步骤，似乎显出更进一步的分蘖。极向性意味着我们不能同时拒绝我们所接受的东西；不可能同时恨我们所爱的东西。单单这一点对于正确性概念是不够的，正确性概念还要求：如果一个人接受（爱）某物，而另一个人拒绝（恨）它，那么，其中只有一个人将做出正确的判断（爱）。人们一般同意，就判断而论，普遍的正确性概念是适用的，尽管布伦塔诺由于用心理学的方式理解真理，因而无论怎样诉诸被判断的东西与实际情形的符合，都无法说明普遍的正确性概念为什么适用。就爱和恨而论，普遍的正确性概念似乎更加可疑。如果我们对某种事物的态度是不一致的，为什么我对它的爱应当是正确的呢？布伦塔诺实际上留下了余地来说明这样的问题："就对感觉特性的感受而言，我们可以说这些东西是趣味的问题，而且'趣味是不容争论的'。"（Brentano 1889 [1969：22]）但然后布伦塔诺又不得不承认，爱和恨现象的极向性并非在任何情况下都产生正确性概

【285】

念。在判断方面就没有发现任何与此相似的情形，于是这就对布伦塔诺关于判断与爱恨现象的类比造成了某种困难。

三 进一步的发展

摩尔与布伦塔诺提出了客观道德观的不同版本。随后数十年不但经历了非认知主义的兴起（阿克塞尔·黑格斯特伦，A.J.艾耶尔），而且还出现了新形式的主观主义（拉尔夫·巴顿·培里）和相对主义（爱德华·韦斯特马克）。我们还经历了美国实用主义内部与众不同的道德哲学的发展，这种道德哲学是自然主义的，它根据与自然科学的类比，将伦理学看成是实验与调节的进行过程。这种实用主义观点的根源可以追溯到威廉·詹姆斯（William James），他的实用主义论文"道德哲学家与道德生活"（1891）一开始就声称："那种由伦理哲学事先独断形成的任何东西都是不可能的。"（p.184）道德概念在生物的利益、需要、欲望中有其源泉。某事之所以应当如此的唯一理由就是有人想要它如此。道德问题因利益和需要可能发生冲突而出现了。作为解决冲突的一个办法，詹姆斯提议人们"发明某种实现你自己理想的方式，这方式也将满足相反的要求"（p.205）。另一位主要的实用主义者约翰·杜威同意，这样一种利益和谐是有道德教养的人将追求的目标。同样与詹姆斯一致，杜威强调一切实践考虑所特有的手段——目的特征。这里没有对作为终极标准的东西的形而上学辩护；杜威认为，对一切事情，甚至对我们的评价本身，都必须根据它对我们的利益和需要所产生的后果做出经验判断。在一个情形下被认为是最终标准的东西，在另一情形下可能受到质疑。杜威的工具主义展示了一幅为实践辩护的反基础主义的和整体主义的图画。

【286】

回到摩尔和布伦塔诺的遗产问题上，在英国的最重要发展是出现了以牛津为基地的"直觉主义"学派，哈罗德·普里查德（Harold Prichard）和大卫·罗斯爵士（Sir David Ross）是其中最杰出的成员。虽然在元伦理学方面这些哲学家与摩尔广泛一致，但在伦理学理论上则与他大相径庭（见第五十八章对他们的著作的说明）。黑斯廷斯·

第二十章 伦理学中的新实在论

拉什达尔（Hastings Rashdall）在《善恶论》（*The Theory of Good and Evil*，1905）中提出的观点，则与摩尔的伦理学理论相似得多。拉什达尔曾是西奇威克的学生，与摩尔一样，他拒绝西奇威克的享乐主义，同时保留了他在善之多重性背景下对道德所做的后果论说明。拉什达尔杜撰了"理想的功利主义"（ideal utilitarianism）一词，用来描述这种依结果而定的观点，该词随后被用在摩尔身上。

在布伦塔诺的学生中，亚历克修斯·迈农和克里斯蒂安·冯·埃伦费尔斯（Christian Eherenfels）对价值论作出了重大贡献。亚历克修斯·迈农（1853—1920）关于价值的本性的观点在他一生中有重大的发展和变化。他留下了在《价值论中的心理——伦理研究》（*Psychologisch–Ethische Untersuchungen zur Werttheorie*，1894）中所阐述的心理主义观点，在晚期著作《论情绪表象》（*Über emotionale Präsentation*，1917）和《一般价值论基础》（*Zur Grundlegung der allgemeinen Werttheorie*，1923）中强调了价值的客观性。他关于价值论的那些著作是由我们在布伦塔诺那里所见到的同样的方法论研究途径统一起来的。为了理解什么是价值，我们必须看看价值是怎样在我们的经验中表现出来的。价值论的基础是对其本身必定与精神现象之基本概念框架相符合的价值经验的分析。仿照卡茨米尔兹·瓦尔杜斯基的（Kazimirz Twardowski）《论表象的内容与对象》（*Zur Lehre vom Inhalt und Gegenstand der Vorstellungen*，1894［1977］）一书，迈农区分了精神现象的活动、内容和对象。思想的对象不必是真实的——我们可以去想一座金山而不需有这样的东西存在——但作为我们的表象的组成部分的内容，却永远是真实的。精神的活动、精神的内容、精神的对象之间的区分不限于表象一类。在判断中，而且迈农还暗示在感觉和欲望中，我们也发现了这样的区分。

感觉是价值显现的原始之地。假定某人表达一种感觉，说今天的天空特别美丽。这个感觉就以如下判断为先决条件：具有蓝色、明亮等天然性质的天空存在。而这个感觉也使我们意识到天空的美。迈农会说，感觉具有它借以指涉一个对象的内容，在这个例子中，对象就是天空的美。我们需要内容这个范畴来描述精神现象，而因为内容在

【287】

本性上是表象的，所以，关于感觉具有内容的假设就导致承认价值是感觉所指涉的对象。"当我说'天空是蓝色的'，然后说'天空是美丽的'，在各自情况下，都有一个性质被归于天空。如同在前一情况下有一个观念加入到对性质的理解中一样，在后一情况下，有一个感觉加入到对性质的理解中。如同在前一情况下，总是把一个观念当作表象因素一样，在后一情况下，自然而然地让感觉成为表象因素"（1917［1972：28f.］）。

如果我们想到一座金山，那我们想到的是某个非真实的物理的东西；我们的思想的对象是一座非真实的物理的山，它不是一座金山的真实的内心影像。这使迈农得出了招致罗素著名批判的如下观点：有一些东西，像金山和圆的方形，它们不存在，甚至不可能存在。这个观点关系到道德哲学之处如下：证明有一个感觉对象，一个"尊严之物"（dignitative），并没有确定它们的存在。虽然迈农为我们的感觉所指涉的客观价值提供了一个位置，但他仍承认他尚未证明这些对象存在，或证明它们是真实的。他怀疑布伦塔诺关于直接的明证可以保证价值陈述的客观性的观点。迈农最终诉诸常识。"对于任何考虑各种事实，而不仅仅从现成理论进行推演的人来说，都无法恰当地否认，正义、感恩、仁爱本身就以某种方式，带有它们价值的保证，而在这种方式下，它们的对立物不仅缺少这样的保证，而且带来相反的保证"（1917［1972：109］）。

克里斯蒂安·冯·埃伦费尔斯（Christian von Herenfels, 1859—1932），是布伦塔诺和迈农的学生，他的论文"论格式塔性质"（Über "Gestaltqualitäten", 1890）开创了格式塔心理学，至今为人们所牢记。他与迈农的关系是公认的相互影响的关系，这在他们关于感觉和欲望的分析，以及两者之间关系的广泛争论中得到证明。价值论将以心理现象分析为基础，这一基本观点，如我们已看到的那样，对所有布伦塔诺派哲学家都是主要观点。在布伦塔诺看来，感觉使我们熟知了价值，而埃伦费尔斯认为，欲望是与价值联系最密切的现象。与迈农后来的哲学不同，埃伦费尔斯对有关价值的任何客观说明都保持怀疑。根据埃伦费尔斯的观点，欲望不是以对某种被称作"价值"

的事物本质的认识为基础的。毋宁说，我们将事物看成是有价值的，乃因为我们对它们有欲望。"价值是对象与主体之间的一种关系，它表明，要么主体实际对对象有欲望，要么即使主体尚未确信对象的存在，也会对它有欲望"（Ehrenfels 1897 [1982：261]）。

埃伦费尔斯拒绝布伦塔诺如下思想：我们的某些情感态度被经验为正确的。例如，我们对知识的评价的一致性，可以不借明确的情感，完全根据知识对任何人的普遍有用性来说明，不论这个人的目的是什么。奥地利经济学派（门格尔、庞巴维克、冯·维塞尔）的思想是启发埃伦费尔斯的另一源泉。他论证说，边际效用规律可以在经济商品领域之外运用。他以对各种动机倾向，如利他的动机倾向和主要关心自己利益的动机倾向的不同态度为例。他证明，如果没有自利，人类就不能存在。因而，单从利他主义和自利对公共利益的影响，不能说明为什么我们对一个的尊重远远高于另一个。真正的说明必须集中在对两种倾向的稀缺性的比较上。利他主义得到较高的评价，是因为对它的需求大于它的供给。如果价值是主观的，那么，它们随我们的关注和兴趣的变化而变化。埃伦费尔斯分析了这些变化的机制，内在价值，即因其自身而被欲求的东西，当然也不能免于这种机制，他的分析受到达尔文思想的影响。他谈到价值中的生存斗争，并将价值的变化看成是普遍进化过程的一个方面。

【288】

克里斯琴·皮勒

【289】

第二十一章

个人主义与集体主义的对立

一 引 言

在英国，1870年至1914年这一时期，是政治学和对政治学的哲学反思从个人主义普遍走向集体主义的时期（Collini 1979：ch. I；Greenleaf 1983；Bellamy 1992：ch. I）。个人主义和集体主义这两个术语是不严谨的和有争议的（M. Taylor 1996）。大致而言，个人主义意味着任凭个人尽可能自由地追求自己的他认为合适的利益，社会只不过是个人的集合，是达到个人目的的手段。集体主义或多或少相反，它认为，个人不是孤立的原子，而是具有共同利益的社会存在，而且社会可以通过国家采取行动促进那些利益。集体主义从影响特定社会改革的偶尔的政府行为，到对生产资料和社会重组实行的国家社会主义控制，分为不同的程度。

占主导地位的政治理论，即自由主义（Liberalism）理论，与新的政治条件相适应。在19世纪初，自由主义就力图将个人自由最大化，并设想继之而来的是国家行为的最小化。它将国家行为限于不可避免的行为，因为一切国家行为恰在其本质上就是对个人自由的干预，因此是内在有害的，而特别由于它削弱了个人的自我依靠，所以在效果上也是有害的。但后来许多自由主义者接受了国家行为。他们认识到，对大多数个人来说，没有干预的自由是没有价值的，因为他们缺少利用自由的手段。国家行为可以保证这些手段，因而它并不必然与个人的自由相对立。

第二十一章 个人主义与集体主义的对立

J. S. 密尔（J. S. Mill）是一个重要的背景人物。由于他专注于含义丰富的"个体"（Individuality）概念，而不是专注于以赤裸裸物质的、享乐主义的方式理解的自利概念，尽管他没有充分强调个体的社会性，却已经开始偏离个人主义（Mill 1859）。他早就承认，普遍的自由放任规则应当有例外，即赋予国家以小规模的、在不可侵犯的个人自由领域所设定的严格限度内的干涉主义作用（Mill 1848：Bk V，ch. xi）。密尔着手为国家设想更广泛的作用，他在《自传》中称自己是"社会主义者"（Mill 1873：239，241）。在这里所考察的时期，接二连三出现了一些英国思想家，他们都属于广泛的自由主义传统，出于对环境的反应，并永远在由道德标准、尤其由对个人自主权的根本关注而设定的限度内，他们继续前进，建议采取更重大的国家行为。虽然现在通常把密尔本人看成是对集体主义作出重要贡献的人（Bellamy 1992；Wolfe 1975：ch. 2），但对他做出反应的唯心主义思想家更受其思想反集体主义特色——他强调无限制的自由，强调对自由的限制仅仅是防止对他人的伤害，强调法律与约束明显相同——的影响（Ritchie 1891：ch. Ⅲ；Bosanquet 1899：ch. Ⅲ）。

【290】

这里所讨论的哲学家是集体主义运动的一员，他们响应这一运动并予以很大的推动。他们抨击个人主义，既抨击"自己的事想怎样做就怎样做"这种对个人绝对权利的流行态度，也抨击特别由赫伯特·斯宾塞为之做出的理论辩护（Spencer 1884；M. W. Taylor 1992），将个人主义说成是政治上的倒退，理智上的混乱。他们同情马修·阿诺德（Matthew Arnold）的抱怨："我们没有那种在欧洲大陆并为古人十分熟悉的国家概念——国家具有集体和团体的特征，为了普遍的利益，它被委以严酷的权力，并以比个人利益更广泛利益的名义控制个人的意志。"（Arnold 1869：83）英国唯心主义者提倡更重大的国家行为，在此范围内，他们是集体主义者。然而他们强烈反对国家社会主义。他们自己的立场，即一种集体自由主义的立场，是扎根于他们的道德哲学与政治哲学中的，这种道德哲学和政治哲学可以划入完美主义之列（Hurka 1993）。这一点在

T. H 格林的著作中清楚可见，它不但在所有要点上被他所影响的一批思想家 D. G. 里奇、伯纳德·鲍桑葵、L. T. 霍布豪斯所重复，而且被他们所发展。

二　格　林

在《伦理学导论》（*Prolegomena to Ethics*，1883）中，格林认为，人们根据有关他们自己之善的某种观念行事，以达到自我满足。但是，因为他们是社会存在物，他们的利益与社会（community）其他成员的利益有密切关系，因此，他们关于自己的善的观念包含了他人的善，例如，一位母亲的善的观念包含了其子女的善。人永远有相反的利益，因而必须在对他人之善（仁爱）与对自己之善（自爱）之间进行选择，这个想法，由于将人从其社会环境的事实中抽象出来，因而是"哲学家的虚构"（Green 1883：sect. 232）。为使任何社会得以存在，为使道德义务和权威律法可以理解，社会成员中必须有关于一个共同善的某种观念（Green 1883：sects. 190，199—205；Green 1886：sects. 25—26，113—139）。个人从其社会中汲取他们关于自己之善与共同之善的概念，有时对这些概念进行修正（另一位英国唯心主义者 F. H. 布拉德雷突出地描述了个体性的社会维度，他通过探讨个人对其社会的贡献，对个体性作了补充——见 Bradley 1876：Essays Ⅴ and Ⅵ）。据断定，共同善是历史地发展起来的。现代欧洲各社会都承认，一切人类都是平等的，形成了一个单一的道德共同体，而且道德善是为了道德善自身而从事的有德性的行为（Green 1883：sects. 206—245）。这些观点是"互补的"：只有道德善可以成为那个对一切人共同的善，因为只有道德善可以同时为每一个人所达到（Green 1883：sect. 244）。道德完满是真正的善，达到这样的善会给人以永久的自我满足，这种道德完满生活是普适的，它的内容，随着人类逐渐提炼、扩展其道德观念，仍正在被人们所理解。而且，被作为抽象原理而得知的那些理想，也并不总是被付诸实践（Green 1883：sects. 213，245；Green

【291】

1886: sects. 154—155, 220)。

人人都有责任不以牺牲任何他人来追求自己的善。此外,"响应性良心"(the responsive conscience)承认"一切人都有权从一切人那里得到为实现其自由所需要的那种积极的帮助"(Green 1883: sect. 270)。格林主要就一个人自己的社会来考察这一点。一个人可以作为个人来帮助他人,或通过与他人的自愿联合,或集体地通过国家,来帮助他人。在所有这些情况下都有一个根本的困难。虽然这里的目的是帮助他人成为善的,但是:"没有任何人能将善的品性传递给另一个人。每个人都必须独自塑造自己的品性"(Green 1883: sect. 332)。这个问题与国家行为有十分重大的关系。一方面,国家是通过强制或威胁实行强制来行事的,因此它不能直接促进道德。因为一个人要成为有道德的,他之所以必须做正当的事,是因为那件事是正当的,而不是因为他是被迫去做那件事;而且强迫会使道德动机受到削弱。另一方面,格林认为,维护个人从事道德活动的条件,例如确保人们接受教育,是国家的功能(Green 1881: 202; Green 1886: sect. 18)。他试图对两种考虑进行平衡。他拒绝个人主义者将国家局限于保护个人的人身权和财产权。他允许国家积极从事促进对每个人的道德生活条件有利的活动。这可能会干预个人主义者极为珍视的个人做想做之事的自由,但这种干预是可以允许的。个人没有任何优于社会的、保证他绝对不受国家干预的权利:更确切地说,社会承认这样一些权利,这些权利保护了社会断定个人为了过上有道德的生活而需要运用的能力。不过,国家"应务必不要因为缩小了真正道德的自发性和无私性可以发挥作用的范围,而破坏了它的真正目的",务必不要将自己局限于维护人们履行自愿承担的义务所需要的条件(Green 1886: sect. 18)。理想地说,人们会帮助自己,或别人会自发地帮助他们(因此他支持合作社、互济会和工会)。不过,格林对传统自由主义的自助学说做了限定,他明确承认,人们可能会处于绝望的情况下,以致人们无法自助,也可能没有或没有充分的自愿行动——那么,如在当时的英国,社会应当通过国家而采取集体行动(Green 1881:

【292】

203—204；Nicholson 1990；Study Ⅴ；Bellamy 1992：35—47）。至于民众政府（popular government），国家行为无非就是通过法律而行动的社会（1867年的"选举法修正法案"实施后，尽管只有少数成年人有选举权，但他们大多数是工人阶级）。

显然，这是一个需要实践判断的无止境的进程。对于矿业和工厂的劳动条件、住房高标准、无宗派的免费基础义务教育、增加妇女机会（尤其是受教育机会）、鼓励大所有权的土地法改革、严格的酒类销售管制，格林本人都支持用立法来规范。所有这些都被描绘成"清除"过道德生活的"障碍"（Green 1886：sects. 209—210）。这里也有一些明确的限制。虽然格林可以赞成某些社会主义者的措施，即为了社会利益而限制个人行为的措施，但是他在根本上接受资本主义，这就排除了任何系统而广泛的社会主义。对经济的完全国家管制"意味着"生活的完全规范化，这种规范化是与道德自由不相容的（Green 1886：sect. 223）。他赞同资本主义，因为它允许给个人以机会："应当让每个人特有的能力自由发挥"，这是作为道德行为者的个人发展的必要条件（Green 1886：sect. 219）。不过，他使资本主义像其他一切事情一样服从于道德准则，他建议限制地主的权力，并保护工人，以确保所有人都获得（通过劳动）充分的独立生活手段的平等机会（Green 1886：sects. 210—231；Muirhead 1908：xi - xiii，91—103；Greengarten 1981：ch. 5；Nicholson 1990：Study Ⅲ）。

在格林之后，自由主义十分明显地有了新的选择。格林为19世纪70年代出现的"结构"自由主义提供了道德辩护。这一辩护赋予国家更广泛、更积极的作用，将它当作为每个人获得发展自己道德能力的公平机会创造必要条件的社会行为者来使用。就此而言，格林的辩护是集体主义的。格林从孤立的原子到社会能动的成员，对个人做了重新构想，并从约束的缺无到道德实现，对个人自由做了重新界定——自由是"与他人共同……从事或享有值得从事或享有的某事的积极力量或能力"（Green 1881：199）。这样一来，他就同时摧毁了将国家行为最小化的个人主义，并为扩大有益于道

【293】

德理想的国家行为做了有力的辩护。不过，对集体政治行为的强调被继续存在的道德个人主义抵消了：道德的发展只能在人的生活中并通过人的生活而实现，人是有道德价值的，犹如国家和民族是没有道德价值的一样（Green 1883：sects. 180—191）。个人仍对批判地评价和修正其社会的道德标准负责，对贯彻他们的理想负责。格林的理想如贝拉米简练表述的那样，是"个人主义的集体主义"（Bellamy 1992：35），在这里，集体主义由于服从道德目标而受到限制，这个道德目标的实现要求保护个人的自我依靠，使之免受过度国家行为之害。

三　里奇、鲍桑葵、霍布豪斯

格林的观点本来就是无固定结论的、灵活的，需要随着环境的改变，随着社会研究对贫穷、对解决贫穷的办法之成败的更多揭示而不断调整。格林是否提供了一些原则，可成为得到道德辩护的全部国家行为的明确指导呢？或者，这些原则是否过于普遍而含糊呢？有些人强调格林的观点的模糊性，并断言，他的唯心主义的追随者因而产生了巨大分歧，分裂为分别以里奇和鲍桑葵为典型的更加集体主义、更加激进的"左派"和更加个人主义、更加保守的"右派"（Richter 1964：chs. 9，10；Collini 1976：107—109）。而随后的另一种观点是：这里存在着比任何差异更重要的基本相似和连续性。

里奇在理论上与格林十分接近。按他的理解，格林拒绝有利于自由放任的假设，赋予国家以"这样的责任：为男女个人提供一个环境，使得尽可能给所有人以实现他们理智本性和道德本性中最好东西的平等机会"（Ritchie 1891：149—150）。里奇反复说，有些事情只能通过个人的努力做到（Ritchie 1902：77）。他也许更明确地认识到，国家行为的限度是一个利弊权衡的问题，他建议唯心主义者应借取功利主义的方法，永远提出"功利主义的问题：'这个特定措施在此情况下是适宜的吗？'"将它作为避免错误地诉诸抽象正义或自然权利的手段（Ritchie 1891：105—123；Ritchie 1902：33—38；Otter 1996：109—111）。不过，里奇接受格林对功利主义的享乐主义的责难（Green 1883：随处可见），因而他的利弊权衡标准是以唯心主义方式规定的、而不是根据最大幸福规定的社会福利（Ritchie 1891：142—145，167—172）。但他讨论的实际例子没

【294】有任何一个显出他会支持比格林所支持的更广泛的国家行为。里奇也更明确财富的社会性，财富是许多作为有组织的社会成员而工作的个人的劳动成果（里奇 1893：191—192）。这似乎证明向生产资料所有者征税来为提高社会福利的措施提供资金是合理的——格林则认为这种事情虽然公平，但其效果却是相反的（Green 1886：sect. 232）。不过，同格林一样，里奇建议为了共同的善对资本主义进行规范，而不是废除它。

在他关于政治的主要哲学论著《国家的哲学理论》（The Philosophical Theory of State，1899）中，鲍桑葵写道，他在许多观点上"紧紧"追随格林（Bosanquet 1899［1924：iii］），而且论"国家目标的性质及因之而对国家行为的限制"一章则只是稍加变动，重复了格林的中心思想（Bosanquet 1899：ch. Ⅷ）。同样在鲍桑葵看来，"社会与国家的最终目标同个人的最终目标一样，就是实现最好的生活"（Bosanquet 1899［1923：169］），国家的功能就是维护必要的权利（Bosanquet 1899［1923：188—189］）。既然国家通过强制行事，它就不能直接促进美好生活，但它可以也应该"清除"道德生活的"障碍"，或"阻止"对道德生活的"妨害"（Bosanquet 1899［1923：177—178］）。这里没有"在某种意义上不允许国家忙于做的事情"（Bosanquet 1899［1923：xii］）。但这种行动却很难取得成功，因为它用强制性法律"引出"根据定义不可能产生的道德活动（Bosanquet 1899［1923：xxxix］）。鲍桑葵反复强调这样的危险。例如，为穷人的子女提供免费校餐损害了其贫困父母的自我依靠，并树立了错误的样板，向不负责任的父母表明，如果他们不能尽他们的责任，公众将为他们尽责，而对确实为子女提供食物的节俭的穷人却没有奖赏。这种解决贫困的办法太机械了，未

第二十一章 个人主义与集体主义的对立

将这些父母当作个体的道德行为者来对待,其中有些人是可以被说服为食品付费的(Bosanquet 1893:346—348)。不过,他仍然根据各个特殊事例的是非曲直来论证他的观点。他没有将全部社会立法排除在外。虽然他拒绝完全的国家社会主义,但他仍承认,社会主义的方法有时是适宜的,是最有效率的(Bosanquet 1899 [1923:296];Bosanquet 1893:ch. X)。关键的问题永远是:国家行为是否发展或破坏了国家打算提倡的道德生活所必不可少的道德品性。鲍桑葵强调,正是格林的观点中关于自我依靠的方面,以及利用自愿组织实施有差别的、道德和物质损害风险最小的帮助,能够抵制用立法解决贫困的日益增长的呼声。

反之,霍布豪斯则是新自由主义者的思想领袖之一,他精力充沛地抨击旧自由主义的最小国家概念,提倡一种积极的、大为主动的国家概念。在哲学上他不是唯心主义者,但在政治思想上他往往与格林非常接近,他承认,他和格林属于同一个自由主义的进步潮流。霍布豪斯与格林确切接近到何种程度是有争议的(将 Freeden 1978:66—70 与 Collini 1979:125—130 相比较)。霍布豪斯肯定也相当借重于 J. S. 密尔(Freeden 1996:195—203),但他将格林说成是"一系列政治思想家中"密尔的"真正继承者"(Hobhouse 1904:226n.)。在提出自己对自由主义的解释时,他采纳了格林对一些关键概念的唯心主义的重新阐述:喜欢做什么就做什么的旧自由,因所有人的积极自由而受到抑制;权利(包括财产权)是社会的,服从共同利益的控制;国家是由人民支配的、为追求共同道德目标的最广泛的联合,尽管它因为采用强制而被限制使用(Hobhouse 1911a:ch. Ⅷ;Hobhouse 1911b:ch. Ⅸ;Hobhouse 1913b)。不论怎样,他用这些思想所支持的国家行为,比鲍桑葵支持的要多,例如,引进养老金、健康保险和最低工资(Hobhouse 1911a:ch. Ⅷ)。在处理自我依靠问题时,他坚持认为,当经验已经证明任何人都不可能在市场中独自谋生并挣取足够维持文明生活的收入时,而任凭人们那样做是不正当的。国家应介入并"保证这样一些条件,根据这些条件,其公民能够通过自己的努力赢得充分的公民

【295】

效率（civic efficiency）所必要的一切"。这不是个人的责任（它超出了个人的能力），而是社会的责任。保证经济权利（工作权、获得生活工资权）也许会涉及深远的经济重建，涉及社会主义的产业组织，但它会是一种"自由主义的社会主义"（Hobhouse 1911a：74—80）。因为像鲍桑葵及其他唯心主义者一样，霍布豪斯试图将市场道德化，只把社会主义用作指导改革的原则，而不是用作资本主义的大规模替代物（Hobhouse 1911a：ch. Ⅷ；Bellamy 1992：54）。

毫无疑问，霍布豪斯要求比鲍桑葵希望的更多的国家行为，尤其是在经济方面。霍布豪斯对于需要做的事情充满热情；鲍桑葵则对于立法和政府干预是否会做那样的事更为谨慎。因而他们对实际形势的判断往往不同，对所提政策（在仍然必须达成一致的范围内）的可能结果有不同的估计。不过这些仍然是共同原则实践运用上的策略的不一致。尽管霍布豪斯后来因鲍桑葵狭隘的黑格尔主义而对他进行攻击，并且这一攻击的公平性是有争议的，但将他们归于同样的类型是合理的，因为两人都运用了格林的许多假设（Hobhouse 1918；Gaus 1983；Meadowcroft 1995：ch. 3）。

四 结 论

这些著作家都有一种道德哲学，使他们能够修正早先的个人主义，并为更大的政府干预留出余地，为的是给一切社会成员——最终全人类——以全面发展其道德能力的机会。真正想来，个人只有在社会中，借助社会的帮助，包括社会中国家的帮助，才能全面发展。在这个意义上，个人主义和一定限度的集体主义是互相补充的。同样的哲学使他们拒绝完全的集体主义，因为完全的集体主义不允许个人有成为道德行为者的充分自由，而一切事情都取决于行为者批判地阐述道德理想并按理想行事的能力。反之，这些哲学家支持道德化的资本主义，这种资本主义将成为运用自由的舞台。因此，他们的有限的集体主义不是个人主义与集体主义之间的某种政治调和，他们关于自我依靠的断言不仅仅是维多利亚价值的反映。个人主义和集体主义都是从独自以哲学原则为根据的意见中引申出来的。

这些原则在资本主义与国家社会主义之间是决定性的，但在特定政策的层面上不是完全决定性的。像遗赠土地的权利是否应受限制，国家是否应提供养老金之类的问题，不能根据任何绝对的原则，而要根据具体情况来回答（Green 1886：sect. 231；Bosanquet 1899［1923：179］；Ritchie 1902：58—65；Muirhead1908：99；Hobhouse 1911b：154—155）。这不可避免地使许多事情取决于个人对事实及其可能意义的解释和不同估价。特殊的政策问题只能"根据真正的社会理想和最好的有效经验"来处理（Muirhead 1908：99）。这些著作家的经验时有不同，并得出了不同的政策结论。而重要的是他们有同样的社会理想。

皮特·尼科尔森

【297】

第二十二章

马克思主义与无政府主义

1870年至1914年间,在欧洲政治和范围较小的北美政治中,经历了一场国际社会主义力量的兴起。最值得注意的是在德国,诸社会主义政党开始吸引相当数量的选团。它们要成为全球社会变革的动力的宏大愿望在1889年第二国际的成立中反映了出来。这样的愿望显然需要理论表达,特别是由于德国社会民主党(SPD)的影响,马克思主义变成了最重要的社会主义意识形态(尽管其观点并非没有受到挑战)。实际上,马克思主义从在伦敦的少数德国流亡者的学说变成一种群众运动的意识形态,主要是SPD所起的作用。恩格斯的一部家喻户晓的主要著作《反杜林论》(*Anti – Dühring*,Marx and Engels1975—1998:XXV)最初就是在1877—1878年SPD的报纸《前进报》上连载的。将马克思错综复杂的概念加以简化的任务后来是由社会民主党的《新时代》周刊的编者考茨基(Kautsky)承担的。他的大量著作为不仅在德国而且在欧洲其他地方的一代社会主义斗士,提供了进入马克思主义的途径。

一 马克思与巴枯宁的对立

这种广为普及的马克思主义本身由于它与对立的激进意识形态无政府主义之间出现的反差,而得到更明确的界定。马克思的追随者与巴枯宁(Bakunin)的追随者之间的争论助长了19世纪70年代初对第一国际的损害。由这一争论引起的双方各自的运动——社会民主义(马克思主义者以SPD为样板,倾向于这样称呼他们的党)和无政府主义——在许多国家争夺影响,巴枯宁的追随者往往在南欧占得

二十二章　马克思主义与无政府主义

上风。

两个创始人的思想是在同样的理智环境——19世纪40年代的黑格尔唯心主义分裂——中形成的。巴枯宁与批评家维萨里昂·别林斯基（Vissarion Belinsky）一起，最初接受了对黑格尔辩证法的过分寂静主义的（quietist）看法，根据这种看法，对现实的理性理解要求与现实相调和。也许因为与他们所面对的特定社会现实——罗曼诺夫专制主义（Romanovabsolutism）——相调和是非常令人讨厌的事，所以这种看法被证明是一种无法维持下去的见解。至19世纪40年代初，巴枯宁从黑格尔主义右派转向黑格尔主义左派。 【298】

在"德国的反动"（The Reaction in Germany 1842）这篇著名文章中，巴枯宁指责黑格尔主义正统学说对现存社会现实的"肯定"态度。这一批判的发展在某些方面与马克思后来将黑格尔辩证法的"合理内核"从它的"神秘主义外壳"中抽取出来的尝试相似。两人都利用了黑格尔的"规定的否定"这个概念，即指一切概念、意识形态、社会制度所固有的、使之必然被更包容的形式所取代的那个缺陷。马克思直截了当地在社会和历史方面提到这个概念——指一切社会形态内在的诸矛盾，这些矛盾使社会形态在允许生产力进一步发展的一段时期后，注定要发生革命、停滞或崩溃。与此相反，巴枯宁将否定当作颠覆和破坏一切规定的社会形式的抽象力量。他在文章的结尾做了如下著名的宣告："让我们因此相信从事破坏和毁灭的永恒精神吧，只因为它是全部生活深奥的、永远创造的源泉。从事破坏的热情也是进行创造的热情。"（1842［1965：406]）

由对立地应用黑格尔的思想所造成的冲突，在1871年5月巴黎公社失败后达到了顶点。马克思和巴枯宁都支持巴黎公社，都声称它是他们所说的那种社会革命的例证。在公社失败的余波中，巴枯宁写了《国家主义与无政府状态》（Statism and Anarchy）一书。在那里他没有拒绝马克思的唯物史观。根植于生产之中的阶级冲突确实是历史发展的动力。但剥削者对被剥削者的统治在巴枯宁所说的"国家主义"形态——现代集权国家的官僚统治——中达到了它最发达、最集中、最有害的形式。他不像马克斯·韦伯（Max Weber）稍晚时候那样将这个国家看成是与阶级不同、独立于阶级的社会力量源泉的代表，而是相反，他把阶级剥削和政治统治理解成社会革命的任务所要摧毁的单一复合体。

巴枯宁看到这个革命正在当时欧洲的范围内进行着。它是由无产阶级来实行的，他所设想的无产阶级要比马克思设想的广泛得多。马克思将工人阶级等同于雇佣劳动者，尤其是在现代大工业中雇用的劳动者，而巴枯宁将大部分下层阶级——农民和未受雇佣者、工匠和工厂工人——都看成是革命变革的动因。由于他们是在小规模社群中自组织起来的，所以他们会摧毁经济和政治权力的集权结构，不是用新的国家形式，而是用自治集团的联邦来取代它。因而革命的目标是无政府状态，是国家的废除。这一变革在南欧和俄国已得到充分的准备，在那里，农民天生的集体主义使那些地方本来就有无政府倾向。与那些地方相比，对立的国家主义原则的体现者是德国。新俾斯麦帝国的官僚机构与日耳曼民族天生的奴性——甚至由民主主义者和社会主义者所表现出的奴性——是相适应的。因而马克思及其追随者只不过表现了在社会解放的幌子下推行新的国家主义统治形式的企图。

【299】

作为马克思主义的理论批判者，巴枯宁的论点是完全不恰当的。巴黎公社的经验鼓舞了马克思，使他明确并阐发了他早在1848年革命失败后就已经表示出的直觉，即社会主义革命，至少在欧洲大陆，将一定是针对现代官僚国家的。在《法兰西内战》(*The Civil War In France*, Marx and Engels 1871) 中，马克思特别赞扬公社为摧毁中央集权的国家权力机器，代之以更直接对巴黎劳动群众负责的机构所采取的步骤（劳动群众本身以民兵的形式构成了政治权力的武装基础）。在初稿中，他走得更远，称公社是"反对**国家本身**、这个社会的超自然的怪胎的革命，是人民为着自己的利益重新掌握自己的社会生活"（Marx and Engels，1975—1998：XⅫ，486）。后来的《哥达纲领批判》(*Critique of the Gotha Programme*, 1875) 表明，马克思在此所说不是出于一时的热情，在这本书中，马克思批评了他的德国追随者在组成德国社会民主党（SPD）时对费尔迪南德·拉萨尔（Ferdinand Lassalle）的国家社会主义的让步，他断言："自由就在于

二十二章　马克思主义与无政府主义

把国家由一个站在社会之上的机关完全变成服从这个社会的机关。"（Marx and Engels, 1975—1998: XⅦ, 94）

因此,马克思与巴枯宁之间的批判分歧不是在废除国家这一目的上的。两人都认为国家本来就是压迫的机构。在《家庭、私有制和国家的起源》（The Origin of the Family, Private Property, and the State, Marx and Engels, 1975—1998, XⅦ）中,恩格斯试图说明国家——被设想为与社会其他部分相脱离的专门的强制机器——是如何作为阶级对立最初形成所处的同样过程的一部分而出现的。争论之点毋宁说是：国家是否能在革命推翻国家的行动中立刻被废除,或更确切地说,国家是否是在一个极其漫长的转变过程中逐渐被摧毁的。马克思证明,这个过渡时期需要一个独特的政治统治形式,即无产阶级专政。像任何国家一样,无产阶级专政将是阶级统治的形式,但在此情况下,统治阶级将是大多数人,即无产阶级,为了根除对他们的剥削,他们采用了彻底民主的形式。

在《哥达纲领批判》中,马克思提出过渡时期将需要一种与他所谓的"共产主义社会高级阶段"通行的不同的分配原则。在无产阶级专政下,收入将按照个人做出的生产贡献来分配。在他看来,这个原则的最明显缺陷——它没有考虑个人需要和能力上的差异——只有当进一步的生产发展和动机转变,使不再有阶级和国家存在的共产主义社会能够繁花盛开的时候,才会被克服。那时适用的是路易·勃朗（Louis Blanc）第一次系统阐述的"各尽所能,按需分配"的共产主义原则（Marx and Engels, 1975—1998: XⅫ, 87）。

因此,马克思与巴枯宁的争执是由于他试图现实主义地指明平均主义原则能够被实行的历史环境而引起的。关于巴枯宁他写道："他的革命的基础是**意志力**,而非经济条件"（Marx and Engels, 1975—1998: XXⅣ, 519）。然而,如果对巴枯宁的批判不与马克思的观点的复杂性联系起来的话,人们还可以证明,它是有预见性的。巴枯宁断言已经发觉了在德国社会主义者关于解放的谈论背后隐藏着的统治意志,他的断言可以认为是预见到了1917年后俄国革命者建立新的官僚统治机构所采取的方式（尽管考虑到巴枯宁倾向于将社会政

[300]

治差异归结到人种——种族的范畴,但他还是会为新官僚统治机构的建立乃是俄国革命的结果这一事实而感到尴尬)。

于是,巴枯宁将矛头指向据认为的无产阶级专政的暂时性上:"这里有一个公然的矛盾。如果他们的[即马克思主义者的]国家真的是人民的国家,那么,为什么要废除它呢?如果国家的废除对于人民的真正解放是必不可少的,那么,他们怎么竟敢称它为人民的国家呢?"(1873[1990:179])在关于《国家主义与无政府状态》的按语中,马克思评论道:"由于无产阶级在为摧毁旧社会而斗争的时期还是在旧社会的基础上进行活动的,因此还使自己的运动采取多少同旧社会相适应的政治形式,——所以,在这一斗争时期,无产阶级还没有建立起自己最终的组织,为了解放自己,它还要使用一些在它获得解放以后将会失去意义的手段。"(Marx and Engels, 1975—1998: XXIV, 521)可是,如果这些方法也许因擅长此道的人乐于保留它们,结果证明它们是很难抛弃的,那又怎么样呢?或如巴枯宁所说的:"没有任何专政能有除了使自己永存之外的任何其他目标。"(1873[1990:179])

【301】 无论怎样,马克思自己对国家的批判的激进主义起初是被掩盖着的。SPD 的领袖阻止《哥达纲领批判》的发表,直到 1891 年。那时,将社会主义与国家权力扩张联系在一起的想法在第二国际各党中已经变得十分牢固了。由于各种各样的历史因素正促使国家更大范围地卷入社会经济生活中,所以社会主义政党的实践需要很自然地要求不同种类的国家行为。第一次世界大战揭示了国家的另一副十分不同的面孔,只是在此大战期间,列宁才重新发现了马克思政治思想的反国家主义的要点,并使之成为《国家与革命》(*The State and Revolution*)一书的中心论题。

二 自然主义与马克思主义

在第二国际影响下得到普及的马克思主义,对马克思的主要概念和论题预先假定了一个特定的解释(确切地说是一系列解释)。人们大都同意，马克思的历史理论明确阐述了一个广泛得多的自然概念。在此意义上，19 世纪末的马克思主义加入到后达尔文主义理智文化的更普遍趋向中，这一文化以自然主义态度对待社会领域，将它当作与物理世界一样，继续并服从同样的规律。恩格斯代表了历史唯物主义的创立者与新的、群众性社会主义政党之间的联系，他在阐明对马克思主义的这种理解时起到了至关重要的作用。例如，他在 1883 年 3 月在马克思墓前的演说中，将马克思比作达尔文。

对马克思主义的这种自然主义的解释引起了这样的问题：在马克思主义中，何处能找到马克思所继承的黑格尔的哲学遗产。恩格斯对此的解决办法在他死后出版的《自然辩证法》（*Dialectics of Nature*）中得到最充分的阐发，这一解决办法就是从黑格尔的逻辑学中抽出某些基本的"辩证法规律"。这些规律——他通常列出三个：对立统一和互相渗透规律，量变质规律，否定之否定规律——是自然的普遍规律，在任何地方都起作用。因此，自然作为一个整体，服从于黑格尔和马克思在人类社会中已经发现的内在冲突所导致的同样的历史转变过程。

虽然恩格斯的自然辩证法有时与马克思的哲学观点相对立，但各种各样的附论表明，它是得到后者同意的。作为一个哲学策略，它有两个特殊的优点。首先，自然的根本规律是辩证的，这一思想有助于将这种形式的自然主义与完全还原的物理唯物主义区分开来，后者由于毕希纳（Büchner）、摩莱肖特（Moleschott）、福格特（Vogt）的著作而在 19 世纪中叶德国的自由主义者和激进主义者中流行起来。19 世纪 40 年代，马克思将他的研究与这种唯物主义的早期形式作了对比，证明人类通过社会劳动与环境发生相互作用并塑造环境，而不是被动地依赖环境。恩格斯继续对这个论题进行探讨，尤其在"劳动在从猿到人转变过程中的作用"这一著名的未竟之作中。

【302】

其次，将自然构想为历史转变过程的复合体，就使恩格斯得以将马克思的历史理论与当时的物理科学，尤其是达尔文的自然选择进化论和热力学定律方面的发展联系了起来。就这些理论像历史唯物主义那样论述有时间方向的不可逆过程而言，马克思主义可以说是与科学发现的潮流同行的。可是，既然恩格斯所专注的物理科学的发展不需要黑格尔辩证法的帮助而出现了，那么，在何种意义上可以说他的辩证"规律"能指示或指导科学研究呢？苏联斯大林主义的意识形态专家们坚持说，在一种很强的意义上这些规律应做得到这一点，他们的坚持恰恰使辩证唯物主义思想名誉扫地。不过，恩格斯自己的探讨似乎要宽松得多。他对具体事例的讨论暗含着某种突现概念，在突现中，特殊的存在领域有自己独特的规律。于是，他论证说，达尔文发现的自然选择机制并不支配社会领域，而且社会达尔文主义关于该机制支配社会领域的主张，只不过是资本主义的辩解。而且，这个相对多元的自然主义将辩证法的三大"规律"置于何处是一个悬而未决的问题。

第二国际的马克思主义者更直接感兴趣的事情是辩证唯物主义对于他们理解历史和政治所具有的含义。他们与马克思主义的创始人有十分不同的思想形成过程。如其中最重要的人物考茨基所说："他们[马克思和恩格斯]从黑格尔出发，我从达尔文出发。我是先思考达尔文然后思考马克思，先思考有机体的发展然后思考经济学，先思考物种、人种的生存斗争然后思考阶级斗争。"（1927［1988：7］）考茨基实际上是以一种早已形成的进化论来理解马克思主义的，这种进化论恰恰反映了当时十分常见的倾向，即接受拉马克（Lamarck）关于有机体由于环境影响而获得适应性状遗传的进化论观点。

考茨基所说的"唯物主义的拉马克主义"，使他将生物进化和社会进化都构想成有机体与环境相互作用的问题。在这种关系中，环境的要求总是压倒有机体可能造成的任何新创的东西。社会进化的主要特性是由人在满足需要时对天生器官进行补充而建造"人工器官"（artificial organs）——物质生产工具——的能力产生出来的。生产工具分配的不平等引起了剥削和阶级斗争，考茨基认为剥削和阶级斗争占据了人类历史上处于早期社会的"原始共产主义"，与跟随社会主义革命而来的高级共产主义之间一个相对短暂的时期。

对社会革命的这个宽泛的构想，使考茨基将历史过程看成是由他喜欢称之为推进社会进步变革的"不可抗拒的"力量支配的。他无视他的朋友爱德华德·伯恩斯坦（Eduard Bernstein）的努力，后者力图证明，当代资本主义社会正以使马克思主义的社会理论和革命政治学归于无效的方式逐渐改善。按考茨基所说，资本的力量越来越集中，越来越有组织，它与劳动之间的冲突仍然是现代社会的主要事实。然而战前时期 SPD 选举中的进展促使他相信，组织起来的工人阶级将能够用选举手段取得政权，然后使经济社会化。虽然这个过程可能会遭到暂时的挫折和延缓，但它早晚将导致社会主义代替资本主义："资本主义的社会制度顺其自然地发展；它的崩溃现在只是时间问题。不可抗拒的经济力量注定无疑地导致资本主义生产的毁灭。新的社会秩序取代现存社会秩序不再只是值得向往的，它已经成为不可避免的了。"（1892 [1971：117]）

因此，考茨基虽然形式上拒绝支持历史决定论，但他仍把进步的社会变革看成实际上不可避免的。第二国际的其他主要马克思主义者采取了相似的立场。例如，普列汉诺夫（Plekhanov）在哲学上比考茨基渊博得多；他自己的历史唯物主义观点与马克思、恩格斯的一样，是根据对黑格尔的解释形成的。不过，马克思从黑格尔那里借用了根据对环境的作用和改造来规定自身的人类主体性观念，而普列汉诺夫的历史唯物主义观点则强调了对黑格尔的目的论的解读："**向着伟大历史目标的不可抗拒的奋斗，没有任何东西可以阻挡的奋斗——这就是伟大的德国唯心主义哲学的遗产。**"（1977：Ⅰ，483）

在普列汉诺看来至关重要的"不可抗拒的"历史趋向，与考茨基所认为的不同，不是社会主义在西欧工业国家的胜利，而是对沙皇俄国的资本主义变革。普列汉诺夫的马克思主义的根源在于 19 世纪 80 年代初他与俄国革命运动中占统治地位的民粹主义的决裂。民粹主义者认为，即使俄国避免了根据马克思所说英国工人阶级在工业革命期间所遭受的那种苦难，反对专制主义统治的阴谋暴动仍然是必要的。俄国社会——尤其是农民村社——在自身中包含了建设社会主义所需要的一切。而如果西方资本主义不在俄国社会中巩固自己的地位，那么革命——通过刺杀沙皇及其高官来实现——必定会很快发生。

普列汉诺夫逐渐把这种意识形态（考茨基对它的影响是显而易【304】

见的）看成是唯意志论的一种形式，它试图在维持社会革命所需要的经济条件尚不具备的情况下，强行发动社会革命。社会主义以只有资本主义能带来的生产力发展为前提。而资本主义的社会形态早已深深渗入到俄国的土壤中了。村社正因商品化和社会分化而瓦解。革命运动将不得不等待，直至资本主义在俄国胜利。只在那时，可以独自进行社会主义革命的产业工人阶级才会出现。在这期间，俄国社会民主党应当与当代历史进步的主要动因和革命的潜在领导者自由资产阶级结成联盟，这一革命如同 1789 年在法国一样，将扫除专制主义秩序，创造一个资本主义要充分实现其潜能所必需的资产阶级——民主主义的政治架构。

如安杰依·瓦列斯基（Andrzy Walicki）所指出，普列汉诺夫所说的黑格尔与右派黑格尔时期的别林斯基（Belinsky）和青年巴枯宁所说的黑格尔明显相似："普列汉诺夫及其同志的马克思主义也可以被称作是以历史必然性的名义与现实（俄国资本主义的现实）妥协的一个特殊变种。"（1995：237）这种马克思主义的发展所处的政治环境致使普列汉诺夫与民粹主义者的唯意志论进行不懈的论战。他特别严厉地否定个人行为者有任何创造性的历史作用。比方说，假如 1793 年 1 月一块坠落的瓦片将罗伯斯比尔从法国的政治舞台上清除了，那么，别的什么人也会上前代替他。在这里，明显有黑格尔关于世界历史个人概念的影响，这个世界历史个人表现了而不是创造了他似乎掌握的力量。

于是，普列汉诺夫特别有力地阐述了与第二国际马克思主义者同样的对历史唯物主义的理解。当然，不能由此得出这种共同理解将他们之间的争论排除了。其中有一处争论是值得讨论的，因为它解释了那时流行的对马克思主义的自然主义解释中包含的困难。这个争论是由安东尼奥·拉布寥拉（Antonio Labriola）的《论唯物主义的历史概念》（*Essays on the Materialistic Conception of History*，1860）引起的。这本书成为对马克思历史理论的第一次精致的说明，它之所以主要被人们记住，也许是因为它批判了这样一种观念，即可以把社会理解为各自分别独立的构成"因素"的集合。拉布寥拉坚持认为，这些因素实际上是从一个单一完整的社会"结构"(complexus)中抽象出来的,他的这一主张对托洛茨基有很大影响,并在卢卡奇之前就将马克思主义的方法等同于整体性范畴。

拉布寥拉说,这个方法通过追溯生产过程中社会行为的基本原因,"使历史成为客观的,并在某种意义上将它自然化了"。不过,【305】他马上将以这种方式对历史的自然化与他所说的"社会和政治的达尔文主义"区分开来。我们很容易看出,他之所以做此区分,是因为流行的社会达尔文主义滥用自然选择进化论,将自由资本主义描绘成适者生存的一个实例。他的解决办法是在历史中为自然选择提供它自己的领域,即恰恰人类生存的第一阶段,"未被劳动改变的单纯自然的阶段,由此引出紧迫的、不可避免的生存斗争条件,以及随之而来的适应方式"。在这些方式中有与"次生的历史形成物,亦即民族和国家"相对立的"真实可靠意义上的种族"。正是在这个早期阶段之后,人开始为了生存而依靠"人为的手段"——火、工具,等等——展开了一个不能再用达尔文主义的方式来理解的历史过程(尽管在确定意识形态的物质原因时种族的影响是一个复杂的因素)(Labriola 1896 [1908:113、114、116、221])。

即使拉布寥拉只赋予种族以如此有限的解释作用,也受到普列汉诺夫的谴责。普列汉诺夫指出,难以想象那样一种人类生存方式,这种生存方式不包括为了对环境发生作用并因而改变环境而使用某种人造——在或多或少有意发明的意义上的——器具,他还把种族概念作为科学研究的障碍而不予考虑(1969:113—115、118—123)。由于采取这一立场,他所表达的多半是同时代大多数马克思主义者的观点。例如,考茨基严厉批评当时德国知识分子中流行的种族历史论。但即使普列汉诺夫试图把一个据认为"自然的"因素——种族——从历史中排除出去,他仍拥护另一个[自然的]原因,即地理。实际上,在他自己对历史唯物主义的说明中,他详细阐述了相当于一种地理决定论的东西:"地理环境的性质决定生产力的发展,生产力的发展又决定经济力的发展,决定其他一切社会关系的发展。"(1977:Ⅲ,144)

三　反自然主义的挑战

[306]

这样，当自然辩证法思想已经为恩格斯提供了物理过程与社会过程动态统一的广泛形而上学学说，提供了对一切自然领域中（相当灵活构想的）科学方法同一性的断定，第二国际的理论家们则更倾向于阐述与某个"自然的"要素无关的历史理论，这个自然要素是人类相对不干预，或不受人类干预影响的，不论它是考茨基所说的环境，普列汉诺夫所说的地理，还是拉布寥拉所说的种族。事实上，在拉布寥拉的相对辩证的历史唯物主义版本中，种族起着次要的、残余的作用，而在考茨基和普列汉诺夫那里，由这个历史下层基础中而来的冲动，似乎是最终保证事件将按所要求的方式发展的源泉。由此而引起的对历史必然性的强调，如我们已看到的那样，几乎没有为创造性的政治干预留下余地。

这种版本的马克思主义不可避免地引起了一系列反应。在政治上，这些反应通常是由于拒绝耐心等待考茨基和普列汉诺夫所建议的历史力量的长期进化而引起的。就这种政治批判需要详尽的理论阐述而言，它可以利用19世纪即将结束时变为唾手可得的范围日益广泛的哲学反自然主义。否定恩格斯和第二国际马克思主义者所假定的物理世界与人类世界之间那种连续性，可以作为强调个体行为者与集体行为者在建造或重建社会结构中发挥不可消除作用的一种方式。这一反应的最重要事例出现在第一次世界大战和俄国革命后卢卡奇的《历史与阶级意识》（*History and Class Consciousness*，1923）一书中。这种反抗第二国际马克思主义的历史决定论和政治观望主义（attentisme）的早期事例是很多的。

正是柏格森的哲学有助于给索雷尔（Sorel）提供摆脱正统马克思主义的途径。当然，柏格森不是任何单纯意义上的反自然主义者，他实际表现出比方说与斯宾塞一样对物理的东西与人类的东西的强烈统一感。但柏格森的生机论及他对理性主义的批判，有助于为索雷尔提供一个不是由生产力的逐渐发展支配，而是由豪情壮志支配的历史形象。他对当代哲学（不仅是柏格森的哲学，还有詹姆斯和彭加勒的哲学）的解读使索雷尔确信，原先的科学理解不能提供革命活动所需要的动机。只有某种神话可以做到这一点；因而，历史进步的启蒙概念，尽管大多是空想，仍给法国革命提供了必要的意识形态的激励。

索雷尔证明，当代资本主义社会正在陷入堕落和平庸。议会民主制的发展远没有（如考茨基和普列汉诺夫所相信的那样）成为社会主义方向上受欢迎的一步，它足以削弱工人阶级的革命活力，将工人阶级纳入国家之中，从而为曾经进步的知识分子提供权力和官职。工人阶级普遍罢工的无政府工联主义神话，针对的是国家而不是旨在确保有限的改革，它是使工人运动和更普遍的社会恢复活力的必要手段。暴力作为阶级对抗不可避免的伴随物，因其为社会更新提供了刺激而应受到欢迎："无产阶级暴力是作为阶级战争情绪的纯粹简单表现而进行的，因而作为非常美好、非常英勇的事情显示出来；它为古老文明的利益服务；它也许不是获得直接物质利益的最合适办法，但它可以将世界从野蛮中拯救出来。"（1908［1950：113］）

索雷尔阐发了一种准尼采式的无政府工联主义，与此同时，对正统观点的理论挑战也在第二国际内部发展起来。最有理智创造性的挑战也许是由奥地利马克思主义者提出来的，他们是以奥托·鲍威尔（Otto Bauer）、马克斯·阿德勒（Max Adler）、鲁道夫·希尔弗丁（Rudolf Hilferding）为首，与奥地利社会民主党有联系的一群极有天才的理论家。受德国各种各样新康德主义派别和马赫现象主义科学哲学的影响，他们都试图医治鲍威尔所说的考茨基和其他普及者"对马克思学说的败坏"。更特别的是，阿德勒试图表明，康德在第一《批判》中的先验范畴演绎不仅证明了这些范畴在构成我们的客观世界经验时的必然性，也证明了意识固有的社会特征。因而，"只有当存在着与认知主体的不确定多样性的内在关系，一切个别意识都认为自己与这些认知主体相联系，那么，自我意识才是唯一可能的"（Bottomore and Goode 1978：75）。

这样就在个别意识中发现了"一个超个别的、先验—社会的、先天社会化的特征",在这一发现中,康德为马克思提供了起点,即"社会化的人",或阿德勒所说的"社会化"(sociation, Vergesellschaftung)。马克思转而系统阐述了社会化概念,以此为社会生活的因果说明提供了先验辩护,就像康德为物理世界的因果说明提供先验辩护那样。所以,与某些形式的新康德主义不同,奥地利马克思主义并不想把人的领域和物理的领域当作需要根本不同研究方式的领域来对待。不过,阿德勒同意,两个领域的分界线是根据精神活动的出现规定的:"因此,唯物主义的历史概念一般是关于人类心灵的活动的,根据这些活动,它确立和阐发了遍及于社会生活中的生活条件。"(Bottomore and Goode 1978:65,67)对社会意识的这种强调在奥地利马克思主义的更重要的著作中留下了痕迹。例如,在《民族问题与社会民主》(*The National Question and Social Democracy*,1907)中,鲍威尔倾向于认为,民族同一性或多或少只能来自于对共同文化的拥有,对于一位马克思主义者来说,这是一个令人奇怪的"唯心主义的"研究路径。

【308】 不过,更一般而言,这些著作在内容上没有远离第二国际的主流。希尔弗丁在他的《金融资本》(*Finance Capital*,1910)一书中,甚至为这个运动提供了最重要的经济学论著。在这本书的前言中,他众所周知地否认"马克思主义完全等同于社会主义"。对于推动资本主义走向社会主义的发展趋势所做的马克思主义的因果说明,逻辑上不依赖于这样的结果值得想望的价值判断:"承认一个必然性是一回事,为此必然性而奋斗则完全是另一回事。"(1910〔1978:23〕)

对道德自律的这种断言当然是标准新康德主义的观点。但它违背了马克思、恩格斯关于这个问题的一些散见意见的主旨,这些意见追随黑格尔,拒绝将伦理判断与因果判断做任何这样的割裂,而且至少在某些思想倾向上,似乎要求将前者还原为后者。希尔弗丁的意见超出了任何正统的考虑,甚至超出了也许是看待这一问题的正确方法的考虑,强调第二国际时期社会主义思想中贯穿的那种对立,即科学地理解将来某时由于历史必然性而引起资本主义垮台的倾向,与通过起义行动迅速达到这一结果的主观意志之间的对立。这种对立有时是在正统马克思主义与其左派反对者，主要是无政府主义者和无政府工联主义者之间的对抗表现出来的。有时它采取马克思主义自身内政治争论和理论疑难的方式表现出来。1914年之前，SPD及其同盟者的议会策略似乎出现了成功的景象，那时这种对立或多或少是可以控制的。但随着战争的爆发，战争带来的动乱接踵而至，情况就不是那么回事了。

亚历克斯·卡利尼科斯

第二十三章

法律理论

一 英国的法律实证主义，与之对应的德国法律推定主义和权益理论的开端

虽然我们可以这样来解读托马斯·霍布斯，认为他证明了对公民的责任要做规范的理解，也就是说，要按照设立君主然后服从君主这个原始协议来理解，但后来只以事实为根据的主权和责任学说在英国却占了上风。这个学说范式在形式和影响两方面，都建立在约翰·奥斯汀（John Austin）的法哲学的基础上。

在《法学讲演》（*Lectures on Jurisprudence*，1861—1863）中，奥斯汀更经常提到的是德国关于汇纂法①的论著，而不是英国的判例法。但要把他算作罗马法学家或汇纂法学家，而不是算作实际上有哲学倾向的英国法学家，则仍然是错误的。尤其是他关于命令和主权的主要学说，受杰里米·边沁（Jeremy Bentham）的影响最大。而这没什么可奇怪的。用萨拉·奥斯汀（Sarah Austin）的话说，奥斯汀"深怀敬意地将［边沁］推崇"为"一切法律作家中最有原创性的人"（Ross 1893：382）。

奥斯汀的命令学说得出了这样的思想：命令或法律是"依职位"

---

① "汇纂法"（Pandect law）是指将欧洲大陆法律汇纂之前存在的罗马法逐一接受下来而形成的法律。"Pandect"来自希腊语，因查士丁尼的《学说汇纂》或"Pandects"而为人熟知。

而存在的（Austin，1861—1863［1885：87、171］），因为它们反映了一种权力关系，即上级和下级的关系。权力关系的事实根据是清楚的："**上级**(superiority) 一词表示**权势**(might)：即用灾祸或痛苦来左右他人的权力，即强迫他人因畏惧灾祸而使自己的行为适应一个人的愿望的权力。"（1861—1863［1885：96］）奥斯汀的学说在用于成文法时认为，命令是普遍的，是对一类行为或不作为而说的，而且权力关系中的上级是政治上的上级——最明显的是主权者本身。"由于不受**法律的限制**"，所以主权者不可能是任何有法律意义的权力关系的下级成员（1861—1863［1885：263］）。与命令学说相似，主权学说也是以事实即臣民的习惯服从为根据的。既然命令和主权学说的事实根据对于法律是充分的，因此，道德不可能是必然的（这是法律实证主义的一个主旨）："法律的存在是一回事；它的优缺点是另一回事。"（1861—1863［1885：214］）

【310】

直至进入20世纪很久，英国和英联邦国家的法律学仍然是彻头彻尾的奥斯汀的法律学。诚然，奥斯汀之所以有卓越的影响，很大程度上是由于边沁没有发表他自己在该领域的非凡著作，他的著作在概念上要比奥斯汀的著作丰富得多、广泛得多。① 如 J. S. 密尔谈到边沁的成就时所说："他发现法哲学一片混乱，他为它留下一门科学。"（Mill 1838［1875：368］）

在德国，至19世纪中期，一个有远大狂妄的抱负、与法律实证主义相对应的派别牢固确立起来了。它以法律推定主义、学说汇纂主义或如其批判者所称的**概念法学**(Begriffsjurisprudenz)之名，为人们所熟悉。在某些范围内，它取代了弗雷德里希·卡尔·萨维尼（Friedrich Carl von Savigny）的历史学派，由于乔治·弗雷德里希·普赫塔（George Friedrich Puchta）、鲁道夫·冯·耶林（Rudolf von Jhering）和伯恩哈德·温德沙伊德（Bernahard Windscheid）的努力，

---

① 边沁不但详尽阐述了法律的个性化学说、（对法律和道德共同的）单一责任概念和其他许许多多问题，而且还阐发了法律的四个"方面"（命令、禁止、允许作为、允许不作为）和用来描述它们关系的道义逻辑的基本原理（见 Bentham 1970；Hart 1982）。

直到1900年采用德国民法为止，它都是私法中的主导观点。19世纪中期，卡尔·弗雷德里希·冯·格贝尔（Carl Friedrich von Gerber）将法律推定主义的方法转用到公法中，这一发展在公法的概念化过程中引起了巨大变化，而且直至进入20世纪很久，仍占据统治地位。正是早年的汉斯·凯尔森（Hans Kelsen）本人成为它的最后一位主要代言人。

最突出的是耶林，他在《罗马法的精神》（*Geist des römischen Rechts*）早期各卷中制定了法律推定主义的细节。法律以两种形式出现，两者既"作为法律原则"，也"作为法律**规范**"（Jhering 1858：Ⅱ.2，§41 [1898：359]）。耶林还把后一种形式叫做"**祈使形式**，即命令或禁止的直接实践形式"，它提供了而后用于重组或"推定"法律原则的元素和性质的原材料。法律原则绝不只是个别法律规范的集合，而是具有自己独特性质的"法体"（Rechtskörper 1898：358、360）。推定在量上减少了材料的数量，在质上简化了法律的内在结构，因此稍微增加了法律的明晰性。推定还有"生产性的"维度，因为法律学家根据恰当的法体进行推导，填补了法律的空白。

【311】

在法律推定主义的全盛期，它再清楚不过地反映了法律形式主义明显消极的方面——例如，众所周知，法律推理中的抽象定义和范畴导致人们忽视了造成当下争论的法律问题的紧急情况。推定主义成为19世纪末德国法律科学中的著名事件，耶林本人却因对推定主义方案的彻底失望而领导运动反对它。他在1865年写道，"推定"法律只不过是试图证明法律的"**逻辑**必然性"，"因为这种努力是由深深扎根于法律自身理论化本质中的诱惑引起的，所以它曾经有某种完全的诱人之处"。不过，事实上，"这个假冒的正当理由，这个逻辑上的自我欺骗，使我们偏离了……对法律的正确理解"（Jhering 1865：Ⅲ，§59 [1906：318]）。

耶林另起炉灶，转向目的论的自然主义理论，在一部篇幅不大的著作《为权利而斗争》（*Der Kampf um's Recht*，1872）中，他第一次勾勒了这个理论的轮廓。他在该领域的成熟著作、未完成的两卷本论著《法的目的》（*Der Zweck des Rechts*，1877，1884），表现出对目的的赞美。"不是对正确东西的感觉造成了法律，毋宁说是法律造成了对正确东西的感觉。法律只知道一个源泉——实践的源泉，即目的"（Jhering 1877：xiii）。耶林将目的观念搬到法律舞台的中心。当对权益的保护被理解为达到个人目标或目的的手段，这样的问题（从权利的权益或利益理论看是很常见的）就出现了：从确定权利以保证权益着眼，哪些权益是社会应当承认的呢？（见Jhering 1865：Ⅲ，§§60—61［1906：327—368］，1877：Ⅴ）。耶林的新探讨有望成为一种社会法律理论，随着时间的推移，它导致了司法思想中脱离法律推定主义的转变。这条战线上的纷争在有关权益理论功过的持续争论中是显而易见的，权益理论的最突出捍卫者主要是菲利浦·黑克（见Philipp Heck 1932）。

二 历史主义：奥托·冯·吉尔克与亨利·萨姆纳·梅因

当"萨维尼，［卡尔·弗雷德里希·］艾希霍恩和［雅各布·］格里姆发现法律是历史的，他们并未因此为世界提供一个新的思辨体系，毋宁说，他们揭示了一个真理"（Gierke 1883a：7）。奥托·冯·吉尔克（Otto von Gierke）也如是说，但他走自己的路，他以极其广泛的"联合理论"（Genossenschaftstheorie）的名义，不但批判法律推定主义和自然法理论，甚至还批判上面引文中赞扬的19世纪初的历史学派。

凡是与法律推定主义有关之处，吉尔克都不表示同情。其基本错误，在具有推定主义倾向的公法作家的著作中最明显不过，即"过高估计了形式逻辑的力量"，这样一种对逻辑的作用的错误看法，在保罗·拉邦德（Paul Laband）那里，导致了如下有害的合并："逻辑定义与对内容的理解重合起来，逻辑推导与因果解释重合起来，逻辑分类与概念综合重合起来。"（Gierke 1883b：1110，又见 Gierke 1874：153—169，但关于拉邦德，请比较 Stolleis 1992：

【312】

456）与此相反，凡是与自然法理论有关之处，吉尔克都做了肯定的评价。如果没有正义概念，任何法律概念都是不可能的，而正是自然法理论阐述和发展了正义概念（见 Gierke 1880：318）。但自然法理论还不能说是最后定论，因为它实际没有将正义与法本身区分开来（Gierke，1916—1917：245，又见 Gurwitsch，1922—1923：95）。最后，吉尔克批判地对待19世纪初的历史学派，尤其批评它复活了罗马法的拟制人（persona ficta）学说，萨维尼将这个学说与以人为法律主体的学说相提并论。其结果是法律主体概念的分蘖，有些主体是虚构的，有些主体是有血有肉的。而这又造成了不规则的情况。如果一个法律主体是虚构的法人，那么，就不可能赋予它任何人类的意志或人类行为。而如果不能赋予它人类的意志或人类行为，那这个法人如何能要求比方说财产权呢？萨维尼自己试图用代理权概念来消除这种不规则情况，但却又造成了新的不规则情况。

吉尔克完全拒绝罗马法学说，他证明，法律人格只作为真实人格而存在，它是一个包含各种社会有机体在内的概念，国家、社团和其他联合体都被理解为社会有机体。这些社会有机体不但存在，而且表现出比它们所包含的个别有机体或人类"更高的"实在性（Gierke 1902：31—32）。它们不但有法律能力，它们"**还有意志能力和行为能力**"（Gierke 1887：603）。这些集体的或社会的有机体绝不是立法活动的产物，而是活生生的力量，是"历史活动或社会活动的反映"（Gierke 1902：24）。

毫不奇怪，这些"超个人的实在"被许多人看成是胡思乱想。不过，吉尔克仍极其顽固地想方设法为自己的观点辩护。比如他认为，不能将作为"真正有形的理想统一体"的社会有机体的存在所引起的困难，当作反对他的观点的论据，因为在对人进行考察的时候也会引起类似的困难。"社会统一体实际存在吗？固然我们无法给出它们存在的直接证据，但个体统一体的直接证据也是不存在的"（1902：19）。

即使这个类比不能令人信服，即使吉尔克未能更普遍地说服其他众人同意他的观点，但他对法律概念和社会事实的出色改造，连同他对传统的卓越批判，为这一领域带来了新的光明。此外，吉尔克关于中世纪和文艺复兴时期自然法理论家的著作，深入透彻、细致翔实、学识渊博，至今都是无与伦比的（见 Gierke，1868—1913）。

吉尔克和亨利·萨姆纳·梅因爵士都被看成是 19 世纪末的历史主义者，两人的研究形成鲜明对照——吉尔克拥护大胆甚至狂妄的理论，梅因则对各种形式的高级理论都深表怀疑。作为对奥斯汀的批评，梅因指出，主权和命令的学说并不总是强制性学说，他以并入英印帝国之前印度旁遮普地区为例。旁遮普曾经由单独一位酋长 R. 辛格（Runjeet Singh）统治着，乍看上去，他就好像是奥斯汀所说的主权者的样板。"他是绝对专制的，维持着最完善的秩序"。不过，更严密的考察揭示出，这位酋长没有制定任何法律，没有发布任何命令。"规范其臣民生活的规则来自于他们远古的习俗，这些规则是由家族或村社内的内部法庭实施的"（Maine 1875〔1888：380—381〕）。梅因并不认为奥斯汀的学说是错的，而是认为它们的运用是有限的，是以作为主要法律形式的立法为前提的（见 1875〔1888：385〕）。法律可以采取其他形式，而当它采取了其他形式，奥斯汀的学说就不适用了。

梅因对自然法理论的批判不大成功。他对高级理论的反感，对中世纪发展的完全漠视，成为枯燥无味讨论的前兆。"在逻辑上"，自然法"蕴涵着自然状态"，梅因实际上证明，既然后者不存在，那么也不能说前者存在（Maine 1861〔1963：70，又见 84—88〕；Pollock 1906〔1963：396—401〕）。不过，这完全是将历史事实与理论规诫混淆了，好像作为历史事实的"自然状态"的存在，不知怎么对于根据自然法理论所做论证的有效性本来就是必不可少似的。

梅因对法律和社会的进化，对关于法律变化的说明，有最强烈的兴趣。社会生活的最初阶段狭义上说是前法律的。"父权专制主义"（Maine 1861〔1863：8〕）反映了社会的男系起源，可以当作审判与惩罚的起源,因而它并不反映任何法律形式的运用。法律运用是后来在"习惯法时期和习惯法受特权制度监管时期"才出现的(1861[1963:12])。一个与之有关的发展是习惯法在法规上的具体化,而在这一点上,"人们开始感到停滞的社会与进步的社会之间的区别"(1861[1963:21])。进步社会的法律对社会需要有灵敏的反应,而停滞社会的法律则对社会需要起束缚作用,因而应当"使它与社会协调一致起来"。完成这一任务的手段是"法律拟制、法律公平和立法"(1861[1963:24])。梅因将法律拟制(legal fiction)泛泛地理解为"任何这样一种假设,它[隐瞒]或佯装隐瞒法律规则已经发生变化的事实"。因此,"事实是:⋯⋯法律已经完全被改变了;而拟制是:法律仍然保持它过去一直那个样子"(1861[1963:25])。正是借助这些手段,如卡尔文·伍达德(Calvin Woodard)所说,法律发展出它"自己的内在方法,这方法增强了它的创新性、灵活性和应付千变万化社会环境的能力"(Woodard 1991:233)。

我们在历史主义和保罗·维纳格拉多夫(Paul Vinogradoff)所说"历史法学"(Vinogradoff 1920)题目下所理解的许多东西,是当今法律人类学这个过去50年生机勃勃领域的研究主题。梅因是该领域的先行者,在那里他继续受到关注。

三 美国法律实在论的先驱:奥利弗·温德尔·霍姆斯和罗斯科·庞德

奥利弗·温德尔·霍姆斯(Oliver Wendell Holmes)在《习惯法》(*Common Law*, 1881)一书中,在他的短论,其中最著名的"法律之路"(The Path of the Law, 1896—1897)中,在他的许多司法意见中,预见到了20世纪20年代末和30年代出现的美国法律实在论中的主要论题。第一,如他的格言:"法律的生命不在于逻辑:法律的生命在于经验"(Holmes 1881:1)所强调的那样,他有力地反驳了形式主义。第二,据证明与他的反形式主义论证相对应，霍姆斯断言法官的判决——同其他立法者的判决一样——是建立在政策的基础上的。第三，他强调用预断代替传统的"公理"或"推定"，他写道："对法庭实际将怎样做的预言，而且没有什么比这更狂妄的，就是我用法律所指的意思。"（Holmes, 1896—1897: 461）

霍姆斯的反形式主义论证在他对权利和义务的分析中最为明显，因为权利和义务也"无非是预言"（1896—1897: 458）。由于做出承诺而承担的契约义务只不过意味着，"如果所承诺的事情未实现，你就有责任支付赔偿金"（1896—1897: 462, and see Holmes 1881: 299—300）。于是，你就有一个选择——履行承诺或支付赔偿金。不过，这一"选择"理论很难与"义务"的含义一致起来，因为，一旦承担了义务，它就被认为排除了履行义务之外的一切选择。如 W. W. 巴克兰（Buckland）所说："你没有购买赔偿权，你购买的是一匹马。"（Buckland 1945: 98）而且，如弗雷德里克·波洛克（Frederick Pollock）所反驳的那样，虽然"使一个人违约是错误的"（Pollock 1941: I, 80），但如果"选择"理论果真是正确的，那么，违约就不可能错。的确，巴克兰和波洛克正采用了霍姆斯所拒绝的东西——权利确定性的客观标准。

在《习惯法》一书反对形式主义的论证中，霍姆斯讨论的是19世纪德国的法律理论。在他的司法意见中，他对形式主义的批判也是显而易见的。在《洛克纳诉纽约州一案》（*Lochner v New York*, 1905）中，最高法院裁定，纽约州限制面包房每周工作时间的法令是违宪的。法院认为，该法令破坏了雇主和雇员之间的"合同自由"，这个概念据称是从关于自由的第十四修正案的用语中引来的。可以证明，法院的这个判决是形式主义的。作为实现法院维持现状这个既选目标的手段，法院采用了"合同自由"一语——这是在雇主与雇员之间甚至明显缺少大致平等的讨价还价能力情况下的一个发明——并以此驳回引起对原来的法规发生质疑的那个议题，即纽约州从事过度劳动的面包师助手所处的困境。法官霍姆斯在一份尖锐的反对意见中写道："第十四修正案并未将赫伯特·斯宾塞先生的**社会静力学**规定为法律。"他又说，大多数人已经拒绝自由放任经济学，"我的同意与否与大多数人将他们的意见在法律中具体化的权利没有关系"（Holmes 1905［1992：306］）。

罗斯科·庞德（Roscoe Pound）的早期著作在某些方面可与霍姆斯相媲美。庞德尤其通晓19世纪德国法律理论——霍姆斯及其他任何人都无法与之相比——他也怀疑他所认为的欧洲大陆的形式主义。与霍姆斯一样，他将矛头指向他在判例法中所见到的那种形式主义。在洛克纳一案中，"合同自由概念被当作逻辑推演的基础"，而其结果却是自相矛盾地判定："根据［合同的］实际运作的检验来看，合同破坏了自由。"（Pound 1908：616；Pound，1908—1909，and see Hull 1997：64—74）

庞德为"社会学的"法律观辩护（Pound 1907：609）。法律"不是为科学而成为科学的。因为它是作为达到目的的手段而成为科学的，所以，应当根据它所达到的结果，而不是根据它的内在结构的严密性对它做出判断"（Poumd 1908：605）。这些话晚年的耶林也许已经写下了，而庞德利用耶林的例子，实际上着眼于发展一种社会权益理论。要使对庞德所喜欢的"结果"的评价高于对形式主义传统的概念严密性的评价，需要进行经验的研究，但经验研究并不是庞德的强项。经验研究的要求，连同各种明显混合性成果，都有待于20世纪20年代末和30年代实在论运动的蓬勃发展才会出现（见 Schlegel 1995）。

四 斯堪的纳维亚的法律实在论先驱：阿克塞尔·安德斯·黑格斯特伦

瑞典哲学家阿克塞尔·安德斯·黑格斯特伦（Axel Anders Hägerström）早年主要受康德的影响，而且当时在乌普萨拉受到欢迎的 C. J. 博斯特伦（C. J. Boström）的唯心论形而上学（博斯特伦主义）也引起他的强烈反响，因此他最初将注意力集中在康德哲学中的问题上（见 Hägerström 1902）。他向经验主义的转变是以认识论方面的一部早期主要著作为标志的（见 Hägerström 1908）。然后他转向价值论，后来转向法律哲学和罗马法。

关于价值判断，黑格斯特伦写道：除了审判团的快乐与否，"价值本身毫无意义"（Hägerström 1910，1929：152［1964：68］），这个立场代表了他的明确怀疑论的观点。尽管有这种毫不妥协的情绪，黑格斯特伦在他的法学著作中，仍不但提供了对法律"意志论"的透彻的批判研究，而且还提出了新颖醒目的法律语用理论的基本原理。

黑格斯特伦拒斥有关法律权利、法律责任等的一切还原的解释，认为这些解释是毫无根据的，作为他的罗马法论著的一个主题，他把法律责任说成无非是"一个人神秘地受另一个人的约束"（见 Hägerström 1927）。他所使用"神秘的"、"魔术般的"等语令人困惑不解，使得大多数批评者随即不再深入思考他的著作。比如，沃尔夫冈·孔克尔（Wolfgang Kunkel）声称黑格斯特伦的论点"落后于时代"（Kunkel 1929：485），朱利叶斯·宾德（Julius Binder）祈求的则是黑格斯特伦的"法律虚无主义"的幽灵（Binder 1931：280）。实际上黑格斯特伦被误解了。为了说明民法基本概念的起源，将它们追溯到古代对神秘力量的信念那里，如黑格斯特伦所做的那样，是有启发性的。同时，他对这些概念的解释预示了当今人们所熟知的要用的法律语言（见 Olivecrona 1953：xiii – xviii；Olivecrona 1971：240，245—246）。黑格斯特伦的同代人中——除了他在乌普萨拉的年轻同事——只有厄恩斯特·卡西尔（Ernst Cassirer）在 1939 年写于哥德堡的著作中，似乎承认了他的这一贡献（见 Cassirer 1939：89）。黑格斯特伦特别证明，在比方说所有权转让中的操作语言——"我兹将这块布莱克艾克地产转让给你"——中的含意不能理解为描述了说话者的意向。恰恰相反，说话者的意向"以宣布"或说出那个操作语言的"行为""作为其内容"，操作语言一旦被宣布，就引起了所欲求的法律关系的变化（Hägerström 1935［1953：301］，又见 Hart 1955：370）。

由于他的哲学天赋，由于他与传统的彻底背离，也由于他的人

【317】格力量，黑格斯特伦深深影响了一代"斯堪的纳维亚法律实在论者"，其中有威廉·伦德斯泰特（Vilhelm Lundstedt）、卡尔·乌利韦克罗纳（Karl Olivecrona）和引人注意的阿尔夫·罗斯（Alf Ross），他的博士论文在哥本哈根被否决之后，黑格斯特伦将他置于自己在乌普萨拉的卵翼之下。现已证明，斯堪的纳维亚法学现实主义对20世纪中期欧洲法哲学的贡献是根本而深远的。

斯坦利·L. 保尔森

第七篇

宗教哲学与艺术哲学

第二十四章

对信仰的怀疑主义挑战

19 世纪 70 年代，欧洲 19 世纪的科学理性主义如日中天。随后一直到 1914 年，法国、英国与德国的哲学家和有影响的文学家，对宗教展开了几次重要的批判。

一 法国的宗教批判

在法国，孔德（1798—1857）是 19 世纪中叶与后期科学实证主义的领军人物与倡导者。他还表明自己是对欧洲宗教传统有重要影响的批评者。他宣称，欧洲的宗教传统已经不再可信，他试图用他接受洗礼的人道宗教（Religion of Humanity）来取代基督教。在 19 世纪的后几十年里，他的宗教著作在欧洲和北美依然具有影响。

就在孔德否认基督教的同时，他就着手根据他在六卷本的《实证哲学教程》中阐明的科学原理，建立一门宗教。在此后的著作中，譬如在四卷本的《实证政治体系》（Système de politique positive，1851—1854；英译本 The System of Positive Polity，1875—1877）与《实证教理问答》（Catéchisme positiviste，1852；英译本 The Catechism of Positivist Religion，1858）里，孔德将自己的实证哲学思想（见 chs. 1 and 18）与人道宗教观联系在一起。他的一些弟子否定后一部著作，认为它对于孔德的实证主义完全是不入门径的多余之作。不过，从孔德的早期著作中可以清楚地看出，创立一门新的人道主义宗教是孔德实证计划中不可缺少的组成部分。天主教教义业已证明有很大的社会功效，这给孔德留下了深刻的印象，人道宗教可以看成是他为模仿天主教的仪式和组织而将其世俗化所做的一次努力。他着意倡导的人文宗教旨在效仿天主教团体及其组织形式，并试图将其世俗化。赫胥黎将孔德的新宗教称之为"天主教减去基督教"。对于孔德的宗教仪式的细节不必一一列举。我们只要说它是用对人性（"伟大的存在"）的崇拜来取代对上帝的崇拜就足够了。孔德的努力从一开始就显得根据不足。也许可以猜想，他的努力经常会受到人们的讥讽，因为他假定了"伟大的存在"，因而就似乎"倒退"到他早先谴责的形而上学那里去了。

【322】

不过，就孔德而言，重要的是他重新建立人道主义宗教时的激进做法。当同时期的其他哲学家（黑格尔主义者、新康德主义者、英国唯心主义者）试图从哲学上重新构想或采取各种方式去除犹太—基督教的历史启示中的神话色彩时，孔德却拒绝诉诸任何历史的启示或形而上学的有神论，追求一种更彻底的宗教革命。

在19世纪下半叶的法国，对宗教的科学批判，是由两位有影响的著名作家进一步推动的，他们是勒南（Ernest Renan, 1832—1892）与丹纳。这两人并非专业哲学家，但却是学识渊博的学者，他们思想敏锐，其细致与复杂程度超过了孔德。不过，他们两人都把最后的希望寄托在科学理性主义的进步上。勒南阐明了这种批判方式。

勒南的《科学的未来》（*L'Avenir de la science*）一书写于1848年和1849年间，出版于1890年。在此书中，勒南满怀憧憬，认为科学的目标就是促进对人类意识的认识。他称这一进步为内在的神性，它是在历史中日益显现出来的。勒南抛弃了能够进行超自然干预的、超越的人格神观念。他所谓的神乃是一种普遍的、通过人类意识去实现一个理想目的的神圣努力。但是，人们无法肯定勒南是否认为上帝就是神化状态中的世界过程本身，或者就是在进化的未来中实现的永恒的理想秩序。不论怎样，人们都会在勒南的科学自然主义与浪漫理想主义之间看到一种对立（即使还不是冲突）。

同样的对立也出现在勒南的大量宗教著作中，包括七卷本的《基督教起源史》（*Histoire des origins du christianisme*, 1863—1881）与五卷本的《以色列人的历史》（*Histoire du people d'Israël*, 1887—1893）。《基督教起源史》的首卷是《耶稣的生平》（*Vie de Jésus*,

1863），这部不同寻常的著作被译成多种文字，售出近50万册。此书广为流行，这在某种程度上可以从如下情况来解释：这本书以彻底自然主义的方式把耶稣当成是由当时的宗教社会氛围和事件所塑造出来的一位道德教师。由于《新约》的资料有限，勒南在写作过程中需要发挥细致的想象力，以弥补耶稣传记中许多大的空白。因此，德国和英国研究《新约》的严谨学者，认为这部传记大部分毫无价值而不屑一顾。但勒南却直觉地认为，他对耶稣的人道主义描述，把他说成是一位道德天才和深怀圣洁的人（一旦剥去了披在他身上的超自然的基督和各种神迹的外衣），将会触动深刻的宗教情感。因此，作为第一部描述详尽的、根据当时自然历史环境的各种因素来努力理解耶稣的著作，《耶稣的生平》依然具有重要意义。这样一来，自相矛盾的是，勒南所做的大量伪历史的描述，反倒将后来对耶稣的研究完全定位于历史的范围内了。【323】

　　孔德的信徒涂尔干（1858—1917）虽然不能容忍勒南或丹纳在宗教问题上的模棱两可，但与他们一样主张科学的自然主义。在涂尔干看来，宗教无疑是社会及其道德生活的批评基础。在《宗教生活的基本形式》（*Les formes élémentaires de la vie religieus*，1912）一书中，涂尔干提出，宗教的普遍性表明它在天然的社会生活中有长久的社会功能。他断言，这是一个可以进行纯科学研究的"社会事实"。宗教能够代表一个人群的集体意识，这个人群把某些有助于各个成员与社会紧密结合的态度、价值观念或清规戒律强加给这些成员。在此，我们可以看到宗教所起到的独特而关键的作用。涂尔干对宗教下了一个经典的定义：宗教是"一个与神圣的东西相关的信仰与实践的体系……它能够将个人团结在一个道德社群或教会之中"。宗教无须采用孔德为自己的人道宗教而创造的所有**装饰物**（accoutrements），因为每一个社会都会发展出自己自然的、尽管是非理性的神圣符号和制度，作为防止社会与道德混乱的屏障。这方面正在发生重要的变化。宗教是一种纯粹自然的社会现象，它不需要任何超自然的说明或特殊的启示。与此同时，宗教并非只是"残存物"，而是任何社会不可或缺的"社会事实"。

二 英国的宗教信念批判

在19世纪70年代,维多利亚时期的浪漫主义达到顶峰。在这些年间,许多英国作家发表著作,对宗教传统展开有力的批评。其中大多数批评家继承了从洛克、休谟到密尔的英国经验主义的思想遗产。他们把密尔的《逻辑体系》奉为主要指南。用莱斯利·斯蒂芬的话说,这本书"有点像圣经"。

密尔的《逻辑体系》对归纳的科学经验主义认识论做了全面阐述。对于公认的信念都会提出一个根本的问题:它是真的吗?它能经得起科学归纳的检验吗?对于那些持不可知论的自由思想家来说,科学经验主义的大敌就是求助于权威、神祇或"直觉主义",比如像当时纽曼在《论同意原理》(Essay in Aid of a Grammar of Assent, 1870)一书中[为宗教信仰]所做的辩护那样(参见本书第25章)。

在批评传统宗教,尤其是正统的基督教的经验主义者中,最著名的是克利福德、赫胥黎、菲茨詹姆斯·史蒂芬、莱斯利·斯蒂芬、斯宾塞(Herbert Spencer, 1820—1903)和廷德尔(John Tyndall, 1820—1893)。他们中没有任何人是专业哲学家,他们是科学家或文学家。然而,他们都撰写哲学论文,经常在形而上学学会的会议上进行热烈的哲学争论。这里特别关注的是克利福德、赫胥黎、莱斯利·斯蒂芬和斯宾塞的著作。

与这些作者的哲学批评密切相关的东西,是他们对宗教信念与宗教实践所做出的猛烈的道德谴责。这种谴责采取了两种形式。首先,宣判某些神学教义,譬如原罪说、代赎说与永咒说,是道德上令人厌恶的。至19世纪70年代,出现了一种越来越强烈的不可知论的思想倾向,把教士们关于人生各种深刻问题的宣告,都看成是狂妄的、不道德的。不过,这里争论的焦点不仅仅是这些教义本身表现出来的不道德性。相信虚假的或不充分的证据被看成是更为严重的问题。如果教士和神学家们赞成和吟诵教会的信条,同时却又毫不在乎地认为这些信条是难以置信的,那么,继续赞成和吟诵这些信条难道不是不道德的吗？

密尔的经验主义信徒毫不留情地向教士与神学家发起挑战。譬如，纽曼（参见本书第25章）是从道德上为这些信徒对某些教义信念的同意和说教进行辩护的。在对宗教信念的此类批判中，最令人振奋的是克利福德的文章"信念伦理学"（The Ethics of Belief 1877）。它成为经验主义者关于信念的观点的经典陈述。克利福德论证说，无论问题多么微不足道，都存在着对信念进行探讨的道德责任，因为同意一些信念会使同意这些信念的那个人接受更多的同类信念，而这就会削弱人们检验事物的习惯。克利福德警告说，"轻信之徒乃是说谎欺骗者之父"。这里的道德争论与如下问题有关：一个人是否有权相信摆在自己面前的证据——例如，我们对一艘船的适航性的信念，是通过诚实而耐心的研究达到的呢，还是因为我们信其为真的愿望、因为我们懒于怀疑而达到的呢？这艘船的航行最终是否发生灾难，与这个道德问题无关。而且，对宗教信念的同意往往是由于信念提出者的道德完美而得到保证的。但克利福德证明，以此为根据的同意是得不到辩护的，除非有理由假定信念的提出者知道他所说的事情是真实的，而且"对它的证实是人类力所能及的"。

对宗教信念的道德批判往往与对宗教知识界限的认识论探讨结合在一起。这种探讨主导着那场后来所谓的"不可知论之争"（Agnostic Controversy）。在英国19世纪的最后三十年里，这一争论同样为哲学家、神学家与科学家所关注。在1869年英国形而上学学会的一次会议上，赫胥黎杜撰了"不可知论者"一词。由于"没有一块标签来概括自己的思想"，所以，赫胥黎的论敌与朋友对他有许多称呼，【325】如实证主义者，无神论者，泛神论者或唯物主义者等。但这些称呼都不适合于描述他的观点，因为它们都暗示着赫胥黎已经获得了某种"真知"（gnosis）或某种知识。赫胥黎确信他没有获得这种知识，而且他把休谟和康德引为同道，认为不可知论者这个词最恰当地描述了自己的真实观点。赫胥黎的不可知论（agnosticism）包含两个基本原理（学说）：（1）根据人类心灵固有的限度来看，形而上学的知识、从而基督教神学的知识都是不可能的；（2）将科学的方法用于研究所有经验，其中包括《圣经》里种种历史的断言。赫胥黎及与他一道的不可知论者的著作，都有这样一个特征，即他们确信，对自然与历史的超自然解释，正在科学事实的无情压力下逐渐消失。赫胥黎高兴地报告说，如今，"瘟疫的爆发不再使人们去教堂祈祷，而是使他们去清理阴沟"。

赫胥黎的批判的真正力量并不在于他过分咬文嚼字地对圣经历史的批判，毋宁说在于他对当时有神论辩护士的神学论证中出现的语言混乱所做的分析。在此，我们可以把赫胥黎看成是 20 世纪分析哲学的先驱者，看成是这一哲学对神学论证进行批判的先驱者。一个明显的例子是赫胥黎对鲍尔弗（A. J. Balfour）的《信仰的基础》（The Foundations of Belief, 1894）一书的批判，这本书对有神论的辩护是广为流行的。比如，当鲍尔弗说有神论者相信"有创造力的理性与无限的爱融合在一起"，赫胥黎则证明这里鲍尔弗对语言的运用混乱不堪，毫无逻辑。赫胥黎对此类空洞的形而上学主张进行了逻辑分析，使之遭到毁灭性的打击。

斯宾塞与赫胥黎和斯蒂芬一样，对科学的进步和他们不可知论的思想倾向充满信心，至少在某种程度上是如此。不过，赫胥黎及其主张不可知论的朋友们，对斯宾塞哲学中的半宗教情调与形态表示怀疑。在他们看来，斯宾塞的哲学包含了一种相当不合逻辑的先验学说，这个学说假定了斯宾塞称之为"不可知物"的永恒力量。斯宾塞并不是一位经过专门训练的哲学家。他是一位博览群书的读者，他具有进行综合的非凡敏锐性，能将他人的思想东拼西凑成他自己的 10 卷本《综合哲学体系》（System of Synthetic Philosophy, 1862—1896）。

斯宾塞的《综合哲学体系》的第一卷是《第一原理》（First Principles, 1862），虽然它出版于赫胥黎杜撰"不可知论者"一词之前，但人们却把它看成是对不可知论原理的第一次全面探讨，因此被称作"不可知论的圣经"。在《第一原理》中，斯宾塞试图表明，终极的宗教概念（无神论，泛神论，有神论）与终极的科学观念（空间，时间，物质），都代表了在理性理解之外的种种实在。与此同时，我们无法使自己摆脱对于这些实在的意识。也就是说，我们的理智的局限确实暗示出"我们没有思考、也不可能思考的某种东西的存在"。然而，在斯宾塞看来，我们对"绝对者"（the Absolute）的意识不仅仅是对我们的知识的否定，它还是在我们意识中持续存在的某种肯定的东西。孔德的实证主义的结局是对形而上学和超越的东西"永远说不"，而斯宾塞却坚持认为，他的不可知论，尽管它是无知的，但强调要"永远说是"（Everlasting Yes）。这既不是一种唯物论，也不是一种无神论。在这里，他将科学与宗教（当然这是一种避免诉诸任何天启、人格神或其他"渎神的"拟人论的宗教）调和了起来。

【326】

斯宾塞努力净化有神论传统，为进化论过程辩护，但是他的这番努力并未得到英国哲学家的恰当认可。布拉德雷曾经指出，"不可知物"的"提法"似乎是"把某物当成上帝，之所以如此，只不过是因为我们不知道它是何种魔鬼"。对于许多敏锐的批评家来说，斯宾塞的论述中的逻辑混乱，完全是因为他虔诚地打算给蒙昧状态注入一点精神安慰。尽管如此，斯宾塞哲学的重要意义在于如下事实：他为有教养的中产阶级提供了一种至少对他们有吸引力的哲学：这种哲学将科学与宗教在渐进的拉马克式的进化论世界观的范围内结合起来。不过，到了19世纪90年代，斯宾塞、斯蒂芬与赫胥黎的不可知论学说受到广泛质疑、风光不再。具有讽刺意味的是，他们并非是十足的不可知论者。他们的著作留下的更为长期有效的遗产，也许就是他们增强了早期不可知论的敏感性，这种敏感性促成了对一切假定的独断论发出挑战，不管这些独断论是宗教上的还是科学上的。

三 德国的宗教批判

在1870年与1914年间，德国对宗教的批评采取了两种值得注意的形式。第一种形式是为科学的和哲学的唯物主义进行辩护的组成部分。这一辩护运动开始于19世纪50年代，其主要人物包括科学家福格特（Karl Vogt, 1817—1895），莫莱萧特（Jacob Moleschott,

1822—1893）与毕希纳（Ludwig Büchner，1824—1899）。他们撰写的许多流行著作，后来一版再版，译本无数。因此，对宗教展开的唯物主义批判，在19世纪后期的几十年里一直持续不断，后来通过海克尔这位年轻科学家和哲学家的广受欢迎的著作得到进一步的发展。

海克尔把达尔文的进化论法则看成是自己的一元论哲学的关键。他预见到，这些法则将会解开"宇宙之谜"（the riddle of the universe），此语正是他那部广为人知的著作《宇宙之谜》（*Die Welträtsel*，1899）的英文书名。海克尔特别批判了各种形式的神学二元论，他认为自己的一元论否定了对上帝、目的论、自由与不朽的信念。不过，他并不认为自己完全是一位唯物论者。与斯宾诺莎一样，海克尔将唯一的"实体"视为永生的、有生命力的物质。在其晚年，[327] 海克尔接受了一种彻底的泛神论和似乎沦为一种浪漫主义**自然哲学**（Naturphilosophie）的泛心论，而他早先曾经批评过这种自然哲学。到了1914年，这些唯物主义者提出的种种形而上学主张和教条主义的还原论，受到广泛的批评，失去了往日的魅力。

德国对宗教批判所采取的第二种形式，见诸于哲学家尼采的著作（参见本书第19章）。它从心理学、认识论和道德的角度，对基督教进行了有力的批判。虽然它的言辞夸张，但在一个世纪后仍然意味深长。

根据尼采的判断，现代世界处于他称之为虚无主义的文化衰落状态。他将这种虚无主义与"上帝死了"（death of God）联系在一起，而人们对于"上帝死了"这个说法经常产生误解。尼采并不把上帝之死看成是现代哲学分析的结果。确切地说，它是一个将要实现的文化事实，但人类尚未完全了解这一点。因为，"上帝死了"就等于把我们最珍视的价值的最终根据和支柱去掉了。两千年来，西方文明从上帝那里得到了"汝当如何"与"汝不可如何"的信条，但当人类意识到上帝死了这个事实时，就会爆发出疯狂，因为"这里无人发出命令，无人服从，无人越轨"。人类将陷入一个可怕的两难境地：宣告上帝死了就等于否定任何事物具有终极的意义与价值；而信仰上帝就等于生活在一个虚构的世界中。尼采探讨了这样一个有趣的思想：正是基督教本身所鼓励的对真理的追求导致了基督教自己的死亡。

尼采对宗教批判的第二主题，就是他所提出的至关重要的"权力意志"（will to power）思想，他将这一思想用于说明基督教的起源和发展。尼采深受当时进化生物学的影响。在他看来，人类也是一种动物，必须从自然主义的角度来理解，他将人类的"道德"追溯到人类**超道德**的自然主义起源那里。不过，尼采在这里与达尔文分道扬镳，提出了多变的"权力意志"这个关键概念。"权力意志"与达尔文所说的生存斗争中的适者生存不是同样的东西。在尼采看来，自我增强（self-enhancement）不仅是与高等物种相关的问题，而且是与高等个体相关的问题。高等个体为了把握生命而拿生存本身去冒险。这种"权力意志"是自然界最基本的事实，这个事实"不是自我保存，而是进行占有、主宰、增长和变得更加强壮的意志"。"权力意志"不依赖于有意识的意向，尼采将认识本身视为"权力意志"的一种形式，将解释活动视为征服的手段。

尼采用"权力意志"概念来批判基督教。尼采把基督教尊为"神圣的"东西，看成是"对生命的宣战……对生活意志的宣战"。在这种堕落的来世意识的根子里，有一种**愤怨之情**（ressentiment），即犹太人与早期基督徒对罗马的贵族优胜者的愤怨之情。事实上，这种愤怨之情就是"权力意志"的表现，基督徒将罗马优胜者的文化价值（高贵、力量、美）颠倒过来，以此为软弱无能的价值（贫困、厌世的忧伤与苦难）复仇。尼采将此称为道德上的"奴隶反叛"，认为此乃西方堕落的根源。因为在民众那里"彼此互爱"源自对其优胜者的恐惧，所以，奴隶道德是一种民众道德。而对于肯定生命的"主人的道德"，它的全部价值都被斥之为罪恶的东西。【328】

尼采对耶稣的评判是相互矛盾的。他敬重耶稣的正直（这里"只有一个基督徒，而他死在十字架上"）。但他也从耶稣身上看到了东方人所达到的来世宁静的原型——一种充满无条件爱的、不事反抗的生活，一种在精神上充满童真的、幼稚的生活——把它看成是一种本能的"虚无意志"。不过，尼采对基督教的情绪激烈的批判，主要是针对使徒保罗的，他认为保罗完全歪曲了耶稣的教诲，自己虚构了基督教的历史。尼采认为保罗提出的因信称义学说，是因为他自己达不到耶稣提出的非同一般的道德要求而进行的狡辩。这个学说也使基督徒采取了双重的真理标准。有些事物是通过理性认识的，其他事物只能通过信仰来认识。尼采断言，"信仰是**否决**科学的。"任何人都没有"权利"完全相信某物；相反，人应当有勇气**抨击**自己的信念。尼采期待彻底的"价值重估"时刻的到来，期待新的人类生存方式。这些价值将要体现在某个新人身上，这就是尼采所说的超人 (*Übermensch*)。超人将是"上帝的继承者"，他亦将取代虚无主义的人类，因为他同样需要征服这样的人类。超人将通过自我约束（self-discipline）把权力意志引导到自我克制（self-mastery）上。他将克服自己的激情，升华自己的本能。超人将比对待自己更温柔地对待他人。他将长出利爪，但不使用它们。他将过着酒神一般的生活，他热爱命运（*amor fati*），具有积极对待生活的本能，尽管他不相信任何终极的**目的**(*telos*)。对于他所认为的充满愤怨的人类，尼采给他们提供了一种新的自然主义的宗教观。他建议用超人来取代上帝，用某种形式的自我克制来取代神恩。

詹姆斯·利文斯顿

第二十五章

为信仰辩护

在1870年至1914年间,出现了为宗教经验和宗教信念进行的新的哲学辩护,出现了新的信仰哲学。这些哲学活动针对当时占主导地位的科学实证主义及其唯物主义的、行为主义的学说展开了批判。要说明这些哲学活动,最好是根据法、英、美、德四国不同环境下有代表性的思想家的著作。

一 法国对宗教信仰的辩护

在法国,这些新的唯灵论哲学的发端可以追溯到19世纪初几位有影响的哲学家那里,如迈内·德·比郎（François – Pierre Maine de Biran, 1766—1824）等。迈内·德·比郎证明,研究人类意识务必从人类意志及其努力的独特经验入手,否则,对知觉、记忆、习惯与判断仍然无法做出解释。真正的哲学一定会坚决主张自由意志与有意行为,会表明信仰与宗教是急需的或必要的东西。后来布特鲁（Emile Boutroux, 1845—1921）与柏格森的著作都对这些方面予以关注。在《论自然规律的偶然性》（*De la contingence des lois de la nature*, 1874）一书中,布特鲁抨击一切形式的一元论唯物主义和决定论。他证明,单靠自然规律最终提供的说明是不充分的,就像人们在进行说明时,从一门科学的规律转向另一门科学的规律,譬如从物理学转向生物学,又转向社会学与历史学所表明的那样。在《自然规律的观念》（*Ideé de la loi naturelle*, 1895）一书中,布特鲁进一步证明,人类心灵的活动是整体性的,必然会调动整个人,这种活动预示着会导致艺术、道德、宗教等创造性活动的某些精神需要。

在法国，对科学行为主义的最有影响的批判来自布特鲁的学生柏格森的"活力论"或生命哲学（参见本书第 5 章）。柏格森对人类的心理经验进行研究，把它当作一个途径，用来对抗由机械论学说和行为主义心理学提出的各种主张。柏格森对科学行为主义的批判的关键，以及他为形而上学和精神生活所做辩护的关键，均在于他对时间的研究，即他对绵延、记忆、人类自我的研究。柏格森论证说，我们人类具有对我们自己的流变中的自我的意识，这种意识是比科学抽象更真实的实在模式。经验告诉我们，我们是独立的存在物，而且把实在理解为一个独立的诸多绵延的共同体更为恰当。科学抽象无法公正对待这种独一无二的具体性和流动性。柏格森对精神形而上学的贡献，在他于 1911 年给一位调查者的信中最充分地显示出来：

> 在《论意识的直接材料》（*Essai sur les données immédiates de la conscience*, 1889）一书中，我强调了自由的存在。在《物质与记忆》（*Matière et Mémoire*, 1896）一书中，我希望成功地证明灵魂的实在性。在《创造进化论》（*L'Evolution créatrice*, 1907）一书中，我把创造描述为一个事实。由此，存在就凸现出来了，这里不需一个随意进行创造的神，不需物质与生命的创造者，而是通过物种的进化与人格的塑造来达到的。(Études, 20 February 1911, 引自 Dansette 1961: 317)

虽然柏格森不是一位传统的有神论者——他的上帝是创造进化本身——他赞成一种有神论的世界观，开辟了通向科学知识完全无法把握的真理之路。他在这方面取得的广为人知的成功，对于促进其他形式的有神论辩护（theistic apologetic）有重要意义。

与柏格森同时代的一批思想家，基于法国的"唯灵论"哲学传统，发展出用于基督教护教学事业的独特的"行动哲学"。"行动哲学"的主要代表人物是布隆代尔。在《行动》（*L'Action*, 1893）一书中，布隆代尔提出了他所谓真正的**基督教哲学**，以此来证明哲学自身的局限，证明人类是无法自给自足的。他论证说，人类自我自然而然地追求超越自然的东西,也就是说,它具有对超越者或超自然者的需要。

布隆代尔的哲学据称完全是自主的和现代的,他这里的意思是,他的哲学追求**内在**的方法,或追求一种人类经验的现象学,它表明了人类的精神需要与追求。布隆代尔坚持认为,现代的内在方法需要一种**行动**哲学,布隆代尔的批评者们经常误解了行动(action)这个词。在布隆代尔看来,行动不仅仅是运用意志,因为思想本身也是活动的一种形式。在我们的意识生活中,没有任何东西不是单个主动的。因此,抽象地把思想、本能、意志、信任或信仰孤立起来的做法是错误的。"行动"就是布隆代尔用来描述它们的聚合的一个词。经验表明,人们具有一种实现目标的愿望——而且,自我的这个意愿或锲而不舍的追求,总是以不达目的或失败而告终的。布隆代尔将潜在的、自愿的意志(la volonté voulante)说成是生命通过外显的或被迫的意志(la volonté voulve)而做的不断努力,以使自己的能力充分发挥出来。但被迫的意志从未得到完全的满足。有些个人通过某个有限的对象或原因,诸如政治意识形态等,来寻求无限者本身。

正是我们的潜能与成就之间的差距,开辟了达到超越者的途径,我们发现超越者是**内在**于我们而非**属**于我们的。超越者不是我们能够完全概念化或客观化的东西。于是,我们便有了一个选择:我们可以把某个有限的目的当成我们的安全和安逸的源泉;或者,我们通过"禁欲"的行动和自甘屈从,将我们的意志交付给无限的超越者或上帝。布隆代尔的结论是:哲学只能把对上帝或超越者的需要当作一个假设指出来;而真正的信仰要求个人的选择,即要求一种自甘屈从的行动。因此,只有在实践中,对上帝的知识才会成为现存的实在。内在的方法不能提供有关超越者的**实证的**知识,而只能揭示我们人类的需要,只能指出这个"不确定的超自然者"。

二 英国与美国对宗教信仰的辩护

1870年也是英国思想界发生转折的一年。英国的经验主义传统——从洛克经由休谟到密尔的《逻辑体系》——开始遇到来自两条战线的挑战。其一是新兴的英国唯心主义运动。其二是由一群形形色色的彻底经验主义者与哲学实在论者代表的思潮，他们断言密尔的科学归纳法的继承者与赫胥黎不可知论信条（参见本书第24章）的继承者既不是十足的经验论者，也不是彻底的不可知论者。后一种形式的批判是以1870年纽曼的《论同意原理》一书的发表为标志的。

纽曼这部为信念辩护的著作是针对具有洛克以来的英国经验主义特征的唯证据论的。洛克提出了一个有影响的信念标准或信念伦理学（参见本书第24章）。洛克要求，一切同意都应与证据成正比。纽曼认为洛克的这个要求是一个忠告，与人类的真正实践无关。有许多真理是无法证明的，然而，每个人都会无条件地接受它们，譬如自由意志的存在等。纽曼进而证明，"相信你无法绝对证明的东西"是完全正当合理的。因而，在考察人类的信念活动时，完全专心于自然科学中所用的那种证据证明的做法是错误的。纽曼主张，关于信念的研究应当首先将同意与推断做比较。根据洛克及其后来追随者的观点，推断与同意是同样的内心活动，而且这里只能有依条件而定的同意程度，所以，或然性不可能导致确定性。

纽曼对此表示异议。他论证说，推断与同意并不是一回事，因为其中一个出现时，另一个可以不出现。而且，推断与同意并不是按比例变化的。譬如，好的论证往往并不能博得同意。大多数个人同意并达到确定性，是通过纽曼所说的"隐含形推理"过程，即一种非形式的推断过程。它涉及或然性的积累和收敛，通过这种积累和收敛，各个有条件的推断可以并确实转变成无条件的同意，即转变为相信的意愿，转变为根据这些收敛的或然性而采取行动。如果将这些或然性分开来，其中无一会得到证明。整个非形式的推理过程大于、且不能还原为其各部分之和。再者，这一非形式的推断过程是个人活动，在甲之为证据的东西，在乙却往往并非如此。所以，我们发现，在某一领域的权威，譬如艺术鉴赏家，有可能证明是一位毫无可取之处的政治评判者。纽曼将这种非形式的具体推理的能力称为**推理感**（illative sense）。归根到底，每个人在自己的推理过程中都会有某些"先入之见"或"先行考虑"。

纽曼提出的信念哲学显然是为宗教信念辩护的，根据这一辩护，同意与确信是通过一种有别于科学情况下的不同推理方式达到的。而且，纽曼意识到人类推理和认知的多样性，比方说，它们可以分别适合于艺术家、化学家和宗教信仰者。在此，纽曼显示出他自己的思想的现代性。然而，科学经验主义者对纽曼提出批评，认为他创造了一门卓越的信念心理学，但却完全没有顾及正确信念或真信念的规律问题。不过，纽曼对于信念的理解经常被人们误解。他并没有提出所谓的盲目任性的"信念飞跃"，正如他没有提出对信念采取不可知论的悬置一样。纽曼认为宗教信念是一种理智活动。一个人不是"飞跃"到同意或确信上的，毋宁说是逐渐达到这一点的。纽曼做了一个烧开水的比喻。水在加热时越来越热，但并不沸腾，一旦达到沸点，就沸腾起来，因为水在达到沸点时发生了决定性的质变。纽曼称之为"推理感"的人的推理过程与烧开水的情况类似。在信念活动的过程中，既有先前可以测量的证据（"或然性"）的程度，也有同意活动中的质变。

19世纪中、后期，科学实证主义和还原的唯物主义提出的种种假定，也遇到美国心理学家和哲学家詹姆斯的质疑。詹姆斯的目的是要捍卫精神生活及其理想。在其经典之作《心理学原理》一书中，詹姆斯为能动的、自主的、以目标为导向的人类意识功能辩护。詹姆斯写道，意识乃是"一位追求目的的斗士"。他将认知者视为一个行动者，将思想视为知觉、构想与**行动**的复合。兴趣、期望和信仰，都是人类思想的实质组成部分。

【333】

詹姆斯承认，他对意志在信念中发挥的心理作用的深刻见解，其本身几乎无助于确定一个信念在何时是**正确的**或在道德上是负责任的。他在"信仰意志"（1896）这篇重要论文中探讨了这个问题，这篇文章为信念的**权利**做了辩护。詹姆斯把任何推荐为信念的东西都称之为假设。他指出，当一个人面临彼此相反的假设时，这些替选的假设对这个人具有某些能引起感情的性质。这些假设可以是活的或死的，强制性的或可回避的，重大的或微不足道的。一个活的假设，一定是在心灵的各种真实的可能性之中的；一个强制性的假设，"肯定在这些替选假设之外没有任何立足之地"；一个重大的假设，对它的选择必然涉及"十分冒险的唯一机会"。当然，在许多情况下，我们所选择的假设可能既不是活的假设、强制性的假设，也不是重大的假设。在此情况下，科学的冷静应当是理想的境界。但是，道德与宗教问题，譬如说堕胎，可以使人面临诸多活的、强制性的、重大的选择——这时就要求人们在没有完全的或令人信服的证据的情况下采取行动。

詹姆斯进一步指出，一个假设是活的还是死的，取决于我们先前的经验，即取决于某些先决条件、倾向与信念，取决于那些"假定为事实的学说"。詹姆斯不仅发现克利福德的信念伦理学过于笼统，而且还认识到，克利福德的科学经验主义是带有关于知识和真理的根本预想的（参见本书第24章）。詹姆斯坚持认为，对于这些彼此冲突的基本主张，譬如关于决定论或自由、目的或无目的方面的主张，并不存在一锤定音的验证。在考虑许多真正紧迫的不容证明的道德与宗教问题时，一个人不能只是"等着瞧"。詹姆斯认为，因为在这种情况下，怀疑论并不是回避选择，而是一种特殊的选择或冒险："宁愿错过真理也不冒犯错误的危险。"总之，这两种选择都是基于我们的情感而非只根据理性。在克利福德看来，这里的理智不是与一切情感相对立的理智，而是带有情感的理智，这情感为理智制定法则。

詹姆斯进一步断言，在许多情况下，一种信念只能通过最初的相信或期待来检验。而且，还有这样一些情况，"这时，对一事实的信仰有助于造成这个事实"，譬如在个人关系中，友谊的维系就需要先有对友谊的相信和期待。在这一点上，比方说，詹姆斯的意思显然不是指信仰上帝就能使上帝存在。不过，对于信仰上帝这件事具有敏感性，会使人关注对于一个人最终体验上帝的实在性所必不可少的一些因素，正如科学家对某些事实的关注或许能使他发现一种新的实在一样。证据将会被拒绝，直到人们运用注意和采取行动时为止。

詹姆斯在《信仰意志》一文中提出的主张，引发了一场持续不断的热烈争论。普遍的批评意见认为，詹姆斯将"一厢情愿的想法"

或轻信合法化了。这些批评有时忽视了詹姆斯对于信仰权利（right to believe）所做的小心翼翼的限定。比如，在詹姆斯看来，人们对于何种经验是与实在一致的有某些社会共识，假设的"活跃性"就在于把这种共识设想为对情绪化的无政府状态的一种抑制。而且，有些批评家未能认识到，詹姆斯的提法打算运用的范围是有限的，即它只用于如下情况：一个人感到完全被迫地在两个分离信念之间做出决断，而此时两个信念的证据都是含混不明的，而且（或者）是不能从纯科学或纯理性方面来确定的。

在英国和美国，寻求替代科学实证主义和机械进化论的第二个独特运动，是形形色色的哲学唯心主义。黑格尔的唯心主义于19世纪70年代进入英国，其主要任务之一就是重建宗教传统及其价值并为之进行辩护。在特别从事这一任务的英国唯心主义者中，有哲学家格林、爱德华·凯尔德及其兄长、神学家约翰·凯尔德。他们对牛津大学和苏格兰大学的一代学者有巨大影响。

在美国，哈佛大学的哲学家与绝对唯心主义者罗伊斯（Josiah Royce，1855—1916）起到了类似的作用。据说，在19世纪90年代，罗伊斯在哈佛大学教导学生如何将他们的加尔文主义升华为一种宗教唯心论，以此来拯救它们的信仰。罗伊斯研究工作的中心是他所感兴趣的"基督教问题"，它涉及对基督教传统及其核心观念的重新解释，其方式是通过表明这些观念是与经验和哲学思想一致的，以使这些传统和观念服从于现代人的头脑。

完成此项任务的关键是罗伊斯关于自我和社群之社会特点的构想。在《基督教的问题》一书中，罗伊斯充分阐述了自己对宗教的理解，不是把它理解为个人经验，而是从本质上理解为社群的现实。因为，人类自我既不能被自己所认识，也不能被他人作为资料所认识。自我认识只有通过与其他诸多自我的不断比较才能达到，这种比较意味着解释的社群性。罗伊斯坚持认为，个人只有通过停止作为一个*单纯*的个人，即通过对社群的忠诚，才能"得救"，而这个忠诚包括在实践上致力于实现人类的一个目标或理想。只有通过这种忠诚，【335】自我才会找到真正的自我实现，这种自我实现超出了纯主观个人生活的任意性和约束性。

在罗伊斯看来，教会这个"爱的社群"（the Beloved Community）所起的特殊作用，就是将人们从自我为中心的罪恶和不忠中拯救和解脱出来，这种罪恶和不忠是对真正社群的危害。在罗伊斯看来，人类对活生生的精神统一和理想的挑战有深刻的需求，而基督教有三个真理特别符合人类的这个需求，这三个真理的第一项就是"爱的社群"。基督教的第二个本质观念是罗伊斯所说的"个人的道德负担"。人作为社会存在者，会感到个人意志与社会意志和权威之间令人不安的冲突，人们把社会意志和权威视为敌人，而同时又认为它是正确的东西。这里是道德罪过的根源，罗伊斯认为，这种罪过不是个人能力所能抵赎的。在承认对自己的道德不忠负有责任之时，人们也意识到他们不能宽恕自己或洗刷自己的不忠行为。罗伊斯也领悟到体现在基督教第三个观念即"赎罪"中的永恒真理。也就是说，故意的犯罪与不忠只能在自我之外，通过"爱的社群"的调解而得到宽恕，在这里，由于"爱的社群"的精神，神圣的审判与救赎之爱似乎自相矛盾地结合在一起了。而且，圣灵是把不同的个人结合成一个"爱的社群"的力量，在这个社群里，人们具有共同的回忆和希冀。按照这样的理解，罗伊斯相信古代的基督教符号能够复生，能够促使未来的大同社群的到来。

三　德国对宗教信仰的辩护

在 19 世纪后期的数十年里，德国出现了对唯心主义形而上学的有力反抗。与此同时，科学唯物主义正在德国获得支持，尽管它的普及者经常因没有考虑到康德对科学的范围及其形而上学要求的限制而受到冷漠。其结果是出现了"回到康德去！"的口号，由此引起了自称忠于康德遗产的新的哲学运动的发展。这些哲学"学派"共同组成了所谓的新康德主义，大约在 1870 年至 1920 年间，它主宰着德国哲学（参见本书第 2 章）。

其中一个学派被称作马堡派新康德主义，它对发展一种文化哲学特别感兴趣,这种文化哲学包括在人类理性的范围内为宗教辩护。它所关注的问题似乎是科学、道德价值与宗教的统一性的破裂问题。这一学派的两位领军人物是柯亨和纳托尔普。他们为宗教或上帝的观念辩护,把它说成是一个统一的理想,将我们的自然知识的一致性和真理性的保证者——即理论因果性——与道德或伦理目的论统一了起来(柯亨),或把它说成是促使人类**文化形成**(Bildung)的感觉和力量(纳托尔普)。【336】

马堡派新康德主义对20世纪末的宗教哲学影响甚微。不过,它对20世纪的新正统神学与值得一提的神学存在主义有重要影响。在1879年至1917年间,神学家赫尔曼(Wilhelm Herrmann,1846—1922)是柯亨和纳托尔普在马堡时的同事。赫尔曼也关注实证主义科学的霸主地位问题,他与这两位同事一致认为,自由与伦理意志是核心问题,并接受了新康德主义对与神学和科学的界限有关的形而上学的批判。不过,赫尔曼在运用康德的批判时,要比他的两位同事走得更远;他不仅把宗教同科学领域分离开来,而且将宗教同马堡派新康德主义的纯演绎的哲学思辨分离开来,他把这种思辨看成是理性主义的最后残余。

在《神学中的形而上学》(*Die Metaphsik in der Theologie*,1876)和《与世界的知识和道德有关的宗教》(*Die Religion im Verhältnis zum Weltkennen und zur Sittlichkeit*,1879)这两部著作中,赫尔曼论证说,科学家与哲学家似乎都不了解人类知识的真正限度。然后他进而表明,除了为科学地主宰自然而做的努力,除了哲学对知识的普遍根据的探讨,人类还有更深切关注的事情,即要回答这样的问题:如果(像柯亨所认为的那样)真有一个最高的善——它是存在之意义和目的的保证——那么,我们将如何来判断这个世界呢?赫尔曼虽然证明,与科学哲学相比,宗教信仰承认自然和人类精神都是受人格神的目的论指导的,但他又证明,这个信仰不可能得到客观上可证的证据。相反,它是一个无条件的确信,这种确信在面对自然的必然事物时,产生出道德自由感。在赫尔曼看来,科学知识与宗教之间,也即道德信仰与自由之间,并不存在任何冲突,因为这两个领域有完全不同的基础。在此人们可以看到在巴特（Karl Barth, 1886—1968）领导下的 20 世纪新正统神学的开端，可以看到神学家布尔特曼（Rudolf Bultmann, 1884—1976）的基督教存在主义的开端。在 20 世纪初的第一个十年里，巴特与布尔特曼两人都来到马堡大学师从赫尔曼学习神学。其重要成果之一就是至少在 20 世纪下半叶这段时间里，他们使德国神学几乎从对科学与自然界的关注中完全分离了出来。

詹姆斯·利文斯顿

第二十六章

艺术与道德：1870 年前后的美学

在 18 世纪，英国、法国、德国的美学（aesthetics，最早如此称谓的是鲍姆加登［Alexander Baumgarten］1735：cxvi）领域一片繁荣，从事美学研究的不仅有文学家，诸如莎夫茨伯利伯爵三世（the third Earl of Shaftesbury）、伯克（Edmund Burke）、卢梭（Jean-Jacques Rousseau）、门德尔松（Moses Mendelssohn）与席勒（Friedrich Schiller），而且有著名的哲学家，诸如哈奇森（Francis Hutcheson）、休谟与康德。在德国，在 19 世纪的前三十年里，美学仍然是谢林、黑格尔和叔本华等哲学家的形而上学方案的核心。19 世纪中叶，虽然美学在德国黑格尔学派及其论敌那里依然是哲学论著的通常主题，但它在大部分英国哲学家的研究日程上已经消失。不过，到了 19 世纪末，美学再次活跃在英国、德国、意大利和美国；从此以后，美学在整个 20 世纪一直是许多主要哲学家关注的中心。在 19 世纪后三十年及 19、20 世纪之交，美学复兴。本章与第二十七章将描述这一复兴的某些精华。本章将集中论述这一时期之初有影响的艺术观点，其中大部分不是出自哲学教授，而是出自更具名望的作家罗斯金（John Ruskin）与尼采。

从现代美学史的通常观点看，现代美学的主要事实是无利害性观念的发展，这既包括自然美和艺术美经验中的无利害性，也包括艺术创作的无利害性。无利害性观念是指：我们对审美性质的反应，我们创作艺术作品的动机，都是自主的，与我们其他一切实践的和认知的兴趣无关，这是一个特殊的维度，在这个维度中，我们可以摆脱我们通常的一切烦恼和约束，享受运用感官和想象之乐（参见 Stolnitz 1961a，1961b）。无利害性这个观念据认为是莎夫茨伯利与哈奇森在 18 世纪初提出的，后来由康德在伟大的《判断力批判》(Critique of Judgment, 1790) 一书中加以完善，并由此被叔本华的《作为意志和表象的世界》一书所采用，此后它作为"形式主义"的和"为艺术而艺术"的意识形态流传到 19 世纪后期，随之进入 20 世纪。而对无利害性观念的这一描述是有重大误解的 (Paul Guyer1993：chs. 2 and 3)。

莎夫茨伯利提出了一个狭隘的观点，即在新柏拉图主义对真善美所做的认定的另一语境下，审美反应不考虑个人的需要与拥有；而尽管莎夫茨伯利的观点是不容争议的，但 18 世纪的哲学家（唯哈奇森除外）在论述美的时候仍然认为，他们面临的挑战就是要说明我们的美的愉悦感与崇高等其他审美现象是如何根植于我们最基本的价值根源之中的。哈奇森则有一个更普遍的无利害性观念，只有康德将与此相似的观念复活了。但即使在那时，这个观念也只是作为一个复杂的辩证学说的组成部分。在这一辩证学说中，审美经验的终极道德价值被证明完全依赖于摆脱了不适当的认知与实践束缚的审美经验中的想象自由。审美无利害性与道德利害之间的这种微妙关系，席勒与叔本华以不同的方式做了表述，两人各自从审美经验所表现出来的想象自由中，看到了深远的、尽管完全不同的利益。在 19 世纪其余大部分时间里，实际上属于以前全部美学理论的一个假设流行起来，这个假设认为，美学的任务不是要确立艺术创作和审美经验不依赖于道德关切的独立性，而是要表明人类经验的这个特别自由的领域何以仍能对我们最深刻的道德关切进行补充：罗斯金与尼采等作家，采用不同的方式，旨在说明审美的道德意味，而不是否认它。即使在 19 世纪末，一般与"为艺术而艺术"的口号相联系，很少有思想家试图恢复像哈奇森的极端无利害性概念那样的东西：大部分作家都依据康德、席勒与罗斯金的传统。

一　约翰·罗斯金（1819—1900）

英国 19 世纪中叶最有影响的作家并非是哪位哲学家，而是艺术批评家、艺术史家和艺术家约翰·罗斯金。罗斯金的学术生涯历久而多产。在 1870 年之前，他就已完成了他的一些最有影响力的著作，其影响力经久不衰；其他重要著作是在 19 世纪 70 年代乃至 80 年代完成的，此后，他因身体虚弱，力不从心，几乎无所作为地度过余生（对罗斯金的经历的有益描述可参见 Landow 1985）。在这里，我们可以集中讨论罗斯金思想发展的三个主要阶段，它们都揭示了罗斯金一直假定的艺术与道德之间的深刻联系：在第一阶段，他强调了我们对自然美及其艺术表现的反应所凭借的道德基础与最终的宗教基础；在第二阶段，他明确地强调了艺术创作自由的道德价值；最后，在第三阶段，即政治的阶段，他将自己对自由的艺术创作的赞美发展成对社会主义的全面拥护。【339】

  罗斯金的学术生涯是以为画家特纳（J. M. Turner）辩护开始的，这一辩护成为罗斯金的系列著作《现代画家》（*Modern Painters*, 1843, 1846）的前两卷的基础。他论证说，特纳的绘画在许多批评家看来似乎是非写实的，可是，一旦这些画对自然的理解不是肤浅的，而是根据于大自然的无限性和统一性，这种无限性和统一性又表现了上帝这个大自然的创造者的荣耀，那么，这些画实际上就是深深忠实于大自然的（Ruskin 1995：53、61）。于是，年轻的罗斯金证明，艺术的首要作用就是将上帝的荣耀展现在我们面前（Ruskin 1995：49），要把握这一荣耀，需要充分运用他所辨明的我们的理论能力和想象力（Ruskin 1995：52）。在其早期著作中，罗斯金重点关注的是艺术天才，他认为这种天才是把握自然的无限性和统一性这些神圣属性的能力（Ruskin 1995：71），或不严格地说，是把握真理的能力（Ruskin 1995：96）。他从这种把握"真理"的能力又转到关注艺术家的真诚性或真实性，即诚实上（Ruskin 1995：86—87、104），于是，比方说，罗斯金将艺术天才所具有的不可或缺的品质划分为主体的高贵、对美的爱、诚实（Ruskin 1995：98—104）。对诚实的要求，即使不考虑罗斯金将诚实与艺术家对自然的宗教态度相联系，此后也一直是艺术批评中人们主要期盼的东西。

  罗斯金后来强调，心灵的伟大与想象力的广阔不但对于艺术家是必要的，而且对于艺术观众也是必要的。在《威尼斯之石》（*The Stones of Venice*，1851—1853）的结尾处，罗斯金首先强调了什么是对艺术家的要求，从而什么是对艺术观众的要求。首先，"迄今所说的一切都要遵从的伟大原则"是："艺术品是否具有价值，完全要看它是否表现了一个善良伟大的人类灵魂的人格、活动和活生生的感悟……如果艺术品没有这些东西，没有表现强大的人类精神的活力、感悟和创造力的话，那么它就是毫无价值的。"（Ruskin 1995：249—250）接着，罗斯金向艺术家讲了艺术家对观众所负的责任：

【340】
> 你的所有官能，你身上所具有的一切最伟大、最优秀的东西，在你身上一定是苏醒着的，否则我不会得到你的报答。画家将自己人性中的全部才具都投入他的劳作中，不是只为了使观赏者身上的某一部分快乐：不是只为了使他的感官愉快，不是只为了使他纵情于想象，不是只为了使他陶醉于情感，不是只为了使他思考，而是为了做到所有这一切。感觉、想象、感情、理性，即观赏者的精神整体，必须是静心专注的，或愉快而激奋的：否则，这个辛勤的精神就没有恰当发挥自己的作用。（Ruskin 1995：252—253）

在罗斯金看来，仅仅把美学视为关于艺术创造的理论，或仅仅视为观众接受艺术的理论，那就过于狭隘了，就如同任何理论把艺术中有意义的东西局限于纯理智、纯认知的东西，或局限于感官的快乐一样。

不过，《威尼斯之石》一书中最著名的部分，是罗斯金对中世纪艺术创作和艺术制作的参加者所享有的自由的赞美。这一论点是以艺术史比较的方式提出的，比较的一方是古典的、文艺复兴时期的、19世纪新古典主义的艺术和建筑，比较的另一方是中世纪的和中世纪复兴的艺术和建筑。尽管如此，这一论点仍属于现代劳动异化条件批判的传统，这一批判是在席勒的《美育书简》（*Letters on the Aesthetic Education of Mankind*，1795）中，当然也是在马克思的著作中首先提

第二十六章　艺术与道德：1870年前后的美学

倡的。在论及劳动分工时，罗斯金写道："真正说来，被划分的东西不是劳动，而是人们：——人们被完全划分为断片——被打破成生活的细碎片，以致一个人身上留下的全部微不足道的理智，不足以制造一颗别针。"（Ruskin 1995：198—199；罗斯金在此提到制造一颗别针所需要的理智，肯定是指亚当·斯密的一个著名例证，斯密从别针制造一例看到了劳动分工的益处；参见 The Wealth of Nations，1776，book I，ch. 1）随后，罗斯金在反对劳动分工的基础上，将他对中世纪艺术和建筑的喜爱置于古典艺术和建筑之上：古希腊建筑及其后来的复兴所要求的规则和完美，可以允许设计者一方有某种想象的自由，但这只有通过像奴隶或机器一样发挥作用的工匠的劳动才能得到实现，这些工匠必须复制许许多多的部件，其中各个部件都是由设计师完全指定下来的，因此，不需工匠运用他们的想象。然而，在哥特式建筑中，每个砖瓦匠与石刻匠都可以在有机的、逐步建起的整个建筑物的范围内运用自己的想象力。于是，罗斯金劝告他的读者，"要再走近一点，凝视古代教堂的正面……要再一次仔细观察那些丑陋的魔鬼、难看的怪物和生硬刻板毫无解剖特征的雕像：但是，不要嘲笑这些东西，因为它们是每一位石匠的生活与自由的标记"（Ruskin 1995：197）。

　　这一思路导致了罗斯金全力倡导社会主义思想，因此，从19世纪60年代起，他的许多著作都致力于达到这一目的，而很少进一步讨论艺术问题。这些著作首先是1862年出版的《直至最后：四论政治经济学的第一原理》（Unto this Last：Four Essays on the First Principles of Political Economy），继而是多卷系列文章（参见 Ruskin 1985）。【341】在罗斯金倡导受中世纪启发的社会主义思想时，天才的设计师、装潢师、诗人与政治组织家威廉·莫里斯（William Morris，1834—1896）是他的追随者。莫里斯的乌托邦小说《来自乌有之乡的消息》（News from Nowhere，1890）堪称惊人之作，尽管其影响最终比不上他为纺织物、壁纸和地毯所设计的奇妙的花卉图案（参见 Morris 1910—1915，Morris 1995，Stansky 1983）。

　　当然，在《直至最后》一书出版后，罗斯金并没有完全放弃有关艺术的写作。1870年，他被任命为牛津大学首位斯莱德美术教授，在这个位置上，他发表了各种讲演，不但谈到了更具体的绘画和设计原理，还论述了有关艺术之本质的基本问题。这些讲演值得注意，因为它们将罗斯金有关艺术与道德相联系的观点世俗化了；这是他于1858年"退出"福音派新教的一个结果。在这些讲演中，罗斯金不再把通过艺术家和观众的想象所把握的美看成是对上帝的赞美，而只把它看成是"人类两种本质性的本能——爱秩序之本能和爱仁慈之本能"的表现（Ruskin 1996：129）。对这些品质的爱，是以道德为基础的，也是以艺术美为基础的。罗斯金写道："语言的全部优点，从其根源上说，都是道德性的：如果说话者想成为真诚的，他的语言就会变得准确；如果说话者讲话时富有同情心，并且想使说的话易于理解，他的语言就会是清楚的；如果说话者讲话时是诚恳的，他的语言就会有力；如果说话者讲话时有节奏感和秩序感，他的语言就会悦耳。艺术的优点也只在于此。"（Ruskin 1996：116—117）罗斯金可以同样容易地这样描述一般艺术的全部优点。罗斯金为上述观点附加了另外两个引人注意的思想。其一，他坚持认为，艺术本身无法使人成为有道德的，至多只能提升个人的道德条件。如他所言，"你必须首先有正当的道德状态，否则你不可能拥有艺术。但艺术一旦被得到之后，艺术所反映出的活动会提升和完善艺术由以被产生出来的那个道德状态"（Ruskin 1996：115）。其二，思想成熟时的罗斯金严格限制艺术对宗教的依赖，因为他严格限制道德对宗教的依赖：罗斯金以明显康德式的语气写道，根本的人类道德本能"从宗教那里接受的既不是法则也不是特权，而只是希望与幸运"（Ruskin 1996：85）。

于是，虽然在其整个思想发展过程中，罗斯金都明确认为，人类创作和欣赏艺术品的能力是人类最根本的认知能力和道德能力的表现，但他最终的观点认为，这一点穷尽了艺术的全部意义：没有必要把艺术美视为是对上帝之荣耀的把握和赞美，而应当视为对秩序、真理、仁慈之爱的表达，这种爱是人类道德的基础，与任何神圣的法则或神圣的奖赏没有关系。

二　弗雷德里希·尼采（1844—1900）

实际上与罗斯金在牛津大学发表艺术讲演的同时，尼采这位年轻的巴塞尔大学古典语文学教授正在撰写他的首部著作《悲剧的诞生》(*The Birth of Tragedy*, 1872)。在表面上，从罗斯金确信的道德主义看（不论是其早期的宗教道德主义还是其晚期世俗式的道德主义），尼采将完美的古代艺术与可怕的、潜藏在平静的日神式生活表面下的酒神力量根本联系起来，似乎并没能取得任何进步。不过，尼采的著作并没有与传统决裂，这个传统是指在艺术对人类道德的意义中寻找为艺术辩护的最深刻的理由。尼采的道德概念与其前辈大不相同，或更确切地说，与其大多数前辈大不相同：因为他年轻时写的这部著作，深深得益于叔本华早期关于艺术与道德之间关系的论述。不论怎样，在当时更具权威的德国学院派美学的背景下，无论是激进的东西，还是传统的东西，在叔本华和尼采看来，都可以得到最佳的评价。所以，我们在讨论叔本华和尼采之前，先来考察一下19世纪中叶德国学院派美学的领军人物、哥廷根大学哲学教授洛采。

在19世纪中叶的德国大学里，学院派美学分为两大主流：其一是形式主义美学和科学美学，发端于赫尔巴特，继而发展这一学说的有费希纳、赫尔姆霍茨和齐默尔曼（Robert Zimmerman, 1824—1898），他们试图从心理物理学角度来说明我们在感知外界对象的特定方面时所得到的快感。其二是唯心主义美学，它受黑格尔死后出版的美学讲演录（1844）的影响，为菲舍尔父子（Friedrich Theodor Vischer, 1807—1887; Robert Vischer, 1847—1933）所发展，他们都强调艺术作为人类认知与自我意识出现过程中之象征阶段的意义。不过，洛采的影响最为广泛；由于鲍桑葵在1884年先后将洛采的《逻辑学》和《形而上学》译为英文，1885年又将其整个哲学体系《微观宇宙论》(*Microcosmos*, 参见 Lotze 1856—1864 [1885]) 译为英文，于是洛采的思想特别影响到英国和北美新唯心主义的发展。洛采的美学著作包括早期的《美的概念》(*Begriff der Schönheit*, 1845)、中期的《德国美学史》(*Geschichte der Ästhetik in Deutschland*, 1868) 与演讲遗作《美学纲要》(*Die Grundzüge der Ästhetik*, 1884)。他的最后一部书最为简明扼要，也只有这部书被译为英文，尽管他所有这些美学著作在德国无疑都有影响。人们经常认为洛采属于新黑格尔派，但至少在美学方面，他的观点更深地扎根在基本属于莱布尼茨的德国哲学传统中。洛采的基本思想是：宇宙是无限多样性的最终统一的舞台，对美的感知也就是对事物的多样性和统一性的感知（Lotze 1884：7［1990：11］），各种艺术在使我们获得这样理解的美方面是相同的，但在艺术媒介允许艺术向我们表现的存在的统一性和多样性的特殊方面是不同的：音乐激起我们的情感，凭借的是音乐对存在之结构的形式表现（Lotze 1884：379—447［1900：38—43］）；风俗画激起我们的情感，凭借的是画面所展示出的人类在不同的历史、经济和文化环境下的共同特征（Lotze 1884：66［1900：57—58］），如此等等。洛采强调，美是对世界无限多样性中的统一性和秩序的反映，这类似于罗斯金提出的美的概念，而且，尽管洛采不像罗斯金那样明显主张道德主义，但囿于莱布尼茨的哲学传统，他也没有必要成为道德主义者：艺术表现秩序，因为艺术的价值可以认为是理所当然的，所以，秩序的价值也可以认为是理所当然的。

莱布尼茨假定，艺术美的价值在于它表现了存在的本质秩序，叔本华和尼采确实背离了这一假定。与此同时，叔本华与（至少是年轻时的）尼采的工作是在从康德那里得来的二元论的框架内展开的。虽然叔本华的著作《作为意志与表象的世界》是1819年问世的，但经大量充实后于1844年出的第二版，在整个19世纪下半叶的影响却要大得多。在此书中，叔本华将存在分为表象的领域及其非理性的基础的实在，前者服从于来自人类认识主体的各种形式的充足理由律，后者则以与我们自己的意志无关的理由痛苦地显示给我们。《作为意志与表象的世界》第三卷在这一框架内阐述了叔本华的美学思想。叔本华论证说，艺术的美与崇高把万物的普遍本质展现给我们。与这个本质相比，我们个人的种种欲望与努力是没有意义的，并因而在我们身上引起了一种没有痛苦的、纯粹的、静观的、没有意志的认知状

第二十六章 艺术与道德：1870年前后的美学

态，艺术的美与崇高就是以这种方式使我们从通常的、不可避免的、不能令人满意的、自私自利的意志活动中解脱出来（Schopenhauer 1844：36 ［1958：184—194］）。叔本华证明，除了音乐之外，所有艺术都有这种作用，它们将作为现象之普遍形式的"柏拉图的理念"（Platonic ideas）呈现给我们，于是，这些理念抑制了我们通常对表象世界各种殊相的欲求；而音乐只不过是"意志本身的一个复本"（Schopenhauer 1844：52 ［1958：257］）。叔本华认为，意志本身的表象将我们置于一种没有痛苦的、无意志的认知状态中，虽然这看起来是自相矛盾的，但叔本华的想法是：通过把我们的注意力集中在实在的普遍本性上；甚至（也许）尤其在涉及意志本身的情况下，我们对音乐的感受可以使我们的注意力从我们自己个人意志中那些令人沮丧的事项上转移开来（有关叔本华美学思想的讨论，可参见 Magee 1983：ch.7；Guyer 1996，Jacquette 1996 中的其他论著）。【344】

在《悲剧的诞生》里，尼采对这一学说做了大量改写（特别是叔本华对音乐和其他艺术的对比），以此来说明埃斯库拉斯与索福克勒斯的古典作品中的希腊悲剧的力量（参见 Young1992；尼采认为欧里庇得斯的悲剧作品代表了这种艺术形式在苏格拉底理性主义影响下的一种衰落）。根据叔本华的说法，艺术将"柏拉图式的理念"作为特有的表象形式的代表呈现出来，这些艺术在尼采那里变成了根据日神阿波罗之名命名的"阿波罗神式"（Apollonian）的艺术：借这种艺术，"不能完全理解的日常世界"被赋予一种如同在（愉快的）梦境中才会具有的完美性。尼采断言，这一倾向是"一切造型艺术"的特征，"也是诗歌中重要部分"的特征（Nietzsche 1872：1 ［1967：34—35］）。在古希腊人看来，日神的倾向也体现在奥林匹亚诸神的身上，是人类各种不同的、可区别的生存形态的变体，这些变体是完美的，但仍然是可辨别的（Nietzsche 1872：1 ［1967：41—42］）。这一切与"酒神式的"（Dionysian）［倾向］形成对照，后者是一种认识，它是"借醉酒的类比向我们最密切地显示出来的"（Nietzsche 1872：1 ［1967：36］），使我们认识到"真正存在着的、永远痛苦与矛盾的、原始的统一性"（Nietzsche 1872：4 ［1967：45］），认识到这一点既是令人恐惧的，也是可喜的；之所以是令人恐惧的，是因为这意味着失去了个体性的全部意义，因而失去了普通人类生存的全部意义；之所以是可喜的，是因为"在酒神的魔力下，不仅使人与人之间的联合得到重新确定，而且使已经异化了的、敌对的、或被征服了的大自然，再一次庆祝她与她的浪子——人类——的和好"（Nietzsche 1872：1［1967：37］；1872：10［1967：74］）。这种酒神精神典型地表现在音乐中，而尼采的历史命题就是：悲剧原本是酒神式的，因为悲剧起源于悲剧合唱队的酒神颂歌。"每一部真正的悲剧留给我们的是形而上学的慰藉：即生命是事物的本质，尽管现象千变万化，但生命是坚不可摧、充满欢乐的；这种形而上的慰藉，出现在森林之神萨提尔合唱队所体现的澄明之境中"（Nietzsche 1872：7［1967：59］）。在尼采看来，埃斯库拉斯与索福克勒斯为一两个个别演员加强日神的作用并没有破坏悲剧的酒神本质；而只是当欧里庇得斯进一步加强了个人的作用，才破坏了悲剧的酒神本质。

在《悲剧的诞生》初版中，尼采似乎认为他关于悲剧中日神和酒神两种元素的理论，直接运用了叔本华关于表象艺术与音乐这门意志本身的艺术之间的区分，而且他说他提出的如下观点也是与叔本华的观点一致的：即对于个体表象背后的万物的原始统一性的认识，起初是令人恐惧的，而最终是令人欣慰的（Nietzsche1872：1［1967：36］）。1886 年，尼采为《悲剧的诞生》写了序言"自我批评的尝试"。在这里，他试图与叔本华拉开距离，他引用了叔本华的话："悲剧精神……会导致听天由命（resignation）"，而同时断言，自己用来肯定生命的酒神概念，"与所有这种听天由命主义……大相径庭！"（Nietzsche 1872［1967：24］）。不过，因为在叔本华看来，一个人对自己的欲望的淡漠，只能通过艺术，尤其是通过音乐，以及随之而来的对一切存在的本质统一性的认识而达到，这种淡漠可以导致作为道德之基础的对他人痛苦的同情，所以根据叔本华的观点，艺术似乎最终也能导致对生命的肯定，而不仅仅是对痛苦的屈从。叔本华的以同情为根据的伦理学，可能要比尼采关于必须完全通过酒神倾向来肯定生命的观点更传统一些。尼采的观点看起来就像是对通常伦理学概念的诅咒，但要把他的伦理学仅仅说成是听天由命的伦理学，那就是一种歪曲。

不论怎样，尼采应当明白他与叔本华的关系。很显然，尼采在《悲剧的诞生》里所阐述的艺术概念，从根本上说是肯定生命的，因此可以恰当地说，他对艺术有道德上的设想。这样来评论尼采似乎很奇怪，因为这位思想家后来自诩已经"超越了善恶"，而且其最为著名之处恰恰在于他对道德的批判。不过，尼采对道德的批判乃是对他所认为的特别禁欲的和特别自我否定的基督教道德的批判，他并不一定批判任何可能的道德，他早期对肯定生命的艺术道德的描述，看来是他自己在"价值重估"方面迈出的第一步，而不是拒绝道德价值本身的可能性。

前面说过，尼采的成熟哲学也始终以美学为基础：根据他的透视主义（perspectivism），这个世界被构想成仿佛一件艺术品，对它不可避免地会有多种多样的解释；在他对自我的统一性和实体性等传统观念的批判中，自我被理解为一件艺术品——我们不是发现自我，而实际上是像塑造文学人物那样来塑造我们的自我（参见 Nehamas 1985，esp. chs. 3 and 6）。但在这部哲学史所涵盖的时期里，对学院派美学和艺术实践影响最大的正是《悲剧的诞生》这本书；因此，我们对尼采的介绍应当到此为止（对于《悲剧的诞生》的进一步讨论，请参见 Silk and Stern 1981）。

三 沃尔特·佩特（1839—1894）

与尼采近乎同一时代的另一位人物，牛津大学的古典学者、批评家兼小说家佩特（Walter Pater），也被认为是以审美观点来看待人类整体经验的倡导者。恰恰在《悲剧的诞生》发表一年之后，也就是1873 年，佩特发表了《文艺复兴史研究》（*Studies in the History of Renaissance*，后来更名为《文艺复兴：艺术与诗歌研究》［*The Renaissance: Studies in Art and Poetry*］）；在尼采发表《善恶的彼岸》一年之前，佩特发表了自己的小说《伊壁鸠鲁的信徒马略》（*Marius the*

【346】

Epicurean，1885）。佩特经常被视为"为艺术而艺术"思想的拥护者，其原因易于从《文艺复兴史研究》的结语那样的话中看出："艺术来到你的面前，全然只要为你提供最高质量的一闪而过的瞬间，而且仅仅是为了这些瞬间"（Pater1873［1986：153］）。但如果认为佩特是一位非道德主义者，只看重艺术美与自然美的快感作用而无视任何道德要求，就像人们如此看待尼采那样，那就大错了。恰恰相反，同对尼采的看法一样，我们把佩特看成是一位离经叛道的道德主义者更恰当，在他看来，强烈关注我们经验的质量，一种具有范式意义的由艺术所提供的质量，这本身就是人类可以享有的最佳生活方式的必不可少的组成部分与条件。有时，佩特在表达这一观点时会提出一种亚里士多德式的道德，把静观视为最高的善；因此，他在1874年发表的一篇论英国诗人华兹华斯（Wordsworth）的文章里写道："生活的目的不是行动而是静观——在（being）不同于**做**（doing）——心灵的某种禀赋：这便是以某种形式表现的一切高级道德的原则。在诗歌里，在艺术中，倘若你完全进入到它们的真正精神中，你就会在某种程度上触及这一原则：这些东西恰恰由于它们是不结果实的，因而成为一种仅仅为了观看之乐而进行的观看活动。"（Pater 1973：131；我们在本书第二十七章里将看到，这一思路导致了摩尔的伦理学，导致了"布卢姆斯伯里"团体中的艺术评论家贝尔对这一思路的运用）有时，佩特为了专心于艺术经验，提出了一种更符合传统的道德根据，他认为，"题材"的伟大乃是伟大艺术的先决条件；因此，艺术经验之所以变得重要，不仅仅在于静观本身之重要，而且还在于对某个重要题材的强烈意识之重要；于是，在后来（1889）那篇论"风格"（Style）的文章中，佩特写道："总之，就文学来看，伟大的艺术与优秀的艺术之间的区别并非直接取决于艺术的形式，而是直接取决于题材……取决于艺术所传达或把握的那个题材的质量、范围、多样性、与伟大目标的联系，或取决于它的深刻的反叛特征，或取决于它之中蕴含的宏大愿望。"（Pater 1973：88）有时，佩特提出，我们的艺术经验的意义就在于它激发了我们的想象力，使我们能够想象出某种东西来替代我们通常所观察到的现实，这至少是任何道德得以发

第二十六章 艺术与道德：1870年前后的美学

展的必要条件："所有艺术天才的基础都在于这样的能力：即根据富于想象的理智的选择，以一种新的、引人注目的方式去构想人类，用它自己的创造物的幸福世界去取代我们日常生活中这个比较卑劣的世界。"（Pater 1873 ［1986：137］）佩特不是一位哲学教授，要想在他那里寻找一种严格的道德理论，以之作为严格的美学理论的基础，那就错了。同样清楚的是，如果认为他提倡专注于不依赖任何其他人类价值的审美经验的话，那也错了；正相反，他明确认为，审美经验的价值是与人类生活中最根本的价值源泉联系在一起的，不论这些价值源泉恰好可能是什么，也不论他对这些价值源泉的设想可能与维多利亚时期的传统道德贴近或疏远到何种程度。佩特为审美经验的道德价值本身所做的辩护，在布卢姆斯伯里团体成员的著作中得到了响应，其中特别是受摩尔早期道德哲学影响的贝尔；不过，我们将看到，在人们仍为罗斯金而着迷的时候，佩特的那种看法只是极少数人的观点。

【347】

保罗·盖耶

【348】

第二十七章

形式与感受：世纪之交的美学

一 "为艺术而艺术"

在19、20世纪之交，艺术发展的流行概念是以绘画领域中自然主义向抽象派的过渡，文学领域中现实主义向现代主义的过渡为主导的。这一时期的艺术理论与美学中的流行概念是以形式主义和"为艺术而艺术"的意识形态为主导的。画家惠斯勒（James MacNeil Whistler，1834—1903）对这两个论题做出了表述。1878年，惠斯勒曾以诽谤罪起诉罗斯金，因为罗斯金说惠斯勒的作品是"把一桶颜料泼在了公众的脸上"。惠斯勒在起诉时说，他的意思是要使这幅令人不快的画去掉"任何一种外在的趣味，否则它就会依附在这幅画上挥之不去。这幅画首先是对线条、形式与色彩的排列"（Harrison、Wood、Geiger 1998：834—835）。强调艺术品的可感性质及其形式关系，同时轻视艺术品的内容及其道德、政治、宗教方面的联系，正是最普遍意义的形式主义学说。

"为艺术而艺术"的意识形态认为，艺术所提供的特殊愉悦是艺术价值的充要条件，对艺术的评价和批评不应根据道德、政治或宗教的理由。人们常说，这个观点是法国作家戈蒂耶（Théophile Gautier，1811—1872）首先提出的，他在1835年出版的小说《莫班小姐》（*Mademoiselle de Maupin*）的序言中断言：一部小说也许能为作者的钱袋里增加几千法郎，除此之外，它根本没有道德、政治和经济方面的任何用处，而"只有无用的东西才是真正美的"（Harrison、Wood、

Geiger 1998：98—99）。半个世纪之后，惠斯勒在1885年发表的"10点钟讲演"（Ten O'Clock Lecture）中道出同样的看法，他声称，艺术"是优雅思想的女神——她节制习惯，戒除鲁莽，无意改进他人。而且她只是自私地追求自己的完善（没有进行说教的欲望），在各种条件下和各个时代里寻求和发现美的东西"（Harrison、Wood、Geiger 1998：839、846）。惠斯勒的论点是：艺术仅因它所带来的愉悦而存在，它对各个民族与国家的道德、政治和经济的利益没有做出任何贡献，因此，它的价值与一切效用无关，从而也与它在其中被创造出来的那些国家和经济的衰落无关。

【349】

二 托尔斯泰

将审美愉悦与所有其他形式的价值截然分开的做法，在伟大的俄国小说家托尔斯泰（Leo Tolstoy，1828—1910）1898年发表的论战性著作《何为艺术？》（What is Art?）中引起激烈的反响。虽然这位撰写《战争与和平》（War and Peace，1869）和《安娜·卡列尼娜》（Anna Karenina，1877）的年轻作家，可能是19世纪伟大小说家中最富有人情味和同情心的人，但在撰写《何为艺术？》时，这位古怪老人写出的著作实际上是与现代欧洲创造的一切艺术深深为敌的。

在《何为艺术？》一书里，托尔斯泰一开始就为任何艺术理论都设置了一个高标准的规定：他描述了艺术生产的经济成本（但没有评论艺术生产带来的就业利益），描述了许多参与艺术生产的人所付出的个人代价，他将这些人说成是被强迫的劳工，实际上的奴隶，但他没有提及个人的满足感，许多人似乎是从献身于艺术创作或艺术表演而得到这种满足的，尽管这可能会导致痛苦与贫困（Tolstoy 1898：chs. I – II［1995：3—16］）。他论证说，只有一件事能够证明这些非同寻常的代价是正当的，那就是艺术家将道德上有益的感受传达给了观众："艺术是这样一种人类活动，它通过某些外部记号，将一个人经历过的感受有意识地传达给其他人，其他人为这些感受所感染，也经历到这些感受。"（Tolstoy 1898：ch. V［1995：40］）起初他似乎认为，任何崇高的、宗教的感受都值得用艺术来传达，可是他最后却得出结论说：虽然"所有艺术本身都具有借传达某种共同感受来团结人民的性质"，但是，"非基督教的艺术，在把某些人互相团结起来的同时，却又因而将这些人与其他人分离开来"，所以，只有真正有价值的艺术，才传达了对"人们的基督教团结的感受"，"这种团结不同于某些人局部的、排他的团结，而是把所有人毫无例外地联合在一起的团结"（Tolstoy 1898：ch. XVI [1995：129]）。于是，托尔斯泰把整个历史过程中创造的大量艺术当作毫无价值的加以拒绝，而只接受他认为有价值的艺术，在他看来，这些艺术传达了他所设想的全体人民作为上帝之子而团结起来的基督教感受。

托尔斯泰并非全然对艺术品的形式价值无动于衷，他的确要求把明晰和流畅等性质当作成功传达感受的必要条件。但很明显的是，艺术品传达的感受引起了种种态度，这些态度产生的道德利益，对于艺术品的价值不仅是必要条件，而且是核心条件。托尔斯泰认为，将感受成功地传达给观众的因果条件是：艺术家应当实际感到了他试图在观众中引起的那种感受，他应当真实地传达这种感受，因此托尔斯泰把艺术家的诚实奉为艺术评价的首要标准（Tolstoy 1898：ch. XV [1995：122]）。这或许就是托尔斯泰这部著作中最有影响的思想。但必须注意的是，在托尔斯泰看来，诚实的价值取决于所要传达的那种感受的积极价值。在托尔斯泰的叙述中，最引起疑问的部分就是他反复把"感染"（infection）说成是艺术品对观众的影响的特征：即一种完全被动的反应。换言之，在"感染"的过程中，观众通过重复并进而传递艺术家传达给他们的任何感受，不由自主地对艺术品做出反应。无论从理论的还是从实践的观点来看，这个观点似乎都是大有问题：因为这样一来就完全取消了观众在对艺术品做出反应时发挥想象力的主动作用，也同样取消了观众的批评判断力，取消了他们对呈现在眼前的东西确定自己的道德反应或政治反应所应负的责任。

三 鲍桑葵

不论怎样，大多数哲学美学家是依据罗斯金而非托尔斯泰来对抗"为艺术而艺术"的意识形态的。在英国，罗斯金的传统是以鲍桑葵为代表的。鲍桑葵是英国唯心主义者中唯一发表主要美学著作的人。的确，鲍桑葵于1892年发表他的巨著《美学史》(*A History of Aesthetic*) 时，美学史在德国早已是一个充分确立起来的学术门类了，而鲍桑葵的这部著作却是英国的第一部，而且是多年间仅有的一部美学史著作。在后来的学术生涯中，鲍桑葵还发表了《美学三讲》(*Three Lectures on Aesthetic*, 1915)，简明易懂地阐述了作为早先《美学史》一书之基础的艺术概念。

鲍桑葵在该书的一开篇就抨击了古希腊人：柏拉图之所以批评艺术，是因为他把艺术品仅仅看成是对实在的拙劣的模仿，没有把它们看成是那种必然要超越单纯现象的自由想象的产物。亚里士多德虽然认识到艺术在认知和感受上的益处，但仍没有看到想象在将艺术提高到超出单纯模仿水平的过程中所起到的重要作用。只是由于普罗提诺的流溢说 (conception of emanation)，古代世界才打破了模仿模式的束缚，并隐约地看到，在艺术品中，自然不仅仅被模仿，而不如说是被一个更高的力量（尽管可以肯定，这个力量是神圣的理性，而非人的想象）注入了形式和意义 (Bosanquet 1892: 114)。直到现代，人们才逐渐了解到，艺术的形式与内容都是人类想象的任意产物，我们既可以使它们彼此和谐，也可以使它们处于紧张关系中。因此，艺术一定不但为美，而且也为丑留出了位置。这最后一个主张是贯穿鲍桑葵著作中的一个主题，并在1915年的《美学三讲》中再次强调。似乎无妨大胆地说，这个论点旨在为彻底背离关于美的古典概念而扫清哲学道路。这一背离表现了19世纪末诸多艺术形式的特征，也将表现整个20世纪诸多艺术的特征。

【351】

在鲍桑葵看来，现代美学理论是从康德开始的，那时，一方面出于对哈奇森和休谟的经验主义的反应，另一方面出于对莱布尼茨和鲍姆加登的理性主义的反应，康德抓住了美学的关键问题："这个问题的普遍形式是，'感性世界与理想世界如何能够协调起来？'这个问题的特殊审美形式是，'一种愉悦感受如何能够分有理性的特点？'"（Bosanquet 1892：187）。鲍桑葵对康德大加赞扬，因为康德认识到，美不会仅仅从属于道德，根据两者都是人类自由的表现这个主要事实，美仍然是与道德相联系的：

> 现在，倘若认为美从属于道德，或者以特有的道德观念标准来判断美的话，那么，美无疑是不自由的或依赖性的。但如果将生命和理性的内容纳入美之中，并且不认为它们是道德的表现，而是以另一种形式表达了同样在道德中发现的那种合理性，那么，我们就首先摧毁了理想美对人类的限制——因为万物中有合理性——其次，我们会打破最高的美是最不自由的这个惊人的悖论。美最广泛、最深刻地揭示了精神的力量，这种美不是最依赖性的美，而是最自由的美。（Bosanquet 1892：272）

根据鲍桑葵的观点，康德对想象的自由的根本意义所作的暗示，后来被席勒、特别是谢林所接受，两人认识到，"虽然艺术的理想世界与对象的现实世界是……同一个活动的产物"（Bosanquet 1892：321），但这种艺术也表现了必然性与偶然性、自然与自由之间的永久张力，而这正是人类状况的本质。艺术品不可能永远是自然与自由的毫不费力的调和：有时，人们对艺术品"也是竭尽全力地千锤百炼、精心琢磨，使它能呈现出它必须表现的那个无限物的某些特点"（Bosanquet 1892：327）。因而，正是谢林首先为崇高的东西、艰深的东西，甚至丑陋的东西的艺术表现留出了余地，而这种表现正是现代艺术的特征（参见 Bosanquet 1892：424、434）。

【352】在《美学史》的论证的结尾，鲍桑葵赞赏罗斯金的《威尼斯之石》中著名的"哥特艺术的本性"一章，赞赏威廉·莫里斯。他之所以称赞罗斯金和莫里斯，是因为这两人都认为艺术美不是单纯模仿自然中给出的任何东西，而是艺术家、工匠乃至观众在工作中自由想

象的产物，凭借想象的自由，自然被赋予了意义。形式与内容之间的关系是美的本质，无论难易与否，这种关系的根源"不是通过类比而被赋予意义的自然的因果过程，而是具有自我意识的存在者的生命"（Bosanquet 1892：451）；因此，"艺术品揭示了人，而人是理念（在感觉与感受上）的化身"（Bosanquet 1892：453）。罗斯金与莫里斯都强调人是将感觉和感受与理念自由地联系起来的行动者，通过这样的强调，他们将谢林和黑格尔的形而上学洞见拉回到现实中。

在《美学三讲》里，鲍桑葵自己将其早先那部著作中的抽象思想拉回到现实中。他后来的这部著作要比早先的那部著作直截了当得多，这是因为早期著作中对艺术内容的说明是含混不清的，而后来这部著作中则简明扼要地说，艺术是这样一种东西，在它身上，人的"感受""变成了'有组织的'、'成型的'或'具体化的'"（Bosanquet 1915：7）。在日常生活中，各种各样的感受可能是转瞬即逝、模糊不定的，它们影响我们的行为，但我们却没有对它们进行反思和了解，而艺术具有"以想象的方式为……经验的对象和材料构形或赋形"的能力。在艺术中，"感受服从于对象的法则。它必须在短暂的价值中承载起永恒、秩序、和谐和意义。它不再是纯粹的自我陶醉了"（Bosanquet 1915：8）。审美感受是普通的感受，这种普通感受，由于体现在某个具体的东西即艺术品中，而转变为某种持久的、可理解的和有价值的东西；无论这个原始的感受具有怎样的感情价值，它与审美感受的愉悦是相容的，因为我们在原始感受的体现和对它的把握中，可以得到那种愉悦。

同在早期的著作中一样，鲍桑葵这里的目的是为现代艺术的需要留下哲学空间，现代艺术需要超越传统美所设定的边界，以便能够在表达感受的同时而不忽视如下事实：对愉悦的种种期待是与感受的客观体现相联系的。为达此目的，鲍桑葵论证说，一定存在两种美。在狭义上，美就是"初看起来令人感到审美愉悦"的东西（Bosanquet 1915：84），或简单地说，美就是使人容易对之感到愉快的东西；但在广义上，美就是我们可以认为是"审美上卓越的"任何东西（Bosanquet 1915：83），无论要做到这一点是难还是易。使某种美具有难度的特性是:"复杂性"、"紧张性"、"广阔性",或出乎各种通常预料的构思的宏大性。具有难度的美包括崇高的甚至丑陋的东西,只要我们能够在"一件作品中,在一个有新的感受出现的新的表现中"发现这些东西(Bosanquet 1915:109)。无论这种感受与其体现之间的关系是和谐还是紧张,只要能最终认为那个对象体现了一种感受,这感受又是通过它的体现而被理解的,那么,艺术的目的就已经达到了。

四 桑塔亚那

鲍桑葵借助于康德和后来德国唯心主义者的思想所得出的结论,与美国哲学家桑塔亚那(George Santayana,1863—1952)借助于经验主义传统,尤其是詹姆斯的经验主义心理学所得出的结论,没有很大差别。

《美感》(*The Sense of Beauty*,1896)是桑塔亚那的首部著作。在这部著作中,桑塔亚那提出的著名观点是:美是客观化了的愉悦,"这种愉悦被视为一个事物的性质";美是"一种价值,即它不是对一件实际事情或一个关系的感知:美是一种情绪,是一种具有我们意志性和鉴赏性的感情"(Santayana 1896:31),但我们将这种感情当作仿佛是客体的一个性质,因为我们对它的感知通常是直接的,就好像感知外界对象的一个真正性质一样,而且对它的感知通常是共有的,就像对一个外界对象的更普通性质的感知是共有的一样。

这个主张没有任何创新之处;它早已见诸于哈奇森和休谟的著作中。桑塔亚那对愉悦本身的说明也没有任何创新之处,根据他的说法,"正是在对自己的官能的自发运用中,人发现了自己和自己的幸福"(Santayana 1896:19)。这个观点直接回到康德关于想象和知性的自由运用的看法那里去了。确切地说,《美感》一书赢得读者的地方,在于桑塔亚那对我们的官能所能愉快运用的材料所做的丰富说明。此书的核心是桑塔亚那的如下论点:我们可以摆弄知觉材料,诸如颜色与结构等;我们可以摆弄我们知觉中的形式关系,诸如平衡与对称等；我们还可以摆弄与对象相联系的情感表达：因此，客观化于美中的愉悦，就是由于我们随意摆弄知觉的材料和形式，摆弄与我们的知觉对象相联系的情感，摆弄所有这些因素之中的关系，而产生出来的愉悦。桑塔亚那在所有这些方面的洞见，使《美感》一书依然给人以裨益。在"论美的材料"（第二部分）里，他提到了性感受与社会感受对知觉的影响，他还注意到我们对艺术的感性材料的欣赏。他说："形式不可能是无物的形式。因此，在发现或创造美的过程中，如果我们仅仅关注它们的形式，那我们就失去了一个始终存在的提高我们欣赏效果的机会。"（Santayana 1896：49）这是在以作曲家瓦格纳和勃拉姆斯那些雄浑洪亮的曲调，以画家莫奈或克利穆特那些艳丽多彩的画面为标志的时代，所做出的一个完全合理的评论。但在此前的美学理论中人们很少强调这一点。在"形式"（第三部分）的标题下，桑塔亚那不仅引用了对称和多样性的统一等传统概念，而且探讨了在我们感到是同一类对象所特有的形象中所体验到的愉悦（在这里，他没有遵守只有普遍因而先验的理想类型才能与美学相关的唯心主义主张），他说："与我们的部分本性有关的相对性……是我们的确定思想、判断和感受所必不可少的。"（Santayana 1896：80）在论及"表现"（第四部分）时，桑塔亚那证明，对象与原不属于对象的情感相联系，是愉悦的一个双重来源，它赋予知觉对象以它们当下可能并不具有的情趣，还将可能并不可爱的情感转变为可爱的形式。这一节最后对美与道德的关系进行了认真的反思：一方面，桑塔亚那证明，"审美世界的范围是有限的"，"肯定受制于具有组织能力的理性，肯定不会侵入更加实用的和神圣的领地"（Santayana 1896：136）；另一方面他又证明，道德没有必要把任何严格的趣味标准强加在我们个人的美感之上："道德所能要求的一切就是各个生命的内在和谐。"（Santayana 1896：134）美是一种提示，它告诉我们，我们的一切经验，甚至我们对道德动因的经验，都是在自然的范围之内发生的；桑塔亚那这位自然主义者以康德的思想作为结论："美是对灵魂和自然的可能一致性的保证，因此，也是对善的至上性信仰的根据。"（Santayana 1896：164）

【354】

桑塔亚那认为，审美经验感是对人类在自然中的地位的根本反思，这使得他在1904年的一篇文章中抨击把美学当作特殊的哲学学科的可能性，而且还将艺术当作《理性的生活》(The Life of Reason)的第四卷《艺术中的理性》(Reason in Art)的主题。五卷本的《理性的生活》是桑塔亚那在1905年至1906年间出版的关于人类理性的自然史的现象学著作。如同他在其早期著作中所论证的那样，我们的美感是我们对自己同自然之根本和谐的经验，他这时在《艺术中的理性》中论证说，艺术是我们真正增进那种和谐所借助的手段。凭借我们的美感，我们实际能在自然界的任何地方发现美；凭借艺术，我们实际能从自然界的任何东西中创造美。桑塔亚那说明了，各种各样的艺术如何全部从人类日常的自然活动中，从使封闭的人互相交谈中产生出来，而不是从任何特殊的冲动或情感中产生出来。这意味着人们几乎可以对任何事物发生审美兴趣，这经常被认为是对描述美学理论的一个反驳，因为描述美学理论提出要按照审美经验的标准来规定出一个特殊的艺术领域；在桑塔亚那看来，他的理论意味着人们实际上可以在自然界的任何地方发现美和（或）创造美，这个蕴意显然是他自己的美学理论的一个优点，他打算使自己的理论成为一门规范美学，而并非仅仅是一门描述美学。

五 克罗齐

虽然鲍桑葵与桑塔亚那两人受不同思想来源的启发，但对于知觉形式和情感表达在任何成功艺术中的互相渗透，对于想象和行动在任何成功生活中的互相渗透，两人所见略同。1905年，意大利哲学家和历史学家克罗齐（Benedetto Croce，1866—1952）在他雄心勃勃地冠名为《作为表现科学与普通语言学的美学》(The Aesthetic as the Science of Expression and of the Linguistic in General)的著作中，一开始就对艺术品做了似乎相似的论述，他将艺术品视为一种综合；通过这种综合，形式被赋予情感的表达，并服务于情感的表达；而他的基本的心灵哲学却使他执意要将想象与行动严格区分开来，尽管他的许多

第二十七章 形式与感受：世纪之交的美学

同时代人都将艺术的价值建立在想象与行动的相互作用的基础上。

克罗齐将艺术品描述为被赋予形式因而转化为表现的直观。在《作为表现科学与普通语言学的美学》一书中，他没有说清"直观"一词的含义是什么，尽管在后来的著作中他提到，艺术典型地表现了"强烈的感受"，因而，同他的同时代思想家一样，他似乎在心中认为，艺术是我们将公开而持久的形式赋予我们别的含糊而短暂的情感所使用的手段。不论怎样，克罗齐的基本哲学框架使他拒绝了这种直截了当的观点。他在人类的直观能力、概念化能力、行动能力之间做出了严格区分，因而也就在美学、科学、经济学、伦理学等学科之间划出了严格的界限（由行动引出了两个学科，而非一个学科，因为行动既可以是关乎自我的，也可以是关乎他人的）。因为有形地表现直观属于行动的一种方式，于是就使克罗齐得出了一个著名的结论：我们通常所认为的艺术表现之处，即以公开可用的媒介（诸如颜料、石头、印刷文字或口头文字等）所进行的形式创造，根本不是艺术品的适当部分，而至多是一种帮助，即帮助艺术家进行回忆，以重现他在某个纯粹的思想领域中曾经明了的一种直观，或者帮助一位观众在自己心中重新创造艺术家心中曾经有过的东西："当印象已经被激发为印象，审美阶段就完全结束了。当我们构思出内心的话语、形成了一幅画像或一座雕像的恰当而生动的观念时……表现就已经开始并且结束了。因此，我们为了说话而张开或想要张开自己的嘴巴，为了歌唱而张开自己的喉咙……所有这些都是额外的东西"，因为"后一种活动是某种实践的或自愿的活动"（Croce 1905：56—57）。这里可以表现出他明确承认了艺术创造活动的物质性，但完全是以牺牲对艺术品本身的物质性的承认，因而也是以牺牲对艺术品本身的公众可理解性的承认为代价的。

【356】

克罗齐对美学的看法使他得出一些引人注目的结论。他将审美等同于表现，这就使他否认了艺术与非艺术之间的严格区分，因为任何表现形式都有一种潜能，以达到艺术所要求的那种表现的明晰性；也使他否认了各门艺术之间的严格划分，因为对艺术的通常分类所依据的物质媒介对于真正的艺术品并不是本质性的；还使他否认了任何一种传统美对于艺术是本质性的，因为任何强烈的感受，无论它是多么丑陋或令人厌恶，都可成为艺术表现活动的主题——唯一能成为丑陋东西的就是有缺陷的表现本身。这些结论显然意味着要为世纪之交的艺术实验留出哲学思考的余地。克罗齐的基本前提，也使他在艺术的自主性或艺术与道德的关系问题上得出一种微妙的观点：他一方面主张，艺术发生在直观的领域而非行动的领域，这意味着艺术不必与经济和道德的通常目的有任何直接的联系；另一方面他又认为，借助物质媒介而实现的内在艺术品的外在化，不仅是艺术品进入公共空间的一个途径，而且也是艺术品进入实践领域的一个途径，因此艺术家没有理由认为：用公众易懂的任何媒介来表现自己的内在作品能够免受经济学规律或道德法则的影响。

虽然上述都是真知灼见，但也付出了高昂的代价，即否定了艺术的许多魅力恰恰在于我们的思想、情感与表现这些思想、情感的物质媒介的潜能、限度之间的相互作用。在这方面，虽然鲍桑葵和桑塔亚那等作家在当今没有像克罗齐那样多的读者，但他们似乎要更明智一些。

六　布卢姆斯伯里团体

将形式与内容综合起来，由此将艺术与道德综合起来，是当时的主流，对这一主流的反对，除了克罗齐以外，也常被认为是"布卢姆斯伯里"团体（Bloomsbury group）的作家和艺术家的特征。在这个圈子里，克莱夫·贝尔（Clive Bell, 1881—1964）这位专论艺术的作家常常被当作严格的形式主义的倡导者而提到。

贝尔在他的著名宣言书《艺术》（Art, 1914）中，一开始就提出了他所谓的"审美假设"，他证明，这个假设只能建立在"对一种特殊情感的个人经验"的基础上。他声称，审美情感是一种独特的情感，它是"被任何一种视觉艺术唤起的，即被绘画、雕塑、建筑、花盆、雕刻、织锦等等唤起的"，而不是被其他任何东西唤起的。唤起这一情感正是"艺术品的本质特性，一种将艺术品与其他各种东西区分开来的特性"。贝尔继而指出,在艺术品中,唤起这种独特情感的正是"有意义的形式"(significant form):"以特殊方式组合起来的线条和颜色,某些形式和形式的关系。"(Bell 1914:17)贝尔然后断言,因为只有这种有意义的形式引起了审美情感,所以,对艺术品有恰当审美反应的观众,必定只注意艺术品的形式:没有必要担心这件东西的"制作者的心态"(Bell 1914:19),因为在他的心态中唯一能具有审美意义的东西,就是创造观察者在艺术品本身中所看到的那种有意义形式的意向;而观众也没有必要担心作品的内容和表象意义,因为,虽然"一件艺术品中的表象成分可能有害或无害,但它总是无关紧要的"(Bell 1914:27)。

贝尔担心的是,他若把艺术价值置于我们对一种特殊审美情感的经验中,而这种情感又与似乎构成道德领域的任何普通的人类情感——爱、恨、恐惧、骄傲等——无关,那么,他就剥夺了艺术的一切道德意义。为了防止这样的异议,贝尔求助于摩尔的《伦理学原理》一书。摩尔已经证明,任何道德理论都必须把某些本身就是善的东西认作目的,其他善的东西,包括道德规范和道德责任,可以被指定为手段;然后他证明,"享受美的东西"是最大的善之一。依据摩尔的思想,贝尔证明,审美情感是一种本身就是善的心灵状态,实际上,"艺术不只是达到善的心灵状态的手段,而且也许是我们所拥有的最直接、最有力的手段"(Bell 1914:83)。这个论点并未诉诸于18世纪康德和席勒等道德学家;对于20世纪的许多理论家来说,它似乎也不是对艺术价值的恰当阐述,尤其是在第一次世界大战刚刚开始之际,因为这场战争即将摧毁维多利亚—爱德华时期的和平,而摩尔与贝尔的观点正是在这一和平时期形成的。

弗莱(Roger Fry)的名字总是与贝尔的名字联系在一起的,实际上,在1910—1912年间于伦敦举办的"后印象派"(其中著名的是塞尚)的数次重要画展中,两人进行了合作。不过,既是批评家又是画家的弗莱,是比贝尔更敏锐的思想家。实际上,弗莱曾抗议总把他与贝尔联系在一起,因为他对艺术中表现出的情感的看法与贝尔的并不相同。在他对1920年的论文集《视觉与设计》(*Vision and De-*

sign）的"回顾"中，弗莱论证说：贝尔在把有意义的形式与特殊的审美情感相联系方面走得太远了；在弗莱看来，艺术品是用它的形式性质来传达艺术家所理解的"某种实际生活的情感"的。弗莱断言，艺术家有一种特殊的"超然"（detachment）状态，使他们能专注于情感和传达情感，但弗莱并不认为存在任何特殊的、唯独由艺术来传达的情感。在该书中的早期论文之一"一篇美学论文"（An Essay in Aesthetics, 1909）里，弗莱将艺术与"想象的生活"而非日常的生活联系在一起。他这里的意思是，他后来所说的艺术家所具有的特殊的超然状态是一种能力，即为了专注于事物本身的表象，而能将我们对对象的结果以及对对象通常所要求的行动的正常关注悬置起来；他这里的意思并不是说通过这种超然状态，艺术展示了某种特殊的情感，而毋宁说是通过悬置我们对这些行动和结果的正常关注，使我们能专注于我们的情感自身的本性。弗莱在总结这一观点时说，"道德……以情感所引起的行动为标准来鉴赏情感。艺术则自在自为地鉴赏情感"（Fry 1920: 19）。

尽管弗莱不承认特殊的审美情感，但他确实相信存在这样一些情感，只有艺术品才适于将它们恰当表现出来。在"绘画艺术中的表现与再现"（Expression and Representation in the Graphic Arts）这篇讲演里，弗莱认为，虽然艺术的目的是恰恰通过特别专注于知觉形式（无论是自然主义的形式还是比较抽象的形式），来表现和传达一般的情感，但确有某些情感是我们只有通过艺术才特别意识到的，也就是说，它们恰恰是与我们在这个物质世界中的生存条件相联系的：

> 因此，艺术家对待自然的态度是：利用自然来传达情感。而且，在这样做的过程中，艺术家利用我们在这个宇宙中的处境条件，利用我们肉体存在的条件，来唤起通常潜伏着的情感。在日常生活中，我们关于引力或物质的情感微乎其微。艺术家则不断地唤起我们对这些东西的潜在知觉，使我们能把握它们的富于想象的意味。同样，艺术家也唤起我们对于空间关系［此处删去

了"性本能"] 与社会本能的情感。（Fry 1996：69）

艺术表现我们的全部情感，并使我们专注于它们，其中不但包括像性本能和社会本能那样的情感，还包括由物理的东西的最基本力联系起来的情感；对于前者，由于我们过分关注它们可能暗示的行动，也许很少就它们本身来鉴赏它们；对于后者，我们通常把它们完全忽略了。当然，或许大多数艺术家也像我们其余这些人一样，通常关注的是前一种情感而非后一种情感，但不论怎样，弗莱对塞尚的特别赞赏，乃基于塞尚对后一种情感的强烈关注。

在艺术中，弗莱不但为美留出了位置，还为丑留出了位置，他也以此将他的观点与贝尔的区分开来。贝尔将有意义的形式与特殊的审美情感联系起来，就不可避免地认为所有的艺术都一定是美的。但弗莱却认为，如果艺术表现的只是普通的人类情感，而且是这种情感的全部，那么，艺术所应表现的情感不但包括适合美的感性形式范围内的情感，还包括很难受美的感性形式局限的情感。在1908年发表的讲演中，弗莱认为自己所下的定义：

> 也有这样一个优点：……它坦率地承认丑是美学之美的一部分……丑……不是因其自身之故而被承认为美的，而只是因为它可以使一种情感如此强烈而令人愉快地表达出来，以致我们毫无异议地接受了丑的形象中固有的令人厌恶的性质……因为我们最强烈的情感是与生命的斗争联系着的，是与命运的残酷和冷漠联系着的，是与相比之下的人类同情所带来的温暖和慰藉联系着的，又因为所有这些生命的力量都倾向于造成违反形式规则性的扭曲，所以，丑便成为一种诉诸情感的方式，这种方式很可能为深刻洞察人类内心的艺术家所利用。（Fry 1996：67）

有意义的形式并不能唤起脱离其他一切生活情感的特殊的审美情感；正相反，形式是有意义的，恰恰在于它表现乃至唤起了来自真实生活的种种情感。

弗莱认识到，在对感性美和深层情感的感知中有一种愉悦，这个愉悦的不同来源彼此既和谐又冲突。这一看法使弗莱比贝尔更接近于如下思想：艺术不仅要为在鲍桑葵和克罗齐那里有核心意义的常见为美的东西留下位置，而且要为丑的东西留下位置。经常与贝尔联系起来的另一个人物是布洛（Edward Bullough）。布洛原为剑桥大学的一位现代语言讲师，最后成为意大利文学教授，结果，他也被证明是十分接近第一次世界大战之前的美学理论主流的，而且比他起先看上去要密切得多。

布洛因1912年的一篇论文而成名。在此论文中，他证明了某种类似于弗莱的"超然"概念的东西，即作为"一个艺术因素和审美原则"的"心理距离"（psychical distance）概念（Bullough 1912［1957］）。布洛在提出心理距离概念时使用了一个现在都会提到的例子。他写道，"设想海上出现了一场大雾"；在通常情况下，乘船在雾中航行的人，会十分担心可能延误行程和遇到危险，以致不大会注意大雾本身那些引起美感的性质和引人入胜的联想。但如果一个人能够摆脱那些担心，那么，"海上大雾就可以成为强烈的兴趣和快乐的源泉"：这种快乐是由于"你将注意力集中到'客观地'构成这一现象的那些特征上"而产生出来的。于是，你会发现，"周围是浓浓的雾幔，如同透明的乳液"；"海水滑润如脂，奇异美妙，好像在虚伪地掩饰这里有任何危险的迹象；尤其是，你还会体会到这个世界中令人陌生的孤独和遥远"（Bullough 1957：93—94）。对这个例子的通常理解是：由于这种心理距离，我们就使自己能严格关注自然的或艺术的对象的感性特征，并从这些特征（诸如纯色彩和纯形状等）之间的形式关系中得到快乐，这些形式关系将自己提供给当下的感性知觉。不过，布洛的例子说明，心理距离并未将我们的注意力完全局限在感知形式上；正相反，这个例子表明，我们如何通过摆脱自我关注的情感，诸如对行程延误的懊恼或对危险的恐惧等，从而张开自己的胸怀，接受其他各种思想与情感，诸如关于这个世界的孤独和遥远的种种想法，以及这些想法所能引起的非常强烈的情感。这些情感显然不是感知对象的纯形式特征所产生的任何特殊的审美情感，而是可以

第二十七章 形式与感受：世纪之交的美学

包含在我们最基本的情感之中的情感；这些情感恰恰不是自我关注的；而是只要我们能在我们自己和我们更加自我关注的情感之间拉开一定距离，就能得到的情感。

如同布洛对情感的设想要比贝尔的设想更丰富，布洛关于"心理距离"的比喻也比弗莱的"超然"概念更丰富。布洛的看法是：人们不得不将自己与自己个人的某些关注和兴趣拉开一定距离，以便能将自己与具有审美兴趣的对象拉开适当距离；在某种意义上，一个人越是拉大自己与某些自我关注的兴趣之间的距离，就越是在缩小自己于审美对象之间的距离，因而也就能更好地专注于审美对象。于是，为了鉴赏审美对象，我们不得不拉大与我们通常关注的距离，而对于这种审美对象与我们自己之间的距离，"则希望""**将它压缩到最小而又未消失的程度**"（Bullough 1957：100）。然而，布洛所设想的审美态度，决不是完全与个人无关的，而不如说是要求把某些感受放在一边，以使其他感受能得到更为充分的探讨和享受。"距离并不意味着一种与个人无关、纯粹与理智有关的关系……恰恰相反，距离描述了往往具有强烈的情感色彩、而又有**一种独具特点的个人的关系**……这种距离已经清除了它自身魅力的实践的、具体的性质，不过，却没有因此而失去其原始的结构"（Bullough 1957：97）。

在发表论"心理距离"一文之前，布洛开设了剑桥大学的第一门美学课程。在那些美学讲演中（其讲稿于 1907 年被私下印行），他从未使用距离这一概念，而是强调指出：对一个对象的审美经验"因此意味着承认它的唯一性，承认那些独特的性质，这些性质是这个对象独有的特性，并使这个对象与其他任何作品都不相同，无法进行比较，无论它们在主题、概念或技巧上是多么相似……我们越是欣赏这个对象，就越会让自己沉浸在它的精神之中，就越会使自己陷入到这一对象特有的氛围之中，就越会强烈领悟到它的唯一性和它独具的完美性"（Bullough 1957：46）。这里并没有暗示我们在关注对象时只对它的感性形式做出反应；相反的，要充分鉴赏一个对象，就是要进入围绕这一对象的整个思想和感受的范围之内。

鲍桑葵在《美学史》的结尾部分借助于罗斯金的思想；而布洛

【361】

讲演录的结束语更像是出自席勒的手笔：

> 审美意识的静观的内在性，是一个出色的中介，它被用来扩大我们的个人经验的有限范围，迫使确实属于该范围内的那些经验进入它们所能达到的最轻松状态……我们是什么，我们是完全私人的存在的总和，毫无疑问，我们得益于我们通过审美印象所获得的经验，其程度要比我们得益于通过与真实世界的接触而达到的人格扩展大得多。（Bullough 1957：88）

如果艺术的目的只是要引起一种与其他一切人类情感都分离或疏远的特殊情感，那么，通过艺术中介来扩展我们的经验就是不可能的；相反，艺术的目的是要表现全部人类情感，其范围远远大于我们任何个人在自己一生中各自经历的情感，尽管艺术是通过与我们自己的生活细节和要求拉开一定距离，使我们向全部人类情感敞开胸怀的。

保罗·盖耶

插入篇

哲学与第一次世界大战

本卷以1914年至1918年的世界大战作为分界,这引起了一个问题,这场战争是否引起了哲学思想和哲学作品中意义深远的转变。这是一个很奇怪极少用英语来谈论的问题(唯一的广泛讨论出现在华莱士(Wallace)的《战争与德国的形象》(1988)一书中,而且只涉及英国哲学家)。我们熟悉这样的想法,即认为第一次世界大战造就了独特的文学、诗歌、艺术等等,而且它至少突出了这些文化形式随后的变化。但人们对于哲学是否发生相似变化的问题没有多加讨论,好像哲学作为抽象的先验学科的地位使它与纷乱的战争和政治的世界天各一方似的。不过,我们只是不得不说,这个推测据认为是有疑问的,因为哲学家工作所用的概念,尤其在伦理学和政治哲学领域中,一定是以通常的社会政治世界为根据的,而这个世界,至少在欧洲,其基础被第一次世界大战所动摇了。

然而,同样重要的是要反对如下观点:哲学只是文化上层建筑,它的发展可以根据基础的社会政治条件来说明——就好像一个人提出,要联系第一次世界大战来说明1918年后对德国之外唯心主义的兴趣出现的衰落。当然,本书第一部分实际上有几章已经证明,在战前,对唯心主义的挑战已经在充分进行中;与此相似,在本书第二部分,我们将不但对德国国内的,而且对德国之外的连绵不断的唯心主义传统进行讨论。不论怎样,本卷各章更普遍地证明,哲学具有内在论辩性的或辩证的历史;所以,如果这个历史与第一次世界大战有联系的话,它也不会是简单的联系。

本文试图描述这一联系的某些特征,我主要依靠英语资料,尽管也不排除其他资料；在写作本文时，我开始越来越意识到这一束缚所带来的局限；一个充分的阐述需要利用比我所能得到的广泛得多的资料。不论怎样，即使不充分的阐述也比根本不阐述要好。

【366】

一　"新野蛮主义"？

1914年9月21日的《泰晤士报》刊发了一封题为"新野蛮主义"的信。作者（只确认他的署名是"连续性"（Continuity））开头引了海涅（Heine）的一段话：

> 基督教——这是它的最高成就——在某种程度上被削弱然而未能摧毁日耳曼那野兽般的对战斗的喜好。当起驯服作用的咒符，那个十字架，一旦分裂为二，古代战士的残暴，北方诗人广为吟唱的愚蠢的伯瑟克（Berserker，北欧传说中的武士——译者注）的愤怒，将重新出现。

然后这封信继续写道：

> 这是80年前海涅所写下的，他预言，我们将发现站在这些新野蛮人前列的是康德、费希特和黑格尔的信徒，黑格尔根据他追溯至日耳曼思想开端的规范的逻辑和历史的过程，剥夺了那个"咒符"的力量。

这封信举例证明了战争开始时英美哲学家就德国唯心主义哲学是否与德国"军国主义"（如经常称谓的那样）有关联所发生的热烈争论的一个侧面。同意这封信的人可以指出弗雷德里希·冯·伯恩哈迪（Friedrich von Bernhardi）将军所写的一篇引人注意的短论《德国与下一次战争》（Germany and the Next War, 1912），文中用康德的《纯粹理性批判》为军备要求辩护：

> 德国的理智生活中诞生了今后人类一切理智进步和道德进步都必须依赖的两个伟大运动——宗教改革和批判哲学。宗教改革打碎了由阻碍一切自由进步的教会所强加的理智枷锁;《纯粹理性批判》制止了哲学思辨的反复无常……在此基础上,我们时代的理智生活发展起来……日耳曼民族不但奠定了为人类和谐发展而进行的这场伟大斗争的基础,而且在这场斗争居领导地位。我们因而正承担着我们不可回避的对未来的责任……除了日耳曼民族,没有任何民族被指定在其内在自我中拥有"被指定给全人类的东西"……正是这个品质使我们特别能胜任理智领域的领导,并赋予我们保持这个地位的责任。(Bernhardi 1912: 73—74)

不过,更通常的是,人们认为,正是黑格尔而不是康德,使批评德国的人归咎于德国军事策略的那种侵略暴力合法化。在 L. T. 霍布豪斯(Hobhouse)批评黑格尔政治哲学的著作《国家形而上学论》(*The Metaphysical Theory of the State*, 1918)开头的一个著名段落中,他描述了他在写这本书时如何目睹了德国齐柏林飞艇对伦敦的攻击:

> 透过头顶上方的薄雾,现在可以模糊地看到三个白点,我们从田野里注视着它们的航向。袭击很快就过去了……
>
> 当我回到我的黑格尔,我的第一个心情就是自嘲。当世界天塌地陷之时,难道这是建立或摧毁理论的时候吗?我随后的想法就不是这样了。对于每一个人,他都可以最恰当地使用工具和武器。在伦敦轰炸中,我正好目睹了一个虚假邪恶学说的看得见、摸得着的后果,这个学说的基础我认为是在我面前的这本书中奠定的。(Hobhouse 1918: 6)

当然,这类言辞是与英国唯心主义哲学家及其追随者们深深对立的,后者中包括像霍尔丹勋爵(Lord Haldane,战时国务大臣(1905—1912)和大法官(1912—1915))那样的权势人物。这些哲学家不是不批判黑格尔,但他们认为黑格尔哲学是哲学论证和哲学洞见的一个必要资源。F. H. 布拉德雷和 B. 鲍桑葵是其中的佼佼者,后者的《国家哲学论》(*The Philosophical Theory of State*,1899)实际是霍布豪斯攻击的主要靶子。不过,布拉德雷和鲍桑葵在这场争端中选择保持沉默,至少在公开场合是这样,而捍卫德国唯心主义哲学,反对"军国主义"恶名的任务,是由与他们有密切联系的另一位哲学家 J. H. 米尔黑德(Muirhead)在《与战争有关的德国哲学》(*German Philosophy In Relation to the War*,1915)一书中承担的。在那里米尔黑德强调,就康德而言,那个谴责没有认识到康德对"永久和平"理想的承诺,"永久和平"是由共同申明尊重"万国公法"——国际法的根本原则——的国家联邦所支持的。同样,米尔黑德证明,黑格尔的政治哲学是建立在对国家深刻的内在伦理蕴意的设想的基础上的;因此,米尔黑德论证说:

> 将他的政治学说与我们今天正在学会了解的那种军国主义联系起来是毫无根据的。军国主义的主旨是国家依靠强力的学说。而这个观点恰恰是与黑格尔在《法哲学》(*Philosophy of Right*)中的主张相反的。(Muirhead 1915:35—36)

根据米尔黑德所说,事情的真相是:在 19 世纪后期,德国哲学家被反唯心主义的、唯物主义的学说所迷惑,正是这些学说为他所说的特赖奇克(Treitschke)"军国主义哲学"——他列举了海克尔(Haeckel)的社会达尔文主义,尤其是尼采的超人学说——提供了理智来源。所以,虽然米尔黑德承认德国军国主义有哲学之根,但他力图开脱唯心主义传统与这种哲学有任何牵连。

【368】有些人承认哲学在德国"军国主义"中起某种作用的假定,其中米尔黑德的论证未被广泛接受(例见 Dewey,1915),而且不得不说,他的论证一看上去就是没有说服力的。例如,他没有说明如下事实:黑格尔明确拒绝康德关于永久和平理想的设想,反倒提出为战争的伦理价值辩护——"战争有更崇高的意义,即由于它的作用……

人民的伦理健康得以保持……；就像风的吹动使大海保持免受长期风平浪静而引起的污染一样，国家的腐败也是长期的、更不用说'永久的'和平造成的"（《法哲学》，§324）。而且，米尔黑德将清楚认识到，当时德国哲学的主要倾向是新康德主义的唯心主义运动，而不是他试图谴责的唯物主义的达尔文主义者和尼采主义者的各种团体。

实际上，在英国众所周知，在1914年10月臭名昭著的"德国知识分子宣言"中，几乎整个德国学术界都站出来明确支持战争。这个由四千名学者——实际上都是德国教授——签名的文件声称，德国派军队取道比利时只是反对法国的自卫行动，德国军队在比利时没有犯下任何暴行，而且德国一般只力求保卫日耳曼文明不受敌人的进攻。由于德国对卢汶的破坏已经是眼见为实，实施通过入侵比利时而占领法国的史里芬计划也不能合理地认为是自卫行动，因此这个声明大大损害了德国学术界的声誉。它破坏了关于有"两个德国"——俾斯麦的军政联合的德国和愿意并能够向国家发起挑战的独立学术界——存在的信念根据。由此确实不能得出，逐渐导致德国1914年8月行动的德国军政战略实际上有任何哲学根源。事实上，似乎很可能是德国政府由于恐惧、侵略性、贪婪的混合因素而采取行动的。但是这个声明，连同保罗·纳托尔普、马克斯·舍勒、阿尔弗雷德·韦伯那样的主要哲学家的其他陈述和著作确实毫不含糊地表明，这是一个因某种理由在1914年得到几乎所有德国哲学家支持的战略（就我所知，唯一的例外是汉斯·瓦伊欣格（Hans Vaihinger），他支持和平主义路线）。

英国学术界提出了一份有几分相似的文件，对德国学界的声明做出反应，表示支持协约国的事业，尽管其中的遗憾多于愤怒。不过，并非英国所有主要哲学家都签了名（比如布拉德雷和鲍桑葵都未签名），而且英国哲学家对战争的态度也比德国哲学家的态度更多样化。大多数人（尤其是牛津的那些哲学家）是战争的支持者；而其他人（包括许多剑桥哲学家）则抱有怀疑态度，尤其是参加了民主监督联盟的那些人，如摩尔、奥格登、迪金森和罗素等，对于罗素我

【369】

下面还要谈到。

二 哲学家与战争

在写到第一次世界大战时，通常都会写到"迷惘的一代"，而且特别为失去许许多多早期工作看来充满希望的年轻人而悲哀。这种情况在何种程度上适用于哲学呢？

据我所知，已经成名而死去的哲学家只有：埃米尔·拉斯克（Emil Lask），来自海德堡的新康德主义哲学家，是李凯尔特的同事；阿道夫·赖纳赫（Adolf Reinach），奥地利哲学家，他发现了完成行为式言语行为，早于 J. L. 奥斯汀 50 年；T. E. 休姆（Hulme），是讲英语的人中柏格森哲学的主要拥护者。这里无疑还有其他一些人；在可能的职业生涯刚刚起步的年轻人中，肯定也有许多人死去，像 A. G. 希思（Heath），他是牛津大学新学院年轻的哲学研究员。在所有军队中，青年军官的死亡比例绝对是最高的，他们被指望将他们的人从前线带回来，而且他们往往是年轻的大学毕业生。当然，其中有些是著名哲学家的儿子，像胡塞尔的长子沃尔夫冈（Wolfgang），怀特海的次子埃里克（Eric）。

那些幸免于难的人又怎么样呢？许多人继续取得作为哲学家的重要成就，他们主要是配属于文职机构而加入战争的。在英国，海军部情报机构中有一大批哲学家（很可能因为他们有关于德国的知识）：J. 贝利（Baillie，黑格尔著作的译者）；H. J. 佩顿（Paton，康德著作的译者），N. 肯普·史密斯（Kemp Smith，康德著作的另一位译者），R. G. 柯林伍德（Collingwood）和 H. 拉什达尔（Rashdall）。此外，弗兰西斯·康福德（Francis Cornford）在军需部工作，梅纳德·凯恩斯（Maynard Keynes）在财政部工作，A. D. 林赛是"驻法劳工副总监"。佩顿曾在巴黎和会上向外交部提出建言，我过去的哲学老师卡西米尔·卢伊（Casimir Lewy）曾对我说，在 1920 年斯巴（Spa）会议上临时确定波兰东部边界的"寇松线"（Curzon line），应当被称作"佩顿线"（Paton line）。在其他国家也有哲学家配属文职机构参加战争的类似情况：例如，柏格森在战时长期为法国驻美大使馆工作。

就这些哲学家来说，战时工作对他们而后的哲学似乎没有影响（除了在凯恩斯那里战争促使他离开哲学转向经济学）。但在其他情况下，以这样或那样方式加入战争并无不同：在比较详细讨论战争对伯特朗·罗素和路德维希·维特根斯坦的重要意义之前，我将简要讨论一下德日进（Teilhard de Chardin）和马丁·海德格尔。 【370】

法国哲学家德日进在整个战争期间都在法军前线中服役，他的《战时著作》(*Writings in Time of War*) 记录了他的战壕感受。这些作品大多是宗教反思，在那里德日进强调了他的信仰：战争经验是显示人生内在潜质的方式：

> 在我看来，人们可以表明，前线不仅仅是一条交火线，不仅仅是互相进攻的人们之间的分界面，它在某种方式上也是"波峰浪尖"，将人类世界推向它新的宿命。(de Chardin 1965, 201)

德日进表达了他对这个"新宿命"的信仰，他根据的是一种进步的进化论信仰，这种进化论信仰预示了他后来在《人的现象》(*The Phenomenon of Man*) 中提出的进化论哲学：

> 当我们对这个信仰进行检验时，我们可以在我们的存在宝库中找到大量的检验方法。在简短而决定性的实际实验中，我们可以对我们人类的进化保存，即潜质，进行测量。(de Chardin 1965 [1968: 284])

"新宿命"的实质在于承认超越一切边界的共同人性，即人们所认为的全世界的理想：

> 在此我们涉及战争给我们的教训的核心：人类进步的条件在于，人最终必须结束孤立的生活；人必须学会承认他们生活的共

同目标……它不是个人努力的目标，不是一个国家努力的目标，不是一个社会努力的目标，而是人类努力的目标。（de Chardin 1965［1968：285］）

因此，德日进的重要性在于，他表明了"进步观念"在直接的战壕经历中幸存下来的方式，最后我还要谈到他的理想。但现在我想谈谈海德格尔的更复杂的例子。

海德格尔对战争的直接经验极少。虽然战争开始时德国进行了征兵，但由于健康原因，海德格尔没有被征召，在战争的很长时间里，他与战争的唯一牵连是他在弗赖堡做邮件审查员工作，这项工作对他的哲学研究没有大的妨碍（他于1915年7月取得了执教资格）。不过从1917年末以后，当德国最高统帅部更加急需人员时，海德格尔被征召，经训练后加入了西线的气象观察组，主要工作是为发动毒气进攻而提供天气信息支援。他实际上服役了两个月，至战争结束（Ott 1993：103）。

这个战争经验是微乎其微的。不过在我看来，战争的间接经验深【371】深进入了海德格尔的哲学中。在《存在与时间》（*Being and Time*）的第二"篇"，海德格尔认为，有一种对死亡的"本真"态度（"先行"——Vorlaufen），它将我们向作为存在者的我们自身揭示出来，这存在者的生命是由一种"自由"所告知的，这种"自由"来自对逃避我们自己之死亡的不可能性的领会：

> 现在我们可以概括我们对于从生存上筹划的那种本真的向死存在的特征描述：先行向此在揭示出它在常人自己中的丧失，将它带到热情的"向死自由"中的存在本身的可能性面前。（Heidegger 1927：266［1962：311］）

这种态度的可能性变成了《存在与时间》后面诸章的中心论题，尤其当"先行"被发展成"先行的决心"（vorlaufende Entschlossenheit）时，在海德格尔看来，"先行的决心"是我们的本真性的最根本形式：正是这种领会"向死亡释放出获得支配此在之生存的能力的可能性"，因而给我们带来"不可动摇的快乐"（Heidegger 1927：310 [1962：357—358]）。

在阐发这一论题的过程中，海德格尔没有参照德国的战争经历；可是，如果有人在20世纪20年代在德国以这种方式书写对自己死亡的态度，而又不期望、甚至不打算让人根据这样的某种参照来理解他，在我看来似乎是不可想象的。海德格尔这里所描述的对死亡的态度，在厄恩斯特·荣格尔（Ernst Jünger）对这场战争的著名描述中是很明显的，诸如下面的段落：

> 因而，尽管听起来可能很奇怪，经历了这一年在暴力和物质战争的各种荒诞肆虐中的磨炼，我得知，生命没有任何深刻的意义，除了它被抵押给理想之时。（Jünger 1920 [1994：316]）
>
> 我们已经弄明白了，意义要么是一切，要么是无。对于我们不明白其意义的成就，我们如何能找到实现它的力量？因此这场战争对于我们不仅仅是骄傲豪迈的记忆。它也是精神的经历；是否则我们对之一无所知的灵魂力量的实现。它是我们生活的焦点。它决定着我们整个未来的发展。（Jünger 1928 [1988：x]）

在引用这些段落时，我并不认为海德格尔在《存在与时间》中是在暗指《钢铁风暴》（*The Storm of Steel*, Junger, 1920）一书（当讨论尼采的时候，海德格尔明显利用了荣格尔的后期著作）。他不需这样做，因为如荣格尔的著作之流行所表明的那样，对死亡的那种态度是人们普遍都有的。我所断言的一切恰恰是：《存在与时间》的第二篇包含了对战争经历做出哲学反应的尝试，而且在海德格尔作为"向死自由"的本真性概念的外表下不远，就是"先行决心"的军事上的联系。

如本卷前面章节所指出，伯特朗·罗素长期以来就是德国唯心主【372】义哲学最激烈的批评者之一。因此他很容易与德国的批评者走到一起。事实上罗素成了最著名的战争批评家；他是当时一个知识分子小团体的成员,这些知识分子并没有像朱利恩·本达(Julien Benda)对同代人众所周知指责的那样,犯下"学者叛国罪"(La Trahison des Clercs 1927)。

罗素反对战争并不是出于应当战胜德国的任何愿望,也不是出于贵格会教徒所申明的那种绝对反战。相反,他判断:在战争已经可以避免的情况下,而且即使在德国入侵比利时和法国之后,英国都应置身局外,以促使谈判成和;在前一情况下,他的判断无疑是正确的,而在后者则有较多疑问。对此判断做出评价是不容易的:当德军横扫比利时和法国(如果没有英国远征军的存在,结果极可能如此),因而使德国政府能够控制比利时海峡诸港,给屈辱的法国强行规定和平条件,这时要设想英国政府能如何谨慎体面地袖手旁观是很难的。另一方面,尼尔·弗格森(Niall Ferguson)的《战争憾事》(*The Pity of War*, 1998)一书的主题实际上是:罗素是正确的,这场战争(尤其是英国卷入战争)"无非是现代史的最大错误"(p. 462)。

起初罗素将反战事业作为愉快的消遣,因为随着维特根斯坦1913年对他的判断理论的批判,他从事哲学原创工作的能力已经基本止步不前了。因此,当战争开始时,罗素基本停止了哲学工作,或至少停止了自1900年以来鼓舞着他的那种逻辑分析的形而上学。代之而来的是,一方面,他对那样一些传统伦理学理论表示厌恶,这些理论试图说服人们为只是表现对立情况下一个集团利益的"正义"事业而献身(Russell 1914 [1986:63]),与此同时,转向撰写《社会重建原理》(*Principles of Social Reconstruction*, 1916)之类的政治著作。当1916年英国开始征兵时(其他所有参战的欧洲国家一开始就进行了某种形式的征兵),罗素投身到积极的反征兵活动中去,由于他公开支持这项事业,于1916年7月被判"妨碍征兵和军训"罪,违反了王国国防法,并被处以110镑罚金。因为拒绝支付罚金,罗素几乎被监禁,最终他的朋友菲利浦·莫雷尔(Philip Morrell)为他支付了罚金(Monk 1996:464)。不过这个判决对罗素确实有重要的影响:罗素被剥夺了在剑桥三一学院的教职。学院采取这个行动的理由是,罗素的判罪与他作为学院讲师的职务不相容;但这个理由是虚伪的，很明显，实际上这个行动只是当学院的年轻研究人员远在前线时主持三一学院理事会的"嗜血老人们"（罗素对他们的称呼）对罗素的政治活动的反应。【373】

这些年轻研究人员中有的致书抗议开除罗素，如许多哲学家（如 A. N. 怀特海）和其他不同意他的反战立场的人（如吉尔伯特·默里，Gilbert Murray）所做的那样。不过罗素本人倒不大为失去教职而烦恼，并继续为反征兵协会（No-Conscription Fellowship）工作，1917 年他成为该协会的主席。有一段时期他深受俄国"二月"革命以及英国类似变革的可能性的鼓舞；但至那一年末，他对自己的一切政治活动都厌倦了，准备重新开始哲学工作，承诺在 1918 年初开一门"逻辑原子主义哲学"的讲演课程。可是 1918 年伊始，他发表了一篇言辞激烈的文章，抨击新近来到的美军士兵，谴责他们只是被派到英国用来恐吓罢工者的"警备队"。为此他再次受到指控，并于 1918 年 2 月受审，同时他还发表了一些关于"逻辑原子主义"的讲演——他的生活的政治方面和哲学方面引人注目地交织在一起。这次罗素被判 6 个月监禁。

由于有权势朋友的干预，罗素获许享有舒适的监禁条件，这一监禁时期实际上正是罗素为回到某种新的哲学工作所需要的，正是在监狱中，他完成了大部头著作《心的分析》（The Analysis of Mind，1920），在这部著作中，他制定出新的判断概念，打算用来对付维特根斯坦对他早先观点的反驳，在他漫长一生的其余时间里，他不断对这个新概念进行提炼。因而，虽然战争与罗素哲学的内容没有直接联系，但由他的反战活动及其后果所导致的学术生涯的中断，却与他的哲学的深刻变化相吻合。1918 年后，罗素对他早先的逻辑分析纲领已不大感兴趣；就他从事哲学而言，这反倒成为他发展在《心的分析》中已经开始的自然主义的、外在主义的科学纲领的背景。

在 1914 年 10 月给奥特林·莫雷尔（Ottoline Morrell）的信中，罗素写道：

> 似乎很奇怪，战争中的所有人中，我绝对最关心的一个竟然

是作为"敌人"的维特根斯坦。（Monk 1996：374）

【374】1914年7月，维特根斯坦在奥地利休假，刚一宣战他就应召入伍。他的姐姐赫米内（Hermine）后来写道，他的动机不仅仅是想要保卫奥匈帝国抵御俄国；他"还强烈地希望承受某种困难的事情，想做某种与纯粹的脑力工作不同的事情"（Rhees 1984：3），尤其想在前线服役，并证明自己能够勇敢面对死亡的威胁。他在1914年的日记中写道："现在我有机会成为一个好样的人，因为我正在昂然正视死亡。"（Monk 1996：112）这段话应当与1944年维特根斯坦给德鲁里（Drury）的一个建议相提并论，德鲁里评论这个建议说，他感到这就是维特根斯坦在第一次世界大战时对他自己的建议："假如你碰巧卷入肉搏战，你只应站在一旁，让自己被杀掉。"（Rhees 1984：149）虽然维特根斯坦在何种程度上感到任何适于战斗的人都有责任去战斗是不清楚的；但他肯定拒绝保罗·恩格尔曼（Paul Engelmann）和平主义背后的那些原则（Engelmann 1967：71—72），而恩格尔曼则称自己也拒绝罗素的立场：

> 当他听说他的朋友伯特朗·罗素被当作反战者监禁，他并没有打消对罗素实践自己信仰时个人勇气的尊重，但他感到，这是英雄主义用错了地方。（Engelmann 1967：73）

维特根斯坦的战时服役经历是一件复杂的事。他最初被安排在维斯瓦河上一艘炮艇"戈普拉纳"号上，因而参加了战争开始时奥匈军与俄军的混战，战斗以奥军远撤波兰境内而结束。然后他于1915年被调到一个火炮工厂，该厂原坐落于克拉科夫，后来随奥军的推进而搬到利沃夫附近。1916年3月，如他盼望已久的那样，他被调到在俄国前线作战的一个炮兵团，应他的请求，他做了观测员，这是炮兵中最危险的工作，因为它暴露在敌人的炮火之下。次年，他随着战线先退后进，越过波兰，布尔什维克革命后，在乌克兰停下来。他因作战勇敢而几次被授勋。1918年2月，他被调到南部战线，与意大利人对垒。经过几段非常艰苦的山区战斗之后,他于1918年11月被意大利人俘虏,直至1919年8月才被释放。

值得注意的事实是,在这一段经历中,20世纪哲学最伟大的著作之一——《逻辑哲学论》(Tractatus Logico – Philosophicus)写成了。这部著作的起点是1914年4月维特根斯坦与摩尔同在挪威时向后者口述的笔记。这些笔记只涉及逻辑,包括《逻辑哲学论》早先部分所论及的某些根据。至1915年底,维特根斯坦将这些笔记整理成一篇论文,他在当时的一封信中告诉罗素,他准备战后将它发表。这篇论文没有保留下来,但人们可以从他保留下来的1915年的笔记推测,【375】它仍几乎完全与逻辑有关。不过,1916年的笔记引入了关于命运、死亡、上帝、幸福、意志、自我的新论题——其中有些在《逻辑哲学论》的后面部分重新提出来。这本笔记属于维特根斯坦在奥洛穆茨休假与保罗·恩格尔曼交友的时期,恩格尔曼强调,从那时起,维特根斯坦至少像早先对待逻辑那样重视这些伦理问题。1918年7月,维特根斯坦在萨尔茨堡附近休假时与他的兄弟保罗在一起,就是在那里,他最后完成了这本书,然后随身带着它重返前线。

因此可以合理地断定,正是战争的经历使维特根斯坦将他的工作从"逻辑的基础"扩大到"世界的性质"(1961:79e),将伦理学恰恰当作"世界的条件,像逻辑那样"(1961:77e)。这里不是详细研究逻辑和伦理学这种相似性之处,这一研究认为,两者都是"先验的"(Tractatus: 6.13,6.421),就其本身而论,它们不是描述世界中事实的理论,而是以某种方式展示世界得以可能的条件的理论。简言之,维特根斯坦的主张是:如果逻辑指出了意义在其中得以可能的任何语言的界限,那么,伦理学就设定了使意义活着的任何生活的界限,即生活世界的界限。但在两种情况下,直接描述意义界限之特征的企图,最终都只能导致荒谬,——因此,逻辑和伦理学,尤其是伦理学,都与只能表现而不能说出的东西有关。维特根斯坦选出最后这个观点作为"该书的要点"(那时他于1919年试图说服路德维希·冯·菲克尔(Ficker)在他的杂志《布伦纳》(Der Brenner)上发表《逻辑哲学论》未成):

>……该书的要点是伦理学的。我曾想在前言中说几句话，这些话现在书中实际没有，不过我现在将这些话写给你，因为它们对你也许是一把钥匙：我想写的是，我的工作由两部分组成：这里的部分和我还没有写的部分。而这第二部分恰恰是重要部分。因为我的书好像从内部给伦理学的东西划了界；而我确信，**严格地说**，对它也只能以这种方式划界。（Monk 1996：178）

当《逻辑哲学论》最终发表，它没有这个前言，而是有罗素写的一个序言，众所周知，维特根斯坦对此序言是不满意的。但在我看来，关于这本书，维特根斯坦没有给罗素写出像这里给菲克尔写的那些话，是一个很大的遗憾。因为罗素实际上也受战争的影响，对伦理学采取了相似的立场：

>譬如，在我看来，斯宾诺莎的伦理学著作似乎有极重大的意义，但这部著作中有价值的东西并不是它可能导致的关于世界性质的任何形而上学理论，甚至也不是能够用论证来证明或否证的任何东西。其有价值的东西在于，它指出了某种新的感受生活和世界的方式，某种我们自己的存在能借以获得更多我们深深渴望的特性的感受方式。这部著作的价值不论多么无法衡量，它仍属于实践，而非属于理论。（Russell 1914 [1986：64]）

【376】

三　战争的后果

前一节叙述了战争影响 20 世纪欧洲三位最伟大哲学家——海德格尔、罗素和维特根斯坦——的某些方式，这些方式是复杂的，有时是间接的。但他们与战争的这种牵连是不常见的："规范哲学"（normal philosophy）大致如前地继续进行着。例如，塞缪尔·亚历山大（Samuel Alexander）于 1916 年至 1918 年间发表关于《空间、时间和神》（*Space, Time and Deity*）的吉福德（Gifford）讲演，不论或隐或显,都没有提到战争(Alexander 1920)。所以,如果人们抛开前面所述个人不论,提出战争是否对后来哲学的一般进程造成任何重大影响的问题,则是合情合理的。

战争的某些政治后果确实造成了影响——最值得注意的是 1917 年的布尔什维克革命和诸如波兰等国家的重建。如果没有布尔什维克革命,马克思主义思想肯定不会有它在 20 世纪哲学中所具有的作用;同样,20 世纪初繁荣的俄罗斯哲学传统也不会像 1922 年列宁那样将其扼杀。而且,虽然特瓦尔多夫斯基(Twardowski)在利沃夫复活波兰哲学是在奥匈帝国时期,但 1920 年后波兰逻辑学和哲学令人惊叹的复兴则依赖于波兰国家的重建。

无疑还有进一层的相似后果。但这些后果主要是在哲学的内在辩证法之外的;令人感兴趣而重要的问题是:不论怎样,哲学是否将战争经验内在化了。如果一个人思考形而上学、逻辑学、认识论方面的发展,他很难指出任何依战争而发生的基本变化——现象学运动和分析运动战前就在恰当发展中,战后仍在继续。而且,由爱因斯坦的广义相对论,由量子论的兴起而导致的对物理世界的理解的巨大变化,无论怎样也已发生了。因此,如果有任何意义深远的变化,这些变化就应当发生在伦理学、美学和政治哲学领域中,发生在这样一些方面,在这些方面,可以认为哲学反思是以对生活的意义、艺术和国家的新理解为起点的,而这些新理解是战争以某种方式引起的。

在这些领域中确实有一些哲学著作继续着早先的争论和传统,像柯林伍德的著作等(例如 Collingwood 1924)。但如果我们现在回顾 1918 年之后的时期,寻找这些领域中主要的新贡献,那么,我们不难认为,它们是这样一些哲学领域,在这些领域中,一段时间里没有写出很多有长久价值的东西。尤其在伦理学中,除了罗斯(Ross)对直觉主义观点的改进以外(Ross 1930),大部分注意力都指向逻辑经验主义者提出的情感主义观点,这种观点恰恰断言,伦理学研究不能确定任何重要的东西,因为伦理判断不过是人们表达自己情绪的方式,为的是鼓励他人来分享他们的感受。

因而,我认为,战争的影响主要是负面的。并不是人们从战争中

【377】

获得对生活、艺术、国家的新的理解，然后将这些理解注入新的哲学反思中；毋宁说，战争对有关这些事情的旧思维方式提出了疑问，而又没有提供替代者。尤其是战争似乎表明，可以被概括为"进步观念"的辩证与进化的观念结构是虚幻的。因而想在这个论题上出名的青年哲学家转向由于逻辑、数学、社会科学和自然科学的进步而产生的新问题上；就他们毕竟也关注伦理学、美学和政治哲学而言，这往往表明，这里没有任何要获得的先验知识，因而它们对于坚持不懈的哲学研究不是合适的领域。

四 国际联盟

不过，事情还有另一方面，它与德日进关于战争指出了通向"新宿命"之路的信仰相联系，在这方面，需要对这个消极的结论加以限定，尽管它与战争对哲学的影响的关系，不像与哲学对战争余波的影响的关系那样大。早在1915年，剑桥哲学家戈兹沃西·洛斯·迪金森（Goldsworthy Lowes Dickinson）复活了康德关于承担维护和平义务的国家邦联设想。他称之为"国际联盟"（League of Nations）的想法，这个想法被伍德罗·威尔逊（Woodrow Wilson）采纳后，建立国际联盟就成为协约国列强的中心目标。通过建立一个联盟，第一次世界大战将成为"一个结束战争的战争"——这也成为大众的愿望。从战争废墟中可以创造出美好的事物，这个信仰在由贵格会教徒（因而是和平主义者）朗特里一家（Rowntree family）为纽约参战市民建立的纪念碑碑文上生动地表现出来：

> 许多人为这样的信仰所鼓舞：这场战争可能是战争的结束——胜利会带来持久的和平，为世界人民带来更大的幸福。国际联盟的创立对于那些战斗者的信仰和希望，将是一个恰当的满足，对于他们的坚忍不拔、英雄主义、同志情谊和献身行为，将是一座真正的纪念碑。

【378】

可悲的是，现在伴随这座纪念碑的是为纪念第二次世界大战战斗者的另一座纪念碑。这第二座碑上没有出现任何类似的信仰表白。

托马斯·鲍德温

第二部分
1914—1945 年

第八篇

逻辑与哲学：分析的纲领

第二十八章

逻辑原子主义

逻辑原子主义是一种复杂的学说，它由逻辑、语言学、本体论、认识论等成分组成，与20世纪初的罗素和维特根斯坦联系在一起。在罗素为《数学原理》所写的哲学导言（1910a；特别参见 pp. 43—45）中，首次出现了逻辑原子主义的一种形式（尽管并未明确那样认定）。罗素从他早年对莱布尼茨的研究（后者是逻辑原子主义的明确先驱）中，从他对绝对唯心论的反对中（这里，G. E. 摩尔的早期原子主义的影响非常重要，见 Moore 1899），从他对知识的分析中，获得了这种观点的因素。一年后，罗素在他的讲演"分析的实在论"（Le réalisme analytique）中第一次使用了"逻辑原子主义"一词（虽然用的是法文），他谈到他的分析的实在论时说，"这种哲学就是逻辑原子主义哲学"（1911 [1984—：Ⅵ，135]）。

罗素的逻辑原子主义看法在1912年到1914年与维特根斯坦的讨论和通信中得到了进一步的发挥。这些讨论和通信主要是关于逻辑的基础的，但罗素和维特根斯坦同样把由此得出的教训运用于其他领域。"逻辑原子主义"这个词是通过罗素1918年的讲演"逻辑原子主义哲学"而在英语世界闻名的，这些讲演最充分地展示了他的立场（1918 [1984—：Ⅷ]）。虽然罗素在讲演中把他的观点说成是"在很大程度上解释我从我的朋友和前学生路德维希·维特根斯坦那里得到的思想"（1918 [1984—：Ⅷ，160]），但在他们所持的逻辑原子主义观点之间还是有很大的不同。维特根斯坦的逻辑原子主义是在《逻辑哲学论》（*Tractatus Logico – Philosophicus*, 1912）中提出的。他的逻辑原子主义在作为该书先导的笔记中已经显示出来（Wittgenstein 1961），后在1929年的论文"关于逻辑形式的一些评论"（Some

Remarks on Logical Form）中进行了修正。此后，他明显抛弃了这个学说，而罗素却没有。

一　基本陈述

在1927年的第二版《数学原理》的导言中，罗素简洁地陈述了逻辑原子主义：

> 给定所有真的原子命题以及它们就是全部命题这个事实，每个其他真命题在理论上都可以用逻辑的方法推演出来。（1927：XV）

逻辑原子主义认为，世界是由结合起来构成复合实体的要素组成的。它既不同于德谟克利特或道尔顿的物理原子主义，也不同于休谟的心理原子主义。它认为，我们相信原子的理由不是来自物理学或心理学，而是来自逻辑。逻辑分析使我们确信作为一个学说的逻辑原子主义的正确，并向我们揭示了原子及其结合方式的一般性质。罗素在1911年说："我拥护的哲学是*分析的*，因为它主张，人们一定会发现构成复合物的简单成分，复合物以简单物为前提，而简单物并不以复合物为前提"（1911［1984—：Ⅵ，134］）。在1918年，他说："我把我的学说称作逻辑原子主义，理由是因为我希望得到的作为分析中最后剩余物的原子是逻辑原子，而不是物理原子。"（1918［1984—：Ⅷ，161］）

二　原子主义的两个层次

逻辑原子主义被用在两个层次上：命题的层次和子命题的层次。在命题层次上，它提出了一种揭示简单命题或"原子"命题的分析（Russell 1918：199），维特根斯坦将这种命题称作基本命题（Elementarsäzte 1921：4.21），它表达了罗素在《数学原理》的导言中所谓的"基本判断"（1910a：44）。真原子命题对应于世界中的具体实体，后者被分别称作"复合物"（Russell 1910 a），"原子事实"（Russell 1918），事态（Sachverhalte）（Wittgenstein 1921）。第二个分析层次揭示了这些原子事实中的成分。维特根斯坦把它们简单地称作 genstände（"对象"），而罗素则把它们区分为殊相和共相，共相又进一步区分为属性、二位关系、三位关系等。罗素把他关于共相的柏拉图主义和他关于感觉材料殊相的理论并入他的逻辑原子主义，因为他主张，我们必定亲知命题的组成部分（殊相和共相），以便能够理解这个命题：这就是他的亲知原则。而与此相反，维特根斯坦接受的则不是这种在认识论上可以理解这些成分的观点：他的原子主义完全是一种关于语言和世界的逻辑学说，与认识论无关。

三　原子命题的真理及其构成部分

《数学原理》（1910a：44）对原子命题的真理做出了说明：一个基本判断是真的，当存在一个与它符合的复合物（原子事实），否则就是假的。这个"基本的真理"（1910a：45）就是符合，这涉及构成原子命题（它表达了一个基本判断）的语词与这种语词所指称的世界中的成分之间的相互关系。罗素把原子命题看作是由一个谓词和适当数量的专名构成的，谓词指称了一个共相，而专名则指称了在原子事实中由这个共相联系起来的殊相。反之，维特根斯坦把原子命题的所有简单成分都称作"名称"，而把它们所代表的实体都称作"对象"。他没有断言是否某些名称指共相，某些名称指殊相。所以，他所陈述的原子主义不但与罗素关于殊相和共相的二元论是兼容的，也与仅仅有殊相的一元论是兼容的。与罗素不同的是，维特根斯坦并不关心我们是否已经亲知了原子事实的成分。我们需要知道的一切就是，把命题分析为原子命题，以及把原子命题分析为对象，这是先天可能的。实际上，这样一种分析在原则上总是存在的。在 20 世纪 20 年代末与维也纳学派的讨论中，维特根斯坦曾暂时承认对象是感觉材料，但这并不是他在《逻辑哲学论》中的分析所要求的，该分析在对象的形而上学性质上是中立的，在他早期的《笔记》（*Notebooks*）中，他常常把对象与古典力学中的点粒子相比（例如，Wittgenstein 1961：35）。

维特根斯坦坚决认为，所有的原子命题在逻辑上都是相互独立的：由某个命题的真假无法得到其他命题的真假。罗素并不要求这样的独立性，因为他的原子命题中的共相构成了对立面家族：如果 a 是 F，并且 F 排除了 G，那么，a 就不可能是 G，尽管 F 和 G 都是基本共相，诸如精确的色调。维特根斯坦在《逻辑哲学论》中试图避开这种不相容性，他的尝试是不能令人信服的（1921：6.3751）。他于 1929 年抛弃了这种独立性的主张，随后不久他完全放弃了逻辑原子主义。

维特根斯坦论证了一种比罗素更彻底的原子主义，他强调，所有的对象都是简单的或没有构成部分的。《逻辑哲学论》（1921：3.24）中对这个论证做了简练的概括：关于复合物的命题依赖于关于相关的简单对象的命题。"复合物存在"这个命题，等于"部分是如此相关联的"这个命题。所以，如果 [aRb] 是处于关系 R 中的 a 和 b 的复合物，那么"[aRb] 存在"就等于"aRb"（1961：93）；而如果 a 和 b 不是如此关联的，那么后者以及其他任何关于 [aRb] 的命题都不会是无意义的，而仅仅是假的。虽然维特根斯坦设想这个分析过程与罗素的限定摹状词理论是相似的，但还是很不相同。罗素的理论采用了明显的复合名称，将它们的语义分配到了逻辑复杂的陈述语中的谓词上，而维特根斯坦的分析则用简单名称替换了复合的名称（Griffin 1964：48）。罗素和维特根斯坦早期对"复合物"的用法倾向于模糊一个复杂的事物与这个论证所要探讨的事实或事态之间的范畴区别。维特根斯坦后来使这个区别更加明确了：复合物就是其名称经过分析而消失了的事物；事态对应于真的原子命题，但不能被命名。

在维特根斯坦看来，一个命题要有意义，就是使它可能是真的或假的，因此，他不可能冒如下风险：由于一个命题中的名称没有指称而导致一个真值空白，因为那样的话，所有包含了这个名称的命题都会成为无意义的。在原则上，我们一定总能对复合的名称进行分析，

[386]

使得我们最终以只得到非复合物的名称结束，这些非复合物不可能不存在，并且它们的存在因此可以有意义地既不作出陈述也不予以否定。如果没有构成维特根斯坦所谓的世界本体的这种基本的简单对象（1912：2.021），关于世界的谈论就会不着边际，关于世界的命题就会缺乏确定的真值条件，即意义。相反，罗素并没有承诺这样严格的论点。感觉材料，即罗素的殊相，可以包含其他的感觉材料作为组成部分，而指称最终是指向我们直接亲知的对象上的，而不是指向遥远的、可以通过一种模糊的部分论分析来分辨的简单物上的，对这种分析维特根斯坦没有提出任何有效的例证。

维特根斯坦的术语在相关方面比罗素的术语更复杂些。他将事态（Sachverhalt），即一个事态存在的事实（肯定的事实，1912：2.06）与事态不存在的事实（否定的事实）区分开来。严格地说，决定一个命题是真还是假的不是事态，而是事态的存在或获得（bestehen）、或不存在，其他命题的真假一般依赖于存在的或不存在的事态的结合。罗素的观点则缺乏这种区别，维特根斯坦也没有认真地遵守这种区别，例如，在他与罗素的通信中就是如此，他还接受了奥格登-拉姆齐将"Sachverhalt"译为"原子事实"的译法。

【387】

四 其他的命题和事实

命题的逻辑复杂性来自于逻辑连接词的引入，比如构成分子命题的否定和合取，构成全称命题的量词。罗素和维特根斯坦一致认为，分子命题和全称命题在逻辑上都预设了原子命题，但他们对这所涉及的内容，意见并不一致。标准的分子命题的真值条件是毫无问题的：它们是由对连接词的真值表分析而得到的，维特根斯坦为此发明了明白易懂的制图学。但对那些看上去复杂而又不是真值函项的命题进行分析，则存在困难，比如对有关信念的命题的分析。罗素和维特根斯坦采取了不同的办法摆脱这个困难。由于罗素当时改变了他关于命题性质的观点，因而很难简要地表述他在这个问题上的看法。但在1907年之后，罗素抛弃了他早先对"A 相信 p"这种形式的命题的分析，这个分析是把信念看作一个主体 A 与一个复杂对象即"命题" p 之间的关系（这里的命题是非语言的，但更像是可能的事态）；反之，他现在认为，信念是一种连接 A 和简单对象（共相和殊相）的"多重"关系，而他先前只是把这些对象看作 p 的组成部分（参见 Russell 1910b）。维特根斯坦拒绝罗素的这两种见解（对后一种见解的拒绝引起了罗素的成果中的一个危机——Russell 1968：57）。他提出了一种难以捉摸的说明，既省去了被认为是思想的复杂对象的命题，也省去了表面上的信念主体 A，从而扩大了罗素的多重关系理论；而信念、思想和其他类似的心理状态则仿照一个复杂的记号与世界之间的语义相互关系的模式，被设想为是在"' p '说 p"中的（1921：5.542）。

罗素和维特根斯坦在是否存在与真分子命题对应的具体分子事实这个问题上也有分歧。两人都同意并不存在析取的事实，但罗素承认否定的事实和合取的事实。如果 p 是一个假的原子命题，那么，虽然在维特根斯坦看来，缺少一个与 p 相对应的存在着的事态，这就足以使 p 为假。但在罗素看来，一定存在一个否定的事实，即非 p，使得这个否定的命题为真。罗素欣然承认，当他于 1914 年在哈佛大学的讲演中提出这个观点时，"几乎引起了骚乱"（1918 [1984：Ⅷ，187]）。这个差别就把我们带到了罗素和维特根斯坦的逻辑原子主义观点的区别的核心。

在维特根斯坦看来，一个命题及其否定并非对应于两个不同的实在。无论世界如何，这两个实在中只有一个是真的，另一个是假的。它们并非两个独立的事实，而是同一个硬币的两面。采用弗雷格关于意义（Bedeutung）和含义（Sinn）的区分，维特根斯坦在《逻辑笔记》（*Notes on Logic*）中说，命题 p 和非 p 具有相同的意义，但具有相反的含义；该意义恰好是这种情况的事实（1961：94）。然而后来，在《逻辑哲学论》中，命题则被否认是意义（Bedeutung）。这完全是因为，这样来处理命题，就是将命题等同于名称。而事实上，与弗雷格相反，命题完全不同于名称，因为它们具有真的或假的极性："一个名称就像一个点，一个命题就像一支箭，它是有含义的"

[388]

(1921：3.144)。维特根斯坦提出了一种逻辑真值函项的记法，即 a-b 记法，它强调的是这种双极性：后来这种记法被替换为更清楚的真值表记法。罗素从来没有把握维特根斯坦的真假极性的学说：他认为真假极性仅仅相当于二值性。罗素认为一对相反的命题都对应于实际的任何事实，一个命题是真对应，另一个命题是假对应。他由此假定，否定的事实（假）对应于假的原子命题：

> 例如，当你有一个假的肯定命题，比如说，"苏格拉底还活着"，它是假的，因为在真实的世界中有一个事实。除非由于有一个事实存在，否则一件事情不可能是假的，所以，你会发现，当你做出一个假的肯定断定时，很难说出确切发生了什么，除非你要承认否定的事实。(1918 [1984—：Ⅷ，190])

反之，维特根斯坦并不需要否定的事实作为世界中的事项：如果某个事态不存在，其原子命题因而就是假的，其否定则自动默认为真的。因此，在维特根斯坦看来，任何原子命题都是肯定的，这是自明的，而罗素则不这样看。

同样对维特根斯坦来说，如果 p，q，r 都是真的原子命题，那么它们各自的事态存在就共同满足了合取 $p\&q\&r$ 为真，而罗素则寻求一种使其为真的附加的、单个的合取事实。同样，根据罗素的观点而非维特根斯坦的观点，真的全称命题需要使其为真的全称事实。如果 a，…，z 是所有的 Fs，而每个都是 G，那么，对罗素来说，"a 是 G，…，z 是 G" 这些原子事实就不能满足于 "所有的 Fs 是 G" 为真，因为我们需要把事实 "a，…，z 是所有的 Fs" 连接起来，而这本身就是全称的。因此，我们无法避免全称事实。相反，维特根斯坦则否定了全称事实。"a 是 G，…，z 是 G" 这些事实一起，共同满足于 "所有的 Fs 是 G" 为真，即使这个合取在逻辑上并不等于全称命题。因此，与罗素不同，维特根斯坦并不指望对命题的分析揭示出命题在逻辑上等同于全称事实（罗素在前面引述的《数学原理》第二版导言谈论逻辑原子主义的段落中清楚地肯定了他的立场（1927：XV））。

五 真值函项性质

《数学原理》中提出的对命题的逻辑分析是内涵式的，因为不同的命题函项可以在外延上相等。相反，维特根斯坦断言，所有的命题都是原子命题的真值函项成分（1921：5），这意味着一种外延性的论点。在《数学原理》第二版中，罗素倾向于这种观点。维特根斯坦很快就遇到了明显的命题反例，这些反例是关于信念等态度的；如前所述，他提出，这些反例可以根据记号与世界之间的相互关系模式来解释，这一模式消解了表面上的非真值函项语境。可是，他还面对关于全称命题的反对意见，因为就表面而言，全称命题不是原子命题的真值函项。他在此的回应是，允许真值函项不只是取有限多的原子命题作为它们的基础，而且是取任意的原子命题作为它们的基础：维特根斯坦打算用来涵盖所有真值函项的多级否定算子 N 就可以做到这一点，只要对某种形式的所有命题都提供一个记法（维特根斯坦只是暗示了这一点）。如果 [x：Fx] 对所有的对象都代表了命题 Fa，Fb 等等，而 N 被用于一个有穷集合时是由（例如）N（p，q，r）这样的列表所提供的，那么，诸如下面的复合句子

$\forall x$（$Fx \rightarrow \exists y$）（Gy&xRy）

就可以仅仅用 N 和变项表述如下：

N［x：N（N（Fx），N（N［y：N（N（Gy），N（xRy））］））］

在此，维特根斯坦的想法，如同他只是概而言之的许多逻辑观点一样，就可以行得通了。另一方面，他假定，判定什么是逻辑真理，判定从什么东西中可以逻辑地推出什么，将只不过是对命题进行检查这样一件事而已（1921：4.461，5.132）。他的这个假定是错误的：由于他从真值函项计算的可判断中轻率地进行概括，所以他没有预见到谓词逻辑的定理和逻辑结论将证明是不可判定的。因而，维特根斯坦对逻辑真理所用的重言式这个令人沮丧的术语，只是在真值函项逻

辑上被普遍采用了。

六　逻辑和数学的其他方面

罗素用了很多时间和努力来寻找一条绕过数学基础中悖论的道路，其结果就是类型论。在《数学原理》中，它获得了它的最复杂的形式，即不带可还原公理的分支类型论。维特根斯坦用几句话就驳【390】回了类型论，把它看作是不必要的，认为悖论之所以是不可允许的，是因为试图使一个函项成为它自己的主目在句法上是不适当的。他这种轻蔑的态度在指导方向上是很糟糕的：悖论是与数字和集合这类所谓的抽象实体的非存在相关的重大问题。当维特根斯坦后来重新考虑数学问题时，虽然他仍然坚持紧缩论的观点，但已经抛弃了原子主义。

七　逻辑之外

从一开始，罗素就精心使他那种逻辑原子主义适合于他关于感觉材料和共相的认识论，尽管受到了维特根斯坦的许多观点的影响，但他对有些观点并不完全理解，对许多观点都未采纳。他的原子主义对非原子的事实和独立性的要求并不太严格，因此他也没有被迫改变立场，结果是，直到20世纪30年代，他对这个立场的基本要点仍很满意。在罗素的逻辑原子主义中，逻辑建构的学说是杰出的，这个学说是由于他抛弃了自己早先生气勃勃的实在论而产生出来的，并受到了怀特海的泛抽象方法的影响。根据这个学说，"**只要有可能，就要用逻辑建构取代推断出的实体**"（1914［1984—：Ⅷ，11］）。这是罗素分析心灵、物质和其他东西的主要工具，进而对卡尔纳普、古德曼、奎因等人产生了影响。在维特根斯坦那里没有与这种积极建构成分相对应的东西。罗素在认识论、伦理学和政治学中远离逻辑的那些哲学观点，与逻辑原子主义基本没有联系。相反，维特根斯坦从他对逻辑基础的分析中得出了全面彻底然而是否定性的结论。根据他关于可说和可显示的理论，唯一可以说的东西就是那些用具有含义的命题（偶然的命题）表达的东西：任何别的东西，包括语义学和元逻辑、伦理学、美学、宗教语言和一切形而上学，都是不可说的。因此，根据维特根斯坦的观点，在伦理学、美学、宗教或哲学中，不存在任何有真理倾向的言说。这个观点不仅使维特根斯坦个人决心要放弃哲学，而且也严重影响了维也纳学派的反面意见。罗素和拉姆齐都清楚看到，维特根斯坦的立场是不一致的，尤其是他把《逻辑哲学论》本身也看成是无意义的，而且，看到维也纳学派关于意义的可证实性标准同样处于自身反驳的状态，也使得它对形而上学和其他无意义东西的那种攻击失去了力量。

彼得·西蒙斯

第二十九章

科学的世界观：逻辑实证主义

逻辑实证主义拥有几乎与其根源一样多的名称。其中由其发起者使用的名称有：逻辑实证主义、逻辑经验主义、科学的经验主义、连贯的经验主义，以及其他类似的名称。所有这些名称都是在大约1930年以后很久才出现的，当时逻辑实证主义者的著作首次出现在英语哲学界的面前。维也纳学派最初的公开声明，即《科学的世界观：维也纳学派》（*Wissenschaftliche Weltauffassung：Der Wiener Kreis*，Neurath et al. 1929［1973］），避开了所有这些名称，而采用了一个更一般的词，即"科学的世界观"。选择这个词是为了有意反对当时占主导地位的唯心论的、保守的、天主教的奥地利世界观哲学。维也纳学派提出了一种构想世界的科学方法，而不是直觉地把握世界无法言说的本质和意义。

这个更为一般的词很有用处。它告诫我们不要指望发现逻辑实证主义者所同意的各种学说的候选名单。它也提醒我们，逻辑实证主义是在德—奥两国背景下发展起来的。这个背景使逻辑实证主义者得到了许多哲学训练；它也提供了非理性主义的哲学观点，即世界观学说（Weltanschauungslehre）和生命哲学（Lebensphilosophie），维也纳学派公开地站在这些观点的对立面。因此，当我出于指称的方便在这里使用"逻辑实证主义"这个词的时候，读者心中应想到的是，这个词表示了一种比在逻辑实证主义者中实际所见的更大的纲领共同性（关于把逻辑实证主义的发展放到更广泛的思想背景下的尝试，参见Uebel 1991，Giere and Richardson 1996，Galison 1990；关于逻辑实证主义的发展轨迹的主要参考书是Stadler 1997）。

一　维也纳学派和其他团体

　　逻辑实证主义者是谁？这是一个不可思议的难题。这里的困惑是由于其核心成员的国际主义倾向使他们强调他们的观点与世界上广大哲学家和科学家的观点的相似性的方式。例如，前面引述的1929年的小册子就在马赫的实证主义和经验批判主义、布伦坦诺的现象学、约瑟夫·波普—林奎斯（Josef Popper - Lynkeus）的理性经济学，以及奥托·鲍尔和马克斯·阿德勒的马克思主义中找到了奥地利的先驱。同样，这本小册子强调，"科学世界观的精神"不仅正在为维也纳学派所传播，而且英国的罗素和怀特海，柏林的莱辛巴赫、格雷林（Kurt Grelling）、杜比斯拉夫（Walter Dubislav）和爱因斯坦，以及俄罗斯和美国的其他人也在传播。为讨论方便起见，这里被当作逻辑实证主义核心成员的是在1929年小册子的结尾列出的那些人，他们是维也纳学派的成员，或该学派的同情者，以及那些团体中的一些主要学生（Neurath et al. 1929 [1973：318]）。而在那里被当作"科学世界观的主要代表"而列出的人——爱因斯坦、罗素和维特根斯坦——却没有被当作逻辑实证主义者；他们比自己的那些同道有更大的影响（有时是勉强的影响）。

　　逻辑实证主义者的最著名团体是维也纳学派。这个学派是由石里克（Moritz Schlick）组织的，他从1922年起担任维也纳大学归纳科学哲学教授，1936年在大学的台阶上被枪杀。这个学派在石里克的家中聚会，从1924年起直到石里克遇害，在维也纳大学的数学研讨班上聚会。这个团体的成员并不固定，但在大约1930年的辉煌时期，核心成员包括了石里克、伯格曼（Gustav Bergmann）、卡尔纳普（Rudolf Carnap）、费格尔（Herbert Feigl）、弗兰克（Philipp Frank）、哥德尔、汉恩（Hans Hahn）、门格尔（Karl Menger）、纽拉特（Otto Neurath）、魏斯曼（Friedrich Waismann）和齐舍尔（Edgar Zilsel）。石里克也是马赫学会的主席，这个团体更广泛，由哲学家、科学家和发起公开谈话和讨论的其他人组成。这个团体与维也纳其他许多知识分子都有实质性的联系，特别是与维特根斯坦和波普尔，前者对这个团体许多成员都有巨大影响，后者则认为自己是正式反对维也纳的这个团体的。

这个学派有着巨大的组织能量。作为一个主要发起者，它与柏林学会（见以下）一起组织了1929年在布拉格和1930年在科尼斯堡的精确科学哲学研讨会。它于1930年开始出版杂志《认识》，主编是卡尔纳普和莱辛巴赫。它还发表了一系列专题论文，由石里克和弗兰克编辑，题目为《走向科学世界观文集》（*Schriften zur Wissenschaftlichen Weltauffassung*）。在纽拉特的领导下，由纽拉特、卡尔纳普和查尔斯·莫里斯（Charles Morris）编辑，这个团体在20世纪30年代末开始了它最宏大的出版计划《国际统一科学百科全书》。在纽拉特去世后，该百科全书整个都以芝加哥大学为基地，莫里斯和卡尔纳普当时是该校哲学系教员，共出版了20多部专著，直至20世纪60年代停止出版。【393】

维也纳学派是奥地利背景下真正的逻辑实证主义者的最重要团体，而在组织上形成这个团体则在很大程度上受益于所谓的"第一维也纳小组"的工作（Uebel 1991）。第一小组在20世纪头十年相聚，米泽斯（Richard von Mises）、纽拉特、汉恩和弗兰克被看作是核心成员。维也纳大学的数学教授汉恩是石里克竞选归纳科学哲学教席的主要发起者和支持者。鉴于奥地利哲学在整个20世纪初期的状况，毫不奇怪，这个学派最初的成员都经过了科学学科的良好训练：纽拉特学的是经济学，米泽斯学的是工程学，汉恩学的是数学，弗兰克学的是理论物理学。

经验科学哲学柏林学会成立于1927年，这是德国哲学背景中科学世界观的主要阵地。它的成员包括，当时在柏林大学物理学系的莱辛巴赫，以及格雷林、杜比斯拉夫、佩卓尔特（Josef Petzoldt）、亨普尔等。柏林的活动主要是围绕着爱因斯坦的工作展开的，他当时是那里的物理学教授。这个团体的根源也可以追溯到第一次世界大战之前；佩卓尔特于1912年建立了柏林实证主义哲学学会，这个学会的成立文件是由许多人签署的，其中有希尔伯特、爱因斯坦、克莱恩和弗洛伊德（Stadler 1997：81）。战后，这个团体加入了当地的康德学会，然后受瓦伊欣格的指导——这表明新康德主义和实证主义有着共同的科学目标和反科学的共同敌人。这个团体的杂志就是1930年更名为《认识》的杂志。

再说远一点，逻辑实证主义者在工作在兰伯格（利沃夫）和华沙的波兰逻辑学家中找到了重要的同路人。塔尔斯基在形式语言的语义学方面所做的工作，尤其被某些逻辑实证主义者看作是关键性贡献（而其他人则谴责它是形而上学）。更早些时候，罗素、怀特海和维特根斯坦在剑桥的工作提供了关键性的要素，使这个学派意识到如何能把逻辑看成是哲学的本质。在20世纪30年代，艾耶尔（A. J. Ayer）从牛津访问了这个学派，回去后写下了很有影响的【394】《语言、真理和逻辑》（*Language，Truth，and Logic*），这或许是用英语写的论述逻辑实证主义的最广为阅读的著作（Ayer 1936）。到了20世纪30年代初，美国的工作也被看成与维也纳学派宣传的一般哲学观点有重要联系。怀特海当时在哈佛大学，他以前的学生奎因在访问了维也纳和布拉格之后，成为卡尔纳普的逻辑和哲学工作的（尽管是批判性的）口头支持者（Quine 1936［1976］）。在芝加哥大学，莫里斯成为联系逻辑实证主义与美国实用主义的主要纽带（Morris 1937）。在莫里斯的影响下，杜威在20世纪30年代也为《百科全书》写了两篇文章，虽然有些勉强（Dewey 1938，1939）。

二 逻辑实证主义：一些核心论题

如我们所说，逻辑实证主义并不是沿着严格的学说路线进行的一场运动。提出任何一组论点作为逻辑实证主义的确定论点，都会带来明显的反例。不过，在逻辑实证主义者的思想中仍然有一些主要的论题。其中许多论题都在该运动所采用的各种名称上表现出来。

20世纪30年代，逻辑实证主义者经常指出他们与实证主义早期观点的相似。逻辑实证主义者把实证主义主要理解为一场反形而上学的运动。逻辑实证主义者都是激烈的反形而上学思想家。在他们看来，反形而上学的思想就是经验的、科学的思想。这特别意味着拒绝如下的任何主张，这种主张大意是说：哲学具有获得关于世界的知识的专门方法，或者哲学具有独特的、超科学的探究领域。因此，严格地坚持非形而上学的思想方法，就意味着拒绝把直觉作为知识的来源。这也意味着否定经常与直觉主义观点一致的准神秘主义；逻辑实证主义者不喜欢在哲学上声称有无法用语言表达的或不属于理性探究的事实知识。

这种非形而上学的思想方法清楚地表明了与传统的顽固的经验主义之间的密切联系。这反映在"逻辑经验主义"这个名称中，他们许多人，特别是莱辛巴赫之类乐于在实在论和反实在论之类的形而上学问题上表明立场的人，更喜欢这个名称。实际上，逻辑实证主义常常被看作是经验主义传统的顶峰（或低谷）。例如，在卡尔纳普的《世界的逻辑构造》（*Der logischer Aufbau*）中，反形而上学的动力似乎就来自于一种有害的经验主义；形而上学的东西是无法用纯粹经验的语言来谈论的。石里克等人从他们对维特根斯坦的解读中得到的证实原则就标志着对逻辑实证主义的这种理解。石里克要求（1934［1979］），一个句子的意义就是它可以在经验中得到证实的方法。如果无法得到这样的证实条件，这个句子就是无意义的。【395】

根据这种观点，在逻辑实证主义者看来，罗素和怀特海的新逻辑仅仅是为了完成某些旧的经验主义纲领所使用的新工具。这个新逻辑提供了一种明确的、派生出来的技能，用以实现洛克和休谟在几个世纪之前就已经提出的承诺性意见，这些意见谈到了一切理论言说在其中都可以用感觉语言来把握的那个范围。而且，把数学还原为逻辑的逻辑主义也阻止了对经验主义的可能的批评。逻辑主义表明，数学的确定性来自于数学要求的空洞性；数学和逻辑对世界没有提出任何要求。数学和逻辑的确定性因而就是语言的，而不是认识论的：正是这种确定性带来了对记号用法的约定。

从这些考虑中似乎引出了逻辑实证主义的另一个主要论题。如果可以认为形而上学的东西完全无法还原为经验，那么，科学中的一切理论主张都一定可以还原为经验。科学上的这种严格的还原主义以科学的统一作为直接后果。如果每一种科学主张都具有经验上成真的条件，那么，各种科学主题之间就不会有原则上的区别。而且，由于这种证实主义的语义学也是一种经验主义的认识论，所以，我们最终得知各种科学所依据的方法也不可能有任何区别。于是，逻辑实证主义通过这些哲学处理，反对当时某些哲学家在自然科学与社会科学之间所发现的那种分裂。

这是一个有条有理的说明，是由逻辑实证主义者自己所写的许多文献所表明的（包括 Carnap 1950［1963］and Neurath et al. 1929［1973］）。不过，这个说明过于有条理，以致不适于说明这个运动的复杂性。这个说明强烈地暗示出，一种相当传统的经验主义观点成为逻辑实证主义者的基本承诺——根据这一通常的看法，经验主义促使逻辑实证主义者采取反形而上学的立场，使他们接受了逻辑主义和新逻辑工具，承诺了科学的统一。这种哲学解释的顺序可能适合某些逻辑实证主义者的工作，但肯定不适合所有的逻辑实证主义者。

【396】新近的研究成果支持这样一种主张，即至少应强调逻辑实证主义发展过程中四个相关的方面，以此阐明更复杂的情况，这四个方面在通常所说的情况中不是被忽视了，就是被贬低了。第一，已经很清楚，初期的逻辑实证主义者受过的哲学和科学的训练，包括许多超出实证主义和经验主义范围的哲学观点，可以表明，这些观点在他们的思想中发挥了积极持久的作用。第二，在逻辑在哲学中的地位、经验主义的性质和自然主义的可能性等根本问题上，这里的观点大相殊异，这使得任何有条有理的一般说明都值得怀疑。第三，通过详细考察逻辑实证主义的某些核心人物的哲学发展表明，经验主义并不是他们最初的核心承诺；毋宁说，经验主义本身就是传统哲学中很成问题的概念，首先必须对它进行澄清，然后才能赞同它。第四，强调逻辑实证主义与传统经验主义的连续性，就会忽略逻辑实证主义者这样一种共同主张的意义，即他们的工作是哲学

上的革命。

我们可以通过考察四个主要逻辑实证主义者的某些方面的哲学观点,简要地说明这四个互相关联的主题,他们是莱辛巴赫、卡尔纳普、石里克和纽拉特。石里克和纽拉特比卡尔纳普和莱辛巴赫年长九岁,前两人出生于1882年,后两人出生于1891年。石里克的物理学老师是普朗克;卡尔纳普和莱辛巴赫受过物理学训练,但得到的是哲学学位。另一方面,纽拉特师从于迈耶尔(Eduard Meyer)撰写关于古代经济学观点的博士论文,由此将他对科学史的兴趣和对经济学的兴趣结合了起来。爱因斯坦的物理学对石里克、莱辛巴赫和卡尔纳普早期思想的作用是众所周知的。纽拉特从事社会科学方法论问题的研究,特别是他试图化解马赫或马克思关于社会科学基础的争论,这只是在最近才引起了重要关注(Cartwright et al. 1996;Uebel 1996b)。纽拉特对马克思主义问题的研究是理解他强烈支持物理主义和自然主义的关键所在,也可以用来确证他的反方法论立场。同其他人相比,莱辛巴赫和卡尔纳普是在更明显的新康德主义氛围中成长起来的,这从他们在其事业早期采用康德主义的和约定论的方法探讨相对论物理学中的方法论问题上反映出来(Carnap 1922;Reichenbach 1920[1965])。卡尔纳普早期从事对各种传统的研究,这反映在《世界的逻辑构造》中自称的方法论的中立性上,这与我们在前面简单提到的对这部著作的严格经验主义的理解不一致。

对第二点的说明,可以考虑一下维也纳学派内部关于经验知识基础的明显分歧,这就是20世纪30年代初关于所谓的记录语句争论的话题(Oberdan 1993;Uebel 1992)。石里克在这场争论中是一个保守人物,他坚持经验知识有直接经验的基础,并自称他发现卡尔纳普和纽拉特的观点是含混不清的,毫无疑问是非经验主义的。纽拉特把对(以记录语句开始的)知识基础的语言学理解与彻底的可错主义(即使记录语句也是可以修正的)结合起来。最后,虽然卡尔纳普对哪些句子是记录语句采取了一种约定主义的路线,但他在这样来解释的科学语言的范围内坚持了一种更为严格的方法论

【397】

（在卡尔纳普看来，记录语句是无法依照认识的根据加以抛弃的，因为并不存在需要诉诸的更基本的认识根据）。

关于第三点，卡尔纳普的例子是有启发性的。我们已经提到他在《世界的逻辑构造》中自称的认识论上的中立性。近来这部著作的评论家在书中发现来自各种认识论观点的重要影响，其中当然包括实证主义和经验主义的观点，但也包括现象学，特别是新康德主义的观点（Coffa 1991；Friedman 1978，1992；Moulines 1991；Richardson 1998；Sauer 1989）。卡尔纳普贯穿一生的主要立场是传统哲学问题上的中立主义，这种中立主义是与他试图通过逻辑分析手段来使这些问题得到理解结合在一起的。不过，这个手段并没有表示先天承诺经验主义，因为经验主义本身也是以这种方式来澄清的。只是在20世纪30年代中期，卡尔纳普才感到，他已经充分阐明了他本人可以确证的经验主义概念（Carnap 1936/1937）。然而，这一阐明工作完全是根据基本形式主义的观点来完成的，这种观点既没有提出也没有回答任何关于逻辑的认识论问题。因此，卡尔纳普根本没有在任何有哲学兴趣的意义上发现逻辑是"确定的"——独立于逻辑的任何认识论词汇都无法解释逻辑是如何起到它所起到的方法论作用的（Richardson 1997b，1998；Ricketts 1994）。

最后一点或许是最为关键的。轻易地把逻辑实证主义与实证主义、经验主义之类长期的历史传统一致起来，就使得该运动早期无所不在的革命辞藻不再为哲学所注意（Galison 1990，1996；Richardson 1997a；Ubele 1996a，1996b）。不过，回过头来看，不论这种辞藻看起来如何言过其实，却都是很认真的。即使像石里克这位在各方面都比纽拉特或卡尔纳普更为保守的思想家，也认为哲学中决定性的转折点已经达到了（Schlick 1930 [1979]）。这项事业的集体主义的、现代主义的、技术专家治国论的构想，对逻辑实证主义者的科学哲学的社会政治观点是至关重要的。它在逻辑实证主义中采取的技术的、科学的形式，完全没有使哲学脱离社会参与，而是首次将这种参与提供给哲学。根据纽拉特和卡尔纳普的观点，哲学就是用于帮助合理解决社会问题的概念工程。逻辑实证主义的这种实践性质是它与美国的实用主义在 20 世纪 30 年代相互吸引的主要原因（Morris 1937）。

三 逻辑实证主义的意义（1930—1945）

如果逻辑实证主义革命最终是要结束此前哲学中的"伪问题和令人厌倦的争论"（Carnap 1934［1937：xiv-xv］），那么，根据它自己的主张，就应当相信它失败了。不过，逻辑实证主义的抱负的确向我们指明了这场运动在 20 世纪上半叶哲学背景中的意义。逻辑实证主义最重要的方面并不在于它为创立严格的经验主义而进行的技术上精致、哲学上衍生出来的尝试，而不如说是在于逻辑实证主义所发挥的如下作用，即：它发展了分析哲学的方法，帮助创建了科学哲学、元逻辑学和语言哲学等学科。

20 世纪 30 年代的 10 年，是逻辑实证主义展现其积极的工作日程的时期。在这 10 年，纽拉特制定了在物理主义语言基础上将科学统一起来的计划。这个计划是由《统一科学百科全书》实施的，成为 20 世纪 30 年代末期逻辑实证主义在科学哲学中主要的大规模计划（Reisch 1994）。纽拉特、卡尔纳普、亨普尔、齐舍尔和弗兰克等人都为这项计划做出了最初的贡献。后来国际哲学和科学团体的主要成员也加入进来，像莫里斯、杜威、布卢姆菲尔德（Leonard Bloomfield）、内格尔（Ernest Nagel）和桑蒂利亚纳（Giorgio de Santillana）等人。同样，在这 10 年，莱辛巴赫也做了大量的工作，创立了专门的物理学哲学和概率论哲学等学科（Reichenbach 1928［1958］，1935）。

同时，卡尔纳普正在制定一个哲学框架，将对知识论的普遍关注引导到科学哲学中的专门研究。在 30 年代中期，卡尔纳普论证说，科学哲学进入了一个新的时代，在这个时代认识论将被搁置一边，以促进"科学的逻辑"（Carnap 1934［1937］，1936）。这是因为认识论问题已经表明它们本身是伪问题。认识论者从来没有弄清楚，他们正在做的工作是与人类经验的结构和内容、信念变化的原因的经验问题有关,还是与根据其他主张对某些科学知识主张进行确证的逻辑问题有关。由于接受了希尔伯特和哥德尔所采纳的元逻辑方法,这使得卡尔纳普可以根据形式系统的模型看待科学理论,于是他认为,哲学家的任务只是处理后一类问题,从而只与科学专家密切合作。因此,哲学的问题是关于科学理论的结构、确证逻辑等的形式化的专门问题。提出这种以逻辑为基础的科学哲学,是要把它作为科学上可以接受的纲领,用来取代混乱模糊的认识论纲领。虽然很可能并没有得到充分的理解,但卡尔纳普的科学哲学观点和所提供的方法,从20世纪30年代中期以后就被大多数活跃的逻辑实证主义者接受了。

【399】

这种创造性的哲学工作是在20世纪30年代德国和奥地利日益敌对的政治环境下进行的。费格尔确信自己作为年轻的犹太人哲学家在维也纳没有前途,早在1931年就移民美国,进入了爱荷华大学哲学系。莱辛巴赫由于德国的种族法律制度于1933年被迫离开了他在柏林大学的位置,先是(和冯·米泽斯以及其他人)去了土耳其,然后于1938年到了洛杉矶的加州大学。卡尔纳普先是于1931年去了布拉格的德国大学,然后于1936年去了芝加哥大学。弗兰克于1938年去了哈佛大学,随后的学术生涯都是在那里度过的。纽拉特在1938年德国吞并奥地利时正在俄国。他从未回过奥地利,先是去了荷兰,纳粹入侵荷兰后,就去了英国,直到1945年去世。

实际上,1929年那本小册子出版时书中列出的生活在奥地利和德国的所有主要人物,至1939年战争爆发时,不是去世就是流亡。当然,其中最为悲惨的是石里克被一个神经错乱的以前的学生谋杀了。该事件发生不出两年,这个学生实际上就被随着德国吞并奥地利而掌权的政府释放了,获得了自由(Stadler 1997:920—961)。石里克之死结束了维也纳学派的正式存在,结束了维也纳大学归纳科学哲学教席的存在,实际上结束了奥地利的科学哲学时代(Stadler 1991:65—67)。

不过,这个悲剧性的一幕有助于逻辑实证主义的哲学进程。逻辑实证主义只是在转移到了美国之后才成为哲学的核心运动。这个小规模的专门的哲学运动为何在美国变得如此重要，其原因还不清楚。然而，不可否认的是，逻辑实证主义几乎在其实践者开始抵达的第一刻起，就成为塑造美国哲学的主要力量。这种成功部分上是由于战争期间和战后不久科学技术在美国的声望——由于逻辑实证主义在美国科学界的朋友（例如，爱因斯坦、外尔、布里奇曼）是非常杰出的。部分上是由于美国某些最优秀的大学（哈佛大学、芝加哥大学、伯克利大学），以及某些后起之秀的公立大学（加州大学、爱荷华大学、明尼苏达大学）和某些努力帮助普通流亡学者的机构（社会研究新学院、城市学院、女王学院）的欢迎态度。

无论使逻辑实证主义取得成功的偶然原因可能是什么，正是在美国才使得逻辑实证主义的纲领变得生气勃勃。逻辑语义学和形式语义学在塔尔斯基、哥德尔、奎因和卡尔纳普的影响下向前发展（Carnap 1942；Quine 1942）。科学哲学形成为对科学概念和元科学概念的逻辑分析。在这里，莱辛巴赫是物理学哲学的领头人，而卡尔纳普、费格尔和亨普尔则与莱辛巴赫一起指出了解决实在论、确证和解释等基本问题的出路（Carnap，1936—1937；Feigl 1934，1935；Hempel 1942，1945；Reichenbach 1938，1944）。《统一科学百科全书》于1938年开始出版，持续到20世纪60年代，尽管出现了拖延，而且最后篇幅大为缩小。也正是在美国的环境下，逻辑实证主义与社会科学家有了最重要的相互影响。它影响到心理学中的行为主义和操作主义，影响到促进经济学和经济计量学中的数学技术基础的准备，影响到语言学科学的形成。

逻辑实证主义者于20世纪30年代末和40年代初在北美提倡的科学哲学，与它以前在欧洲相比，很少被经常刺耳地说成是有社会政治的动机。虽然卡尔纳普和纽拉特与莫里斯和杜威一起强调，统一科学的纲领和科学哲学具有政治和社会的用处，但其他逻辑实证主义者持更超然的观点。最终与成熟的逻辑实证主义相联系的看法主要是莱辛巴赫在他论杜威的文章的结尾所推荐的看法（Reichenbach 1939：192）：

【400】

在经验主义的早期，一位全面的哲学家可以同时在科学方法、哲学史、教育和社会哲学等领域占支配地位，这个时代已经结束了。我们进入了第二个阶段，在这个阶段，高技术的研究构成了必不可少的研究手段，将哲学阵营分裂为各种不同分支的专家。我们不应当谴责这种无法避免的专业化，这是在哲学的土地上重复着其他科学研究领域众所周知的现象。

逻辑实证主义早在20世纪三四十年代就遭到了批评，认为它用一种朴素的科学主义取代了哲学。对于具有莱辛巴赫那种思想状况的逻辑实证主义者来说，这听起来很像是因为逻辑实证主义取得了成功和充满希望才对它横加批评。

阿兰·理查德森

第三十章

波兰逻辑学派的成就

【401】

一　导言

　　最狭义地说，波兰的逻辑学派可以被理解为以卢卡西维茨（Jan Łukasiewicz）、莱斯涅夫斯基（Stanislaw Leśniewski）和塔尔斯基为主要人物的华沙数理逻辑学派。不过，对数理逻辑的有价值的贡献，也来自华沙之外，特别是赫维斯特克（Leon Chwistek）所做的贡献。因此，波兰的逻辑学派在广义上也包括不属于华沙学派的逻辑学家。第三种解释更为广泛。如果逻辑不仅限于数理逻辑，那么，受到形式逻辑成果强烈影响的一些波兰哲学家，比阿吉图库威茨（Kazimierz Ajdukiewicz）和科塔尔宾斯基（Tadeusz Kotarbiński）就可以更广义地被包括在波兰的逻辑学派之中。因而，波兰的逻辑学研究可以涵盖各种主题，从数学的"硬"基础（例如，不可达基数、实线的结构或选择公理的等价物）到形式逻辑、语义学、科学哲学，到由逻辑诱导的或由逻辑工具来分析的本体论和认识论中的观念。由于逻辑学在波兰的发展是一个值得注意的历史现象，我将首先讨论它的社会历史，特别是华沙学派的兴起。然后，我将描述所论的哲学观点，波兰逻辑学家们最重要、最具特色的形式结论，他们对逻辑史的研究以及逻辑在哲学中的应用等。我的讨论将是有选择的：特别是我会省略数学的"硬"基础中的大多数成果。

二　波兰逻辑学简史

数理逻辑引入波兰学术界是在 1899—1900 这个学年，当时特瓦尔多夫斯基在利沃夫开设了一门关于逻辑代数的课程。30 年后，就是说在一代人之后，华沙被公认为数理逻辑的世界首都之一。一个完全没有逻辑学特殊传统的国家，如何能如此迅速地达到这个领域的卓越地位？发生了什么事情使人们会做出如下的评论："大概没有任何国家就其人口规模而言能够像波兰这样对数理逻辑和集合论做出如此众多的贡献？"（Hillel and Fraenkel 1958，p. 200）答案就是，逻辑学在波兰的成功是哲学家与数学家之间异常的良好合作的结果。

[402]

特瓦尔多夫斯基是波兰的分析哲学之父，他曾是布伦塔诺的学生，从他的老师那里继承了一些基本元哲学的观点，特别是理性主义、对语言和思想清晰性的寻求、对思辨的敌视，以及有关哲学是一门科学的信念。他想把这些观念引入波兰哲学，建立一个科学哲学学派。他成功地做到了这一点，开启了分析的运动，即众所周知的利沃夫—华沙学派。特瓦尔多夫斯基本人并不是逻辑学家，但他强调逻辑文化对哲学的重要性。而且，他的元哲学观点也为从事符号学、形式逻辑和科学方法论研究提供了天然适宜的环境。事实上，大多数波兰逻辑学家都直接或间接地是特瓦尔多夫斯基的学生。

成为波兰第一位数理逻辑专家的是卢卡西维茨。他研究了弗雷格和罗素的著作，从 1906 年开始在利沃夫讲授数理逻辑。他的课程吸引了许多年轻的哲学家，包括阿吉图库威茨、泽佐夫斯基（Tadeusz Czéowski）、科塔尔宾斯基和扎韦斯基（Zygmunt Zawirski）。1911 年，莱斯涅夫斯基到了利沃夫，在特瓦尔多夫斯基的指导下完成了他的博士论文，并加入了利沃夫团体。同样重要的是，谢尔平斯基（Waclaw Sierpiński）当时是利沃夫大学的数学教授，对逻辑有兴趣的年轻哲学家们参加了他的集合论课程。特别是，谢尔平斯基培养了亚尼塞夫斯基（Zygmunt Janiszewski），后者对而后波兰逻辑学和数学基础的发展起到了重要作用。

第三十章 波兰逻辑学派的成就

1915年，德国的战时当局允许华沙大学重新开放（它于1869年被沙皇政府关闭），卢卡西维茨被任命为哲学教授。他开始讲授逻辑，受到了年轻的数学家和哲学家们的欢迎，但华沙逻辑团体的兴起和发展的关键之点，在于逻辑在数学发展规划中的地位，这个规划是由亚尼塞夫斯基拟订，并在华沙实施的。根据这个规划，数学家们的工作不但应集中在代数、几何和解析学等经典数学部分的应用上，而且集中在集合论和拓扑学上。这个规划还赋予数理逻辑和数学基础以重要作用；这两者在数学中都居于非常核心的地位。

亚尼塞夫斯基的规划也使得华沙大学的组织机构得到了重要发展。在数学和自然科学学院中很快建立了数学哲学系，莱斯涅夫斯基在谢尔平斯基的推荐下被任命为教授。但为什么是莱斯涅夫斯基，而不是卢卡西维茨呢？因为后者已经离开了华沙大学，在帕岱莱夫斯基（Paderewski）的政府中任职，成为宗教和教育部部长。他于1920年回到了大学，成为数学和自然科学学院的哲学教授，尽管这是一个数理逻辑的职位。这样，华沙大学就有了两位逻辑学教授。它还有一个杂志：《数学基础》（*Fundamenta Mathematicae*）。最初的想法是该杂志以两个系列出版，其中一个系列应当完全用于逻辑和数学基础。最后，该杂志经安排不再分作系列了，但逻辑在其中却是普遍存在的。马祖尔凯维奇（Mazurkiewicz）、谢尔平斯基、莱斯涅夫斯基和卢卡西维茨组成了编辑委员会：两位数学家和两位逻辑学家。

【403】

从社会学的观点看，这些事实值得注意。两位非数学家被任命为数学和自然科学学院的逻辑学教授，这是一个大胆的尝试，带来非常有益的结果。它说明了，为什么数理逻辑在华沙比在波兰其他地方得到更大的发展——特别是在克拉科夫和利沃夫，那里的数学家并不像华沙的数学家那样同情逻辑学。斯莱钦斯基（Jan Sleszyński）是克拉科夫最重要的逻辑学家，而赫维斯特克（他在克拉科夫开始其学术生涯）在利沃夫的数学学院作为逻辑学家担当主纲，阿吉图库威茨在那里给哲学家们讲授逻辑学。

莱斯涅夫斯基和卢卡西维茨在这种新环境下不得不改变他们的科学形象：他们不可能是通常意义上的数学家。不过，谢尔平斯基和华沙的其他专业数学家都承认，从事逻辑是恰当的数学工作。所以，十分常见的是，有天赋的数学学生会决心专注于数理逻辑。卢卡西维茨和莱斯涅夫斯基有意识地想建立一个逻辑学派并取得了成功，因为他们有高明的教学技巧，吸引了一些优秀学生。其中第一个学生塔尔斯基很快就成了这个学派的第三位领袖。其他的学生包括亚希科夫斯基（Stanislaw Jákowski）、林登堡姆（Adolf Lindenbaum）、莫斯托夫斯基（Andrzej Mostowski）、普雷斯布格尔（Moses Presburger）、斯卢佩吉（Jerzy Słupecki）、索博钦斯基（Boleslaw Sobociński）和魏斯伯格（Mordechaj Wajsberg）。亚希科夫斯基、林登堡姆、普雷斯布格尔、索博钦斯基和魏斯伯格毕业于20世纪20年代，莫斯托夫斯基和斯卢佩吉毕业于30年代（索博钦斯基学的是哲学，其他人都是数学）；雷洁夫斯基（Czeław Lejewski）则是在1939年前刚毕业，后来成为曼彻斯特大学的教授。这是一个很大的团体吗？用今天的标准来判断，十几个人一起从事逻辑研究的团体也许并不是一个大团体。然而，如果我们从两次大战之间这个视角来看待华沙的这个团体，我们就应当记住，在当时没有任何别的地方从事逻辑研究的人达到这里人数的三分之一。华沙的逻辑学界也不限于这个逻辑学派。在华沙还有科塔尔宾斯基在宣传逻辑，他是哲学教授。还有一些幸运的事例：例如，幸运的是，塔尔斯基于1920年左右作为学生来到华沙，决定从事逻辑研究，而且林登堡姆从拓扑学转到逻辑学。不论怎样，任何重要的科学成就都是与某些幸运的机遇相关的。

【404】

卢卡西维茨作为华沙逻辑学派的精神推动力，也是非常有效的组织者。在他看来，逻辑是一门既不从属于哲学也不从属于数学的自主学科，它因此需要专门的杂志和学会，因为并非它的所有要求都能由与其他领域相关的机构来满足，即使那些机构是与逻辑密切相关的。卢卡西维茨创立了波兰逻辑学会（1936）和一本专门的杂志《逻辑文集》（*Collectanea Logica*）。波兰的逻辑学，尤其是华沙学派，由此有了良好的人员配备和机构设置。显然，这是一项十分有意识、有步骤地付诸实现的事业所取得的成果。1939年，波兰有五个数理逻辑的教授职位（两个在华沙，一个在克拉科夫，一个在利沃夫，一个在波兹南）；相比之下，波兰之外只有一个，在德国的明斯特，由舒尔茨（Heinrich Scholz）担任。此外，大学和中学都普遍讲授这个科目，其教科书表明，训练的水平是很高的。波兰的学生也接受命题演算和谓词逻辑的训练。在大学里，高等逻辑包含在各专业学生的哲学课程之中。

三　逻辑和数学的哲学基础

数理逻辑从一开始就与数学基础中的重要流派有着密切联系，即逻辑主义、形式主义和直觉主义。属于特殊学派的逻辑学家，特别是在数理逻辑发展的最初阶段（1900—1930），常常关心不同的逻辑问题，甚至逻辑系统；希尔伯特、罗素和布劳维尔的信徒们都强调了逻辑研究的不同观点。那么波兰的情况又是如何呢？

我们可以把波兰的逻辑学家分为两个组。莱斯涅夫斯基和赫维斯特克的研究是根据明确的哲学预设进行的。在这方面，他们的目的是要阐发与逻辑主义相似的基础方案（大逻辑系统）（参见下面第 7 节的详细论述）。然而，华沙逻辑学派的其他人则不受任何哲学观念的束缚。卢卡西维茨和塔尔斯基就是这样的典型例子。他们乐于研究任何逻辑问题，无论这个问题是来源于逻辑主义、直觉主义还是形式主义。塔尔斯基多次强调，他的形式研究不设定任何普遍的基础性观点。这个态度与波兰数学学派的思想方式有关，这或许可以在谢尔平斯基那里得到最为清晰的表达：

【405】

> 而且，除了我们个人倾向于接受这个选择公理，我们无论如何还必须考虑它在集合论和演算中的作用。另一方面，由于选择公理受到某些数学家的质疑，所以重要的是要知道，哪些定理在其帮助下得到了证明，要认识到这个证明基于选择公理的那个确切的点；因为经常出现的情况是，各个作者在自己的证明中使用了选择公理，但并没有意识到它。毕竟，即使没有人质疑选择公理，人们对于研究哪些证明基于选择公理，哪些定理不需选择公

理之助就可以得到证明,不会不感兴趣——如我们所知,这种情况也同样适合其他公理。(Sierpiński 1964：95)

塔尔斯基本人非常清楚地概括了华沙学派流行的哲学立场:

> 作为波兰学派对元数学发展作出的实质性贡献,人们可以考虑这样的事实,即它一开始就允许把一切有效的方法都用于数学研究,不论这些方法是不是有限的。(Tarski 1986：Ⅳ, 713)

另一方面,这个基本的"非哲学的"立场并不意味着,特定的逻辑学家没有自己的与逻辑相关的哲学观点。他们有这样的观点,有时还引起了认识上的冲突,以塔尔斯基的情况为例:

> 塔尔斯基在口头交谈中时常表现出对唯名论的同情。虽然他从未接受过科塔尔宾斯基的"具象论"(reism),但他在早期工作中确实为它所吸引。不论怎样,构成他的逻辑和数学研究基础的集合论方法,总是不断迫使他采用唯名论者试图避免的抽象的一般概念。塔尔斯基对哲学论题没有更广泛的东西发表,在此情况下,这个冲突似乎仍没有得到解决。(Mostowski 1967：81)

莫斯托夫斯基本人接近于建构主义。然而,在写到撰写数理逻辑教科书的困难时,他说:

> 关于与接受数学基础中的明确哲学立场相关的第三种困难,我有意地避免在教科书中接触到这些问题,因为它们显然超出了形式逻辑的范围。我把逻辑系统当成一种人们可以用来谈论集合和关系的语言。我对这些实体采用了外延性公理,并且承认,它们服从简单类型论的原则。这个立场是展开形式问题和形式演算的便利基础,而且符合大多数数学家或多或少都意识到的看法,但这决不意味着,哲学家们必须毫无保留地接受这个立场。……

我倾向于认为,对数学基础问题的令人满意的解决将遵循建构主义指出的路线或遵循与之相近的方向。不过,现在我们不能以此为基础来撰写逻辑教科书。(Mostowski 1948: vi)

这一段话很有启发。第一,它明确区分了"正式的"科学(在这里就是数理逻辑)与"私人的"哲学。第二,它表明了对"官方"科学的需要具有同样明确的偏好。第三,我们在这里看到了对从事数理逻辑的集合论思想方式和数学基础的很好概括,这也许可以看作是逻辑主义的延续,尽管没有提到逻辑主义的主要要求,即数学可以还原为逻辑。事实上,数学基础中的集合论纲领是作为数学的数学基础方案出现的,它符合当代的观点。

华沙学派(乃至波兰)的所有逻辑学家都一致认为,逻辑是外延的。因此,不存在内涵语境的逻辑。这就说明了为什么波兰的逻辑学家不特别关心作为经典逻辑扩展的模态逻辑,因为模态逻辑会导致内涵的模态逻辑(刘易斯的系统即是如此)。虽然卢卡西维茨对多值逻辑的发现确实是波兰逻辑学家最为突出的成就之一,但大多数波兰逻辑学家仍认定二值逻辑模式的优先性。只有卢卡西维茨和扎韦斯基出于哲学的理由而赞成多值逻辑的优越性;其他人则把多值逻辑看作是纯粹的形式构造,比方说,值得从代数的角度去关注它,而不把它看作是经典逻辑的竞争者。莱斯涅夫斯基也许是经典逻辑的彻底拥护者。

在传统上,逻辑如何与实在相关联以及逻辑定理的认识论地位等问题,也许是逻辑哲学中最重要的问题。卢卡西维茨联系对二值逻辑和多值逻辑之间的选择讨论了这些问题。他起初认为,经验可以决定这些问题,正如在几何学中一样。然而,他后来接受了更具约定论色彩的观点,认为逻辑系统的有用性和丰富性是它们的科学价值的决定因素,尽管其他大多数波兰逻辑学家不赞成这种约定论和实用主义。他们认为,逻辑恰恰适用于实在的普遍特征。科塔尔宾斯基对莱斯涅夫斯基的名称演算的特点给出了下面的描述:

【407】　　我们要补充的是，莱斯涅夫斯基把他的系统叫做"本体论"。……然而，必须承认，如果亚里士多德关于这个最高理论的定义……要用"一般对象理论"的精神来解释，那么，这个词及其意义就适用于莱斯涅夫斯基所阐述的那种语词演算。（Kotarbiński 1966：210—211）

这个解释得到了莱斯涅夫斯基本人的充分肯定：

　　考虑到在我的理论的特有的单个原始词与科塔尔宾斯基所解释的希腊分词（即 on – 我的注）之间存在的关系，我使用了"本体论"这个名词……去刻画我正在阐发的理论的特点，而没有违反我的"语言本能"，因为我正在这个理论中系统阐述有关"存在的一般原则"的某种看法。（Leśniewski 1992：374）

这种实在论的逻辑观导致逻辑定理是没有经验内容的重言式的观点被抛弃了。于是，塔尔斯基认为经验主义是一种正确的逻辑观：经验可以强行放弃逻辑公理，正如可以强行放弃（例如）物理学中的经验假设一样；逻辑与经验科学之间的差别在于普遍性的程度，逻辑原则的普遍性要大得多。因此，波兰逻辑学家们的流行观点认为，形式科学基本上是经验的，尽管它们比我们的知识的其他成分更深一层地来自于经验。

莱斯涅夫斯基概括了他关于逻辑性质的观点，他称之为"直觉主义的［用'直觉的'更恰当］形式主义"。他这样写道：

　　"数学游戏"就在于根据某个约定的规则写出各种各样或多或少类似图画的公式，这些公式不必具有意义，或甚至——就像某些"数学游戏者"会喜欢的那样——必然应当是没有意义的。由于我对各种"数学游戏"没有任何偏好，所以，假如我没有将某种特定的、完全确定的意义归因于我的系统的论题，而根据该意义，这个系统的公理、定义和最后指令……在我看来具有一种不可抗拒的、直觉的有效性，那么，我本来不会费力使我的系统的指令系统化，并经常十分小心地检查它们。因此，我认为可以毫无矛盾地说，我在构造自己的系统时提倡一种相当彻底的"形式主义"，即使我是一个顽固的"直觉主义者"。由于我已经努力表达了自己对各种具体问题的思想，把它们表示为各种演绎理论中的一系列有意义的命题，并努力用一种与我最终认为有直觉约束力的方式相一致的方式，从一个命题推导出另一个命题，所以我知道，除了把要提出的任何演绎理论形式化，没有任何方法能更有效地使读者了解我的逻辑直觉。（Leśniewski 1992：487—488）

这段话对于理解华沙学派的逻辑研究精神至关重要。它极其清楚地表明了他们对逻辑的一般态度，即不是把逻辑看作一种无意义的活动，而是看作本质上就在处理意义。莱斯涅夫斯基（在与希茨的私人通信中）曾说过："逻辑是对直觉的形式化的阐明。"这或许就是对大多数波兰逻辑学家所提出的逻辑哲学的最精练的概括。

最后，让我来说一下支配好的形式系统"质量"的某些条件。除了对一致性的明显要求，波兰逻辑学家还要求，逻辑系统应当尽可能简单经济，基于最小数量的初始概念、公理和推理规则。在波兰从事的许多形式研究都是根据这一基本任务完成的，即发现最为经济简练的逻辑形式系统，而不考虑它们在逻辑之外可能的应用。显然，如果人们认为逻辑是自主的，那么逻辑的可应用性就不是逻辑研究质量的主要标准。

四 经典命题演算

命题演算成为华沙学派的专门领域和逻辑研究的实验室。根据一种特殊形式的记法（被不同地称作无括号记法、波兰记法、卢卡西维茨记法），逻辑运算总是写在它们的主目之前，而不必使用典型的标点符号（逗点、括号），这种记法总是用于这个系统中的研究。因此，这样一些符号 *Np*，*Cpq*，*Kpq*，*Apq*，*Epq*，*Dpq* 就分别代表了否定（"*p*"作为主目）、蕴含（"*p*"和"*q*"作为主目）、合取、析取、等同、谢弗竖。这个符号系统对于以最经济系统为目的的研究是很方便的。

命题演算领域中的研究首先关心的是功能上完整的命题演算系统（具有全部16个命题算符），这一系统建立在各种概念基础之上：建立在否定和蕴含（或者析取或合取）之上，建立在作为唯一算符的谢弗函项之上。以否定和蕴含作为初始词的最普遍的系统（即 C – N 系统）是由卢卡西维茨建立的。它有三个公理：*CpCpq*，*CCpCqrCCpqCpr*，*CCNpNqCqp* 和两个推理规则：替换规则和肯定前件规则。好的逻辑系统的标准需要寻求对 N – C – 演算的最短唯一公理。最后，下面的公式（23个字母）就被证明是这样一个公理：*CCCpqCCCNrNstrCuCCrpCsp*。对部分的命题演算也可以得到类似的结果，就是说，只有一个算符作为唯一初始词的系统。例如，卢卡西维茨表明，等式演算的最短公理不可能少于 10 个字母；事实上，11个字母的公式 *EEpqEErqEpr* 可以看作是它的唯一公理。

1926 年，卢卡西维茨提出了下面的问题：由于数学证明并不使用逻辑定理，但却涉及假定和推理规则，那么，重要的就是要把逻辑构造成一个规则系统；如何才能做到这一点呢？这个问题是由亚西克夫斯基在 1927 年解决的，最后发表于 1934 年亚西克夫斯基的著作中；事实上，亚西克夫斯基的系统也是为谓词演算构造的。于是，在波兰就出现了一种自然演绎的形式（另一个形式是由根岑 Gerhardt Gentzen 提出的后续演算）。

两次世界大战期间对命题演算元理论的深入研究是在华沙进行的。由卢卡西维茨得到的第一个结果与命题演算公理系统的独立性有关。特别是卢卡西维茨证明了，弗雷格和希尔伯特的某些早期公理系统包含了多余的公理。这一特定研究成为得到更普遍结果的逻辑实验室，这些结果在卢卡西维茨和塔尔斯基 1930 年的文章中得到了概括。该文还包括与多值系统元逻辑有关的结果，并提出了作为命题演算主要工具的逻辑基质概念。在这篇重要文章概括的许多观念和结果中，值得提到的是林登堡姆代数和定理的概念：每个命题演算都有一个独特的有穷或无穷的矩阵。波兰的逻辑学家还发明了几种证明命题演算完整性定理的方法。

五 多值系统和其他非经典系统

毫无疑问，多值逻辑的发明是波兰最重要的逻辑成就之一。卢卡西维茨于 1918 年发现了三值逻辑；然后，它被普遍化为有穷多值逻辑和无穷值逻辑。卢卡西维茨对多值逻辑的发现受到强烈的哲学理由的推动，它主要作为反对决定论的武器，他认为决定论是与自由相矛盾的。在卢卡西维茨看来，决定论与每一陈述非真即假的二值原理密切相关。他的讨论探讨了所谓的未来偶然事件——其真假是无法现在决定的关于未来的陈述——的真值问题。卢卡西维茨指出，亚里士多德早已怀疑我们是否可以将真假赋予未来偶然事件。他断言，多值逻辑并不是非亚里士多德逻辑，而是非克吕西波逻辑，因为斯多亚学派就强烈地捍卫二值原理。在卢卡西维茨看来，多值逻辑并不在于抛弃具体的逻辑定理，而是诉诸抛弃二值性的基础上对元逻辑进行根本的修正。

多值逻辑的形式建构是从采用两个以上真值开始的。在最简单的情形中，即在三值逻辑（$Ł_3$）中，我们容许：命题变项的估值是从真值的集合 $1, \frac{1}{2}, 0$ 到变项的函项。特别是，支配函项 Np 的是一条附加规则，即 $N\frac{1}{2} = \frac{1}{2}$（对第三个值的否定带来相同的值），而且，析取的规则规定了 $A\frac{1}{2}\frac{1}{2} = \frac{1}{2}$。这就意味着，排中律（$Ap\text{-}Np$）在三值逻辑中无效。这里没有篇幅进一步说明形式上的细节：允许我仅仅指出，卢卡西维茨、魏斯伯格和斯卢佩吉把各种多值逻辑系统公理化了。

在他关于多值逻辑的早期著作中，卢卡西维茨把真值$\frac{1}{2}$解释为概率。他由此把他的三值系统看作一种模态逻辑形式。然而，他也受制于这样一条原则，即任何逻辑都应当是外延的，所以，他就要求"p（Mp）是可能的"这一表达式具有真值函项的性质。而且，根据他的观点，模态逻辑必须把下面这些传统命题形式化为定理：*ab oportere ad esse valet consequentia*（必然蕴含现实），*ab esse ad posse valet consequentia*（现实蕴含可能），*ab non posse ad non esse valet consequential*（不可能蕴含非现实），*unumquodque, quanda est, oportet est*（假定的现实蕴含必然）。这样，卢卡西维茨就证明了，没有任何二值逻辑的真值函项外延保持这些原则，这正是他根据三值逻辑建立模态逻辑的动机所在。塔尔斯基认为，Mp 可以在三值逻辑中定义为 $CNpp$，这样做满足了大多数重要的直觉。然而，卢卡西维茨直到1945年之后才完成了他对模态逻辑的建构，他当时提出把四值逻辑作为模态逻辑的基础（即所谓的模态 Ł 系统）。刘易斯的系统实际上是由华沙学派的逻辑学家们研究的，尽管他们并不同意非外延的逻辑系统。魏斯伯格证明了，$S5$ 系统在代数语义学方面是完整的，塔尔斯基（与麦金西 J. C. C. MacKinsey 一起）构建了模态逻辑的拓扑语义学。

波兰的逻辑学家在直觉主义逻辑方面做出了重要成就。我将提到三个元逻辑的成果：分离定理，就是说，每个可从命题演算公理中演绎出来的结果，都可以从这样的公理中演绎出来，即：除了蕴含之外，这些公理仅仅包括出现在结果中的命题连接词（魏斯伯格）；对直觉主义命题逻辑的无穷合适矩阵的构造（亚西克夫斯基）；对直觉主义逻辑的拓扑学解释（塔尔斯基）。亚西克夫斯基的矩阵构造是各种成果之间相互联系的例证，给人以非常深刻的印象。正如上文所说，林登堡姆证明，每个命题演算都有一个合适的矩阵。1932年，哥德尔表明，没有任何有穷矩阵对于直觉主义命题演算是合适的。这暗示着，对直觉主义命题演算合适的矩阵一定是无穷的。亚西克夫斯基的构造就在于，定义了一个可用单个无穷

矩阵替换的无穷矩阵序列。有趣的是，直觉主义逻辑在波兰得到高 【411】
度赞赏并非由于其哲学的根据，而是由于其逻辑的美观。的确，卢
卡西维茨说过，直觉主义逻辑或许是一切非经典逻辑系统中最优雅
的一个。

六　元数学与形式语义学

　　20 世纪 20 年代，在希尔伯特的影响下，元逻辑和元数学被还
原为形式系统的句法学。不过，模态逻辑后来也被考虑到了。波兰
逻辑学家极其广泛地研究了元数学，他们的研究涉及的题目包括如
下：后件运算的公理化（塔尔斯基）；系统演算的公理化（塔尔斯
基）；各种元数学概念的系统化：完整性、独立性、一致性等等
（塔尔斯基）；形式系统中的定义规则（莱斯涅夫斯基）；可定义性
（塔尔斯基）；可判定性（佩比斯 Józef Pepis，来自利沃夫的赫维斯
特克小组的逻辑学家）；句法范畴理论（莱斯涅夫斯基，阿吉图库
威茨）；消除量词的方法（塔尔斯基）。几个更具体的成果至关重
要，例如，林登堡姆关于最大化的定理（句子的每个相容的集合都
有其最大的相容外延），这是现代对语义完整性证明的基础（即亨
金式证明）；演绎定理（塔尔斯基，以及赫布兰德 Jacques Her-
brand）；上行的洛文海—斯柯伦—塔尔斯基定理（Lowenheim -
Skolem - Tarski theorem，如果一个系统有一个模型，那么它也就有
一个关于任意无穷性的模型）；以加法作为唯一运算的算术完整性
（普雷斯布格尔）；实数算术的完整性和判定性（塔尔斯基）。

　　塔尔斯基关于真的语义学定义或许是在波兰出现的最重要的逻
辑观念。它是从各种哲学和数学来源引出的形式成果的良好例证。
从哲学上说，塔尔斯基受到真理论中亚里士多德传统的影响，这个
传统在利沃夫—华沙学派中十分流行，特别为特瓦尔多夫斯基、科
塔尔宾斯基和莱斯涅夫斯基所欢迎。这一点很值得强调，因为忽视
了塔尔斯基的哲学血统就会导致对语义学真理定义的误解。从数学
的角度看，塔尔斯基的构想是在集合论中提出的；它最初是为了将

语言分为逻辑类型而详细阐述出来的，也可以把它看作是对类型论的贡献。然而，最为重要的是，它需要无穷主义方法（infinitistic methods）。由于塔尔斯基的定义以及他对说谎者悖论的解决，很容易从任何严肃的数理逻辑教科书中找到，我这里就不再详细述说了。非常重要的是要看到，塔尔斯基的真理定义的无穷特征与句法学的有穷形态形成反差。因此，句法学与语义学之间存在着本质性的鸿沟。塔尔斯基在20世纪30年代所概括的语义学，后来被他及其在伯克利的学生们推广到模态逻辑，即数理逻辑的基础部分之一。模态理论无法完全还原为有穷句法学，这个命题或许成了20世纪后半叶逻辑思想最为重要的特征。公正地说，这场语义学革命也归功于哥德尔，他把真理概念实质上用作其著名的不完全性定理的启发式手段。塔尔斯基证明了另一条限制定理：对于一个含有算术的理论，它的真理的集合不能用该理论来定义（塔尔斯基的限制定理）。这个定理非常符合真理的无穷主义特征。哥德尔和塔尔斯基的结果一般表明，真理和证明不是等同的（前者更加广泛），至少在经典逻辑中是如此。

七 莱斯涅夫斯基和赫维斯特克

我把莱斯涅夫斯基和赫维斯特克作为一组放在这一节，是因为他们的系统在某种意义上是非正统的，不属于逻辑学的主流。而且，如我在前面已经指出，莱斯涅夫斯基和赫维斯特克与大多数波兰逻辑学家不同，他们以某些基本的哲学假定为指导。特别是，他们试图确立数学的唯名论基础；不过，要注意的是，他们为此提出的建议是截然不同的。

莱斯涅夫斯基构造了三个逻辑系统，试图作为数学的基础，它们是第一要义（protothetic）、本体论和部分论（mereology）。第一要义是一种普遍化的命题演算：它包含了约束命题变项的量词和指称任意句法范畴对象的变项，这些句法范畴是由命题的基本范畴规定的。第一要义是一个非常丰富的系统，它可以表达二值原则和外延性原则；这就是为什么莱斯涅夫斯基抛弃非经典逻辑的原因。本体论是一种名称演算或关于系词"是"的理论，系词"是"被用作拉丁文 est 的同义词。它在莱斯涅夫斯基的系统中所起的作用与通常系统中的谓词逻辑所起的作用相同。本体论是一种自由逻辑——它不需要任何存在假定。一个有趣的特征是，同一性可以在基础本体论中得到定义，这与一阶谓词演算的情况相反，在后者中，必须添加同一性谓词，作为一个新的符号。本体论提供了哲学上令人感兴趣的存在定义和对象性定义。部分论是一种把类理解为集合整体的理论。事实上，部分论是一种关于部分和整体的理论；虽然莱斯涅夫斯基把它看成是通常集合论的替代物，但这也表明，部分论弱于集合论。当我们考察莱斯涅夫斯基系统的细节，他的彻底的唯名论是很明显的。特别是，这些系统是具体的物理对象，在任何阶段都是有穷的，但又总是可以自由扩展的。【413】

显然，莱斯涅夫斯基的系统过于微弱而无法构成数学的基础，这在某种程度上是因为部分论的力量有限，它比通常的集合论更微弱。另一方面，这些系统本身总被认为很有意思，吸引了很多逻辑学家和哲学家；事实上，莱斯涅夫斯基的观念或许最有力地实现了传统唯名论的主张。在华沙，塔尔斯基、魏斯伯格和索博钦斯基对莱斯涅夫斯基的体系做出了相当大的贡献，自 1945 年以来，这些体系也在其他许多国家得到了研究。还应注意的是，莱斯涅夫斯基在华沙的影响是很大的，只有卢卡西维茨的影响可以与之媲美。事实上，大多数优秀逻辑系统的标准都可以追溯到莱斯涅夫斯基。

赫维斯特克在其学术生涯的早期阶段（移居到利沃夫之前），试图通过取消存在公理，特别是可还原性公理，来改进罗素的分支类型论；他提出了一种简单类型论。他的这一努力得到罗素本人的高度赞扬：

> 里奥·赫维斯特克博士……采取了一个英雄般的行动，免除了［可还原性］公理，而没有采用任何替代物……（Russell and Whitehead 1925：Ⅰ, xiii）

在移居利沃夫之后，赫维斯特克放弃了改进罗素系统的工作，转向构造他自己的逻辑系统，提出了另一种唯名论的逻辑基础。这是理性的语义学，一种表达式系统的理论，试图为逻辑和数学提供一种统一的图式。它开始是一组尽可能经济的原初记号，然后给出了证明规则，最后给出了解释规则。不幸的是，赫维斯特克未能完成他的研究，所以许多细节都是暂时的，甚至是不清楚的。然而，他的语义学足以强大到应用于自然数的算术。特别是，赫维斯特克用他的系统证明了哥德尔的不完全性定理。

八 逻辑史

卢卡西维茨发起了通过现代逻辑的眼光观察逻辑史的特殊计划。特别是，他把旧体系看作现代数理逻辑的先驱，认为给它们抹黑是不公平的。他这里所指的是现代逻辑的开创者普遍持有的态度，包括弗雷格和罗素。他们认为，现代逻辑是与传统的彻底决裂。卢卡西维茨论证说，事实上，笛卡尔应当为逻辑的衰落和滑向心理主义负责。甚至莱布尼茨这位当之无愧的现代数理逻辑的先驱者，也未能阻止这个进程。

九 逻辑对哲学的应用

逻辑对波兰哲学产生了很大影响。首先，它成为精确性和优秀科学方法的模式，此外，它也被用于许多哲学问题。逻辑对科学哲学的应用是直接的。波兰的科学哲学家没有提出任何统一的学说：相反，他们总是对具体问题感兴趣。有些成果是非常出色的。

卢卡西维茨在专注于数理逻辑之前，一直广泛研究归纳理论和概率基础。他很快就放弃了对满意的归纳理论的希望，而提出了理论科学的演绎主义方法论，预见到了波普尔主义的主要观点。特别是，根据卢卡西维茨的观点，（1）归纳在理论科学中没有实际的应用；（2）任何普遍假设的初始概率接近于零，不可能通过进一步的经验研究而增加；（3）演绎是科学的唯一方法；（4）演绎导致证伪而不是证实；（5）理论是人类的构造物，而不是实在的镜子。对逻辑概率的另一个重要批评来自塔尔斯基，他注意到逻辑概率不是外延性的。

然而，大多数波兰的科学哲学家都相信归纳。雅尼娜·奥西亚松（Janina Hosiasson，她嫁给了林登堡姆）在归纳逻辑的公理化建构方面做了先驱工作。这些公理如下（c 是卡尔纳普意义上的确证函项）：（1）如果 h 逻辑上来自于 W，那么，$c(h, W) = 1$；（2）如果 ¬$(h_1 \wedge h_2)$ 逻辑上来自于 W，那么，$c(h_1 \vee h_2, W) = c(h_1, W) + c(h_2, W)$；（3）$c(h_1 \wedge h_2, W) = c(h_1, W) \wedge c(h_2, W \wedge h_1)$；（4）如果句子 W_1 和 W_2 的集合是相等的，那么，$c(h, W_1) = c(h_2, W_2)$。扎韦斯基和泽佐夫斯基追随莱辛巴赫，试图将归纳建立在概率论的基础上；扎韦斯基试图将卢卡西维茨和波斯特（Post）的多值逻辑结合起来，以便系统阐述一种满意的概率逻辑理论，他也是把多值逻辑运用于物理学的先驱。

阿吉图库威茨和科塔尔宾斯基系统阐述了基于逻辑观念的一般认识论或本体论。首先，阿吉图库威茨把彭加勒和杜恒的法国约定论彻底化了。彻底的约定论是建立在以逻辑形式主义为模式的语言理论的基础上的。一个好的语言是相关联的（它没有独立的部分）、封闭的（不改变原有项目的意义就不能引入新的表达式）。一个概念结构就是一组出现在一个相关联的封闭语言中的概念。根据阿吉图库威茨的观点，概念结构完全决定了世界观。因此，如果我们在理论与经验材料之间有不一致的地方，我们就可以通过改变语言而解决这个问题。约定论的彻底化就在于经验陈述的地位。在法国约定论那里，我们有操纵原则的自由，但在阿吉图库威茨看来，经验报告也很容易通过改变语言而被抛弃。后来，阿吉图库威茨放弃了约定论而支持语义学认识论。特别是，他通过运用元数学论证来捍卫实在论（即认为实在不依赖于主体）。大致地说，存在概念是类似于语义学的，与类似于句法学的知识概念相反。由于语义学在本质上比句法学更丰富，所以，我们不能把存在还原为感觉材料。因此，存在即被感知是错误的。

科塔尔宾斯基的具相主义是彻底唯名论的本体论。在科塔尔宾斯基看来，只有具体的物质事物存在；不存在属性、关系或事件。每个有意义的句子除了逻辑常项之外，只有事物的名称，或可以还原为这样的句子。抽象物的名称被称作显名（apparent names）。具相主义与莱斯涅夫斯基的名称演算之间有一种有趣的关联。在莱斯涅夫斯基的本体论中，"a 是 b"这种形式的句子为真，仅当 a 是一个非空的单数名称。因此，莱斯涅夫斯基的逻辑就比一阶谓词逻辑更适合唯名论的需要。可以使用抽象名称，但这样做的时候必须要小心，而且只有相关的话语可以还原为真正的具相句子——即没有显名的句子——时才行，否则就会出现本质（hypostases）。所谓的本质就是这样一个假定，即某物作为显名的所指而存在。本质造成了哲学中的伪问题。虽然在具相主义与逻辑经验主义之间存在某些近似，但前者没有后者那样极端，正如维也纳学派与利沃夫—华沙学派之间的一般关系那样。

十　结　论

莱斯涅夫斯基于1939年5月去世。奥西亚松、林登堡姆、佩比斯、普雷斯布格尔、魏斯伯格是犹太人，都被纳粹杀害；萨拉姆萨（Salamucha）也被杀害。赫维斯特克死于1944年。在1939年到1945年间或战争刚刚结束，卢卡西维茨、塔尔斯基、波亨斯基（Bocheński）、索博钦斯基、梅尔伯格（Mehlberg）和雷洁夫斯基离开了波兰。因此，战争打断了正常的科学工作和教育，尽管并不是完全的。波兰人组织了出色的秘密教学系统，有几位逻辑学家，包括安杰伊（Andrzej）、格热戈尔奇克（Grzegorczyk）、希茨、卡利基（Jan Kalicki）、洛希（Jerzy Loś）、拉西奥瓦（Helena Rasiowa）都是在这些年间学习和毕业的。第二次世界大战的损失巨大，但这并没有阻止逻辑学在波兰的发展。此外，已经移民他国的逻辑学家也取得了许多最重要的成果。大约至 20 世纪 50 年代中期,由波兰逻辑学家所做的一些最突出的工作包括:次协调逻辑(亚西克夫斯基)、(经典的和直觉主义的)带有可变函子的命题逻辑(卢卡西维茨)、L-模态系统(卢卡西维茨)、刘易斯模态系统(索博钦斯基)、模型理论(塔尔斯基,洛希)、克林—莫斯托夫斯基算术分层(莫斯托夫斯基)和格热戈尔奇克分层(格热戈尔奇克)。

扬·沃伦斯基

【417】

第三十一章

逻辑和哲学分析

当我们回顾 1914 年到 1945 年间的哲学，我们倾向于认为这是"分析哲学"的繁荣时期，当然，尽管当时其他许多种类的哲学（唯心论、现象学、实用主义等）也很繁荣。当威兹德姆（Wisdom）在他的著作《心灵和物质问题》（*Problems of Mind and Matter*，1934）中开篇就说"这本书打算作为分析哲学的导论"时，他所描写的这个"分析哲学"是什么呢（1934：1）？威兹德姆在回答这个问题时，首先将分析哲学与"思辨"哲学做了比较：两者的差别在于，思辨哲学旨在提供新的信息（例如，证明上帝的存在），而分析哲学则只是要提供对已知事实的清晰知识。同样的对比更多出现在 1933 年《分析》杂志创刊号的"开篇辞"中：这里要发表的文章都涉及关注"对事实的澄清或解释……这些事实的一般性质公认为是已知的，而不是试图确立关于世界的新的事实"（Vol. I：1）。如下所见，哲学的目的不提供新的知识这个论点，的确是这个时期的许多"分析"哲学家的核心论题。但我们首先需要研究一下相关的分析概念——即"哲学的"分析。

某种分析对哲学作出了贡献，这个论点很古老。典型地说，它基于这样一个想法，即分析有助于人们理解复杂的现象，如果人们能够确定这些现象的构成要素和结合方法的话。这个想法明显表现在许多 17、18 世纪哲学特有的观念理论中："复杂的"观念只能把它们分析为其组成部分的"简单的"观念才能得到理解。康德的洞见之一就是通过断定判断优于其组成部分来颠覆这个传统，而这又导致他断定综合优于分析（1787（B）：130）。但康德并没有质疑概念分析的可能性，他甚至致力于将分析真理与综合真理区分开来。他对此的最初

482

论述是：一个分析的真理，诸如所有的单身汉都是未婚的这个真理，其真理仅仅依赖于对概念的分析（1781（A）：7）。众所周知，他然后又断言，分析真理包括其否定会导致矛盾的一切真理（1781（A）：150）。既然所有单身汉都是单身汉之类的无聊的逻辑真理，并不明显依赖于对概念的分析，所以，这种情况就不是他最初的论述所明显意指的。不过，康德正确地以这种方式展开了自己的论述，因为只有假定所有的单身汉是单身汉这个判断是真的，对单身汉这个概念的分析才蕴含着所有单身汉都是未婚的这个判断是真的。所以，如果后一个判断必定是一个分析真理，那么，所假定的逻辑真理也必定是一个分析真理。如果是这样的话，那么，在某种意义上，一般的逻辑必定是分析的。弗雷格在19世纪末重申了这个结论；但如我下面将说到，这一结论的意义，直到维特根斯坦使它成为他早期哲学的核心论题，才真正被把握。

【418】

然而，康德的直接继承者并没有继续探讨这个论题，而是将康德关于判断优先性构想的整体论方面，展开、推广为有关整体优于其组成部分、要素或"瞬间"的普遍论题。因此，毫不奇怪，在他们的工作中，分析只有暂时的意义，被当作一种辨别成分的方法。据认为，这些成分只有在它们由之抽象出来的综合整体的更广泛背景下来考虑，才能够得到恰当的理解。我们知道，"分析哲学"发展中的一个关键性情节是年轻的摩尔在他论"判断的性质"（The Nature of Judgment, 1899）一文中对这种整体论哲学的反动。因为摩尔的观点的核心就在于他相信，所有复杂的现象，包括判断，都必须根据它们的构成概念来理解，这些概念也是世界的组成要素，所以，"当一个事物被分析成它的构成概念，它才最初变成可理解的"（1899［1993：8］）。

这个观点不太容易理解，不过，在摩尔的伦理学著作《伦理学原理》中，我们可以看到更直接的说法："善"是"思想的那些无数对象之一，这些对象本身是无法定义的，因为它们是终极项，凡是能够定义的东西都是参照它们来定义的"，就此而言，"善"是一个"简单的概念"（1903［1993：61］）。摩尔这里提到了"定义"，但

483

他解释说，关于定义的有关概念并不是人们用来澄清"善"之类词的用法的"语词上的"定义，而是一种对善本身，即这个词的意义的分析。由于他认为意义是对象和属性，因此这样设想的意义分析，同样是对世界结构的分析。没有任何意义和指称的区分将这些纲领分隔开。

罗素"紧跟摩尔的步伐"（罗素后来这样写道，1959［1995：42］），转而反对他最初支持的唯心主义哲学的整体论；根据他在20世纪最初十年逻辑学方面的成果，引入了新的逻辑分析概念，从而使严肃的分析哲学的前景发生了转变。因为这一发展意味着，哲学的分析至少部分是要由逻辑上的考虑来引导的。在这一点上著名的有影响的例子就是罗素的摹状词理论（参见1905），它被认为提供了对包含限定摹状词的句子的意义分析，比如，"英国女王很聪明"这个句子，其意义特征被描述为这样一个"命题"：至少并且至多有一个英国女王，并且她很聪明。

这里有几个要点。（1）罗素为他的理论提供了实质性的论证，意在表明他的分析是"绝对必要的"。虽然这些论证也有争议，但它们表明了关于逻辑分析之优点的问题是怎样与各种论证之有效性问题紧密联系在一起的。（2）虽然这个分析并没有质疑英国女王的存在，但在有一种意义上，这个女王并不是这个分析的"组成部分"，因为在具体说明给出这个分析的命题时，并没有使用作为她的名称的短语。因此，虽然这个分析没有给出任何理由去改变我们关于何种事物存在（例如，英国的女王）的信念，但罗素却认为，在有一种意义上，我们所唯一描述的事物并不是根本的；他多少有所倾向地认为，这些事物可以被看作是"逻辑构造物"，甚至是"逻辑的虚构"。（3）这个分析被描述为是对"英国女王很聪明"这个句子所表达的"命题"的分析。在20世纪头十年的大多数时间里，罗素都追随摩尔认为，命题，也即陈述句的意义，是具有组成部分的复杂对象，这些组成部分诸如人及其属性等。但关于这种虚假命题的设想却是有问题的；很容易看出，这个分析如何可以根本不关乎任何命题，就被描绘成对我们用带有限定摹状词的句子所意指的东西的分析，也就是说，这些句子的意义是在我们使用没有限定摹状词的相应句子（例如，"至少和至多有一个英国女王，并且她很聪明"）对它进行分析时，才得到澄清的。因此，对意义的逻辑分析可以很容易地表述为对语言用法的逻辑分析。

到了1914年，罗素把这种逻辑分析概念发展为他所谓的哲学的"逻辑分析方法"（1914：V）。这里的核心推定就是假设了"逻辑原子主义"，就是说，对语言的逻辑分析可以用于确认在"原子"事实中结合在一起的基本对象和属性。这些事实构成了世界，并由理想语言的真"原子"命题（这时被看作是有意义的句子）所代表，这种理想语言就是对我们的日常语言进行逻辑分析的结果。于是，罗素对这种探讨方式确信不疑，以致当时把它看作是指导哲学研究的唯一富有成效的方法——"每个哲学问题，经过必要的分析和澄清，就会发现，它要么根本不是真正的哲学问题，要么在我们正在使用'逻辑的'一词的意义上说，是逻辑的问题"（1914：33）。

【420】

人们很可能会奇怪，罗素在一本关于知识的书里如何能够断定这一点（该书名为《我们关于外部世界的知识》）。这似乎意味着（多少有些难以置信），逻辑可以单独对认识论问题提供答案。实际上，这里的意思是，认识论是通过原子命题的概念而纳入这一设想的；因为为了使这个命题具有意义，罗素认为，出现在该命题中的名称和谓词就必定是这样的，使得我们能"亲知"它们所指称的对象和属性，而亲知则是一种为知识提供恰当基础的认知关系（参见1918—1919[1986：173]对这个观点的明确阐述）。所以，原子命题是这样的命题，如果我们完全可以理解它们，那么，我们就可以发现它们是否是真的。罗素认为，关于其他种类命题真理的知识，可以通过运用逻辑的抽象技术来保证，这些技术表明了这些真理（例如，关于我们没有亲知的外部世界和他人之心的真理）如何依赖于简单原子命题的真理。所以，逻辑提供了对这个世界和我们关于这个世界的知识的论述结构；但其基础与其说是由逻辑规定的，不如说是由认识论规定的。因此，罗素的分析哲学实际上是一种混合物，既有逻辑分析也有认识论分析。

正如罗素承认的,他在1913—1914年间提出这个观点的时候,主要受惠于他的"学生"维特根斯坦。但当维特根斯坦出版了他的《逻辑哲学论》,他们之间的区别就变得十分明显了。维特根斯坦在这里断定,"哲学的目的是对思想的逻辑澄清。哲学不是一种学说,而是一种活动"(4.112)。这乍听起来很像罗素的逻辑分析方法,但在他们的方法运用中却有着重要的差别。罗素将他的方法用于提出对外部世界和他人心灵的"逻辑构造",这些构造被合法地认作是"学说",其优劣如何恰恰是要争论的。相反,维特根斯坦没有提出这样实质性的论点,他仅仅关心逻辑本身。这个差别与他们关于日常语言的意见分歧有关:在维特根斯坦看来,虽然日常语言需要逻辑的澄清,但这个澄清并不是用一种包含逻辑构造的理想语言去代替日常语言,就像罗素设想的那样;相反,它恰恰是要弄清一切只是隐含在我们的日常语言用法中的东西,事实上,这些东西正处于它们实际那种完美的逻辑顺序中(5.5563)。

【421】　维特根斯坦也反对罗素方法中的认识论方面。由分析所揭示的"基本命题"完全没有必要在认识论上是基本的;相反,正是我们所做的逻辑推论,即"逻辑的应用"(5.557),决定了什么样的命题是基本命题。因为基本命题的基础条件只是,它的真在逻辑上不依赖于其他一切命题的真(5.134)。事实上,根据维特根斯坦的观点,认识论完全不是哲学的组成部分:"知识论"仅仅是"心理学哲学",就是说,它只涉及对我们关于知识、确定性、怀疑之类谈论的逻辑分析;这将向我们表明,怀疑论是"显然无意义的",因为它试图对我们完全不能说的东西提出怀疑。

维特根斯坦的观点的一个主要方面是这样的论点:分析命题就是逻辑命题,它们是什么都没有说的重言式(6.11)。维特根斯坦在这里回到了康德和弗雷格。但弗雷格认为,逻辑的标志是其普遍性,而维特根斯坦则否认这是对逻辑的特殊地位的说明。同样,他否认逻辑真理依赖于概念分析,如康德对分析性的明确阐述那样;相反,逻辑必须先行于任何这样的分析。那么,是什么赋予了逻辑这种特殊的地位?这是因为它构成了可以使真理得以表达的先天条件。维特根斯坦认为，语言可以用来说事（或表达真理），仅当它的用法满足了可以在真值表中阐明的逻辑条件。于是，这些真值表作为一个副产品，产生了某些重言式命题，它们就是逻辑命题。因为它们不论怎样都是真的，所以它们就什么也没有说：但它们表明了一种语言可能表示世界的方式。

将康德的先天综合的一般概念转换为逻辑，这很有创意。维特根斯坦把他的论述推广到算术。他认为康德坚持直觉在这种语境中的作用，以致在康德看来算术是先天综合的这一主张是可以通融的，因为"在这种情况下，语言本身就提供了必要的直觉"（6.233）。对这里引出的观点的特征，有一种说法是，在逻辑和算术的情况中，分析与综合的区分最终表明是不适用的。但这并不是20世纪二三十年代人们理解维特根斯坦的方式。相反，人们认为他主张算数真理和逻辑真理只代表逻辑连接词和数词的意义，就此而言，它们是分析的。由于人们通常还认为，语言的意义是一个约定问题，于是就推论说，逻辑和算术的特殊地位是由于这样的事实，即"它们只是记录我们以某种方式使用语词的决心"，艾耶尔在《语言、真理和逻辑》中就是这样说的（1936［1971：112］）。

艾耶尔的著作用英文对"逻辑经验主义"（或"逻辑实证主义"）的立场做了经典的陈述，这一立场是20世纪20年代末30年代初在维也纳由维也纳学派的哲学家兼科学家们（特别是石里克和卡尔纳普）提出来的。石里克和卡尔纳普都受到维特根斯坦的重大影响（后者本人当时有一段时间是在奥地利），他们都接受了他的这个论点，即哲学只能是一种逻辑分析的方法，一种"科学的逻辑"特有的方法，"科学的逻辑"将提供出他们力图塑造的新的科学世界观。他们认为，不可能存在任何独特的哲学知识，因为所有真正的知识都是科学的；因此，"当人们将某个哲学问题精确地阐述为科学的逻辑，人们就马上会注意到，它是一个对科学的语言进行逻辑分析的问题"（Carnap 1934［1967：61］）。

尽管受到维特根斯坦的影响，恰恰从它的名称"逻辑经验主义"就可以明显看出，这种哲学上的分析纲领类似于罗素的纲领，具有牢固的认识论内容：基本命题应该成为知识的基础。然而，这就开辟了一条直接回到真正的哲学争论的道路：因为石里克和艾耶尔这样的基础主义者与卡尔纳普和纽拉特这样的融贯主义者，在如何对他们所称的知识提供恰当证明的问题上存在分歧，这种分歧不可能表示为关于"科学语言的逻辑分析"之争。所以，根据这个传统，至20世纪30年代末，哲学已显然不能仅仅作为对语言的逻辑分析了。

至此，我一直关注的是罗素、维特根斯坦和逻辑经验主义者，因为正是他们的工作提供了分析哲学的核心模式。然而，应当注意到，这一时期的其他许多哲学家也强调了哲学分析的重要性，但他们并没有专注于单一的哲学分析概念或认为哲学仅仅是分析。摩尔的后期工作就是这种明显的例子：众所周知，他极大地关注对知觉判断的分析，致力于对感觉材料的分析，其动机似乎主要来自认识论的考虑；但他也讨论了这样一些论题，诸如对自由意志的分析，对虚构的谈论中的名称用法的分析等，这些论题中并没有认识论上的考虑。因此，摩尔后期对哲学分析的用法是折中的、无纲领的（在这方面，它类似于当代大多数分析哲学家的工作）。

摩尔的后期工作并没有明确承诺他自己的早期工作以及罗素、维特根斯坦等人工作中的"简单物"、"原子"或"要素"。因此，这就提出了这样一个问题，即人们如何能够不须这样的承诺而去从事哲学分析。刘易斯（C. I. Lewis）在《心灵与世界秩序》（*Mind and World – Order*, 1929）中提出了一个论点，认为这个承诺既不必要也不可取。这里，刘易斯将先天东西的分析概念与意义的整体论概念结合起来，前者出自他的逻辑学著作。所以，虽然他断言"先天的东西并非实质的真理……而其本性上是确定的或分析的"（1929：231），但他否认逻辑分析就是"分割"为要素，反倒断定它是指示出命题之间推理关系的方式。正如空间地图表明了空间关系而不须选出任何点作为基本的一样，一个逻辑"地图"同样表明了逻辑关系而无须任何基本命题（1929：81—82）。的确，他注意到，一旦我们考虑到逻辑理论中固有的循环，借此我们用逻辑去把逻辑推理系统化，我们就必须看到，逻辑中并没有"内在的简单性或不可定义性"

之类的东西（1929：107）。

因此，作为一个整体论者，刘易斯拒绝一切逻辑原子主义的观念；但他同样坚持认为，逻辑分析在澄清他所谓的构成我们"实在标准"的先天条件中具有恰当的位置（1929：262—263）。不过，刘易斯又进而断言，存在着多种多样的逻辑系统，每个系统都是内在一致的，产生出自己的一套分析真理。这个断言鉴于存在着可供替换的逻辑系统而具体化了，刘易斯在他重要的逻辑学著作中讨论了这些系统（参见 Lewis and Langford 1932：222—223）。并非完全清楚的是，他是否认为这些不同的逻辑系统是真正对立的，或只是讨论不同的主题。但他最终肯定赞成这样的论点：对一个逻辑系统的选择最终一定要在实用主义的基础上来确定（1929：248）。

刘易斯将整体论和实用主义结合起来，这远远脱离了罗素和维特根斯坦的原子主义和理性主义。但他仍然致力于这样的论点：先天的真理是分析的，逻辑应当提供必要分析的基础。卡尔纳普特立独行，努力达到实质上相似的观点，他通过他的著名的"内部"问题和"外部"问题之间的区分来阐明他的观点，"内部"问题采用了语言分析的规则，"外部"问题依赖于评价这些分析规则的实用主义标准（Carnap 1950）。于是，这里就有了一条直接的发展途径，将刘易斯和卡尔纳普的实用主义立场同 1945 年之后奎因和卡尔纳普关于分析与综合之间区分的争论联系起来。在分析哲学后来的演变中有许多其他的关联，最明显的是从维特根斯坦的《逻辑哲学论》到他后期的《哲学研究》（*Philosophical Investigation*）的演变，还有从摩尔的后期工作到由于对"日常语言"的关注而带来的哲学分析概念的演变，这种哲学分析概念构成了战后牛津哲学的主要特征。1945 年之后分析哲学的发展是一个复杂的历程，如今仍在演变之中，但其基础却是这里所论述的工作奠定的。

托马斯·鲍德温

第九篇

哲学的多样性

第三十二章

持续不断的唯心主义传统

【427】

　　1914年后的30年中，唯心主义哲学家发现自己分裂了、不确定了。许多人留下了成箱记载着他们奋斗历程的未发表的材料。这许多留下的材料当哲学家们回到某些传统问题时，将证明是令人感兴趣的，但其中有很多还未经过考察。

　　尽管在英国唯心主义运动中对语言的明显关注是事实，但至这一时期末，这个运动，连同其实在论的对手，都被操着刺耳反形而上学声调的"语言哲学"弄得黯然失色。在法国，近乎于唯心主义的"精神哲学"（philosophie de l'esprit）也差不多同样被存在主义悄然排挤出去，尽管让·吉东（Jean Guitton 1939）认为马勒伯朗士的逻辑唯心主义的发展仍然是两个伟大的哲学可能性之一。在奥地利和德国，唯心主义传统在与逻辑实证主义的昙花一现相比枝繁叶茂的现象学运动的作用下延续着；不过，至这一时期末，现象学本身也让位于海德格尔的存在哲学，后者断言存在对于思想的优先性，因而拒绝唯心主义。只有在意大利，唯心主义仍然是居支配地位的思想方式，乔瓦尼·金蒂莱（Giovanni Gentile）和贝内代托·克罗齐（Benedetto Croce）的互相冲突的唯心主义哲学，是意大利政治思想中法西斯主义和自由主义的主要部分（唯心主义也在加拿大固守自己的地盘；见 Armour and Trott（1981））。

　　梅·辛克莱（May Sinclair）说（1917：v），假如你是一个唯心主义哲学家，那"你就［无法］完全肯定你的出场是太早了还是太迟了"。伯特朗·罗素、G. E. 摩尔和美国实在论者提出的反唯心主义的论证广为流行。他们所批判的唯心主义断言，心灵及其对象构成了非常密切的统一，使得物质世界不可能是终极的实在，因为物质世

493

界的组成部分是可以分开的，因此缺少必要的统一。摩尔相反的论点（Moore 1903）是：思维和知觉必须与它们的对象分开。罗素同样极力强调一个涵括世界的浑然一体的体系的不可能性，因为这里所指的这个内在关系的体系歪曲了关于个体性的事实。对于他们所反驳的学说，这些论点是有说服力的，但他们设想唯心主义者有比他们大多数人所承认的更极端的观点。虽然摩尔可以引用 A. E. 泰勒（A. E. Taylor）的话为例，但很少会有哲学家将知觉活动与知觉混淆起来，而 20 世纪的所有唯心主义者都同意，"绝对"必定以各种各样的方式显示自己。很长时间以后，A. J. 艾耶尔（A. J. Ayer 1936 [1946：36]）从 F. H. 布拉德雷那里引了一句话，证明唯心主义导致胡言乱语，即逻辑实证主义所要根除的那种胡言乱语。不过，艾耶尔所引的那句"胡言乱语"的话，"'绝对'进入演化，但其本身并不演化"（Bradley 1893：499），并不一定没有意义。类似的句子，"重力进入演化，而其本身不能演化和发展"，也是完全可以理解的。

[428]

同各种具体的论证一样，摧毁唯心主义是流行的思想潮流。第一次世界大战的血腥之灾使人很难相信宇宙是包含人类生活与文明在内的合理秩序的表现；它使人们对除了科学家之外，哲学家也完全适合于发现"实在"之本性的信念发生了疑问。同时，对"唯心主义"的界定也变得越来越困难了。唯心主义断言观念是第一位的。但这个概念是不明确的。柏拉图的唯心主义——如伯纳德·鲍桑葵经常暗示和 J. H. 缪尔黑德（1931）所坚决认为的那样，在许多讲英语的唯心主义者的作品中随时出现——集中在这样的观点上：对世界的说明最终要在超验的理性秩序中找到，所以高级的价值是充满宇宙的，善和真必定走到一起。然而，当威廉·坦普尔（Willian Temple）那样的唯心主义神学家，爱丁顿（Eddington）和金斯（Jeans）那样的物理学家仍然相信科学和宗教可以互相支持，对于理性充满宇宙这一看法的热情就很难在一场世界大战后出现了。

处在唯心主义谱系相反极端的是这样的看法：实在是在直接经验中发现的，直接经验的原子成分是在来自笛卡尔和洛克所说意义上的"观念"。乔瓦尼·金蒂莱将这个学说与巴克莱联系起来，并因他自己也持有这个学说而受到鲍桑葵的抨击。尽管 G. E. 摩尔认为这是唯心主义的基本形式,但很少有哲学家采取这种形式。A. A. 卢斯(A. A. Luce 1954)曾捍卫它,但他几乎是绝无仅有的。甚至使这种唯心主义流行起来的巴克莱在他的早期著作中也谈到有较多柏拉图倾向的观点,认为世界是"上帝的自然语言";而后来他采纳的观点则更具有柏拉图的意味。

虽然这里有勇敢的抗辩,有某些新的创建,但在 1945 年,当哲学家们重返牛津这个曾是讲英语的唯心主义运动的心脏时,他们只看到了 H. J. 佩顿(H. J. Paton)和 G. R. G. 穆尔(G. R. G. Mure),前者主要埋头于研究康德,后者很快被幸运地安排在默顿学院(布拉德雷的旧学院)院长的位置上,而在哲学上他们相当孤立。穆尔自己的思想发表较晚(1958,1978);佩顿(1955)最终表达了他自己的观点。

【429】

一 物理学、生物学、形而上学

科学的成功支持了这样的观点:哲学是"二级"学科,它对通常的、科学的世界观进行分析,但不增加任何新东西。而唯心主义哲学家却恰恰认为,他们为这种世界观增加了某种东西。

鲍桑葵(1923)谈到相对论及其使宇宙似乎以观察者为中心的倾向,但他对像塞缪尔·亚历山大(Samuel Alexander)那样用进化的流行概念和宇宙论发展来支持其形而上学的哲学家们表示怀疑(Alxander 1920)。亚瑟·爱丁顿爵士的论点(1920,1928,1929,1939)是:科学已经清除了世界由散布于绝对空间中的小块物质构成的唯物主义概念。而他赞成将宇宙设想为数学智慧的表现;詹姆斯·金斯爵士最明确地陈述了这一见解。"关于一现象的最终真理存在于对这个现象的数学描述之中……用模型或图画去说明数学公式,去说明它们所描述的现象,并不是一个趋近实在的步骤,而是一个离开实在的步骤;就好像制造精神的偶像"(1930[1937:176—177])。他承认,这个"纯粹思想"的宇宙引出了关于时间的难题。

他的解决办法——他认为与巴克莱的解决办法有关——是将实在看成是在我们的心灵、在一永恒精神的心灵中展开的："如果宇宙是思想的宇宙，那么，它［宇宙］必定是思想的活动。"不过，他毕竟还是物理学家，这足以使他告诫他的读者，对这样的概括要慎重。

霍尔丹（Haldane 1921）提出了一个更精当的观点，后来在与古斯塔夫斯·瓦茨·坎宁安（Gustavus Watts Cunningham）的长期通信中（1916—1924）进一步发展了这个观点。其论点——它的展开形式实际上可能是瓦茨·坎宁安提出的——是：我们的知识塑造我们的意识，是以使两者不可分开的方式进行的。约翰·埃洛夫·布丁（John Elof Boodin）努力尝试将他的哲学与当时的科学宇宙论结合起来，他认为宇宙显示着进步，但他对宇宙的这个看法与当时的物理学之间一直存在着紧张关系。他有时对这种紧张关系轻描淡写，但他的一本手写笔记（1921）比他的主要著作（1925，1934）更清楚地揭示了他的意见的要点。在笔记中他论证说，科学至今已经证明它擅长于分析，擅长于描绘能量的弥散和系统的停滞，但它对明显的进化"上升运动"的唯一解释是"机会"（chance），而他认为，这个解释不可能是充分的解释。

【430】

二 形而上学与哲学家们的问题

苏珊·斯特宾（Susan Stebbing 1937）对金斯和爱丁顿的观点提出质疑。由于分析哲学的发展将注意力集中在意义问题上，所以，对唯心主义哲学家"误用语言"的指责流行起来。如果一位哲学家断言，物质对象，或时间，是"非实在的"，那这个主张就意味着，凡是运动的、符合通常物质性标准的东西——如大象、火车、星辰等——都被判定为有某种重要缺陷。这个缺陷不被普通人注意，或不被科学研究者注意。因此，要么唯心主义哲学家有另外的知识，要么他们是以不同寻常的方式使用词语。在许多哲学家看来似乎很明显，语言问题是中心问题，尽管语言的合法化问题往往证明甚至比形而上学问题更难解决。

第三十二章　持续不断的唯心主义传统

J. M. E. 麦克塔格特（J. M. E. McTaggart，1921—1927）认为，对世界的科学说明与常识说明中的许多缺陷是由无法接受的时间概念引起的。虽然麦克塔格特关于时间是"非实在的"论点乍看起来像是哲学家误用语言的通常例子，但在他的论点的背后实际上存在着对语言的严重质疑。他认为，克伦威尔的统治永远在查理二世的统治之前这个"固定的"先后系列，与永远在变化的过去—现在—将来的系列不相容，其本身也不连贯。然而，没有变化就没有时间。这个论点几乎肯定依赖如下事实：一个人无法给"过去"、"现在"、"将来"下定义，除非根据别的时间表达，像"what was"（曾是什么）、"what is"（现在是什么）、"what will be"（将是什么），而且一个人不能像用手指着黄色的东西来确认它们那样来确认"过去"或"将来"。

总之，哲学家说出自己关于实在的某种看法，他们这样做是有道理的。物理学家和哲学家问不同的问题。R. G. 柯林伍德（1938a，1940）认为，真理（部分上）依赖于问题与回答之间的关系；哲学家确实提出了物理学家、化学家、生物学家所不问的问题：人们在《自然》（Nature）杂志中找不到有关世界是否由实体或事件、或由两者构成的论文。物理学现在的发展方式使场比粒子看起来更根本，有些哲学家将这一事实当作理由，相信这个证据有助于取消实体而非取消"绝对"。他们认为，如果实在是场，因而是没有实际分离部分的统一体，那么它一定是精神的，而不是物质的，因为物质要求空间的分离性。与此相反，麦克塔格特坚决主张保留实体概念。他将实体规定为"存在着的、具有性质的、与其自身是性质或是关系无关的某种东西"（1921：68），提出了一个证明实体存在的简单论证。一个人可以是幸福的；他也可能是智慧的和善。但智慧和善（或它们的任何聚集）都不可能是幸福。因此，被断定的性质一定是关于某物的，而不是关于别的性质的。

这个论证看起来同样像是依据我们所说的那种方式的论证。实体仍然是麦克塔格特的体系的核心。但他补充说，这样的"实体"由于是弥散的，所以一定能用将它们各自与其他一切东西区分开来的方式描述。他将绝对分离性的必要条件与成为知觉的中心联系起来。知觉者因而成为终极实在的东西，他们从他们的相互关系中得到自己的个体性（许多人认为麦克塔格特对此的基本直觉比他的技术性论证更高明）。

H. W. B. 约瑟夫——他本人从未真正对唯心主义动摇，尽管他为如何表述它而苦恼——注意到需要有一个"形而上学的主语"，并试图澄清那些问题。他极力主张（1916：166—168），命题有语法的、逻辑的、形而上学的主语。他举出"颠茄使瞳孔扩张"的例子。这里有语法主语——"颠茄"。但如果该命题回答"什么使瞳孔扩张？"这个问题，**逻辑的**主语就是"扩张瞳孔"，而如果该命题回答"关于颠茄你知道什么？"的问题，**逻辑的**主语就是"颠茄"。而这两者都不必是"形而上学的"主语。

如果这个命题是真的，而且是关于这个世界的，那么，它必定是"关于某个东西的"，如约瑟夫所说，这个东西是确定的，足以成为"我们正在思考的东西"。这个东西也可能是含糊的，像命题"正在下雨"（It is raining）的情况，但除了需要用来参照的东西外，它并不是不确定的。约瑟夫说，在"通常的思维中"，最常认为被思考的主语是"一个具体的对象"。而形而上学主语——事物所参照的实际存在的东西——可以是"绝对"，如果"绝对"是唯一能真正独立的东西，是最终参照的东西的话。这个问题实际是关于把什么当作真正殊相的问题。在别的未发表的著作（1931）中，约瑟夫努力使真正殊相的观念更加精确，但结果证明这个概念是很难摆布的。他关于"实在殊相"的问题与他渴望保持通常的谈话方式有某种关系，同约翰·库克·威尔逊（John Cook Wilson）一样（1926），他认为这种谈话方式反映了人类经验的积累。

这些论证表明，这里存在着不同的出发点，这些出发点不是从经验开始，就是从对语言的基本选择开始。柯林伍德强调这些是"绝对的预先假定"（absolute presuppositions 1940），我们可以在它们的历史关联中研究这些假定；我们应当将哲学看成是这些假定之间的相互作用。柯林伍德这里阐发的很可能是 J. A. 史密斯（J. A. Smith）提出的一个看法。在未发表的 1929—1930 年吉福德讲演（Gifford Lectures）的残篇中，史密斯强调了哲学中"假定"（suppositions）的重要性，而这一观点的来龙去脉可以根据史密斯（同样未发表）1914—1916 年的希伯特讲演（Hibbert Lectures）再现出来。史密斯这里起初把终极实在说成是乔瓦尼·金蒂莱意义上的纯粹精神，但他很快证明实在需要引入多数性。纯粹精神必定显出一系列分离状态，其中没有任何一个状态揭示它的全部本质。因此，虽然实在是精神表现的集合这一客观真理依然成立，但实在是以允许做各种各样解释，即作为各种各样的"假定"（suppositions，或用柯林伍德的术语"绝对的预先假定"）的方式，显示出来的。这个观点有将时间与"绝对"的最根本性质联系起来的作用，鲍桑葵在《当代哲学中的两极相通》（*The Meeting of Extremes in Contemporary Philosophy*，1923）中批判了这个观点。史密斯在给亚历山大的信中写道（1926）："宇宙实质上是历史。"他还说："我承认鲍桑葵使我动摇了"，"我已经向约瑟夫发出了警报"。也许受鲍桑葵的触动，他承认，并非一切事物都在时间之内。在"绝对"的连绵现象背后有无时间性的善。

【432】

三　唯心主义与知识问题

柏拉图的唯心主义来源于这样的看法：知识由对超越感觉直接性的理念（ideas）的把握构成，对世界的认识或关于世界的知识就在于理解这些理念通过分有构成世界的方式。鲍桑葵的《当代哲学中的两极相通》表明了这个理念延续到 20 世纪 20 年代的方式之一。鲍桑葵将世界看成是绝对理念的表现，把"绝对"说成是超时空的存在。"时间在'绝对'中，而非**绝对**在时间中"成为贯穿该书的一个口号。其论点是：科学和其他知识的片段就像填字谜游戏的答案那样搭配在一起（这个隐喻最近由苏珊·哈克（1993）复活）。正如字谜纵横格中的字都有了意义的时候，我们就得到了正确的答案，我们关于世界的图画的情形也是如此。我们还相信这幅图画代表了一个实在的统一体，我们在填满图画的空白之前它就存在于那里。这个统一体就是鲍桑葵的"绝对"。

　　鲍桑葵有一些继承者，像 R. F. 阿尔弗雷德·霍尔恩勒（Alfred Hoernlé）等（见 Hoernlé 1927）。鲁珀特·洛奇（Rupert Lodge）是另一位继承者，尽管是十分不同的一类继承者。由于采用了鲍桑葵的理性统一体的标准，他承认，不止存在一个这样的理性体系。按照《当代哲学中的两极相通》的方针，他提出，合理地理解唯心主义、实在论和实用主义，就要把它们看作三个互补的看法，它们有不同然而合理的出发点。在法国，在莱昂·布兰斯维克（Leon Brunschvicg）具有康德倾向的著作和勒内·勒·塞内（René Le Senne 见 Brunschvicg 1939; Le Senne 1930）的著作中，也有一些与鲍桑葵的观点相差不多的思想反响。埃米尔·梅耶松（Emile Meyerson 1931）将唯心主义与接近于鲍桑葵观点的普遍理解性（universal intelligibillity）联系起来，作为满足他认为是科学的逻辑预先假定的东西的方式。

　　鲍桑葵（1920，1923）并不认为真理可以从自明的第一原理推演出来（亦见 Gustavus Watts Cunningham 1933）。这两个人完全相信，经验的难以捉摸的片段一定是配合在一起的。克罗齐对这项任务提出了一种历史的观点：他回到维科（Vico）对笛卡尔强调自明原理的批判上，并坚持历史作为使知识统一起来的方式的重要性，因为我们的一切知识本身都是有历史的。同样，在克罗齐看来，历史是恢复人文学科的价值，使之处于认识论关注的中心的方式：既然历史是我们所造就的东西，那它就是我们从内部认识的东西，在最终认识它的过程中，艺术发挥了作用。

　　柯林伍德（1938a，1946）在历史知识论的背景下发挥了这些思想：过去的事情过去了，但思想可以被重新思考，过去的事情可以在历史学家的心中再次展现。由于历史包括一系列在过去有影响的绝对的预先假定，所以，在某种意义上，历史可以克服这些局限。这是在《知识的图式》(*Speculum Mentis*) 中肇始的重叠形式理论（the theory of overlapping forms）的发展吗？是为那里所说的各种知识——艺术、宗教、科学、历史和哲学安排秩序的方法吗？抑或它是一个新的起点？对此，研究柯林伍德的学者们仍然存在分歧。在《知识的图式》

中，在科学可以在历史中再现的意义上，历史是科学的进步；哲学不是另外一个主题，而是一个视角，从中可以将其他知识看成是统一的。

实际上，最好在柯林伍德几乎毕生关心本体论证的背景下看待他的认识论。他坚持（1935）为世界提供理智秩序的终极"共相"（universal）的实在性。他说（1919），接受这个学说，就是取代怀疑主义和独断论。他的指导想法似乎是这样：这种理智性采取多种形式，这些形式贯穿历史，作为各种各样的体系展现出来，每一体系在我们心中都依赖于"绝对的预先假定"。如前面所提到，在这个学说中，柯林伍德可能受他的朋友 J. A. 史密斯的影响，后者第一个提出，我们实际所能构造的一切体系都依赖于"假定"。

厄恩斯特·卡西尔的著作与柯林伍德和史密斯的著作有几分相似。《符号形式的哲学》（*The Philosophy of Symbolic Forms*，1923—1996）以康德为起点，解决如下主要难题：我们如何理解康德的三个批判？他的回答是，它们表现了人类"精神"的不同方面，将纯粹理性、实践理性和审美宗教感的透视观拉到一起。虽然我们通过"符号形式"（symbolic forms）一律不变地理解世界，但这也将有关这个世界本性的某种情况告诉了我们：这一世界具有各种各样的方面。卡西尔的体系是康德式的，因为它专注于思想的结构和表达思想的方式，但它与后来的唯心主义有联系，因为它表明，实在是一个其本性有各种各样表现的统一体。

【434】

四　唯心主义与宗教

唯心主义赋予心灵（有时是"精神"）以主要角色。因此自然而然会设想它容许宗教的解释。不过，这些唯心主义者本人有各种各样的观点。柯林伍德仍然把基督教看成是文明的中心力量，但他没有参与有组织的宗教，尽管他与 B. H. 斯特里特（见 Streeter 1927）关系十分密切。与此相反，麦克塔格特是一个公开声明的无神论者，而鲍桑葵说，他希望活着看到教会回到博物馆里去。鲍桑葵还希望人类进步,而麦格塔格特则相信灵魂不死。甚至可以说,假如正统学说容许上帝是多位的,麦格塔格特的神学本来会是民主化的基督教:上帝的各个位格仍然是分开的,但他们非常密切地缠绕在一起,以致他们之间的爱是不可避免的。

一个人可以是能在英国圣公会团体内被接受的正统派,可以是具有约翰·凯尔德和爱德华·凯尔德兄弟精神的黑格尔信徒(见 Metz 1936, Jones and Muirhead 1921)。威廉·坦普尔(William Temple)起初是牛津的哲学教师,通过教会而发迹,取得了其父过去坎特伯雷主教的职位。他用启示(1934)来避免后来唯心主义者提出的对普遍心灵的说明的含糊性。坦普尔的上帝——一个仁慈的、人格化的"绝对"——与世界相近,而坦普尔本人则是民主社会主义者。在唯心主义论证所达到的范围内,坎农·勃纳德·斯特里特(Canon Bernard Streeter)也接受这些论证,但他证明(1927),基督教要求比鲍桑葵的理智性更多的东西。

1916 年乔赛亚·罗伊斯死后,由博登·帕克·鲍恩(Borden Parker Bowne 1908)开始的人格主义运动在美国哲学中起的作用越来越大。两次世界大战之间的人格主义领袖埃德加·谢菲尔德·布赖特曼(Edgar Sheffield Brightman)和《人格主义者》(*The Personalist*)杂志的创编者拉尔夫·泰勒·弗卢埃林(Ralph Tyler Flewelling),是宗教与文化哲学家。布赖特曼作为一位圣经研究者开始其职业生涯,他的年轻妻子的死使他的个人信仰动摇了。他分析了(1930,1940)上帝和恶的问题,得出结论:因为传统的上帝概念不能说明"非目的论的不尽根"(dysteleological surds)——即一种恶,它是"内在而不可还原地恶的,它自身内不包含任何发展或进步的原则"(1940:245—246),所以,有神论者应当退回到把上帝当作有限存在的比较适度的上帝概念上去(布鲁斯·马歇尔的小说《落叶之月》(*The Month of the Falling Leaves*),记述了一位年轻人的奇遇,这位年轻人写了一篇关于非目的论不尽根的文章,发现它在波兰很畅销;布赖特曼使这部小说成为他的讽刺笑料之一)。弗卢埃林在南加州大学教书,这是美国有循道宗协会的许多大学之一。同它的姊妹机构波士顿

第三十二章 持续不断的唯心主义传统

大学和俄亥俄卫斯理大学一样，南加州大学在人格唯心主义，即一门与循道宗的历史狂热紧密融合的哲学的发展中，起了主要作用。除了天主教徒与托马斯主义者的传统联盟以外，人格唯心主义与强大的循道宗机构的联合几乎是美国哲学与宗教派别紧密联合的唯一事例。

弗卢埃林（1935）说他"或多或少同情"罗伊斯、鲍桑葵、霍尔恩勒。但他又说，这些人"看不起我们"，因为"人格主义不是一元论的，而是多元论的。它强调特定自我的独立性"。他把自己的哲学看成是"与黑格尔哲学截然矛盾的"。霍尔恩勒与比埃尔·勒孔特·迪·努伊（Pierre Lecomte du Noüy）有牢固联系，他不但将自己与布赖特曼联系起来，还将自己与乔治·霍尔姆斯·豪伊森（George Holmes Howison）联系起来。同麦克塔格特一样，弗卢埃林拒绝包罗万象的"绝对"这个概念，认为它是逻辑上空洞的东西，但与麦克塔格特不同，他坚持认为经验要求承认时间的实在性。他接近于（1935）豪伊森和约翰·华生（John Watson 1897）所阐发的观点：上帝是一个共同体（community）；不过他的哲学中仍保留了一个更传统的"理智"（Intelligence），它的实在性是通过人类社群（the human community）表现出来的。

威廉·厄恩斯特·霍金（William Ernest Hocking）更接近于黑格尔，尽管他声称已经用"经验的辩证法"取代了黑格尔的逻辑辩证法。他常常批评正统学说，但他的形而上学理论和宗教理论（1912，1940）仍与他关于基督教最终是一个高级宗教的观点保持一致，尽管他试图进行宗教综合，他的尝试在很多方面与印度唯心论者萨维帕里·拉达克里希南（Sarvepalli Radhakrishnan 1932）的尝试极为相似。K. C. 巴塔查里亚（K. C. Bhattacharyya 1976）以同样风格继续探讨唯心主义与印度教之间的关系，而穆斯林哲学家 M. M. 谢里夫（M. M. Sharif）则采纳了（1966）莱布尼茨的本体论（连同黑格尔的修正），作为伊斯兰教实在观的哲学支柱（Bhattacharyya 1976 and Sharif 1966 两者主要是从本章所论时期内的早期著作汇编而成的）。

布丁（1934）接受柏拉图的观点，经常引用亨利·莫尔（Henry More）的话，将上帝与来自事物原始统一体的形式多样性的源泉联系起来。布丁的哲学与怀特海的相似，但对科学的主张提出了更多的挑战，而怀特海（1929）没有让他的柏拉图式的永恒对象起多大作用。

【436】

五 道德与政治

唯心主义者赞成强调自我实现的伦理学理论，赞成强调社群的政治理论。这里有自相矛盾。解决这一矛盾的一个办法，在鲍桑葵的晚期著作中曾举例做过说明，就是对自我的最终的形而上学实在性提出疑问。他不承认任何可以免于死亡并得到"完满"的必然延续的自我，尽管他总是将"完满"一词用于最高价值上。在知识中，在活动中，在使我们的意识变得敏锐的过程中，我们更加趋近于"绝对"。但如果过于接近"绝对"，我们就会消失，因为据说"绝对"比我们凡夫俗子更实在。因而像鲍桑葵这样的唯心主义者力图克服这个矛盾，认为"绝对"只能充分表现为多。这个多是极为丰富的，以致任何一个人，乃至任何一个文化都不能穷尽它。约翰·华生（1919）用这一论证捍卫政治联邦主义。

有些唯心主义者，像 A. E. 泰勒（1932），将道德理论作为其形而上学的基础。他们倾向于不把他们的理论建立在善和义务概念的逻辑分析之上——尽管泰勒也对概念进行分析——而是不但建立在将幸福与义务相调和的必要性之上，而且建立在爱之上。他们常常将心灵和理性看成是针对直接东西和特殊东西的超验性的。这些唯心主义者所依据的传统认为，恶永远是否定，是某种东西的缺乏，所以，善和存在因而最终是相同的，以上帝的善或存在为顶点，或以无所或缺的"绝对"之完满为顶点。这说明，柯林伍德乃至鲍桑葵这样的思想家，对一种黑格尔式的本体论证明有某种强烈的迷恋。

这种证明是支持社群主义（communitarianism）的，尽管柯林伍德和麦克塔格特都大力强调个人的重要性来加以平衡。虽然鲍桑葵的形而上学理论似乎给社群以优先权，《国家的哲学理论》（*The Philosophical Theory of the State*, 1889）抨击极端个人主义，但他实际上是一个自由主义者。克罗齐的自由主义的根源在于他相信，历史是在作为创造性源泉的个人的生活中展开的。虽然金蒂莱与墨索里尼的联系不只是偶然的，但他本人最初并没有把法西斯主义看成是压迫的，而且在有些问题上，他比"正式的"自由主义者克罗齐更加自由主义。

在英国、法国和北美，唯心主义者聚集在政治中心附近。鲍桑葵对工党敬而不亲。R. B. 霍尔丹最初是自由党大法官，而后是工党大法官。雅各布·古尔德·舒尔曼（Jacob Gould Schurman）是康奈尔大学的加拿大校长，他也成为当时走中间路线的纽约州共和党的主席（舒尔曼就其本人来说还是一位严肃的哲学家；见 Armour and Trott 1981）；在哈佛任教的 R. F. A. 霍尔恩勒去了南非，在那里，他与以伦理普济主义为名日益发展的种族隔离运动作斗争（见 Hoernlé 1939）。人格主义者一般站在国家政治的左翼自由主义一方，并努力对个人和社群的要求做出平衡。在法国，尽管布兰斯维克被认为是典型的资产阶级哲学家，实际上他不断从事社会改革设计，勒内·勒·塞内也站在同一方。金蒂莱则站在极右方面，他是一个罕见的例外。

六　艺术与知识

鲍桑葵一直对美学感兴趣，最终写了美学史巨著（1934），而柯林伍德写给塞缪尔·亚历山大的信（1928）说："鲍桑葵对艺术一无所知"；他还说："布拉德雷知道一些，但他不说。"显然，这里没有独一无二之见。不论怎样，所有唯心主义者都力图将艺术纳入人类经验的基本结构中。因而，虽然"审美经验"向心灵呼唤高级艺术——尤其是诗歌、音乐、戏剧和严肃小说——但作为最有影响的唯心主义艺术哲学家的克罗齐（1920）和柯林伍德（1938b），仍将艺术定位在人类经验之根上。艺术来自我们为经验材料安排秩序的方式；因此，它在每个人的生活中都发挥作用。克罗齐和柯林伍德在艺术起作用的方式上意见不一（至少在柯林伍德看来是如此）。克罗齐认为艺术是组织知识的过程中的第一步,因而是交往的工具。柯林伍德把艺术看成是某种培养想象的东西,因而有助于意识的觉知。不过他们都同意,艺术是自由的活动,它本身既是目的,也是引向更高级思想方式的东西。

莱斯利·阿穆尔

第三十三章

思辨哲学的转变

一 存 在

我们可以将茶沏成浓的或淡的，与此相似，我们也可以对存在（existence）作强的或弱的理解。思辨哲学的特点是捍卫强存在理论，而其他种类哲学则努力捍卫弱存在理论。强、弱两种存在理论的差别就我们对事物性质的任何说明来说都是根本的，所以两者之间的争论正处于哲学的中心。

诚然，弱存在理论家会认为这样一种主张是有争议的，因为弱存在理论家的特点是根据弗雷格19世纪80年代发展起来的那种分析来理解存在：即将"马存在"形式的陈述解释为量化陈述，大意为"对于某x，x是一匹马"。根据这种观点，存在仅仅相当于满足一谓语，诸如"……是一匹马"，或相当于它的例证。所谓存在就是回答一个描述。不论一个人在谈论素数、石头，还是人，存在陈述都是按照与说某物满足一描述的同样方式规定的。因此，弱存在理论根本就不是恰当的存在理论。它只是将存在从反思的领域中除掉了，用对语言逻辑结构的说明取而代之。不过，这种主张并未打动强存在理论家，即思辨哲学家，因为思辨哲学认为，存在不仅仅是"存在"量词（"对于某x"）的无声无息、平淡无味的附属物。存在的"is"（在）并不还原为具体事例的"is"（是）。

强、弱两种存在理论都是关于实在的东西的性质的，实在的东西被理解为不能进一步证明的、不能进一步溯源的、在分析顺序中终极的东西。不过，思辨哲学强调，其他各类哲学所谓的终极的东西实际上是可以进一步探究和溯源的。它通过发问，是否凡自称为终极的东西都可以被理解为**不解自明的**(self-explanatory)，使哲学对理智研究的承诺达到极限。不解自明的东西，假如真有这样的东西的话，那它就是不能进一步证明或溯源的东西，因为它提供了说明存在的性质所必需的一切理由。现代的各种解释都没有将不解自明的东西与自身包含其存在的全部理由的一种特殊的东西等同起来，也不依赖于任何先天地诉诸"没有任何事物是没有理由的"原则。更确切地说，不解自明的东西通常被理解为一组互相依赖的关系，这些关系只是一起，并通过对经验的恰当描述，满足思辨的研究。对这样一个终极东西的寻求，是对存在的量化处理进行批判的基础，这一批判，如将显示的那样，是1900年后思辨哲学的一个十分明显的特征。我们可以将思辨哲学构想为对下面这个所谓思辨的存在问题——如何用例证对某物做出说明——进行逻辑分析。

这个问题表现了传统的思辨企图，即由于**活动**(activity)而将强存在理论确立为所谓的"实际存在"（actual existence）或"实现"（actualisation）的理论，思辨哲学以各种方式独具特色地认为，**活动**构成了不解自明的终极的东西。不过，不要认为这些词意味着把实现理解为动力因或终极因的因果活动之事。不解自明的活动，如果真有这样的活动的话，它就是规定各种理由、原因及其关系的性质的东西。

二 系 列

系列（series）这个概念是现代思辨哲学的基本主题，如同它是传统思辨哲学的基本主题一样。它是大多数现代思想家强烈而特别关注的，即使对它的详尽阐述往往与黑格尔、罗伊斯、布拉德雷的绝对唯心主义批判地结合在一起。本章的焦点将是不同的系列实现理论（theories of serial aculisation），它们是由最有创造性、最有影响的主张系列性的四位哲学家阐发的，他们是欧洲大陆传统中的柏格森和海德格尔，英美传统中的皮尔士和怀特海。不过，现代思辨哲学的普遍系列取向，在尼采的斯多亚式的永恒轮回学说中，在马克思主义传统的辩证唯物主义中，在后期詹姆斯的生长着的经验萌芽或经验点滴概念中，在亚历山大的时空矩阵秩序中，在麦克塔格特根据"C—系列"对爱之精神的永恒社群的说明中，在柯林伍德的绝对预先假定的历史系列中，在卡西尔新康德主义的系列综合的功能规则中，都明显可见。卡西尔使命题状态服从于系统的批判，他证明命题状态需要参照认知主体的综合活动，即使这活动并不像在康德那里那样是某种超越功能次序作用的东西（Cassirer 1910［1923：16—26］，1923—1929［1957：Ⅲ，279—480］）。

思辨哲学根据系列关系来看待实现，这是不应奇怪的。因为任何【440】可理解的东西都是有次序的，次序至少是关于两个事项及其关系的事情，一个思辨的或实现的次序一定至少由两个事项及其关系构成。因而，一个思辨的或实现的次序在特征上有三个元素，如同后期柏拉图关于无限的东西、有限的东西、两者混合的东西的三分解构。柏拉图哲学将实现说成是形式与质料之间的斗争，为了克服这一说明中固有的二元论，新柏拉图主义者一般将他们的三分系统的诸成分规定为一个等级次序，或规定为由系列第一项而来的连续决定。这些决定的连续互相处于不对称的、可传递的、有联系的、非自反的、非传递的系列关系中，在此范围内，这些连续是可以被理解的。新柏拉图主义把实现说成是由超越的一而来的三重因果流溢，这些说法被接受下来，并根据中世纪复杂的三位一体学说中的卓越原因，将其修改为从与圣灵一体的圣子之圣父而来的连续。这里的两项及其关系被认为是平等的，因为他们是他们自己相互构型的动态基础。虽然据认为上帝的超越性是各位格永远能动的、不可还原的或"现存的"（subsistent）关系，但圣子和圣灵对人性及其历史的关系是根据神恩的"派发"（missio）和"恩赐"（donum，datio）来规定的。一般认为创造物与造物主有循环连续的关系（exitus et reditus）。近来，在斯宾诺莎的无限实体及其属性、样式学说中，在黑格尔绝对主体的三位一体动力学中，在后期谢林自身演化的三重上帝中，详尽阐述了对实现的内在因果一元论系列的说明。

虽然在有些现代思辨哲学家那里，尤其值得注意的是柏格森，非传递的三分结构首先是时态时间（tensed time）的关系问题，但在皮尔士、后期海德格尔以及某种程度上的怀特海那里，它发挥了更广泛的作用。在柏格森那里，实现的系列结构的各事例是独一无二的、非传递关联的，与它们的前者处于累加关系中，但并不把它们分解为具有复杂的内在次序。在皮尔士和怀特海那里，系列的各事例是独一无二的、非传递关联的、累加的，但它们具有复杂的、内在非传递的三分结构。在后期海德格尔那里，系列的实现是非传递的、非累加的；它的三个基本项不可分割地运作，尽管没有任何返回系列第一项的循环回路。累加的和非累加的系列实现理论都可以分为两类，因没有更恰当的词汇，我们可姑且分别称之为"主观的"理论和"客观的"理论。主观理论参照人类经验的某种独特特征，对实现的规定是人类中心论的。客观理论根据结构来规定实现，这些结构在人类经验不论多么重要，在只被当作其运行的一个事例的意义上，仍是独立于心灵的，是原始的。某些最重要的现代思辨思想家的历史，就是他们从主观的系列实现理论走向客观的系列实现理论的历史（Bergson, Heidegger）。

【441】

虽然如将显示的那样，现代系列理论是思辨传统的自我意识的发展（例如，皮尔士和海德格尔是中世纪哲学专家），但它主要的独具特色是它明确反对关于任何种类的完全实现的实在性的观念，是它随之而来对时间性存在的性质和状态的全心关注。存在的东西被规定为本质上内在的和关系性的，根据这个定义，一切关于独立存在的实体的概念都被放弃或取代了。于是，一个指导性的或总体的、除了其构成结构，还作为**中间物**（tertium quid）的元主体概念，也被拒绝了，并根据差异性系列或作为差异性系列的结果，对主体重新加以规定。

三　审美系列：柏格森和海德格尔

近时期最有影响的现代系列理论是柏格森和海德格尔的理论。这些理论在康德将时间当成"审美直觉"之事来处理的背景下,可以得到最恰当的理解;康德的"审美直觉"意味着三件事情。第一,时间是非派生的或不可还原的,因为它不能根据任何非时间的东西来分析。第二,时间是非概念的,因为既然存在个别时间作为其例证的普遍时间,所以,时间不是概念对例证的关系:各时间永远是时间整体的组成部分。第三,时间是"审美"直觉之事,因为它不是主体方面认知综合的产物,有鉴于此,它不是被造出来的。

柏格森和海德格尔将这一康德主义的分析用于时态的时间,试图在经验的范围内说明,存在(existence)并未被存在量化所穷尽,它不止是认知或语言的问题。柏格森反驳了他所认为的亚里士多德的时间观,即只有有限的、片段的时间部分才是实在的。他将这一分析颠倒过来,声称时间的实在性不在其片段部分中,而在其给定的经验特性绵延(durée réelle)中:绵延是许许多多状态的不可还原的、纯粹定性的、累积的流,构成了一个不可分割的异质连续体。在柏格森看来,实际的存在无非是绵延的生成的连续不可分割性,将它分割成可量化项的一切企图都不过是推导出来的、歪曲的"空间化"抽象。在柏格森的后期著作中,绵延从作为主观的实现原则,发展成他称之为"生命冲动"(élan vital)的、具有强烈新柏拉图主义色彩的客观的实现原则。【442】

海德格尔反对柏格森对亚里士多德的理解(Crocker 1997:405—423),批评两者是互为镜像(mirror - images)(Heidegger 1975 [1982:239—257];1978 [1984:203—211])。时间性(temporality)既不是有限时间的问题,也不是不可分割的连续体的问题,而是使这种区分得以可能的实现活动的问题。这种活动海德格尔称之为"时间化"(temporalisation, Zeitigung);他在《存在与时间》(1927)和那时的其他著作中将它规定为自身展开、"逸出"(ekstatic,字面意思是"站在自身外面")的时态顺序问题,与胡塞尔的分析不同,这种时态顺序构成了人类主体性之为其后果的差异结构。

不论怎样,甚至在20世纪20年代末期,海德格尔仍将其注意力转向他所谓的作为时态顺序的时间化与时间化本身活动之间的"本体论差异"问题上，他将后者的特点描述为"有"（There is）或"它给予"（It gives, Es gibt），并最终称之为"事件"（the event, das Ereignis; Heidegger, 1978 [1984: 210] and 1989）。"事件"概念被发展成一个完全客观的实现理论，在其后期著作中，海德格尔最终赋予它以三位一体的结构（见 Harris 1997: 54—65），使之成为关于"它给予"，"发送"（die Sendung；拉丁文 missio），"赠礼"（die Gabe；拉丁文 donum, datio）的问题：不严格地说，时态时间结构的展开就是为人性提供时间开启状态赠礼的有限处境的发送（Heidegger 1969 [1972: 1—24]）。因此，海德格尔的三重结构是按内在论的方式规定的：它全然是由其差异的、有限的活动所构成的一个非传递的、审美的系列结构，然而它毕竟处于超出任何给定有限处境的逸出运动中。它永远多于任何给定的有限处境，并因而"抑制"（held back 希腊文：epoche）和"隐匿"（concealed）于任何给定的有限处境。这样一来，海德格尔的非生产性的、彻底内在的"事件"就是无限的有限化，有限的无限化。他的世界是一个纯表面的世界，在这世界中——永远像在现代系列理论中一样——差异先于同一。

尽管柏格森和海德格尔明显扎根于思辨传统，但他们彻底的内在主义使他们对传统思辨哲学进行了认真的、引人注目的批判，这些批判在以下三个主要方面进行：对综合主体的批判，对哲学表象的批判，对哲学方法的批判。这里海德格尔是最有影响的人物。

第一，对主体的批判在海德格尔对艺术家、艺术品、观众的三合一说明中得到最好的表述，这三者是各项内在关联的复合体，以致没有任何一项能在没有其他两项时是其所是，没有任何一项拥有超过其他两项的特权（Heidegger 1960 [1971: 15—88]）。由此得出，主体（艺术家或观众）不是综合的实现原则，而是由它与作为它们之结果的复合体其他成分的关系构成。海德格尔对综合主体的批判与他以艺术品为取向是一致的，这绝非偶然，因为他把艺术作品当作有限实现的样板和例证。更确切地说，海德格尔将康德对艺术作品审美判断的说明当作"无目的的目的性"之事（即认知能力不需预定目的的、自发的适应性运用）；这一分析脱离了康德的认知理论，用来将实现

【443】

规定为没有任何预定目标或目的的复杂的、适应性结构。非传递的系列实现因而是双重含义上的**审美系列**：它是一给定的结构，这结构无非是该结构元素的能动的相互作用。

海德格尔根据审美适应性来说明有限的实现，这意味着，不把人类活动首先理解为受反思的动因——主体方面自由意志的合理运用的指导。更确切地说，在海德格尔看来，如在尼采和柏格森看来一样，自由是审美自发性的自由：人类活动被看作诸因素复合体的非推导的迸发，像伟大的艺术作品一样，这些因素自身创造了对它们进行评价所依据的原则。可以毫不为过地说，海德格尔为20世纪30年代的德国做出了他所认为的恰当结论。

第二，审美系列论者拒绝传统上用于哲学研究、尤其是思辨研究的表象方式：即范畴分析和类比分析。根据范畴体系对实在的东西的思辨描述被否定了，因为范畴原理被认为不是审美活动，而是生产性原理或综合原理，因而被看成是放弃了内在性原理，将事物远离自身而归因于一个原始的、认知的、或其他的根据。与此相似，思辨的类比方法被否定了，因为它与哲学的产生概念有联系：相似的系列被认为是不同程度地表象了一个卓越项或完满，这卓越项或完满被理解为在这系列背后的产生原则和完全的实在。思辨哲学总是根据产生或综合来进行的，因而揭示出自柏拉图以来的思辨哲学是受技术思维支配的。它的话语是权力的话语、是控制和操纵、物化和支配的话语，而与此相反，审美—系列思维开启了思想和行为的新的可能性。

第三，对表象的批判引出了审美—系列描述的地位问题，该批判就是以审美—系列描述的名义进行的。为避免这里与自指一致性问题搅在一起，柏格森不断否定自己对绵延的形而上学说明，而海德格尔以一种发问的、直指的方式进行讨论，明确诉诸否定神学的传统（Heidegger 1969 [1972：47]）。他们的语言因而表现出脱离自身的样子，扮演了排空它自己的述谓内容的角色。思维的任务是从内部解构概念化的冲动，使得纯差异的不可言说性质，即独一无二的、不可重复的绵延或事件，能够显现出来。

【444】

四 系列的逻辑：皮尔士和怀特海

虽然皮尔士和怀特海的思辨系列理论一般不如柏格森和海德格尔的思辨系列理论那样广为人知，尤其怀特海经常被认为是边缘人物，但他们作为思辨哲学家的原创性和重要性，再怎么强调也是不过分的。他们的工作与他们的欧洲大陆同道十分不同，因为对它的详尽阐述与数学和关系逻辑的现代发展有密切关系（他们本人也对之做出了突出贡献），并以强调实现的合理性和自由的合理性为特色。他们将自己看成是思辨传统的继承者，认为自己带来了思辨传统的复兴：他们的工作具有将理性结构从欧洲理性主义和唯心主义特有的心灵或**纯粹理性**的绝对必然性中解救出来的经验主义意图，还具有将理智秩序恢复到那样一些经验结构上去的理性主义意图，思辨哲学家和反思辨哲学家往往同样将这些经验结构归之于非理性东西的领域，通常放在"不可言说性"（ineffability）、"感受"（feeling），或"活动"（action）的题目下。

尽管皮尔士的工作有不断发展的特点和令人惊异的范围，但要描述其思辨思想的全面含义的特点，最直接的方法，就是把它看成是对三位一体系列实现理论的自我意识的重建和改造。皮尔士明确宣布他受惠于奥古斯丁、阿奎那、黑格尔，尤其是邓斯·司各脱，与此一致，他将实现理解成一个三重的系列结构，他用第一位性或自发性（Firstness or Spontaneity），第二位性或实存性（Secondness or Existence），第三位性即共同性或连续性（Thirdness, Community or Continuity）等术语来界定这个三重系列结构。

第一位性，与传统三位一体说中的圣父相似，是 *principium non de principio*,[①] 即没有来源或根据的本原（principle）。皮尔士将它解释为自由的、自发的活动，它是可理解的，因为它是内在自分化的（Peirce 1931—1968, Ⅵ, 214—220）。自发性是万物的原始根源，在

[①] 拉丁文：不依据任何原理的本原。

万物的本性之中，我们不可能彻底追溯到它的先行者，也没有任何机械必然性或类规律规则性学说能够说明它。作为原始的根源，自发性是第二位性的根据。与圣子相似，第二位性是实存的本原，是一个东西的个体性或个性（haecceitas）。个体性或个性是第二位性，因为它是一个二重关系：它是一物与另一物之间与任何别种关系无关的、实证的、非定性的差异。这是皮尔士对司各脱关于意志重于理智学说的重新解释：个体的东西不是必然性的产物，而是自由的产物，在此意义上，它因而永远包含着机会或偶然变化，不管这些机会和偶然变化是多么微小。在皮尔士看来，正是一个东西的个性使普遍量词和存在量词的运用得以可能。早在19世纪80年代，皮尔士就独立于弗雷格发现了量化这个概念，他证明，逻辑结构的普遍性不允许用描述来具体说明其对象，而且我们只能通过假定对象的一个特点，根据这个特点。我们可以用非定性词"这个"（this）给对象命名，来说明指称（Peirce 1931—1968：Ⅲ，393，Ⅷ，41）。对皮尔士来说，个性理论提供了这个特点，没有这个特点，逻辑分析是不完整的。

【445】

第三位性，与圣灵相似，是共同性的本原：它是任何两事物所处的系统的关系次序，因而也是中介、法则和意义的领域。（毫不奇怪，皮尔士喜欢的例子是礼品馈赠的三重结构）在奥古斯丁的 vestigia trinitatis（"三位一体的痕迹"）方案中，万物的结构被分析为具有神圣的三重结构，皮尔士在试图重新阐发奥古斯丁的这个方案时，推行他所谓的具有跨整个哲学领域的伟大独创性（并有点牵强附会）的"恋三癖"（triadomania）。比如他的经验"现象学"（phenomenology）就用19世纪的术语重新阐述了奥古斯丁《论三位一体》（De Trinitate）的三重官能心理学：第一位性被说成是纯质量的强度，根据 J. S. 密尔的"感觉的纯粹可能性"来界定；第二位性是"斗争"，是"事实"的抗力或力量；第三位性是解释活动，用康德的术语来理解就是综合。（理解皮尔士三位一体学说的哲学家不多，其中有一位对他的解释理论做了卓越的阐述，见 Royce 1913：Ⅱ）。

不应把皮尔士的思辨的三位一体与中世纪的造物主上帝、后康德主义的绝对，或海德格尔的三重的"事件"混淆起来，对于这一点，在传统三位一体分析中，在"神圣安排的"（economic）三位一体与"本质的"（essential）三位一体之间对立的背景下对他的思辨三位一体进行考察，就可以最清楚地看出来。神圣安排的三位一体是指创世和得救的历史或安排（有时被解释为圣经中圣父、圣子、圣灵的年代互相接续的顺序）。本质的三位一体是指受希腊哲学影响，将神性解释为三个相互内在的活动或位格的完满实现的统一体。皮尔士消解了这两种三位一体论之间的对立，他的做法是放弃那样一种三重性观念，这种三重性（如在谢林那里那样）不依赖于有限次序而消解了自己的基本性质。作为曾这样做的第一位思辨形而上学家，他规定三重性的演进服从于它的有限决定：三重性的发展充满了它自己自发的差异性。皮尔士的三重性既是作为万物特征的非传递结构，在其各个事例上，也是一累加的系列本原，这本原没有任何脱离其特殊的、置之于内的实现活动的现实性。皮尔士的"实效主义"（如他更乐于称之为那样）可以恰当地理解为对那种活动的分析。它构成了一个不仅适用于人性，而且适用于一切事物的"进化的宇宙论"（evolutionary cosmology），它的特点是完全内在的，因而允许他发展出一个作为"通则"（generals）的引人注目的共相理论，或发展出实在的、本体上含糊的可能性结构，这结构如同三重性本身的情况一样，其发展充满了实现的运动。

【446】

不过，皮尔士的三位一体系列不仅是非传递的、累加的系列，而且是循环的系列或目的论的系列，如同他对第三位性的说明所指出的，是"终极的意见"（final opinion），或更宽泛地说，是"终极的共同性"（final community）。宇宙秩序的演进，"不论它多么含糊不明，它必定超出这个地质期，超出一切界限"（Peirce 1931—1968：Ⅱ，654），就此而言，那个终极共同性实质上是对圣灵学说的再思考。这是整个宇宙向着上帝之国的完满性的无限运动，这种完满性在任何秩序上都只是部分实现，因此它永远有待完成。照这样理解，在皮尔士那里，终极意见或终极共同性概念，同时既是实在的，又是规范的（而非像通常所认为的那样，要么是前者，要么是后者）。皮尔士的系列理论的某些更广泛意蕴，在怀特海著作的语境下得到最恰当的考察。

当怀特海修订完成他在《数学原理》（*Principia Mathematica*, 1910—1913）一书中的工作时，他称自己的思辨哲学是"普遍化的数学"（generalized mathematics）（Whitehead 1947：109）。在《过程与实在》（*Process and Reality*, 1929a）中，他在弗雷格—罗素将数理函数普遍化为概念或命题函数的辉煌成就的基础上进行创建。他把函数结构当做原始的，在如下两个可以分辨的意义上将其普遍化。

首先，怀特海将函数的**意义**（meaning）普遍化。也就是说，他寻求对函数性质的最普遍描述，以便完全提供对任何函数的性质和条件的元函数描述。其次，怀特海将函数的**范围**（range）普遍化，覆盖了任何可识别的东西，包括石头和人之类的具体对象，以致他打算用他对函数的描述为一切存在物的性质提供说明。于是，他赋予函数结构以他所谓的"终极"（ultimate）状态。这在某种程度上意味着，他把函数结构看成是原始的（因为不能从任何更高的原则来进一步规定或派生）、先验的（因为在范围或应用上是普遍的）。不论怎样，怀特海的函数分析是一种先验理论，不是关于认知的先验理论，而是关于全部次序之构成的先验理论。而且，他的函数结构本体论提供了对他称作"过程"（process）或"创造过程"（creative process）的事物的性质的不解自明的描述。过程由三个主要的相互依赖的元素组成，各元素在性质上都是非传递三重的（1929 [1978：21, 87—88]）。【447】

从把函数界定为多对一关系类的集合论定义出发，怀特海采取了两个基本步骤。他建设性地说明函数的基本性质，把它说成是对活动的映射，或确立一个论域与上域之间的多对一的符合；他完全根据映射来界定实现活动的思辨概念。多对一的映射活动或"创造性"（creativity）不是任何特定的有序关系，而是使关系有序化的活动。它不是自差异的根源，而是与其事例有内在关系，或内在地由其事例所决定。它的原始事例是上帝，上帝从不确定性到结构映射着自身（"永恒客体"的领域）。映射活动的有限事例或"机缘"（occasions）在它们以先前的神圣映射和有限映射的结果为基础的意义上，被规定为叠堆的（iterative）。就有限的叠堆而言，这里没有任何造成反身悖论的整体性。而且，根据叠堆的接续性来规定，映射活动的每个有限的机缘都需要一个"初始价值"（initial value）或前任；每一机缘都累加地将其前任"包含"（contains）在自己的论域内（对此怀特海根据直接性或"感觉"（feeling）的复杂理论做了分析）；而任何给定机缘的价值都不能预先认识，而是根据前后关联规定的。因为建构规则的映射活动的任何机缘都不能彻底追溯到其前任，所以它被认为是它自己的活动原理，因为它（而非任何他物）决定它如何从其前任中建构或综合自身。因而，附加在该系列上的任何新的一项都是从前任诸项的确定性中引申出来的，永远包含着某种自由建构的因素。在怀特海那里同在皮尔士那里一样，没有形而上学实在论与构造主义的对立，因为实在的东西本身是一个无限的、内在的建构活动。

五　捍卫思辨理性

皮尔士和怀特海的重要意义在于他们捍卫思辨理性，反对大陆思想家和分析思想家对它的同样批判。首先，对两个人来说，系列实现都是量化的条件，是整体与部分的具体统一，是非概念的终极，如康德对时间的分析一样，它有完全合理的、可以理解的结构。因此，一切事物都是可以述说的，而不否认思想与存在之间空白的不可还原性。这里没有必要因为纯差异的不可言说性，或因为自然主义，而放弃思辨的反思。（约翰·杜威的《经验与自然》（Experience and Nature, 1929）提供了一种自然主义的系列哲学，怀特海评论说，它是一个很好的描述，但不是一个理论（Lowe 1966：67）。也就是说，它虽然将系列性作为终极的，但没有说明系列性因何使自己成为终极的，即没有说明它的不解自明的结构）。其次，皮尔士和怀特海的系列分析的**普遍数学**（mathesis universalis）不是数学求等的问题，而是非操作的自由逻辑问题。因为他们并不把权力定义为统治；而是用了英美思辨传统中的一个关键词（值得注意的是在海德格尔的著作中没有这个词),将权力定义为爱。他们的权力是**爱的数学**(mathesis amoris):如皮尔士所说的那样,系列的实现是**博爱**(agape),即将爱无条件地赠与存在的人,不管他是善的还是恶的。最后,因此,他们毫不犹豫地详尽阐述和不断重建作为权力或活动理论的复杂的范畴体系,这些体系是非教条的,是自指融贯的,因为它们被规定为在构造主义数学中具有有限的、可修正的"主张"状态的实验假设:它们既不真也不假,而是用于哲学建构的规则(Bradley 1996:233—245)。

不过,皮尔士和怀特海的系列分析的最不同寻常的特色,也许是他们维护自笛卡尔以来思辨哲学主要关注的概念之一即主体概念的不同方式。在皮尔士那里,主体是个人的或公共的任何种类的中介活动;在怀特海那里,主体或机缘是综合活动,对于这种活动,没有任何比人类意识更高级的有限事例了。对两人来说,功能结构和活动并无种类上的根本不同。主体不仅仅是差异结构的结果(如在海德格尔和许多逻辑分析家那里那样),而且是该结构的构成要素。系列次序不是没有活动者的关系活动,而是只有通过它作为其条件的主体的活动来实现。而且主体活动的目的从审美上得到规定:置身于系列之中的主体的自我实现是达到质的强度或适应性的问题。其结果是:审美分析与生产性分析之间的对立消解在内在主义的分析中,后者允许将自我意识的动因—主体(agent–subjects)的理性自由规定为系列活动的普遍自由的一个复杂事例,从而与柏格森和海德格尔显著不同地维护了理性政治的可能性。(多萝西·埃米特(Dorothy Emmet)告诉我,她听怀特海这样说到《过程与实在》,"它是为自由主义辩护的!")就皮尔士和怀特海所做的工作而言,说思辨理性将如通常那样出席它的掘墓人的葬礼,也许并不太过分。

詹姆斯·布拉德雷

第三十四章

实在论、自然主义、实用主义

对19世纪唯心主义的反动有多种形式。在认识论战线上,各种实在论重申了自己的主张,而在形而上学舞台上,出现了形形色色的自然主义倾向。此外,在旨在超越传统争论方式的名义下,实用主义取得了优势地位。虽然很明显,针对唯心主义的这种种反动主要是欧洲式的,尤其是英国式的(摩尔、罗素和F. C. S. 席勒),但实在论、自然主义和实用主义齐心协力反对唯心主义,则无疑是美国现象。

一 实在论

唯心主义哲学观在美国最有力的代言人是乔赛亚·罗伊斯(Josiah Royce)。由于他在哈佛大学的地位,他的绝对唯心主义观点对美国思想产生了很大的影响。最初实在论对这种唯心主义霸权的反抗采取了合作的方式,那时有六位哲学家(拉尔夫·巴顿·培里、埃德温·霍尔特、威廉·佩珀雷尔·蒙塔古、沃尔特·皮特金、爱德华·斯波尔丁、沃尔特·马文)(Ralph Barton Perry, Edwin Holt, William Pepperell Montague, Walter Pitkin, Edward Spaulding, and Walter Marvin)于1910年发表了"六位实在论者的纲领和第一篇宣言"(A Program and First Platform of Six Realists),随后于1912年发表了名为《新实在论》(*The New Realism*)(Holt et al. 1912)的合著,每个人都提供了一篇论文。这本书给这个六人团体带来了"新实在论者"的称号。

虽然这六个人在许多细节上不同,但在体现他们反绝对唯心主义特点的哲学风格和认识论要旨的各个问题上,他们确实是一致的。在程序上,他们赞成对哲学问题进行合作的、零敲碎打的研究,在实质上,他们倾向于分析的严密性,这为后来的哲学走向铺平了道路。在本质上,他们在一些认识论立场上是一致的,这些立场构成了他们"驳斥唯心主义"中核心的东西。

新实在论是"直接实在论"(direct realism)的一种形式,直接【450】实在论把认识中的中介和表象概念看成是滑向唯心主义的一个败笔,它宁可把认识看成是外在独立对象的直接呈现。他们贬低"主观性"和"意识的私人性",因而拒绝认识论的根本性,否认逻辑、数学或科学所研究的东西在任何通常词义上是"内心的"(mental)。他们把数学和物理的对象当成是直接面对的外部世界的特征。作为这种表象实在论基础的形而上学观在六个人中有很大不同。培里和霍尔特拥护的观点是威廉·詹姆斯(他们在哈佛的导师)的"中立一元论"观点的一个变种,而其他四人在形而上学上既与哈佛的两人不同,他们之间也不相同。

认识的核心观点是:认识的对象是当下直接呈现给意识的,而同时它们存在着,具有与这种关系无关的本质特征。被认识的事物不是认知关系的产物,甚至在任何根本方面都不以它们被认识为条件。这种"对唯心主义的拒斥"集中指出了如下推理中包含的荒谬性,即从"一切认识的对象都是被认识的"这一自明之理推出极有争议的论断:"对象之存在就在于它被认识。"我们显然处于我们所认识的东西的中心这一事实,并不能告诉我们有关我们所认识的东西的性质。培里把关于我们作为知者的这个事实称作"自我中心困境"(the Egocentric predicament),并用一些单独的论证来补充这个基本看法,这些论证大意是说,认识的对象实际上不依赖于认知关系。

作为直接实在论变种的这种新实在论,把"相对性事实",即错误、幻觉、知觉偏差、评价,作为主要的概念障碍。新实在论者采取各种各样巧妙的办法来调和真实的认知状态与非真实的认知状态之间的差别,"左翼"新实在论者(培里和霍尔特)主张包括幻觉和错误在内的一切认识对象都是客观存在的,而"右翼"新实在论者则从这一主张倒退下来,赞成给幻觉和错误以某种较弱的地位,像"留存"（subsistence）之类。不过，要说明这些明显的现象而又不引入知者和被知者之间的"内心中介"的尝试失败了。这个一元论的壮举让位给了另一群美国哲学家，即批判的实在论者所进行的又一次联合冒险，后者愿意承认在我们对独立的实在世界的认知把握中有精神东西的中介。

批判的实在论重申认识论是根本的，将自己看成是居于唯心主义的过度思辨与新实在论的素朴认识论之间的中庸之道。"批判的实在论"（Critical Realism）一词是罗伊·伍德·塞拉斯（Roy Wood Sellars）1916年出版的一本认识论著作的书名，不过，它更普遍用来指从1920年的一本合作著作《批判的实在论论文集：知识问题的合作研究》（*Essays in Critical Realism: A Cooperative Study of the Problem of Knowledge*）派生出来的一个更广泛的运动，这本文集包括由杜兰特·德雷克（Durant Drake）、A. O. 洛夫乔伊（Lovejoy）、J. B. 普拉特（Pratt）、A. K. 罗杰斯（Rogers）、C. A. 斯特朗（Strong）、乔治·桑塔亚那（George Santayana）、罗伊·伍德·塞拉斯写的立场声明。批判实在论打算在最高的普遍层次上将新实在论和早期唯心主义两者积极的真知灼见结合起来。与前者一致，它强调知觉认识的原始对象是独立的物理世界，而与后者一致，它承认直接呈现给意识的不是物理对象本身，不如说是某种可以做广泛解释的中介的精神状态。新实在论和唯心主义都确信，对独立对象的这种间接说明没有任何一个能站得住脚，而批判的实在论者认为，我们只有根据一个包括"精神的"中介在内的过程来说明我们关于独立世界的认识，才能使错误、幻觉和知觉偏差得以被理解。这个方案是要设计出一种包括精神中介的说明性认识，它将认识的对象同认识该对象所经由的精神状态小心区分开来，以此避开洛克的表象主义陷阱。只有承认认识的复杂性这个维度，人们才能说明关于真正独立的世界的知识，同时对错误和幻觉的非垂直的认识状态做出解释。

批判的实在论者将知觉当做认知的范例，并区分了知觉活动的三个组成部分，即（1）知觉者；（2）呈现给知觉者的资料或特性复合体；（3）被知觉的独立对象。为避免滑向洛克的表象主义，进而滑向唯心主义，他们强调这样的事实，即：这个资料或特性复合体本身不是被直接认识的，而不如说是我们认识独立的物理对象所借助的手段。"知识的载体"与知识的对象不同，它不是我们直接认识后者的障碍。

关于这个资料、这个认识中介的确切性质，批判的实在论者分为两个全然不同的阵营。桑塔亚那、德雷克、斯特朗、罗杰斯把这个资料或特性复合体说成是"本质"，这本质既通报出认知状态，又得到（或得不到）认识的具体对象事例的证明。这些本质不是特殊的存在物，而是据认为特殊对象可能会有的被直觉到的特性。如果对象确有这特性，认知状态就是真实的；如果它没有这特性，我们就出现错误或幻觉。洛夫乔伊、普拉特和塞拉斯避开这个本质学说，坚持认为这种中介资料确实是精神存在物，只不过是具有这样性质的精神存在物，即它超出自身，指向被认识的独立对象。这些内部的精神状态是内在意向性的，使得认知者能够超越自己的精神状态，将那些独立对象可能有也可能没有的某些特性归于它们。不论这两个阵营的批判实在论者有怎样的分歧，他们都同意，认识中的这个中介不是我们直接认识的某种东西，我们乃是从这个东西推断出独立对象的特性。这样一来，他们就避免了洛克的表象主义，而同时为幻觉和错误提供了逻辑空间。

【452】

除了反对新实在论和唯心主义而结合成的这个认识论的联合阵线以外，批判的实在论者没有很多共同之处。他们有的是二元论者，有的是泛心论者，有的是唯物主义者，所以他们广泛的哲学方案的发展方向并没有真正统一。于是，像他们之前的新实在论者一样，他们的方案的合作领域不复存在了，"实在论运动"也逐渐消失了。不过，他们也留下了他们的印记：当批判主义的接力棒传到自然主义的手里，唯心主义就不断退出人们的视野。

二 自然主义

20世纪20年代的美国哲学中有一种自然主义的倾向，它不仅反对唯心主义本身，而且反对诸如心灵和自然、超自然的和自然的等一切形式的二元论，把它们看成是最终导致唯心主义的柏拉图—笛卡尔式图画的残余。要克服这些二元论，就要重申人作为其组成部分的统一的自然秩序。

这种自然主义倾向采取了两种完全不同的方式。一个传统可以被称作"纽约自然主义"（New York Naturalism），它本质上是方法论的，它极力要把自己与它所认为的还原的"唯物主义"区分开来。它强调自然及其多层次的统一，而不是强调构成自然的"材料"（stuff）。传统的心—身、自然的—超自然的、个人的—社会的、事实—价值等二元性，都通过诉诸动态的自然过程而非还原为物质的基础，而得到克服。这个起统一作用的因素是普遍的经验主义方法论，而不是还原的形而上学。这一经验主义传统与一种性质上更根本的自然主义形式形成鲜明对照，后者不回避"唯物主义"的称号，同时小心谨慎地强调自己是一种非还原的唯物主义。

这种经验主义的自然主义有若干品系。一个品系来自在哥伦比亚大学的 F. J. E 伍德布里奇（Woodbridge）指导下的对自然化了的亚里士多德的新评价（Woodbridge 1926，1937）。他的亚里士多德不是中世纪的那个亚里士多德，倒不如说是首先作为科学家的亚里士多德，这个亚里士多德把人类认识理解为一个彻底的自然过程，这个过程包括了统一自然秩序内不同的结构层次。斯宾诺莎被看成是亚里士多德的真正继承者，他的形而上学观是：自然的秩序是统一的，它可以根据各种不同而协调的层次来描述。我们所见的世界，我们在之中活动的世界，科学所描述的世界，包含着以不同方式显示的自然秩序。J. H. 兰德尔（Randall）将自然主义的这一品系延续到下一世代。

这种方法论自然主义的第二个品系是莫里斯·R. 柯恩（Cohen）的更加彻底的科学自然主义（Cohen 1931，1933；Cohen and Nagel 1934）。在柯恩看来，所谓科学就是最根本的科学方法，对他来说（追随皮尔士），科学方法是把握自然世界结构的唯一可靠的途径。柯恩的科学自然主义强调万物的相互联系，提议由科学方法来提供通向联系结构的入口。他热心于反对把自然秩序解释成经验秩序的还原的经验主义科学概念，他赞成更加理性主义的科学概念，这种概念使研究者能够领会我们生活于其中的自然世界的真实结构。科学是具体化的理性，科学给我们提供了达到统一的自然秩序的合理结构的途径。厄恩斯特·内格尔（Ernest Nagel）将自然主义的这一品系延续到下一世代。

这种方法论自然主义的第三个品系（而且是最有影响的品系）是约翰·杜威的实验自然主义（Dewey 1925，1938）。柯恩强调科学方法的理性维度，而杜威则强调科学方法的经验维度，以及因而得出的显著不同的观点。同柯恩一样，杜威根据科学方法的首要性来界定他的自然主义，认为它提供了我们达到实在结构的认知途径，但他对科学的实用经验主义维度的关注将他的思辨引向不同的方向。

在杜威看来，这种方法的统一反映了自然的统一，这种自然的统一没有任何需要引入非自然范畴的不连续性的痕迹。他把心—身、个人的—社会的、世俗的—宗教的，以及最重要的事实—价值的这些尖锐的二元论，都看成是早已无用的概念结构。这些遗传下来的二元论必须被克服，尤其是涉及事实和价值的二元论，因为它起了妨碍用理性指导人类活动的作用。根据杜威的观点，人自然而然地不但有信念，而且有价值。假定有人性存在，那么，就有某些活动和事态是人自然而然地赞扬、欣赏和珍视的。人类的问题是，这些东西并不总是容易得到的，它们也并不总是相容的。我们被迫去处理我们真正想要什么，我们应当追求什么的问题。

杜威提倡把科学方法扩大到这些领域。在实践判断中达到顶点的深思熟虑过程，与在事实信念中达到顶点的深思熟虑过程，并非根本不相似。两种判断都可以是有责任的或无责任的、正确的或错误的。这种作为一个过程的深思熟虑的评价感，是以更基本的、与我们赞赏并感到满足的那些人类经验维度有关的评价感为前提的。这里还有一个适宜性的维度，这个维度以我们所是的各种存在为根据，此处的"我们"包括我们的社会历史和社会发展。对这些问题杜威有一种颇具希腊意味的观点，尽管他将这个观点转换到现代进化论的视角上。关于价值和人类满足的根本问题最终涉及我们对人类社群（the hu-

【454】

man community）的看法，而这又把杜威引到民主和教育问题上。悉尼·胡克（Sidney Hook）将自然主义的这一品系延续到下一世代。

杜威在密歇根大学和芝加哥大学那些年与他同在一起的一个人是乔治·赫伯特·米德（George Herbert Mead），米德是一位有一流开创性思想的人，他制定了与杜威相似的自然主义的细节（Dewey 1925，1938）。他成为了心理学和社会学中符号相互作用主义传统的开山鼻祖。他在彻底进化论的背景下，对心灵、意识、自我意识之"突现"（emergence）展开了令人印象深刻的非常详尽的说明。语言，在包括表意姿态的意义上，是社会进化的机制，这个机制造成了具有心灵、然后又依靠自己的力量进入现代人类世界的个人。米德对社会突现的详细说明，为杜威已经使之公开可见的关于价值和社会的自然主义说明，提供了精巧的结构。

伍德布里奇的古典自然主义，柯恩的科学自然主义，杜威的经验自然主义都同意，自然是一个统一有序的系统，我们在它之中生活、活动、获得我们的存在。他们反对一切对自然的两分法。不过，他们也同样反对还原的唯物主义，这种唯物主义使人类经验中向我们显示的那个世界的独具特色变得难以理解或虚无缥缈。杜威特别把他的自然主义看成是一种经验主义，并诉诸实用主义地看待科学理论，以使科学方法的首要性与我们经验世界的突出特征的不可还原性协调起来。科学理论被解释为预言和控制经验的工具。我们的经验世界的突出特征是，复杂的自然事态是以科学为起点和终点的，科学揭示了自然事件在历史中被安排有序的方式。这种理解给我们提供了把握那些自然过程的途径，使得我们能够得到合乎自然过程要求的东西，避开不合乎自然过程要求的东西。杜威称自己对科学理论的看法是"工具主义"（instrumentalism），因为它不是把理论解释成与经验冲突的世界图画，而是解释成指导我们穿越我们经验世界的工具。

方法论自然主义的这幅多面画，与同一时期美国的另一个更重大的传统形成了鲜明的对照。自认为是自然主义者的人，并非都不愿意接受本体论上更坚定的"唯物主义"含义。1925年至1927年杜威与桑塔亚那的交锋提供了说明"方法论自然主义"与"唯物主义自然主义"之间深刻差异的经典文献,他们的争论是关于两种自然主义之间差异的,一种是桑塔亚那认为的杜威的"半心半意的"自然主义,另一种是杜威认为的桑塔亚那的"断了脊梁骨的"自然主义(Santayana 1925,Dewey 1927)。

桑塔亚那承认,他和杜威有共同之处,即拒斥二元论,以承认物理对象的相互作用为基础,并认真地把科学当作我们理解这些相互作用的根本途径。不过,他认为他们之间的分歧更大。桑塔亚那认为这种根本分歧可追溯到杜威的自然主义中的"前景支配"(the dominance of the foreground)概念上,这个前景"其名字是经验"。他把杜威首先看成是一位经验主义者,不是个体的经验主义者,而是社会的经验主义者。其次把他看成是自然主义者,而且只因为那些经验偶然成为物理过程的一个功能,才因而成为科学的对象。桑塔亚那指责杜威在将自然还原为与人类生活有关、对我们的设计起背景作用的那些"情境"和"历史"总体时的人类中心主义。

在桑塔亚那看来,自然只是整个物质过程的系统,物质过程在任何经验出现以前很久就开始了,在经验消失以后很久仍将继续存在。自然既无前景,亦无后景,既无中心,亦无边缘;它具有完全不依赖于我们的设计的自在自为的本体论地位。他把那些经过经验主义过滤的自然主义看成是"半心半意、精疲气短的",其本身对自然以及我们在自然中的地位提供了一个歪曲的视角。而旧式的唯物主义则是有科学保证的正直观点。

杜威以自己特有的辱骂来回应,他断言桑塔亚那的非透视的唯物主义是"断了脊梁骨的"自然主义形式,它在科学上过时了。它需要将如其所是的自然与如其显现给人类的自然截然分开。桑塔亚那把自然描绘成一个物质系统,他的这幅自然图画,从我们的经验世界出发,只要根据神秘的"动物信念"(animal faith),就可以从认识上得到理解,杜威认为,这种"动物信念"再次为二元论和超自然主义的双重幽灵敞开了大门。杜威虽然承认他的自然主义是从经验中、即从前景中引出基本范畴的,但他仍坚持认为,经验是"自然的"【456】前景,因此它不是遮蔽后景的屏幕,而宁可说自然是自己的通向其最深层结构的切入点。

罗伊·伍德·塞拉斯站在桑塔亚那一方加入了争论（Sellas 1943）。他认为杜威的经验自然主义在认识论上是贫困的，在本体论上是浅薄的。我们不应仅仅工具主义地看待科学理论，也应实在论式地看待科学理论，把它看成为我们世界的根本的东西和结构提供了最好的说明。鉴于杜威将科学的"存在体"（entities）（从而将科学的世界图画）仅仅解释为能使我们有效地应对我们的生活世界的结构，塞拉斯则给科学存在体以实在论的解释，按照存在状态赋予科学的微观对象以图画，这些存在状态也许不像现在所描述的那样，但对它们的特点做了最终恰当的科学描述。悉尼·胡克站在杜威一方加入了争论，他争辩说，这种形而上学的唯物主义是从与唯心主义同样的布料上裁下来的，而且两者对作为自然科学的受控经验研究是不公正的（Hook 1944）。对科学自然主义根本的东西不是"材料"理论，而是"方法"观，即杜威的经验自然主义所提出的观点。塞拉斯回答说，这种方法论的自然主义是不充分的；为使其概念完满，它需要一种改造了的唯物主义（Sellars 1944）。显然，自然主义之间的这个争论是以对科学对象的实用主义解释与直接实在论解释之间的争议为转移的。塞拉斯看到了这一点，并认为实用主义必须被超越；而作为美国伟大的实用主义者三人团中第三位的杜威，则当然认为实用主义是完全胜任的。

三　实用主义

"实用主义"（pragmatism）一直是一个多义词。19世纪70年代，C. S. 皮尔士初次将它表述为以科学的社会维度为模型的普遍的意义理论；在该世纪之交，威廉·詹姆斯将它发展为以个体心理学为模型的真理理论；20世纪20年代，约翰·杜威在"工具主义"的题目下将其扩展为普遍的价值理论，将知识、行为和价值在个人和社会层面上互相联系起来。正通过杜威，实用主义渗透到美国的道德和政治文化两者中，变成了美国对哲学的"独具"贡献（Dewey 1922,

1938）。

　　杜威的实用主义（他称之为"工具主义"）是以科学为模型的普遍的理性研究理论，但它适用于人类生活的各个方面。它基本上是关于思维如何运作以解决问题、并因而指导从科学到道德各个领域活动的理论。所谓思维就是将有问题的情境，与能使我们克服问题、从而使我们的经验世界恢复某种平衡的新的概念化相对照。反思性思维的结构因而定向于未来，它包括这样的活动：从对感觉到的困难进行识别和表达，到精心拟订作为解决困难的可能办法的"假设"，然后再到对提出的解决办法进行证实或证伪。【457】

　　根据这个观点，认知是一种行动（doing），知识的标准是"有保证的可断言性"（warranted assertibility）。关于第一点，杜威认为，从柏拉图到现代哲学的主要错误之一是他所称之为的"旁观者知识论"（the spectator theory of knowledge）。知识被看成是一种对事实的被动记录，它的成功被看成是我们的信念与这些公认的事实相符合。而与此相反的是，杜威把认知看成是建构的概念活动，包括预测并指导我们适应未来经验与环境的相互作用。他把概念看成是处理我们经验世界的手段或工具。而且，思维的目的是要引起有问题的经验情境的某种变化，为此目的，有些概念连接比别的概念连接在解决问题时更有效。这也许就是人们通常诉诸"真理"概念的背景，而杜威则提议用"有保证的可断言性"（Warranted assertibility）来取而代之。他之所以避开真理概念，是因为他认为真理概念太容易使人联想到两个单独秩序之间静态的、最终的符合。相反，他把成功的认识看成是更加动态的，即现在对有问题情境的解决导致对我们的经验的满意重构，他称这种重构为"完满"（consummation）。"有保证的可断言性"是成功的特征，它具有恰当规范的含义，却没有过多的形而上学束缚。

　　这个有关认识结构的理论既适用于描述，也适用于评价，既适用于事实，也适用于价值。观念因其在思辨领域和实践领域指导行动的有用性而被看成是有效的。以实践判断为顶点的深思熟虑过程与以事实信念为顶点的深思熟虑过程并非不同。两种判断都可以是有责任的或无责任的，正确的或错误的，两种判断都假定了某些要达到的目标。虽然理论研究有它自己的评价背景，但我们关于如何行为举止的实践考虑，是以基本评价性地把握我们所珍视和感到满意的那些方面的人类经验为前提的。这里还有一个适宜性的维度，这个维度以我们所是的各种存在为根据，此处的"我们"包括我们的社会历史和社会发展。在这个问题上，杜威是一个亚里士多德主义者，不过是现代进化论的亚里士多德主义者。我们是具有内在社会本性的发展中的有机系统，这些本性限定了人类实现的可能模式。

【458】

基本智力应当是我们行动的最终指导，但鉴于我们的社会本性，我们行动的最切近指导应当是社会灌输的习惯。这一点促使杜威将他的道德哲学置于一个发展中的人类共同体（human community）的普遍构想之中，这个构想涉及一个精心制订的民主理论，它包括对教育在其中所起作用的具体说明。这样，由于他献身于指导完满人生的科学理性的理想，这使他将很大一部分精力奉献给了社会哲学，奉献给了教育理论。事实上，杜威的实用主义的最广泛、最持久的影响是在这些领域。

对科学的社会重构的这个广泛看法，就是杜威的实用主义，它的基础是以符号相互作用论为核心的详尽的社会行为主义。使这种实用主义看法合法化的这种社会行为主义的细节，不是杜威本人制定出来的，而是由他在芝加哥的同事乔治·赫伯特·米德制定出来的。对于使心灵和意识自然化所必需的概念的作用，在使实用主义能够发展成为广泛的社会理论的过程中，也是工具性的。

同杜威一样，米德对达尔文进化论的广泛哲学含义有深刻的印象（Mead 1934）。这个科学的里程碑标志着脱离一切形式的二元论和唯心主义的转折点，制定了用进化论自然主义说明心灵和社会领域各个方面的方针路线。对于达尔文的观点，米德所拒绝的是在描述精神的东西的特征时残留着的个人主义和主观主义，这是米德提出要克服的一个缺陷。米德从这样一个模型出发：一个有机体在其环境中试图过一种心满意足的生活，但面临障碍，它试图用行动来克服这些障碍。米德强调的要点是：这样行动的不是单个的有机体，而是一群有机体，他们与环境的对抗是内在社会性的，实质上包括协调的社会行动，这行动实质上又包含着交流。

于是，在米德对人类世界的说明中，核心的是要对从呼喊、姿势、受控信号到语言本身的交流做出进化论的说明，这种交流是嵌入在从作战、狩猎到游戏的各种协作的社会活动中的。而且，这个基本的交流活动与其说是私人心灵的产物，不如说它是心灵、自我、意识和自我意识出现的原因，直至所说的有机体获得了一种体现人的共同体特征的有目的行为和自我控制的能力为止。人类共同体就是从协调的动物行为中出现的，米德令人印象深刻地详尽阐述了这一出现的细节，这一阐述给他的自然主义的实用主义提供了一个内在结构，而他的自然主义的实用主义则对杜威的更广泛的叙述做了补充。【459】

社会活动的概念是米德的普遍实用主义的核心（Mead 1938）。这个概念是杜威的研究概念的继续，但更广泛。在这个活动的基础阶段，在对我们的经验处境的难以捉摸的特征进行重构并完成的过程中，思维被说成是工具性的。而且，在米德看来，在有机体和环境之间没有明显的界限，以致周围的有机体和物理对象与最初从事社会活动的群体一样，也是社会活动的组成部分。有一种观点把"对象"看成是固定给予我们的东西，与这种观点不同，米德把对象领域看成至少部分上由态度、习惯和有机体对对象的有组织的反应构成。按他所说，认知者确实不创造他们的世界，但那里有什么对象却是以我们对世界的反应为条件的。他勾勒了一个由各种关联和景观组成的相对主义的世界，这个世界是由社会群体对世界的反应社会性地建构起来的，这是一个实用主义的宇宙论，他的狭义理解的实用主义就设定在这个宇宙论之中。不过，这个宏大设想并没有对哲学界产生大的影响，这很大程度上是因为他的著作（由他的学生编辑和出版的课堂笔记）零零碎碎、不太明确的特点所致。在积极方面，米德的实用主义对社会心理学的发展有深刻影响，对社会学和人类学的形成也有影响。

当时的第三种、而且十分不同的实用主义品系是由 C. I. 刘易斯阐发的。当然，刘易斯十分熟悉詹姆斯和杜威（米德稍逊）的实用主义，但他天性喜欢查尔斯·桑德尔·皮尔士的实用主义，这有几个理由：同皮尔士一样，刘易斯将严格意义上的逻辑当作其哲学的中心支柱，与杜威的传统不同，他不是一个自然主义者。为了避免任何不必要的混同，他称他的（以及皮尔士的）实用主义是"概念的实用主义"（conceptual pragmatism）。

同他以前的实用主义者一样（也同康德一样），刘易斯阐述了一种认识论，这种认识论超越了理性主义和经验主义的旧的困境，对科学与逻辑的新发展作出了反应，避免了各种各样简单化的还原主义。这个认识论的中心之点是他所说的"实用主义的先天概念"（a pragmatic conception of a priori）。同他以前的康德和皮尔士一样，他把知觉认识理解为根据心灵提供的范畴和原理对感觉所与的解释。后天和先天的成分都是需要的，但在刘易斯看来，对于先天的成分，没有任何东西是"先验的"（transcendental）。任何特定的先天体系都有替代物，对一既定先天体系的接受服从于实用主义的考虑。虽然没有任何一点经验能迫使对我们的范畴体系进行修改，但对于什么范畴体系最有助于我们的集体利益，不可能仅仅是个人偏好的问题。我们对经验的社会方面的理解对任何据认为可以接受的概念体系都有约束作用。任何范围的现象都不会将一个范畴体系严格"证伪"，但可以使它同我们的世界打交道时毫无用处（Lewis 1929）。因此，正是认识中的先天成分是实用主义的，而经验的成分则不是。

刘易斯认为，评价也是经验认识的一个形式，它服从于同一种普遍的实用主义估计。要断定某件事是有价值的（善的、美的，等等），涉及对有知识的、功能正常的个人会如何体验这件事的预见。事物的客观价值是与该事物如何在经验中显现相联系的。而且，因为先天原则在某种程度上是由事物如何呈现给我们构成的，所以这里就有了确定的价值标准，这些标准在不能被特定一组经验证伪，但可以因为无法理解我们无数的评价经验而最终被拒绝的类似意义上（"只有快乐是善的"，"只有善的意志是善的"），是先天的（Lewis 1950）。

刘易斯毕生关注严格意义上的逻辑的根本问题，这将他与杜威和米德区分开来（Lewis 1918）。他是罗素和怀特海的《数学原理》的早期鉴赏者和批评者。他对《数学原理》的特殊责难与该书对"蕴涵"（implication）的解释有关。与该书的"实质蕴涵"概念不同，他发展了"严格蕴涵"（strict implication）概念，他之所以要这样做，某种程度上是由于他在他的概念实用主义中赋予反事实语句以中心作用，而且也由于他更普遍关注罗素/怀特海体系对重要的模态领域的不公正态度。

因为在德国和奥地利受到迫害，一批有实力的哲学家逃离欧洲涌入美国，在此影响下，作为一种流行哲学倾向的实用主义逐渐退出了美国舞台。这批生气勃勃的逻辑实证主义者（比如卡尔纳普、伯格曼、费格尔、纽拉特、石里克）在实用主义中找到了肥沃的土壤，通过 C. W. 莫里斯（Morris）等推动者的催化作用，他们在 20 世纪三四十年代生长结合在一起。起初，逻辑实证主义者中比较严格的科学主义占了上风，但在主要来自内部（奎因、古德曼、普特南）的压力下，一种更经典的实用主义形式似乎最终取得了优势。

科尼利厄斯·德莱尼

第三十五章

法国天主教哲学

一 "天主教哲学"

"天主教的"和"哲学"两词构成的组合是很不贴切的,可以证明,它根本就不应存在,因为它似乎带来使人误解的含意,好像它所指的所有著作家都效忠于罗马,以为许多在观点上时有冲突的思想家都有一个令人怀疑的共同特点。因此,我们说到"天主教哲学家"时,比较可取的办法是用复数,或者,如果我们仍坚持用这一表达方式的话,就将这个修饰语小心地放在引号中,表示为:"天主教哲学"。

在某种意义上,莫里斯·布隆代尔(Mourice Blondel, 1861—1949)是我们可以将"天主教哲学"一词用于其上的一位思想家,尽管有这样的事实,即他希望避免把他的哲学指责为护教学,他在一部书名直白的著作《天主教哲学的问题》(*Le problème de la Philosophie Catholique*, 1932)中小心翼翼地指出,在他较早的经典著作《行动》(*L'Action*, 1893)中,他"一次"也没有用过这个有疑问的表达方式。尽管如此,他仍想将这个表达方式恢复到它原始的、辞源学的普遍性意义上,其全部含义离不开教会的范围。因而,在该著作的第三部分,他用了20页篇幅极力证明,"在何种意义上,做何种保留,以何种代价,'天主教的'……哲学是可以构想和达到的"。这在逻辑上与他的泛基督教主义是一致的;泛基督教主义是他在《哲学与基督教精神》(*La philosophie et l'Esprit chrétien*, 1944)一书中极为自信地阐述的，该书是出于共同目的而写的"四部曲"著作的第四部，其他三部是《思想》（*La Pensée*，1934）、《存在与存在者》（*L'etre et les Etres*，1935），以及同样名为《行动》（*L'Action*，1936—1937）的新的一卷。在这些著作中，现代主义观念与他的思想相距甚远，他还重提他自己早先的几个论题，如他在第二部《行动》中专门选出"认识"（agnition）这个中心论题，将它理解为"承认精神是通过心理的成长过程而发展的，它将遇到作为理智之光、理智之食物、理智之目的的一切真理"；这样一来，它将承认道成肉身（Word Incarnate），这道成肉身"将全部秩序概括"为生命之光和生命之面包，[462]概括为帕斯卡尔所说的"万物之目标和万物所趋向的中心"。布隆代尔在此仍然忠实于他最早的学说之一：在第一部《行动》中，他关于道成肉身写道："这就是万物的尺度"；在他的拉丁文论文"莱布尼茨关于实体的联系与复合实体"（*Le lien substantiel et la substance composée d'après Leibniz*，1893）中，他小心翼翼地说明，莱布尼茨提出"普遍的黏合剂"（universal binder）、"连接的连接"（link of links）、著名的"实体的纽带"（Vinculum substantiale）假设，都是与圣餐的神秘性相联系的。

因此在布隆代尔看来，"天主教的"哲学恰恰是真正的基督教哲学。他断言，"基督教哲学"这一表述实际上首次出现于教皇利奥十三世的通谕《永恒之父》（*Aeterni patris*，1879）的标题上，这一通谕预告了圣托马斯·阿奎那哲学的复兴，促使后来的枢机主教梅西耶于1882年在卢汶就任托马斯主义哲学的教授。这次托马斯主义的复活是以许多作家的著作面世为标志的，这些作家包括安托南·达尔马斯·塞蒂扬热（Antonin-Dalmace Sertillanges，1863—1948），比利时的耶稣会神父约瑟夫·马雷夏尔（Jesuit Père Maréchal，1878—1944），他以非常独创的方式反对康德的批判哲学，雅克·马利坦（Jacques Maritain，1882—1973，见下文）和艾蒂安·吉尔松（Etienne Gilson 1884—1978），后者是伟大的古典学者，是"中世纪教义与文学史档案馆"的创建人和《托马斯主义——圣托马斯·阿奎那研究导论》（*Le thomisme - Introduction à l'étude de St Thomas d'Aquin*，

1919)、《中世纪哲学的精神》（*L´Esprit de la philosophie médiévale*，1932)、《托马斯主义实在论与认识批判》(*Réalisme thomiste et critique de la connaissance*, 1939)的作者。

尽管托马斯主义与"基督教"哲学之间有这种联系，布隆代尔的"基督教哲学"概念在他于1931年就此论题对法国哲学会做了讲演后仍引起了重要的争论（尤见作为该学会1931年会刊附录发表的布隆代尔的信）。作为对布隆代尔的回应，马利坦在《论基督教哲学》(*De la philosophie chretiénne*, 1933)中恰恰对"基督教哲学"的存在表示怀疑。他得到了许多"新托马斯主义者"的支持（虽然我们还应注意马利坦说过的话："有托马斯主义哲学；而没有新托马斯主义哲学!"）他们表明，不相信"哲学"一词与修饰词"基督教的"两者的融合体，因为在这个融合体中，前者有被后者之火焚烧殆尽的危险。因而，在赞成和反对将两词结合起来的人之间的这场争论中，各种不同意见似乎并未偃旗息鼓。

二 "理性的神圣化"

我们与其沉湎于细致入微的复杂区分上，不如着重说明这些天主教宗教思想家共同关注的东西更有收获。他们出于各种不同理由，都想表明在他们看来哲学与基督之间存在的关系（在"关系"一词最完整的意义上）。布隆代尔是"基督哲学"（philosophia Christi）的典型代表，采用的是蒂利埃特（Tilliette）现在标准的类型学范畴之一。如蒂利埃特（1993）所表明，基督是布隆代尔注视的焦点，是"布隆代尔哲学的密码和最终的秘诀"。《行动》的这位作者"从内部"构建"哲学的解说，使得它能接受上帝的赠礼"（Tilliette 1990)。虽然布隆代尔一直在捍卫理性的权利，但他也揭示了理性的根本不足。这种不足的实现是进步的一个源泉，因为它（借内在的必然性）迫使哲学向神的超越维度敞开。尤其在现象学描述和反思再评价的双重语境对行动进行认真分析时，就会发现，行动被赋予了形而上学的地位。由于对人类行动目的的这种先入之见，布隆代尔将我们的"自

【463】

愿的意志"（volonté voulante）和"被迫的意志"（volontés voulues）之间的不相称，看成是一切超越和一切进步的永恒动力。于是，一个表明创造了人类的上帝之存在的先天活动力，深深地影响着我们的意志，并成为我们所承诺的决定的基础（在这里，同马勒伯朗士和司各脱主义圣方济各的传统一样，布隆代尔重申道成肉身是创世的目的）。这个我们仍趋于无知的基础的超自然力，在真正的人类是将思想、行动和存在结合在一起的条件的完整意义上，将我们的生物命运转变成真正人类的命运。

将布隆代尔和马利坦同等看待，忽略他们之间的差别，这不会有任何问题。不过，他们是各以自己的方式成为真正的"理性神圣化"的信仰者的。这个用语是布隆代尔的（但我们不要忘记，马利坦也承认，"基督教是哲学本身的条件"），用哲学的术语说，它相当于"皈依基督"（going over to Christ）（用圣查士丁的著名表述）。于是，根据这种思维方式，我们应当将理性皈依基督教，我们因此可以将一种符号价值归于这种广义的"皈依"（conversions），不论通过回归童年信仰的方式，还是通过成年洗礼的方式，这些方式在1914—1918年世界大战之后一些年是常见现象。这个现象的一个例子是加布里埃尔·马塞尔（Gabriel Marcel，1889—1973），他于1929年让人给自己做了洗礼，并认为这是他一生最重要的事件，尽管事实上他自己喜欢说这样的话："我们决不可说'我们天主教徒'，那是令人讨厌的！"而且他在1951年对费萨尔神父（Père Fessard，1897—1978；见下文）写道："令人惊异的事情是在天主教教义内所见的，只是在其内部，只是适应于它——为的是进行审判和谴责，不，对此我决不会同意。"这样一种"入门哲学"与布隆代尔的哲学，甚至与马利坦（他受莱昂·布卢瓦的影响皈依基督教，并于1906年受洗礼）的哲学确实毫无共同之处。

【464】

三 马利坦："差异而统一"

雅克·马利坦与当时的许多知识分子和艺术家是朋友（见其妻

拉伊萨写的《伟大的友谊》(Les grandes amitiés, 1949) 一书)。但他的艺术哲学(如在《艺术与经院哲学》(Art et scolastique, 1920) 中)与其热烈而严肃的形而上学是分不开的。这是他从对柏格森到托马斯·阿奎那的长期研究的产物(《从柏格森到托马斯·阿奎那》(De Bergson à Thomas d'Aquin, 1944)),他的名著《知识的等级》(Les Degrés du savoir, 1932) 的副标题的用语"差异而统一"(Distinguish to unite),将作为这一研究的标志。

马利坦在法兰西学院时在柏格森的指导下学习,他谴责柏格森的"反理智主义"之前,将他的第一部著作《柏格森哲学》(La philosophie bergsonienne, 1914) 专用于研究柏格森哲学。与柏格森不同,马利坦渴望把理智与直觉调和起来。"理智在看"(Intelligence sees) 这个著名表述在这里意义深远;按马利坦所说,看,即直觉,塑造概念化本身:"理智借构想而看,它只为看而构想。"最后,马利坦进而发明了"抽象直觉"(abstractive intuition) 的概念,刻画了理智与直觉之间关系的特点。他说,他还致力于这样的想法,即将"冷静与反省"(sangfroid and reflection) 的精神引入哲学,他想使支撑阿奎那事业的那种哲学保持活力,将它带入20世纪的中心(如在 Maritain 1930)。在马利坦看来,这种哲学是真正的"存在主义",它与萨特的无神论的、"伪经的"存在主义正相反(见 Maritain 1947),后者拒绝关于可理解的性质和本质的任何概念。

自1912年起,马利坦就给《托马斯主义杂志》(Revue thomiste) 投稿,他是1936年至1940年间积极参与复兴托马斯主义的人之一。在《四论肉体状态下的精神》(Quatre essais sur l'esprit dans sa condition charnell, 1939) 中,他努力为天主教的思维方式和行动方式奠定基础。他在此为道德哲学构想了"恰当建构的哲学"(une philosophie adéquatement prise) 的概念,这种道德哲学尊重精神价值的首要性,而同时不贬低审慎之德的价值。他早先在《科学与智慧》(Science et sagesse, 1935) 中对道德知识的条件做了规定:能为道德知识提供科学基础的,是一门能公正对待"其根基在天上的"神学所揭示的真正人性的哲学。因此他拒绝亚里士多德的伦理学和而后的自然主义伦理学，认为它们是不恰当的：一门"其根基在地上的"哲学应当服从于神学；可是现在自然主义哲学已经远远不像在中世纪那样是神学的"婢女"了，它已经被提升到"国务大臣"的地位。在《完整的人道主义》（L'Humanisme intégral，1936）中，他进一步发展了他的观点，试图为新基督教的这个具体的历史理想提供神学的基础，同时开辟一条通往"世俗化"的道路。正是教皇庇护十一世对1926年【465】"右翼法兰西行动"的谴责为这种道德哲学及作为其应用的政治哲学提供了动力，这一点可以在马利坦与茹尔内（Journet）的长期通信中看到，他们的通信反映了那些经常折磨着天主教良心的痛苦争论（亦见马利坦与吉尔松的通信；Gilson and Maritain 1991）。

四 历史的现实性

1914年至1918年，1939年至1945年，这两个时期确实有不祥的意味。在两者之间的时期，虽然第一次世界大战的创伤还未痊愈，但当欧洲成了可以抗拒的极权主义统治兴起的牺牲品，第二次世界大战就在孕育之中了。各方面的哲学家、马克思主义者、无神论存在主义者以及那些（以更充分理由）宣称自己是基督徒的人，都不可避免地会采取某一种立场。1934年，马利坦和冈迪雅克（Gandillac）发表了有吉尔松和马塞尔（Marcel）等人签名的宣言"为了共同的利益：基督徒的责任和当前时期"（Pour le bien commun：la responsabilité du chrétien et le moment présent），他们都超越他们的分歧，团结捍卫同一个博爱的生活传统。这是"做出承诺"的时候了。1932年，埃马纽埃尔·穆尼埃（Emmanuel Mounier，1905—1950）与伊扎雷尔（Izarel）、德莱亚热（Deléage）一起创办了评论杂志《精神》（Esprit）；然后于1935年，在《人格主义的与集体的革命》（La révolution personnaliste et communautaire）一书中，他恢复了佩吉（Péguy）在德雷福斯事件时期曾经对任何形式的国家主义或教权主义进行的攻击。他同样激烈地反对马克思主义的无神论，反对资本主义的自由主义，谴责后者的资产阶级享乐主义。基督徒肯定最不能对这

539

个"破碎的世界"(如马塞尔的最著名戏剧之一的剧名中所称)的可怕噪音充耳不闻。

这种对历史的敏感性,这种以更尖锐方式对"历史现实性"的敏感性,可以在这一时期的一位得天独厚的见证人耶稣会士加斯东·费萨尔(Gaston Fessard)的活动中看到。20岁时,他在1917年兰斯大战的"贵妇之路"(Chemins des Dames)战场上,47岁时,他逃离了盖世太堡。在他1935年至1936年间写的第一部作品《我们的和平:国际良知的考验》(Pax nostra: examen de conscience international)中,他提出"基督是我们的和平"的著名论题,以此反对一切形式的言过其实的国家主义。这部著作得到马塞尔的热烈赞赏,他在给费萨尔的信中写道:"你的书……澄清了关于基督教的真理……这是唯一重要的事情……如果人们理解了这本书,这世界的事情就会因这本书而有所改变。"1941年,费萨尔编辑了秘密杂志《基督教的见证,法国,提防失去你的灵魂》(Témoignage chrétien, France, prends garde de perdre ton âme)的第一期,而在1946年,在《法国,提防失去你的自由》(France, prends garde de perdre ta liberté)中,他强调了纳粹主义与共产主义两种对立意识形态之间的相似之处。他的思考是由历史形势的紧迫性而引出来的,所以,他的思考以逻辑、历史和存在这三个方面为转移。他详尽地思考马克思和克尔凯郭尔的著作;至于黑格尔,他在1926年至1927年就有所了解,尽管直到很晚他才写了《黑格尔,基督教与历史》(Hegel, le christianisme et l'histoire)一书。从1933年至1939年,他积极参加了亚历山大·科热夫(Alexandre Kojève)关于黑格尔的著名研讨会,他不同意讨论会的无神论立场。他的《罗耀拉的圣伊尼亚斯的精神修炼辩证法》(La dialectique des Exercice spirituels de saint Ignace de Loyola)主要写于1931年,但在手稿流传后的1956年才发表,在这部书中,费萨尔把自由哲学确定为全部人类现实的出发点。他的大量未发表的素材已经由萨勒神父(Père Sales)收集在《社会的奥秘:关于历史意义的研究》(Le mystère de la Société: recherches sur le sens de l'histoire, 1997)一书中。在某种意义上,这部总述的著作是"基督教社会哲学"的最高成就,它对许多思想家都有影响。

五 忧虑的哲学：加布里埃尔·马塞尔

马塞尔在 1944 年说，灵魂的独具特征"是它在旅行中"。作为《旅途之人》（*Homo viator*，1945a）的作者，他具有人的"巡游状态"感，并将这旅行带入其真正哲学的维度。他的崇高的"希望形而上学"以伦理学和神学范畴作为其构成范畴，在这一形而上学的背景下，马塞尔设定了灵魂与希望之间实质的、"密切的"联系。由于将希望放在其恰当的领域内，即与"拥有"的世界相对立的"存在"的世界内，马塞尔将希望状态与其同类状态信仰和博爱一起作为神学之德保留下来，并拒绝将它还原为仅仅作为恐惧之反面的世俗希望而贬损它。他说，剥夺了希望，灵魂就变得"虚弱了"（extenuated）（就该词原始的意义而言）；它"干枯了"。马塞尔写道："希望之于灵魂就像呼吸之于有生命的有机体。"

不过，不论对存在的全部精神追求多么不可动摇，意识的旅行仍然是一个危险的航程。它是一次充满深切忧虑的探索；而且是一次注定不能完成的探索。《形而上学杂志》（*Journal métaphysique*）1914 年开始讨论，后来在《存在与拥有》（*Etre et avoir*，1935）中又继续讨论的论题之一，是对全部实在之理解的不可能性问题："这个令人苦恼、筋疲力竭的历练经历，据认为是为了追求……"这里的省略号是发人深省的。马塞尔喜欢说："当我们**谈论**上帝的时候，我们所谈论的并不是**上帝**。"众所公认，对超越的经验进入了思辨的领域（因为它是由哲学家来反思的），它是实在的和强烈的。对意识的这种分析只有"通过深深感受到自我和存在深处"之间的紧张状况，才变得有意义。这是通过反思的内在性（不过，在这种情况下，这个内在性不是内心的）而达到的。经验与反省是这门具体哲学的两个源泉，这门具体哲学编织了一张概念密布的网，在这些概念之间建立起和谐的共鸣，就如在神秘/问题（mystery/problem）、可用性/不可用性（*disponibilité/indisponibilité*,'availability/unavailability'）这两个重要 【467】

偶极与存在/拥有这一偶极之间建立起和谐共鸣时那样。于是，真正的哲学化是内在系统的这一要求就被满足了，系统的观念不必成为占支配地位的观念。

这一追求可以被说成是"实存的"（existential），与任何形式的"本质主义"，甚至"存在主义"都不相同。在《存在的奥秘》（*Le Mystère de l'Etre*，1951）中，马塞尔谴责"'存在主义者'这个可怕的词"。当他揭示出他的思考与克尔凯郭尔的思考相符之点时，"高级经验主义"这一表述就自然而然地流诸他的笔端：他们的探讨有相似性，因为两人的动力都是宗教上的："我与《哲学片断》（*Philosophical Fragments*）的作者同属一家。"他说，正是通过音乐我们体验到了超越一切知识的信仰。面对存在之痛苦，这门主要艺术起到了解毒剂的作用，而且不需要概念之助，就给了我们神秘的自信，这自信预示了我们在我们的永恒居所（我们有权指望这一居所，因为我们已经被许诺：只是在另一个在场而看不见的世界确实存在的情况下，我们才承受着"今"世）将体验到的确信感。

马塞尔试图揭示"人类经验结构上的戏剧特点"。对他的哲学的任何考察都应当包括对他的戏剧作品的研究，这些作品不能只从它们的舞台效果的观点来考虑。更重要的是，它们表现了"自我"，即这位哲学家兼剧作家，与"他者"，即观众之间的真正"交流"（communion）。实际上，主体间性的这一维度是由表现了马塞尔思维方式特点的对超越的敞开态度的需要所蕴涵的。本体的东西与实存的东西之间的这种关系就是伦理的联系本身。在这件赠礼，即一个先于我们的基本本体论范畴，被给定的范围内，伦理学与本体论是重叠的。事实上，接受还是拒绝这件赠礼，忠实于它还是背叛它，取决于我们的"可用性"（disponnibilité），我们对于存在的"可用性"（availability），即一种卓越的伦理力量，它与"安排"（dispposer de）——"存在的安排"（disposing of Being）正相反。

虽然希望的形而上学因此包括了完全理想的道德世界的观念，但马塞尔批评康德的伦理学，谴责它是"思辨的错乱"。在马塞尔看来，真正的"普遍性"并不进入概念东西的秩序内，至于"自律"，它与尘世"拥有"的领域有关！人类社会被理想地看成是一个"教会"（Church），在基督教福音的范围内，它被看成是与基督教会的交流。马塞尔关于基督作为其典范的"神圣"的思想，表明了基督教在何种程度上成为这门哲学发展的基础。马塞尔为之奠定存在基础的"人类尊严"，变成了评价技术进步的伦理原则，他谴责技术进步的消极方面是存在对于"拥有"的利益的可怕异化：因为这时，人允许自己被他的占有物所占有。1948 年，马塞尔为克洛代尔（Claudel）编辑的论文集《恶在我们中间：一个现实的问题》（*Le Mal est parmi nous：un problème actuel*）撰写了一篇文章，他称之为"当今世界与思想中的堕落的技术"（Les techniques d´avilissement dans le monde et la pensée d´aujourd hui）。从这个题目看，他似乎对未来有极大的先见之明。

【468】

达尼埃尔·勒迪克·费耶特

第三十六章

西班牙哲学

从1870年至1945年，西班牙哲学经历了一些辉煌时期，与此前两个世纪的精神萧条相比，这些时期为西班牙哲学赢得了西班牙文化与思想的"白银时代"的称号。伟大的思想家乌纳穆诺和奥尔特加可以看成是它的顶峰。但如果将这一辉煌仅仅归于这两个人，那就使事情过于简单化了。在本章中，我将考察如下五个主要阶段：(1) 克劳泽主义；(2) 乌纳穆诺与"1898的一代"；(3) 奥尔特加与"1914的一代"；(4) 加泰罗尼亚哲学家优亨尼·德·奥尔斯；(5) 苏维里与"1927的一代"。

一 克劳泽主义

由于政治和宗教的原因，西班牙文化长期与欧洲其他部分隔离。这就说明了为什么尤其自启蒙运动以来，西班牙知识界不顾传统主义者的愤怒抗议，一再提出西班牙的"欧洲化"问题。起初，人们把这理解为接受法国的影响。但在19世纪中叶，这个词获得了新的意义。西班牙青年胡利安·桑斯·德尔里奥（Julián Sanz del Río）对改革他的国家的思想感兴趣，于1843年到德国游历，在那里接触到了作为康德主义者和谢林主义者的克里斯蒂安·克劳泽（Christian Krause）的哲学派别，回国时成为一个皈依了克劳泽主义的鼓吹者，克劳泽主义像野火一样在西班牙大学界蔓延开来。

西班牙克劳泽主义者热情地接受了充分体现克劳泽本人特点的康德式的道德唯心主义。不过，在一段时间里，这种唯心主义与同样时兴的实证主义的唯物主义结成了联盟：唯心主义的克劳泽主义者和唯物主义的实证主义者的共同特点是他们酷爱自由主义和进步。这一联盟的结果,即以克劳泽实证主义(krausopositivism)而知名的哲学双重物,最后成为19世纪末西班牙思想中最强大的潮流。许许多多克劳泽实证主义的大学教师们捍卫言论和教学自由,他们的道德正直,既导致他们中有的人被解职,也造成那一时期惊人的政府危机。克劳泽实证主义最值得注意的成就之一是建立了独立于国家的教育制度,它在文化、社会、政治上的影响使它成为当时欧洲独一无二的教育学实验。这就是克劳泽主义者弗朗西斯科·希内尔·德·洛斯·里奥斯(Francisco Giner de los Ríos, 1839—1915)于1876年建立的自由教育制度(Institución Libre de Enseñaza);乌纳穆诺称里奥斯是"西班牙的苏格拉底"。

【470】

二 米格尔·德·乌纳穆诺与"1898的一代"

1898年发生的西班牙殖民地的灾难——失去古巴——成为使许多有十分不同倾向的西班牙知识分子卷入其中的改革意愿的催化剂。所谓的"1898的一代"即得名于这个年份,它包括一小群愤怒的青年作家。米格尔·德·乌纳穆诺就属于这群人;在哲学上他受叔本华的悲观主义和尼采的反叛精神的影响,但也非常关心西班牙的认同问题,非常关心西班牙文化的再生。哲学家安赫尔·加尼韦特(Angel Ganivet, 1865—1898)也是这个运动的先驱,尽管他于1898年自杀。在最著名的著作《西班牙唯心主义》(Idearium español, 1897)中,他遗憾地提到他的国家的精神孤立(关于加尼韦特,见Olmedo 1965)。求变的欲望也被克劳泽主义者、被华金·科斯塔(Joaquín Costa)领导的政治复兴主义(regeneracionism)、被"科学的1898"[运动]所感受到了,只不过他们带有更倾向于欧洲的雄心壮志;这里"科学的1898"的称号可以适用于生物学家、脑神经理论的创立者圣地亚哥·拉蒙—卡加尔(Santiago Ramón y Cajal)和控制论的先驱莱奥波尔多·托里斯·克韦多(Leopoldo Torres Quevedo),他的自动机理论预示了图灵的人工智能设想。

通常米格尔·德·乌纳穆诺（Miguel de Unamuno，1864—1936）被说成是一位生命哲学家，一位基督教存在主义者。不过，他与之最深深相似的并不是那些存在主义者，而是存在主义者的伟大先驱帕斯卡尔（Pascal）和克尔凯郭尔，同他们一样，他首先是一位持不同意见的基督教思想家。乌纳穆诺是一位辩证的、惯于使用悖论的作家，他能将哲学与文学、诗歌创作结合起来。他同奥尔特加一起，领导了西班牙文化的白银时代，至少在哲学领域是这样。

乌纳穆诺的哲学主要包含在他的最重要著作《生活的悲剧感》(*Del sentimiento trágico de la vida*，1913）中。从斯宾诺莎关于执著生存的意志（conatus）的著名论点推论，乌纳穆诺断言，就人被认为是"有血有肉的人"，而不仅仅是认识的抽象主体，他的最深切的愿望就是不死。可是，死亡是不可避免的，而且科学理性只支持对灵魂不死或可满足我们根本求生意志的任何类似假设的怀疑主义态度，这两个事实结合在一起，将人类状态置于一个悲剧般的境地。叔本华早已用康德的术语描述了意志的世界与理性表象的对象世界之间的深刻冲突。乌纳穆诺以类似的方式断言，这种将人类生活变成悲剧的冲突是理性与意志之间的斗争，或如他所说，使人想起帕斯卡尔的话，这乃是理性和心（情感）之间的斗争。当我们试图理解物理世界时，理性给我们指示出科学经验主义的态度，当我们试图理解灵魂时，理性给我们指示出宗教怀疑主义的态度；可是，心却要求我们相信对宇宙的感觉，相信灵魂不死，相信上帝的存在。这个冲突没有任何理性的解决办法；它是一个不承认任何理性综合、并导致生活悲剧感的矛盾。乌纳穆诺提出的解决办法是承认由此引起的不确定性，即该冲突迫使我们陷入的深渊，但是要相信，心的命令不会受幻觉的困扰，它将拯救我们免于悲剧。

在不止一种意义上，乌纳穆诺所假定的信仰是宗教信仰，但这信仰既不是传统基督教的信仰，也不是任何其他实证宗教的信仰。在他看来，支持上帝存在的传统论证——阿奎那所阐发的著名的言之在先的信仰（preambula fidei）——不是不能挑战的，而且现代科学已经将它的基础摧毁了。后来的一部著作《基督教的末日》（*La agonía del cristianismo*，1925）延续了这种关于生活的悲剧感的思路，在这部著作中，乌纳穆诺以同情的态度思考帕斯卡尔的信仰，这信仰不像传统信仰那样据说建立在证明性论据的基础上，而是诉诸由概率演算支持的赌博、打赌。

乌纳穆诺提出了这种打赌的一个想象的例证，尽管与帕斯卡尔的例证只是略微相像，他的这个例证借用了他对堂·吉诃德这个文学人物的看法，此前他在《堂·吉诃德与桑乔的生活》（*Vida de don Quijote y Sancho*，1905）一书中曾探讨过这个人物。堂·吉诃德被想象成一位英雄，为了强使自己具有信念，他将理性与疯狂结合起来，从而创造出一个他能为之永垂不朽而战斗的虚构。这种"精神的堂·吉诃德主义"对乌纳穆诺来说就是他的宗教信仰的活生生经验，这经验在他的哲学小说《殉道者：圣曼努埃尔·布埃诺》（*San Manuel Bueno, mártir*，1933）中，又找到了一个新的文学化身，这是一个与众不同的西班牙人，是乌纳穆诺根据卢梭《爱弥尔》（*Emile*）中关于一位来自萨瓦的牧师的信念的故事编造出来的。曼努埃尔·布埃诺是一个小村庄的恭顺的教区牧师，他失去了，或自认为失去了信仰，但为了能将这信仰保留在他的教区居民的心中，他仍然拼命斗争要留住信仰，直至去世。

有一位思想家，他在《狱中对话》（*Dialogues in Limbo*，1925）【472】或《存在的领域》（*Realm of Being*，1942）等书中的署名是乔治·桑塔亚那（Georges Santayana），他在多年前哈佛大学的黄金时代就是罗伊斯和詹姆斯的同事，他生于西班牙（1863），父母是西班牙人，直到他在罗马去世时（1952），他仍保留着豪尔赫·鲁伊斯·德·桑塔亚那（Jorge Ruiz de Santayana）的真名，保留着西班牙国籍和护照。这也许只不过是一个趣闻轶事而已，如果桑塔亚那的著作（尽管是用英文写的）不是明白无误地显出与西班牙语的家族相似，以致小说家和文学批评家拉蒙·森德（Ramón Sender）断言他是"1898一代"的元老的话。伯特朗·罗素写道："要理解桑塔亚那，必须考虑到他的处境和性情的某些基本特点。虽然他主要处于美国的环境下，但他的情趣和偏好仍主要是西班牙的。"（Russell 1940［1971：

454])。而桑塔亚那本人则在承认他的美国情怀是有限度的之后又承认："可以说我完全无意地犯了一个策略上的小错误，好像我打算尽可能用英语花言巧语地谈论非英语的东西似的。"（Santayana 1940a [1971：7]；至于桑塔亚那哲学的西班牙特色方面，尤见 J. Alonso Gamo 1966）

三　何塞·奥尔特加—加塞特与"1914 的一代"

何塞·奥尔特加—加塞特（José Ortega Gasset，1883—1955）是20世纪最有影响的西班牙思想家。作为在一切理智创造领域中才华横溢的小品文作家，他的语言天才使西班牙哲学成果的文学风格有了崇高的地位。在许多人看来，他是 1914 的一代的领袖人物（epónimo），1914 一代在西班牙的文化统治是对以前"1898 一代"所取得的文化统治地位的继承，它要求国家的欧洲化，知识分子的专业化和有效的政治改革（前西班牙共和国的总统曼努埃尔·阿萨尼亚 Manuel Azañ 就属于这一代）。

在奥尔特加的第一部重要著作《关于堂·吉诃德的沉思》（*Las meditationes del Quijote*，1914）中，"我就是我加上我的环境"（I am I and my circumstances）这一提法就已经出现了，它概括了他的哲学的基本论点，他为其哲学杜撰了"理性生机论"（racionvitalismo）之名。在他死后出版的论著《致德国人的开场白》（*Prólogo para alemanes*，1958）中，奥尔特加详细讲述了他发现生命理性（razón vital）观念的曲折过程。奥尔特加在马堡受教于新康德主义者柯亨，从他那里继承了对严格方法的热爱和对唯心主义文化概念的热爱，他熟练掌握了新的现象学方法，成为这个方法的赞赏者。不过，他的哲学使命只有在发现了某种比方法更本质、更根本的东西之后才能全部完成。这就是他关于生命的根本实在性的发现，这一发现是奥尔特加借助冯·于克斯屈尔（von Üxküll）的生物学和乔治·席梅尔（George Simmel）和马克斯·舍勒（Max Scheler）的生命和文化哲学而达到的。

【473】

第三十六章 西班牙哲学

在他的最初著作，像《关于堂·吉诃德的沉思》（1914）和《现代主题》（*El tema de nuestro timpo*, 1923）等中，奥尔特加主张必须构建一个理性的人类生活理论。但他补充说，由于亚里士多德的理论理性和笛卡尔的物理数学理性不能完成此任务，所以，人们必须求助于一种新的理性，他称之为**生命理性**（razón vital）。最初，他将自己的理论阐述为一种文化哲学，一种从哲学生物学所做的推论。但后来，在海德格尔的《存在与时间》（*Sein und Zeit*, 1927）问世后，由于海德格尔的影响和（通过海德格尔）狄尔泰历史主义的影响，奥尔特加将他的理性生机论确切阐述为人类生活的本体论，于是，根据他的解释，这种本体论不仅诉诸生命理性，而且诉诸历史理性（razón histórica）。这一点可以在《回到伽利略》（*En torno a Galileo*, Man and Crisis, 1933 年的讲演；出版于 1959 年）或《作为体系的历史》（*Historia como sistema*, 1935 [1941]）等书，以及他死后出版的著作中了解到。

生活，在每一情况下都是"一个人自己的生活"，在奥尔特加看来，过生活是每个人由于其在世界中的处境而必须承担的不可避免的任务。这个任务不仅仅是一个事实，一个行动（factum），而且是被完成的（faciendum），是某种按照哥德的深奥命令："成为你所是的人"（werde, wer du bist），我们必须用我们的理性和自由所做的事情。奥尔特加的"我就是我加上我的环境"这个提法有一个基本的本体论论据，即与传统哲学家的想法相反，人与世界的统一不是实体与其属性那样的统一，而是像那些传统哲学家在灵魂与肉体之间所见的那种共同实体的统一（the co-substantial union）。为了象征性地说明人与世界之间的这种结构关系，奥尔特加过去经常提到神话中卡斯托尔（Castor）和波卢克斯（Pollux）这对不可分开的异教神的形象。在他更成熟的思想中，他对那个著名提法作了如下解释：把开头的那个"我"理解为可用"人类生活"、"存在的东西"、"根本的实在"、"我的生活"之类的表述代替；把最后的短语（"我加上我的环境"）理解为我固有的使命或存在的召唤（我的"我"），与我的世界、处境或"环境"的相互作用，后者包括很多因素——地理上的**此处**，历史上的现在，还包括在我们之中、在我们所捍卫的观念背后或掩盖下起作用的全套社会习惯和信念。

【474】

奥尔特加坚持说，这些因素是语境或情境上的特征，其作用特点可以通过符号来描述，这些符号与只在具体事例中获值的物理学数学语言中的变元相似。他由此推出，与老虎或石头不一样，人没有"本性"，但确有历史。这个结论说明了人类生活不可思议的可塑性，说明有必要用历史理性来完成生命理性的任务。而且，正如理性力学和动力学通过形式方程式系统抽象地描述过程的特点，物理学要通过将这些方程式用于具体事例来研究这些过程一样，**生命理性**用抽象公式来描述基本的生活理论的特点，而历史理性则为这些公式补充或提供具体的内容，以这种方式发展传记学。奥尔特加有时把他的方案定义为"生活的笛卡尔主义"（cartesianism of life）；而从一种补充的角度，同样可以把这个方案说成是"历史的伽利略主义"（galileism of history）。

自由主义、亲欧洲主义、贵族理智主义、反民主的精英主义，这些词都是奥尔特加的思想中关于文化、社会、政治问题的关键词。他对西班牙欧洲化的支持导致了青年奥尔特加与老年乌纳穆诺之间的对抗，后者遵循已经由加尼韦特开创的路线，在《论真正的传统》（*En torno al casticismo*，1895）中提出对他的国家进行文化内省。而奥尔特加的文化和政治哲学的主要特征是捍卫帕累托（Pareto）和莫斯卡（Mosca）式的、少数精选人物的精英主义论点；他首先在《没有脊梁骨的西班牙》（*Iivertebrate Spain*，1921）中，后来在众所周知的《群众的反叛》（*La rebelión de la masas*，1929）一书中阐发了这个论点。不过，应当注意，在为《群众的反叛》一书后来的版本增加的"序"和"跋"中，奥尔特加对他的反民主的精英主义、对他对群众突发的社会激烈行为的贵族式的指责，做了澄清和缓和。

从《关于堂·吉诃德的沉思》发表（1914）到1955年去世，奥尔特加的思想跨越了40年。前20年是辉煌的胜利，然后是1936年后自我流放的艰难的9年，1945年返回西班牙后受独裁政权折磨的11年。直至最近，奥尔特加一生的这后一个阶段一直莫名其妙地被忽视了（对于近来的讨论，请参见 Gregorio Morán 1998）；不过，在最后这些年中，奥尔特加重新获得了他的国际声誉，并写出了两部最雄心勃勃的著作，于他死后出版，它们是：《人和人民》（*El hombre y la gente*，1957）和《莱布尼茨的原理观念》（*La idea de principio en Leibniz*，1958）。第一部著作表现了对社会现实的广泛的理性生机论的看法，这一看法将奥尔特加的思想与胡塞尔的方法结合了起来。第二部著作是在莱布尼茨诞辰 300 周年时写的，它将三个方面内容结合了起来，（1）针对海德格尔的批判；（2）对他的学术对手的抨击，其中批判了亚里士多德传统的经验主义；（3）对自己思想体系的捍卫，他将自己的思想体系与柏拉图、笛卡尔和莱布尼茨的理性主义传统一致起来。

【475】

四　加泰罗尼亚哲学：优亨尼·德·奥尔斯

西班牙是一个有几种语言和文化的国家。拉蒙·鲁尔（Ramon Lull）、路易斯·比韦斯（Luis Vives）、豪梅·巴尔梅斯（Jaume Balmes）的名字就是加泰罗尼亚文化对哲学早期贡献的例证；在 20 世纪之初，以 20 世纪主义（novecentisme）知名的运动带来了加泰罗尼亚文化的新的繁荣。这个运动的领袖是加泰罗尼亚哲学家优亨尼·德·奥尔斯（Eugeni d´Ors，1881—1954）（尽管在 20 世纪 20 年代，德·奥尔斯移居马德里，而后用卡斯蒂利亚语写作）。德·奥尔斯的思想以"人道主义的理智主义"（humanist intellectualism）为特征：他把他的理智主义说成是这样一种意愿，它既要超越当时的哲学困境，即理性主义（从笛卡尔到黑格尔）与非理性主义（从克尔凯郭尔到柏格森）之间何去何从的困境，又要把 heliomaquia，即把为了阳光和晴朗这个地中海古典主义遗产而进行的战斗继续下去。他的人道主义根据从 faber（工作的人）、sapiens（有知识和智慧的人）、ludens（游戏和作评价的人）这三重维度对人的"全面"（integral）考察而得到说明。他的系统著作《哲学的秘密》（*El secreto de la filosofía*，1947），包含了一种辩证法学说，一门受他的法国老师布特鲁（Boutroux）影响的科学哲学，一门独创的历史文化哲学。

五　哈维尔·苏维里与"1927 的一代"

1936 年至 1939 年的内战中断了西班牙文化的白银时代，因而也打断了马德里学派和巴塞罗那学派的繁荣，它们的成员在逃亡避难，其中许多人是这一时期理智发展的第三代，即 1927 的一代的代表。一个典型的例子是巴塞罗那学派的成员、数理逻辑的先驱（见 García Bacca 1934）大卫·加西亚·巴卡（David García Bacca, 1901—1992）；由于内战，他离开西班牙去了拉丁美洲。

另一个例子是哈维尔·苏维里（Xavier Zubiri, 1898—1983）。他是奥尔特加的信徒，也受海德格尔的影响，他把自己的思想发展描述成从现象学到本体论，从本体论到形而上学的进程。作为研究班学员，他在卢汶研究哲学，在罗马研究神学，1920 年成为副祭司。他在奥尔特加的指导下于 1921 年在马德里大学获得哲学博士学位，1926 年在那里成为哲学教授。内战期间，他生活在罗马和巴黎，1939 年返回西班牙，在巴塞罗那大学接受了哲学教授的职位；他从 1940 年起在那里从事教学，但只到 1942 年为止，那时他因为政治压力而辞职，此后他只进行秘密讲演。在《自然、历史、上帝》（Naturaleza, Historia, Dios, 1944）一书中，他收集了关于科学哲学、历史本体论和宗教的一组论文。这部论文集的一个显著特点是他从海德格尔的存在哲学出发进行推论，提供了对人的宗教方面的一个说明。他后来的著作在形而上学方面超出了本卷讨论的范围。

曼努埃尔·加里多

第三十七章

现象学运动

现象学运动是从 20 世纪 20 年代初到 70 年代末欧洲大陆的主要哲学潮流之一。欧洲、日本，以及在美国，许多哲学教授至少在他们职业生涯的某个阶段认为自己是现象学家，无数的论文、书籍在现象学的旗帜下发表。说明现象学之所以流行的原因有很多，其中我们可以说三点。首先，虽然 20 世纪初的科学革命威胁到哲学作为独立的基础学科的传统地位，但是像胡塞尔和海德格尔那样的开创性的现象学家，至少在他们的早期著作中，重申了哲学的基础作用，声称他们已经发现了与经验科学方法不同的哲学方法。其次，这个方法似乎能使现象学家以前所未有的方式扩大哲学研究的范围，因而吸引了对哲学这个有限的学术学科感到窒息的那些人。最后，现象学允许哲学家去讨论生活问题，这些问题尤其因海德格尔将克尔凯郭尔（Kierkegaard）的存在哲学和威廉·狄尔泰的生命哲学融入其现象学杰作《存在与时间》（*Sein und Zeit*, 1927）的方式，在两次世界大战期间和之后变得紧迫起来。而如果不考虑这些文化因素，现象学的流行就不可能被理解。

现象学的魅力也恰恰构成了它的弱点。"现象学"（phenomenology）一词在被现象学家运用之前，已经在哲学的范围之内和之外被使用了。自然科学家将这个词用于分类和描述性的科学分支。在哲学的范围内，1764 年，兰贝特（Lambert）称他的幻觉理论是"现象学"，在《精神现象学》（*Phänomenologie des Geistes*, 1807）中，黑格尔用这个词指哲学阶梯中人类认识的诸阶段，以个别人类心灵是绝对精神的组成部分这一哲学洞见为顶点。现象学家声称，他们用的"现象学"一词有不同的意义；实际上，根据胡塞尔的哲学老师弗朗兹·布伦塔诺所说,黑格尔是"人类思想极端堕落"的例子。他们同意,"现象学"这个称号有方法论的意义,但遗憾的是,这实际上是现象学家唯一能一致同意的事情。尤其是,他们从未认可一个共同的方法论学说,当现象学运动向前发展时,方法论的反思变得比任何时候都更加分散而无从捉摸。现象学自称有特殊的哲学方法,而由于这一点从未得到证实,所以现象学运动总是很容易蜕化为没有很大认识价值的主观意见的泛滥。

这种蜕化可以通过阅读现象学家自己对方法的思考而看出来。在胡塞尔的作品中——既包括他在世时发表的著作,也包括范·布雷达(Van Breda)从纳粹的破坏下抢救出来,保存在比利时卢汶胡塞尔档案馆的40000页手稿——关于方法的考察占很大分量。胡塞尔声称,现象学方法既是直观的,又是描述的,而且它旨在将现象的本质或"本质结构"概念化。对本质的描述由于"本质的还原"(eidetic reduction, Wesensschau)而在一切领域都是可能的,现象学描述是通过有关实在的部分或"区域"(region)的先天综合命题来进行的,因此它会比研究这些部分的经验学科更根本。除了这些"区域本体论"之外,据说还存在一种更加根本的哲学学科,即先验现象学,它研究不为我们通常所见的、必须通过一系列"先验还原"(transcendental reductions)才能进入的现象领域:即先验意识、先验意识的精神活动、由先验意识构成的这些活动的意向相关物的领域。

胡塞尔的学生海德格尔在《存在与时间》的第七节只用了12页篇幅来说明现象学方法,而在他后来的大部分著作中,这个方法似乎完全被抛弃了。虽然海德格尔仍然声称在那本书中对人类存在或此在(Dasein)的描述具有本质的普遍性,但他还断言,现象学是"解释学"(hermeneutics),是对现象的解释,这解释不可避免是历史性的。海德格尔不打算说明,胡塞尔关于现象学描述无时间性的本质或必然结构的主张,如何能与狄尔泰的历史解释学调和起来。并且,尽管《存在与时间》的现象学仍然是某种先验哲学,海德格尔还是拒绝了胡塞尔的作为笛卡尔传统最后产物的先验意识概念。在海德格尔看来,现象学旨在描述的先验现象并不是先验意识的精神活动和它们的意向相关物。海德格尔一般把现象的特点描述为"自身显现的东西",但矛盾的是,现象学的现象并不突出地显现出来。"显然,它是切近地、大多根本不显现的某种东西:它是隐藏着的某种东西……是存在者的存在"(Heidegger 1927：35［1962：59］)。海德格尔用"存在者的存在"(the Being of entities)指的是什么从未毫不含糊地说明白:它是康德的先验结构吗?它是胡塞尔所寻求的那种本质的本体构成吗?或更确切地说,它是这样的层面,在这层面上,存在者属于艾克哈特(Eckhart)和经院哲学家所说的上帝意义上的那个存在吗?

恰在本卷所叙述的这个历史时期结束时,莫里斯·梅洛—庞蒂(Maurice Merleau-Ponty)发表了他的主要现象学著作《知觉现象学》(*Phénoménologie de la perception*, 1945)。它的一篇序言在那时变得很有名,在这篇序言中,梅洛—庞蒂概括了现象学方法中的诸矛盾。现象学家打算描述本质,但却声称存在先于本质。一方面,他们想悬置我们对世界存在的信念(胡塞尔的先验还原);而另一方面,他们又与海德格尔一道认为世界总是已经"在那里"(there)了。不过,梅洛—庞蒂并没有表明这些以及其他矛盾是完全显而易见的,并代之以详尽阐述他自己的方法论学说,而是断定,现象学在发展出明确的方法之前,仍必须作为一个哲学运动而存在:人们可以实行它,承认它是某种哲学研究"类型"。梅洛—庞蒂说,如果这个类型是纯描述的,而非解释的,那么,首先就应把它看成是对科学世界观的拒斥(désaveu de la science)。的确,根据胡塞尔、海德格尔、萨特和梅洛—庞蒂所说,人类主体并不是多重因果因素的产物,而毋宁说是生活在意义世界中的意义的自由创造者。这个反自然主义的论点也是说明为什么现象学运动在科学取得巨大进步的时候流行起来的另一个理由。不过,很明显,这个论点是一个哲学论点,而不是方法论。现象学以恰当的哲学方法为特点,这一断言至1945年就已经销声匿迹了,尽管此后很久仍有许多小人物在重复它。

分析哲学家通常抱怨现象学家没有对他们所说的真理提供论证。从现象学家的观点看,这不是一个缺点,而是一个优点。胡塞尔的口号"回到事物本身"(Zu den Sachen selbst)意味着,哲学家必须停止论证和构建理论:理论论战已经持续得太久而没有胜利者。反之,理论应当进入恰当的哲学现象(本质、先验意识)的领域,将自己限定于对这些现象的小心翼翼的描述。而这种现象学家和维特根斯坦之类的语言哲学家共有的描述主义信条,至少有两个可能的缺点。

第一,可以证明,现象学家自称要描述的现象并不存在。按维特根斯坦所说,本质是虚幻的;它们是"语法投在实在上的影子",而胡塞尔的想法,即我们可以描述只为具有它们的人所了解的精神现象,也许已经被维特根斯坦关于私人语言的论证驳倒了。与此相似,海德格尔关于有一种"切近地、大多根本不显现的""存在"现象的论点,也可能是语言幻想的产物:即幻想把动词"to be"用作指称表达。第二个缺点至少与第一个缺点一样严重。描述主义倾向妨碍了现象学家阐述他们隐含处理的哲学问题,妨碍了批判地评价这些问题的各种可能的解决办法。他们的"理论中立的"描述最后往往变成了解决传统哲学问题的尝试,这些哲学问题仍然是素朴的、未经反思的,因为它们没有被认出是对于什么的问题。

在对现象学运动的如下概括中,我们将焦点集中在它最有影响的两个主要人物胡塞尔和海德格尔身上,集中在该运动的两个主要方面,即第二次世界大战前(1900—1939)的德国方面和法国方面,后者于20世纪20年代末,以让·埃兰(Jean Héring)的《现象学与宗教哲学》(*Phénoménologie et philosophie religieuse*,1925)、埃马纽埃尔·列维纳斯(Emmanuel Levinas)的《胡塞尔现象学的直观理论》(*La Théorie de l'institution dans la phenomenology de Husserl*,1930)等著作为开端,以萨特的《存在与虚无》(*L'être et le néant*,1943)和梅洛—庞蒂的《知觉现象学》(*Phénoménologie de la perception*,1945)为顶峰。我们尝试尽可能地再现那样一些哲学问题和解决方法,它们是现象学家试图提供的那些描述的基础。第二次世界大战后,在除哲学之外的心理学、社会科学、法律、神学等许多学科,现象学运动也都有影响,但这些影响不能在这里讨论了。

一　埃德蒙德·胡塞尔(1859—1938)的现象学

埃德蒙德·胡塞尔出生在摩拉维亚地区（Moravia）普洛斯尼茨（Prossnitz）的一个犹太中产阶级家庭，在莱比锡大学学习物理学、天文学和哲学，为了在著名数学家克罗内克尔（Kronecker）和魏尔施特拉斯（Weierstrass）的指导下专修数学而移居到柏林。1882年，他在维也纳写了关于微积分的博士论文，在那里他遇到了他的哲学老师弗朗兹·布伦塔诺（1838—1917），并于1886年皈依新教。人们可以说，现象学运动是在布伦塔诺使年轻的胡塞尔确信哲学可以作为"严密科学"来实行时开始的。【481】

布伦塔诺受过经院哲学的训练，是研究亚里士多德的专家，他是深受英国经验论影响的全面的哲学家。由于藐视德国唯心主义的思辨式的思想迸发和受自然科学成就的影响，他试图通过采纳经验主义的科学方法将哲学重建为一门科学学科。同休谟一样，布伦塔诺将哲学与心理学等同起来。他认为，心理学的解释是不成熟的，除非事先认真描述所要解释的现象：描述心理学必须在解释心理学之先。描述心理学的第一个任务是将精神现象同物理现象区分开来，一切现象不是精神现象就是物理现象。同笛卡尔一样，布伦塔诺假定，我们自己的精神现象是我们不容置疑的，而物理对象的存在是可以怀疑的。根据布伦塔诺所说，精神现象的最重要特点是它们是"意向性的"（intentional）：它们指向某个东西，或有"客观内容"，即使它们不必指向一个存在的或实际的或真实的对象（注意："intentional"是一个技术术语，它不只意味着"被意向的"（intended），而且与逻辑技术术语"intensional"（内包的）也不是一个意思）。例如，每当我们知觉时，我们都知觉某个东西；每当我们思想时，我们都思想某个东西，每当我们恨或爱时，我们都恨或爱某个东西（Brentano 1874 [1924: 124—5]）。根据布伦塔诺所说，以这种"意向性的"方式表象对象或事态而非表象自身的精神活动（Vorstellungen），处于其他一切精神现象的基础地位上。

布伦塔诺在经院哲学著作中找到的这个意向性概念，结果成了一个成果丰硕的概念。它在现象学运动中起了中心作用，而且已经被分析传统所吸收，并得到进一步的阐明。不过，为了理解布伦塔诺对于胡塞尔这样的年轻数学家的重要性，我们必须谈到布伦塔诺哲学中更具休谟哲学意味的因素。布伦塔诺追随休谟，假定数学是关于观念的关系的，可以通过符号的方法先天地发展起来。但为了证实微积分之类数学学科的公理，我们必须将该学科的基本概念或观念追溯到这些观念由以"抽象"出来的现象，以阐明这些概念或观念。根据布伦塔诺和青年胡塞尔所说，代数和微积分的概念不可能从物理现象中抽象出来，因为这些数学分支可以用于一切事物。同洛克和休谟一样，他们断言，既然据称一切现象不是精神现象就是物理现象，那么，像"自然数"这样的基本数学概念必定已经从精神现象中抽象出来了。因此，描述心理学或"现象学"对于除几何学之外的数学必定是基础学科。

与这一休谟纲领相一致，胡塞尔在他的《任教资格论文》(*Habilitationsschrift*, Hall 1887) 中着手发现数的概念的"起源"，该论文的增扩版于 1891 年以《算术哲学》(*Philosophie der Arithmetik*) 为名出版。同弗雷格一样，胡塞尔把自然数理解为集合或"汇合"(collection) 的限定。因为在数学中，不论任何东西都可以被认为是一个集合中的一个元素——我们可以构成由上帝、天使、人、运动组成的一个集合——胡塞尔断言，将各种东西变成一特定集合之元素的"汇合链"(collecting link) 不可能是这些元素之间某种物理的或其他给定的关系：它一定是精神的汇合活动。因此，一个单个集合是由其元素加上精神的汇合活动构成的，通过对其元素的抽象，通过在次级反省的精神活动中专注于这种精神的汇合活动，一个集合的概念就形成了。

显然，胡塞尔更喜欢作为集合形成活动的列举，而不是作为基本概念扩展的集合定义，而这只不过是他的研究方法与弗雷格在 1884 年《算术基础》中的研究方法的区别之一。胡塞尔彻底拒绝弗雷格的这样一个观点：我们可以根据集合和等势概念给数下定义，以此提供出算术的基础。他的理由来自于传统的定义理论：人们只能为逻辑上复杂的东西下定义。在逻辑上简单的概念如集合或数等的情况下，人们唯一所能做的事情就是表明这些概念由以抽象出来的具体现象，并阐明抽象过程。伯特朗·罗素在1903年的《数学原理》第一版中还提倡了一个相似的程序。如他在该书前言中所说："对不可定义的东西的讨论……就是努力清楚地看到，努力使他人清楚地看到相关的存在物，以便心灵对它们有那样一种亲知，如同它亲知凤梨的红色或滋味一样。"根据胡塞尔所说，自然数的词是对象的单个集合的通名。如果这些集合是小集合，那么，它们可以在心理反省或"内知觉"中被"给出"，也就是借对集合活动的反省，并通过集合活动对被集合的东西的反省而"给出"。不过，如果集合是大集合，那么，对数的这种"直觉的"构想就不可能了。在《算术哲学》的第二部分，胡塞尔试图表明符号概念系统与我们只在数目小时才具有的数的直觉概念并行不悖，以此为算术的符号方法辩护。

1894年，弗雷格就《算术哲学》写了一篇毁灭性的评论，他证【483】明说，数是第三领域中的客观的东西，不是精神表象。虽然弗雷格因忽略了胡塞尔描述心理学的细微之处而大部分误解了胡塞尔，但是他触到了胡塞尔算术哲学的一个弱点：如果使各事项成为一个具体集合之元素的汇合链是数学家个人的精神活动，这些精神活动只能在那个数学家的心理反省中才可理解，那么，人们如何能保证数学知识的客观性？在《逻辑研究》（*Logische Untersuchungen*，1900/1）中，胡塞尔着手进行他的第一个主要哲学计划：拯救逻辑和数学的客观性，而又不放弃描述心理学或现象学为这些形式学科提供最终基础的思想。

在该书的"前言"中，胡塞尔论证说，经验主义的或"心理主义的"逻辑概念，诸如密尔或西格瓦特（Sigwart）的逻辑概念，导致了怀疑主义，因为如果人们把逻辑规律解释成关于精神活动的经验规律，那么，对一个逻辑规律的一次实际违反，就会驳倒这个规律。可是，胡塞尔设想逻辑和数学是由对象域理论构成的。如果这个域既不是物理现象域，也不是精神现象域，那么，它能是什么呢？受赫尔巴特（Herbart）和洛采（Lotze）的启发，胡塞尔诉诸第三域，即柏拉图的时空之外的对象域,来扩大他的本体论的办法。就逻辑学来说,这些对象是命题及其部分;而就集合论或整体与部分论之类的形式本体论来说,对象就是存在物的形式类型(formal types of entities)。因为这样的对象存在于时空之外,不发生变化,所以关于它们的规律可以是客观的、必然真的、先天的。然而,数学和逻辑的基础必须由描述心理学或现象学提供,胡塞尔《逻辑研究》的研究一、研究五和研究六就是专与这个学科有关的。理由是,胡塞尔把柏拉图的逻辑和数学对象设想成属于精神领域的诸个例的类型或"理想类"(ideal species)。例如,"凯撒渡过卢比孔河"这个命题或"理想意义"是一个理想类型,它的个例都是判定凯撒渡过卢比孔河的精神活动。为了把握记号(类型)的客观理想的意义,人们必须反省这些精神活动(个例),借"本质抽象"(Wesensschau)直观它们的类型或意义—本质。因此,对精神活动的描述和分析是提供逻辑和数学基础的第一步。

当胡塞尔在《逻辑研究》的研究六开始更仔细地思考数和逻辑常项时,他的这个设想遇到了困难。因为计算的概念肯定与数的概念不同,这个不同必须通过如下假定来说明,即对于这些概念之本质抽象的具体根据,在各情况下都是不同的根据。与此相似,结合(conjoining)的概念与合取(conjunction)的概念是不同的,意指(implying)概念也不等于蕴涵(implication)概念。在第40节至第52节,胡塞尔证明,数的抽象概念和"并且"或"是"之类逻辑常数的抽象概念的根据,不在于精神的活动,而毋宁说在于精神活动的意向的、客观的相关物,他认为,这些相关物可以在"范畴直观"中被觉察到。例如,在证实"这张纸是白的"命题时,我们不仅用我们的感官知觉到这张纸和它的白,而且我们还会用范畴直观觉察到*存在*(is),它据称是一客观事态的附属的形式部分。精神活动的客观相关物概念和范畴直观的客观相关物概念,不但后来促使海德格尔相信*存在*(Being)可以是我们能觉察到的现象,而且还推翻了胡塞尔关于精神的东西、关于作为描述心理学的现象学和关于认识论的最初设想。

起初,胡塞尔与布伦塔诺都有笛卡尔式的信念:只有我们自己的精神活动和我们别的精神现象能够不容置疑地呈现给我们。描述心理学因此被定义为对一个人自己的精神生活的反省研究。描述心理学或现象学必须成为一切科学的基础，这不但因为它为数学、逻辑和道德的概念提供了抽象的根据，而且因为物理学对象只在它们被精神内容所表象的范围内才为我们所知。于是，胡塞尔发现，不是精神活动，而是精神活动的意向相关物，才是数学概念抽象和逻辑常数抽象的根据。由于把逻辑和数学看成是理智确定性的范例，胡塞尔断言，精神活动的意向相关物与这些活动本身一样是不容置疑的，他把现象学重新定义为对精神活动和精神活动对象之间"意向相互关系"的描述分析。他对现象学的成熟构想发表于1913年的《纯粹现象学和现象学哲学的观念》(*Ideen zu einer reinen Phänomenologie und phänomenologischen Philosophie*) 第一卷，这个构想是对这种意向相互关系的范例，即感觉事例的一系列反省的结果。这些反省的迹象在《逻辑研究》的第二卷（1901）已经可以看到。

在《逻辑研究》中，胡塞尔捍卫一种精致的知觉的感觉资料理论，他令人误解地将这个理论作为对知觉现象的无理论描述提出来。虽然胡塞尔赞成知觉活动包含非意向性感觉（Empfindungen, hyletische Daten）的观点，但他拒绝巴克莱或马赫式的将外部世界等同于一串感觉的现象论。根据胡塞尔所说，感觉在知觉活动中得到"客观的解释"，根据这个客观化的解释，知觉活动的意向相关物就"被构成了"。这个相关物不是洛克所认为的那样是外部实在的影像或记号；它是外部对象本身。不过，因为外部对象是由意识构成的，所以其存在仍然依赖于意识。人们可能愿意用康德的话说，它是现象对象，而不是物自体。不论怎样，胡塞尔鉴于休谟的理由而拒绝康德的物自体概念：因为这个概念无法从现象中抽象出来，所以它是一个假概念。胡塞尔步某些新康德主义者的后尘论证说，唯一有意义的物自体概念是现象对象的一整串"轮廓"（adumbrations）的概念。

胡塞尔的论证要点是心理学唯心主义：即外部世界在本体上依赖于人类意识这样一个观点。可是，这个观点是荒谬的，它暗含着后来

【485】

胡塞尔称之为"人类主体性悖论"的悖论。既然人的身体是外部世界的组成部分，而且因为人的心灵对人的身体有因果依赖性，所以心理学唯心主义意味着，在本体论上，全部外部世界都依赖于它自己的一个微不足道的、新近的部分：我的身体。在《观念》的第一卷中，胡塞尔不是通过重新考虑他的知觉理论及其含义，而是通过假定包括我们心身在内的世界在本体论上所依赖的一个时间上无限的先验意识，来解决这个悖论。我们每个人都可以借一系列方法运作，即先验还原，在他或她自身中发现这样的先验意识，而最终一切实在都会依赖于精神"单子"的共同体，在这些单子不需要任何其他东西而存在的笛卡尔的意义上，它们是实体。胡塞尔称这种莱布尼茨式的观点为"先验唯心主义"，并且从未放弃它。

于是我们看到，胡塞尔的先验还原方法、对先验意识"场"及其意向相关物的"非理论"描述方法，其本身并未摆脱理论预设。正相反，它是建立在从笛卡尔的和经验主义的认识论传统借来的实体假设的基础上的。不过，根据胡塞尔所说，这个方法是没有预设的，使他可以发展出一门普遍哲学。既然现世的东西是由先验意识先验地构成的，我们就应能解决一切本体论的问题，即可以通过对各类存在物的意向结构的描述分析，阐明各类存在物的本体论"意义"（sense）。例如，数或几何图形之类的数学对象在与桌子或其他心灵

【486】 不同的意义上"存在"（exist），一个人通过对这些东西是如何被"给与"意识或由意识"所构成的"进行先验分析，就可以阐明这些不同的存在意义。这种区域本体论是各科学学科的基础，它们本身又是以先验现象学为基础的。

胡塞尔很快认识到，这门新的、基本的先验现象学"科学"，不可能由一位哲学研究者单枪匹马地阐发。因此，他力图使他的学生和同事作为合作者参加一项共同的事业，这些合作者必须是专门从事数学现象学（奥斯卡·贝克尔）、美的现象学（莫里茨·盖格尔）、宗教现象学（马丁·海德格尔）或伦理学和艺术的（罗曼·因加尔登）。可是，遗憾的是，胡塞尔的学生没有一个会相信他的新"第一哲学"的价值。因此，胡塞尔用他的余生总在撰写新的先验现象

学导论，这些导论采取不同"路径"达到先验意识的希望之地：它们是《笛卡尔的沉思》（*Méditations cartésiennes*，1931）中的笛卡尔路径，通过对"形式的与先验的逻辑学"（Formale und transcendale Logik，1929）一文中描述的逻辑学进行反思的路径，或通过"欧洲科学的危机"（Die Krisis der europäischen，1936）一文中概述的生活世界的路径。虽然胡塞尔在这后一著作中证明说，自伽利略以来的物理学的理论实体是在"生活世界"（Lebenswelt），即我们人类生活于其中的意义世界的基础上构成的，但他仍然是一个先验唯心主义者：生活世界本身是由先验意识构成的，本体论上依赖于先验意识。因此，胡塞尔的**生活世界**概念与海德格尔和梅洛—庞蒂关于日常世界的设想是不同的，尽管它们有许多表面相似之处。

一旦胡塞尔达到了他的成熟的先验唯心主义观点，他就开始替先验现象学提出更过分的要求。先验现象学不但是自古以来哲学家们寻求的"第一哲学"，而且它还能克服欧洲科学的危机，即欧洲科学丧失了对人类生活的意义，先验现象学是抵御怀疑主义和文化相对主义的唯一仅存的屏障。而且，现象学还是达到个人拯救的一个途径，尽管胡塞尔谨慎对待这个论题。他论证说，每一个先验意识流都是时间上无限的，而且我们在允许我们构成外部世界的先验自我中发现了一系列连贯的感觉，这个事实指向一个超越的、仁慈的上帝。同巴克莱一样，胡塞尔用唯心主义本体论作为达到信仰的跳板，他后来的哲学风格有时有一种救世主式的热情。

也许是胡塞尔生活中发生的事件助长了他的这种宗教态度：1916年，他的小儿子沃尔夫冈（Wolfgang）在沃克斯（Vaux）的一场战斗中被杀，1917年，他的长子格哈特（Gerhart）受重伤。同年，胡塞尔的朋友和学生阿道夫·赖纳赫（Adolf Reinach）被杀，与他关系密切的母亲去世。第一次世界大战期间，与许多改变信仰的犹太人一样，他是一个忠诚的德国爱国者，但他从未受吹捧"战争天才"的马克斯·舍勒（Max Scheler）那种战前疯狂的影响。1918年德国战败后，胡塞尔的作品越来越受到人道理性主义精神风尚的鼓舞，他认为这种精神风尚是从柏拉图到先验现象学的哲学发展的隐秘动机。

1916年，胡塞尔被任命为布来斯高的弗赖堡大学教授。他逐渐获得了国际声誉，并在伦敦（1922）、阿姆斯特丹（1928）、巴黎（1929）、柏林（1932）、维也纳和布拉格（1935）讲演。当他在1928年发现同年接替他在弗赖堡教席的海德格尔拒绝他所理解的现象学，他的生活发生了悲剧性转折。他感到与他的学生们越来越隔离。1933年2月纳粹夺取政权、海德格尔变成纳粹运动的热烈支持者之后，胡塞尔退隐到他的哲学的理智堡垒中。他感到他太老了以致无法移民，他于1938年4月27日死于弗赖堡。

二 现象学运动的德国方面

从1887年起，胡塞尔就已经成为哈勒大学的非聘讲师，1901年，他被任命为格丁根大学的特命教授。在那里，他开始吸引受他的《逻辑研究》鼓舞，想要亲自实践现象学的学生，像阿道夫·赖纳赫、约翰内斯·道贝特、莫里茨·盖格尔、特奥多尔·康拉德、黑德维希·康拉德—马蒂乌斯、亚历山大·科耶尔、罗曼·因加尔登、弗里茨·考夫曼、埃迪特·施泰因等。大约在1907年，一个每星期聚会一次讨论哲学问题的特殊的团体形成了，并于1910年变成一个哲学学会，这时马克斯·舍勒也成为其成员。1913年，胡塞尔创办了《哲学与现象学研究年鉴》(*Jahrbuch für Philosophie und phänomenologische Forschung*)，1913年，他的《观念》第一卷，1927年，海德格尔的《存在与时间》在该年鉴上发表。除了胡塞尔以外，编委会由盖格尔、亚历山大·普芬德、赖纳赫和舍勒组成。

在这位大师向先验唯心主义前进的道路上，这些学生没有一个能跟随他。现象学中吸引他们的东西毋宁说是本质还原方法。胡塞尔在《逻辑研究》的研究二中捍卫本质或"理想类"的存在，因为他认为，人们无法避免关于逻辑、数学和普遍知识的怀疑主义，除非假定逻辑是关于存在于时空之外的本质的，是赋意的精神活动的理想类型。胡塞尔认为，逻辑和数学规律可以由本质直观来证实。不过，胡

【488】

塞尔的学生除盖格尔和贝克外，他们的主要兴趣不在数学上。他们认为能被"直观"的本质的存在是理所当然的，所以他们着手用"本质还原"或"本质直观"（Wesensschau）来研究大量现象，诸如意志、人类人格和宗教信念（普芬德）、民法（赖纳赫）、移情和艺术的心理功能（盖格尔）、国家与一个人的祖国（库尔特·斯塔文哈根）、时间、空间、颜色、声音（康拉德—马蒂乌斯）、价值和价值盲目性（迪特里希·冯·希尔德布兰德）等。1933年后，纳粹主义驱散了现象学运动。它的有些成员逃到美国（盖格尔、希尔德布兰德、舒茨），有的人成了纳粹分子（海德格尔、贝克），而埃迪特·施泰因和保罗—路德维希·兰茨贝格反对纳粹主义，在集中营被杀。除了普芬德和赖纳赫外，在海德格尔走上舞台之前，胡塞尔的最重要的现象学伙伴是马克斯·舍勒（1874—1928）。

舍勒肯定不仅仅是一位现象学家：他是一颗耀眼的明星，他的卓越思想和无穷精力给他的同代人留下了深刻印象。胡塞尔自称是新的科学哲学的创立者，而舍勒则专注于他当时所看到的道德危机，在此危机中，精于算计、自私自利的资产阶级的资本主义的价值代替了基督教的价值。舍勒具有犹太血统而又皈依了天主教，在尼采对基督教伦理学进行抨击之后，他想把基督教伦理学改造成摆脱了尼采在基督教道德的核心中所发现的**怨愤**情绪（ressentiment）的伦理学。现象学就是达此目的的一个方法，舍勒于1913年发表了对同情、爱、恨的现象学研究著作，其第二版被称作《同情的本质与形式》（*Wesen und Formen der Sympathie*，1923）。舍勒的伦理学不像康德的伦理学那样是形式的。它的目的如舍勒在《伦理学中的形式主义与质料的价值伦理学》（*Der Formalismus in der Ethik und die materiale Wertethik*，1913，1916）中所说，是"质料的"价值的现象学。这些价值既不是单个的，也不是普遍的。与摩尔在《伦理学原理》中所说的一样，舍勒认为这些价值可以在道德经验中被直观或"感受"到，是有价值的善事或目标的"纯本质"（pure whatness）。舍勒对价值做了复杂的分类，似乎特别喜欢高贵和神圣那样的价值。他在马斯洛（Maslow）之前就概述了价值的等级次序，讨论了这样做的不同标准。

舍勒的伦理学与他的哲学人类学有密切联系。他认为外部世界的问题可以通过如下方式来解决，即指出这世界是反抗我们意志的东西，因此外部世界的实在性是我们实用地介入这世界时经验到的。与美国的实用主义相呼应，舍勒断言，科学是具有这种实用介入的重要部分，但人类个体可以对介入这个世界说"不"。这样的否定的精神活动是表现一个人本质特点的东西，并将他与人格神联系起来。舍勒哲学的最高成就是宗教本质的现象学，在那里，他既描述了神的本质属性，也描述了人类直观神时的接受活动。神的本质属性是绝对性、至上性、神圣性、精神性、人格性，而个人在对自己之渺小和对自己之为上帝的创造物的经验中，体验到神性。因为舍勒显然认为基督教一神论比多神论更接近宗教的本质，所以，人们可能会断言，他的主观意见乃是乔装打扮的现象学本质直观的实例。的确，有一些令人信服的论据可以证明这样的观点：关于可直觉的本质的想法乃是幻想。但这并不意味着所有现象学著作都是无价值的。它们中许多都包含着有价值的洞见，都可以重新解释为概念分析的尝试。

[489]

三 马丁·海德格尔(1889—1976)

海德格尔是胡塞尔的最有希望的学生，20世纪结束后，海德格尔的声望比以往任何时候都大。就有关单独一位思想家的第二手研究文献而言，因海德格尔引起的文献数量之大，仅次于柏拉图、亚里士多德和康德；实际上，许多欧洲大陆及其他地方的哲学家都认为他是20世纪最伟大的哲学家。除了维特根斯坦外，没有任何一位当代哲学家如此剧烈地改变了哲学的议事日程，给后人打下了如此深刻的烙印。不过，对海德格尔哲学的接受由于以下几个因素而变得复杂：1933年他在政治上成为纳粹党员，他的著作全集（*Gesamtausgabe*）版本的无批判性和规模，海德格尔的往往晦涩而特异的语言。

同舍勒一样，海德格尔认为有一类知识或思想（Denken）比科学更深奥，虽然海德格尔将自己逐渐从天主教教育中解脱出来，但他的著作仍保持着没有明显宗教性的独特的宗教风格。生为巴登地区梅斯基尔希镇天主教堂司事的儿子,海德格尔原先向往牧师职业。由于对教会的失望,由于研究了路德,又由于与异教徒通婚,使他脱离了天主教教义,并于1918年在弗赖堡大学成为胡塞尔宗教现象学方面的助手。在经过了马堡一段的插曲之后,他于1928年继任胡塞尔在弗赖堡的教授职位,他在那里授课,直到1946年大学理事会以清除纳粹分子为由禁止他讲课为止,这件事某种程度上是因他以前的朋友卡尔·雅斯贝斯(Karl Jaspers)写的一份报告而起的。这项禁令延续到1950年,自此海德格尔才重新开始讲课,直到退休。【490】

在他获得任教资格后的第一部主要出版作品《存在与时间》(1927)中,海德格尔想重新提出"存在的问题",这个问题曾激励着柏拉图、亚里士多德和经院哲学家的哲学探讨。不过,《存在与时间》只有三分之一被发表,在发表的部分中,海德格尔证明,如果对我们之所是的人类(Dasein)不做预备性分析,就不可能恰当地提出存在的问题。《存在与时间》是一部革命性著作。根据海德格尔所说,传统哲学家和科学家用来分析人类存在方式的概念是不恰当的,因为它们原先是从别的本体论领域,诸如人工制品的领域,派生出来的。哲学的首要任务就是发展更适于解释人类日常生活,即所谓**生存论性质**(existentialia)的新的本体论概念。在一连串精彩而往往不明确的分析中,海德格尔阐发了这样的主题:此在(Dasein)本质上是在世的存在,此在所生活于其中的世界是工具的、道路的、耕地的、工作的意义世界,每一此在都自由地设计自己未来的生活,都关心自己、他人和世界。此在面临一个根本的选择:是通过发现自己而获得"本真性"(Eigenlicheit),还是通过做"常人"(das Man)通常所做之事而使自己迷失在非本真性之中。海德格尔说,成为本真的唯一办法是在畏(Angst)中面对我们自己的死亡,将我们一生的时间把握为有限的整体。《存在与时间》的"生存论的"(existential)分析,是从圣保罗、圣奥古斯丁、路德、克尔凯郭尔、亚里士多德和狄尔泰那里得到的启发,它转而又启发了卡尔·雅斯贝斯、萨特、梅洛—庞蒂、列维纳斯及其他许多人,包括神学家蒂利希(Tillich)和布尔特曼（Bultmann）。《存在与时间》是后来存在主义运动的有重大影响的著作，尽管海德格尔于1946年坚决否认他曾是存在主义者。

《存在与时间》除了是存在主义的重要教科书，还是一本先验哲学论著，也是战后解释学运动的起点。海德格尔彻底改变了胡塞尔的先验学说。他证明，说意义或存在的最终源泉不是永恒的先验自我，还不如说是在世之人（Dasein）的有限的绽出时间结构或"澄明"（Lichtung）。自然科学的对象是在一先验框架的基础上构成的，海德格尔声称，这框架是由此在筹划的。实在的世界**本身**是日常生活的意义世界，不是许许多多无意义的物理学粒子和其他理论实体。虽然海德格尔拒绝先验唯心主义，但他的先验转向的结果与康德和胡塞尔的结果相似：物理世界被认为是次等的和表面的，而日常生活和道德的意义世界是根本的。

同卡尔纳普一样，海德格尔认为外部世界的传统问题是一个假问题。不过，与卡尔纳普相反，他认为这个问题是由于假定世界的科学观是根本的观点而引起的：人们一认识到此在首先存在于日常的意义世界中，那个假定就会消失。可是，人们怀疑海德格尔的先验哲学是否并不是对外部世界问题的一个**解决办法**，因此怀疑《存在与时间》的各个部分是否互相协调。后一个问题在谈到海德格尔确信此在是根本解释性的时候也出现了。我们人类的统一性据称依赖于我们如何理解自己，因为理解是处于历史环境中的，所以人类是历史的。因为此在的本体论是此在的自身解释，所以这个本体论是解释学的。但如果我们关于这个世界的看法是解释的产物，如海德格尔所断言的那样，那么，日常生活的意义世界如何能成为世界本身？

虽然《存在与时间》是对人类生存的现象学解释，但海德格尔自《形而上学导论》课程讲演（1953；根据1935年所做的讲演）起的后期著作却有非常不同的性质。这时海德格尔发展出一种宏大的历史叙事，根据这种叙事，存在已经在阿那克西曼德或巴门尼德那样的前苏格拉底哲学家的著作中向人展现了，但从那时起它就从西方形而上学史中退出了。海德格尔把亚里士多德、柏拉图、笛卡尔、莱布尼茨、黑格尔、谢林和尼采那样的主要哲学家，说成是没有在海德格尔的意义上继续追问存在问题的思想家,尽管存在在他们的著作中向人发出了暗示。后形而上学哲学家的任务是"思",也就是对我们的时代,即作为形而上学史之结果、作为存在所发出(geschickt)的"命运"(Geschick)的技术时代的根本性质进行诊断,以此为存在的今后到来做准备。海德格尔的后期思想与黑格尔的救赎哲学史(Heilsgeschichte)相似,首先不应把它看成是对哲学的历史学术研究的贡献。不过,与黑格尔不同,海德格尔不把他自己的时代说成是历史的顶点,而说成深深的沉沦或危机,他的思(Denken)旨在以荷尔德林的诗作为引导,克服这一沉沦或危机。

从《关于人道主义的信》(*Brief über den 'Humanismus'*, 1947)开始,海德格尔声称,他的后期思想经过一个**转向**(Kehre)与《存在与时间》联系了起来。那么,据说将海德格尔的全部作品统一起来的这一联系的性质是什么呢?他的学生,诸如卡尔·勒维特(Karl Löwith)和于尔根·哈贝马斯(Jürgen Habermas),论证说,海德格尔1927年的那本书与第二次世界大战后问世的出版物之间的联系或多或少是偶然的。海德格尔思想的根本变化必须用外部因素来解释,诸如纳粹主义的出现等,而当海德格尔将《存在与时间》中的**生存论性质**重新引入后来著作时,它们获得了与早先那本书相反的意义。不过,对于这个**转向**和海德格尔对生存论性质的再解释,有一个更博爱的解释,这个解释建立在他在《存在与时间》中对信仰的路德式构想的基础上。根据路德和海德格尔所说,信仰是上帝的馈赠,神学只能是对被信仰的天恩所彻底改变了的人类生存的分析。在1927年关于"现象学与神学"(Phenomenology and Theology)的讲演中,海德格尔说明《存在与时间》中此在的基本本体论与神学的关系如下。《存在与时间》必定是纯世俗的此在本体论,而神学,作为信仰所改变了的此在本体论,必定会对**生存论性质**做出再解释。

《存在与时间》中对此在的本体论解释是作为人接受信仰之天恩的准备而写的,而且海德格尔确信他后来重新解释**生存论性质**时已经接受了信仰,这种情况可能吗?这种情况可以说明海德格尔在1927年那本书中所概述的有关人类在世生存的忧郁看法:这样的看法可以使人为了向信仰飞跃做准备。而且它还可以说明海德格尔1929年的就职演说《什么是形而上学？》(*Was ist Metaphysik?*) 的明显神秘性。不论怎样，海德格尔后来的信仰不再是基督教的信仰，因为他在1933年就与尼采一致认为，基督教的上帝死了。确定海德格尔后期著作的确切意义，乃至他的全部作品整体的确切意义，对于历史的学术研究仍然是一项紧迫任务。海德格尔的后期哲学是在上帝死后拯救宗教的一次尝试吗？或者说，与许多纳粹分子的强烈要求相一致，海德格尔竟想用后基督教的、更加德国式的信条来主动取代基督教吗？这些问题很少由现代英美的海德格尔学术研究提出来，这些研究有轻视海德格尔思想的宗教方面，专注于它所谓的实用主义方面或维特根斯坦哲学方面的倾向。不论这里的情况可能怎样，海德格尔确实持有这样的观点，存在向人类发出了暗示。思者或诗人注意这些暗示，思的自然语言是德语。

海德格尔已经成为赫尔穆特·普勒斯纳（Helmuth Pleβner）、尼古拉·哈特曼（Nicolai Hartmann）和卡尔·雅斯贝斯等同代人的灵感源泉，但也是他们的一个对手。遗憾的是，这里没有篇幅讨论他们的著作，这些著作在那时是重要的，但其中没有任何一部对后来不明显属于现象学的思想有深刻影响。

【493】

四　现象学运动的法国方面

在德国人们不把卡尔·雅斯贝斯这样的存在主义者看成是现象学家，因为他认为哲学家应当阐明个人生活（Existenzerhellung）的意义，而不是直观本质，而在法国，存在主义和现象学几乎成为同义语。其理由是：不是胡塞尔的现象学，而是海德格尔对人类生存的分析，是主要的灵感源泉。不过，由于海德格尔《存在与时间》的现象学被看成是胡塞尔的著作的逻辑延续，所以，法国现象学家低估了海德格尔的著作的革命含义。1927年，海德格尔拒绝了笛卡尔、黑格尔和胡塞尔的传统，可是，让—保罗·萨特（Jean-Paul Sartre）却以笛卡尔和黑格尔的方式系统阐述了他的人类主体的现象学本体论。大多数法国现象学家和存在主义者也受黑格尔的影响,在让·伊波利特(Jean Hyppolite)和俄国马克思主义者亚历山大·科热夫(Alexandre Kojève)在高等研究学院发表了关于黑格尔的《精神现象学》的讲演后,黑格尔在法国变得广受欢迎。如科热夫所证明,黑格尔的现象学与胡塞尔的现象学并无十分不同,法国现象学家往往并不费心区分这两个概念。对人类生活的存在主义分析适于用文学来提供例证,法国主要的存在主义者,像加布里埃尔·马塞尔(Gabriel Marcel, 1889—1973)、让·瓦尔(Jean Wahl, 1888—1974)、西蒙·德·波伏瓦(Simone de Beauvoir, 1908—1986)、让—保罗·萨特(Jean-Paul Sater, 1905—1980),都撰写小说、诗歌,或戏剧。其中很多人还参加左翼政治活动,萨特论证说,存在主义应当取代辩证唯物主义作为马克思主义的哲学基础。

萨特在柏林度过了1933—1934年的冬季学期,研究胡塞尔的著作。他的早期现象学著作包括两部对想象的研究,《想象》(*L'imagination*, 1936a)和《想象物》(*L'imaginaire*, 1940),一部对情绪的研究《情绪理论纲要》(*Esquisse d'une théorie des emotions*, 1939),和一篇对胡塞尔的批判,在此批判中,萨特证明人类自我是一个意识结构,而不是一个独立的"先验的"实体("自我的先验性",1936b)。在他的现象学杰作《存在与虚无》(*L'Etre et le néant*, 1943)中,萨特甚至认为,人类主体完全是虚无,是存在的因果结构中偶然的"空白"(gap),即绝对的自由。意识的存在是自为的存在(pour soi),物质的存在是自在的存在(en soi),意识与物质根本不同,因为意识是否定,是对自在存在的否定。因为人类主体或意识是虚无,所以它没有本质,它不得不在生活中选择其道路,在完全的自由中选择其价值。我们的存在先于我们的本质,即我们所做的与我们的生活相关之事。萨特认为,自由引起焦虑(angoisse),因为它意味着普遍的责任,而且,人民因此否认他们的自由,自称他们受外部因素的限定,认为价值是先在的,而不是自由选择的产物。【494】

萨特带着毫不妥协的激情与他的哲学和政治对手,尤其是天主教徒中的那种"坏信仰"(bad faith)进行战斗。他认为,基督教的上帝概念是一个内在矛盾,因为它是一个自为存在的概念,也是一个自在存在的概念。而且,萨特认为人类之爱是不可能的,认为人类主体不可能实际交流。他们一试图达到相互的自为存在,这存在就将显出其存在是自在存在的某种东西,是一个为他的存在。萨特从心理学上对黑格尔的主人与奴隶辩证法做了改写,他证明,每当我们互相观察时,我们都将他人具体化了,因而否认他或她的自由。既然我们不想被他人具体化,因此他人对我来说就是"地狱",他人之死就是我对他人的最终胜利。在萨特的存在主义自由哲学和他的政治信仰之间有密切关系。甚至自由所必需的唯一东西就是信守(engagement),而且萨特令人难以信服地证明,对于像共产主义这样的特殊信仰的个人选择,意味着这样的观点,即人人都应做出了这个同样的选择。因此,个人选择意味着对每一个人的普遍责任,这个责任正是有坏信仰的人试图逃避的。

1945年后,萨特成为法国最著名的知识分子。他创立了《现代》(*Les Temps modernes*)杂志,这份杂志统治法国的文学与左派政治文化直至20世纪60年代。他还详细撰写了关于马克思主义及其他题目的著作;但这些著作不在本卷讨论的范围之内。萨特在当时的声望可以从一则轶事得到最好的证明:一位部长向戴高乐建议把萨特关押起来,因为他在阿尔及利亚战争期间煽动青年人抗议。据说戴高乐回答说:"人们不会把伏尔泰投进监狱。"虽然戴高乐不想监禁萨特,他的存在主义却在教皇的"人类"通谕中受到罗马天主教会的谴责。

仅次于萨特的法国最伟大的现象学家是莫里斯·梅洛—庞蒂(Maurice Merleau-Ponty,1908—1961)。同萨特一样,他在巴黎高等师范学校受教育。他们成为朋友,并共同编辑《现代》杂志,直至梅洛—庞蒂对萨特哲学发表了毫不掩饰的批判——其著作《辩证法的冒险》(*Aventure de la dialectique*,1955)中关于"萨特的超布尔什维主义"一章。西蒙·德·波伏瓦在《现代》上以一篇名为"梅洛—庞蒂与伪萨特主义"的文章来回应,此后梅洛—庞蒂的名字从编辑名单中消失了。与萨特相反,梅洛—庞蒂追求学术前程。他在巴黎大学文理学院成为儿童心理学与教育教授后,于1952年被任命为法兰西学院的教授。在他的第一部著作《行为的结构》(*La structure du comportement*, 1942)中,他证明,知觉和行为都不能按照华生和巴甫洛夫式的线性因果方式来理解。他从沃尔夫冈·科勒(Wolfgang Köhler)等人那里借用了**格式塔**(Gestalt)概念,认为行为和知觉都必须被看成是**格式塔式**的。不过,格式塔心理学并没有对格式塔概念做恰当的界定,因为它没有克服物理主义与心灵主义对立之类的传统哲学的难题。因此,对知觉的新的基础研究是必要的,在此研究中,知觉有机体与被知觉世界之间的意向相互关系从内部得到描述,因为它是被知觉主体经验到的。

《行为的结构》的结论包含了梅洛—庞蒂下一部著作《知觉现象学》(*Phénoménologie de la perception*, 1945)的哲学纲领。萨特的存在主义更接近于黑格尔式的概念思辨,而不是胡塞尔细致的现象学描述,而梅洛—庞蒂则从胡塞尔后来对生活世界(Lebenswelt)的分析出发,从海德格尔对作为在世存在的人类生存的分析出发。在《知觉现象学》中,梅洛—庞蒂试图描述被知觉的世界,试图如其实际被经验的、而不是心理物理学和其他科学所分析的那样,描述我们的身体在这世界中的介入。现象学的领域,即这一描述的对象,据称是一切知识的基础层面,它被科学的世界观所忽视了。梅洛—庞蒂拒绝萨特的笛卡尔式的主体概念,根据这一概念,因为实际上我们的身体是我们在世存在的载体,所以,意识与物质世界是互相排斥的对立面。知觉不是被动地接受由意识来解释的感觉或感觉材料,而是对人类环境的亲身主动的探索。同样,人类行为不是由大脑精神过程引起的身体的一连串无意义的物理运动,而是一个有内在意义的动力结构,它与人类处于其中的意义世界不可分割。实际上,世界充满了"意义"(sens),这个词是梅洛—庞蒂用在指称其他某物的一切东西上的。语言现象只是其中一种有意义的现象,而且当我们听或读一种我们所知的语言时,意义的知觉无法与对那些词物理方面的知觉区分开来。

梅洛—庞蒂以哲学家中少有的文学天赋,提供了对诸如我们自己的身体,空间经验和身体运动经验,人类的身体、语言和姿势的性本性等现象的描述。如梅洛—庞蒂以空间、被知觉物、我们对他人的经验为例所表明的,身体对世界的探察现象与作为被知觉的世界现象是相互关联的。他的现象学描述意味着拒绝传统的哲学二分法,诸如理智主义与感觉主义的对立、实在论与唯心论的对立等。在该书的第三部分,梅洛—庞蒂勾勒了一门人类主体哲学,一门时间、自由和历史的哲学的轮廓,强调了这些现象的多面性,反对达到绝对、终极知识的任何企图。如果梅洛—庞蒂的现象学是对科学世界观的拒斥,如他在该书的前言中所写的那样,那么,这并不意味着他漠视科学。正相反,他的描述是与人类科学的成果混杂在一起的,这些成果起着具体现象的指示物的作用。他的意思是,对于知觉主体与被知觉世界之间意向性相互关系的现象学描述比科学更根本:它是科学最终建立于其上的先验学科。而且,被知觉世界是根本现象,它被科学的世界观所忽视了。

【496】

1945年,萨特和梅洛—庞蒂都处在他们理智生涯的起点上。别的法国现象学家和存在主义者,像西蒙·德·波伏瓦、保罗·利科(Paul Ricoeur 1913—)和埃马纽埃尔·列维纳斯(Emmanuel Levinas,1906—1995),在第二次世界大战之后很久才写了他们的主要著作。实际上,只是在大战之后,存在主义才成为一个激励着多代学者和知识分子的广泛运动,这个运动从参战国公民不得不面对的困境中得到启发。

赫尔曼·菲利普斯

第三十八章

海德格尔

在广大的范围内，德国哲学家马丁·海德格尔（1889—1976）是20世纪独一无二最有影响的哲学家。他从事哲学的原始动机来自于宗教关注（在第一次世界大战刚结束他改信路德教的一种激进形式之前，他被培养成一位罗马天主教教徒，他学习是为了成为神父），而尝试理解他的许多哲学思想的最简便办法之一，就是在其哲学中追踪各种传统宗教信仰和宗教学说的迹象。例如，在哲学上与海德格尔自己从信仰天主教改信路德教相应，他早先对经院形而上学的兴趣，越来越用在促进以某种激进新教的"否定神学"传统为根源的哲学方案上了。这位否定神学家认为，上帝与别的任何东西都不相同，他是十分"超越的"，以致我们完全不能用概念的方式把握他；只能通过信仰来接近他。既然人类理性无法认识他，那么，任何形式的神学（任何形式的理性的、概念上明确表达的学说）只能是对宗教信念的活生生现实的肆意歪曲。在此建构中留给哲学的唯一任务就是完全消灭神学，就是从内部摧毁人类理性的要求。海德格尔的哲学同他在20世纪30年代拥护的国家社会主义一样，打算发起一场保守的革命，这革命要把整个传统哲学，尤其是新康德主义，扔进垃圾箱，还要以某种不易确定的方式改变人类生活。在国家社会主义时期后，他的宗教信念似乎仍然很强烈，直至生命结束，尽管这些信念变得难以用任何常用方式来归类。因而在晚年他自己要求只在他死后发表的一篇访谈中，他说了一段著名的话：现代世界严重堕落了，以致"只有一个上帝能拯救我们"。

【498】
一　海德格尔的基本方案

海德格尔哲学的主要部分是关于历史和形而上学的某种观点。圣经关于堕落和原罪的故事为海德格尔的基本的西方历史观提供了一个方便易得的形象。亚当和夏娃在伊甸园中与上帝有比较直接的毫无疑问的关系，这是一个如此纯洁而幸福的状态，以致堕落后的人即使在思想和想象中也无法重新想起它。与此相似，在海德格尔看来，前苏格拉底时期的希腊人以现代人无法构想的方式，拥有对存在的直接的、有意义的、令人满足的原始经验。这就提出了对海德格尔的任何认真研究都要遇到的第一个问题。"'存在'（Being）是他的哲学反思的中心对象，但他所说的'存在'的确切意思是什么呢？"因为它显然是用来顶替上帝的某种概念，所以，毫不奇怪情况应当是这样，鉴于海德格尔作为否定神学家的背景，因此对他来说，"存在"具有极大的、甚至压倒一切的重要性，但对它又不容易做出清楚、直接的概念界定、分析、甚至描述。"存在"指明了一个超自然的原始经验，在此经验中，主体与客体尚未区分，它们也不是特殊和普遍、经验和被经验物等的关系。存在始终在我们周围；它无处不在又无处所在；我们理解它，如奥古斯丁关于"时间"所说的那样，而又无法说出它是什么。它是只有通过它我们才成之为人、才能在我们的世界中遭遇任何事情的东西。按海德格尔所说，人实际上是由他们需要对存在的问题——存在是什么的问题——进行发问来规定的。他的这个观点与传统基督教的观点是相似的，后者认为，所有人都是由他们不可避免地试图认识真正的上帝来规定的。在两种情况——传统基督教的情况和海德格尔思想的情况——下，"问"和"答"都不需要采用明确的词语或概念的方式。我可以寻求上帝，而不需要确切知道那就是我正做的事；就好像我可以仅仅以某种方式生活而什么也不说，以此来"向权威发出疑问"。与此相似，"找到一个回答"并不是得到一个词语表述或得到一个正确理论的问题，而是找到一个合适的生活方式的问题。

现在回到圣经故事上来，正像亚当和夏娃由于其原罪而与上帝疏远，失掉乐园，西方人由于发明了概念思维而破坏了那种幸福的、单一的、前苏格拉底的经验形态。这种破坏之所以发生是因为，概念思维在主体与客体之间打入了楔子，使存在分裂了，由此造成了形而上学的可能性，甚至造成了对形而上学的需要，把它作为从概念上思考主体与客体、词与物、思想与世界之间关系的尝试。不过，形而上学思维歪曲了关于存在的原始问题，以两种方式之一重新解释这个问题，这两种方式都是有害的。形而上学家要么问存在着的最高存在者【499】（上帝）的本性问题，要么问一切存在者所具有的性质问题。在前一情况下，形而上学变成了神学，在后一情况下，形而上学变成了本体论（在海德格尔看来，本体论是全部西方科学由以产生并仍然依赖的母体）。

海德格尔认为，一切传统形而上学实质上不是神学的一种形式，就是本体论的一种形式。在两种情况下，形而上学都忽视了、默默否认了他所谓的"本体论区别"（ontological difference），即存在与存在者之间的根本区别，以这样或那样的方式，将前者归结为后者。神学将"存在"说成像一个单个的存在者（上帝）那样的东西；本体论则以传统上用"猫性"（cathood）来指一切猫共同的性质的方式，将"存在"说成是万物共同的一种抽象性质。尊重"本体论区别"，找到一种谈论存在，而又不将存在归结为一个存在者的状态或诸存在者的一个共同性质，是海德格尔为自己确定的主要哲学任务。

因此，整个西方形而上学的历程就是一个螺旋式下降的历程，就是越来越背离原始存在的历程。概念思维越发展，我们就变得越与存在疏远，变得越绝望，于是，我们就开始尝试重新与存在接触。在极度的绝望中，我们被诱使运用我们所具有的主要资源，即形而上学思维（以及它的分支：神学和科学），然而，进一步精心阐述形而上学只不过意味着创造一个更深层歪曲了的概念结构，这结构使我们离我们所渴望的与存在的直接关系更加遥远了。就这样，我们终于来到了现代世界，在这个世界中，我们对存在的基本关系是通过技术的方式，按这种方式，一切存在物都被归结为只是人类为自己的偶然目的而控制的一批对象。于是，我们的处境就成为这样的处境，在此处境下，某种意义上我们不可能不追问有关存在的问题（因为由此我们才成之为人），而在另一种意义上，我们现在已经脱离存在的原始经验太远了，以致在某种程度上我们甚至不能清楚地看到这个问题，它被遮蔽了。

海德格尔由此得出结论：我们需要尝试重新对存在的问题发问，同时与整个形而上学传统完全决裂，尤其与它的全部概念工具和语言决裂，因为一个人用传统的概念词汇问这个问题，他就远离了与存在的正确关系。不过，由于他还认为我们在某种程度上是由我们的历史构成的，于是，我们似乎陷入了困境。我们很难看出我们能占据何种可能的位置，从这位置上，我们能剥除我们的历史而"重新开始"，回到与存在的接触。的确，我前面讲了西方形而上学的历程，好像它是关于人类行为者及其所作所为的历程似的，但如果海德格尔自己的观点是对的，那么，这个历程就是不完全的或不正确的。当然，即使他是对的，我作为两千多年形而上学的后人，实际上也不可能以任何别的方式来说出这个历程。按照我所说，就好像"人类主体"站在一方，"存在"站在另一方，作为"人类主体"关心、照料和操纵的独立的惰性对象，而"人类主体"自发地产生各种以"存在"为指向的行为。我这样说，恰恰就是接受了形而上学的立场，就是将存在当作仿佛只是一个物，就像一只烟灰缸，可以按这里所说的方式来使用和滥用。要能以任何**别的**方式说形而上学的历程，就恰恰必须破除形而上学的魔咒，对这种魔咒的分析是海德格尔的哲学要点的组成部分，他认为我们不可能从这种魔咒中抽身出来，除非（至多）凭借最严格的生存论的——哲学的努力。

于是，虽然因海德格尔认为他可以具体说明的理由，一个人不可能真正说出形而上学的历程，除非借助于主体的人类行为者及其行为的整个形而上学工具，而这个工具根本不适于描述正在发生的事情，不过，它至少可以示意什么东西被遗漏了。因此，这个形而上学历程的另一面是，最初哲学的堕落不只是个别哲学家由于发明了概念思维所造成的事情，而且是存在所造成的事情，或是存在诱使、引起、召唤我们做的事情。尤其在他的后期著作中，海德格尔强调摆脱一切形式的人类中心论的必要性，把我们与存在的关系解释成合作对话。后来这些著作提出了与佛教有几分相似的矛盾的观点：经过训练的本体论发问会导致一种任其所是（letting-be, *Gelassenheit*）的态度，即放弃主动控制世界的尝试。

人们能如何努力摆脱与"克服"形而上学传统，海德格尔对此的看法在他的漫长生涯中经历了一个变化过程。在早期（大约1936年前），他设想了这样的可能性：通过对人类生活某些生存现象（诸如畏）的分析，我们可以找到一个起点，它能允许我们从头至尾"努力回溯"（work our way back）历史传统，以此我们可以从根子上摧毁这一传统，从而使我们摆脱构成这一传统、而这一传统又强加在我们身上的那种固定不变的概念区分。他发表的第一部主要著作《存在与时间》的第二部分，按原来的设想，是要贯彻这种"对传统的解构"（海德格尔语）。这第二部分没有以可发表的形式完成。后来，海德格尔自己对这一情况的解释是，原来的设计失败了，因为它不够彻底。它低估了传统形而上学及其概念语言对我们的影响。因为《存在与时间》保留了学术论著的形式和概念思维的方法，所以，它无法摆脱形而上学。在后期，海德格尔试图通过对诗（特拉克尔、【501】默里克、里尔克、乔治、贝恩、C.F.迈尔的诗，而最值得注意的是德国早期浪漫诗人荷尔德林的诗）的一系列哲学解释，来探讨存在，希望在此发现一种能使形而上学传统及其概念词汇不起作用的非概念的"言说"方式。

二 《存在与时间》

虽然海德格尔认为《存在与时间》是一个失败，并从未完成，但同时他又认为它是一个必然的失败，是一个这样的失败，它提出了某一思路，任何想要超越这一思路的人都需要将它贯彻到底。据认为，《存在与时间》的第一部分以预备的方式重新开启了存在问题。海德格尔论证说，一个人要问存在的意义，他首先需要一个如何能理解这个意义的理论，即作为通达存在之方式的人类理解的理论，尽管关于人类理解的理论只有在如何成之为人的普遍理论的背景下才可能。海德格尔认为传统语言和概念歪曲了存在问题，就他对这种歪曲方式的看法而言，他认为他需要发明一个全新的词来描述人生和我们的理解方式。他用此在（Dasein，"being-there"）一词来称呼我们人之所是的东西。于是，此在就取代了以前"理性的动物"、"思维的东西"、"意识"、"精神"之类的词。因此，对人生的分析与对我们的理解方式的分析，在海德格尔看来，就是"对此在的分析"。

在《存在与时间》中，海德格尔讨论了此在的六个特征，每个特征都各自与人类的一种存在方式相关，这些存在方式与非人类物（例如，一把椅子，一个动物，一块石头）的存在的方式不同。第一，此在的本质特征是回答"是谁?"的问题，而不是（如在非人类物的情况下）"是什么?"的问题。第二，此在是这样一种存在，对它来说，存在是在争议中的，或是一件要关注的事。这既意味着，此在是根据它对存在的关注来规定的（这个关注在某种程度上是对"什么是存在?"这个问题的问与答的关注）；还意味着，此在实质上与它自己的存在相关，即与它是谁（或它是何种人）相关。第三，此在在各个情况下都是不可还原地个体的，"在各个情况下"都是"我自己的"。第四，此在是其可能性。石头有某些实在的性质，如果我们要知道石头是什么，这些性质就是我们所要知道的重要的东西，而我们要知道一个人是什么，重要的东西就是人的存在或活动的可能方式。比方说，正如这块石头重一公斤对于这块石头是重要的一样，能说法语，能以某种方式克制自己，能慷慨大方，等等，对于成之为约翰·琼斯这个人是重要的。第五，此在永远以对存在、对自己、对自己的可能性、对自己所生活于其中的世界、对这世界中的事物、对他人等等的一种复杂的"理解"为特点。这里所说的"理解"不是获得一组正确信念的问题，而是能够以某种方式处理有关事物的问题，不管这事物是什么（我自己，世界，其他事物）。要成为某种人，就是要成为具有某种可能生存方式，因而相应具有某种理解方式的存在者。最后，此在永远是在世的存在：这意味着，一个人永远作

[502]

为这样的人而生存，他是被抛入一堆早已存在的对象、筹划和安排中的，他已经一直在与这样一个世界中的存在者错综复杂地打交道了。

海德格尔声称，要成为一个人，就是要成为一个"被抛的筹划"（thrown project），他用此语的意思是，在具体说明此在是谁的时候，此在所具有的那组筹划是重要的。具有筹划永远意味着先于自己走向下一步筹划所存在的未来。它意味着以某种方式理解一个人自己及其世界，并获得（不如说是成为）某些可能性。要成之为我，就意味着具有马上吃午餐、写完这一章、今晚去看电影的筹划。我的这些方式面向本性上没有完成的未来，如果不参照这些方式，就无法理解我现在是什么。另一方面，这些筹划不是此在的自由创造，而是从它被抛入的那个世界中接过来的。我只能有写一本书的筹划，如果有"书"这件事存在的话，而这件事并不是我使之存在的。

《存在与时间》的发表本的主要部分，致力于此在得以生存的两个具体方式之间的比较，这两个方式海德格尔称之为"本真的"（authentic，eigentlich）生存方式和"非本真的"（inauthentic，uneigentlich）生存方式。"非本真地"生存就是以我们在这世界中遇到的（非人类的）事物中引出的范畴理解自己，因此把自己理解为他物中的一物，也就是说，在某种意义上，没有显示人类存在的方式与他物存在的方式之间存在的根本区别。在非本真的生存中，我"专心于"（absorbed）我日常关心的东西，就此而论，我给现在一种我生存中的优先权，把将来看成是时间瞬间的潜在有序的均匀的接续，每一瞬间都将依次变成现在。不过，专心于日常任务的舒适生活不可能是人类生活的全部真理。海德格尔认为，畏（angst）可以随时闯入进来，摧毁我们的一切舒适构造，这才是人类生活的本质真理。海德格尔认为，畏的经验有压倒一切的形而上学意义，因为在畏中，我脱离了对世界的专注，面对作为我的"最本己可能性"的我自己的死亡。这意味着，在某种意义上，我被迫去问存在的问题，既问我自己的存在问题，在假定我的世界将与我一起终结的情况下，也问世界的存在问题。进而，畏向我揭示了"本真的"生存方式和本真的时间性的可能性。因为我作为一个人本质上永远处在我自己之前的那种方式，使

【503】

我活生生地面对死亡就是使我面对失去现在，失去现在同样也就是失去将来。如果我能把握这个真理，并接受这个真理——我的现在恰恰永远是我具有将来这一可能性的可能丧失——那么，我就是本真地生存着。而且，海德格尔声称，在这种本真的生存中，将来具有对现在的优先性，在某种意义上，这种优先性是他在非本真生存中发现的现在对将来的优先性的颠倒。

尽管《存在与时间》未完成，但实际发表的文本，加上此后发现的遗留未发表部分的片段和草稿，使我们能相当可靠地说明这部著作将怎样进行下去。基本的论题是：在历史上，形而上学将时间，尤其是将某种时间概念和经验，用作界定存在的标准。实在的东西被说成是永远在场，无论何时都在场的东西。这意味着，时间对于存在有一种优先性，尽管海德格尔还颇具特点地声称，传统哲学没有意识到这种优先性，或在某种意义上甚至压制对这种优先性的认识。如果这是对的，那么，人们就可以继续问，**何种时间（经验）**造成了传统形而上学中用作存在标准的时间概念。海德格尔对此的回答是，传统上起标准作用的时间正是日常经验的"非本真的"时间——作为现在瞬间的单一线性接续的时间。这就敞开了这样的可能性，一个不同的生活方式，一个本真的生存样式，可以将一不同的时间性形式与自己联系在一起，或甚至由它所构成，而且通过这个本真时间性的透镜来问存在的问题，就会给一个人提供出完全不同种类的形而上学。如果传统的形而上学是"在场的形而上学"（a metaphysics of presence）——真正存在的东西是在场的东西，那么，新的、海德格尔的形而上学将与此不同。因为在海德格尔的形而上学中，显著**存在**（is）的东西，即我们的死亡（因为本真地生活就是与作为我们最真实可能性的、并因而作为我们的根本实在性的死亡一起生活），恰恰是本性上不在场的某种东西（只要我们存在）。从本真时间性经验提供的这个新颖观点出发，《存在与时间》的第二部分要完成对形而上学史的解构，充分丰富地重新开启存在的问题。在原则上，这个哲学可以不仅具有生存的维度，而且还具有末世论的维度。

三 海德格尔的政治主张及他的影响

1933 年,正值希特勒上台后,处在哲学声望巅峰的海德格尔加入了纳粹党,成为弗赖堡大学的校长,即所有德国大学中声名显赫的第一位国社党校长。在起初一段时间,他是纳粹统治的十分显眼而直言不讳的支持者,公开呼吁支持希特勒(例如在授权撤出国际联盟的公民投票中),对政治上可疑的同事组织各种形式的监视和告发,等等。他似乎被他能够"引导领袖"(den Führer zu führen)的信念所激励,热心投入到学院政治中去。不过,大约一年后,他在党内控制各大学的一次斗争中失败,并辞去了校长职务。战争期间,他变得越来越对党的领导不满,在演说中批评官方意识形态的某些方面,退缩到一位纳粹党人士所称的"私人的国家社会主义"那里去了。虽然他活到 1976 年,他似乎从未对这种私人国家社会主义进行认真的质疑或修正。

战后他被禁止教学或发表作品(直至 1951 年),但他仍然主宰着德国学术界,直至进入 20 世纪 60 年代中期很久。在这方面,重要的是要记住,战争刚结束时,德国在理智与文化上处于空白状态。实际上,凡是有些地位的知识分子都被流放、杀害,或被迫多年服兵役并(或者)被俘。尽管被禁止教学和发表作品,海德格尔与一两位年长的新康德主义者一起,仍然是城里人们追逐的唯一目标。20 世纪 30 年代,海德格尔对法国某些年轻哲学家有深刻影响,战后,他也能保持、甚至扩大了与法国一些主要知识分子的良好关系。不过,海德格尔在德国的理智霸权最终被两个运动破坏掉了。首先,20 世纪 50 年代初,所谓的法兰克福学派的两位成员(霍克海默和阿多诺)从流亡美国返回,逐渐开始尝试在联邦德国建立进步主义的理智文化,这最终成为对海德格尔哲学的一种抗衡(他们把海德格尔的哲学说成是与他的政治学一致)。在 1964 年出版的《本真的行话》(*Jargon der Eigentlichkeit*)中,阿多诺第一次公开抨击海德格尔,1966 年,他在《否定的辩证法》(*Negative Dialektik*)中,发表了哲

【505】学上对海德格尔的更实质性的批判。这些拒斥海德格尔哲学的方式是相当学究式的，与这些方式相似，承诺要与学术右倾的过去实行决裂的德国学生运动，在20世纪60年代势头越来越大，使海德格尔的思想方式难以保持对大学生们的控制。第二个运动是"分析"哲学的兴起，它在哥廷根的京特·帕奇希（Günther Patzig）和海德堡的厄恩斯特·图根德哈特（Ernst Tugendhat）的支持下，肇始于20世纪60年代中期。图根德哈特以前是海德格尔的信徒，他说自己在密执安大学休假时就已经"改变了信仰"（bekehrt）。结果是，海德格尔最终在法国比在德国更深扎下了根，这也许恰恰因为法国思想家与海德格尔更为远隔，使他们能脱离海德格尔的直接政治背景来解读他。20世纪30年代，海德格尔还有几位来自中国和日本的学生，其中最值得注意的也许是京都大学的九鬼周造（Shuzo Kuki）。他的几部著作被译成中文，他的哲学观点迄今仍然对整个东亚有极大影响。

海德格尔将高深而即便特异的哲学天赋、坚实的历史学识、蓄意隐晦艰涩的文风、极右的政治主张集于一身，这使得要把他弄清楚是极其困难的，而要把他的哲学与任何通常的哲学范畴融合在一起——当然，这正是他的意图的一部分——就更加困难。他对20世纪后60余年哲学的影响无论怎样估计也不会过分，而且这影响决不限于政治右派人物。他对欧洲大陆、亚洲或南美的哲学生活的影响，其他任何一位哲学家都不能望其项背。萨特、梅洛—庞蒂、马库斯、德里达、福科、罗蒂和列维纳斯只不过是深受其著作影响的几位哲学家而已。他对20世纪下半叶欧洲一般文化生活的影响同样是深远的，最值得注意的是对某些形式的心理学、人类学、环境研究和神学的影响，对文学、建筑和视觉艺术的学术研究的影响，对个别开创性艺术家像贝克特（Beckett）、布朗绍（Blanchot）、策兰（Celan）、戈达尔（Godard）、昆德拉（Kundera）等人（只列举几个较优秀者）的影响。

相比之下，海德格尔对英语世界哲学的影响较小。尽管在北美有海德格尔学者团体存在，但他的哲学在世界的这一地区仍不是共同论域的组成部分。激进的右翼政治哲学家利奥·斯特劳斯（Leo Strauss）使他在美国的追随者圈子里保持着对海德格尔的鲜明记忆，而汉娜·阿伦特（Hannah Arendt）是在 20 世纪 60 年代作为政治记者而出名的，她在海德格尔的指导下写了博士论文，并宣传海德格尔的某些观点，但由此引起的对海德格尔的兴趣很多是关于他的生平和情色方面的——阿伦特是犹太人，她在 20 世纪 20 年代末是海德格尔的情妇。这件事并未造成哲学上对海德格尔思想的任何擅用。也许毫不奇怪，美国学界中对海德格尔最友好的部分是庞大的罗马天主教哲学家团体及其机构。海德格尔在分析哲学界受到忽视，其原因出于他【506】对作为人类知识模范的自然科学或逻辑、对日常伦理学完全没有兴趣，出于他以宗教和历史问题为基本研究方向。这个原因与对他的晦涩狂妄文风和讨厌的政治观点的反应结合在一起，造成了非常强烈的排斥效果。不过，在整个世界范围内，英美的这种反应是一个局部现象，任何有兴趣尝试对海德格尔哲学的意义及历史地位做出明智评断的人，对这个反应都应仅就其本身来看。

雷蒙德·居斯

第三十九章

拉丁美洲哲学

一 "拉丁美洲"的两个含义

"拉丁美洲"被用作一个集合名词，指在北美、中美和南美的一些国家（1945年有19个）。每个国家都有特异的地理、种族、文化、社会、政治和经济的特征。但尽管有这些不同，拉美国家都有一个共同的政治根源（西班牙和葡萄牙的占领），一个相似的语言遗产（西班牙语和葡萄牙语），一个主要的宗教（天主教），对于当地、区域和国际事务的类似处境。因此，毫不奇怪，拉美国家大体上表现出相似的发展和演变模式，而且，"拉丁美洲"一词也用于表示这些共同的传统和关系。哲学思维也不违反这个规则。它是在相似的时期、带着相似的影响和传统发展起来的，产生了类似的作品。因此，在提到拉美哲学时，我以"拉丁美洲"的这个内包含义为前提，而在下文中，我将忽略与"拉丁美洲"的外延含义相联系的国家特点。

二 实证主义与反实证主义的对立，学院哲学的兴起

从1870年至1910年，实证主义统治着拉丁美洲的哲学舞台。但从1910年至1920年以后，反实证主义哲学的浪潮荡涤了实证主义，接管了舞台。这个反实证主义的转向受到哲学机构设置中发生的平行重叠变化的影响。它是一个从非学术实践到学术实践，从对

哲学与哲学家的作用的非专业构想到专业构想的转向。哲学系和哲学部门，即繁荣的"雅典娜神殿"和"学院"，变成了学习哲学和从事哲学的恰当之地。从实证主义到反实证主义的转变主要是在那里被设想、推动和完成的。【508】

反实证主义者提出哲学论证，反对实证主义者的教条主义束缚、先入之见和概念普遍化，他们的论证一般是有说服力的，但与诉诸情感的策略（ad hominem stratagems）混淆在一起。通常反实证主义者将他们的观点与"严肃"哲学等同起来，批评实证主义是业余的二流哲学。1940年，阿根廷哲学家弗朗西斯科·罗梅罗（Francisco Romero）众所周知地宣告拉美的哲学思维进入了"正常状态"。他以此指的是拉美哲学广泛接受了欧洲哲学的专业标准。不过，他还有这样的意思：存在着一些"规范的"哲学问题、方法论和结果——它们恰恰是反实证主义哲学正在揭示和阐述的。这种将规范的专业标准与规范的哲学内容和方法（主要由德国哲学家和德国哲学提供）等同起来的做法，至今在许多拉美哲学领域中仍在起作用。

于是，从1910年至1920年以后，拉美的哲学思维变成了大学象牙塔里从事的活动。这并不是一个史无前例的现象。当时在拉丁美洲发生的事情，可以与此前40年在英国大学发生的事情相提并论，那时英国的哲学专业化与对德国哲学潮水般的赞赏和对实证主义持续不断的批判会合在一起。

三 实证主义

拉美实证主义的**标准**版本之类的东西是不存在的。拉美实证主义思想家的数量很大，他们的血统和重要性各不相同；不过人们一致认为，委内瑞拉—智利的安德烈斯·贝略（Andrés Bello，1781—1865）、阿根廷的何塞·因赫涅罗斯（José Ingenieros，1877—1925）、古巴的何塞·巴罗纳（José Varóna，1849—1933）属于最有独创性、最有影响的人。

"实证主义"是一个哲学态度，它包括了反形而上学的、科学的、经验主义的、决定论的、心理学的、进化论的、生物学的、社会学的各种论题。实证主义者欣赏查尔斯·达尔文，赞扬孔德和斯宾塞是他们的哲学英雄。由偏爱他们中任何人所引出的论述都会是社会实证主义的或进化论实证主义的。实证主义实质上是一种自然主义的哲学努力。实证主义者拒绝先天的和直观的方法，憎恶抽象的形而上学思辨，赞扬科学提供了关于人和宇宙的最可靠知识，试图对科学发现进行综合，在此过程中，他们阐明物理现象、生物现象、心理现象和社会现象的性质。

【509】 不过，实证主义者并不认为他们自己仅仅在玩智力游戏：他们大多数人都亲自关注自己国家的制度、教育和社会问题，在制定和执行政府政策方面有影响（有的人拥有相应的政治地位）。他们是真正参与［政治］的知识分子，实证主义的信条被同样结合到进步或保守的领导阶级的现行意识形态中。由此产生了一些怪异的结果。譬如，在墨西哥，曾经出现了一个名为"科学家"（Científicos）的实证主义政党；巴西的国旗上再现了实证主义的格言"秩序和进步"（Ordem e Progresso）；近至1925—1935年，一个"阿根廷实证主义委员会"（Comité Positivista Argentino）仍十分活跃，还出版了一份名为《实证主义》（*El positivismo*）的期刊。所能列出的事例还不止这些。

四 反实证主义

反实证主义的反动是建立在对实证主义信条的尖锐批判的基础上的。反实证主义者强调哲学的自主性，为形而上学思辨的合法性和直观的可靠性论证，表达了对逻辑约束的蔑视，认为自己开辟了被实证主义者随意阻碍或忽视了的哲学道路，而且不为科学的成就所打动。法国哲学家埃米尔·布特鲁（Emile Boutroux）、埃米尔·梅耶松（Emile Meyerson）和亨利·柏格森是反实证主义的重要的同盟者。而德国哲学是反实证主义继承的主要传统：其中卡尔·克劳泽（Karl Krause）、赫尔曼·柯亨（Herman Cohen）、保罗·那托尔普（Paul Natorp）、威廉·狄尔泰（Wilhelm Dilthey）、埃德蒙德·胡塞尔、马克斯·舍勒、尼古拉·哈特曼、马丁·海德格尔是在不同时期、对反实证主义有不同程度上影响的人。

在这些新英雄提供的庇护下，一群当地人扮演了积极的角色。他们大都在实证主义的束缚下受过训练，都强烈反对实证主义。他们被说成是"创始人"：通常他们的名单中包括：阿根廷的亚历杭德罗·科恩（Alejandro Korn，1860—1936）、弗朗西斯科·罗梅罗（1891—1962）、巴西的雷蒙德·德·法里亚斯·布里托（Raimundo de Farias Brito，1862—1917）、智利的恩里克·莫利纳（Enrique Molina，1871—1964）、墨西哥的何塞·巴斯孔塞洛斯（José Vasconcelos，1882—1959）、萨穆埃尔·拉莫斯（Samuel Ramos，1897—1959）、安东尼奥·卡索（Antonio Caso，1883—1946）、秘鲁的亚历杭德罗·奥克塔维奥·德乌斯图亚（Alejandro Octavio Deustúa，1840—1945）、乌拉圭的卡洛斯·巴斯·费雷拉（Carlos Vaz Ferreira，1872—1958）。

这时，马克思主义也进来了。例如，在阿根廷，社会主义党的创立者之一胡安·B. 胡斯托（Juan B. Justo，1865—1928）将《资本论》译成了西班牙文。他受爱德华·伯恩斯坦（Eduard Bernstein）的影响，还从事历史哲学方面的写作。在秘鲁，拉美最有创造性的马克思主义思想家胡安·卡洛斯·马里亚特吉（Juan Carlos Mariátegui，1895—1930）通过对马克思主义信条的新颖解释，"解读"秘鲁的现实。托马斯主义和新托马斯主义哲学家在忏悔中心、【510】大学和学校中也很活跃；法国哲学家雅克·马利坦在他们中最受欢迎。

像爱沙尼亚人赫尔曼·凯泽林（Hermann Keysserling）和西班牙人何塞·奥尔特加—加塞特（José Ortega y Gassett）那样的"旅行者"的影响也是重要的。奥尔特加对实证主义的批判，对当时德国哲学充满魅力的描述，对于墨西哥和阿根廷反实证主义的成功转向是至关重要的。那些逃避西班牙佛朗哥主义和意大利法西斯主义的流亡者的活动和影响也有重要意义，他们中如西班牙人何塞·高斯（José Gaos，1900—1969）、意大利人鲁道夫·蒙多尔福（Rodolfo Mondolfo，1877—1976），分别定居在墨西哥和阿根廷。还有其他许多人。

反实证主义确定了拉美哲学思维此后多年的基调。强大哲学传统的缺乏，反复出现的忽视或蔑视自己的哲学前辈和同代人的态度，促使拉美哲学从某个受偏爱的国家或传统系统地"引进"哲学。如此造成的哲学状况是各种对立观点的多元共存。这种多元共存并不是一个成功的经验。它没有引起新的理论融合与综合，而是导致了折中主义，这种折中主义倾向于将其欧洲对应观点的争吵再现出来。结果，从事哲学的标准方式主要在于模仿被引进的哲学家及哲学的风格、问题和论证。

不过，模仿也并不一定产生二流的或完全重复性的作品。在实证主义和反实证主义时期，有些拉美哲学家曾创造出令人感兴趣的、有时是原创性的作品。这里试提出这些作品的一个无疑有争议的名单，它包括安德烈斯·贝略（1781—1865）的《理智哲学》（*Filosofía del entendimiento*，1880）、何塞·因赫涅罗斯的《心理学原理》（*Principios de Psicología*，1919），胡安·卡洛斯·马里亚特吉的《七论秘鲁的现实》（*Siete ensayos sobre la realidad peruana*，1928），卡洛斯·巴斯·费雷拉的《活的逻辑》（*Lógica viva*，1933），安东尼奥·卡索的《节俭、无私、仁爱的生存》（*La existencia como economió, como disinterés y como caridad*，1943）（见 bibliography pp. 886—887）。

五　哲学与文学

通常在哲学与其他学科或体裁之间存在着界限，尽管这些界限是模糊的，而拉美的哲学思维却不尊重任何这样的界限。我谈到了适合于通常哲学模式的哲学家及作品。但这里遗漏一些拉美的小品文作家，他们赋予其作品以哲学的格调，有时还达到了很高的哲学反思的水平，他们包括阿根廷的多明戈·F. 萨缅托（Domingo F. Sarmiento，1811—1888）、玻利维亚的阿尔西德斯·阿格达斯（Alcides Arguedas，1879—1946）、古巴的何塞·马蒂（José Martí，1853—1895）、墨西哥的胡斯托·谢拉（Justo Sierra，1848—1912）和阿方索·雷斯（Alfonso Reyes，1889—1959）、秘鲁的曼努埃尔·冈萨雷斯·普拉达（Manuel Gonzalez Prada，1848—1918）、乌拉圭的何塞·恩里克·罗多（José Enrique Rodó，1871—1917）。

还有一些重要的文学作品也是如此，因为将故事与揭示哲学前提和哲学含义的企图联系起来的策略，从一开始就渗透到拉美文学中了。小说是起同样作用的伟大工具，人们一致认为，罗慕洛·加列戈斯（Rómulo Gallegos，1884—1969）的《唐娜芭芭拉》（*Doña Bárbara*，1929）是这类作品的代表作。

六　拉丁美洲哲学与对认同的追求

至1925—1930年，一场最令人感兴趣的争论开始展开。它将一些最知名的拉美哲学家卷入其中，持续了几乎40年之久。这个争论是关于拉美哲学化的认同和目标的。它涉及许多争论：由哲学陈述、问题和理论引起的普遍性是无限制的普遍性，还是有限制的、"局部的"普遍性，甚或是全然的单一主义；是世界主义的哲学气派，还是区域的或民族的热忱；是原创的、真正的哲学思维的可能性，还是依赖性的、引进的、模仿的哲学思维的可能性；哲学看似在经济、政治、意识形态上是中立的，还是假定它有实际的、现世的承诺；哲学在日常事务中有影响，还是它处于抽象、孤立的状态。

这场争论以对拉美哲学实践的描述和评价为转移：如何**评价**哲学专业实践的价值；对它的缺点、不足和弱点应做何种**判断**；对它的发展进程的恰当**预测**是什么；在拉丁美洲应当从事和建立什么样的哲学。这些不同的论题显然是有关联的，但往往被混淆起来。

关于拉美哲学化的认同和恰当目标问题，对实证主义者来说是不成问题的。他们认为，成长中的国家需要一种哲学意识形态作为制度、教育和文化政策的基础。因此，着眼于国内本地问题，引进合适的哲学并详尽加以阐述，是理智活动的恰当过程。可是，当反实证主义带着其专业要求和抽象建议，接管了哲学舞台，事情发生了变化；在第一次世界大战的余波中，由于来自欧洲的法西斯主义、纳粹主义、佛朗哥主义之类的新政治运动，由于20世纪30年代的经济危机，由于美国在拉美事务中开始发挥首要作用，争论加剧了。所有这些变化造成了一个新的环境，在此环境下，哲学的任务和据认为哲学家所起的作用问题，显然有重大意义。

【512】

如人们会期待的那样，有一些代言人赞成根据普遍标准来实践学术哲学。他们声称，在拉丁美洲对哲学实践并无特别的要求。像在法国、德国、或英国从事哲学那样，哲学实践必须是严肃的、技术性的、原创的。我们的缺点是由背景问题引起的，这些问题可以通过创造恰当的条件来解决。另一些代言人则给出了十分不同的回答。他们从救世主般地诉诸拉丁美洲"人"特殊的历史作用出发，得出了一些更四平八稳的观点，强调我们历史的特殊性，强调我们的困难处境和详尽阐述一门也许有助于理解和应付这些处境的哲学的必要性。

这种确定问题的方式导致了对恰当的研究对象和恰当的研究方法的寻求。拉丁美洲本身是这样的对象吗？对于更具体的对象，譬如，对于**墨西哥或墨西哥人**，对于**秘鲁或秘鲁人**，情况又怎么样呢？地区的或民族的文化或问题，是哲学研究的可能对象吗？什么是恰当的哲学方法？依靠引进的哲学方法是可接受的吗？这全部寻求意味着置哲学的普遍要求于不顾呢，还是焕然一新地重新描述这些要求的一种方式、也许是专门的方式呢？这些要求能够造成真正的拉美哲学吗？这些问题是一段时间里拉美哲学家们操心的问题。（对这场争论及其主要人物的概述，见 Salazar Bondy, 1968）

1945 年以后，这个讨论以不同的方式结束了。可是，关于拉美哲学化的认同和目标问题却仍然（也应当）陪伴着我们。哲学上欧洲与北美之间存在中间路线是一个事实。对于有自我意识的拉美哲学家来说，如何在专业实践与哲学真实性之间寻找平衡点，仍然是一个没有解开的谜。

最后两点。第一，不论这场争论的技术价值是什么，早在20世纪30年代和40年代，拉美哲学家就在讨论只在多年后才由女性主义哲学和非洲哲学提出来的关于哲学的普遍性要求和中立性要求的一系列基本问题。第二，从1870年起至1945年（实际上至20世纪60年代）英语哲学几乎完全被拉美哲学家忽视了。只有赫伯特·斯宾塞、威廉·詹姆斯（主要在宗教经验方面）和约翰·杜威（在教育方面），得到认真的考虑。

埃德华多·拉沃西

第四十章

日本哲学

1868年标志着日本现代时期的正式开始，至19世纪末，我们在那里看到了实现哲学思维的独特的现代方式。在日本的背景下，"现代哲学"表示的是关于西方哲学传统的有意义的知识，以及对这个传统的反应。1854年，美国炮舰结束了两个半世纪日本民族强加给自己的孤立状态。由于意识到在技术上已经落后于西方，抱着迅速实现现代化的愿望，日本人于1868年推翻了幕府的将军，恢复了天皇统治。不过，实际权力掌握在知识分子精英阶级手中，他们中许多人在成长发育之年就被送到西方学习包括哲学在内的许多课程。他们一回国，就马上将他们的知识用于重建日本社会，用于翻译或分析广泛多样的西方知识著作。

日本哲学家对西方的状况的理解是：它陷入了一系列显然无法解决的极端对立之中：康德或黑格尔的唯心主义与孔德的实证主义或洛克的经验主义的对立；义务论伦理学与功利主义伦理学的对立；帝国制度与民主制度的对立；个人主义与集体主义的对立；马克思主义与资本主义的对立。而且，在西方价值与亚洲传统价值之间存在着与新日本的冲突。对于这种两极分化的情况，通常有两种处理办法：要么赞成一极反对另一极，要么在对立两极之间寻找辩证的调和。尤其从20世纪的20年代开始，这些调和主义者越来越倾向于占据统治地位。

一 西田几多郎

大多数学者，不论是日本学者还是西方学者，都认为西田几多郎

(1870—1945) 1911 年出版的《善的研究》（*Zen no kenkyu*）一书取得了突破性进展，这本书现在仍然是现代日本哲学中最广为阅读的著作之一。最使读者振奋的是，西田开创了具有西方哲学论证风格的写作方法，同时将不但取自西方传统，而且取自亚洲传统的观念结合发展起来。这本书的中心目的是试图克服各种主要的两极对立，尤其是实证主义与唯心主义、事实与价值之间的两极对立。【514】

西田对佛教禅宗静虑的修习与此有关。禅宗强调，通过静虑，一个人可以不需人的概念化推断而接近"如其所是的"实在。这实在本身是完全无意义的（"空的"）；因为意义需要概念。不过，这种直接性是原料，一个人可以借幻想或顿悟，用这原料从概念上、情感上构建意义。在这本书中，西田几多郎几乎完全没有提到静虑，而是以威廉·詹姆斯的"纯粹经验"概念为根据。西田用这个词有一点禅宗的意味，他论证说，思想是从应付各种不统一性的纯粹经验的直接性中产生出来的，而一旦思想完成了它的任务，就会回归纯粹经验。实际上，西田并不希望发展以禅宗为基础的宗教哲学，而是希望将某些基本的禅宗顿悟用在以西方术语为基础的哲学心理学或认识论上。这一处理办法带来了一些问题。譬如，一个人如何知道什么时候从［纯粹经验的］直接性转变为思想？这个判定本身难道不需要思想吗？西田醉心于西方的唯意志论，他认为纯粹经验具有将直接性与思想联系起来的统一意志。后来，他认为这一见解是过分"心理主义的"、过于"神秘"了。

一段时间之后，西田放弃了旧的哲学方案，提出了新的构想。他的一个十分显著的创新是他在 20 世纪二三十年代阐发的"场所逻辑"（logic of basho）（例见 Nishida 1927，1929，and 1934）。日文词"basho"是用于指"地方"的普通词，但当时也有一些技术性含义，譬如，指物理学中的"场"，或作为古希腊词"topos"（地方）的翻译。西田用这个词时的重要举措是想将他的关注点从心理主义的唯意志论转向某种更"逻辑的"东西，即转向对语境或**场所**内形成的概念化和判断的分析。譬如，他认为，经验主义判断在一个**场所**起作用，唯心主义判断在另一**场所**起作用。可是，在这些**场所**中仍然会有等级秩序。因为一个人要做出"这只杯子在桌子上"这样的经验主义判断，他就必须首先处在唯心主义的判断**场所**中，譬如，"我在视觉上经验到桌子上的杯子"。因此经验主义的判断不可能没有一个先行的唯心主义判断作为其大语境的组成部分而发生。在经验主义自己的**场所**内，经验主义不顾这种依赖性，将自己的经验唯心主义的或主观主义的根源，化解为与自己的判断不相关联的"无"（nothingness）。另一方面，对唯心主义来说，经验主义的**场所**只不过是由自我构建的"存在"（being）。

【515】　　不过，这还不是西田分析的结束。经验主义和唯心主义都在自我世界的极性内起作用，它们各自强调了一极端。这里还有第三个更基本的**场所**，有时被称作"绝对无"（zettai mu）的**场所**。这个**场所**使除了最粗糙的联系之外的任何东西都不可能，因此它不是用于哲学思维的"地方"，而是哲学（诸如唯心主义和经验主义）由以产生的根据。在西田看来，自我对世界的作用（唯心主义的要素），以及世界之为自我所直觉（经验主义的要素），实际上是一个事件，即所谓的"作用—直觉"事件的不可分割的组成部分。一个必然的结论是：亚里士多德的实体（在判断的主词中找到），连同其适合的属性（在判断的谓词中找到），不再是根本的东西。而通过使"作用—直觉"事件成为一切判断的基础，西田主张一种"谓语逻辑"，在此逻辑中，实体限定事件，正如句子的主语修正谓语一样。通过这一分析，西田希望表明，经验主义与唯心主义是不同的，但它们在逻辑上互相依赖，而且两者都依赖于一个范围无边无际的"地方"。

　　在西田的整个生涯中，他都将他流行的认识论用于伦理学、哲学心理学、逻辑学、美学、宗教哲学和政治学。鉴于他作为日本主要知识分子之一的突出地位，以及从 20 世纪 30 年代直到 1945 年的极端民族主义狂热，西田发现，人们要求他（以他无法轻易拒绝的方式）做关于"日本精神"题目的公开演说。在当时严格限制思想自由和表达自由的情况下，西田试图对日本民族主义意识形态的某些观念进行改造，将它们纳入较少种族主义和侵略主义的、更为他个人喜欢的语境。对他的这个做法，仁者见仁，智者见智，可以将其解释为与极端民族主义意识形态的合作，也可以解释为对它的破坏，这两种解释至今仍在继续争论（见 Heisig and Maraldo, 1994）。即使西田在世时，京都学派的一些著名成员，像户坂润（1900—1945）和三木清（1897—1945），都批评他们导师的哲学可能用于右翼意识形态。这两个人都因他们自己的左翼哲学倾向而死于狱中。

二 田边元

除了西田之外，如果要将一个名字与早期京都学派联系起来，那这个名字通常就是田边元（1885—1962），他是西田在京都大学的年轻同事。虽然田边同情西田提出的问题，但不满意他的回答。田边有很强的逻辑、数学、科学哲学和认识论方面的训练，1922 年至 1923 年，他在德国学习，师从埃德蒙德·胡塞尔和阿洛伊斯·里尔。毫不奇怪，他对西田的批判集中在场所逻辑上。田边的基本异议是：西田的逻辑实质上是从全称的层次（例如，"所有人都会死"）直接推出特称的层次（"苏格拉底会死"），或如田边经常所说，是从类推出个体。田边强调，西田这样做，忽视了批判的中间成分，即"种"的层次，在此层次上，指明苏格拉底是一个人，有助于将三段论中的大前提与结论联系起来。田边提出，这个"种"（shu）的层次不但是逻辑上必然的，而且在某些方面也是经验上原始的。我们首先经验到苏格拉底是一个人，然后由此抽象出他是必有一死的人类这个属中的一员，最后逻辑地推出他这个人必定会死。田边将此称作"种的逻辑"（logic of species），以与西田的观点相对照。

在社会思想中，田边将种看成是文化、种族、社会和民族认同的至关重要的领域：我们的经验是以我们的社会语境中的语言、概念和价值来表述的。当然，有些极端民族主义者乐于接受这样一个理论，即具体地、经验地看，人民首先是日本人，只有通过抽象，人民才是人类，只有通过推演，人民才是各个个人。田边本人基本同意这个解释，这是在战争最后几年使他极为痛苦的一个观点，由这个观点引出了他的"忏悔"（metanoia）哲学，这个哲学强调，每一恰当的哲学

【516】

都必须包含为防止使自己绝对化而进行自我批判的基础。

三 和辻哲郎

和辻哲郎（1889—1960）是这一时期第三位主要哲学人物。他是唯一与京都学派没有密切联系的人，他的大部分经历是在东京大学任教。作为年轻人，他对19世纪欧洲思想深感兴趣，关注叔本华、尼采和克尔凯郭尔。出于这些兴趣，他从1927—1928年起在德国研究哲学，并对海德格尔的思想有深刻印象。不过，一回到日本，和辻就意识到，日本文化的传统思想和价值与西方的设想，包括海德格尔的设想，并不紧密吻合。于是，他埋头于对文化与历史、思想和价值的关系的分析。和辻最初被任命为京都大学的伦理学教授，后来被任命为东京大学教授，他致力于撰写他的杰出的伦理学论著，三卷本的《伦理学》（*Rinrigaku*，1937—1949）一书。依据对文化的基本理解，依据以前对日本文化的研究和对西方哲学思想的洞见，和辻提出了理解人类处境及其与伦理价值和行为关系的新方法。

【517】　和辻声称，人之成为完全有人性的和完全合乎道德的，都是在他所说的"居间状态"（betweenness），即社会与个人之间的空间中实现的。我们出生在这个居间状态中，然后通过人类相关性基本价值方面对我们的教育（"儒家的"范式），被社会一极接管过去。为了使伦理学繁荣起来，一个人最终必须否定社会这一极，走向价值在其中得以从自律和个人自由中产生出来的个体性（"西方的"范式）。不过，要充分实现一个人最深层的人性和道德本性，他就必须同样否定这一极，再次走向一个居间状态，这居间状态接受社会灌输的价值，但这次这个居间状态不是作为社会化的一部分，而是作为一个自由选择的取舍。这样一个辩证的居间状态既否定单纯社会东西之极，也否定单纯个人东西之极。在民族主义期间，和辻强调日本在儒家学说的东亚和个人主义的西方之间独特的地理位置和理智位置。他认为儒家学说最终是行不通的，因为它否认人类自由，他认为西方（尤其是美国）文化最后会失败，因为个人主义否认社会关联性。

在对这个时期日本三位主要哲学家的考察中，我们发现他们都试图确立能成为两元对立的逻辑或经验根据的第三种立场。与黑格尔不同，这些日本辩证思想家没有把这第三种立场看成是对逻辑先天对立的扬弃。而是将这些对立分析成是从第三种立场的抽象中出现的。可是，由于当时的政治状况，（这些哲学家本人或他们的解释者）有时对这些理论和逻辑分析做了政治化的解读。具有讽刺意味的是，这一情形只不过确证了他们自己哲学体系的要点，即哲学家的思想不可能与他们的文化和历史的经验背景割裂开来。

托马斯·卡苏里斯